动力来自阳光　晋虹伴您远航

中国太阳能电动轻骑领军品牌

诚征全国各区域代理商

都市休闲

阳光货的(各种尺寸)

山西远航电动车业有限公司

客服电话：400-0351-722　0351-7089599　传真：0351-7970881
总部地址：山西省太原市南内环街21号元泰商务大厦　邮编：030012

速腾（NCS） 迈腾（B7）
高尔夫 A6 大众 CC

全车配件

世纪明奥商贸有限公司

地址：北京市朝阳区南四环东路 69 号城环城国际汽配城 29 号楼 952-953 号

鹤子朋博商贸有限公司
别克：昂科拉 凯越 新君威 新君越
英朗 荣御 GL8 林荫大道
雪佛兰：爱唯欧 景程 科鲁兹 赛欧
迈锐宝 科帕奇 乐骋 乐风
电话：010-67208500/67208511/67208522/67208533/67208503 /67208544
手机：13811740248 传真：010-67208501/67208502
Q Q：2355401060/61/62/63
地址：北京市朝阳区王四营盛华汽配城8区10号
君威
本图片由鹤子朋博商贸有限公司提供，严禁转载使用

北京鑫华盛达汽车配件销售中心
DODGE
CHRYSLER
Jeep
专营
Jeep
酷博 酷威 牧马人
克莱斯勒 300C 铂锐 大捷龙
大切诺基 指南者 指挥官
北京奔驰 C200 C280
电话：010-67208262 67208125 67295103
传真：010-67208125 手机：13911693986 13717949937
Q Q：466426616 E-mail：jeep_xhsd@126.com
地址：北京市朝阳区盛华汽配城 15 区 2 号

金冷®
SINOCHEM
中化蓝天
原厂配套 首选品牌
金冷 HFC-134a
金冷媒
国内80%汽车工厂原装车用冷媒
ANTI-FREEZE COOLANT
防冻/冷却液
80% 整车厂共同选择
HFC-134a 产品 原厂配套合作伙伴
http://www.jincool.com
北京市和诚必拓商贸有限公司
垂询电话：010-87609886

中国石油
全系列汽车养护用品
相信品牌的力量
中国石油推出唯一系列汽车深度养护、免拆清洗产品面向全国隆重招商。
中国石油于2010年初推出汽车养护品，经过两年的终端客户试用与产品质量稳定性测试，现正式推向全国市场。
中国石油优力能系列产品30多款包含发动机内部、外部清洗养护品，通过国家权威部门严格检测，品质卓越，深得客户的信赖和支持，也必将为我们的合作伙伴赢得信誉和市场。
隆重招商
选择项目，重要的是品牌；运作项目，关键的是利润
中国石油汽车养护产品事业部
电话：010-60213585/010-57793367

北京华升伟杰商贸有限公司
TOYOTA
主营：
皇冠 锐志 卡罗拉 凯美瑞
霸道 花冠 塞纳 坦途 红杉
台福小霸王 兰德酷路泽
代定急件
CROWN
电话：010-67208840 67208841 67208842 67208843
传真：010-67208553 QQ:2355610162/2355610168
手机：13842884490 E-mail:wj-088@163.com
地址：北京市朝阳区盛华汽配城4区16号

庆祝中国汽车工业60周年北京地区倾力钜献

北京汽车后市场
年　鉴

（2013）

中汽星光　　编著

中华工商联合出版社

图书在版编目（CIP）数据

北京汽车后市场年鉴．2013／中汽星光编著．--北京：中华工商联合出版社，2013.7

ISBN978-7-5158-0572-6

Ⅰ.①北… Ⅱ.①中… Ⅲ.①汽车—车辆保养—服务业—商业经营—北京市—2013—年鉴 Ⅳ.①F719.9-54

中国版本图书馆 CIP 数据核字（2013）第 140785 号

北京汽车后市场年鉴（2013）

编　　著：中汽星光
策　　划：李红霞
责任编辑：邵桄炜
参编人员：王亚川　张凯丽
装帧设计：中汽星光
责任审读：李　征
责任印制：迈致红
出版发行：中华工商联合出版社有限责任公司
印　　刷：北京天宇万达印刷有限公司
版　　次：2013 年 7 月第 1 版
印　　次：2013 年 7 月第 1 次印刷
开　　本：889mm×1194mm　1/16
字　　数：686 千字
插　　图：16 面
印　　张：24.75
书　　号：ISBN 978-7-5158-0572-6
定　　价：360.00 元

服务热线：010-58301130
销售热线：010-58302813
地址邮编：北京市西城区西环广场 A 座 19-20 层，100044
http：//www.chgslcbs.cn
E—mail：cicap1202@sina.com（营销中心）
E—mail：gslzbs@sina.com（总编室）

编委会名单

（排名不分先后）

前言

我们很高兴将《北京汽车后市场年鉴（2013）》一书在庆祝中国汽车工业60周年之际，献给汽车后市场的同行和朋友们。

北京是祖国政治、经济、文化聚集的中心，也是国内汽车汽配用品的重要集散地，汇聚了大量的大中小型经销企业、贸易商、代理商及厂家办事处，影响力覆盖华北、华中、东北及西北近二十余个省市，在中国汽车后市场中占有举足轻重和不可替代的地位。

本书是行业内第一本全面、系统地整理北京汽车后市场信息及数据的专业书籍，包含了北京市23家有形市场和16个区县的大量最新企业信息，覆盖了零部件制造商和消费者之间的众多中间企业，包括批发商、经销商、零售商、代理商和服务商等。秉着“真实性、指南性、实用性”的编写宗旨，该书中所有企业信息都由编辑部实地收集所得，为宝贵的第一手资料。相信《北京汽车后市场年鉴（2013）》能为您提供更有效的业务参考和指引。

本书在编辑过程中得到了广大企业和商家的支持，在此深表谢忱，并欢迎北京汽车后市场的从业企业继续向我们提供或者更新信息。由于本次编辑时间较紧，书中如有疏漏之处，恳请广大企业和读者匡正。

《北京汽车后市场年鉴（2013）》编辑部

2013年6月

编辑说明

1. 《北京汽车后市场年鉴（2013）》是一部按年连续出版的统计资料类工具书。本书通过大量的实地调研统计数据，真实地记录了北京市一年来汽车后市场行业发展变化的最新情况，是行业内外相关人士了解、认识北京汽车后市场行业的重要资料工具书。

2. 《北京汽车后市场年鉴（2013）》使用的是出版年份，内容主要是反映上一年度最新行业及本年企业的发展情况。

3. 《北京汽车后市场年鉴（2013）》全书分为五个部分：第一部分是国内汽车后市场的相关信息和内容；第二部分是北京地区汽车后市场的相关信息和内容；第三部分是北京地区汽车后市场的重要组成——有形市场的相关信息和内容；第四部分是北京地区有形市场以外的修理厂、4S 店及各类服务商的最新信息；第五部分附录是北京市交管局与全国各地部分商协会、汽配城联系方式。

4. 本年鉴的文字资料大部分来自于政府和权威门户网站的统计资料，部分来自于抽样调查和部门统计资料，企业资料全部来自于编辑部人员在 2013 年 1 月 1 日后采集的最新资料。

5. 本年鉴涵盖了连接汽车及零部件制造商和消费者之间的众多中间企业，包括：批发商、经销商、零售商、代理商和服务商等。

6. 本年鉴中涉及的企业覆盖北京 16 个区县，共收录了近 6000 家企业资料。

7. 由于时间、行业特点等客观因素，汽车二手车、汽车保险、汽车租赁等有关内容有待下一次在年鉴中集中体现，同时期待更多的优质企业在下一年中与读者见面。

《北京汽车后市场年鉴（2013）》编辑部

2013 年 6 月

目录 Contents

第一部分　中国汽车后市场的回顾与展望

第二部分　北京汽车后市场的情况介绍及行业资讯

第三部分　北京地区汽车后市场——有形市场

第四部分　北京汽车后市场——各区县汽车 4S 店、配件店和修理厂

第五部分 附 录

第一部分

中国汽车后市场的回顾与展望

2012 年分国别轿车销售情况简析

据中国汽车工业协会统计分析，2012 年，基本型乘用车（轿车）产销 1076.74 万辆和 1074.47 万辆，同比增长 6.22% 和 6.15%，继上年后再次突破千万辆。其中：中国品牌轿车共销售 304.96 万辆，同比增长 3.51%，占轿车销售总量的 28.38%，占有率比上年同期下降 0.72 个百分点；日系、德系、美系、韩系和法系轿车分别销售 196.42 万辆、250.41 万辆、171.66 万辆、105.14 万辆和 44 万辆，占轿车销售总量的 18.28%、23.31%、15.98%、9.79% 和 4.10%。与上年同期相比，日系轿车市场占有率有所下降，德系轿车增长较为明显。

（来源于中汽协会行业信息部，2013 年 1 月 18 日）

2012 年中国品牌乘用车销售情况简析

据中国汽车工业协会统计分析，2012 年，中国品牌乘用车共销售 648.50 万辆，同比增长 6.10%，占乘用车销售总量的 41.85%，占有率比上年同期下降 0.38 个百分点。

与前几年相比，中国品牌乘用车在 2012 年总体表现不佳。进入 9 月后，中国品牌销量有所增长，市场占有率也有明显提升。与国外品牌相比，中国品牌竞争能力普遍较低，尤其是中高档乘用车市场几乎是国外品牌一统天下。为此，中国品牌要想在未来的市场竞争中占有主动权，仍需苦练内功，脚踏实地，辛勤耕耘，同时也要采取多样化且更为灵活的发展模式，吸取众长，弥补自身短板，让“国民车”为广大中国消费者所乐于接受，为国争光。

（来源于中汽协会行业信息部，2013 年 1 月 18 日）

2012年度中国汽车售后服务市场评价报告

随着近年我国汽车市场的飞速发展与汽车保有量的快速增长，消费者的消费意识和观念也随之发生改变，由之前单纯追求品牌与质量，向既追求品牌、质量又追求良好的售后服务体验转变。汽车售后服务水平的高低，正成为影响汽车品牌提升的一个重要因素。

近年来，尽管各车企的服务理念与服务意识也在逐步提升，但总体看，与汽车产业、汽车市场的发展和汽车用户的要求仍存在较大差距，服务水平参差不齐，各类售后服务问题凸显。

2012年，中国汽车售后服务质量评价中心依据《2012中国汽车售后服务行为准则》（白皮书）推出“2012汽车企业服务品牌调查活动”，调查中国汽车售后服务领域的现状和存在的问题，以期对推动我国汽车售后服务市场未来的健康发展起到积极意义。

调查内容

本次调查内容分为五大部分：①保修政策与服务承诺兑现；②维修保养（含预约、接待、服务启动、配件供应）；③价格透明度；④客户关怀（含400/800客服电话、免费道路救援、季节性免费检测活动）；⑤投诉处理（见图1）。

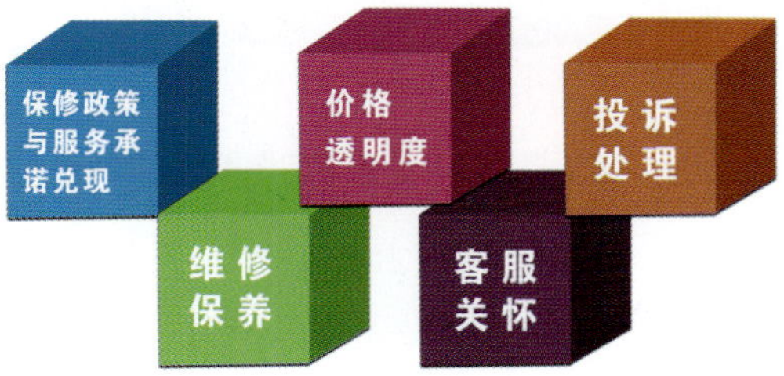

图1 调查内容

调查采取线下、线上结合的方式，线下采样主要在北京、石家庄、太原等国内15座主要城市的大型商业中心、有形汽车市场及品牌旗舰店、4S店周边随机填写调查问卷，线上调查主要通过新浪汽车、腾讯汽车、网易汽车等活动战略合作媒体刊登调查问卷，此外还有车人网的相关资料整理及媒体暗访团的投票评价。

调查数据与分析

一、汽车用户服务满意度调查

1. 保修政策知晓

87.6%的车主称，除厂家公布的整车保修年限与行驶公里数外，不了解具体的保修内容及细节；仅有7.7%的车主称了解易损件的含义与构成。

车主抱怨主要有：车辆出现异常时，4S店常以该配件“不在保修服务范围内”、“虽然整车保修期未到，但该配件保修期已过”或“未按厂家规定保养，视为自动放弃保修服务权利”等说法，告知车主无法保修、只能自费修理。

对于一些通常难以界定是用户使用不当还是本身质量问题造成的损坏时，如玻璃、灯泡、雨刮、刹车片等易损件，4S店常以“是由于车主使用不当造成损坏”为由不予保修。当前，只有少数汽车企业将轮胎、音响等易损件纳入保修范围，不过其保修期相对较短（不足3个月到1年甚至更短）。

调查声音：半年多的新车在洗车时发现左前大灯灯罩下部出现开裂，裂痕有十几条，在阳光照射下尤其明显。4S店经检查后承认属于质量问题，留底并反馈给厂家，随后厂家回复称前大灯的质保期只有7天，已出保，无法保修……

调查声音：我去首保时，4S店告诉我过期了，得自费，问题是在这期间与买车时，4S店与销售部从未给我打过电话，也从未有提醒。今天却叫交钱，合理吗？

2. 服务承诺兑现

36.8%的车主表示，遭遇过4S店予以承诺后的不兑现行为。

车主抱怨主要有：新车优惠缩水、节能补贴拖欠，提车日期拖延、生产日期与新车不符，维修交车慢、频繁返修、小故障不予处理及问题拖沓不回复等。

3. 配件供应情况

15.7%的车主认为，车辆维修期间非常规备件的等待时间过长，影响车辆的正常使用；仅有12.8%的车主表示有能力辨认出伪劣配件。

车主抱怨主要有：非常规备件无库存、需要订货时的等待时间偏长，甚至无法做到一次到位、需要反复订货，严重影响了车辆使用。另外，车主清楚地知道一旦使用伪劣配件可能会造成更为严重的后果，因此对于无法保证配件质量的非指定维修站，不会贸然选择前去维修。

调查声音：车内主驾驶座扶手内的塑料圈坏了，因为库存无货进行登记调货。过了一个月无人理，4S店解释说来货了但没通知车主，那就尽快安装吧，结果又说调错了型号，于是继续调货。等呀等呀，又过了一个月，还是没人理，再到4S店，说还没货。不管怎样，这么长的时间该告知一下。又等了两个月，还是没人回复。拨打厂家400投诉热线，打了五六个，历经十几天，还是没人回复……

4. 价格透明度

82.6%的车主认为，4S店的配件价格及工时费没有做到透明；仅有6.4%的车主称，了解工时费计算方式。

车主抱怨主要有：4S店工时费偏高，甚至高于配件费用的情况也屡见不鲜。由于不甚了解，只能默默承受。

调查声音：去4S店进行车辆保养，其间4S店换了一根空调管。看单子发现，换空调管的材料费是145元，可是工时费却高达280元。他们居然解释说是换空调管需要10倍工时，我要求出示收费标准，但他们拿不出……

5. 400/800客服电话

84.6%的车主认可400/800客服人员的服务态度；38.7%的车主称，接到过企业或4S店打来的服务评价和回访电话。

车主抱怨主要有：一是部分汽车企业官方网站发布的客服邮箱已停用，基本无法收信；二是拨打客服电话咨询车辆问题或反映4S店服务问题时，客服人员通常表示会向上级汇报，之后便不了了之，很少给车主电话反馈。

调查声音：车辆出现问题后，我主动电联4S店服务顾问，答复是叫我等待，再次拨打400客服电话，答复会催促4S店马上给我答复。我以为是当天会有回复，结果还是没有得到回复，再次拨打400客服电话，回答还是等待。我问她处理投诉是否有失效期，回答还是会催促4S店马上给我答复，还是叫我等待，那个回答跟录音电话几乎没有区别。

6. 投诉处理

仅有26.4%的车主表示，在车辆问题反馈后的24小时内会接到企业或4S店的反馈，而多数通常需要3～7天时间不等；61.9%的车主称，在向4S店或企业反馈车辆问题后没能得到一次性解决。

调查声音：购车两年中，车辆出现过方向盘抖动、跑偏、车门异响、啃胎等等，经30余次维修，但问题依旧存在。像车门异响，就在4S店处理至少15余次，至今未果，而且越来越严重。

二、汽车用户投诉处理满意度调查

1. 服务投诉问题

我们将汽车用户投诉的服务问题分为：服务态度问题、人员技术问题、服务收费问题、配件争议、销售欺诈行为、服务承诺不兑现及其他问题。其中，服务态度问题投诉比例最高，占到投诉总量的1/4；而在2012年有关销售欺诈、服务收费问题投诉上升明显，两者之和占比接近三成；此外，人员技术和更换配件争议也是常见的服务问题（见图2）。

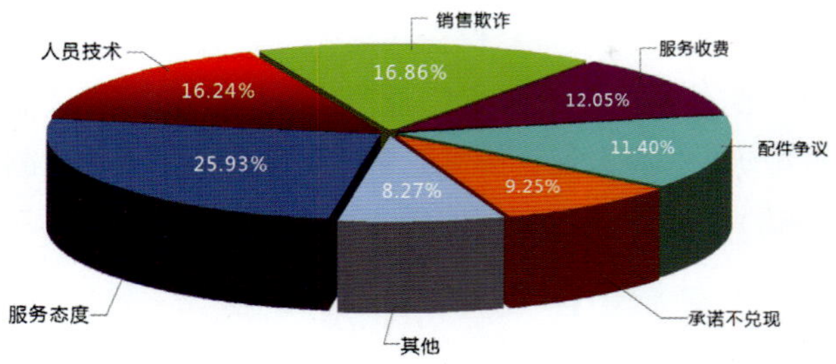

图2　汽车用户投诉问题类型

（1）服务态度问题

服务态度问题是汽车用户针对服务问题投诉最多的方面，超过总量的1/4。多是在车辆出现质量问题后，汽车用户在与维修站甚至企业客服的沟通过程中出现问题，产生了不满情绪。这也体现出汽车用户在看重产品质量和维修结果同时，对厂家服务水平，尤其是服务站的服务要求越来越高。

特别是4S店，作为与车主沟通的第一道屏障，其服务质量的好坏将有可能直接影响车主的投诉与否。

（2）销售欺诈行为

由于车市销量走低，欺诈销售类投诉屡见不鲜，常见的如暗自加装配置当顶配车辆卖、二手翻新车当新车卖；购车后长期拖延不给车辆合格证，导致无法上牌；惠民补贴发放不到位等。

而在维修保养方面，常有配件以次充好、只换不修收费高等情况，而由于配件费、工时费偏高，计算方式也鲜有车主清晰了解，加之用户对于4S店的信任度并不高，便导致对4S店收费过高的质疑和存在欺诈行为的看法。这也导致广大汽车用户在售后市场消费时更加敏感和谨慎。而对于出现的这些不诚信行为，用户维权的要求也更强烈。

（3）服务收费不合理

对于服务收费的问题，用户反映4S店的维修和配件费用偏高，特别是对出保后的自费维修，一个刹车片、飞轮齿圈动辄就是成百上千元，而对于导致故障的原因，多数车主认为是部件本身质量不过关，不应由消费者买单而导致投诉，希望能免费维修和换件。

（4）服务承诺不兑现

“服务承诺”是影响用户满意度的重要因素，与服务态度一样，是用户的最直接感受。兑现承诺和良好的服务态度往往能很大程度上提高用户满意度。相反，车辆的一次性修复率和配件更换等在用户看来是最基本的服务要求，做好了客户认为是应该的，做不好就会引发投诉。

因此，车企及服务商应该在保证车辆修复率的基础上，尽量提升客服接待人员的服务态度，履行服务承诺，加强主动地客户回访，这将对客户服务满意度的提升大有帮助。

2. 用户满意度

投诉解决满意情况是用户对汽车企业/服务站处理投诉问题的反映，由满意、认可、不满意三部分构成。车人网对2011年12月至2012年11月之间的用户投诉进行了回访。在接受回访调查的车主当中，车主满意占21.6%，认可的比例是37.2%，不满意的为41.2%（见图3）。

统计显示，导致车主不满意的原因主要有服务站解决态度不积极、问题处理时间久、对于车主提出的换件或赔偿要求不能满足等。

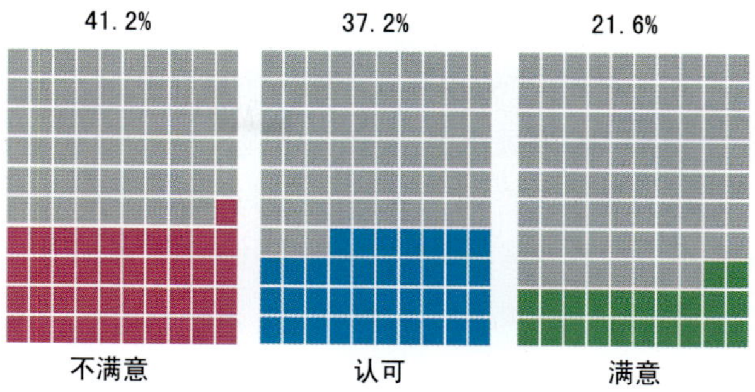

图3　2011～2012年用户满意度调查情况

分析发现，针对用户投诉问题，除高效快捷的解决问题之外，企业是否能主动联系用户是影响用户评价的重要因素之一。客户回访是现代汽车售后服务过程中增加用户满意感知度的重要一环。特别是针对遇到车辆问题和服务不满的用户，回访不仅可以体现出厂家的服务关怀，也可以从用户口中得到有关产品最真实的信息，对于企业改进和提高起到重要作用。

调查总结

一、汽车售后服务评价总结

近年来，汽车企业在服务管理体系建设及售后服务保障方面确实做了大量的工作。国内主流汽车企业已构建起相对完整的售后服务管理体系及独立运作的服务品牌，并通过服务网络、配件供应网络的扩张与完善，提升针对用户的快速服务保障能力。

但同时我们也清楚地看到，当前的汽车企业售后服务总体质量水平参差不齐，作为实际消费者的车主群体总体满意度水平偏低，汽车售后服务相关投诉量持续、快速上升。具体地讲，当前汽车企业售后服务现状存在两个趋势。

1. 汽车企业售后服务“销售化”

汽车企业售后服务愈发呈现出销售化的趋势。一是拿服务品牌搞噱头、博眼球成为吸引大众关注进行带动新车销售的手段；另一种是在利益的驱动下，车企打着服务品牌的旗号、服务用户的口号，诱导顾客更换不必要换的零配件，从而增加消费者的使用成本，出现问题时更多是对客户和主机厂进行双向欺诈，而不考虑行业的发展，甚至还会有4S店与保险公司串通一气，不透明、不公开、不告知、唯利是图。

2. 汽车企业售后服务“店内化”

目前，汽车企业售后服务的关注点过于店内化，硬件设施、服务顾问等4S店内体验成为售后部门关注和投入的重点，而在一些可能涉及用户更多切身利益的方面却持续不作为。如前所述，对于易损件、伪劣配件的车主告知与讲堂培训，对于配件价格及工时费的公示明示，对于车辆故障处理、投诉处理及服务承诺的兑现，当前的企业服务行为与消费者的实际要求还有很大的差距。

二、汽车售后服务重要性

2012年，中国汽车市场的新车销售增长创下了近年来的新低，我们也感受着汽车行业发生的变化，包括销售、价格、制造的变化，也包括汽车“三包”、广州限购这样的市场动态，一系列的变化深刻反映出，中国汽车市场的主体正在从以新车销售为主的市场占有阶段转向售后服务为主、拼服务拼品牌的成熟市场阶段发展，可以说，下一个十年的中国汽车市场将成为汽车企业拼服务质量、拼用户体验的全新时代。

汽车售后服务规范化关系到每一个汽车用户的切身利益。中国汽车售后服务质量评价中心希望通过每年与广大汽车用户的沟通，了解汽车行业的实际情况和服务水平，为汽车生产制造企业和经销商改进提升服务水平提供重要依据，并为消费者提供消费指引。

（来源于人民网，2012年12月24日）

我国汽车服务贸易业发展的新动向

当前，我国汽车服务贸易业发展迅速，正在朝着集约化、多元化方向发展，出现了一些新的动向。

汽车销售服务出现城市空心化

4S店的建筑容积率低，占用大量土地资源，不适应城市建设的飞速发展，许多城市对城区的4S店进行着比较大规模的拆迁，把这些店向城郊搬迁，也有的地方规划出一片区域，将城市中的汽车服务贸易企业全部迁入于此，进行集约化管理，形成规模效应。这样，势必造成城市中汽车服务贸易的“空心化”，不便于大家的汽车消费，也影响了人们的消费热情。

城市展厅集群开始出现

由于汽车销售服务城市空心化的出现，许多汽车经销商纷纷在市区设立城市展厅，有的租用居民小区底商，有的借用其他商业铺面，以获得更多市场资源，增加市场份额。但这些分散而规模受到局限的城市展厅加大了经销商的经营成本，且社会影响有限，使得经营风险陡增。城市展厅集群的出现有效解决了这些矛盾，成效显著，昆明国贸车立方就是一个很好的范例，招商启动工作刚刚开始，席位就已租罄，而且大集团公司整租居多；北京的金宝街也云集法拉利、迈巴赫、宾利等顶级豪车展厅，成为豪车聚集地。

汽车服务品牌模块将迅速发展

汽车服务品牌模块已经成为城市汽车服务的主流，比如：月福、特福莱、驰耐普、车爵仕等等，在一个服务品牌模块里融入了装饰、美容、快修、保养、轮胎、精品等。这样的模块连锁逐渐渗透到居民社区、城市核心区以及近年来兴起的汽车服务贸易园区等区域，为城市的汽车消费提供了便利。

汽车配件、用品市场专业化模块成为趋势

传统的汽车配件市场往往给人以“乱”的印像，但近年来汽配市场有了长足的发展，许多与当前形势发展不相适应的市场也正在改造升级，有的则异地搬迁。新的汽车配件市场区域划分更加专业，服务区域更加明确，从而出现了易损件模块、润滑油模块、轮胎模块、覆盖件模块、汽车电子模块、两季产品模块、汽车改装模块等各种模块式的结构，汽车零部件市场模块式的分割使市场更加专业，市场整体水平得到进一步提升，市场服务也更加精准。

过份强调售后服务的程序化，扼杀创造力和判断力

当前，汽车维修服务基本依赖于电脑诊断和程式化的维修程序，缺乏对主观能动性的发挥与培养，往往出现简单的毛病复杂的诊断，没有头绪的排查犹如进入了故障迷宫，规范化的维修程序抑制了主观能动性的发挥，人们不用对汽车的故障有更多的自我判断，只需要机械化的按照规范进行检测和修理，这样的方式推高了维修成本和维修费用，同时也使技工的独特技能退化，而失去自身的判断力和创造力，简单的毛病反而修不好。

二手车市场发展呼唤新的政策环境

我国当前的二手车税收政策制约了品牌二手车的发展，高昂的二手车交易增值税和营业税使二手车交易受到制约，理念先进、实力雄厚的大型二手车公司美翰、帅车纷纷败走，经营公司敌不过经纪公司。随着我国汽车保有量的增加，二手车交易的规模化经营和规范化发展成为发展趋势，需要支撑其良好发展的政策环境。就市场情况来看，我国二手车快速发展受到政策瓶颈的制约，亟需新的变革。

汽车主题城市综合体成为汽车园区发展趋势

近年来，汽车服务贸易园区的规划建设正在快速发展，随着规模的扩大，园区内仅有汽车商贸功能已经不能满足需求，需要汽车主题商务、汽车文化、汽车娱乐休闲，以及其他商业配套等等，需要更加完善的城市综合功能。因此，汽车主题城市综合体应运而生，成为新型的5G园区模式，即汽车商贸、汽车商务、汽车文化、综合服务、网络化管理模式。

特色化发展成为汽车园区设计规划的主流

当前，汽车服务贸易园区的健全和完善的功能已经不能满足其对项目先进性的要求，根据当地特有的文化，以及居民消费习惯、未来发展趋势、地方政府发展要求等特别需求规划园区特色已成为当前的主流。特色，将成为园区未来的核心竞争力，成为园区先进性的集中表现，成为社会关注的焦点。

（来源于中国汽车流通协会，2012年3月24日）

中国汽车后市场迈入发展元年

——中国汽车后市场连锁企业发展调研报告（摘录）

中国汽车保有量已经突破 1 亿辆，汽车后市场规模目前大约在 3000 亿～4000 亿元人民币。连锁型企业开始在规模、网点和营业收入上寻求突破，力图改变汽车后市场“小、散、乱、假”的现状，并已经吸引了多方资本的关注和介入。

企业连锁经营水平处于起步发展阶段

通过对企业高层领导的实地调研和访谈，可以发现，中国汽车后市场规模约为 3000 亿～4000 亿元，连锁从业企业规模多数处于“千万元”级别，整体处于小而散状态；企业连锁经营水平处于起步发展阶段，全国性连锁企业很少，产品或服务标准化程度低；企业管理能力不强，假货、市场规划水平低以及缺乏标准等都对企业带来很大的挑战；多数企业都看好市场的整体向好发展，已经有各种新的资源注入到行业中，推动行业的发展。

通过对消费者的抽样调查，可以发现：76% 的车主自己购买过配件，自购配件的主要原因是价格便宜、可自由选择品牌和质量更放心；汽配城仍然是目前消费者自己购买配件的主要渠道，消费者选择渠道时最关注的问题是产品齐全和价格优惠，20 万元车价以上车主更加关心质量和品牌；车辆保养年消费主要是在 4000 元左右，6000 元以上消费主要集中在 20 万元以上车辆；4S 店是消费者进行汽车维修保养的主要渠道，随着车龄的增长，维保渠道更加分散。方便快捷、价格优惠和固定师傅是消费者选择维保渠道时最关注的问题。

连锁经营已成汽车后市场企业共识

发展连锁经营，已经是汽车后市场从业企业的一个共识。可以借鉴成熟行业发展来开拓思路，同时，要积极利用新的技术和手段，实现跨越式发展。可以考虑借助行业协会和外部资本的力量加快扩张的步伐。

所谓汽车后市场，广义上是指汽车销售直至淘汰，围绕汽车使用过程中的各种服务。本次调研中，参考了美国、欧洲和日本汽车后市场的定义，在此报告中，汽车后市场是指汽车配件和汽车用品的批发与零售，以及使用这些产品所需要的服务，具体包括维修、保养、美容、改装等。

2010 年，美国汽车后市场规模大约是 2200 亿美元，大约 70％的汽车后市场是由配件经销商、事故维修中心、快修店、大型超市零售商、轮胎中心和服务连锁店等八类公司实现。国内汽车后市场规模估计在数百亿元到数千亿元人民币之间，且发展速度很快。从业企业数量估计有数十万家，多数依附于分布在全国约 800 家汽配市场，消费的主渠道目前是 4S 店。汽配产品和汽修服务是消费者投诉与媒体曝光的一个重点，多数消费者和公众对于汽配市场的整体印象是“脏、乱、差、假”。

中国汽车后市场现状到底如何？企业和消费者是如何看未来发展前景？通过调查，我们可以发现一些趋势。

大多连锁企业主要围绕公司总部周边发展

本次调查受访连锁企业基本集中在京、沪、广、深及省会城市，通过直营或者加盟的方式拓展；在直营连锁企业中，已经跨省经营的只有 6 家，即大部分连锁企业主要还是围绕公司总部的地理周边进行发展。

53％的连锁企业在 2011 年网点数量少于 10 个；网点数量超过 100 个的有 6 家企业，全部是通过加盟方式扩张（见图 1）。

63％的受访企业表示 2011 年销售收入处于 1000 万元～5000 万元间，销售额超过 5 亿元的 3 家企业全部是直营连锁企业，且都在全国多个省市有连锁网点（见图 2）。

根据我们的调查，消费者年均车辆保养费用在

4000元以内，以全国汽车保有量1亿辆来推算，全国汽车后市场规模大约在3000亿～4000亿元。

多数受访企业都没有明确成形的员工内部提拔机制，特别明显的断层出现在店长到公司管理层这个阶段，以至于常见“员工做熟了就自己去开店”现象。

对于汽车后市场发展前景，无论是经营企业还是维修、美容服务类企业，94%的受访企业都表示对行业非常看好，或者看好。目前市场上有多股力量已经或者准备进入汽车后市场（见图3）。

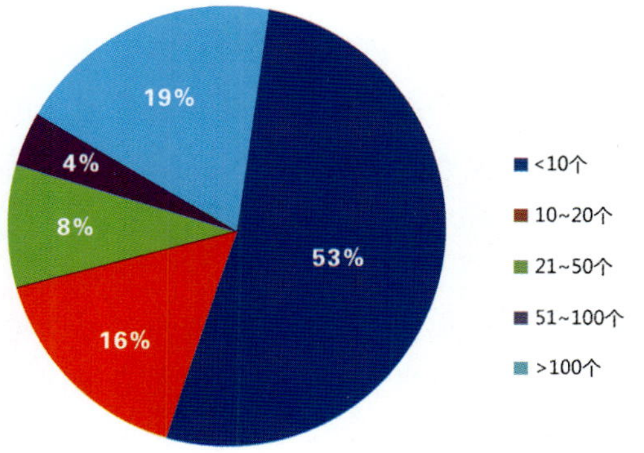

图1 2011年受访连锁企业网点数量

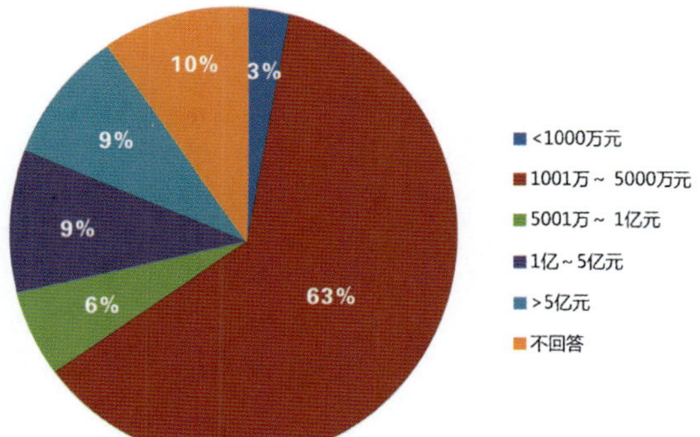

图2 2011年受访企业销售收入

超过70%的公司计划在未来两年规划增加门店或网点；超过35%的公司准备开拓新的业务。

本次消费者调研主要在北京和上海进行300位车主的拦截访问。所调查的车辆多数在3年以内，以家用中档车为主。

76%的车主自己直接购买过（不是维修保养店直接更换）汽车配件和汽车用品，养护类汽车用品是购买最多的（见图4）。

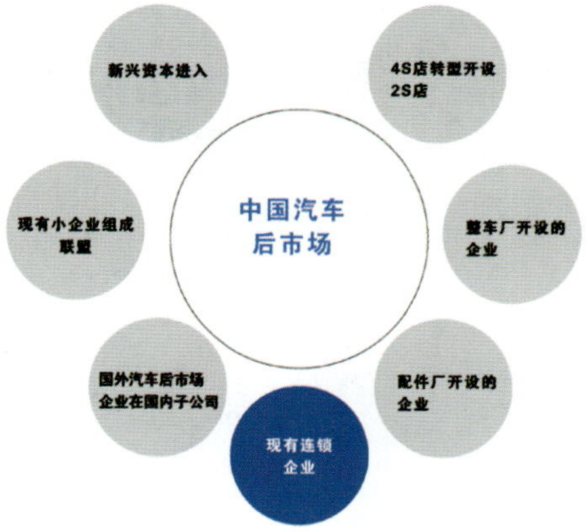

图3 已经或准备进入我国汽车后市场的力量来源

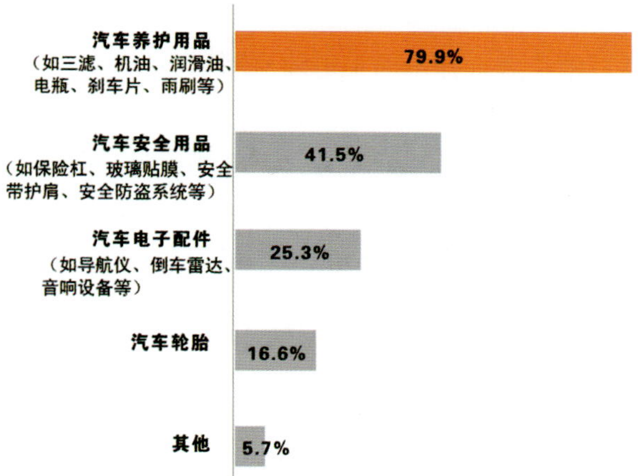

图4 车主自行购买的配件占比情况

传统4S店将受到连锁经营冲击

车价高的车主在配件产品质量和产品知名度上更加不愿意让步。车价20万元以上车主有45%在4S店自购配件，相比之下，20万元车价以下的车主平均只有16%经常在4S店购买配件（见图5）。

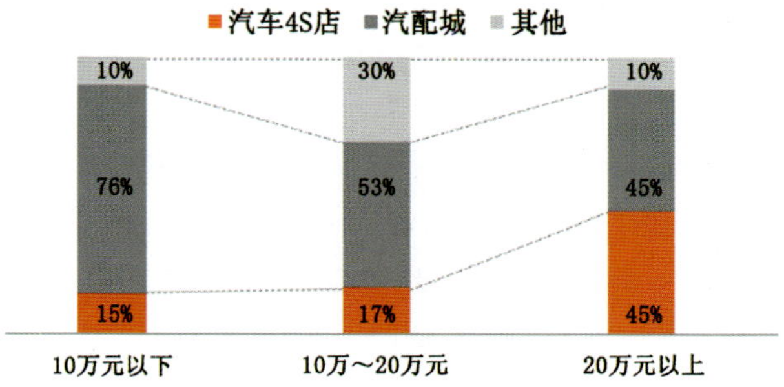

图5 不同车价车主自购配件的常用渠道

平均而言，83%的消费者的汽车保养年费用在4000元以下，20万元以上车中有49%在保养上的年消费超过4000元（见图6）。

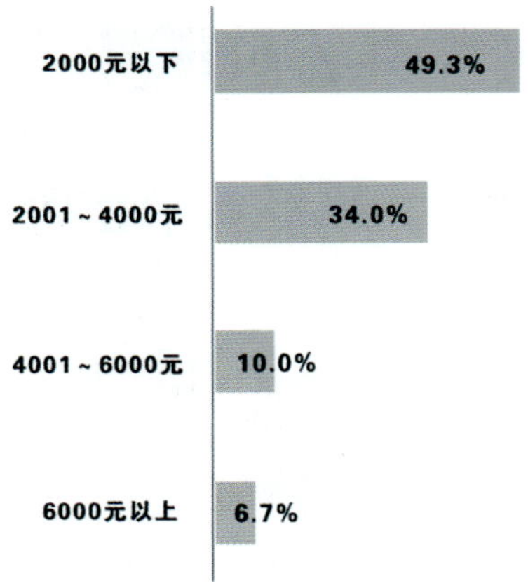

图 6　车主汽车年保养车费情况

消费者选择不同渠道的原因也不尽相同：对于4S 店，车主主要希望维修技术和质量保证；对于路边店，价格和地理位置方便是主要原因，而连锁汽修店除了价格和地理位置，服务态度是吸引车主的主要原因之一（见图 7）。

通过本次调研，我们认为，汽车后市场整体还处于成长阶段，具有以下特点：①行业增长率高；②市场容量显著增加；③越来越多的进入者；④各个企业强势扩张；⑤市场集中不高，尚未形成寡头垄断地位；⑥聚焦战略占主导地位，但差异化或者低成本战略开始出现。

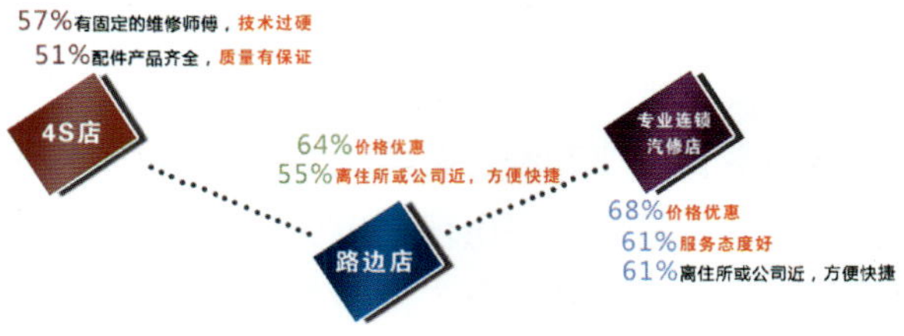

图 7　消费者选择不同渠道的原因

汽车后市场未来布局

根据产品线的宽度和对服务的需求可比性，我们认为，汽车后市场未来格局比较接近超市卖场的发展趋势，即全国性连锁与区域性或专业性连锁共存。

发展连锁经营，已经是汽车后市场从业企业的一个共识，但是，连而不锁也是普遍的一个困境，因此，在企业发展过程中可以借鉴成熟行业发展来开拓思路，同时，要积极利用新的技术和手段，实现跨越式发展。

从业企业要积极地利用外部资源。可以考虑借助行业协会，可以将多个企业共同关心的问题，经过协调，以集体的力量统一与利益相关方沟通；在资金上，可以多与相关行业资本沟通，借助外部资本的力量，充实扩张的实力。

（来源于中国连锁经营协会，2012 年 11 月 14 日）

2012 年我国汽车维修行业现状、存在问题及对策

一、汽车维修行业的定义及特点

1. 定义

汽车维修：是汽车维护和修理的泛称，就是对出现故障的汽车通过技术手段排查，找出故障原因，并采取一定措施使其排除故障并恢复达到一定的性能和安全标准。汽车维修包括汽车大修和汽车小修。汽车大修是指用修理或更换汽车任何零部件（包括基础件）的方法，恢复汽车的完好技术状况和完全（或接近完全）恢复汽车寿命的恢复性修理。汽车小修是指：用更换或修理个别零件的方法，保证或恢复汽车工作能力的运行性修理。

2. 特点分析

私家车成为主要维修保养主体，其需求向快速化、专业化发展。

目前我国私家车不论在保有量还是消费规模上都处于高速发展阶段，可见，私家车维修和保养未来将会是国内维修保养行业的最主要的市场，私家车车主在维修和保养方面将会呈现以下几个特点。

首先，大中城市私家车主购买汽车主要是用于日常工作及休闲，使用频率非常高，依赖性较强，所以对于维修和保养的快速化、便捷化较为看重。

其次，随着中国中高档的汽车消费比例的增高，

车主对汽车保养意识越来越强，所以现在国内对汽车检测、保养的需求也越来越大。也就是说汽修市场对汽车保养、检测设备的需求将越来越大，可能大于对汽车维修设备的需求。现在国内各大中城市的汽车美容店的剧增及安全检测站的陆续建立便是很好的验证。

3. 政策法规引导中国汽车维修市场向规范化发展

目前，汽车维修行业呈现出的特点是：起步晚、起点低、竞争乱、管理弱等，对于维修行业的混乱秩序，早在2002年全国首个区域性的《汽车售后服务规范》便已在深圳诞生，近年，北京市出台了《加快发展连锁企业的意见》，明确提出在汽车配件、维修领域积极发展连锁经营。而2005年8月1日起正式实施的《机动车维修管理规定》（以下简称《规定》）对机动车维修经营规范及经营者义务、监督检查、法律责任等都进行了重新调整和规范，为了增强机动车维修市场准入的科学性和针对性，确立专业化的引导方向，由此可以看出国家有关部门从法律法规上正逐步整顿规范汽车维修市场。

4. 国外企业加快进军步伐

加入世界经济贸易组织后，我国已将汽车维修市场全面开放，国外企业和个人均可来华投资建立汽车维修企业，并且可以独资，他们将资金和先进的管理经验、维修技术带入我国，为我国汽车维修行业带来了新的活力，同时也将与我国的汽车维修企业进行激烈竞争。

在近两年时间内，很多的国内外知名汽车维修保养市场连锁服务品牌开始在国内市场布局，在日本拥有500多家连锁店、占日本汽车维修保养市场55%份额的连锁品牌澳德巴克斯，进入中国以来开设了多家店面。除了日本连锁品牌澳德巴克斯之外，还有如ac德科、博士等。排名世界500强首位的埃克森美孚石油公司是全球最大的润滑油供应商，趋势预测2012年美孚在华润滑油销售零售店将增至200家，其中100家是新开设的网点；荷兰皇家壳牌公司在收购了中国市场排名第三的统一石化后，启动了高端润滑油精品销售计划，趋势预测其将在汽车保有量较高的大中型城市建成80家养护中心；在全球设有800多家快保店的胜牌汽车服务有限公司已在上海设立了其在中国的首家汽车快保中心店，也是亚洲第一家胜牌汽车快保店。

有关数字显示，到目前为止，已经有不下30家国外知名汽车服务企业宣布了进军中国市场的计划。然而，这些外来品牌对中国的汽车维修保养市场还缺乏足够和清晰的认知，市场开发尚处于起步摸索阶段，正试探性地开发部分客户，不断了解国内市场，为将来全面进入中国汽车维修保养市场打下良好基础。

5. 我国国内维修车企现状

资产规模扩大。随着汽车维修行业竞争日趋激烈，维修企业为了提高综合实力，不断扩大资产规模。

收入减少。主要原因是业务量减少：一是企业原本代理多个汽车品牌的定点维修和售后服务点，一些品牌维修服务点的代理权被取消了；二是有的企业维修维护的车辆主要是石油运输线上的车辆，近年由于路途远、油费贵、车辆来回成本高，不少往返油田的车选择就近点维护保养；三是部分仅有出售汽车配件资格的企业也承揽了一些简单的维护保养工作，因其成本低，存在价格优势，吸引走部分客户。

用工成本增加，压缩了车企盈利空间。对于汽车维修行业来说，过硬的维修技术是吸引客户的亮点，为了留住娴熟的技术工人，企业不断提高工资待遇和福利，导致盈利空间减少。

二、2012年我国汽车维修行业发展情况

中国汽车市场呈现高速增长势头，许多业内专家公认为中国已进入汽车社会。在汽车消费结构方面，家庭购买比例越来越大，已经成为市场需求的主体，中国将开始进入稳定增长的良性的汽车市场。与2011年相比，虽然2012年汽车市场的销售涨幅有所回落，但市场需求潜力并没有缩减，只是由于汽车频繁降价，以及汽车消费和使用环境等诸多不利因素，使得消费者持币待购，需求暂时得不到释放。当然，随着竞争的激烈，汽车销售越来越走向微利时代，而汽车后市场则随着汽车消费结构的变化和消费者消费理念的成熟而呈现出巨大的发展潜力和美好的前景。目前，国内的汽车后市场比较混乱，还处于初期的调整和扩张阶段。但巨大的市场潜力和快速的增长速度都给商家带来了很好的市场机会。市场开放后，随着国外汽车服务巨头的进入，多方

力量将角逐国内汽车维修保养市场。

国外汽车维修业已基本以小型化企业为主。在美国，目前约有 30 多万家营业性的汽车维修企业，这个数字与我国汽车维修企业数量基本接近，但美国的汽车维修企业则明显呈小型化特征。美国平均每家汽车维修企业有专职雇员（管理人员）4.5 名，专职维修技工 24 人，维修工位 6 个。这些企业中有 62.7% 属个人所有，6.2% 是合伙经营的，31.1% 为股份有限公司；企业年营业额在 5 万～ 10 万美元的个人所有小型企业占 85.8%，而年营业额超过 40 万美元的大型企业则大多数为股份有限公司。对比国内汽车维修行业，国外该行业的做法对发展来讲更有促进作用。先进的维修养护连锁网络、完善的汽修服务体系以及健全的汽修行业标准，必将为国内的汽车维修行业带来新的思路。目前国内主要的轿车生产企业基本都采取“4S”方式。这种模式源于欧洲，4S 即整车销售、配件供应、维修服务和信息反溃，欧洲在汽车保有结构方面的特点是车型集中，每种车型有较大的保有量，故“四位一体”的 4S 经营模式得以存在和发展。

我国汽车维修行业目前正处于发展时期，主要问题表现在以下几个方面。

第一，缺少核心技术、产品质量及服务意识淡薄。汽车制造业水平的大幅度提高，让汽车修理企业不得不投资购买先进的维修检测设备，这同样也给汽车维修企业迎来了一个难得的发展机遇，但是我国的汽修企业门槛低、市场竞争无序。由于低价的设备市场空间比较大，汽车维修设备商们纷纷压低价格以获取市场份额，打价格战成了营销的主要手段，而价格降低的背后必然会对质量产生影响，同时会间接对品牌的树立带来负面效应。国内产品性能不够稳定，故障率低，外观设计存在抄袭，许多的企业都没有自己的品牌，只能靠低价格来打销售战，最终很难长久得到市场的认同。因此，我国汽车维修设备厂家必须打破地域、行业、所有制的局限，实现强强联合，发展大批量、高质量、低成本、生产适销的设备产品，引进国外技术，生产出自己的优质产品，只有这样在竞争中才能立于不败之地。

第二，人才发展无序，高级人员欠缺。随着近年汽车维修厂商加大了对人员的培训以及引进高级

管理人员与技术人员培训等措施，从业人员总体素质有大的提升，但和国外相比，高级研发人员还很缺乏，且人员素质的提升跟不上整个行业的发展。汽车工业的飞速发展对专业人才的要求也逐步提高，加强相关专业人才的培训是整个行业的当务之急。要提升企业的竞争能力，提升整个行业的运作水平，市场要求有名牌，而品牌的创建离不开高层次人才。没有强势的品牌和强大的技术资源，很容易引起众多企业的模仿与跟进，容易模仿、没有自己独特品牌价值的连锁企业是走不远的。在这种竞争中企业要不断完善组织结构，提高人才素质，适应市场变化，随着在产品质量与管理服务方面的水平不断提高，才能真正推动我国汽车维修行业的全面上升。

第三，市场营销策略和方法不多。随着汽车技术的发展，更新换代速度加快。汽车维修和保养设备也成为具有很多高技术水平的产品，在市场营销上，很多传统的方法可能不再适合，在当今的信息社会，人们已经可以通过很多渠道获得各自所需的信息了，各种成功企业的经验无数次证明：只有持续的、有针对性的、多样化的品牌宣传和推广，才能使自己的企业长久不衰。特别需要指出的是互联网已经成为人们获取信息的重要平台，这是一个高效、便捷和廉价的平台，要重视互联网的作用，并利用它来为企业的经营服务，网络营销必将极大地提高企业的竞争力。

三、2012 年我国汽车维修及检测设备发展状况

随着汽车数量的增加，国家和社会将会对汽车

维修检测提出更高的要求，以保证人们的生命财产安全、节约能源消耗和维护人类社会环境的生态平衡。

汽车维修检测设备发展前景广阔，主要有两个原因：一方面，作为人类运载主要工具的汽车，其保有量将随着社会的进步与人们生活水平的提高而大幅度增加，尤其在我国小汽车大范围进入家庭的条件下，需要更多适合现代汽车技术要求和社会经济承受能力的汽车维修检测设备；另一方面，随着汽车数量的增加，国家和社会将会对汽车维修检测提出更高的要求，使得汽车维修检测的可持续发展空间巨大。

1. 各类设备所占比重的变化趋势

汽车维修检测设备可分为维护、修理、测试和诊断四个部分，各部分所占的比重大小将取决于维修制度的变化和维修作业内容的变化。

目前，世界上大多数工业发达国家对汽车维修已基本上采取维护为主，不再进行汽车的整车大修，而只是按照汽车检测诊断设备提供的检测报告，对汽车进行有针对性的维护或修理作业，借以恢复其技术性能，消除隐患，保证汽车良好的安全性能及使用性能。

原交通部于1990年10月发布了第13号令——《汽车运输业车辆技术管理规定》，明文规定了我国汽车维修业必须执行“定期检测、强制维护、视情修理”的管理制度。13号令自颁布实施以来，国内的汽车维修业有了一定程度的发展。根据近几年的实际发展情况，可以看出我国当前汽车维修检测设备的发展趋势是：汽车检测诊断方面设备的比重有较大幅度地增长，以满足贯彻“视情修理”的可能性；汽车维护及小修所需的工具比重相对加大，而修理机加工设备的比重相对变小，这是实行强制维护，尤其是小汽车进入家庭后发展的必然趋势；电子、电脑检测诊断设备将成为行业新秀。

在市场大环境影响下，国内一些大型生产厂家和行业内的新军都推出了电子和电脑检测诊断设备高新科技产品，如全电脑四轮定位仪、自动电脑解码器、电脑控制车身大梁矫正度量系统等检测设备。但这些产品在我国算是刚刚起步，尚需大力开发，市场前景看好。

2. 汽车维修检测设备的技术发展方向

随着现代电子技术，特别是大规模集成电路和微处理技术、自动控制技术及高精度传感器技术的发展，微机控制的调节装置在汽车上的应用已越来越广泛，汽车电脑化已成为发展方向。其突出表现有下列几点：①电子燃油喷射式发动机能提高功率10%，降低油耗5%～10%，排放污染减轻，怠速、加速性能提高，已取代化油器式发动机。②装有防抱死制动系统的汽车将增加25%～50%。③各种电子控制装置将大量增加，如电子调节器、晶体管点火装置、夜间会车自动控制装置、雷达防撞、GPS导航系统、移动通讯系统等。④柴油车、前轮驱动车、四轮驱动车、越野车数量增加。⑤采用燃气涡轮装置以提高动力，降低油耗的载重车增加。⑥排放污染降低。

随着汽车各系统的改变，汽车维修检测设备也必须有与之相适应的发展，总的发展方向也是电脑化，具体表现在：新的系统、新的方法、新的标准要求新的检测设备。例如防抱死制动装置。在目前的低速制动台上测不出最大制动力，ABS而会被判为制动力不合格，于是要求设计出滚筒线速度能达到5～20km/h的高速制动台，或者要求类似解码器的微机检测系统出台。发动机电喷系统也是如此，如果系统本身有自检功能当然更好；由于滤纸式烟度计不能检测蓝烟、白烟，且不能连续检测，因此，它将被新的透光式烟度计所取代；排放标准的提高要求生产出小量程、高灵敏度的四气、五气分析仪。

我国汽车维修业起步较晚，基础薄弱，反映在劳动工具相当落后，一把大锤、一把手钳、几只螺丝刀，就可以开个修理铺。多年来汽车保修设备的生产也多以机具类为主。20世纪90年代以后，随着改革开放的不断深入，一批批先进的进口汽车检测设备和仪器涌入国门。四轮定位仪、解码器、扫描仪、汽车专用示波器、汽车专用电表、发动机分析仪、尾气测试仪、电脑动平衡机……这些昔日人们十分陌生的检测设备已经成为现代维修企业的必备工具。而这些检测设备本身就是高科技化的产品，是电子检测技术、电脑技术的高级集成物。要熟练地操作使用这些检测设备，技术人员需要经过严格的培训、掌握正确的使用方法、充分发挥检测设备的各项功能，并要掌握英语和电脑技术。

资讯、信息、网络技术的发展，使各行各业都处于一个全新的发展时期。作为现代汽车维修企业也不例外。随着科学技术的飞速发展，汽车制造技术得到了突飞猛进地进步。汽车从结构到控制技术日趋高科技化，汽车新品牌、新材料、新装备、新功能层出不穷。没有人能将数千种车型的维修资料、数据分析、程序记忆在大脑中，这就要求汽车维修技术人员对知识技术、经验以及资讯的全面掌握。互联网的出现彻底打破了资讯传递在空间、时间上的局限，能在第一时间最全面、最快速地将资讯迅速地传递到地球上的每一个角落。而互联网在中国现代汽车维修行业中已崭露头角，从国际汽车维修行业看，维修企业技术资料查询、故障检测诊断、技术培训网络化已形成全面普及的局面。维修信息综合管理、专家集体会诊、网上查询资料、网上解答疑难杂症、网上开展技术培训、网上购买汽车维修资料，已经成为维修行业的基本特征。

（转自中国行业研究网，作者廖国栋，2012 年 10 月 30 日）

2013 年中国汽车用品市场的发展及预测

据统计，中国汽车保有量超过 1.14 亿辆，截至 2012 年年末，全国民用汽车保有量达到 12089 万辆（包括三轮汽车和低速货车 1145 万辆），比上年增长 14.3%，其中，私人汽车保有量 9309 万辆，增长 18.3%，民用轿车保有量 5989 万辆，增长 20.7%，私人轿车 5308 万辆，增长 22.8%（见图 1），从数据看，国内持续增长的汽车保有量为整车产业提供了稳固的发展空间，更为汽车售后服务市场的发展提供了有力的保障。预计 2013 年中国汽车用品销售总额将突破 5000 亿元。

依托整车市场，汽车装饰、汽车美容养护与汽车太阳膜市场得到了快速的发展，尤其是汽车美容项目，各个品牌商联合渠道商对汽车服务终端店的高度关注度空前，奔瑞总经理根据 2012 年的行业发展状态曾预测，2012 年是汽车用品行业发展元年，也是 2013 年汽车用品行业发展的全新起点（见图 2）。这一观点从 2012 年汽车美容领域市场规模占汽车用品行业的 27%（见图 3）。汽车美容产品市场规模增长率达到 33% 及不断规范化发展中得到验证。

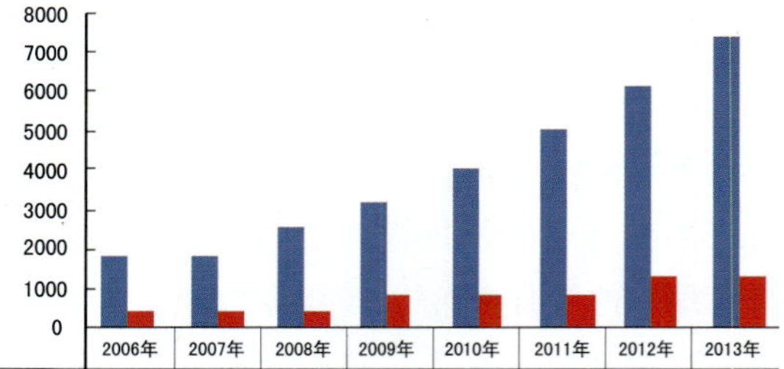

	2006年	2007年	2008年	2009年	2010年	2011年	2012年	2013年
轿车保有量（万辆）	1545	1958	2438	3191.36	4021.56	4962.5	6110.70	7467.5
轿车产量（万辆）	386.95	479.77	492.33	747.12	821.2	949.4	1118.2	1349

图 1　2006 ～ 2013 年中国汽车保有量增长情况

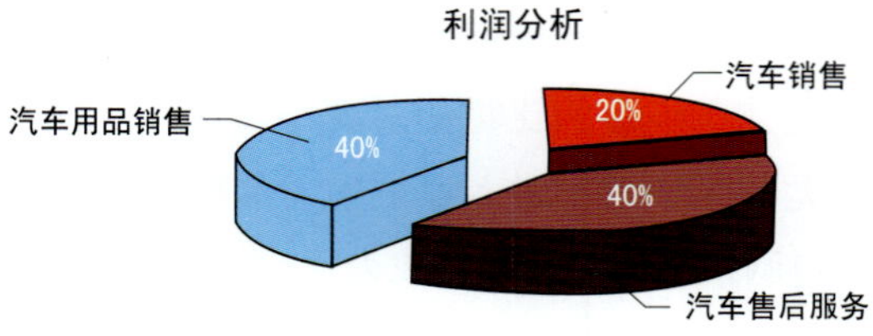

图 2　汽车市场利润占比情况

1. 市场 2:8 分化明显

无论是汽车美容领域还是汽车太阳膜市场，高端市场仍被国外大品牌占领（见图 4），国内民族品

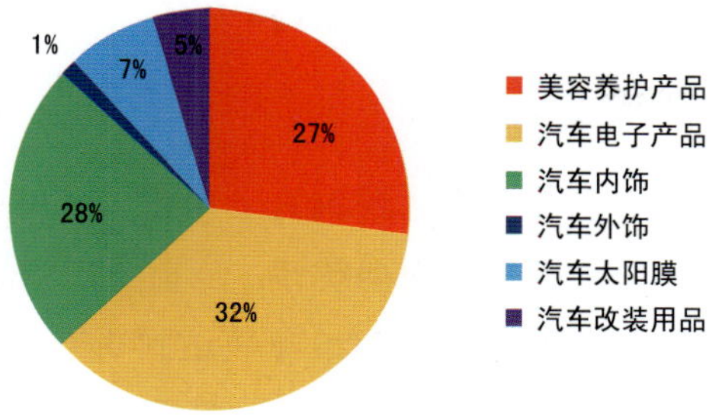

图 3　2012 年中国汽车用品市场各领域规模占比

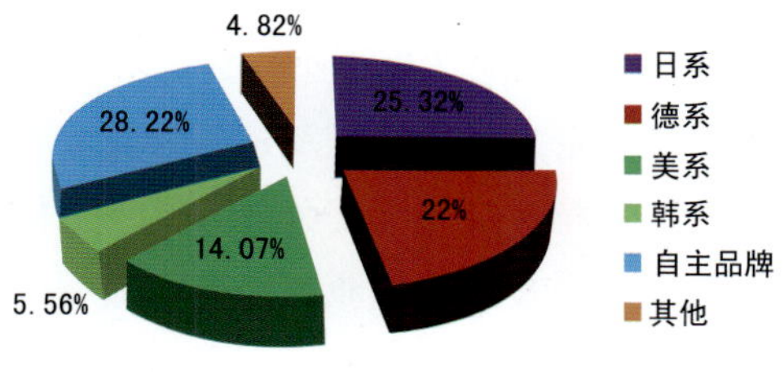

图 4　各国车系在中国市场的占比

牌仍停留在中低端市场，虽然部分民族品牌通过强劲的品牌打造及产品深化，但仍难逃国内重视洋品牌的心理形态，这种市场状况为外国品牌继续深化国内市场赢得了宝贵的时间，更对民族品牌的崛起提出了新的挑战及更高的市场策略要求。

2. 电商发展迅猛

电子商务对汽车用品行业的强势挺进给传统行业造成了压力，尤其是具有一定 DIY 性质的汽车美容产品，电商市场的冲击让传统行业面临着更大的挑战。虽然，目前国内的汽车美容市场仍以专业市场为主导，但具有先见之明的品牌商却开始高度关注汽车美容市场这一新的营销渠道。上海妙声科技有限公司总经理穆雨平预言，2013 年，国内汽车用品电子商务将以 100% ～ 150% 的速度增长，并将继续对传统销售渠道造成冲击（见图 5）。

3. 养车文化凸显

汽车家庭化深入，家庭拥有私家车已经成为普遍现象（见图 6），车主对于爱车的保养意识也逐渐增强，车为人服务，人为车“解忧”，一种养车爱车的汽车文化逐渐在终端车主处形成。尤其是新兴的年轻一族终端车主，这种意识形态不仅增强了他们对爱车的关心，更提升了他们对汽车用品及汽车服务机构的更多关注与需求，尤其是拥有高档轿车的车主有更强的美容观念和更高的美容消费能力（见图 7）。对此，汽车用品产品销售将向细分化、差异化、品牌化发展，价格战转为服务战、品牌战。

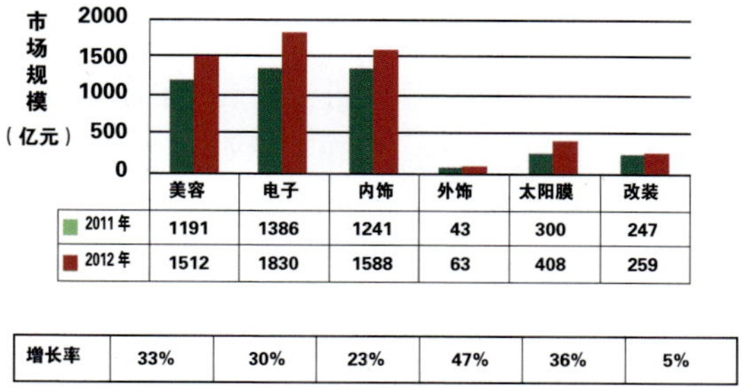

图 5　2011 ～ 2012 年各领域市场规模

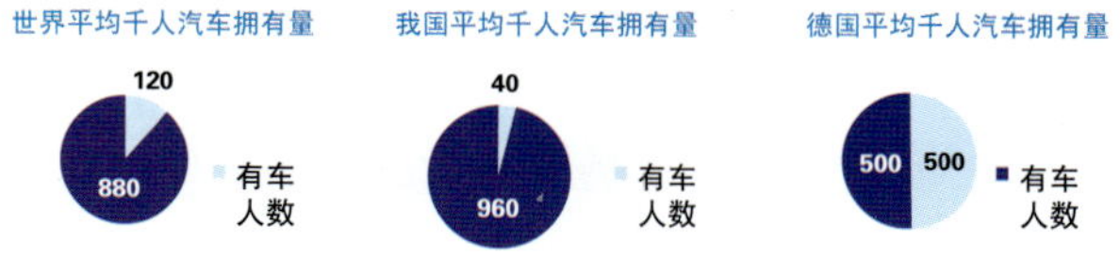

图 6　中国汽车保有量有很大的市场空间

图 7　中国汽车保养空间巨大

4. 4S 店强势进入售后

整车销售利润的趋薄，令越来越多的汽车 4S 店开始把利润的重心转移到售后市场。可以说，4S 店集团采购与连锁经营更具市场优势，为售后市场带来了新的挑战。

4S 店占据约 80% 的贴膜市场，占据约 60% 的装潢市场，4S 店的进入加速了汽车售后市场发展，然而，4S 店资金实力强大，高档次的服务水平、高度专业的维修技术易赢得消费者信赖，消费者品牌意识逐渐增强，服务成为核心竞争力，这也对传统汽车服务终端店提出了更高的应对要求。穆雨平断言，汽车美容用品批发商向运营商、传统零售商向服务商的角色转变势在必行。

（转自全球汽车用品网，2013 年 4 月 27 日）

2015 年中国将成全球第一大汽车后市场

2013 年 5 月 16 日，由中国汽车零部件工业公司主办的“中国汽车后市场 2013 年发展论坛”在昆山召开。来自中国国际贸易促进委员会、中国国际商会、中国汽车工业协会、中国汽车技术研究中心的领导、专家，以及国内外汽车零部件企业集团、金融机构代表共聚一堂，深入探讨了中国汽车后市场现状、问题及其解决办法和相关政策等。

我国汽车后市场刚起步、规模小

中国汽车技术研究中心首席专家黄永和以“大力发展汽车后市场，推动产业链升级”为主题进行了发言。

“一般而言，在每辆车的生命周期之内，其使用成本约为车价的 2 ～ 3 倍，因此汽车后市场是汽车产业链中最稳定的利润来源，约占汽车产业链总利润的 60% ～ 70%。因此，汽车后市场也被喻为‘黄金产业’。”黄永和表示。

在促进就业方面，黄永和以日本为例：2010 年，日本汽车相关就业人口占日本总就业人口的 8.5%，其中代表汽车后市场的汽车使用部门、销售维修部门以及其他相关部门就业人口占汽车相关就业人口的 80%。

中国汽车零部件工业公司总工程师、中汽联合汽车零部件连锁有限公司总裁宁晓阳指出，中国的汽车后市场业务还处于刚刚起步的阶段，类似于美国 20 世纪 80 年代的水平。

与国外成熟汽车后市场相比，我国汽车后市场规模及占整个汽车产业的比重明显偏小。此外，我国汽车后市场还存在服务模式不健全、标准法规不完善、服务网点布局不合理、行业准入门槛低、政府缺乏有效监管和正确引导等问题。

连锁经营或成维修保养主流业态

整体来看，我国汽车后市场具有很大的发展潜力，有专家预测，2015 年中国汽车后市场的规模将超过美国，成为全球第一大汽车后市场国。

宁晓阳在他的发言中也预计，随着消费者逐渐成熟、政策越来越支持以及更多新企业的涌入，中国的汽车后市场等相关业务规模也将随之爆发，到 2015 年年增长率将达到 24%。

宁晓阳提到，根据统计，当前中国乘用车平均车龄约为 3 年，预计 2020 年将达到 6 年左右，届时会开始步入单车维修费用的高峰期；随着保有量和车龄的增长，预计中国售后备件市场将于 2020 年达到 5200 亿元。

就汽车后市场的维修保养领域来看，当前我国的汽车维修及零配件相关业务主要以 4S 店及厂商指定维修点为主力，以保修及延保为获取客户的重要手段。维修养护市场极其分散，其中快修养护连锁店呈现快速增长，其他业态发展将减弱，特别是路边快修店。

目前，美国汽车服务连锁经营企业占到整个售后市场的 80% 以上，而 4S 店服务体系仅占市场的 20%。宁晓阳推测：“若是借鉴美国的后市场发展经验，我国的汽车维修保养市场整合可能即将开始，专业化连锁经营服务将快速发展，并逐步成为市场的主体。”

宁晓阳分析，连锁经营模式的优势有五点：规模效应、标准化和透明化、精确的市场细分、品牌效应和增值服务。目前来看，一站式超级店与小型专业店是中国汽车维修及零配件市场较为成功的连锁业务模式。

而人才储备不足是制约汽车维修行业发展的关键因素，应积极考虑如何建立自己的培训基地或与生产厂商建立合作。

法律法规缺失制约改装车和汽车租赁发展

中国后市场总会改装分会执行会长宁振兴在其以“高端品牌汽车升级及定制方案”为主题的发言中表示了对改装车市场零部件的担忧，他呼吁政府尽快制定相应法律法规，将汽车后市场改装标准化。

据悉，汽车改装是汽车后市场的重要组成部分，而目前在我国汽车改装仍以生产深加工型和贸易型改装为主，针对用户需求的消费型改装市场份额仅占 10%，而且目前的道路交通法规对消费型加装放宽范围很小，市场监管难度大，短期内出台管理法规的可能性也较小。

宁振兴预计，消费型加装至少在三年内仍会处于现有法律的边缘状态。

中进汽贸服务有限公司总经理杨吉胜在关于“国内当前汽车租赁行业发展现状及趋势”的发言中也指出，相关政策出台了但法规仍不配套，也成为制约我国汽车租赁行业发展的瓶颈之一。

（来源于《汽车周报》，记者谌洁，2013 年 5 月 31 日）

中国汽车后市场前景无限　本土企业亟待发展

所谓汽车后市场，一般是指在汽车销售后，围绕消费者在车辆使用过程中所需的各种服务构成的市场。范围主要包括“汽车金融保险”、“汽车配件用品”、“汽车的维修及改装”、“二手车及汽车租赁”、“汽车报废回收拆解”等。一般而言，在每辆车的生命周期之内，其使用成本约为车价的 2 ～ 3 倍，因此汽车后市场是汽车产业链中最稳定的利润来源，约占汽车产业链总利润的 60% ～ 70%。因此，汽车后市场也被喻为“黄金产业”。

中国汽车后市场成为“黄金产业”

据中研普华发布的《2011-2015 年中国汽车后市场行业深度分析及前景预测报告》显示，整体来看，我国汽车后市场具有很大的发展潜力，2015 年中国汽车后市场的规模将超过美国，成为全球第一大汽车后市场国。

从行业内部看，汽车零部件企业的产品销售收入每年平均增长 28.25%，高于整车产品的平均增长率 26%，汽车的保有量增加是一部分原因，更主要的是消费者也在逐渐成熟，他们对汽车配件和养护的要求在提高，更希望得到性价比高的专业服务。

就汽车后市场的维修保养领域来看，当前我国的汽车维修及零配件相关业务主要以 4s 店及厂商指定维修点为主力，以保修及延保为获取客户的重要手段。维修养护市场极其分散，其中快修养护连锁店呈现快速增长，其他业态发展将减弱，特别是路边快修店。

中国汽车后市场体系不成熟，外资凶猛

目前，美国汽车服务连锁经营企业占到整个售后市场的 80% 以上，而 4s 店服务体系仅占市场的 20%。若是借鉴美国的后市场发展经验，我国的汽车维修保养市场整合可能即将开始，专业化连锁经营服务将快速发展，并逐步成为市场的主体。

随着市场的吸引力的不断增加，国内售后市场正在发生深刻的变化。从 2005 年开始，提供全面汽车服务的日本公司“黄帽子”开始进驻中国，2013 年已建立了 8 个连锁店，并计划在 2015 年增加到 15 个；目前，德国的博世公司也在中国建立起了覆盖全国的零部件分销商网络，并拥有约 500 家的连锁门店；来自台湾的汽车维修养护企业爱义行，在大陆也有了近百家连锁店。

中研普华汽车零部件研究报告分析师指出，进入 21 世纪，中国的汽车消费市场开始持续升温，私家车明显增多，汽车销量年均增幅超过了 20%，这也直接拉动了汽车后市场的急速发展。目前中国的汽车后市场业务还处于刚刚起步的阶段，类似于美国 20 世纪 80 年代的水平。与国外成熟汽车后市场相比，我国汽车后市场规模及占整个汽车产业的比重仍明显偏小。

（来源于慧聪汽车配件网，2013 年 6 月 18 日）

外资巨头环伺 零部件企业困境中寻求突围

中国汽车市场的巨大容量和持续增长，让全世界的零部件企业为之兴奋。2013 年以来，外资零部件在中国市场发展迅速，纷纷加快本土化进程。伟世通、德尔福、法雷奥、伊顿、佛吉亚等多家跨国汽车零部件巨头均乐观预计，未来中国业务将翻倍增长。

值得关注的是，向低端市场扩张以及扶持高端自主品牌拉动业务增长成为外资零部件近期以来在中国市场发展的新举措，这让本已失守高端关键零部件市场的本土零部件商备感压力。“列强环伺”的情况下，国内汽车零部件企业如何发展？

外资零部件商扩张迅猛

日前，汽车零部件企业德国海拉集团宣布了其 2020 年之前在华投资计划：将在中国陆续建立新的三座照明工厂并扩建几家研发中心。海拉希望在基于德国设计基础上完成本地化生产，未来服务于一汽、北汽及上汽集团以及更多的中国本土品牌。

无独有偶，日本汽车零部件制造商近日也入驻长沙。由日本太平洋工业株式会社集团和株式会社半谷制作所、株式会社美达王共同投资设立的长沙太平洋半谷汽车部件公司新工厂在星沙动工建设。这一项目达产后可年产 30 万套小汽车零部件。

据了解，包括博世、法雷奥、TRW、采埃孚在内的国际汽车零部件巨头，去年在华业务的增长率均实现了两位数以上增长。目前，外资汽车零部件厂商正紧锣密鼓地加速在中国的投资、增资项目的计划与实施工作。

在 2013 年 4 月举行的上海国际车展上，法国汽车零部件巨头法雷奥集团在展会上宣布将扩大在华投资，到 2015 年法雷奥中国销售额预计将翻番，中国将成为法雷奥最大的海外市场。据了解，2012 年法雷奥中国销售额突破 100 亿元，占法雷奥集团销售额的 10%。

美国汽车零部件企业伊顿车辆集团也在上海国际车展上宣布要在中国扩大产能。伊顿车辆集团山东济宁制造工厂将扩大两倍产能，以满足中国市场对气门和气门驱动机构产品和技术不断增长的需求。

此外，博世计划继续加大在中国市场投资，仅 2013 年就计划在汽车技术、售后市场等方面增加 30 亿元左右投资。TRW2013 年计划对中国市场投资超 2 亿美元，超过了 TRW 在世界上任何一个国家的投资额。采埃孚也计划今年在中国再投产两个生产基地。

在上海车展上，零部件供应商多达 1541 家，无论是展商数量还是展位规模都超往年。其中排名前十的博世、天合、大陆、爱信等行业巨头专门开辟了独立展区。他们不仅面向国外品牌在中国的合资品牌招揽生意，更看好中国高端自主品牌对高品质零部件的需求增长。

借助扶持高端自主品牌拉动业务增长，成为 2013 年国际零部件巨头们的新举措。如博世已专门针对低端车开发零部件，去迎合日益往高端走的自主品牌整车企业的配套要求。

有业内专家表示，拥有技术、管理和品牌优势的外资汽车零部件企业深入中国市场投资的步伐正在加快，在保持原有高端产品市场的同时，也在积极开发低成本的产品，向中低端市场扩张，这将再次给以成本为主要优势的本土零部件企业带来新一轮危机。

国内零部件商危机四伏

得益于近几年中国汽车产业的高速发展和全球汽车零部件产业链向中国转移的形势，国内汽车零部件产业发展迅猛。近年来，围绕整车配套和国际市场，全国形成了京津冀、东北、川渝、两湖、长三角、珠三角等六大零部件生产聚集地和 11 个国家级汽车零部件出口基地。

据有关机构统计，目前我国汽车零部件生产企业数已达 7000 余家，规模以上企业 1670 家，形成了完整的产业链，产业集群效应明显。2010 年，中国汽车零部件行业总产值超过 1.5 万亿元；2011 年，全年总产值约为 2 万亿元，预测未来几年仍将保持 20% 以上的增幅。

从欧美这些成熟汽车市场发展经验来看，通常整车和零部件的规模和比例是 1:1.7，而中国目前的数据为 1:0.5 左右，这给我国汽车零部件行业提供了很大的发展空间和商机。

然而，良好的市场前景不能掩盖我国汽车零部件行业存在的问题。中国汽车零部件产业离做大做强还有不小差距，国内汽车零部件企业也是危机四伏。

规模效益差和无序竞争是国内汽车零部件企业面临的比较突出的问题。相关数据显示，目前，国有、国有控股及销售收入在 500 万元以上的非国有汽车零部件企业共有 5000 多家，其中 80% 以上的年销售额在 1 亿元以下，超过 1 亿元的只有 130 家。

“由于本土零部件企业主要从事劳动密集型和来料加工型产品的生产，绝大多数产品都是低端系列，只要涉及安全、环保法规以及技术要求高的零部件市场，比如电喷、高压共轨、汽车电子等，基本被外资零部件企业控制。”行业人士分析认为，低端产品狭小的利润空间让国内汽车零部件企业的日子并不太好过。

此外，缺少关键技术产品也是目前国内汽车零部件厂商的一大短板。有数据显示，目前，我国汽车零部件行业申请的汽车技术专利 80% 左右是实用新型专利，发明专利较少，自主创新能力很弱，产品开发主要依靠整车厂。 而在发达国家，一辆新车的开发，70% 的知识产权属于汽车零部件企业。

在 Automotive News 2011 年发布的 2010 年全球汽车零部件配套供应商百强名单中，美国、日本、德国分别有 30 家、28 家、17 家企业入围，占据 75%。而在这一榜单上至今还看不到中国零部件供应商的身影。

亟待重视技术研发

外资零部件公司纷纷进入中国迅速扩张，使本土零部件企业面临严峻挑战。面对困局，中国零部件企业也在尝试寻求突破之路。

有业内人士曾指出，“中国汽车零部件行业面临着在高端产品领域没有竞争力，低端领域又要承受劳动成本压力的局面。其实可以通过到海外并购技术，或是与汽车集团有血缘关系的企业进行合作，来破解‘高不成低不就’的窘境。”

国家政策也越来越多地向汽车零部件产业倾斜。在 2012 年 1 月 30 日开始施行的《外商投资产业指导目录（2011 年修订）》中，明确鼓励汽车关键零部件制造及关键技术研发，引导外资投向汽车关键技术和零部件。

“质量保障和研发实力是零部件成为主机厂供应商的基本原则，同时低廉合理的成本控制也必不可少。”不少行业专家认为，中国零部件要想立足，必须重视技术研发，“核心技术的短板若不弥补，不但无法走入国际市场，恐怕连民族自主品牌的配套商行列都难以跻身。”

国机集团中国汽车零部件工业公司执行董事田亚梅在接受媒体采访时曾分析说，零部件企业一定要上高端的产品，进行自主研发，坚持科技创新。企业如果做电子，就往电子方面发展；如果做品牌，就把品牌的专业化做好。今后的企业一定要科技创新，进行高端的科技研发。

（来源于《工人日报》，作者杨冉冉，2013 年 6 月 5 日）

解读我国二手车的现状与未来

近日，有关我国二手车市场的新闻被各大媒体纷纷报道，如“车辆报废年限取消给二手车带来的影响”、“二手车电商模式的试水”等，尤其是“1～3 月份我国二手车交易量环比增长了 105.39%”消息的公布，许多业内专家及分析机构纷纷通过各种方式来预测未来二手车市场美好前景。

这其中最主具说服力的莫过于相关数据。据显示，到 2020 年，随着新车产量翻番，也就是年销售

4000 万辆左右时，二手车将在 2013 年（2013 年二手车销量预计 480 万辆）的基础上增长 8 倍，达到 3800 万辆。从专家的数据来看，二手车在未来几年势必出现井喷的速度增长，也将直接接过新车近几年的增长态势，到那个时候，使整个国内的汽车市场成为一个新车、二手车多方面发展的健康汽车市场，赶超欧美发达国家的现状。

但是，预测往往都是还没有发生的事，现在所面对的是一个刚刚起步的二手车市场，各种问题层出不穷，信息不公开、价格不透明、售后无保障等问题都时刻在上演，严重影响消费者对二手车的购买信心。所以，在达到专家所预测的理想状态之前，解决问题才是当务之急。

最突出的问题

1. 缺乏权威性的法律法规依据。了解二手车市场的人或许发现，直到今天，与二手车及二手车市场相对应的法律法规几乎都没有制定，行业性的自律措施依旧是当前二手车市场发展的参考依据，这就大大降低了那些不法商家从事违法交易的成本，因此，国家相关部门法律法规的出台相当重要，最好是能根据市场的特殊性制定具体的法规，保证整个市场及交易过程中的各项细节，维护消费者的切身利益。

2. 缺乏公开透明的信息制度。正是因为缺乏相应的法律保护，二手车商家在追求利益最大化的前提下，就尽量制造虚假信息，瞒报各种车辆的真实信息，以假乱真、以次充好等现象则成了行业内的一大习惯，这就直接影响了消费者的购买心理，加上事故车、泡水车等问题车的出现，让许多打算购买二手车的消费者只能望而却步。

3. 价格评估靠经验。目前还没有一家消费者公认接受的第三方二手车的评估机构，这也造就了“经验估价”成为整个二手车价格评估的主要方法。想卖车的车主也只能到商家那里去做不对等的价格评估，而商家给出的价格几乎是低于车主预期甚至是离谱的价格。

4. 交易、售后猫腻多。就当前的二手车市场而言，消费者与商家，或者是消费者与消费者在进行二手车交易时更多的是与彼此之间的口头商定为依据，一旦发生纠纷将无据可依，无法可循，弱势一方的利益就将无法保障；尤其是当交易达成之后，车辆本身出现了质量等问题也只能打掉牙往肚里吞，自认倒霉。

市场遍地开花

在新车市场进入疲软的这一两年时间里，包括宝马、奥迪、丰田、本田在内许多厂家都纷纷成立自己的品牌二手车，一方面通过把握整个市场的趋势来转变自身的角色，另一方面更是迎合消费者换车需求，顺便为车主提供相应的置换服务。

进入 2013 年，武汉、郑州、昆明、重庆等内地省会城市的二手车商家如雨后春笋般的开门迎客，不少店铺均开在城市的中心地带；甚至诸如湖南常德等三四线城市的二手车行业也在如火如荼地运营中，并出现了新车、二手车混业经营、新旧通吃的局面。

二手车电商模式诞生

最近，平安保险集团董事长马明哲高调宣布平安试水二手车电商业务，将斥资 10 亿元投资名为“上海平安汽车电子商务有限公司”，搭建“平安好车”平台。随着互联网科技的高度渗入，网购已经成为当前消费者重要的购物途径，汽车也不例外。借此也足以说明二手车未来的前景和方向。

种种迹象表明，二手车成为中国汽车产业新引擎的可能性非常大，前景更是一片光明，哪怕是没有达到现在的预期，也绝对要比现在的规模大得多。不可否认，一个新兴的市场在逐渐趋于成熟之后，新陈代谢的自然现象也就成为了行业规律，如果说二手车为什么还处于刚刚起步，答案只有一个，我国汽车工业的落后。不过，现在的速度已经是第一，5 年后，规模更有可能是第一。

（来源于亚迅车网，
2013 年 6 月 6 日）

第二部分

北京汽车后市场情况介绍
及行业资讯

2000 年以来北京市交通管理相关数字

据统计，截至 2012 年底，北京市机动车保有量为 520 万辆，比 2011 年增加 21.7 万辆，上升 4.4%。与 2000 年底比较，12 年来机动车保有量增加了 362.2 万辆（见图 1）。

截至 2012 年底，北京市机动车驾驶员为 748 万人，比 2011 年增加 69.2 万人，上升 10.2%。与 2000 年底比较，12 年来驾驶员保有量增加了 481.9 万人（见图 2）。

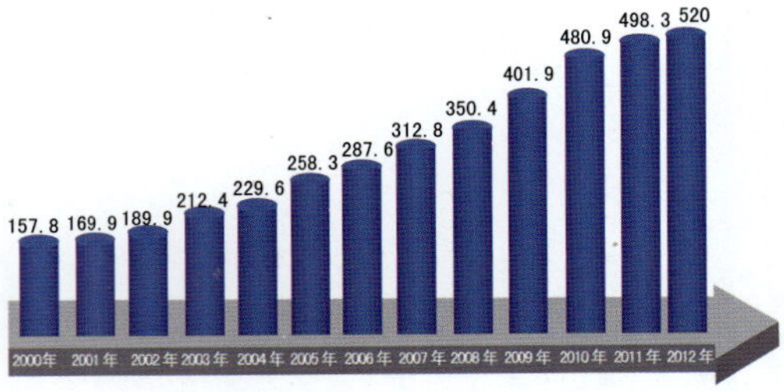

图 1　2000 年以来机动车保有量增长趋势图　单位：万辆

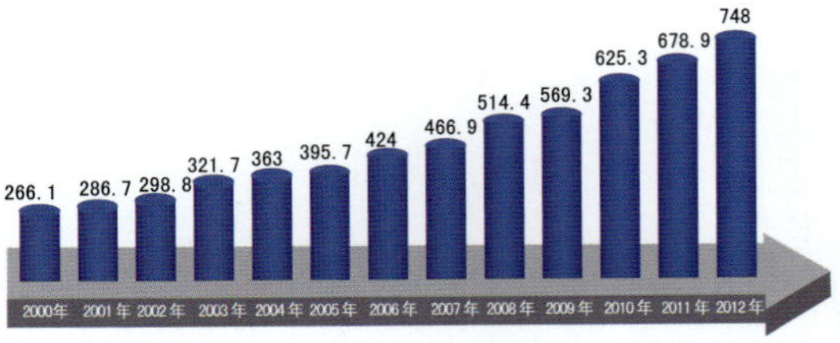

图 2　2000 年以来机动车驾驶员保有量增长趋势图　单位：万人

废旧轮胎利用准入政策落地

为落实《轮胎翻新行业准入条件》和《废轮胎综合利用行业准入条件》，规范废旧轮胎综合利用行业发展，2013 年 4 月 2 日，工信部发布了《废旧轮胎综合利用行业准入公告管理暂行办法》，并将于 5 月 1 日起施行。这意味着，备受关注的废旧轮胎综合利用行业首次有了“许可证”，准入条件真正落地。

《办法》规定，现有废旧轮胎综合利用企业以填报申请的形式来获得准入资格。综合生产能力、销售收入、产业布局情况、工艺装备、能源消耗和资源综合利用、环保设施等指标符合要求的企业，工信部将以公告的方式予以发布。

中国橡胶工业协会废橡胶综合利用分会秘书长曹庆鑫认为，这是规范我国废旧轮胎回收利用体系的必经之路，这就好比企业的生产许可证，只有达到了准入条件，才能获得生产资格。

曹庆鑫说，2012 年中国产生废轮胎 2.83 亿条左右，质量达 1018 万吨，预计到 2020 年这个数字将会突破 2000 万吨。长期以来，国内废旧轮胎回收主要以个体从业者为主，给一些不规范的作坊式小企业创造了机会，扰乱了行业秩序，污染了环境。《办法》的出台将提高准入门槛，促进企业优化升级，可以有效提高资源综合利用技术和管理水平。

上海肖友橡胶有限公司董事长肖平忠、都江堰市新时代工贸有限公司董事长肖官禄等建议，借此次《办法》出台契机，加强对行业监管，让那些“浑水摸鱼”的企业没有生存余地。

（来源于《中国化工报》，作者刘雅文，2013 年 4 月 8 日）

北京车市折射限购城市汽车市场的发展变化

中国高速发展的汽车产业在满足社会汽车消费需求，促进国民经济快速发展的同时，给城市交通、环保等社会民生质量带来了巨大下行压力，汽车限购控制增量，淘汰老旧车优化存量，提高汽车排放标准将是全国大型城市进入汽车社会后面临的趋势性政策选择，北京新旧车市场由于政策调整而引发的营销模式、需求结构、资源渠道、市场发展等方面的诸多变化，折射了限购城市汽车市场的应对现状、需求特征和发展趋向，具有很强的示范效应，为全国预期实行汽车调控政策城市及汽车市场的预期变化，为汽车整车厂调整营销计划及措施提供了宝贵经验和数据依据，为京城汽车市场进一步理性调整、良性发展奠定了基础。

一、2012年京城汽车市场总体评价

受国家宏观经济调整及汽车产品供需关系变化，特别是北京控制增量、优化存量政策延续影响，2012年京城汽车市场冰点消融，呈现四方面总体特征。

1. 配置指标的有序释放和更新置换使销售稳步提升，北京新车市场延续了2012年下半年的走势，人气和交易总体保持温热平稳，理性上升，2013年1月单月同比增幅逐月收窄，从190%回落到19%，累计同比增长达到45.18%，市场表现好于预期。

2. 国产国（合资、自主）市场2012年起伏动荡，2013年进一步回归常态，日系车因钓鱼岛事件跌入冰点，缓慢回升，各品牌借机抢夺市场份额明争暗斗，几家欢喜几家愁。

3. 进口车特别是豪华车市场2012年“讲述春天的故事”，量利皆收，2013年演绎蹉跎岁月，量升利跌，竞争惨烈。

4. 2012年的北京二手车市场有史以来销量最高，政策环境渠道变化最频繁，营销模式创新最活跃，拉动新车销售最显著，也是不断出现新情况，产生新困惑，做出新调整最积极的一年。

二、2012年京城汽车市场十大特征表现

（一）京城新车交易量同比高增长并进入月均5万辆平稳销售期，市场竞争更趋激烈

2012年北京交易新车585500辆，累计增长45.18%，同比增幅高于全国（见图1）。

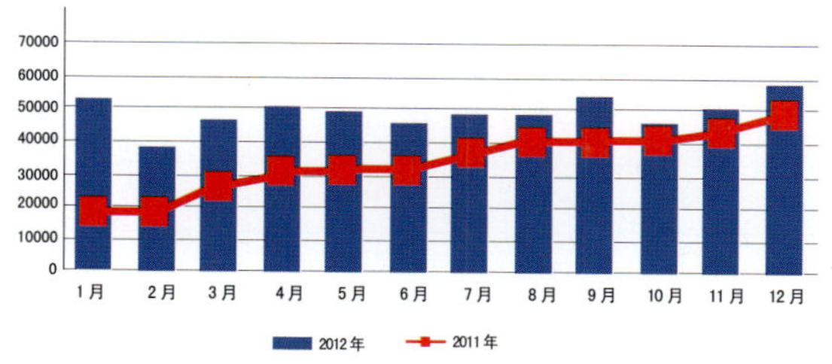

图1 2011～2012年北京市新车销售同比增长情况

2012年北京累计交易进口车54200辆，同比累计同比增长31.04%，增幅低于新车整体水平14个百分点。与全国进口车增幅高于新车水平的情形相左（见图2）。

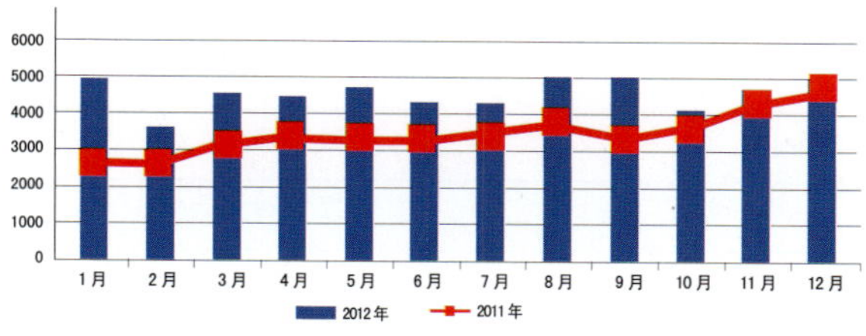

图2 2011～2012年北京市进口车销售同比增长情况

（二）汽车限购及老旧车淘汰更新补贴政策促动并主导了京城汽车需求的结构变化

1. 北京强劲的刚性需求和雄厚的在用车资源为新车销售的整体平稳增长提供了保证

北京小汽车申购人数超百万，刚性需求强劲。京城每年至少有35万辆以上的汽车需进行以旧换新。

2. 置换销售成为新车交易增长的重要推动力

老旧车淘汰业绩显著。2012年北京淘汰老旧车38.29万辆，同比增长70.98%。

京城新车销售以旧换新占主导。京城新车交易

以旧换新占 59%。新车经销商置换销售从新政前的 10% 左右上升到目前的 50% 以上。

3. 置换消费档次、种类升级明显

SUV 消费热度不减。排量升级趋势明显，黄金排量内涵有扩展。亚市销售数据显示：2012 年 1 月～10 月，1.8L ～ 2.0L 排量国产车（合资、自主）市场占有率及销售增幅均占各排量区间之首；1.6L 及以下排量国产车位居第二；1.8T、1.4T 愈加受青睐。购车档次有提升，车型偏好有变化。购车价格调查显示：意向购买 10 万～ 20 万价位车的消费者占 60.12%。

购买车型调查显示：偏好三厢车及自动档车的比例均有提升（见表 1）。半年内购车消费者占多数（见表 2）。入门级基础品牌进口车置换消费增多。

表 1　2012 年北京受访消费者购车意向情况

月份	三厢	二厢	手动	自动	手自一体
3 月	36.02%	63.98%	15.66%	54.04%	29.80%
4 月	37.4%	62.57%	18.09%	54.27%	27.14%
5 月	40.84%	59.16%	21.72%	55.05%	23.23%
6 月	63.04%	36.96%	21.81%	55.32%	22.87%
7 月	59.00%	41.00%	21.00%	57.00%	22.00%
8 月	57.00%	43.00%	19.50%	55.50%	25.00%
9 月	58.79%	41.21%	20.60%	54.77%	24.62%
10 月	60.61%	39.39%	12.06%	70.35%	17.59%
11 月	72.62%	23.38%	14.29%	55.95%	29.76%

表 2　2012 年北京受访消费者购车时间计划

月份	一个月内	三个月内	半年内	不确定
1 月	30.50%	29.00%	23.00%	17.50%
2 月	32.00%	28.00%	22.00%	18.00%
3 月	28.28%	25.76%	22.22%	23.74%
4 月	27.50%	27.00%	22.00%	23.00%
5 月	28.64%	31.16%	19.10%	21.11%
6 月	21.05%	33.16%	18.95%	26.84%
7 月	16.50%	37.50%	20.50%	25.50%
8 月	15.50%	44.50%	19.00%	21.00%
9 月	16.58%	45.23%	17.59%	20.60%
10 月	22.60%	41.20%	26.10%	10.05%
11 月	12.50%	19.05%	33.93%	34.32%

4. 北京轿车消费占主导，个人购车比例有提升

北京销售数据显示：轿车消费 69%；个人购买新车比例上升至 11 月份的 83%。

（三）国Ⅳ、京Ⅴ排放标准切换升级加力下半年京城车市销售

国Ⅳ车清库促销成三季度营销热点。以国Ⅳ车价格触底为由头开展淡季促销，促使部分持币观望者释放消费，车市呈现了 7 月至 8 月环比 6 月销售正增长。

京Ⅴ车型与国Ⅳ车并行销售让消费者有了更多

的产品选择性，促进了金九月的新高交易，对遏制库存进一步恶化起到一定作用（见图 3）。

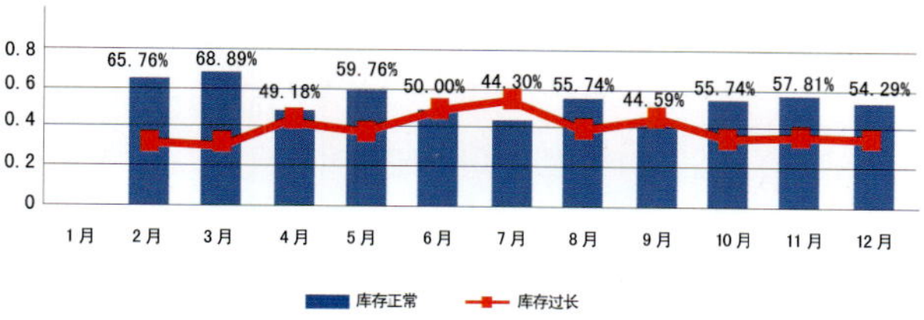

图 3　2012 年亚市经销商库存情况

（四）“三高一低”

呈现高指标、高库存、高风险、低收益的特征，增速放缓持续困扰以进口车为代表的豪华车终端市场，经销商在供需失衡中茫然应对，经受煎熬。

1. 增加供给，扩张渠道，跨国车企量产化营销抢占中国市场战略全面落地实施

进口车供给量持续增加。中汽协数据显示：2012 年 1 月至 9 月，供给进口 87.3 万辆，同比增长 22.6%，高于国产车产销增速近 20 个百分点。

国机股份数据显示：2012 年 1 月至 11 月海关汽车进口量为 101.7 万辆，第一次单年累计进口量超过百万辆台阶，同比增长回落到 12.4%，其中乘用车进口 99.7 万辆，同比增长 12.8%。

亚市车型紧俏指数处于历史低位。经销商调查显示，2012 年 12 月车型紧俏指数为 7.87，继续保持了 9、10、11 三个月连续回升的势头，与 11 月份相比 12 月车型紧俏指数又上升了 1.41 个点。

2012 年车型紧俏指数走势呈两头高中间低的碗型，年初车型紧俏指数为 7.82，年中最低的 4 月份达到 4.11，年末又恢复到 7.87。车型紧俏指数的走势代表了 2012 年经销商库存情况的变化趋势。下半年指数虽然连续走高，但整体指数处于低位（见图 4）。

加速网络扩张，进口车品牌及经销商数量增长过大。国际超豪华品牌加速进入中国市场。国际一线豪华品牌投资建店在数量上追求规模化，在档次、功能上攀比大型化、高档化和综合化，在网络布局上加速渠道下沉，全覆盖。目前几乎世界上所有汽车品牌在中国市场都有销售。另外，有超过 20% 的国产车经销商兼做进口车二级代理，市场竞争加剧。

2. 进口车需求增长低于预期，销售增速呈现逐

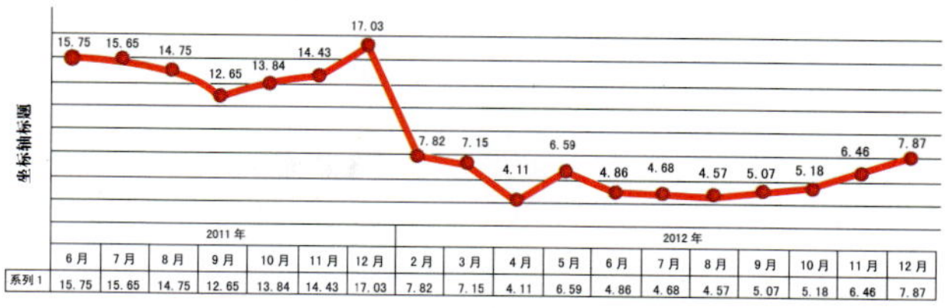

图 4　2012 年经销商车型紧俏指数

步放缓趋势

宏观经济增速放缓，对豪华车需求增长产生较大影响。新华信综合数据显示：进口车终端市场销售增速逐月下降，从 2012 年年初的 36.6% 下降到 8 月份 23.2%，受日系车下滑影响 9 月再降 3%。

3. 供应增加，需求不旺，客户分流严重导致库存高企

销售周期和库存周期延长，资金周转慢缓，经营费用增大，资金链愈加脆弱。

库存数量大。国机股份数据显示：2012 年 1 月至 9 月库存系数平均为 2.7，个别车型高峰达到 6。

库存时间长，库存增加快于销售增长。亚市调查数据显示：进口车商处于库存时间过长状态，压力高于国产车经销商近 50 个百分点（见图 5）。

4. 豪华车价格战以价换量，增收不增利，经销商盈利能力下降

近 50% 进口豪华车经销商面临亏损，量价齐跌苗头显现。奔驰 S 级主力车型限时限量大幅跳水优惠，挑起豪华车市场降价潮。15% 以上的大幅让利挤压了单车利润空间，网点扩张密度加大，单店集客能力提升乏力，经销商实际盈利缩水。

大幅降价伤害了老车主，加重了豪车市场越降价越持币观望恶性循环现象。豪华车加价售车已成市场涅磐，加价车型从 2012 年 10 月份的 55% 下降到目前的不足 8%。

进入 8 月份，持续的价格战导致主流豪华品牌部分主力车型接车价格高于市场价格，厂家补贴乏力，经销商赔钱卖车突破承载底线，无力进车使车源供应出现非正常性不足，部分豪华车型优惠企稳收缩。亚市调查数据显示：经销商已无力持续价格战，豪华车价格整体阶段性趋稳。

跨国车企以量为先的批、零双指标考核政策很难让回调的价格保持稳定；部分进口车型限制区域

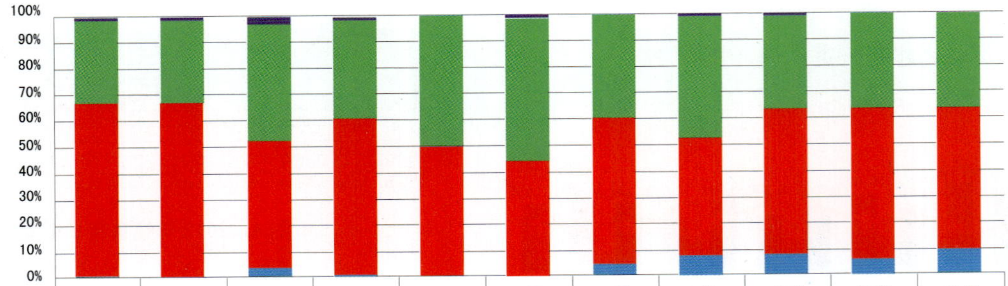

	2月	3月	4月	5月	6月	7月	8月	9月	10月	11月	12月
主动囤货	1.37%	1.11%	3.28%	1.22%	0.00%	1.27%	0.00%	1.35%	1.64%	0.00%	0.00%
库存过长	31.51%	31.11%	44.26%	37.80%	50.00%	54.43%	39.34%	45.95%	34.43%	35.94%	35.71%
库存正长	65.76%	68.89%	49.18%	59.76%	50.00%	44.30%	55.74%	44.59%	55.74%	57.81%	54.29%
无库存	1.37%	0.00%	3.28%	1.22%	0.00%	0.00%	4.92%	8.11%	8.20%	6.25%	10.00%

图 5　经销商库存情况对比

销售进一步收窄了经销商的销售渠道，豪华车量价齐跌风险加剧。

汽车市场价格格局面临重新调整，随着海关进口量同比负增长，进口车价格从 4 季度开始优惠企稳回调，但进口豪华车品牌降价潮已经搅动了豪华车市场，对基础品牌进口车及国产（合资、自主品牌）中高级车市场价格产生了强烈挤压传导影响，价格区间的逐级下探使市场价格体系和销售格局面临重新调整。

5. 进口车排量下移，需求结构出现变化

大排量车销售不畅，价格及利润走低；中小排量豪华车占有率提高，价格优惠回调。

（五）中高级合资车成京城汽车消费主体，厂商争打技术品质、售后服务、市场营销三张牌

置换消费者更加青睐中高级合资车，七成消费者预购合资车（见表 3 和图 6）。

提升技术品质，加快新车上市，厂商比拼动力营销硬本事。售后跟踪服务展示厂商软实力。注重体验传播营销，价格营销几乎无牌可打。中高级合资车价格竞争白热化，优惠运作空间逐渐减小。

（六）日系车经营处于寒冷期

1. 日系车销售排行下降

北京销售排行前五名基本由德系车所占据。亚市 2012 年 8～12 月销售前十名排行日系车排名下降，德系车占绝对优势。

2. 日系车市场份额下降显著

亚市经销商调查及销售数据显示，43.75% 的日系车经销商 50%～70% 业务受到影响，31.25% 的日系车商户业务影响在 70% 以上。

表 3　2012 年亚市合资品牌月度销售比例表

时间	1 月	3 月	6 月	9 月	11 月
合资品牌销售占比	60.3%	56.8%	53.8%	52.9%	55.6%

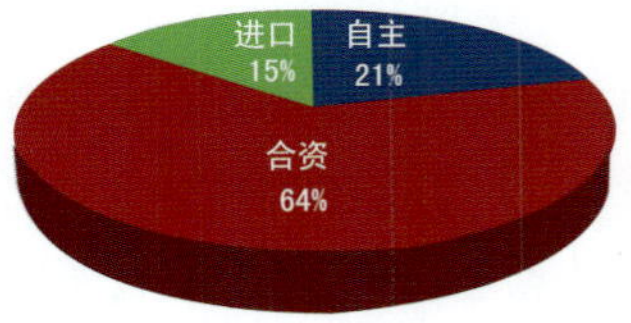

图 6　置换消费者购车意向

日系车销售占比从 2012 年 1 月的 24.72% 下降至 10 月份的 14.95%，占比下滑近 10 个百分点，日系进口车从 2012 年 1 月的 21.55% 下降到 10 月的 12.69%，降至 2012 年最低点。德系车则从 2012 年 1 月的 43.25% 上升到 10 月份的 50.34%，德系进口车从 44.27% 上升到 61.92%。

日系车 2012 年 11 月份销售虽然有所回升，但速度缓慢。销售份额环比上升 2 个百分点（14.95%～16.74%），其中日系进口车占比从 10 月 12.6% 上升到 11 月 16.5%，随着日系车销售回升，德、美、英、韩及自主品牌 11 月销量占比均有 1%～4% 的回落。

3. 消费者购车品牌转移现象明显

钓鱼岛事件后日系车主人人自危，潜在客户改弦易张，消费者购车品牌转移现象明显。亚市消费者调查显示：2012 年 10 月购买日系车意向降至最低

点。日系车新建授权经销专卖店面临洗牌风险。

（七）汽车限购、实施京Ⅴ排放标准、消费置换升级让京城自主品牌生存发展遇到前所未有的挑战

1. 销售网络与现实需求失衡导致经销商日常经营愈加难以为继

自主品牌以往多以数量规模冲击效益规模，限购政策后，增量资源补充乏力，销售增长速度低于存量客户的流失速度，增量受控、置换升级使一、二线城市自主品牌市场需求严重萎缩，销售同比增速及市场占有率持续下降。2012 年中汽协数据显示：2012 年 1 ～ 9 月自主品牌同比累计增长 2.6%，低于整体水平 4.3 个百分点，占乘用车总量比重同比下降 1.7%。

2. 北京实施京Ⅴ排放标准是对京城经销商的又一重大考验

亚市消费者调查显示：自主品牌京Ⅴ上市车型不全现象多于合资品牌。

3. 自主品牌以退为进，发挥优势，逆势调整，提升产品服务营销能力和水平

营销模式多元化：优化区域内的网点数量，整合网络渠道，实行低成本运行，提高经销商集中度，减少恶性竞争，有利于自主品牌稳定市场价格，有利于提升售后服务水平，增强市场应对能力，有利于自主品牌现实生存和长远发展。

自主品牌销售份额有所提升，自主品牌经济型 SUV、个性化小车深受消费者青睐，畅销不衰，具有良好的市场成长性，为自主品牌的定位及市场营销提供了宝贵经验。

（八）老旧车淘汰更新补贴政策持续推动京城二手车交易攀升并带动新车销量平稳增长

新旧车一体化趋势加速，二手车成为新车销售晴雨表和发动机。2012 年北京累计成交二手车 698800 辆，同比累计增长 74.2%， 2012 年北京二手车成交量超过新车销量 19.4%（见图 7）。

（九）限购及老旧车补贴政策让北京二手车本市需求大幅减少，供给急剧增加

多种模式跨区域异地流转比例飙升，触发各地区调整二手车迁入政策，影响新旧车销售。根据中国汽车流通协会的调查，由于有超过 90% 的地级市

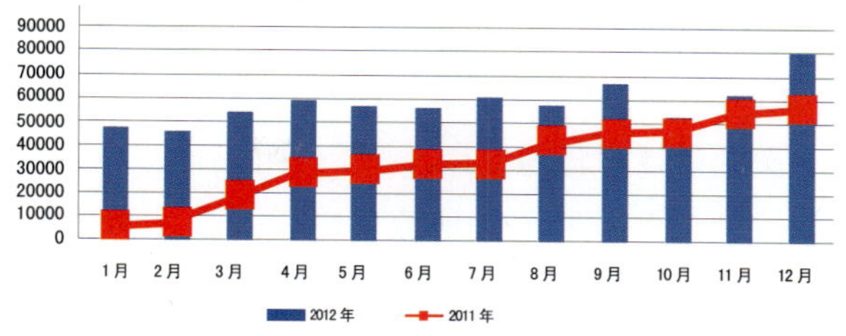

图 7　2011 ～ 2012 年北京市二手车同比销售情况

实行限迁政策，预计将导致 20% 的交易量流失。二手车外迁遇障，减缓了淘汰外迁规模和速度，造成了二手车经销商库存增加，影响卖旧车、买新车置换销售。

（十）以废促新，规范发展汽车报废行业

解决“多、长、少”问题，以应对由于外迁困难而可能出现的报废汽车爆发式增长。新车经销商携手解体厂启动报废换车销售。

三、2013 年京城汽车市场展望

（一）政策经济环境仍是影响 2013 年京城车市的主要因素

2013 年北京将延续新增 24 万辆小客车总量控制政策。2013 年北京老旧机动车淘汰更新将继续享受“双补贴”政策，其中，报废车辆补助标准提高两千元，并延长报废补助车辆使用年限将进一步促进沉淀老旧车的报废，有利于拉动新车销售和汽车回收报废行业的规范发展。

北京鼓励新能源汽车消费政策正在研究中，推广新能源汽车等政策导向日趋明显。国Ⅴ排放标准实施指日可待。汽车三包规定 2013 年或将有望出台。国民经济稳中求进，城镇化进程进一步加快。全国各城市老旧车限迁政策收紧影响二手车大流通及新车置换销售。

由于钓鱼岛问题的影响，日系车企面临艰难抉择，日系车经营将进入艰难调整期。

（二）北京汽车市场在政策环境总体不变的情况下，2013 年将延续 2012 年的市场走势，呈现两个常态、五种趋势

1. 两个常态

（1）淡旺季进一步温热平稳，新旧车月均销量将维持在 5 万和 6 万辆左右。

（2）二手车销售仍将超过新车销量。

2. 五种趋势

（1）以废换新将呈增长趋势，成为新车市场的又一关注焦点和营销亮点。

（2）北京老旧车异地流转受阻加剧，淘汰补贴政策刺激疲劳及选择报废路径换车都将使以旧换新增速有所减缓。

（3）受产品供需关系、厂商政策、日系车市场恢复程度及二手车市场变化等综合因素影响，新车市场在网络渠道和营销模式及需求结构等方面仍将进一步发生调整和变化，品牌间市场份额竞争将更趋激烈。

（4）进口豪华车价格悬崖将难再现，降价潮将有所收敛，价格趋势总体企稳。

（5）二手车异地流转壁垒城市和门槛的不断增加抬高及以税制改革为导向的二手车政策调整，将促使二手车市场呈现投资规模化、市场品牌化，营销模式多元化的发展趋势和特征变化。

（三）2013年北京汽车市场销售预测

2013年北京新旧车销售将进入同比5%和3%左右低速增长期，但不排除个别月份同比负增长，新车销售有望达到62万辆，二手车成交72万辆。

（四）2013年京城汽车市场趋向预判

2013年京城汽车市场将呈现九个亮点。

1. 呈现一个“换”字

由于2013年北京即将实施国V排放标准，并在继续实行老旧车淘汰更新“双补贴”政策基础上提高了报废车补助标准，将进一步扩大置换资源，以旧换新，以废换新“双换”当头，向520万汽车保有量要销量成为2013年及未来两年北京新旧车市场平稳增长及变革的推动力。

2. 呈现一个“转”字

以满足消费者需求为关注焦点，打造优质服务品牌形象，漫灌改滴灌，实现三个战略结构调整和转型：从新旧车经销商向运营服务商的转变，从价格导向型向顾客价值服务导向型转变，从一味追求增量效益向争取存量效益转变。强化构筑软实力，提高客户满意度及品牌忠诚度，实现真正的转型升级，服务品牌的不断提升既是车市不断成熟的标志，也是支撑企业做大做强的基础。

3. 呈现一个“特”字

市场竞争是产品服务营销和人才的竞争，要强化产品、环境、服务、价格、手段、营销等方面差异化的定位和经营，要特色竞争不要重复竞争，真正形成自身的竞争优势。

4. 呈现一个“联”字

以满足客户需求，拓展业务，提高效益为目的，面向全国开放有序的展开资源互补、信息共享联盟平台的品牌建设，在创新拓展中联合发展。

5. 呈现一个“扩”字

厂商扩网速度虽然有所减缓，但渠道下沉仍在继续，经销商集团将会加速延伸汽车业务链，开展多元化经营增加增值服务收入，以提高抗风险能力。

6. 呈现一个“洗”字

受资源总量萎缩、经销商数量增长过快，消费升级等因素影响，强弱势品牌之间生存状态和差异已现端倪，实力弱且布网密集的品牌专卖店，特别是传统自主品牌在限购和提高排放标准政策直击下，一线城市销售减少，提升品牌力和增加利润受到严峻挑战。相当一部分经营面临困难，弱势品牌和弱势经销商随着汽车增量资源的减少和存量客户的不断流失，日常运营愈加难以为继，经销商加速洗牌趋势日益明显。由于钓鱼岛问题的影响，日系车经销商将面临整合。

7. 呈现一个“融”字

随着汽车流通业的完善发展，经销商集中度不断提高，经销商服务品牌与整机厂品牌将有效结合，共筑利益、事业、命运三个共同体，厂商关系将从博弈走向融合。

8. 呈现一个“创”字

2013年中国车市将围绕理念思路、商业模式、营销通路和方法手段四方面创新设计和探索实践，以应对政策引导下的市场变化。电子商务、汽车网购、CtoB，BtoB，OtoO等各种营销手段将不断渗透冲击汽车市场。未来几年汽车行业将面临新一轮的挑战和机遇。

9. 呈现一个“盼”字

中国车市盼望《汽车品牌销售管理办法》尽快修订；汽车服务“三包”规定尽快出台；扶持自主品牌汽车发展政策加大力度；新能源及节能环保汽车得到积极的市场推广；促进二手车市场规范健康

发展的相关政策给与切实研究和落实。

新的一年，京城汽车市场将围绕生存发展主线，抓机遇、举创新、强特色，行拓展，在变革中谋求并得到更大的发展。

（北亚车市供稿）

北京市 2013 年发展 1 万辆天然气汽车

2013 年北京市将发展 1 万辆天然气汽车，包括出租车、公交车、环卫车和驾校教练车等。前天，北京市环保局透露这一消息，并表示从 2013 年起至 2017 年，每年推广不少于 3 万辆的天然气汽车。

天然气作为一种清洁能源，不仅环保效果好，经济性和安全性也高。据介绍，使用天然气汽车，可以削减 93% 的细颗粒物（PM2.5）排放，氮氧化物可减排 20% 至 40%，二氧化碳可减排 25%，一氧化碳减排 50% 至 70%。如果按 5000 辆 LNG 液化天然气公交车计算，每年 PM2.5 的排放量可减少 43 吨。同时，天然气与汽柴油相比，具有抗爆性好等特性，十余年来我国各地发生过 60 余起天然气汽车交通事故，但未出现一起天然气爆炸事故。

北京市燃气集团副总经理许彤介绍，目前全市投运的天然气加气站共有 27 座，基本能满足 2000 辆出租车每天 5000 车次以上的加气需求。到今年 7 月份，本市将有 2000 辆天然气出租车正式使用，到目前为止有 99 辆已经上路，实现加气的有 29 辆。

前天，在南湖加气站，正好前来给出租车加气的翟师傅告诉记者，他驾驶天然气出租车已经一个多月，感觉环保效果不错。“加一次气，大概能行驶 140 多公里，比原来大概能省一半费用。”不过，翟师傅也坦言，目前加气站的数量还是太少，加气还有些不方便。

许彤告诉记者，加气站的建设目前也在紧锣密鼓地进行中，2013 年将建设 70 ～ 100 座，并适当利用公交场站、驾校、长途车站及现有加油站等场地，建设 LNG 及 CNG 加气站。从 2013 年至 2017 年，力争每年建设 70 座汽车加气站，全面保障北京市域内天然气汽车用气需求。

在天然气汽车的发展方面，2013 年本市将发展 1 万辆天然气汽车，包括 2000 辆出租车，3143 辆城市公交车，其余还有驾校教练车等。目前，市民已经能买到使用天然气的私家车，但车型较少，随着今后更多加气站的投入使用，天然气车的应用也将进一步普及。

（来源于《北京日报》，作者骆倩文，2013 年 6 月 6 日）

北汽投资 2000 多万元建新能源汽车体验中心

为了更好地向公众推广新能源汽车，北汽投资2000多万元在大兴区采育镇建设了新能源汽车体验中心。北汽上周表示，该基地近日通过了北京市科委专家评审，正式成为科普教育基地。

该体验中心位于大兴区采育镇北京新能源汽车产业园内，总建筑面积1200平方米，是新能源汽车的展示基地，市民可以免费通过展板、视频、互动触摸屏、多媒体、幻影成像等表现手法和互动形式获得对新能源汽车全方位的科普介绍。此外，体验中心还设有环形跑道和可为40辆车同时充电的充电站。

北汽表示，经过三年多的发展，北汽已形成了年产单班2万辆新能源汽车的生产能力。未来北汽新能源车型将分为大、中、小三个平台。

（来源于《新京报》，作者魏学珍，2013年5月27日）

未来两年北京市场将迎 3000 辆欧辉 LNG 客车

福田汽车新能源车的销量将迎来新一轮的迸发。在上周的科博会上，福田汽车副总裁、党委书记赵景光接受记者采访时表示，未来两年，福田还将在北京市场销售3000辆欧辉LNG客车。

赵景光表示，客车天然气技术已经很成熟，目前福田已有超过100辆欧辉LNG客车用于公交车行驶在北京街道上。

据了解，福田汽车自2003年启动新能源汽车研发与产业化工作，目前累计投入资金已超过10亿元。目前福田汽车旗下有纯电动车、混合动力车、增程式电动车、LNG等多种新能源形式，覆盖的车型有小型MPV、客车、轻卡等多种车型。

（来源于《京华时报》，作者江云花，2013年5月31日）

探讨汽车美容店的运营管理之营销策略

随着市场竞争日趋白日化，我们生活购物到处可见各种促销、折扣等现象。除了特价、买赠、打折外还有没有更好的促销方法？如何更有效地提升销售？这不单单是超市、卖场、连锁专卖店面临的困境，已俨然成为汽车美容连锁店运营的痼疾。

当前市场竞争不断加剧，对各行业的影响日益显现。汽车美容连锁店如何提升销售，本文从营销管理的角度来谈谈汽车美容连锁店的运营和管理。

汽车美容连锁店当前普遍存在的现状有哪些？其背后反映了：

现状1：销量不见增长，利润大幅下滑；现状2：客户很多，消费很少；现状3：老项目利润少，新项目不知道怎么推；现状4：业务下滑厉害，连锁管理薄弱。

这些现状所折射出的问题是什么？我们看到，其实还是销售以及销售管理的问题。那么，要解决销量及管理的问题，我们必须要进行仔细的分析，也就是说销售管理在哪出了问题？简单的说，应该是销售乏力问题。那么，销量的提升依靠什么？

通常销量的提升有以下三种方法（这里不谈品牌板块，其实线上品牌塑造一直是核心的内容之一）：

第一，改变营销策略；第二，降低单位成本；第三，改变销售策略。

第一种方法包含了三方面的内容，首先是产品本身的开发有没有竞争力、有没有独特的利益点，这是竞争的基础，对于汽车美容行业来说，产品是通过服务来体现和增值的，要塑造强势的“产品＋服务”模式；其次是口碑传播，可以归结到品牌和消费者沟通上，这里不作详述；再次是市场开发的模式，即采用何种渠道和管理模式。第二种方法要从分销系统、生产系统和原材料来分析，这块和销售相对独立，不再详述，而且在短期之内也很难实现革新。第三种方法涉及盈利模式、销售团队和推广（产品组合、促销推广组合），想快速提升销量而且能够高效实施的是改变“销售策略”。下面我们就详细谈谈如何有效提升专卖店的销量。

一、提升终端店形象

形象是脸面，是企业或店面对顾客的第一印象，也是对顾客的一种承诺（一定要突出服务价值的增值）。主要包括三个内容，首先，打造专卖店招牌。店外形象吸引消费者关注，是将消费者引入店中的关键所在，重视店外形象的巨大威力；通过建立新的店头形象，明确传递产品价值感；醒目的店头形象与竞争品牌建立差异化优势；其次，如果是加盟商一定要考察实力，选择优势的合作伙伴，就是要具备运营经验、网点辐射能力，市场开发能力和资金实力。再次，终端选址。无论怎么说，位置都将是非常关键的因素。体现在以下五大标准：交通便利性、充足的人流量、商圈性质良好、依靠好的“邻居”、造就高端形象。

二、产品及产品组合

要做到有效商品的构成，达到销售的目的，必须合理地配货及组合，“由形象产品、利润产品、走量产品、阻击产品”形成一个合理的商品群。目前，汽车美容行业产品以及产品组合是存在很多问题的。突出的表现是：新老产品脱节严重，老产品没钱赚，新产品跟不上，或者由于价格高昂，曲高和寡。如果是连锁店总部，则总部对分店特别是加盟店培训、支持很少，很多加盟商会埋怨：总部只是在卖产品给我们。

①形象产品圈定消费者：为刺激消费购买欲望的重点推荐产品，带动整体销售的战略性特选产品；②利润产品获得最大利润：主打销售带动利润的产品，同时也是具有竞争力的产品；③走量产品扩大占有率：产品自身没有特别优势，通过走量来获得利润，提升影响力；④阻击产品拦截消费者：陪衬出主力产品的优点，成为顾客购买时的比较对象；既可以使产品更加丰富，不会产生单调感，同时也起到刺激顾客购买的欲望，对顾问进行拦截。

合理的商品配货结构应符合：①适合顾客对商品的选择；②适应地区特点和经营条件；③保持顾客需要；④实现商品销售规模和经济效益。

三、产品展示及生动化

良好的展示才有良好的销售，良好的展示本身就是促销，良好的展示宣传了良好的产品形象、品牌形象、公司形象。主要体现在两方面：规范化和生动化。

规范化就是显眼、易于拿取、引人注目，规范的标准是：简单化、标准化、专业化。

生动化就是提高价值感、提高新鲜度、异形陈列。加强店内的整体好感，使卖场气氛活性化，增加商品回转。刺激消费者冲动性地购买。在感召力上形成优势，达成行销活动的整体功能增加商品利润。

联系在一起可以分为：产品展示区、产品陈列区、产品形象区、品牌形象区。有条件还可以做一个体验区，增强体验感，便于现场的互动。总的来说要做到：剧情化＋关系化＋趣味化。

四、终端媒体化

作为汽车美容专卖店，最好的宣传平台之一是终端本身。媒体化是展示产品、品牌、企业最佳形象与信息，提供消费者需求的直接的第一手资料，并提供消费者需求信息作为消费决策的依据；它可以对消费形成拉力作用并有助于客户关系的形成，稳定客户群。媒体化的途径：产品陈列与展示生动化；店内宣传物、焦点宣传组合、店外环境营造、促销礼品及其他市场工具、人员。

终端价值促销（服务价值化）包括两点。

第一是价值促销：通过终端专业感的说辞与专业服务形成价值促销力。这是一个品牌竞争的时代，物美价廉的产品并不好卖；假如没有价值输出，即便是“千里马”也可能被当成“小毛驴”来卖。

单店推行“价值促销”：消费者是价值最大化者，单店要为消费者提供最大、最多、最好的价值（产品与服务），在促销过程中要实现由“专业感”到“价值感”的转变，由了解（顾问式讲解）到信任（专家证言、消费者证言）最后到体验（现场试用、互动）。

第二是价值服务：微笑、迅速、诚恳、灵巧。

顾客离店管理也很重要。如何与离店客户沟通，将产品持继卖给老客户？这是非常关键的。开发一个新客户的难度远远大于维护一个老客户的难度，为其投入的时间，人、财、物等也会耗时、耗资巨大，这个道理是不用赘述的了。

抓住售后的离店沟通包括：形成会员管理系统；举办定期会员活动；利用 CRM 客户关系管理系统进行精确营销。这些目前都有专业的软件来进行，并不困难，难的是利用平台进行一些对顾客和公司都有意义和价值的活动，吸引并稳定顾客。

售后信息化管理不及时、不准确会浪费和占用大量成本，直接影响到销售和订货。主要包括三块：销售数据、竞争情报、消费者信息。因此要通过终端信息化管理有效改进成本和营运效率；同时可根据售后分析确定消费需求与市场形势，制定科学合理的销售补货比例，形成计划配货而不是随机配货。

五、整合资源

内部资源整合：包括产品培训、销售技巧培训、产品陈列生动化、维护、服务、有效沟通等各种问题。整合内部资源可以建立体验店，塑造体验的氛围和“情节”。

外部资源整合：整合各种事件、话题资源或自己制造话题、事件进行营销，扩大影响力提升销量，关键是在目标群体内造成口碑传播的效应。

前面已经提到，汽车美容连锁店要进行产品（品牌）＋服务的模式转变，此时，产品及产品组合是基础是手段，而不是目的，这个是基于销售管理的角度提出来的。从长远来看，汽车美容连锁店要走的是一条“服务品牌”塑造之路，将产品转化为品牌，将品牌联系或根植于服务之中。笔者认为，到了这个时候，就不再是卖产品，而是提供给顾客以最高的价值，并将价值最大化。

国内汽车美容店的发展空间还很大，但跟国外的相比，我们还有很长的路要走，从粗放型到精细化管理，从简单的汽车美容到整个汽车服务体系化的转变，这些都值得我们去探讨和研究。

（来源于全球汽车用品网，
2013 年 6 月 11 日）

解读机动车强制报废新规　私家车年限并非无限延长

限迁 + 限排　私家车年限并非无限延长

《机动车强制报废标准规定》(以下简称《规定》)将从5月1日起施行。新政取消了对私家车的限制使用年限，并将引导报废的最大行驶里程从50万公里延长至60万公里。对此，中国汽车流通协会常务副会长兼秘书长沈进军表示，这是对私人财产的保护和尊重。谈到该政策对北京车市的影响，多方人士表示微乎其微。

新政是对个人物权的尊重

“在以前经济不发达的时候，汽车更多是作为生产资料来使用，而从上世纪90年代末开始，汽车大规模进入百姓家作为交通工具使用，已经成为私人财产，因此再做强制性的报废规定是不合适的。”亚运村交易市场商务中心经理郭咏表示，新政最大的意义在于对私有财产的保护和尊重。沈进军亦表示，《规定》不仅保护了私人财产，也关注到了汽车报废市场，将成为汽车市场可持续发展的内生动力。

私家车年限并非无限延长

尽管新政取消了对私家车的强制报废年限，但也并不表示私家车可以无限期使用，尤其是在北京这样的一线城市。分析人士认为，北京将要实行的更严格的国五排放标准和周边1000公里范围内的城市限迁政策，将影响北京车主的车辆淘汰进程。

据了解，自2011年10月开始，全国各地相继出台政策，明示国III及以下排放标准的二手车不得迁入。至2012年底，全国出台限迁政策的城市已近250个，能够接收国II以下标准车辆的城市少之又少。而北京市2012年底出台的《老旧机动车淘汰更新方案(2013-2014年)》也鼓励车主报废旧车。

对新车市场影响不大

《规定》对北京汽车市场是否会产生影响？记者经过多方采访得出的答案是——微乎其微。郭咏认为，使用年限一直都不是北京消费者购车的影响因素，这点从北京二手车的交易年龄就能得出结论。近两年北京交易的二手车呈现年轻化趋势，相当一部分二手车车龄在5～6年，超过10年的少之又少，有的车主购买新车两三年就考虑置换。

二手车车主有了新选择

至于对二手车市场的影响，目前国内专门从事二手车网络交易的车易拍营销总监陈茉怡表示，新政为车主处理二手车提供了新的选择。以一辆15年的夏利车为例，按照现行政策只能报废处理，目前报废车价基本按整车的重量乘以每公斤的价格来计算，这辆夏利车也就值七八百元。而根据新政，车主可报废旧车，也可以把车卖到四五线城市。

业内人士还透露，某些车辆解体厂工作人员会将车况较好的车辆砸坏车顶，修复后以二手车的价格出售。新政后车主如出售旧车，将切断车辆拆解环节的灰色利益链。

或将刺激维修保养市场

取消报废年限后，业内人士分析，二手车的鉴定和评估将成为新兴行业，并进一步刺激汽车保养美容、维修市场。

另外，由于没有专门针对老爷车的法律法规，相关部门有时甚至将那些存世仅一辆的绝世老爷车视为报废了若干遍的二手车而禁止进口。新政出台后，也许在不久的将来，那些性能比较好的经典老车会出现在街头，成为一道亮丽的风景。

(来源于《北京晨报》，作者孙金凤，2013年1月16日)

金冷 原厂配套 首选品牌

中国中化集团为国有大型骨干企业，已 22 次入围《财富》全球 500 强，2012 年名列第 113 位。

中化近代环保化工（西安）有限公司（简称西安环保化工）于 1997 年 9 月在西安注册成立，隶属于中化集团旗下的中化蓝天集团，是专业从事臭氧层消耗物质（ODS）环保替代物 HFC-134a、HFC-125 及相关有机氟产品和催化剂的开发和生产的高科技产业实体。

西安环保化工的成功创建不仅促使中国在氟氯烃替代上完成了质的飞跃，也是中国在全世界保护臭氧层长远事业中的重要里程碑。中化化工将站在中国保护臭氧层事业的前端，以中国 HFC-134a 产业规范与领导为己任，以“出一流产品，创一流服务，树中国名牌”为准绳，将“金冷”品牌建成全球知名的有机氟化工产品品牌，在有机氟化工方面不断进取，成为全球重要的有机氟化工产品生产基地。

- 西安环保化工 HFC-134a 科研项目通过国家鉴定，获得一项世界专利和两项国家专利。
- 西安环保化工被任命为中国 HFC-134a 国标起草单位。
- 西安环保化工荣获联合国环境规划署和国家环保总局颁发的“保护臭氧层贡献奖金奖”和“保护臭氧层国际公约替代品生产企业”称号。
- 西安环保化工成为全国唯一获得 ISO/TS16949、ISO9001、欧盟 RoHS、ISO14001:2004 环境、GB/T28001-2001 职业健康等五项质量体系认证的单位。
- 西安环保化工年产 30000 吨（西安基地 10000 吨、太仓基地 20000 吨），成为亚太地区最大的 HFC-134a 生产商。
- “金冷”牌 HFC-134a 已与国内 80% 的汽车、冰箱、中央空调和气雾剂品牌生产企业建立稳固的配套合作关系，在全国各地建立起完善的销售网络。
- “金冷”牌 HFC-134a 荣获“中国名牌产品”称号。

劣质冷媒的危害

据调查，目前配件市场上 80% 以上的车用 R-134a 制冷剂（冷媒）为不合格产品，这种不合格产品会使汽车的空调系统泄漏、污染、堵塞，更严重者，会使汽车空调系统燃烧、爆炸，严重威胁到汽车及

驾乘人员的安全。

目前市场上的劣质 R-134a 产品主要分为两种，一种为包装罐体内充装非 R-134a 的产品（R12、异丁烷或混合物质等），一种为不规范生产的产品。劣质 R-134a 的危害主要有以下几种表现。

1. 易泄漏，主要原因为：空调系统充装了非 R-134a 的产品（以 R12 为典型代表），与空调系统各部件不相溶，严重腐蚀空调管道和密封圈，同时与压缩机润滑油（冷冻油）不相溶，加剧压缩机的磨损，严重损害空调系统及空调压缩机。

2. 存在易燃易爆的危险，主要原因为：劣质 R-134a 产品（以充装异丁烷为典型代表）不仅对空调系统及压缩机有腐蚀和磨损的危害，而且在车辆行驶中空调系统处在高温高压状态下，容易促使异丁烷产生燃爆的危险。

3. 制冷效果差，问题频发，主要原因为：不规范生产的产品水分高、酸度高，不仅腐蚀空调压缩机内部管道系统，造成空调系统发生泄漏，同时易造成空调系统产生冰堵，使空调系统无法正常运转，缩短空调压缩机的使用寿命。

4. 制冷效果差，压缩机超负荷运转，使油耗增加。

此外，还有对经营者造成的损害，重复维修、频繁采购直接增加经营成本，信誉、口碑受损导致

客户不信任而流失、经营业绩下降。

最后是对车主造成的危害，让车主蒙受经济损失，花一样的钱，却换来不好的结果，直接影响空调系统正常使用，增加维护成本，严重者威胁驾乘人员的人身安全。

全球市场化快速发展，致使国内各行业的生产商和经销商不断地进行企业与行业的规范与自律，从而不断提高自身竞争能力。作为《蒙特利尔协议》国际公约的执行者、国家标准的起草者和行业的领导者，中化近代环保化工（西安）有限公司有责任、有义务让使用者（车主）和经营者了解环保制冷剂产品的基本常识、了解“金冷”、推广“金冷”，为环保事业尽我们微薄之力。

（中化金冷供稿）

把握需求　适时而变

——新钜公司在中国汽车售后市场的探索

商潮冷酷无情，不管是多么大型、多么强势的企业，如果不顺潮流而动，必定被冲得千疮百孔。要想在潮起潮落的竞争中立于不败之地，就要学会了解环境、适应环境、进而改造环境。

汽车售后零件市场演变

20 世纪 80 年代末至 90 年代，国内零件市场供不应求，形成了以进口汽车原厂零件为主、以日系车型为代表的“特约经销商时代”。广州成为汽车零件的集散地，发挥着全国零件供应重要的作用。

2000 年后，国内零件市场供需平衡，原厂零件、正包、下线、假冒零件并存，形成了日系车型为代表的“4S 店专供体系”，各合资车型的井喷式增长促进了各车型零件的“百花齐放”，全国各地都形成了有地域影响力的汽配市场。

2000 年至 2010 年以来，国内零件市场供大于需，汽车品牌与零件品牌、原厂零件与假冒品牌件并存，“4S 专供体系”与“售后品牌零件供应”开始角力，各路品牌零件展开了铺天盖地营销攻势，竞争趋于白热化。

中国汽车维修企业的现状

总所周知，中国的汽车保有量逐年攀升，不久的将来，就会成为汽车保有量全球第一大国。同时，汽车装潢、改装、金融、维修、保险等汽车售后市场这块蛋糕也因此迅速膨大。众多售后市场的环节中，汽车维修的比重尤为突出，并呈现出很大的变化，其中：汽车技术品质的提高改变售后维修项目，包括电子系统项目增加，发动机、波箱大修项目减少，甚至取消；汽车安全性的提高改变售后维修项目，如轻微事故成为主流，大型事故率降低，对维修零件的需求范围缩窄，对快修保养零件需求比重大幅增加；消费群体结构改变影响售后维修服务盈利结构，私家车主增加，对优质价廉的产品和服务的更加关注，公车使用透明化，公务车招标管控日趋严格，直接影响到以公务车维修为主的维修厂收益下降；车主对维修企业的选择倾向改变，随着汽车使用年

限的增加，车主对 4S 店的选择比例逐年下降，3 年以上车龄的车主对综合维修厂的选择比例越来越高。

对比品牌 4S 店和普通维修企业可以发现：4S 店上游提供的丰富资源；硬件投入大，环境较好，设备较新、较齐；维修技术品牌专项能力强，并能持续提升；维修零件系统供应，品质保证、供应率较高、但成本高；专业的形象和服务容易给车主带来信赖感，客户较容易吸纳；新车销售的增度放缓，成本费用的高企，车主流失率的不断提升，导致目前 4S 店的盈利水平也在下降。

维修企业的上游资源则较为匮乏；硬件投入较低，设备条件与服务能力有限；综合维修能力强，但专项技术的持续提升受到限制；零件采购渠道复杂、品质较难保证，供应率低，成本较低；客户吸纳较难，大部分的维修厂只能以价格低廉的优势吸引车主；专业技师的缺乏、房租人工的增加、粗放式的经营管理导致综合维修厂举步为艰。

维修厂的盈利主要来源于零件、工时，所以更关键的是如何吸引车主并培养车主的忠诚度。在这种市场环境下，中国汽车维修企业要做强做大，企业就要做到服务车型品牌多样化；供应链专业品牌化；服务标准专业化；服务项目固定化；快修、专修的连锁化，这样才能最大限度的争取到客户。

同时，汽车维修企业对零件的需要也在发生改变。统计数据显示，90% 的维修厂最关注零件产品的品质；85% 的汽车维修厂关注零件配送是否快速；70% 的维修厂关注售后服务状况；45% 的维修厂关注零件的供应渠道以及利益空间的保障。

随着市场的发展，品牌零件性价比优势逐渐被大众认可，维修企业对品牌零件的需求正呈现上升趋势，对原厂零件的需求则逐渐下降。在选择品牌零件的过程中，维修企业的主要诉求是在寻求利润增长点，所以维修厂对以下几个方面更为关注：首先是降低采购成本，包括采购产品成本、人力成本、物力成本；其次是降低服务成本，包括操作简便、差错率低；第三是有效的品牌支持，经销商知名度高提高车主的信任感，零件品牌统一定位，增加实力形象；最后是性价比保障，零件品质稳定，不良竞争少，零件收益保证。

国内汽车零件售后市场的现状

目前，汽车配件行业的现状是进口汽车保有量降低，进口零件销售份额逐渐减少，行业竞争日趋激烈，利润降低；国产汽车保有量增加，原厂零件供应由主机厂专供，专供渠道之外的货源没有保障，利润空间有限；国家加大违规经营的打击力度，不规范经营经销商的生存受到威胁，但以假冒零件为代表的不良竞争长期存在；品牌零件认知度开始提高，但因产品线狭窄，产品项目有限，导致终端市场的应用率还在较低水平；员工难招、人才难留，资金短缺，死库存、营运成本增加等压力，越来越困扰着零件经销商。

在当前的汽配行业中，规模大、有影响力的零件经销商可谓凤毛麟角，而这些做大企业的经销商都具备一些相同的特点，如公司经过长期运营，公司商号已成为客户认可的服务品牌；诚信经营、关注市场需求；务实稳健、携手供应渠道；重视终端市场，重视品质与服务，追求企业长远发展。

但行业目前的普遍现状是零件经销商的规模较小，大部分的老板都是以做生意的心态经营零件，公司经营方式、公司名称变换频繁，不能形成规范的经营模式；价格是唯一的竞争法宝，品质、服务均放在末位；重视批发，忽视终端，公司为了追求短期利润最大化，甚至采用假冒侵权、偷税漏税等违法行为。分散经营和恶性竞争，浪费了大量的社会资源，既丧失了维修厂客户的信赖和支持，又导致了汽配行业的混乱和无序。

消费者对质优价廉产品的需求，以及国家对行业发展的有持续关注，必将带来汽配行业的大变革。如何应对巨大的市场变革，零件经销商需要做一次清晰的角色定位：是做企业还是做生意？我们可以非常清

晰的看到，对于在同样的市场变革下，对于做企业的零件经销商来说，变革是无限的商机；对于做生意的零件经销商来说，变革则意味着生存的考验。

零件经销商角色定位

在过去的二十年，汽配行业的竞争实际上也是汽配经销企业之间服务能力的竞争；在新时代，在产品同质化如此严重的情况下，汽配行业竞争将是零件品牌之间服务水平的竞争。衡量一个品牌或一间公司的服务水平，可以从以下三个方面来评价：首先是产品供应能力，包括车型及品种的覆盖率、供应的及时性、质量的稳定性；其次是品牌营销能力，包括品牌的宣传力度、品牌的促销支持、销售渠道的规范性、市场价格体系的合理性与统一性；最后是售后服务项目及水平，包括服务的及时性、提供培训的内容及水平、质量投诉处理流程。

在新的市场格局下，零件经销商面对上游品牌供应商，是品牌被认知的载体；面对下游终端客户，是消费需求的满足者。在中国汽车产销两旺的大背景下，汽车零件行业充满着无限的商机，新钜公司认为机遇是留给做企业的经销商的。如何把握核心枢纽的双重身份，零件经销商需要有做出新的战略规划，最终独立售后市场的佼佼者必须要具备以下条件：①财务状况良好；②拥有优秀的团队；③高效的 ERP 库存管理系统；④有明确的品牌战略。

把握需求，适时而变

市场环境在变，市场需求在变，市场格局在变，不变，就没有生存的机会！在变化中，如何做强这个市场，是行业关联各方共同的使命和责任。规模化、规范化、合作、共赢无疑是时代的最强音！

作为一家创立于 1988 年的零件公司，同时也是最早期的丰田公司纯牌零件经销商之一，新钜公司秉承“立足主业、开拓发展、至诚至信、永续经营”的方针，构筑了“整合价值”型事业，开创了品牌零件在中国市场新型销售渠道模式。及至今天，经过二十年多的规范化经营，新钜公司已经成为汽配行业诚信经营的标杆企业；“新钜”已经成为品质保证、优质服务的代名词。

新钜公司一直有一个梦想——“做最好的零件经销商”。新钜公司拥有 5000 多平方米的专业仓库，能提供 30000 多高品质汽车零件产品现货供应，库存准确率可达 100%。在满足客户对丰田、雷克萨斯汽车全线车系原厂零件的需求的基础上，为能满足客户对“质优价廉”产品的需求，不断拓展品牌零件的供应平台，已经与众多“品牌零件供应商”成为合作伙伴，可以提供更多主流品牌车型易损易耗件、制动件、底盘件等系列品牌零件。新钜公司坚持不懈地努力，正在成为客户心目中的“汽车零件专家”。

（广州新钜企业发展有限公司供稿）

北京元业隆——汽车电喷系统专家

北京元业隆科技发展有限公司是一家电喷专业运营商，是德尔福在华北地区授权经销商。公司成立于2002年，凭借在汽配行业的专业水平，在电喷领域迅速崛起。

公司秉承“以质量求生存，以服务图发展”的营销宗旨，不断提高产品质量，完善产品品种，满足市场需求。企业现有包括步进电机、节气门位置传感器、点火线圈、汽油泵芯、汽油泵总成、喷油嘴、电脑板、氧传感器、曲轴位置传感器等多个品种的传感器、执行器和控制器。

公司在发展过程中不断与国内多个电喷科研厂商交流合作，能迅速为客户提供更多的新产品，公司规模也不断扩大，公司产品已由初建时的单一品种转变为多样式品种。为客户提供更好的服务，作为德尔福、上海匡立的特约经销商，元业隆以骄人的销售业绩享受全面的产品和技术支持。

公司在全国拥有完善的销售网络产品，销售覆盖整个中国，并在上海、广州、昆明、济南等城市设有经销点及代理商，销售渠道涵盖各省市的汽配经营户及汽修厂，另外与国内几家外贸公司均有合作。产品在汽配市场上享有良好的信誉，深受客户青睐。

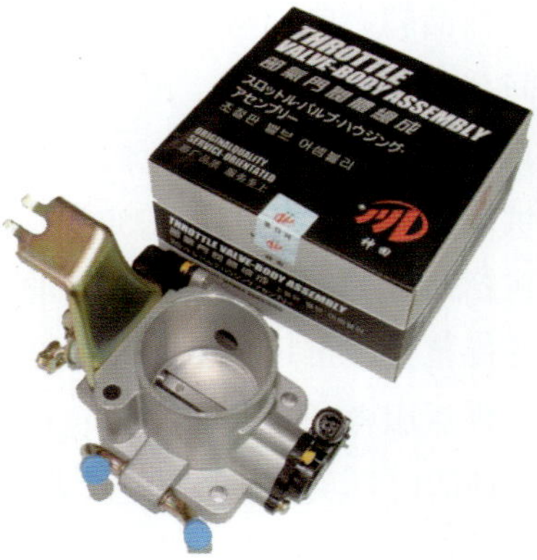

元业隆员工奉行“进取、求实、严谨、团结”的方针，不断开拓创新，以服务为核心、视质量为生命、奉用户为上帝，竭诚为您提供性价比最高的电喷配件产品以及无微不至的售后服务。

元业隆愿与全国各界朋友携手合作，互通有无，优势互补，把握发展，共创美好未来。

（北京元业隆科技发展有限公司供稿）

国家质量监督检验检疫总局《家用汽车产品修理、更换、退货责任规定》

（总局令第150号）

《家用汽车产品修理、更换、退货责任规定》已经2012年6月27日国家质量监督检验检疫总局局务会议审议通过。现予公布，自2013年10月1日起施行。

2012年12月29日

家用汽车产品修理、更换、退货责任规定

第一章 总则

第一条 为了保护家用汽车产品消费者的合法权益，明确家用汽车产品修理、更换、退货（以下简称三包）责任，根据有关法律法规，制定本规定。

第二条 在中华人民共和国境内生产、销售的家用汽车产品的三包，适用本规定。

第三条 本规定是家用汽车产品三包责任的基本要求。鼓励家用汽车产品经营者做出更有利于维护消费者合法权益的严于本规定的三包责任承诺；承诺一经作出，应当依法履行。

第四条 本规定所称三包责任由销售者依法承担。销售者依照规定承担三包责任后，属于生产者的责任或者属于其他经营者的责任的，销售者有权向生产者、其他经营者追偿。

家用汽车产品经营者之间可以订立合同约定三包责任的承担，但不得侵害消费者的合法权益，不得免除本规定所规定的三包责任和质量义务。

第五条 家用汽车产品消费者、经营者行使权利、履行义务或承担责任，应当遵循诚实信用原则，不得恶意欺诈。

家用汽车产品经营者不得故意拖延或者无正当理由拒绝消费者提出的符合本规定的三包责任要求。

第六条 国家质量监督检验检疫总局（以下简称国家质检总局）负责本规定实施的协调指导和监督管理；组织建立家用汽车产品三包信息公开制度，并可以依法委托相关机构建立家用汽车产品三包信息系统，承担有关信息管理等工作。

地方各级质量技术监督部门负责本行政区域内本规定实施的协调指导和监督管理。

第七条 各有关部门、机构及其工作人员对履行规定职责所知悉的商业秘密和个人信息依法负有保密义务。

第二章 生产者义务

第八条 生产者应当严格执行出厂检验制度；未经检验合格的家用汽车产品，不得出厂销售。

第九条 生产者应当向国家质检总局备案生产者基本信息、车型信息、约定的销售和修理网点资料、产品使用说明书、三包凭证、维修保养手册、三包责任争议处理和退换车信息等家用汽车产品三包有关信息，并在信息发生变化时及时更新备案。

第十条 家用汽车产品应当具有中文的产品合格证或相关证明以及产品使用说明书、三包凭证、维修保养手册等随车文件。

产品使用说明书应当符合消费品使用说明等国家标准规定的要求。家用汽车产品所具有的使用性能、安全性能在相关标准中没有规定的，其性能指标、工作条件、工作环境等要求应当在产品使用说明书中明示。

三包凭证应当包括以下内容：产品品牌、型号、车辆类型规格、车辆识别代号（VIN）、生产日期；生产者名称、地址、邮政编码、客服电话；销售者名称、地址、邮政编码、电话等销售网点资料、销售日期；修理者名称、地址、邮政编码、电话等修理网点资料或者相关查询方式；家用汽车产品三包条款、包修期和三包有效期以及按照规定要求应当明示的其他内容。

维修保养手册应当格式规范、内容实用。

随车提供工具、备件等物品的，应附有随车物品清单。

第三章 销售者义务

第十一条 销售者应当建立并执行进货检查验收制度，验明家用汽车产品合格证等相关证明和其他标识。

第十二条 销售者销售家用汽车产品，应当符合下列要求：

（一）向消费者交付合格的家用汽车产品以及发票；

（二）按照随车物品清单等随车文件向消费者交付随车工具、备件等物品；

（三）当面查验家用汽车产品的外观、内饰等现场可查验的质量状况；

（四）明示并交付产品使用说明书、三包凭证、维修保养手册等随车文件；

（五）明示家用汽车产品三包条款、包修期和三包有效期；

（六）明示由生产者约定的修理者名称、地址和联系电话等修理网点资料，但不得限制消费者在上述修理网点中自主选择修理者；

（七）在三包凭证上填写有关销售信息；

（八）提醒消费者阅读安全注意事项、按产品使用说明书的要求进行使用和维护保养。

对于进口家用汽车产品，销售者还应当明示并交付海关出具的货物进口证明和出入境检验检疫机构出具的进口机动车辆检验证明等资料。

第四章 修理者义务

第十三条 修理者应当建立并执行修理记录存档制度。书面修理记录应当一式两份，一份存档，一份提供给消费者。

修理记录内容应当包括送修时间、行驶里程、送修问题、检查结果、修理项目、更换的零部件名称和编号、材料费、工时和工时费、拖运费、提供备用车的信息或者交通费用补偿金额、交车时间、修理者和消费者签名或盖章等。

修理记录应当便于消费者查阅或复制。

第十四条 修理者应当保持修理所需要的零部件的合理储备，确保修理工作的正常进行，避免因缺少零部件而延误修理时间。

第十五条 用于家用汽车产品修理的零部件应当是生产者提供或者认可的合格零部件，且其质量不低于家用汽车产品生产装配线上的产品。

第十六条 在家用汽车产品包修期和三包有效期内，家用汽车产品出现产品质量问题或严重安全性能故障而不能安全行驶或者无法行驶的，应当提供电话咨询修理服务；电话咨询服务无法解决的，应当开展现场修理服务，并承担合理的车辆拖运费。

第五章 三包责任

第十七条 家用汽车产品包修期限不低于 3 年或者行驶里程 60000 公里，以先到者为准；家用汽车产品三包有效期限不低于 2 年或者行驶里程 50000 公里，以先到者为准。家用汽车产品包修期和三包有效期自销售者开具购车发票之日起计算。

第十八条 在家用汽车产品包修期内，家用汽车产品出现产品质量问题，消费者凭三包凭证由修理者免费修理（包括工时费和材料费）。

家用汽车产品自销售者开具购车发票之日起 60 日内或者行驶里程 3000 公里之内（以先到者为准），发动机、变速器的主要零件出现产品质量问题的，消费者可以选择免费更换发动机、变速器。发动机、变速器的主要零件的种类范围由生产者明示在三包凭证上，其种类范围应当符合国家相关标准或规定，具体要求由国家质检总局另行规定。

家用汽车产品的易损耗零部件在其质量保证期内出现产品质量问题的，消费者可以选择免费更换易损耗零部件。易损耗零部件的种类范围及其质量保证期由生产者明示在三包凭证上。生产者明示的易损耗零部件的种类范围应当符合国家相关标准或规定，具体要求由国家质检总局另行规定。

第十九条 在家用汽车产品包修期内，因产品质量问题每次修理时间（包括等待修理备用件时间）超过 5 日的，应当为消费者提供备用车，或者给予合理的交通费用补偿。

修理时间自消费者与修理者确定修理之时起，至完成修理之时止。一次修理占用时间不足 24 小时的，以 1 日计。

第二十条 在家用汽车产品三包有效期内，符合本规定更换、退货条件的，消费者凭三包凭证、购车发票等由销售者更换、退货。

家用汽车产品自销售者开具购车发票之日起 60 日内或者行驶里程 3000 公里之内（以先到者为准），家用汽车产品出现转向系统失效、制动系统失效、车身开裂或燃油泄漏，消费者选择更换家用汽车产品或退货的，销售者应当负责免费更换或退货。

在家用汽车产品三包有效期内，发生下列情况之一，消费者选择更换或退货的，销售者应当负责更换或退货：

（一）因严重安全性能故障累计进行了 2 次修理，严重安全性能故障仍未排除或者又出现新的严重安全性能故障的；

（二）发动机、变速器累计更换 2 次后，或者发动机、变速器的同一主要零件因其质量问题，累计更换 2 次后，仍不能正常使用的，发动机、变速器与其主要零件更换次数不重复计算；

（三）转向系统、制动系统、悬架系统、前/后桥、车身的同一主要零件因其质量问题，累计更换 2 次后，仍不能正常使用的；

转向系统、制动系统、悬架系统、前/后桥、车身的主要零件由生产者明示在三包凭证上，其种类范围应当符合国家相关标准或规定，具体要求由国家质检总局另行规定。

第二十一条 在家用汽车产品三包有效期内，因产品质量问题修理时间累计超过 35 日的，或者因同一产品质量问题累计修理超过 5 次的，消费者可以凭三包凭证、购车发票，由销售者负责更换。

下列情形所占用的时间不计入前款规定的修理时间：

（一）需要根据车辆识别代号（VIN）等定制的防盗系统、全车线束等特殊零部件的运输时间；特殊零部件的种类范围由生产者明示在三包凭证上；

（二）外出救援路途所占用的时间。

第二十二条 在家用汽车产品三包有效期内，符合更换条件的，销售者应当及时向消费者更换新的合格的同品牌同型号家用汽车产品；无同品牌同型号家用汽车产品更换的，销售者应当及时向消费者更换不低于原车配置的家用汽车产品。

第二十三条 在家用汽车产品三包有效期内，符合更换条件，销售者无同品牌同型号家用汽车产品，也无不低于原车配置的家用汽车产品向消费者更换的，消费者可以选择退货，销售者应当负责为消费者退货。

第二十四条 在家用汽车产品三包有效期内，符合更换条件的，销售者应当自消费者要求换货之日起 15 个工作日内向消费者出具更换家用汽车产品证明。

在家用汽车产品三包有效期内，符合退货条件的，销售者应当自消费者要求退货之日起 15 个工作日内向消费者出具退车证明，并负责为消费者按发票价格一次性退清货款。

家用汽车产品更换或退货的，应当按照有关法律法规规定办理车辆登记等相关手续。

第二十五条 按照本规定更换或者退货的，消费者应当支付因使用家用汽车产品所产生的合理使用补偿，销售者依照本规定应当免费更换、退货的除外。

合理使用补偿费用的计算公式为：[（车价款（元）× 行驶里程（km））/1000] ×n。使用补偿系数 n 由生产者根据家用汽车产品使用时间、使用状况等因素在 0.5% 至 0.8% 之间确定，并在三包凭证中明示。

家用汽车产品更换或者退货的，发生的税费按照国家有关规定执行。

第二十六条 在家用汽车产品三包有效期内，消费者书面要求更换、退货的，销售者应当自收到消费者书面要求更换、退货之日起 10 个工作日内，作出书面答复。逾期未答复或者未按本规定负责更换、退货的，视为故意拖延或者无正当理由拒绝。

第二十七条 消费者遗失家用汽车产品三包凭证的，销售者、生产者应当在接到消费者申请后 10 个工作日内予以补办。消费者向销售者、生产者申请补办三包凭证后，可以依照本规定继续享有相应权利。

按照本规定更换家用汽车产品后，销售者、生产者应当向消费者提供新的三包凭证，家用汽车产品包修期和三包有效期自更换之日起重新计算。

在家用汽车产品包修期和三包有效期内发生家用汽车产品所有权转移的，三包凭证应当随车转移，三包责任不因汽车所有权转移而改变。

第二十八条 经营者破产、合并、分立、变更的，其三包责任按照有关法律法规规定执行。

第六章 三包责任免除

第二十九条 易损耗零部件超出生产者明示的质量保证期出现产品质量问题的，经营者可以不承担本规定所规定的家用汽车产品三包责任。

第三十条 在家用汽车产品包修期和三包有效期内，存在下列情形之一的，经营者对所涉及产品质量问题，可以不承担本规定所规定的三包责任：

（一）消费者所购家用汽车产品已被书面告知存在瑕疵的；

（二）家用汽车产品用于出租或者其他营运目的的；

（三）使用说明书中明示不得改装、调整、拆卸，但消费者自行改装、调整、拆卸而造成损坏的；

（四）发生产品质量问题，消费者自行处置不当而造成损坏的；

（五）因消费者未按照使用说明书要求正确使用、维护、修理产品，而造成损坏的；

（六）因不可抗力造成损坏的。

第三十一条 在家用汽车产品包修期和三包有效期内，无有效发票和三包凭证的，经营者可以不承担本规定所规定的三包责任。

第七章 争议的处理

第三十二条 家用汽车产品三包责任发生争议的，消费者可以与经营者协商解决；可以依法向各级消费者权益保护组织等第三方社会中介机构请求调解解决；可以依法向质量技术监督部门等有关行政部门申诉进行处理。

家用汽车产品三包责任争议双方不愿通过协商、调解解决或者协商、调解无法达成一致的，可以根据协议申请仲裁，也可以依法向人民法院起诉。

第三十三条 经营者应当妥善处理消费者对家用汽车产品三包问题的咨询、查询和投诉。

经营者和消费者应积极配合质量技术监督部门等有关行政部门、有关机构等对家用汽车产品三包责任争议的处理。

第三十四条 省级以上质量技术监督部门可以组织建立家用汽车产品三包责任争议处理技术咨询人员库，为争议处理提供技术咨询；经争议双方同意，可以选择技术咨询人员参与争议处理，技术咨询人员咨询费用由双方协商解决。

经营者和消费者应当配合质量技术监督部门家用汽车产品三包责任争议处理技术咨询人员库建设，推荐技术咨询人员，提供必要的技术咨询。

第三十五条 质量技术监督部门处理家用汽车产品三包责任争议，按照产品质量申诉处理有关规定执行。

第三十六条 处理家用汽车产品三包责任争议，需要对相关产品进行检验和鉴定的，按照产品质量仲裁检验和产品质量鉴定有关规定执行。

第八章 罚则

第三十七条 违反本规定第九条规定的，予以警告，责令限期改正，处 1 万元以上 3 万元以下罚款。

第三十八条 违反本规定第十条规定，构成有关法律法规规定的违法行为的，依法予以处罚；未构成有关法律法规规定的违法行为的，予以警告，责令限期改正；情节严重的，处 1 万元以上 3 万元以下罚款。

第三十九条 违反本规定第十二条规定，构成有关法律法规规定的违法行为的，依法予以处罚；未构成有关法律法规规定的违法行为的，予以警告，责令限期改正；情节严重的，处 3 万元以下罚款。

第四十条 违反本规定第十三条、第十四条、第十五条或第十六条规定的，予以警告，责令限期改正；情节严重的，处 3 万元以下罚款。

第四十一条 未按本规定承担三包责任的，责令改正，并依法向社会公布。

第四十二条 本规定所规定的行政处罚，由县级以上质量技术监督部门等部门在职权范围内依法实施，并将违法行为记入质量信用档案。

第九章 附则

第四十三条 本规定下列用语的含义：

家用汽车产品，是指消费者为生活消费需要而购买和使用的乘用车。

乘用车，是指相关国家标准规定的除专用乘用车之外的乘用车。

生产者，是指在中华人民共和国境内依法设立的生产家用汽车产品并以其名义颁发产品合格证的单位。从中华人民共和国境外进口家用汽车产品到境内销售的单位视同生产者。

销售者，是指以自己的名义向消费者直接销售、交付家用汽车产品并收取货款、开具发票的单位或者个人。

修理者，是指与生产者或销售者订立代理修理合同，依照约定为消费者提供家用汽车产品修理服务的单位或者个人。

经营者，包括生产者、销售者、向销售者提供产品的其他销售者、修理者等。

产品质量问题，是指家用汽车产品出现影响正常使用、无法正常使用或者产品质量与法规、标准、企业明示的质量状况不符合的情况。

严重安全性能故障，是指家用汽车产品存在危及人身、财产安全的产品质量问题，致使消费者无法安全使用家用汽车产品，包括出现安全装置不能起到应有的保护作用或者存在起火等危险情况。

第四十四条 按照本规定更换、退货的家用汽车产品再次销售的，应当经检验合格并明示该车是“三包换退车”以及更换、退货的原因。

“三包换退车”的三包责任按合同约定执行。

第四十五条 本规定涉及的有关信息系统以及信息公开和管理、生产者信息备案、三包责任争议处理技术咨询人员库管理等具体要求由国家质检总局另行规定。

第四十六条 有关法律、行政法规对家用汽车产品的修理、更换、退货等另有规定的，从其规定。

第四十七条 本规定由国家质量监督检验检疫总局负责解释。

第四十八条 本规定自2013年10月1日起施行。

中华人民共和国交通运输行业标准

《机动车维修服务规范》

前 言

本标准按照GB/T1.1-2009给出的规则起草。

本标准由中华人民共和国交通运输部道路运输司提出。

本标准由全国汽车维修标准化技术委员会（SAC/TC247）归口。

本标准负责起草单位：中国汽车维修行业协会。

本标准参加起草单位：江苏省交通运输厅运输管理局、北京北汽出租汽车集团有限责任公司汽车修理分公司、江西省公路运输管理局、北京市交通委员会运输管理局、吉林省运输管理局、杭州市机动车服务管理局、广州市汽车摩托车维修行业协会、汽车维护与修理杂志社。

本标准主要起草人：佟濬洲、应肃、孟秋、李云飞、门涛、张国栋、张京伟、龚俊吉、陈英、吴东风、寿益民、关绍裘、于开成。

1 范围

本标准规定了机动车维修服务的总要求、维修服务流程、服务质量管理及服务质量控制等内容。

本标准适用于汽车整车维修企业和发动机、车身、电气系统、自动变速器专项维修业户，其他的机动车维修企业可参照执行。

2 规范性引用文件

下列文件对于本文件的应用是必不可少的。凡是注日期的引用文件，仅注日期的版本适用于本文件。凡是不注日期的引用文件，其最新版本（包括所有的修改单）适用于本文件。

GB/T3798.1 汽车大修竣工出厂技术条件第 1 部分：载客汽车

GB/T3798.2 汽车大修竣工出厂技术条件第 2 部分：载货汽车

GB/T3799.1 商用汽车发动机大修竣工出厂技术条件第 1 部分：汽油发动机

GB/T3799.2 商用汽车发动机大修竣工出厂技术条件第 2 部分：柴油发动机

GB/T5624 汽车维修术语

GB/T16739.1 汽车维修业开业条件第 1 部分：汽车整车维修企业

GB/T16739.2 汽车维修业开业条件第 2 部分：汽车专项维修业户

GB/T18344 汽车维护、检测、诊断技术规范

GB/T21338 机动车维修从业人员从业资格条件

3 术语和定义

GB/T5624 所界定的以及下列术语和定义适用于本文件。

3.1 客户 customer

接受机动车维修服务的组织或个人。

3.2 机动车维修服务 serviceformotorvehiclemaintenanceandrepair

机动车维修经营者（以下简称经营者）向客户提供机动车维护和修理及相关活动的总称。

3.3 整车修理 wholemotorvehicle

通过修复或更换机动车零部件（包括基础件），恢复机动车完好技术状况和完全（或接近完全）恢复机动车寿命的修理。

3.4 原厂配件 originalequipmentmanufacturerparts

纳入车辆生产厂家售后服务体系和配件供应体系的配件。

3.5 副厂配件 aftemarketparts

未经车辆生产厂家授权的车辆配件生产厂家生产并符合相关技术标准的配件。

3.6 修复配件 refurnishedparts

修复后，经过检验达到相应技术标准要求的配件。

4 总要求

4.1 经营者应按照 GB/T16739.1 和 GB/T16739.2 的规定，根据维修车型种类、服务能力和经营项目，具备相应的人员、组织管理、安全生产、环境保护、设施、设备等条件，并取得机动车维修经营许可等相关证件。

4.2 经营者应依法经营、诚实守信、公平竞争、优质服务，在经营场所的醒目位置悬挂全国统一式样的机动车维修标志牌。

4.3 经营者应将主要维修项目收费价格、维修工时定额、工时单价报所在地道路运输管理机构备案。发生变动时，应在变动实施前重新报备。

4.4 经营者应在业务接待室等场所醒目位置公示以下信息：

a) 机动车维修经营许可证、工商营业执照、税务登记证明；

b) 业务受理程序；

c) 服务质量承诺；

d) 客户抱怨受理程序和受理电话（邮箱）；

e) 所在地道路运输管理机构监督投诉电话；

f) 经过备案的主要维修项目收费价格、维修工时定额、工时单价，常用配件现行价格；

g) 维修质量保证期；

h) 企业负责人、技术负责人及业务接待员、质量检验员、维修工（机修、电器、钣金、涂漆）、价格结算员照片、工号以及从业资格信息等；

i) 提供汽车紧急维修救援服务的，应公示服务时间、电话、收费标准。

4.5 汽车整车维修企业应建立维修服务信息化管理系统，对客户信息、维修流程、配件采购与使用、费用结算等进行管理。

4.6 经营者对原厂配件、副厂配件和修复配件应明码标价，并提供常用配件的产地、生产厂家、质量保证期、联系电话等相关信息资料，供客户查询。

有条件的经营者可配备计算机、触摸屏等自助电子信息查询设备。

5 维修服务流程

5.1 建立服务流程

机动车维修服务流程见图1。经营者可依据自身规模、作业特点建立适用本企业的维修服务流程。

5.2 客户维修接待

5.2.1 客户接待

5.2.1.1 客户接待主要包括进厂维修接待、预约维修接待、紧急维修救援接待。

5.2.1.2 业务接待员应遵守礼仪规范，主动热情，真诚友好，仪表端庄，语言文明，自报工号，认真听取客户关于车况和维修要求的陈述，并做好记录。

5.2.1.3 业务接待员应能及时为客户提供咨询服务。

5.2.2 维修接待

5.2.2.1 进厂维修接待

5.2.2.1.1 车辆进厂时，业务接待员应查验车辆相关证件，与客户一起进行环车检查，并办理交接手续．检查时，对于可能造成污损的车身部位，应铺装防护用品。

5.2.2.1.2 客户寄存随车物品，应在车辆交接单上详细记录，并妥善保管。车辆交接单经客户签字确认。

5.2.2.1.3 业务接待员应安排需要等待维修车辆的客户休息。

5.2.2.2 预约维修接待

5.2.2.2.1 经营者可通过电话、短信、网络等渠道受理预约维修服务，可采用回访、告示等方式提示客户采用预约维修服务。

5.2.2.2.2 业务接待员应根据客户意愿和企业条件，合理确定维修车辆维修项目和进厂时间。经双方确认后，做好人员、场地、设备、配件准备，按时安排车辆维修。

5.2.2.2.3 车辆进厂时，按5.2.2.1的要求进行。

5.2.2.3 紧急维修救援接待

5.2.2.3.1 经营者可通过电话、短信、网络等渠道受理紧急维修救援业务。

5.2.2.3.2 业务员接待员接到求救信息后，应详细记录求救客户姓名、车牌号码、品牌型号、故障现象、车辆所在地、联系电话等。

5.2.2.3.3 经营者应区别不同情况实施救援：

——与客户对话可以解决的，应详细解答，具体指导，及时帮助处理；

——确需现场救援的，应提出最佳救援方案，主动告知救援收费标准，组织救援人员在规定时间内赶到救援现场；

——现场不能修复的车辆，经客户同意可拖车入厂，及时安排修理。车辆进厂时，按5.2.2.1的要求进行。

5.3 进厂检验

5.3.1 质量检验员应根据车辆技术档案和客户陈述进行技术诊断。

5.3.2 进厂检验应在专用的工位或区域，按照相关技术标准或规范对车辆进行检验，并做好进厂检验记录。

5.3.3 需要解体检查或者路试的，应征得客户同意。

5.3.4 进厂检验后，应告知客户车辆技术状况、拟定的维修方案、建议维修项目和需要更换的配件。

5.4 签订合同

5.4.1 业务接待员应根据车辆进厂检验结果和客户需求，本着自愿、合法、适用的原则，与客户协商签订汽车维修合同。

5.4.2 维修合同应包含以下主要内容：

a) 经营者、客户的名称

b) 签约日期；

c) 车辆基本信息；

d) 维修项目；

e) 收费标准、预计维修费用及费用超出的解决方式；

f) 交车日期、地点、方式；

g) 质量保证期。

5.4.3 经营者对机动车进行二级维护、总成修理、整车修理的，宜使用当地主管部门推荐的汽车维修合同示范文本。

5.4.4 维修过程应严格按照合同约定进行。确需增加维修项目的，经营者应及时与客户沟通，征得同意后，按规定签订补充合同。

5.4.5 经营者应将维修合同存入机动车维修档案。

5.5 维修作业与过程检验

5.5.1 经营者根据维修合同确认的维修项目，开具维修施工单。维修施工单应详细注明维修项目、作业部位、完成时间和注意事项。

5.5.2 视情对待维修车辆进行车身清洁。

5.5.3 维修过程中，应采用合理措施保护车身内外表面等部位。

5.5.4 维修人员应执行相关的技术标准，使用技术状况良好的设备，按照维修施工单进行操作。不应擅自扩大作业范围，不应以次充好换用配件。作业后，应进行自检，并签字确认。

5.5.5 质量检验员应核查配件更换情况，并依据车辆维修标准或维修手册的技术要求实施车辆维修过程检验，按规定填写并留存过程检验记录。

5.5.6 维修过程检验不合格的作业项目，不应进入下一道工序，应重新作业。

5.5,7 经营者宜采用可视窗或视频设备等方式，供客户实时查看在修车辆。

5.5.8 业务接待员应掌握车辆维修情况，及时向客户反馈维修进度。

5.5.9 车辆维修完工后，维修人员应对车辆外表和内饰进行清洁，将车辆停放在工区域。

5.6 竣工检验

5.6.1 质量检验员应核查维修项目完成情况，按 GB/T3798.1、GB/T3798.2、GB/T3799.1、GB/T3799.2 和 GB/T18344 等标准进行竣工检验，并填写维修竣工检验记录。对竣工检验中发现的不合格项目，应填写返工单，由维修人员返工作业。

5.6.2 经营者应执行《机动车维修竣工出厂合格证》制度。

5.7 结算交车

5.7.1 检验合格的车辆，业务接待员应查看外观，清点随车物品，做好交车准备，通知客户验收接车，并将维修作业项目、配件材料使用、维修竣工检验情况，以及出厂注意事项、质量保证期等内容以书面记录形式告知客户。

5.7.2 业务接待员应配合客户验收车辆，填写验收交接单，并引导客户办理结算手续。

5.7.3 价格结算员应严格按照公示并备案的维修工时定额及单价、配件价格等核定维修费用，开具机动车维修结算清单、维修发票。维修结算清单应将维修作业的检测诊断费、材料费、工时费、加工费及其它费用分项列出，并注明原厂配件、副厂配件或修复配件，由客户签字确认。

5.7.4 客户对维修作业项目和费用有疑问时，业务接待员或价格结算员应认真听取客户的意见，做出合理解释。客户完成结算手续后，业务接待员为客户办理出门手续，交付车辆钥匙、客户寄存物品、客户支付费用后剩余的维修材料，以及更换下的配件。

5.8 返修与抱怨处理

5.8.1 经营者应严格执行车辆返修制度，建立车辆返修记录，对返修项目进行技术分析。

5.8.2 在质量保证期内，因维修质量原因造成车辆无法正常使用，且经营者在三日内不能或无法提供因非维修原因而造成车辆无法使用的相关证据的，经营者应当优先安排，无偿返修，不应故意拖延或无理拒绝。

5.8.3 在质量保证期内，车辆因同一故障或者维修项目经两次修理仍不能正常使用的，经营者应当负责联系其他机动车维修经营者修理，并承担相应修理费用。

5.8.4 经营者应严格执行客户抱怨处理制度，明确受理范围、受理部门或人员、处理部门或人员及其职责、受理时限、处理时限等。

5.8.5 经营者应留存抱怨办理的记录，定期进行分析、总结。

5.9 跟踪服务

5.9.1 车辆维修竣工出厂后，经营者可通过客户意见卡、电话、短信或登门等方式回访客户，征询客户对车辆维修服务的意见，并做好记录。对客户的批评意见，应及时沟通并妥善处理。

5.9.2 跟踪服务应覆盖所有客户。回访人员应统计分析客户意见，并及时反馈给相关部门处理。对返修和客户抱怨处理后的结果应继续跟踪。

6 服务质量管理

6.1 人员管理

6.1.1 企业负责人、技术负责人及质量检验员、业务接待员、价格结算员，以及从事机修、电器、钣金、涂漆、车辆技术评估（含检测）作业的技术人员条件应符合 GB/T21338 的规定。机动车维修技术人员配备应满足有关要求。

6.1.2 维修从业人员应按照作业规范进行维修作业。

6.1.3 经营者应根据维修服务活动和从业人员能力，制定和实施培训计划，做好培训记录。

6.2 设施设备管理

6.2.1 厂区环境清洁，各类指示标志清楚，重要区域和特种设备设立警示标志。

6.2.2 维修作业区应合理布局，划分工位，有充足的自然采光或人工照明。

6.2.3 维修、检测设备的规格和数量应与维修车型、维修规模和维修工艺相适应。

6.2.4 经营者应依据设备使用书，制定设备操作工艺规程。

6.2.5 经营者应制定设备维护计划，并认真实施。特种设备应重点维护。

6.2.6 检测设备、量具应按规定进行检定、校准。

6.2.7 经营者应建立设备档案，做好设备购置、验收、使用、维修、检定和报废处理记录。

6.3 配件管理

6.3.1 经营者应向具有合法资质的配件经销商采购配件。

6.3.2 经营者应建立采购配件登记制度，组织采购配件验收，查验产品合格证等相关证明，登记配件名称、规格型号、购买日期及供应商信息。

6.3.3 经营者应建立配件质量保证和追溯体系。原厂配件和副厂配件按制造厂规定执行质量保证。经营者与客户协商约定的原厂配件和副厂配件的质量保证期不得低于上述规定。修复配件的质量保证期，按照经营者与客户的约定执行。

6.3.4 经营者应制定配件检验分类制度，保留配件的更换、使用、报废处理的记录。

6.3.5 客户自带配件，经营者应与客户做好约定，使用前查验配件合格证明，提出使用意见，由客户确认签字，并妥善保管配件合格证明和签字记录，保存期限不得低于该配件质量保证期和维修质量保证期。

6.4 安全管理

6.4.1 经营者应建立安全生产组织机构和安全生产责任制度，明确各岗位人员安全职责。

6.4.2 经营者应制定安全生产应急预案，内容包括应急机构组成、责任人及分工应急预案启动程序、应急救援工作程序等。

6.4.3 经营者应开展安全生产教育与督促检查，为员工提供国家规定的劳动安全卫生条件和必要的劳动防护用品

6.4.4 经营者应确保生产设施、设备安全防护装置完好，按照规定配置消防设施和器材，设置消防、安全标志。有毒、易燃、易爆物品，腐蚀剂，压力容器的使用与存放应符合国家有关规定的要求。

6.4.5 机动车维修作业场所相应位置应张贴维修岗位与设备安全操作规程及安全注意事项。

6.5 环保管理

6.5.1 经营者应对维修产生的废弃物进行分类收集，及时对有害物质进行隔离、控制，委托有合法资质的机构定期回收，并留存废弃物处置记录。

6.5.2 维修作业环境应按环境保护标准的有关规定配置用于处理废气、废水的通风、吸尘、消声、净化等设施。

6.6 现场管理

经营者应制定现场管理规范，作业场所实行定置管理，工具、物料摆放整齐，标识清楚，做到工作台、配件、工具清洁，工具、配件、废料油污不落地，废油、废液、固体废弃物分类存放。

6.7 资料档案管理

6.7.1 经营者应了解并收集与维修服务相关的技术文件，具备有效的车辆维修标准和承修车型的技术资料。必要时，应制定车辆维修所需的各种工艺、检验指导文件。

6.7.2 经营者应建立机动车维修档案，并妥善保存。

6.7.3 车辆二级维护、总成修理、整车修理档案主要应包括：维修项目、维修合同、具体维修人员及质量检验员、进厂检验记录、过程检验记录、竣

工检验记录、出厂合格证副本、结算清单等。保存期限不应少于两年。

7 服务质量控制

7.1 经营者应按规定建立维修服务质量管理体系，制定服务质量方针，加以实施并持续改进。

7.2 经营者应开展客户满意度调查，收集、整理客户反馈信息。

7.3 经营者应定期对维修服务实际成果进行检查，并记录检查结界。对检查中发现的问题，应采取有效的整改措施。

参考文献

[1] 机动车维修管理规定（中华人民共和国交通部令 2005 年第 7 号）

[2] 道路运输从业人员管理规定（中华人民共和国交通部令 2006 年第 9 号）

工业和信息化部

《废旧轮胎综合利用行业准入公告管理暂行办法》

第一章

总则第一条　为加强废旧轮胎综合利用行业准入管理工作，规范行业发展秩序，提高废旧轮胎综合利用技术水平，依据《轮胎翻新行业准入条件》和《废轮胎综合利用行业准入条件》（以下简称《准入条件》），制定本办法。

第二条　工业和信息化部及各地方工业和信息化主管部门负责对符合《准入条件》的企业实行动态管理，相关行业协会负责协助做好公告管理工作。

第二章　申请和核实

第三条　申请准入公告的废旧轮胎综合利用企业，应当具备以下条件：

（一）具有独立法人资格；

（二）遵守国家有关法律法规，符合国家产业政策和行业发展规划的要求；

（三）符合《准入条件》中有关规定的要求。

第四条　符合本办法第三条所列条件的现有废旧轮胎综合利用企业可向所在地县级以上（含县级，下同）工业和信息化主管部门提出准入申请，并如实填报《轮胎翻新行业准入申请书》或《废轮胎综合利用行业准入申请书》（见附件 1、2，以下简称《申请书》）。

企业申请准入公告应当提交以下材料，并对申请材料的真实性负责：

（一）《申请书》所列企业全部相关信息；

（二）企业法人营业执照副本复印件；

（三）项目建设审批、核准或备案相关文件复印件；

（四）项目建设土地审批文件复印件；

（五）项目建设环境保护审批文件和竣工验收文件复印件。

第五条　同一个企业法人拥有多个位于不同地址的厂区或生产车间的，每个厂区或生产车间需要单独填写《申请书》，并在申请准入审查时同时提交。

第六条　县级以上工业和信息化主管部门会同有关部门依照第三条、第四条有关要求，对申请公告企业的相关情况进行核实并提出具体审核意见，并经各省、自治区、直辖市工业和信息化主管部门审核后，于每年 3 月 31 日和 9 月 30 日前将符合准入条件要求的企业申请材料和审核意见报工业和信息化部。

第三章　复核与公告

第七条　工业和信息化部收到申请材料后，依据第三条、第四条有关要求，组织有关行业协会和相应专家对各地上报的申请材料进行复核和现场抽查核实，并经征求环境保护部意见后确定符合准入要求的企业名单。同一个企业法人拥有多个位于不同地址的厂区或生产车间必须均达到第四条有关要求。

第八条 经复核符合准入要求的企业，在工业和信息化部网站上进行公示（10个工作日）。对公示期间有异议的企业，工业和信息化部将组织进一步核实有关情况；对无异议的企业，每年6月30日和12月31日前以工业和信息化部公告方式予以发布。

第四章 监督管理

第九条 进入公告名单的企业要严格按照《准入条件》的要求组织生产经营活动。各省、自治区、直辖市工业和信息化主管部门及相关行业协会会同省级有关部门，对公告企业进行监督检查，并将监督检查结果于每年4月30日前报送工业和信息化部。工业和信息化部组织有关方面对公告企业进行抽查。

第十条 欢迎和鼓励社会监督。任何单位或个人发现申请公告企业或已公告企业有不符合《准入条件》和本办法有关规定的，可向工业和信息化部投诉或举报。

第十一条 有下列情况之一的，各省、自治区、直辖市工业和信息化主管部门要责令企业限期整改，对拒不整改或整改不合格的企业，报请工业和信息化部撤销其准入资格，并予以公告：

（一）不能保持《准入条件》要求的；

（二）报送的相关材料有弄虚作假行为的；

（三）拒不接受监督检查的；

（四）发生违反国家法律、法规和国家产业政策行为的；

（五）发生重大质量、安全生产和污染环境事故的。

被撤销公告资格的生产企业，经整改合格2年后方可重新提出准入申请。

工业和信息化部撤销公告资格应提前告知企业，听取企业的陈述和申辩。

第五章 附则

第十二条 本办法适用于中华人民共和国境内（香港、澳门、台湾地区除外）所有废旧轮胎综合利用企业。

第十三条 本办法由工业和信息化部负责解释。

第十四条 本办法自2013年5月1日起施行。

第三部分

北京地区汽车后市场
——有形市场

由于汽车产品的多样性和汽车后市场的复杂性，很多企业的主营业务往往跨越多个产品行业分类，本书定位并服务于汽车后市场，书中的数据分类沿用了行业里的一些通俗定义，在第三部分有形市场的数据中，主要划分为以下几大类。

分类说明

- 欧洲车系列 ---------------------- 乘用车（轿车类）
- 日本车系列 ---------------------- 乘用车（轿车类）
- 美国车系列 ---------------------- 乘用车（轿车类）
- 韩国车系列 ---------------------- 乘用车（轿车类）
- 国产车系列 ---------------------- 乘用车（轿车类）、微车类

- 商用车系列 ---------------------- 客车、货车

- 专项件系列 ---------------------- 油品、轮胎、电池、玻璃、空调、易损件、品牌代理等产品
- 汽保设备、维修工具系列
- 汽车用品系列 -------------------- 汽车电子、美容装饰、精品等
- 汽车维修保养系列
- 其他系列

朝阳区市场商家资讯

- 北京城环城国际汽配城
- 北京四元桥汽配城
- 北京盛华汽配城
- 北京五方天雅汽配城
- 北京十八里店汽配城
- 北京东坝汽配城
- 北京惠河建材汽配城
- 北京东五环汽配城

城环城国际汽车用品城
隆重招商
今天，市场升级的又一巨作——城环城国际汽车用品城正在隆重招商。在城环城国际汽配城西南角新增建 10 万平方米汽车用品营业大厅，此项目分两期建设，正在新建的一期有 6 万平方米，共五层。大厅内宽敞明亮，电动扶梯、货梯、观光客梯、中央监控、消防等配套设施齐全，其中三、四层每个商铺为两层，楼中楼的经营格局，专为汽车用品经营商户建立总部批发基地量身打造，为商户提供良好的经营环境。
创建崭新的经营理念，打造汽车用品批发基地，以汽车用品的生产厂家、总代理、地区代理、旗舰店、示范店为商户骨干，以成熟的汽配批发渠道为顺风载体，借势培育覆盖华北、东北、西北等地域的汽车用品批发市场，同时也要抢占北京地区的零售市场，力挺批发零售双赢。经营各种涵盖汽车电子、汽车精品、座垫脚垫、养护用品、户外用品等各个品类的名优名牌，使需求客户一站式购齐。随着市场升级改造的实施，调整经营格局，将要扩大 1.5 万平米的独立商铺，用于增加汽车装饰和改装等汽车后市场服务功能，倾力打造成汽车用品、汽车装饰、美容、改装为一体的超大规模的专业化市场。
谋天下大计者，必先静观天下事，而深入其微。知人生者，知选择，一种选择将改变您的未来。选择城环城国际汽车用品城，一定能成就您的卓越。
品牌优势
地理优势
仓储物流优势
市场稳定发展优势
交通优势
超大规模优势
优秀的管理团队优势
富有实效的市场宣传推广优势
城环城国际汽车用品城
精心打造 汽车用品主流批发市场
城环城国际汽车用品城（北京朝阳区南四环东路69号）
招商热线：010-53031888 13269977990
网址：www.chenghuancheng.com 邮箱：chenghuancheng@sohu.com

欧洲车系列

利尔康盛

公司地址：北京市朝阳区城环城国际汽配城 12 号楼 383A 号
联系人： 陈余贤
电　话： 010-51102910/51102920
主营业务：凯旋、世嘉、富康、爱丽舍、伊兰特

鑫诚志广

公司地址：北京市朝阳区城环城国际汽配城 14 号楼 425 号
联系人： 丁知广
电　话： 010-52263437/52263439
主营业务：欧宝全车配件

佳合双兴

公司地址：北京市朝阳区城环城国际汽配城 15 号楼 441 号
联系人： 韩志
电　话： 010-52236675/52236676
主营业务：保时捷、卡宴

天一东德

公司地址：北京市朝阳区城环城国际汽配城 16 号楼 473B 号
联系人： 牛广东
电　话： 010-51130991/51130992
51130993/57119953
主营业务：保时捷、途锐

辉亚通达

公司地址：北京市朝阳区城环城国际汽配城 19 号楼 563A 号
联系人： 张辉
电　话： 010-51102563/52202828
主营业务：保时捷、卡宴、帕拉梅拉

翼腾翔

公司地址：北京市朝阳区城环城国际汽配城 24 号楼 799 号
联系人： 白勇森
电　话： 010-52236799/52236329
主营业务：标致、雪铁龙

新岳龙康

公司地址：北京市朝阳区城环城国际汽配城 9 号楼 286 号
联系人： 史向荣
电　话： 010-51102286/52202286
主营业务：雪铁龙、标致

恒生

公司地址：北京市朝阳区城环城国际汽配城 1 号楼 B23B 号
联系人： 王恒亮
电　话： 010-52269136/52269137
52263205
主营业务：途锐、保时捷、卡宴、帕拉梅拉

辉腾松业

公司地址：北京市朝阳区城环城国际汽配城 21 号楼 686 号
联系人： 薛业红
电　话： 010-51102686/52202686
51102801
主营业务：东风标致、雪铁龙、

杰奥伟业

公司地址：北京市朝阳区城环城国际汽配城 21 号楼 695 号
联系人： 郭杰
电　话： 010-51102695/52202695
52261913/51102447
主营业务：玛莎拉蒂、英菲尼迪、雷诺、宾利、路虎

路来宝

公司地址：北京市朝阳区城环城国际汽配城 23 号楼 769 号
联系人： 刘杰林
电　话： 010-52236213/52236214
51102870/52202870
主营业务：路虎汽车配件

鑫耀鸿基

公司地址：北京市朝阳区城环城国际汽配城 20 号楼 595B 号
联系人： 王明要
电　话： 010-52263333/52202911
51102938/52267222
主营业务：路虎、捷豹、宾利

亚德汽配

公司地址：北京市朝阳区城环城国际汽配城 21 号楼 696 号
联系人： 王东海
电　话： 010-51102696/52202696
52202026
主营业务：保时捷 911、卡宴、帕纳梅拉

蒙飞燕

公司地址：北京市朝阳区城环城国际汽配城 21 号楼 653B 号
联系人： 王飞
电　话： 010-51102654/52202825
51102464/52238505
主营业务：捷豹、路虎、迷你

北方瑞沃

公司地址：北京市朝阳区城环城国际汽配城 17 号楼 506-507 号
联系人： 薛冰
电　话： 010-52269220/52202352
52202968/52202983
主营业务：沃尔沃配件

祥贵发

公司地址：北京市朝阳区城环城国际汽配城 19 号楼 551 号
联系人： 姜祥发
电　话： 010-51102551/51102853
52202551
主营业务：路虎、捷豹全车配件

标新志远

公司地址：北京市朝阳区城环城国际汽配城 20 号楼 601B 号
联系人： 王友宝
电　话： 010-51102556/52202556
52236898/52236398
主营业务：标志、雪铁龙

昊天路华

公司地址：北京市朝阳区城环城国际汽配城 20 号楼 588 号
联系人： 杨友龙
电　话： 010-51102930/52202616
52202419
主营业务：路虎、揽胜、发现、神行者、捷豹 XJ\XT

瑞川鸿路

公司地址：北京市朝阳区城环城国际汽配城 21 号楼 652 号
联系人： 范道伟
电　话： 010-52239598/52239599
52263082
主营业务：路虎、捷豹

森源通宇

公司地址：北京市朝阳区城环城国际汽配城 22 号楼 735 号
联系人： 金磊
电　话： 010-52203017/52203046
52203047/52203048
主营业务：保时捷

四源跃鑫达

公司地址：北京市朝阳区城环城国际汽配城 27 号楼 880 号
联系人： 熊近跃
电　话： 010-52263248/52263249
52434206
主营业务：标致、雪铁龙全车件

新宁博亚
公司地址：北京市朝阳区城环城国际汽配城 28 号楼 926 号
联系人： 刘宁宁
电 话： 010-51102047/52202047
52236926
主营业务：标志 207\307\308\408\508\3008

玛宾利博
公司地址：北京市朝阳区城环城国际汽配城 28 号楼 936 号
联系人： 范道松
电 话： 010-52237634/52237694
52913224/52913225
主营业务：玛莎拉蒂、法拉利、宾利、雷诺

陆捷惠通
公司地址：北京市朝阳区城环城国际汽配城 3 号楼 98 号
联系人： 张佳辉
电 话： 010-52239784/52263052
52202295
主营业务：路虎揽胜、发现、极光、神行者 2

华汇亿
公司地址：北京市朝阳区城环城国际汽配城 7 号楼 205 号
联系人： 徐卓胜
电 话： 010-52236671/52236672
58400298/58406968
主营业务：途锐、保时捷

京达永胜
公司地址：北京市朝阳区城环城国际汽配城 6 号楼 183B 号
联系人： 徐保山
电 话： 010-51102184/51102731
51125898/52202184
主营业务：欧宝全车件

东建云宝
公司地址：北京市朝阳区城环城国际汽配城 1 号楼 10 号
联系人： 陈宝云
电 话： 010-51102010/51102919
51102969/51102979
主营业务：越野路虎

陆狮路虎
公司地址：北京市朝阳区城环城国际汽配城 23 号楼 758 号
联系人： 李国祥
电 话： 010-52236051/52236052
主营业务：路虎、标致、道达尔机油

奔驰、宝马系列

德奔宏盛
公司地址：北京市朝阳区城环城国际汽配城 19 号楼 559 号
联系人： 赵大连
电 话： 010-51102559/52202559
主营业务：奔驰

驰宝通达
公司地址：北京市朝阳区城环城国际汽配城 16 号楼 480 号
联系人： 单磊
电 话： 010-51102480/52238574
主营业务：奔驰、宝马、玛莎拉蒂、宾利

远航之星
公司地址：北京市朝阳区城环城国际汽配城 21 号楼 689 号
联系人： 贾峰
电 话： 010-51102762/52237595
主营业务：奔驰、宝马

成亿鑫源
公司地址：北京市朝阳区城环城国际汽配城 6 号楼 199 号
联系人： 崔松江
电 话： 010-51102199/52202199
主营业务：奔驰、宝马

顺强达
公司地址：北京市朝阳区城环城国际汽配城 20 号楼 586I 号
联系人： 陈思强
电 话： 010-52239503/51102843
主营业务：宝马、奔驰、路虎

驰通雅泰
公司地址：北京市朝阳区城环城国际汽配城 19 号楼 532 号
联系人： 丁瑞
电 话： 010-51102532/52202532
52239671/52239672
主营业务：奔驰、宝马，德国原厂件

普月鑫泰
公司地址：北京市朝阳区城环城国际汽配城 21 号楼 649 号
联系人： 韩永顺
电 话： 010-51102431/52202677
主营业务：奔驰、宝马

金清顺业
公司地址：北京市朝阳区城环城国际汽配城 19 号楼 539 号
联系人： 徐保青
电 话： 010-52202539/51130729
51130732
主营业务：奔驰、宝马、维亚诺

健豪正业
公司地址：北京市朝阳区城环城国际汽配城 27 号楼 892 号
联系人： 何健
电 话： 010-51102936/52236891
主营业务：华晨宝马

吉顺龙达
公司地址：北京市朝阳区城环城国际汽配城 20 号楼 636 号
联系人： 潘同艳
电 话： 010-52236727/52239758
主营业务：奔驰、宝马

京驰奔宝
公司地址：北京市朝阳区城环城国际汽配城 21 号楼 690 号
联系人： 张显龙
电 话： 010-51102690/53025161
53025162
主营业务：奔驰、宝马

超雅康达
公司地址：北京市朝阳区城环城国际汽配城 20 号楼 607 号
联系人： 高习明
电 话： 010-51102605/51102606
52202606/52202605
主营业务：奔驰、宝马、保时捷、路虎

奔宝腾达
公司地址：北京市朝阳区城环城国际汽配城 20 号楼 586F 号
联系人： 罗加松
电 话： 010-52236273/52236274
52261546/52261547
主营业务：奔驰、宝马

晨翔奔宝
公司地址：北京市朝阳区城环城国际汽配城 17 号楼 500-501 号
联系人： 付有彬
电 话： 010-51102500/51102501
52202960/52237576
主营业务：奔驰、宝马、路虎

金运恒通
公司地址：北京市朝阳区城环城国际汽配城 14 号楼 416-417 号
联系人： 徐洪伟
电 话： 010-52202416/51102417
51102416/52239696
主营业务：奔驰、宝马

鸿晟星驰
公司地址：北京市朝阳区城环城国际汽配城 20 号楼 639 号
联系人： 徐保付
电 话： 010-51102701/52202701
52267300/52267301
主营业务：奔驰、宝马

嘉和鑫业
公司地址：北京市朝阳区城环城国际汽配城 19 号楼 535 号
联系人： 邵巨贤
电 话： 010-51102535/52202535
52239561/52239591
主营业务：奔驰、宝马

创建基业
公司地址：北京市朝阳区城环城国际汽配城 10 号楼 331 号
联系人： 陈加云
电 话： 010-52263096/52263098
52263097/52237633
主营业务：奔驰、宝马、德国配件

永生宝业
公司地址：北京市朝阳区城环城国际汽配城 21 号楼 688 号
联系人：邵奎山
电　话：010-52202062/52237575
52237573
主营业务：奔驰、宝马、路虎

宝辉腾达
公司地址：北京市朝阳区城环城国际汽配城 19 号楼 555 号
联系人：徐辉
电　话：010-51102943/51102754
52238548/52408352
主营业务：奔驰、宝马、路虎，兼营拆车件

奔宝润达
公司地址：北京市朝阳区城环城国际汽配城 19 号楼 572B 号
联系人：许国勇
电　话：010-52202874/52239562
51125806/51125807
主营业务：奔驰、宝马

红日奔宝
公司地址：北京市朝阳区城环城国际汽配城 17 号楼 498-499 号
联系人：张传军
电　话：010-51102997/52202997
51102499/51102498
主营业务：奔驰、宝马

祥宇诚达
公司地址：北京市朝阳区城环城国际汽配城 21 号楼 697 号
联系人：沈林
电　话：010-51102697/52202697
58480222
主营业务：北京奔驰、GLK、E 系、C 系

永利畅达
公司地址：北京市朝阳区城环城国际汽配城 21 号楼 712 号
联系人：李祖俊
电　话：010-51102781/52405168
53025463/57200916
主营业务：奔驰、宝马、路虎

鑫昌永杰
公司地址：北京市朝阳区城环城国际汽配城 21 号楼 713B 号
联系人：丁昌红
电　话：010-51102895/52239808
52239828/52267378
主营业务：奔驰、宝马、路虎

诚安兴正
公司地址：北京市朝阳区城环城国际汽配城 19 号楼 558B 号
联系人：杨国友
电　话：010-51102951/51102952
51102245
主营业务：宝马、迷你

京通宝
公司地址：北京市朝阳区城环城国际汽配城 21 号楼 719 号
联系人：姜兆永
电系话：010-51102719/52202719
52261509/52261519
主营业务：宝马

天罡成睿
公司地址：北京市朝阳区城环城国际汽配城 22 号楼 732-733 号
联系人：吴毅
电　话：010-52263032/52263033
52263034/52263035
主营业务：奔驰、宝马

万径安全
公司地址：北京市朝阳区城环城国际汽配城 23 号楼 751 号
联系人：付建强
电　话：010-52202822/52202882
52202877/52202857
主营业务：宝马、奔驰

鹏辉运生
公司地址：北京市朝阳区城环城国际汽配城 26 号楼 852 号
联系人：赵春起
电　话：010-52236365/52236375
52236852
主营业务：奔驰、克莱斯勒

利星恒泰
公司地址：北京市朝阳区城环城国际汽配城 26 号楼 856 号
联系人：祖大力
电　话：010-67601726/52261541
52261542
主营业务：奔驰宝马

盈德宝
公司地址：北京市朝阳区城环城国际汽配城 26 号楼 870 号
联系人：于新新
电　话：010-52203066/52203068
52263115/52263116
主营业务：奔驰、宝马

鹏泰宏伟
公司地址：北京市朝阳区城环城国际汽配城 21 号楼 661 号
联系人：许安辉
电　话：010-51102441/52238580
51102432/52239621
主营业务：奔驰、宝马

汇祥奔宝
公司地址：北京市朝阳区城环城国际汽配城 27 号楼 887 号
联系人：王辉
电　话：010-51102016/52269033
52269032/52202612
主营业务：奔驰、宝马

欧美通达
公司地址：北京市朝阳区城环城国际汽配城 2 号楼 62 号
联系人：李呈洁
电　话：010-51102892/51102893
52263206/87674769
主营业务：宝马、福特

迅驰智捷
公司地址：北京市朝阳区城环城国际汽配城 30 号楼 990 号
联系人：陈峰
电　话：010-52236990/52236070
52263392/52263395
主营业务：奔驰、宝马

华远佳星
公司地址：北京市朝阳区城环城国际汽配城 32 号楼 1058 号
联系人：袁立敏
电　话：010-52263077/52263055
52263066
主营业务：奔驰、奥迪、德系配件

奔马之星
公司地址：北京市朝阳区城环城国际汽配城 3 号楼 85 号
联系人：冀明忠
电　话：010-51102085/51102427
52202085/52202776
主营业务：奔驰、宝马

捷之星驰
公司地址：北京市朝阳区城环城国际汽配城 7 号楼 209 号
联系人：张传伟
电　话：010-51102589/51102674
52239798/52239799
主营业务：奔驰、宝马

易森兴业
公司地址：北京市朝阳区城环城国际汽配城 6 号楼 183A 号
联系人：杨林
电　话：010-51102183/52202183
52269141/52269142
主营业务：奔驰

奔源宝
公司地址：北京市朝阳区城环城国际汽配城 6 号楼 172 号
联系人：张磊
电　话：010-51102172/52202172
51102839
主营业务：奔驰、宝马、路虎、保时捷

杰顺星宝
公司地址：北京市朝阳区城环城国际汽配城 9 号楼 279 号
联系人：陶恩杰
电　话：010-52202933/52202288
52238793
主营业务：宝马、奔驰、宾利、玛莎拉蒂

京恩红运

公司地址：北京市朝阳区城环城国际汽配城 12 号楼 375 号
联系人： 赵大恩
电　话： 010-51102736/51102735
52239697
主营业务：奔驰、宝马、路虎

伟鹏智达

公司地址：北京市朝阳区城环城国际汽配城 21 号楼 678 号
联系人： 徐如俊
电　话： 010-52203050/52237606
52203060/52237616
主营业务：北京奔驰、克莱斯勒、JEEP

盛通行

公司地址：北京市朝阳区城环城国际汽配城 6 号楼 185 号
联系人： 李国洪
电　话： 010-51102185/52202185
52237600/67609197
主营业务：奔驰、宝马

中盈嘉宝

公司地址：北京市朝阳区城环城国际汽配城 7 号楼 213A 号
联系人： 韩飞
电　话： 010-52236060/52236161
52236918/52236919
主营业务：奔驰、宝马

北京德赛

公司地址：北京市朝阳区城环城国际汽配城 3 号楼 96 号
联系人： 余胜峰
电　话： 010-51102290/52202290
52261914
主营业务：奔驰、宝马

北方志坚

公司地址：北京市朝阳区城环城国际汽配城 5 号楼 148 号
联系人： 徐洪云
电系话： 010-51102148/51125951
51102722/51125952
主营业务：奔驰、宝马、保时捷、路虎

奔宝通达

公司地址：北京市朝阳区城环城国际汽配城 4 号楼 113B-115 号
联系人： 徐玉东
电　话： 010-51102114/51102115
52202115/52202459
主营业务：奔驰、宝马

春海恒业

公司地址：北京市朝阳区城环城国际汽配城 7 号楼 208 号
联系人： 张春海
电　话： 010-52202814/52202543
53025181/53025182
主营业务：奔驰、拆车件

利达汽配

公司地址：北京市朝阳区城环城国际汽配城 8 号楼 242 号
联系人： 张素振
电　话： 010-52237528/52237538
主营业务：奔驰、宝马、途锐

华焱东星

公司地址：北京市朝阳区城环城国际汽配城 28 号楼 920 号
联系人： 孙艳东
电　话： 010-51102553/51102804
主营业务：奔驰 W164\221\166\251

星之宝

公司地址：北京市朝阳区城环城国际汽配城 23 号楼 766 号
联系人： 白丽
电　话： 010-64321198/52236338
主营业务：宝马、迷你、捷豹、路虎

大众、奥迪系列

奥众盛达

公司地址：北京市朝阳区城环城国际汽配城 20 号楼 595 号
联系人： 潘军
电　话： 010-51102733/52202688
主营业务：奥迪、大众拆车件

奥峰佳业

公司地址：北京市朝阳区城环城国际汽配城 13 号楼 403B 号
联系人： 陶海峰
电　话： 010-52263018/52677628
52267260
主营业务：奥迪 A4L(B8、B9)\Q5\Q3\A5\A3

海波鑫达

公司地址：北京市朝阳区城环城国际汽配城 10 号楼 303B 号
联系人： 顾海兵
电　话： 010-52261485/52263043
主营业务：奥迪 Q5、A4L

鑫瑞明德

公司地址：北京市朝阳区城环城国际汽配城 13 号楼 403A 号
联系人： 尚海托
电　话： 010-52261972./52261973
主营业务：进口大众、途欢、新夏朗、途观

久文汽配

公司地址：北京市朝阳区城环城国际汽配城 10 号楼 320 号
联系人： 赵长田
电　话： 010-51102320/52202320
51102814/52239903
主营业务：奥迪、红旗（新款老款）

泰恒伟业

公司地址：北京市朝阳区城环城国际汽配城 12 号楼 385-386 号
联系人： 林式春
电　话： 010-51102385/51102386
51102380/52202385
主营业务：大众

顺鑫腾达

公司地址：北京市朝阳区城环城国际汽配城 15 号楼 439 号
联系人： 郭强
电　话： 010-52261482/52261483
52261484
主营业务：新帕萨特、明锐、昊锐、晶锐

金通速腾

公司地址：北京市朝阳区城环城国际汽配城 13 号楼 395-408 号
联系人： 王云铎
电　话： 010-52236929/52236930
52202741/52236931
主营业务：奥迪 A4L\A6L\Q5

君驰鑫达

公司地址：北京市朝阳区城环城国际汽配城 13 号楼 401 号
联系人： 朱艳辉
电　话： 010-51102401/51102402
52202402/52202401
主营业务：尚酷、进口高尔夫

德安嘉业

公司地址：北京市朝阳区城环城国际汽配城 10 号楼 333 号
联系人： 李佳连
电　话： 010-52261486/52261487
52261488/52261489
主营业务：奥迪 A6L\Q7\A8L、辉腾

鑫燕德

公司地址：北京市朝阳区城环城国际汽配城 14 号楼 421-422 号
联系人： 于岩
电　话： 010-51102421/51102423
51102424/52202424
主营业务：新捷达、宝来、速腾、迈腾

恒发奥通

公司地址：北京市朝阳区城环城国际汽配城 10 号楼 313B 号
联系人： 汪学术
电　话： 010-51102313/52202313
52239942/52239943
主营业务：奥迪 A6L\C7\A7

港奥汽配

公司地址：北京市朝阳区城环城国际汽配城 15 号楼 450 号
联系人： 朱继岗
电　话： 010-52236700/52261950
52263404/58536922
主营业务：奥迪 A6\A6L\A4L\Q3

宏宇广贸
公司地址：北京市朝阳区城环城国际汽配城 13 号楼 397 号
联系人：张蓬
电　话：010-51102403/51102395
51102396
主营业务：奥迪

万里驰行
公司地址：北京市朝阳区城环城国际汽配城 10 号楼 327 号
联系人：魏建楠
电　话：010-52239930/51102912
52202810
主营业务：奥迪、上海大众、一汽大众

岳宁商贸
公司地址：北京市朝阳区城环城国际汽配城 15 号楼 427 号
联系人：张旭
电　话：010-52239811/52239833
88432212
主营业务：迈腾、速腾、新迈腾、新速腾

豪邦伟业
公司地址：北京市朝阳区城环城国际汽配城 15 号楼 436 号
联系人：戴桂卿
电　话：010-52239751/52239752
52239753
主营业务：大众奥迪

兴达千惠
公司地址：北京市朝阳区城环城国际汽配城 19 号楼 580 号
联系人：赵亚涛
电　话：010-51102580/52202580
52269157/52269167
主营业务：捷达王、桑塔纳、帕萨特 B5、领驭

金福通
公司地址：北京市朝阳区城环城国际汽配城 19 号楼 556 号
联系人：汪友江
电　话：010-52261413/52261412
52261414/52261423
主营业务：速腾、迈腾、宝来、新宝来

广嘉
公司地址：北京市朝阳区城环城国际汽配城 18 号楼 523-525 号
联系人：俞仲荣
电　话：010-51102524/51102525
52202524/52202525
主营业务：大众、奥迪

鑫源朔达
公司地址：北京市朝阳区城环城国际汽配城 16 号楼 468 号
联系人：李晶喜
电　话：010-51125820/51125821
52236150
主营业务：速腾、迈腾、CC

路路通
公司地址：北京市朝阳区城环城国际汽配城 13 号楼 405-406 号
联系人：王东
电　话：010-51102267/51102268
52236668
主营业务：志俊、3000、新朗逸、新帕萨特

睿德泽源
公司地址：北京市朝阳区城环城国际汽配城 17 号楼 511 号
联系人：吴纪开
电　话：010-52236237/52261893
52202868
主营业务：奥迪全车件

鑫蓝洋
公司地址：北京市朝阳区城环城国际汽配城 18 号楼 516 号
联系人：蔚可慧
电　话：010-51102516/52202516
主营业务：上海大众、一汽大众

宝德行
公司地址：北京市朝阳区城环城国际汽配城 19 号楼 537 号
联系人：安传庆
电　话：010-52202205/51102537
51102254/51102485
主营业务：奥迪、路虎、卡宴、捷豹

瑞鑫达
公司地址：北京市朝阳区城环城国际汽配城 19 号楼 543B 号
联系人：蔡正国
电　话：010-51102827/51102543
主营业务：一汽大众

诚众伟业
公司地址：北京市朝阳区城环城国际汽配城 1 号楼 B23A 号
联系人：孔军
电　话：010-52913212/52913213
主营业务：大众配件、曲阜系列产品

鑫鑫路通
公司地址：北京市朝阳区城环城国际汽配城 1 号楼 B11 号
联系人：孙景顺
电　话：010-53032168/52236092
主营业务：大众、现代

雨蕾
公司地址：北京市朝阳区城环城国际汽配城 12 号楼 373A 号
联系人：陈志慧
电　话：010-51102673/52238741
主营业务：上海一汽大众：外观、塑件、灯具

白云鸿翔
公司地址：北京市朝阳区城环城国际汽配城 16 号楼 463A 号
联系人：黄娟
电　话：010-51102462/51102463
主营业务：大众、速腾、宝来、开迪、途安

欣鑫国旭
公司地址：北京市朝阳区城环城国际汽配城 1 号楼 1-2 号
联系人：尹志国
电　话：010-51102001/51102002
52202001/52202002
主营业务：途锐、辉腾、宾利、卡宴

焱森达
公司地址：北京市朝阳区城环城国际汽配城 1 号楼 3-4 号
联系人：陈明
电　话：010-52202004/51102004
51102003/52202003
主营业务：波罗、高尔、斯柯达

华众
公司地址：北京市朝阳区城环城国际汽配城 1 号楼 5 号
联系人：刘成钢
电　话：010-52263400/52263401
52263402/52263403
主营业务：速腾、新速腾

远东畅通
公司地址：北京市朝阳区城环城国际汽配城 1 号楼 B08 号
联系人：韩新立
电　话：010-51102803/52202667
52265541/53032151
主营业务：奥迪 A6\A6L、帕萨特 B5、领驭

龙奥
公司地址：北京市朝阳区城环城国际汽配城 1 号楼 B25 号
联系人：尤常庆
电　话：010-52269297/52269298
52269310
主营业务：奥迪

金方德奥
公司地址：北京市朝阳区城环城国际汽配城 25 号楼 818 号
联系人：王炳忠
电　话：010-52236476/52236477
52269168/52269169
主营业务：奥迪全车件及外观件批发

金亚新达
公司地址：北京市朝阳区城环城国际汽配城 1 号楼 15-16 号
联系人：廖俊伟
电　话：010-51102576/51102876
51102015/52202576
主营业务：奔驰、宝马

辉腾欧陆
公司地址：北京市朝阳区城环城国际汽配城 1 号楼 21 号
联系人：董国利
电　话：010-51102021/52202021
52238542
主营业务：奥迪 A6L\C7

港华恒基

公司地址：北京市朝阳区城环城国际汽配城 15 号楼 449 号
联系人：周名帅
电　话：010-52236346/52236347
主营业务：奥迪 A8\Q7、大众途锐、辉腾

辉鸿伟运

公司地址：北京市朝阳区城环城国际汽配城 1 号楼 11 号
联系人：蔺善波
电　话：010-52202009/52238728
主营业务：一汽、上海大众

星明昊达

公司地址：北京市朝阳区城环城国际汽配城 1 号楼 B06 号
联系人：刘球
电　话：010-52238581/52239673
53032113/53032112
主营业务：上海大众、斯柯达

世纪超达

公司地址：北京市朝阳区城环城国际汽配城 1 号楼 B13-13B 号
联系人：关闯
电　话：010-52265553/52265551
主营业务：奥迪 A4L\Q5\C7\A6L

兴月顺达

公司地址：北京市朝阳区城环城国际汽配城 1 号楼 17 号
联系人：朱红月
电　话：010-52263308/52263318
52261727/51102018
主营业务：奥迪 A6\A6L\C7

鼎亮宏达

公司地址：北京市朝阳区城环城国际汽配城 18 号楼 513B 号
联系人：钱三妹
电　话：010-51102514/52202514
主营业务：大众奥迪外观件

八极元和

公司地址：北京市朝阳区城环城国际汽配城 28 号楼 923 号
联系人：钟文捷
电　话：010-52202121/52202020
主营业务：奥迪配件、密封圈、空调滤网、涨紧器

长山通豫

公司地址：北京市朝阳区城环城国际汽配城 20 号楼 587B 号
联系人：赵大功
电　话：010-51102544/52202440
主营业务：途锐、保时捷、甲壳虫

展松达

公司地址：北京市朝阳区城环城国际汽配城 20 号楼 625 号
联系人：郑秀玲
电　话：010-51102625/52202625
主营业务：大众

文博

公司地址：北京市朝阳区城环城国际汽配城 20 号楼 586C 号
联系人：秦路
电　话：010-51102681/52202681
52202264/52202403
主营业务：奥迪 Q5

新凯汽配

公司地址：北京市朝阳区城环城国际汽配城 20 号楼 602B 号
联系人：梅菊
电　话：010-51130560/51130561
51130562/51130563
主营业务：途观、途欢

隆昌通达

公司地址：北京市朝阳区城环城国际汽配城 20 号楼 635 号
联系人：潘传亚
电　话：010-51102707/52238717
52202470
主营业务：路虎、捷豹、奥迪、大众

力勤兴业

公司地址：北京市朝阳区城环城国际汽配城 1 号楼 B22 号
联系人：张有山
电　话：010-52236562/53032195
53032196
主营业务：宝来、高尔夫、速腾、迈腾

北方宏诚

公司地址：北京市朝阳区城环城国际汽配城 25 号楼 816 号
联系人：郭海龙
电　话：010-52236816/52237558
52237556
主营业务：速腾、迈腾、捷达王、宝来、帕萨特

鑫奥振业

公司地址：北京市朝阳区城环城国际汽配城 22 号楼 747 号
联系人：汪鑫
电　话：010-52261527/52261537
52261510
主营业务：奥迪 A4L\Q5\A5、

德明兴奥

公司地址：北京市朝阳区城环城国际汽配城 23 号楼 750 号
联系人：李明
电　话：010-52236750/52236165
52236136
主营业务：奥迪 Q3

合创腾达

公司地址：北京市朝阳区城环城国际汽配城 23 号楼 752 号
联系人：徐太君
电　话：010-52236752/51102515
51102862
主营业务：朗逸、新朗逸、新桑塔纳

德保盛达

公司地址：北京市朝阳区城环城国际汽配城 25 号楼 825 号
联系人：付明海
电　话：010-52236438/52236439
主营业务：保时捷、途观、途欢

雅迪盛奥

公司地址：北京市朝阳区城环城国际汽配城 25 号楼 838 号
联系人：吴国立
电　话：010-52239664/52239684
主营业务：奥迪 A8\Q7\A6L\ 发动机

浩海翔宇

公司地址：北京市朝阳区城环城国际汽配城 1 号楼 B09 号
联系人：谭平
电　话：010-53032156/53035158
53032157/53032159
主营业务：一汽大众、高尔夫全系、进口大众

长宏

公司地址：北京市朝阳区城环城国际汽配城 1 号楼 31 号
联系人：易长洪
电　话：010-52202031/51102279
51102859/51102280
主营业务：帕萨特全系列

德众奥华

公司地址：北京市朝阳区城环城国际汽配城 26 号楼 846 号
联系人：王家青
电　话：010-52263213/52263214
52236846/52269149
主营业务：奥迪 A4L\Q5、新迈腾、大众 CC

恒久锐利

公司地址：北京市朝阳区城环城国际汽配城 26 号楼 857-858 号
联系人：钱凯
电　话：010-51102216/51102217
51102218/52236688
主营业务：斯柯达、晶锐、明锐、昊锐

德聚隆

公司地址：北京市朝阳区城环城国际汽配城 26 号楼 865 号
联系人：陈艳超
电　话：010-52236865/51102405
51102407/52202396
主营业务：大众

祥云顺达

公司地址：北京市朝阳区城环城国际汽配城 26 号楼 866-867 号
联系人：刘枫
电　话：010-52236356/52236357
52236358/52236867
主营业务：上海大众、一汽大众、北京现代

北京凯翔

公司地址：北京市朝阳区城环城国际汽配城 27 号楼 901 号
联系人： 朱红亮
电 话： 010-52236158/52236258 52236285/51102986
主营业务：A5\A3\A1\Q5、新途锐

联发顺达

公司地址：北京市朝阳区城环城国际汽配城 27 号楼 876 号
联系人： 王加喜
电 话： 010-52236296/52236287 52236295/52269239
主营业务：速腾、迈腾、宝来、新宝来

汇通旺达

公司地址：北京市朝阳区城环城国际汽配城 27 号楼 877 号
联系人： 朱连帮
电 话： 010-52236317/51666322 52236374/52236877
主营业务：上海大众、新帕萨特

瑞盛商贸

公司地址：北京市朝阳区城环城国际汽配城 29 号楼 961 号
联系人： 朱国峰
电 话： 010-51125701/51125702 51125703/51125704
主营业务：Q7\A8\A1\A3\A5

人和德业

公司地址：北京市朝阳区城环城国际汽配城 27 号楼 900 号
联系人： 刘振东
电 话： 010-52236900/52239957 51125868/51125869
主营业务：一汽高尔夫 6、GTI、CC

爱意世纪

公司地址：北京市朝阳区城环城国际汽配城 29 号楼 948-949 号
联系人： 郭志良
电 话： 010-52236448/52236948 52236449/52236949
主营业务：上海大众、一汽大众、一汽奥迪

鑫睿嘉业

公司地址：北京市朝阳区城环城国际汽配城 21 号楼 681 号
联系人： 沈伟
电 话： 010-52236873/52202108 52238551/52263039
主营业务：途观、途欢、兰德酷路泽

通朋利达

公司地址：北京市朝阳区城环城国际汽配城 4 号楼 101-103 号
联系人： 李建洋
电 话： 010-52202103/52202104 51122528/52202105
主营业务：奥迪 C7、红旗、奔腾、盛世

博锐辉腾

公司地址：北京市朝阳区城环城国际汽配城 29 号楼 966 号
联系人： 袁刚
电 话： 010-52236966/52236131 52236132/52236130
主营业务：大众奥迪 A7\A8\Q7

世纪明奥

公司地址：北京市朝阳区城环城国际汽配城 29 号楼 952-953 号
联系人： 孙绍鹏
电 话： 010-52236107/52236117 52236952/52236953
主营业务：新速腾、迈腾、CC

广结远通

公司地址：北京市朝阳区城环城国际汽配城 28 号楼 909 号
联系人： 刘忠东
电 话： 010-52202952/52202953 52202951
主营业务：甲壳虫

鑫旭迎

公司地址：北京市朝阳区城环城国际汽配城 29 号楼 942 号
联系人： 宗树苍
电 话： 010-52236942/52236943 52236946/52236396
主营业务：奥迪

华泰翔宇

公司地址：北京市朝阳区城环城国际汽配城 28 号楼 925 号
联系人： 方应伦
电 话： 010-52236925/52236382
主营业务：奥迪 A6、斯泰必鲁斯代理

北驰桑捷

公司地址：北京市朝阳区城环城国际汽配城 29 号楼 938 号
联系人： 欧元明
电 话： 010-52236938/88440475 88443735
主营业务：一汽大众、上海大众

上海佳轿

公司地址：北京市朝阳区城环城国际汽配城 29 号楼 939 号
联系人： 郑贵涛
电 话： 010-52236399/52236939 52236957
主营业务：新帕萨特、领驭、新领驭、奥迪

阳光博瑞

公司地址：北京市朝阳区城环城国际汽配城 27 号楼 878 号
联系人： 顾海山
电 话： 010-52236077/52236878 52236078
主营业务：奥迪 A6L\C7

京瑞汽配

公司地址：北京市朝阳区城环城国际汽配城 29 号楼 955 号
联系人： 谭玉宝
电 话： 010-52261452/52261451
主营业务：A6\A6L\A8\Q7\C7

远航鑫业

公司地址：北京市朝阳区城环城国际汽配城 28 号楼 915 号
联系人： 李鑫
电 话： 010-51130850/51130860 52202515/51102863
主营业务：奥迪 A6\A6L\A4\Q5\A5\A3\Q7\A8

振达兴源

公司地址：北京市朝阳区城环城国际汽配城 28 号楼 928 号
联系人： 陈阿建
电 话： 010-52236928/52236787
主营业务：大众、朗逸捷达王、B5

宏博鑫腾

公司地址：北京市朝阳区城环城国际汽配城 28 号楼 916 号
联系人： 关福权
电 话： 010-52236145/52236916
主营业务：速腾、朗逸、迈腾、捷达王

京祥兴业

公司地址：北京市朝阳区城环城国际汽配城 30 号楼 982 号
联系人： 李大兆
电 话： 010-52236982/52872822
主营业务：奥迪、大众

鑫宇华奥

公司地址：北京市朝阳区城环城国际汽配城 29 号楼 958 号
联系人： 陈 浩
电 话： 010-52236958/52236334
主营业务：奥迪 A1

奥众鑫业

公司地址：北京市朝阳区城环城国际汽配城 29 号楼 960 号
联系人： 李叶平
电 话： 010-52237586/52238535
主营业务：途锐、甲壳虫、辉腾等进口大众

京瑞旺达

公司地址：北京市朝阳区城环城国际汽配城 29 号楼 967 号
联系人： 邢立慧
电 话： 010-52236967/52236445
主营业务：大众、奥迪、配件维修

华诚信谊

公司地址：北京市朝阳区城环城国际汽配城 27 号楼 899 号
联系人： 苏忠波
电 话： 010-52236313/52236318
主营业务：奥迪、大众

源奥商贸

公司地址：北京市朝阳区城环城国际汽配城 28 号楼 907-908 号
联系人： 熊良兵
电　话： 010-52236550/52236551
52236552/52236553
主营业务：原装 Q7\A8\TT、ZF 授权经销商

运通达

公司地址：北京市朝阳区城环城国际汽配城 2 号楼 52 号
联系人： 李晓明
电　话： 010-51130955/51130966
51130977/51130988
主营业务：奥迪 C7

华瑞达

公司地址：北京市朝阳区城环城国际汽配城 2 号楼 43 号
联系人： 刘爱华
电　话： 010-51102019/51102020
52239962
主营业务：速腾、迈腾、新迈腾

弗锐鑫智

公司地址：北京市朝阳区城环城国际汽配城 30 号楼 980 号
联系人： 王继仓
电　话： 010-51102408/52202898
51125896
主营业务：大众、奥迪、宝马、半轴、摆臂、水泵

永奥汽配

公司地址：北京市朝阳区城环城国际汽配城 30 号楼 970 号
联系人： 刘继明
电　话： 010-51130815/52236310
51130825/52236312
主营业务：上海大众、一汽大众、奥迪

全奥聚源

公司地址：北京市朝阳区城环城国际汽配城 32 号楼 1043-1043B 号
联系人： 于永华
电　话： 010-52263051/52263061
67208385
主营业务：奥迪

三禾日丰

公司地址：北京市朝阳区城环城国际汽配城 30 号楼 977-978 号
联系人： 刘倩
电　话： 010-52236977/52236978
52236469
主营业务：速腾、迈腾、宝来、东风标致、雪铁龙

众旺腾达

公司地址：北京市朝阳区城环城国际汽配城 32 号楼 1052 号
联系人： 崔振峰
电　话： 010-51102281/51102282
52269013/52269015
主营业务：3000、志俊、B5、领驭、新帕萨特

卓然鑫业

公司地址：北京市朝阳区城环城国际汽配城 32 号楼 1055 号
联系人： 孙宪策
电　话： 010-52236955/52236095
52236096/52236097
主营业务：上海大众、全新帕萨特

宝峰汽配

公司地址：北京市朝阳区城环城国际汽配城 6 号楼 193 号
联系人： 赵红梅
电　话： 010-51102193/51102715
52202193/52202150
主营业务：奥迪

新迪世纪

公司地址：北京市朝阳区城环城国际汽配城 32 号楼 1049 号
联系人： 张红卫
电　话： 010-52238514/52238524
52236715/52236716
主营业务：奥迪 A6L

丰和正通

公司地址：北京市朝阳区城环城国际汽配城 32 号楼 1051 号
联系人： 李维辉
电　话： 010-51102031/52236708
52236709
主营业务：宝来、高尔夫、高尔夫 6

世虹汽配

公司地址：北京市朝阳区城环城国际汽配城 6 号楼 195 号
联系人： 王利国
电　话： 010-51102195/52202195
51102877/52269358
主营业务：奥迪 A6\A6L\B5、领驭、新帕萨特

铮兴恒业

公司地址：北京市朝阳区城环城国际汽配城 4 号楼 128-130 号
联系人： 王丁丁
电　话： 010-51102127/51102126
51102125/51102128
主营业务：上海大众

星宇奥迪

公司地址：北京市朝阳区城环城国际汽配城 32 号楼 1061 号
联系人： 周晴
电　话： 010-52239881/52239882
51109883
主营业务：C6\C7

连众

公司地址：北京市朝阳区城环城国际汽配城 8 号楼 240-241 号
联系人： 黄伟军
电　话： 010-51102241/51102240
52202241/52202240
主营业务：奥迪 A8\Q7

四季腾达

公司地址：北京市朝阳区城环城国际汽配城 32 号楼 1053B 号
联系人： 张建坡
电　话： 010-52236290/52236089
主营业务：上海大众

鑫港恒业

公司地址：北京市朝阳区城环城国际汽配城 32 号楼 1045 号
联系人： 周若非
电　话： 010-52263366/52269399
主营业务：奥迪 A8L\A7\A6

金马恒业

公司地址：北京市朝阳区城环城国际汽配城 7 号楼 207 号
联系人： 安传洋
电　话： 010-52203167/52203168
52203169
主营业务：奥迪、大众

环宇腾辉

公司地址：北京市朝阳区城环城国际汽配城 5 号楼 157 号
联系人： 陈亚
电　话： 010-51102157/52202157
主营业务：奥迪、途锐

亚之峰

公司地址：北京市朝阳区城环城国际汽配城 5 号楼 159-160 号
联系人： 阎永光
电　话： 010-52236240/52202161
52202160/52236231
主营业务：奥迪 A4\A5\A3\A1\TT\Q5\Q3

永勤鑫源

公司地址：北京市朝阳区城环城国际汽配城 4 号楼 116 号
联系人： 徐保永
电　话： 010-52202664/51102756
主营业务：新帕萨特、奥迪、新领驭、迈腾

佳诚旺达

公司地址：北京市朝阳区城环城国际汽配城 6 号楼 168 号
联系人： 魏小军
电　话： 010-51102168/52202168
主营业务：桑塔纳、超人、志俊、帕萨特、捷达

光华阳明

公司地址：北京市朝阳区城环城国际汽配城 6 号楼 176 号
联系人： 高翔
电　话： 010-51102176/52202176
主营业务：上海大众、一汽大众、贵航系列

德众腾达

公司地址：北京市朝阳区城环城国际汽配城 27 号楼 888 号
联系人： 张文娟
电　话： 010-52236899/52236466
52236575/52236576
主营业务：新\速腾、新\迈腾、大众 CC

通顺旺达

公司地址：北京市朝阳区城环城国际汽配城 8 号楼 268 号
联系人：季纯刚
电　话：010-52236297/52269359
52269208/52269218
主营业务：宝来、高尔夫、朗逸、马自达

德奥恒基

公司地址：北京市朝阳区城环城国际汽配城 7 号楼 206 号
联系人：崔彬
电　话：010-52236140/52263110
主营业务：奥迪

京荣领驭

公司地址：北京市朝阳区城环城国际汽配城 16 号楼 462 号
联系人：马珲苹
电　话：010-51102784/51102794
主营业务：帕萨特、领驭

金奔粤

公司地址：北京市朝阳区城环城国际汽配城 7 号楼 210 号
联系人：陈志锋
电　话：010-52239997/52239974
主营业务：奥迪、大众

远大奥迪

公司地址：北京市朝阳区城环城国际汽配城 8 号楼 235 号
联系人：吴威震
电　话：010-52202824/52202537
主营业务：奥迪全车件

鹏杰众腾

公司地址：北京市朝阳区城环城国际汽配城 7 号楼 218 号
联系人：吴鹏
电　话：010-52236602/52236601
52236604
主营业务：高尔夫、尚酷、途威

天宇星辉

公司地址：北京市朝阳区城环城国际汽配城 7 号楼 221 号
联系人：李金龙
电　话：010-52236775/52236779
主营业务：大众奥迪、斯柯达，原厂升级改装

奥杰腾辉

公司地址：北京市朝阳区城环城国际汽配城 8 号楼 263B 号
联系人：段朝辉
电　话：010-52236650/52236651
52236652
主营业务：奥迪 A4\A4L\Q5\A6L

京创海业

公司地址：北京市朝阳区城环城国际汽配城 28 号楼 935 号
联系人：赵大海
电　话：010-52239550/52239551
52202860/52232861
主营业务：途观、途欢

德宏恒业

公司地址：北京市朝阳区城环城国际汽配城 6 号楼 193B 号
联系人：高学彬
电　话：010-52261832/52261833
主营业务：迈腾 B7、B7L

立信汽配

公司地址：北京市朝阳区城环城国际汽配城 9 号楼 294 号
联系人：王有伟
电　话：010-51102235/52261441
52202235/52261442
主营业务：奥迪、大众

观成

公司地址：北京市朝阳区城环城国际汽配城 1 号楼 B27 号
联系人：刘佺
电　话：010-52269320/52269321
主营业务：上海大众、途观

龙华金港

公司地址：北京市朝阳区城环城国际汽配城 8 号楼 263A 号
联系人：刘强
电　话：010-52236570/52236580
52236701/52236731
主营业务：奥迪 Q5\C7、全车配件

友谊德大

公司地址：北京市朝阳区城环城国际汽配城 32 号楼 1050 号
联系人：刘国
电　话：010-52236181/52236182
67652561
主营业务：大众

德辉腾众

公司地址：北京市朝阳区城环城国际汽配城 9 号楼 292-293 号
联系人：高梅刚
电　话：010-51102292/51102293
52202292/52202293
主营业务：进口大众、途锐、辉腾

北方鹏奥

公司地址：北京市朝阳区城环城国际汽配城 9 号楼 282 号
联系人：谢炳南
电　话：010-52236000/52236868
52236699/52238555
主营业务：奥迪 A8\Q7、途锐、卡宴

众顺盛业

公司地址：北京市朝阳区城环城国际汽配城 9 号楼 295 号
联系人：谢庭山
电　话：010-52238591/52239834
主营业务：宝来、新宝来、高尔夫

晟奥兴业

公司地址：北京市朝阳区城环城国际汽配城 32 号楼 1060 号
联系人：孙立强
电　话：010-52202405/52239630
主营业务：奥迪 A4L\A6L

奔宝之星

公司地址：北京市朝阳区城环城国际汽配城 3 号楼 78 号
联系人：王青军
电　话：010-51102078/52202078
52269213/52269214
主营业务：奔驰、宝马

骏源博大

公司地址：北京市朝阳区城环城国际汽配城 26 号楼 855 号
联系人：刘学庆
电　话：010-52261438/52261439
主营业务：新速腾、新迈腾、高尔夫 6

鸿泰圣旺

公司地址：北京市朝阳区城环城国际汽配城 27 号楼 902 号
联系人：苏锐军
电　话：010-52236902/52236102
主营业务：朗逸、新朗逸

嘉义德

公司地址：北京市朝阳区城环城国际汽配城 9 号楼 270 号
联系人：李祖鹏
电　话：010-52236630/52236640
主营业务：斯柯达、晶锐、明锐、昊锐

达旺汽配

公司地址：北京市朝阳区城环城国际汽配城 21 号楼 666 号
联系人：潘富叶
电　话：010-51102666/52239634
主营业务：波罗新旧件

奥嘉鑫

公司地址：北京市朝阳区城环城国际汽配城特区 2 号
联系人：刘荣富
电　话：010-52261900/52261901
主营业务：奥迪 A6L\C7\Q5\A4L

卓宝商贸

公司地址：北京市朝阳区城环城国际汽配城 26 号楼 868 号
联系人：王武仓
电　话：010-51102208/51102209
主营业务：奥迪、大众

润隆博越

公司地址：北京市朝阳区城环城国际汽配城 27 号楼 889 号
联系人：马立国
电　话：010-52236198/52236199
52236571/52236572
主营业务：帕萨特、新 \ 朗逸、新领驭

日本车系列

宇皓盛业

公司地址：北京市朝阳区城环城国际汽配城 12 号楼 376 号
联系人：李家水
电　话：010-51102376/52202904
主营业务：铃木、超级维特拉、吉姆尼

通鑫源
公司地址：北京市朝阳区城环城国际汽配城 12 号楼 377 号
联系人： 刘国富
电　话： 010-52202028/51102377
52202377
主营业务：斯巴鲁、英菲尼迪

洲洋顺通
公司地址：北京市朝阳区城环城国际汽配城 12 号楼 378 号
联系人： 赵士银
电　话： 010-51102378/51102810
52202378/52202800
主营业务：丰田、凌志

鑫京通平
公司地址：北京市朝阳区城环城国际汽配城 12 号楼 373B 号
联系人： 汤照敏
电　话： 010-52237601/52239908
52237602/52239909
主营业务：雷克萨斯、本田

峰奥祥伟
公司地址：北京市朝阳区城环城国际汽配城 19 号楼 571 号
联系人： 陈伟地
电　话： 010-51102225/51102571
52202755/52202571
主营业务：本田、宝马 X5\X6

志恒鑫业
公司地址：北京市朝阳区城环城国际汽配城 14 号楼 423B 号
联系人： 杨勇
电　话： 010-51102246/52202752
52236024/52236034
主营业务：丰田吉普、酷路泽、霸道、凌志

盛万弘
公司地址：北京市朝阳区城环城国际汽配城 17 号楼 508-509 号
联系人： 王有平
电　话： 010-51102508/52202508
52263405/52263406
主营业务：丰田霸道、陆巡、酷路泽、凌志

乐生鑫辉
公司地址：北京市朝阳区城环城国际汽配城 19 号楼 533A 号
联系人： 徐涛
电　话： 010-51102533/52202533
52238527/52238528
主营业务：丰田、本田、奔驰、宝马

万通丰田
公司地址：北京市朝阳区城环城国际汽配城 1 号楼 B16 号
联系人： 靖浩
电　话： 010-52236341/52236342
51285220
主营业务：吉普 4700\4500\4000\2700

鑫瑞鼎盛
公司地址：北京市朝阳区城环城国际汽配城 19 号楼 552C 号
联系人： 范中亮
电　话： 010-52202716/52261904
51102375/51102806
主营业务：丰田

同鑫
公司地址：北京市朝阳区城环城国际汽配城 1 号楼 12A 号
联系人： 闫术国
电　话： 010-52269469/52269470
52269467
主营业务：丰田

广兴海辉
公司地址：北京市朝阳区城环城国际汽配城 1 号楼 12 号
联系人： 王海平
电　话： 010-51102826/52202826
51102856
主营业务：东风日产

华诺源盛
公司地址：北京市朝阳区城环城国际汽配城 19 号楼 545 号
联系人： 黄永
电　话： 010-51102545/52202462
52202469/52202662
主营业务：雷克萨斯

天信天诚
公司地址：北京市朝阳区城环城国际汽配城 19 号楼 557 号
联系人： 王明伟
电　话： 010-51102557/51102728
52202557/52202487
主营业务：丰田吉普、三菱吉普

嘉诚瑞捷
公司地址：北京市朝阳区城环城国际汽配城 19 号楼 568 号
联系人： 石保红
电　话： 010-51102568/52202568
52239528
主营业务：本田

鑫中军盛达
公司地址：北京市朝阳区城环城国际汽配城 19 号楼 561-562 号
联系人： 方中军
电　话： 010-51102572/52261885
52202572/52202129
主营业务：尼桑、英菲尼迪、风雅、西玛

同星兴盛
公司地址：北京市朝阳区城环城国际汽配城 19 号楼 583B 号
联系人： 汪达明
电　话： 010-51102584/52202584
52239795
主营业务：纯正日产、英菲尼迪、东风日产

和谐盛世
公司地址：北京市朝阳区城环城国际汽配城 19 号楼 585 号
联系人： 汤佃和
电　话： 010-51102585/52263314
52263324/52202449
主营业务：丰田、尼桑

智远新创
公司地址：北京市朝阳区城环城国际汽配城 1 号楼 23B 号
联系人： 李涛
电　话： 010-52202024/52202976
51102023/51102024
主营业务：东风日产、进口日产

丰菱达
公司地址：北京市朝阳区城环城国际汽配城 1 号楼 7 号
联系人： 王富礼
电　话： 010-51102008/52202744
52202745/52202007
主营业务：霸道、汉兰达

北丰
公司地址：北京市朝阳区城环城国际汽配城 1 号楼 B12 号
联系人： 刘彦庆
电　话： 010-53032136/53032137
53032138/53032139
主营业务：一汽丰田、广汽丰田

恒泰
公司地址：北京市朝阳区城环城国际汽配城 21 号楼 682 号
联系人： 许刚
电　话： 010-52202041/52239690
52239691/52237563
主营业务：本田拆车件

圣源茂盛
公司地址：北京市朝阳区城环城国际汽配城 11 号楼 365 号
联系人： 徐连中
电　话： 010-51102365/51102366
52202365/52202366
主营业务：马自达、英菲尼迪、路虎、保时捷

浩源兴运
公司地址：北京市朝阳区城环城国际汽配城 20 号楼 586 号
联系人： 陈少杰
电　话： 010-51102586/52202586
51102440/52237636
主营业务：丰田品牌件批发

合利盛业
公司地址：北京市朝阳区城环城国际汽配城 20 号楼 587 号
联系人： 徐玉超
电　话： 010-52269331/52269332
51102588
主营业务：日产尼桑、英菲尼迪

天地
公司地址：北京市朝阳区城环城国际汽配城 10 号楼 316-319 号
联系人： 张从润
电　话： 010-51102317/52202317
67654738/67654739
主营业务：丰田

宏升兴达
公司地址：北京市朝阳区城环城国际汽配城 22 号楼 742 号
联系人： 沈立松
电　话： 010-52236492/52236493
52236471/52236481
主营业务：丰田、卡罗拉、花冠、一汽马自达

万事达
公司地址：北京市朝阳区城环城国际汽配城 20 号楼 592B 号
联系人： 朱明超
电　话： 010-51102959/52236594
52236597/52263363
主营业务：本田锋范、全系列、气囊、安全带

龙宇恒通
公司地址：北京市朝阳区城环城国际汽配城 20 号楼 603B 号
联系人： 赵磊
电　话： 010-51102555/52202555
52236270
主营业务：丰田

华夏世贸
公司地址：北京市朝阳区城环城国际汽配城 20 号楼 606B 号
联系人： 竹怀军
电　话： 010-52202762/51102294
52202763
主营业务：东风日产、天籁专营、新旧件

中远通
公司地址：北京市朝阳区城环城国际汽配城 20 号楼 617-618 号
联系人： 赵大和
电　话： 010-51102752/52239533
52202443/52202442
主营业务：东风本田、广州本田、奔驰宝马

俊翔腾达
公司地址：北京市朝阳区城环城国际汽配城 20 号楼 626 号
联系人： 焦俊保
电　话： 010-51102626/52202626
51102073/51125989
主营业务：郑州日产

久隆顺达
公司地址：北京市朝阳区城环城国际汽配城 10 号楼 336 号
联系人： 苗虎
电　话： 010-51102336/52202336
52202839
主营业务：东风日产、进口日产、郑州日产

登杨兴业
公司地址：北京市朝阳区城环城国际汽配城 20 号楼 628 号
联系人： 潘加发
电　话： 010-51102961/52202811
51130673/52202321
主营业务：马自达

宏鹏兴达
公司地址：北京市朝阳区城环城国际汽配城 22 号楼 721 号
联系人： 翁玉红
电　话： 010-52236510/52236511
52236512/52236513
主营业务：丰田汽车配件、丰田机油

京运信业
公司地址：北京市朝阳区城环城国际汽配城 25 号楼 826-827 号
联系人： 丁昌彬
电　话： 010-52202579/51102579
51102950
主营业务：东风日产

恒驰丰通
公司地址：北京市朝阳区城环城国际汽配城 21 号楼 646 号
联系人： 许士堂
电　话： 010-51102646/52237656
52238723
主营业务：专营天津一汽丰田

鑫银河
公司地址：北京市朝阳区城环城国际汽配城 21 号楼 656 号
联系人： 何东
电　话： 010-51102704/52239515
52239743
主营业务：尼桑

建鑫伟业
公司地址：北京市朝阳区城环城国际汽配城 23 号楼 762 号
联系人： 陈维建
电　话： 010-52236762/52202444
52202455/52236425
主营业务：三菱

路金海达
公司地址：北京市朝阳区城环城国际汽配城 20 号楼 627 号
联系人： 徐保红
电　话： 010-51102627/52202627
52239852/52239853
主营业务：丰田、尼桑

双合共盈
公司地址：北京市朝阳区城环城国际汽配城 21 号楼 659 号
联系人： 方殿阳
电　话： 010-52202659/52263137
52202474/52263138
主营业务：丰田、本田拆车件

新天龙成
公司地址：北京市朝阳区城环城国际汽配城 21 号楼 713A 号
联系人： 丁伟
电　话： 010-51102713/51102832
52239774
主营业务：马自达、M6、M3

丰日鼎盛
公司地址：北京市朝阳区城环城国际汽配城 24 号楼 783 号
联系人： 牛中玉
电　话： 010-51102017/51102973
51102974/52202017
主营业务：一汽丰田、广汽丰田、丰田吉普

四星嘉信
公司地址：北京市朝阳区城环城国际汽配城 2 号楼 41-42 号
联系人： 赵同明
电　话： 010-51102038/51102039
51102040/51102042
52202038
主营业务：尼桑

世海汽配
公司地址：北京市朝阳区城环城国际汽配城 21 号楼 665 号
联系人： 胡歌雨
电　话： 010-51102665/52202665
52202795
主营业务：丰田、专营霸道

安源顺达
公司地址：北京市朝阳区城环城国际汽配城 24 号楼 795 号
联系人： 翁玉安
电　话： 010-52236661/52236662
52236456/52236759
主营业务：丰田、凌志、霸道、兰德、酷路泽

丰本通达
公司地址：北京市朝阳区城环城国际汽配城 21 号楼 687 号
联系人： 沈成东
电　话： 010-51102687
主营业务：东风本田、广州本田

天智华菱
公司地址：北京市朝阳区城环城国际汽配城 23 号楼 763-765 号
联系人： 王宏
电　话： 010-52236763/52236765
52236712
主营业务：三菱

丰亚鸿
公司地址：北京市朝阳区城环城国际汽配城 23 号楼 771 号
联系人： 黄成
电　话： 010-52202207/52202993
52236771/51450860
主营业务：丰田、TOYOA

珠富汽配
公司地址：北京市朝阳区城环城国际汽配城 23 号楼 780 号
联系人：王禹
电　话：010-51102635/51102967
主营业务：斯巴鲁

诚信德发
公司地址：北京市朝阳区城环城国际汽配城 27 号楼 893 号
联系人：王宏跃
电　话：010-52236893/52236758
52236370/52236416
主营业务：本田配件、考斯特改装件

中宇宏通
公司地址：北京市朝阳区城环城国际汽配城 27 号楼 881 号
联系人：张新彪
电　话：010-52236853/52236851
52497514
主营业务：广州本田、东风本田

天顺成业
公司地址：北京市朝阳区城环城国际汽配城 24 号楼 796 号
联系人：罗国春
电　话：010-52236769/52236470
52236480/52236490
主营业务：斯巴鲁

信菱宝业
公司地址：北京市朝阳区城环城国际汽配城 24 号楼 801 号
联系人：张其友
电　话：010-52236801/52236337
51102797/51102798
主营业务：三菱、劲炫、进口 EX、长丰猎豹

保业畅达
公司地址：北京市朝阳区城环城国际汽配城 23 号楼 761 号
联系人：游传礼
电　话：010-52236761/52236401
52236402/52236403
主营业务：日产尼桑

奥启程
公司地址：北京市朝阳区城环城国际汽配城 30 号楼 995 号
联系人：张迎松
电　话：010-52236177/52263292
52263293/51260599
主营业务：马自达

康佳昊
公司地址：北京市朝阳区城环城国际汽配城 5 号楼 145-146 号
联系人：徐保林
电　话：010-51102145/51102146
52202145/52202146
主营业务：广州本田、广汽本田、东风本田

豹菱兴硕
公司地址：北京市朝阳区城环城国际汽配城 22 号楼 723B-725 号
联系人：黄曦雯
电　话：010-52236001/52236002
52236003/52236005
主营业务：三菱、猎豹

德华信业
公司地址：北京市朝阳区城环城国际汽配城 5 号楼 149 号
联系人：赵士友
电　话：010-51102149/52202149
52239902
主营业务：卡罗拉、RAV4

星盛兴达
公司地址：北京市朝阳区城环城国际汽配城 3 号楼 86 号
联系人：马志全
电　话：010-51102086/52202086
51102623
主营业务：本田

丰华润通
公司地址：北京市朝阳区城环城国际汽配城 29 号楼 962 号
联系人：焦文华
电　话：010-51102734/52202527
52236693/52263083
主营业务：丰田汉兰达

和信天成
公司地址：北京市朝阳区城环城国际汽配城 2 号楼 61 号
联系人：马建
电　话：010-51102061/51102060
52202061/52202060
主营业务：广州本田、东风本田

三利鑫源
公司地址：北京市朝阳区城环城国际汽配城 3 号楼 69-72 号
联系人：李振
电　话：010-51102069/52202069
52202072/51102072
主营业务：一汽丰田、广汽丰田、丰田吉普

红泰兴发
公司地址：北京市朝阳区城环城国际汽配城 2 号楼 43B-45 号
联系人：张传红
电　话：010-52202043/52202045
51102043/51102045
主营业务：广州本田、东风本田、讴歌

均利安汇
公司地址：北京市朝阳区城环城国际汽配城 8 号楼 266 号
联系人：姜文
电　话：010-51102265/51102266
52202265/52202266
主营业务：马自达、大众

云峰伟业
公司地址：北京市朝阳区城环城国际汽配城 2 号楼 63B 号
联系人：李学丰
电　话：010-51102064/52202064
主营业务：轩逸、骐达、骊威、逍客、启辰、奇骏

和义盛
公司地址：北京市朝阳区城环城国际汽配城 9 号楼 270 号
联系人：李星
电　话：010-52236262/52236120
51130958/51130959
主营业务：本田

京运源盛
公司地址：北京市朝阳区城环城国际汽配城 20 号楼 590B 号
联系人：王克军
电　话：010-52236233/52236232
主营业务：丰田吉普、汉兰达、RAV4、霸道

金宏昌
公司地址：北京市朝阳区城环城国际汽配城 8 号楼 247-249 号
联系人：何俊峰
电　话：010-51102247/52202248
51102248/52202249
主营业务：丰田全车配件、爱信、中汽代理

信友光源
公司地址：北京市朝阳区城环城国际汽配城 4 号楼 113A 号
联系人：朱春兰
电　话：010-51102113/52202113
52261511/52261512
主营业务：本田、红旗、奔腾

诚信佳华
公司地址：北京市朝阳区城环城国际汽配城 19 号楼 552DE 号
联系人：杨世兵
电　话：010-51288490
主营业务：丰田吉普

鑫鑫亚太
公司地址：北京市朝阳区城环城国际汽配城 4 号楼 118 号
联系人：刘京治
电　话：010-51102118/52236278
52236279/52236472
主营业务：森林人、力狮、傲虎、别克凯越

朋成万事得
公司地址：北京市朝阳区城环城国际汽配城特区 003 号
联系人：冀意昌
电　话：010-52202746/52202747
52202748/52202749
主营业务：马自达

鑫田胜

公司地址：北京市朝阳区城环城国际汽配城 5 号楼 152-153 号
联系人： 田国强
电 话： 010-52202152/52202153
51102153/51102152
主营业务：本田

荣达汽配

公司地址：北京市朝阳区城环城国际汽配城 6 号楼 181 号
联系人： 于文国
电 话： 010-52202181/52202224
52202234/52202267
主营业务：丰田、吉普

创丰恒业

公司地址：北京市朝阳区城环城国际汽配城 6 号楼 192 号
联系人： 李德红
电 话： 010-52261517/52261516
52261561/52261562
主营业务：丰田

亚之杰

公司地址：北京市朝阳区城环城国际汽配城 3 号楼 88 号
联系人： 刘亚洲
电 话： 010-52238747/51130938
52238764/51130939
主营业务：本田

华宇鑫涛

公司地址：北京市朝阳区城环城国际汽配城 8 号楼 243A 号
联系人： 洪海涛
电 话： 010-52202591/52202592
52202414
主营业务：本田

诚信前

公司地址：北京市朝阳区城环城国际汽配城 19 号楼 558 号
联系人： 丁永生
电 话： 010-51102521/52202946
主营业务：丰田、尼桑、拆车件

富德利

公司地址：北京市朝阳区城环城国际汽配城 9 号楼 285 号
联系人： 杨守红
电 话： 010-51102749/52202451
52202503
主营业务：马自达、红旗 H7、睿翼、M6

瑞华鑫源

公司地址：北京市朝阳区城环城国际汽配城 21 号楼 709 号
联系人： 张瑞华
电 话： 010-51102709/52202709
主营业务：广州本田、东风本田

鑫丰博雅

公司地址：北京市朝阳区城环城国际汽配城东楼 6 号
联系人： 李玲
电 话： 010-51130890/51130891
52260527/51130892
主营业务：丰田吉普、凌志

君悦汽配

公司地址：北京市朝阳区城环城国际汽配城 6 号楼 177 号
联系人： 丁之亮
电 话： 010-51102177/52202177
51102996
主营业务：富士、斯巴鲁

华亿丰盛

公司地址：北京市朝阳区城环城国际汽配城 27 号楼 898 号
联系人： 马骏
电 话： 010-52237640/52237641
主营业务：丰田

鑫龙菱盛

公司地址：北京市朝阳区城环城国际汽配城 26 号楼 871 号
联系人： 丁文梅
电 话： 010-52236871/51102847
主营业务：三菱、猎豹、东南

龙鹏诚悦

公司地址：北京市朝阳区城环城国际汽配城 21 号楼 691 号
联系人： 丁之龙
电 话： 010-51102691/52202691
主营业务：丰田、雷克萨斯

丰本通

公司地址：北京市朝阳区城环城国际汽配城 20 号楼 586A 号
联系人： 徐保喜
电 话： 010-52236260/52236261
主营业务：丰田

和兴

公司地址：北京市朝阳区城环城国际汽配城 24 号楼 787 号
联系人： 丁鹏
电 话： 010-52238530/52238531
主营业务：东风日产、裕隆、拆车件

鑫友伟业

公司地址：北京市朝阳区城环城国际汽配城 21 号楼 702 号
联系人： 王庭友
电 话： 010-51102702/52202702
主营业务：丰田、尼桑、马自达

宏盛汽配

公司地址：北京市朝阳区城环城国际汽配城 21 号楼 693B 号
联系人： 王明宏
电 话： 010-51102705/52202768
主营业务：本田

源日商贸

公司地址：北京市朝阳区城环城国际汽配城 19 号楼 581 号
联系人： 蔡云江
电 话： 010-51102581/52202581
主营业务：丰田、尼桑、本田

北菱星盛

公司地址：北京市朝阳区城环城国际汽配城 11 号楼 360-361 号
联系人： 张安丽
电 话： 010-51102360/51102361
51102362/51102363
主营业务：三菱汽车纯正配件

美国车系列

腾飞镜海

公司地址：北京市朝阳区城环城国际汽配城 10 号楼 335 号
联系人： 郑太荣
电 话： 010-51102335/52202885
52202230/53025052
主营业务：雪佛兰

嘉翔迅达

公司地址：北京市朝阳区城环城国际汽配城 21 号楼 662 号
联系人： 王连礼
电 话： 010-51102662/52202662
52237658/52237585
主营业务：新君威、新君越、英朗、新君威 GS

浩宇信达

公司地址：北京市朝阳区城环城国际汽配城 15 号楼 452 号
联系人： 李亮
电 话： 010-52236141/52236143
52239925/52239926
主营业务：君威、君越、凯越、GL8、陆尊、赛欧

创合美通

公司地址：北京市朝阳区城环城国际汽配城 21 号楼 680 号
联系人： 樊宇
电 话： 010-51285550/51102680
52202680
主营业务：别克、英朗、新君威、新君越、新 GL8

恒达远程

公司地址：北京市朝阳区城环城国际汽配城 20 号楼 591B 号
联系人： 方洁
电 话： 010-52202542/52202549
52236644
主营业务：君威、君越、英朗、凯越、GL8、陆尊

豫美恒通

公司地址：北京市朝阳区城环城国际汽配城 20 号楼 609-610 号
联系人： 冷学泉
电　话： 010-51102609/52202609 87675737
主营业务：昂科雷、SRX、CTS、凯雷德

万隆伟业

公司地址：北京市朝阳区城环城国际汽配城 25 号楼 832 号
联系人： 董志强
电　话： 010-52236832/52236656 52236658
主营业务：长安福特

源治顺通

公司地址：北京市朝阳区城环城国际汽配城 17 号楼 502-503 号
联系人： 徐玉才
电　话： 010-51102503/51102502 52202502
主营业务：上海别克、雪佛兰、沃尔沃

超强兴达

公司地址：北京市朝阳区城环城国际汽配城 20 号楼 643 号
联系人： 王庆国
电　话： 010-52239990/52239991 52239955
主营业务：新君威、新君越、GS

超腾海洋

公司地址：北京市朝阳区城环城国际汽配城 20 号楼 590 号
联系人： 石明运
电　话： 010-52237548/52237549 52236134/52236127
主营业务：迈锐宝、爱唯欧、科鲁兹

明语汽配

公司地址：北京市朝阳区城环城国际汽配城 15 号楼 433 号
联系人： 田建祥
电　话： 010-52239667/51130667 52239668/51130669
主营业务：别克、雪佛兰

强顺盛业

公司地址：北京市朝阳区城环城国际汽配城 21 号楼 685 号
联系人： 翁玉强
电　话： 010-51102685/52202685 52237589
主营业务：凯美瑞、汉兰达、锐志、霸道

露生康达

公司地址：北京市朝阳区城环城国际汽配城 21 号楼 717 号
联系人： 付亮
电　话： 010-51102027/52202717
主营业务：上海别克商务

华通鑫业

公司地址：北京市朝阳区城环城国际汽配城 22 号楼 739 号
联系人： 刘天宇
电　话： 010-53612792/52236614 52236615/51247009
主营业务：别克、陆尊、GL8、昂克拉

君乐腾达

公司地址：北京市朝阳区城环城国际汽配城 23 号楼 757 号
联系人： 王加贵
电　话： 010-52236421/52236757 52236695/52236129
主营业务：别克新君威、新君越、荣威名爵

盛世腾达

公司地址：北京市朝阳区城环城国际汽配城 26 号楼 862 号
联系人： 徐先刚
电　话： 010-52236862/52236061 52236062
主营业务：雪佛兰、高尔夫 6

士勋恒业

公司地址：北京市朝阳区城环城国际汽配城 25 号楼 812-813 号
联系人： 凡士勋
电　话： 010-51102962/52236812 51106813/51102055
主营业务：别克、绅宝

方圆信达

公司地址：北京市朝阳区城环城国际汽配城 7 号楼 217 号
联系人： 潘加宝
电　话： 010-52263118/52263119 52263080/51245232
主营业务：别克、陆尊、GL8、君威、凯越

美旺顺

公司地址：北京市朝阳区城环城国际汽配城 5 号楼 151 号
联系人： 陈维日
电　话： 010-52202151/51102151 51102194/52238584
主营业务：美国福特、上海通用、克莱斯勒

路嘉兴

公司地址：北京市朝阳区城环城国际汽配城 25 号楼 842 号
联系人： 余庆鹏
电　话： 010-52261736/52202220 52236842
主营业务：雪佛兰、新赛欧、乐驰

北方福通

公司地址：北京市朝阳区城环城国际汽配城 26 号楼 847 号
联系人： 刘慧斌
电　话： 010-52236847/52202231 52202438
主营业务：进口福特、长安福特

三源通达

公司地址：北京市朝阳区城环城国际汽配城 26 号楼 848 号
联系人： 胡贵斌
电　话： 010-51102511/52202511
主营业务：新赛欧、英朗、科鲁兹

宏思畅通

公司地址：北京市朝阳区城环城国际汽配城 20 号楼 596B 号
联系人： 方佃云
电　话： 010-51102661/52202410 52202463
主营业务：别克、雪佛兰

硕宇恒通

公司地址：北京市朝阳区城环城国际汽配城 19 号楼 570 号
联系人： 马治泽
电　话： 010-51102570/52202570 52238722/51130910
主营业务：长安福特、路虎

致远别克

公司地址：北京市朝阳区城环城国际汽配城 27 号楼 875 号
联系人： 赵小菊
电　话： 010-52236875/52236362 54200572
主营业务：林荫大道、保险杠、底盘件、钣金件

诚信银联

公司地址：北京市朝阳区城环城国际汽配城 4 号楼 117 号
联系人： 刘银凤
电　话： 010-51102117/52202117 52293226
主营业务：美国克莱斯勒、道奇、吉普系列

亿豪兴业

公司地址：北京市朝阳区城环城国际汽配城 19 号楼 583 号
联系人： 林从贵
电　话： 010-51102583/52203053 51102926/52203055
主营业务：新君威、新君越、迈锐宝

浩宇至信

公司地址：北京市朝阳区城环城国际汽配城 9 号楼 287 号
联系人： 刘毅
电　话： 010-51147783/52902966 52902967
主营业务：别克、雪佛兰

德源福特

公司地址：北京市朝阳区城环城国际汽配城 1 号楼 B26 号
联系人： 宋思明
电　话： 010-53032192/53032193 57165709
主营业务：长安福特

科迈伟业

公司地址：北京市朝阳区城环城国际汽配城 24 号楼 789 号
联系人：祝孟科
电　话：010-52267387/52267327
主营业务：雪佛兰科鲁兹、迈锐宝

俊翔通达

公司地址：北京市朝阳区城环城国际汽配城 26 号楼 851 号
联系人：张传俊
电　话：010-52202092/52239629
主营业务：别克、雪佛兰

东方宏兴

公司地址：北京市朝阳区城环城国际汽配城 25 号楼 829 号
联系人：姜衡
电　话：010-52236829/52236383 52261711/52261722
主营业务：雪佛兰、别克全系配件

翔程华通

公司地址：北京市朝阳区城环城国际汽配城 8 号楼 236 号
联系人：王召雷
电　话：010-51102236/52202236
主营业务：大切、指南者、指挥官、牧马人

实泰通达

公司地址：北京市朝阳区城环城国际汽配城 20 号楼 606 号
联系人：刘荣文
电　话：010-52236844/52236854 52236864/52236944
主营业务：上海别克、雪佛兰

友美创谊

公司地址：北京市朝阳区城环城国际汽配城 18 号楼 521 号
联系人：余恒奎
电　话：010-52267206/52267216 52202154/52202079
主营业务：新君越、新君威、凯越、英朗

金亿源行

公司地址：北京市朝阳区城环城国际汽配城 17 号楼 510 号
联系人：陈月
电　话：010-51102510/52202510
主营业务：克莱斯勒、道奇

韩国车系列

天赐兴隆

公司地址：北京市朝阳区城环城国际汽配城 10 号楼 333B 号
联系人：马永骏
电　话：010-52202902
主营业务：起亚全系车

现代启程

公司地址：北京市朝阳区城环城国际汽配城 11 号楼 342 号
联系人：薛从兵
电　话：010-51102342/52202342 52261545
主营业务：现代

鑫源通达

公司地址：北京市朝阳区城环城国际汽配城 23 号楼 770 号
联系人：邵国霞
电　话：010-52236670/52236770
主营业务：起亚系列全车件

永顺汽配

公司地址：北京市朝阳区城环城国际汽配城 17 号楼 496 号
联系人：赵金副
电　话：010-51102496/52202496 51102369/51102164
主营业务：索纳塔

金丰运达

公司地址：北京市朝阳区城环城国际汽配城 3 号楼 80 号
联系人：吴炳勤
电　话：010-51102079/51102080 52261586/52202080
主营业务：北京现代

鹏达恒运

公司地址：北京市朝阳区城环城国际汽配城 19 号楼 536 号
联系人：楚德军
电　话：010-51102536/52202536
主营业务：现代、起亚、大宇

现代恒诺

公司地址：北京市朝阳区城环城国际汽配城 6 号楼 171 号
联系人：王强
电　话：010-51285959/52236360 52236974/52261868
主营业务：北京现代

永鑫恒业

公司地址：北京市朝阳区城环城国际汽配城 8 号楼 255 号
联系人：龚大健
电　话：010-52263478/52263479 51130566/51130655
主营业务：北京现代、御翔、领翔、名驭

圣运腾飞

公司地址：北京市朝阳区城环城国际汽配城 22 号楼 736 号
联系人：周增远
电　话：010-52239564/52239565 52237527
主营业务：圣达菲、新胜达、维拉克斯

燕宇聚兴

公司地址：北京市朝阳区城环城国际汽配城 19 号楼 552B 号
联系人：高伟
电　话：010-52202908/52239620 52261930/52261929
主营业务：韩国、现代、起亚

鑫东海

公司地址：北京市朝阳区城环城国际汽配城 3 号楼 82 号
联系人：王强
电　话：010-51102011/52202764 52263422
主营业务：东风悦达起亚

卓越立通

公司地址：北京市朝阳区城环城国际汽配城 12 号楼 380 号
联系人：王立国
电　话：010-51102896/52202327 52239507/53025415
主营业务：北京现代

鑫合佳顺

公司地址：北京市朝阳区城环城国际汽配城 21 号楼 715 号
联系人：陈维合
电　话：010-52202808/52202809 51102758/51102759
主营业务：进口起亚、索兰托、佳乐、霸锐、狮跑

鑫盛畅运

公司地址：北京市朝阳区城环城国际汽配城 21 号楼 647 号
联系人：苗玉龙
电　话：010-51102442/52202646 52202044
主营业务：韩国吉普系列

顺达汽配

公司地址：北京市朝阳区城环城国际汽配城 21 号楼 651 号
联系人：丁昌俊
电　话：010-51102134/51102651 52202075/52202651
主营业务：索八、朗动、IX35\IX45、瑞纳

京华在现

公司地址：北京市朝阳区城环城国际汽配城 21 号楼 673 号
联系人：刘威
电　话：010-52263373/52263374 52263375
主营业务：途胜、IX35

大明又发

公司地址：北京市朝阳区城环城国际汽配城 26 号楼 859-860 号
联系人：李占武
电　话：010-52236859/52236860 51130826/51130827
主营业务：现代

日盛祥达

公司地址：北京市朝阳区城环城国际汽配城 21 号楼 705 号
联系人：丁瑞
电　话：010-51102991/52202705
52238782/52238724
主营业务：北京现代、北京奔驰

世海腾达

公司地址：北京市朝阳区城环城国际汽配城 2 号楼 55 号
联系人：冯世全
电　话：010-52238750/52202055
52238760
主营业务：途胜、IX35、圣达菲

久隆源宝

公司地址：北京市朝阳区城环城国际汽配城 23 号楼 779 号
联系人：佘连运
电　话：010-51102983/51102315
52202842/52263336
主营业务：索八、朗动、瑞纳、IX35\IX45

平安汽配

公司地址：北京市朝阳区城环城国际汽配城 23 号楼 755 号
联系人：李振兴
电　话：010-52236755/52236155
52267391/52237392
主营业务：北京现代

宏世辉腾

公司地址：北京市朝阳区城环城国际汽配城 19 号楼 533B 号
联系人：徐红友
电　话：010-52237566/52237567
51102449/52202987
主营业务：北京现代

安顺恒业

公司地址：北京市朝阳区城环城国际汽配城 26 号楼 861 号
联系人：江红章
电　话：010-52236861/52236249
51130550/51130552
主营业务：IX35、新胜达、智跑、索兰托

凌丰现

公司地址：北京市朝阳区城环城国际汽配城 2 号楼 35 号
联系人：马伟
电　话：010-52261496/52261498
52238562/52265546
主营业务：现代起亚、三菱、拆车件

万弘顺达

公司地址：北京市朝阳区城环城国际汽配城 20 号楼 586G 号
联系人：石明启
电　话：010-52236563/52236561
52239535/52239536
主营业务：悦动、瑞纳、朗动、索纳塔、途胜

欣万达通

公司地址：北京市朝阳区城环城国际汽配城 19 号楼 562B 号
联系人：赵军
电　话：010-51102975/51102985
主营业务：现代、朗动

兴泰恒通

公司地址：北京市朝阳区城环城国际汽配城 19 号楼 546 号
联系人：竹怀安
电　话：010-52202834/52202693
52202843/52239544
主营业务：起亚

旭日宇昂

公司地址：北京市朝阳区城环城国际汽配城 21 号楼 703B 号
联系人：方科
电　话：010-52202895/52202854
主营业务：北京现代、美国配件

永顺佳鑫

公司地址：北京市朝阳区城环城国际汽配城 1 号楼 B17-B18 号
联系人：姚宇
电　话：010-52263444/52263434
主营业务：北京现代、御翔、领翔、起亚

鑫龙汽配

公司地址：北京市朝阳区城环城国际汽配城 5 号楼 161 号
联系人：赵金龙
电　话：010-52261982/52424063
主营业务：北京现代、索八、朗动

国产车系列

奔德乐

公司地址：北京市朝阳区城环城国际汽配城 10 号楼 315 号
联系人：陈辉
电　话：010-52236710/52236720
52261943/52267363
主营业务：荣威、名爵、吉利

晟祥平安

公司地址：北京市朝阳区城环城国际汽配城 10 号楼 311 号
联系人：陈川
电　话：010-51102311/52202311
67473840/67473940
主营业务：长安、微型

茂达鑫生

公司地址：北京市朝阳区城环城国际汽配城 19 号楼 582 号
联系人：杨良枝
电　话：010-51102582/52202582
主营业务：莲花、菲亚特、名爵

一凡恒业

公司地址：北京市朝阳区城环城国际汽配城 11 号楼 341 号
联系人：李振苏
电　话：010-51102341/52202341
52237531
主营业务：微型

盛世联华

公司地址：北京市朝阳区城环城国际汽配城 24 号楼 800 号
联系人：张志伟
电　话：010-52236800/52263348
52263344/52236410
主营业务：奇瑞

西源龙鑫

公司地址：北京市朝阳区城环城国际汽配城 10 号楼 312 号
联系人：王士龙
电　话：010-51102312/52202312
52202649
主营业务：天语、雨燕、新奥拓、悦翔、迷你

永胜腾达

公司地址：北京市朝阳区城环城国际汽配城 24 号楼 798 号
联系人：史彦明
电　话：010-52236798/51125895
51102773/51125825
主营业务：菲亚特、广汽传祺、奔驰、宾利

鑫四达

公司地址：北京市朝阳区城环城国际汽配城 19 号楼 545AB 号
联系人：宿红
电　话：010-52202920/52202910
58442291/52202778
主营业务：奇瑞

鑫鑫盛达

公司地址：北京市朝阳区城环城国际汽配城 19 号楼 550 号
联系人：赵金胜
电　话：010-51102550/52202550
52202679
主营业务：荣威、名爵

鑫昊先达

公司地址：北京市朝阳区城环城国际汽配城 20 号楼 623B 号
联系人：郑明强
电　话：010-51102624/52202624
52236204
主营业务：昌河铃木、福仕达、吉奥兴旺

宝宏建业

公司地址：北京市朝阳区城环城国际汽配城 20 号楼 586H 号
联系人：徐保杰
电　话：010-52202728/52238758
52261741/52236238
主营业务：中华、三菱、奇瑞、现代

华振永业

公司地址：北京市朝阳区城环城国际汽配城 11 号楼 343A 号
联系人：陈桂爱
电　话：010-51102343/52202343
主营业务：菲亚特、依维柯、新雅途、都灵 V

申利康

公司地址：北京市朝阳区城环城国际汽配城 11 号楼 353B 号
联系人：蔡定芳
电　话：010-51102981/52239596
主营业务：长安、夏利、五菱荣光、宏光、哈飞

西港通达

公司地址：北京市朝阳区城环城国际汽配城 7 号楼 211 号
联系人：高金保
电　话：010-52236116/52236226 52236336
主营业务：荣威、名爵、菲亚特、莲花

京达天外天

公司地址：北京市朝阳区城环城国际汽配城 20 号楼 605B 号
联系人：吴波
电　话：010-52261777/52261778 52236530
主营业务：瑞风、瑞鹰、和悦、同悦、宾悦

京翔腾飞

公司地址：北京市朝阳区城环城国际汽配城 3 号楼 93B 号
联系人：杨永强
电　话：010-52238579/52202670 52202094/52238796
主营业务：长安铃木、长安汽车

欣园

公司地址：北京市朝阳区城环城国际汽配城 20 号楼 631 号
联系人：王广义
电　话：010-51102631/52202631 52238501/52202737
主营业务：长城

宏宇纵横

公司地址：北京市朝阳区城环城国际汽配城 9 号楼 289 号
联系人：李红影
电　话：010-51102289/52202289 52238543/52238544
主营业务：奔腾 B50\B70(F)、一汽 M6

鲁慧兴达

公司地址：北京市朝阳区城环城国际汽配城 20 号楼 620 号
联系人：梁振海
电　话：010-51102620/52202620
主营业务：吉利、华普、力帆、夏利、风顺

富强汽配

公司地址：北京市朝阳区城环城国际汽配城 21 号楼 707 号
联系人：董秋强
电　话：010-51102793/52202965
主营业务：上汽荣威、名爵全车件

厚德行

公司地址：北京市朝阳区城环城国际汽配城 21 号楼 708 号
联系人：董兴源
电　话：010-51102708/52202708 52239694
主营业务：比亚迪、五菱、宝骏

盛业鑫龙

公司地址：北京市朝阳区城环城国际汽配城 8 号楼 259 号
联系人：张志辉
电　话：010-53025185/53025186 53025187/53025189
主营业务：奇瑞

隆盛豪

公司地址：北京市朝阳区城环城国际汽配城 29 号楼 946-947 号
联系人：施豪
电　话：010-83833476/83833475 83833987
主营业务：奇瑞全车件

永兴汽配

公司地址：北京市朝阳区城环城国际汽配城 3 号楼 90 号
联系人：翁祖昇
电　话：010-52263381/52263383 52469660/52293276
主营业务：江淮商务、轿车全系

恒辉瑞达

公司地址：北京市朝阳区城环城国际汽配城 21 号楼 668 号
联系人：丁伟
电　话：010-52239932/52236223
主营业务：奇瑞、威麟、开瑞、瑞麟

鑫三峡

公司地址：北京市朝阳区城环城国际汽配城特区 1 号
联系人：朱增霞
电　话：010-52202985/52202986 52237596
主营业务：哈飞、长安之星、佳宝、之光、荣光

森信荣威

公司地址：北京市朝阳区城环城国际汽配城 22 号楼 727 号
联系人：王俊
电　话：010-52236625/52236626 52261525/52261526
主营业务：荣威、名爵

昌盛

公司地址：北京市朝阳区城环城国际汽配城 28 号楼 933 号
联系人：李振枝
电　话：010-52236935/52236933 52236545
主营业务：昌河铃木、海马福仕达

奥华晶睿

公司地址：北京市朝阳区城环城国际汽配城 22 号楼 746 号
联系人：赵莲
电　话：010-52236301/52236302 52404490
主营业务：北斗星、奥拓（新）、羚羊（新）

东工圆隆

公司地址：北京市朝阳区城环城国际汽配城 2 号楼 53-53B 号
联系人：高灵芬
电　话：010-51102053/51102054 52202053
主营业务：金杯、福田、蒙派克、中华、骏捷

福泰

公司地址：北京市朝阳区城环城国际汽配城 30 号楼 975 号
联系人：林文祥
电　话：010-52263199/52236546 52263257
主营业务：长安铃木、悦翔、奔奔

世纪铁骊

公司地址：北京市朝阳区城环城国际汽配城 31 号楼 1028 号
联系人：崔野
电　话：010-52236509/52236517 52852224
主营业务：皮卡、SUV

维信振业

公司地址：北京市朝阳区城环城国际汽配城 9 号楼 296 号
联系人：何瑞锋
电　话：010-52202296/51102295 51102296
主营业务：天津一汽、一汽森雅

兴达鸿运

公司地址：北京市朝阳区城环城国际汽配城 3 号楼 79 号
联系人：丁旭艳
电　话：010-52239790/52239791 51125912
主营业务：天津一汽、夏利、吉利、一汽亚森

金华喧达

公司地址：北京市朝阳区城环城国际汽配城 24 号楼 797 号
联系人：田华
电　话：010-52236797/52236397 52236535
主营业务：天语、雨燕、奥拓、悦翔、迷你、逸动

恒辉力创

公司地址：北京市朝阳区城环城国际汽配城 8 号楼 252-253 号
联系人： 汪庆飞
电 话： 010-51102252/52202252
52202694/51102915
主营业务：东南、中华

通朋伟业

公司地址：北京市朝阳区城环城国际汽配城 4 号楼 105 号
联系人： 张志水
电 话： 010-52236820/52202225
主营业务：瑞风、风行、三滤、机油

金凯盛业

公司地址：北京市朝阳区城环城国际汽配城 6 号楼 170 号
联系人： 吴朝凯
电 话： 010-51102170/52202170
主营业务：微型大全

华骏兴驰

公司地址：北京市朝阳区城环城国际汽配城 19 号楼 541 号
联系人： 金疆驰
电 话： 010-51102541/52202541
主营业务：华晨、中华

鸿昌五菱

公司地址：北京市朝阳区城环城国际汽配城 20 号楼 632 号
联系人： 赵海龙
电 话： 010-51102632/52202632
主营业务：五菱系列、宏光、宝骏、荣光

瑞都天成

公司地址：北京市朝阳区城环城国际汽配城 20 号楼 615 号
联系人： 游书平
电 话： 010-51102745/52202769
主营业务：天津一汽

诚创

公司地址：北京市朝阳区城环城国际汽配城 32 号楼 1062 号
联系人： 王伟
电 话： 010-52236732/52236733
主营业务：奇瑞、现代

京津汽配

公司地址：北京市朝阳区城环城国际汽配城 25 号楼 820 号
联系人： 何宝玲
电 话： 010-52236736/52236483
主营业务：天津一汽

华晨天正

公司地址：北京市朝阳区城环城国际汽配城 26 号楼 869 号
联系人： 颜淋烨
电 话： 010-51102354/52236870
主营业务：海星、福田、华晨、丰田、全新方向机

商用车系列

崇江利天

公司地址：北京市朝阳区城环城国际汽配城 11 号楼 355 号
联系人： 沙崇江
电 话： 010-51102355/52202355
主营业务：丰田、考斯特、柯斯达

亿万兴安

公司地址：北京市朝阳区城环城国际汽配城 1 号楼 13B 号
联系人： 谢令苟
电 话： 010-51102014/52202014
51102987
主营业务：日野、日产柴、金龙、宇通

鑫东建

公司地址：北京市朝阳区城环城国际汽配城 4 号楼 120-121 号
联系人： 李晋
电 话： 010-51102120/51102121
51102934
主营业务：依维柯、都灵 V、宝迪

金顺腾龙

公司地址：北京市朝阳区城环城国际汽配城 29 号楼 959 号
联系人： 庞红祥
电 话： 010-52236200/52236300
52202830/52236959
主营业务：丰田、考斯特

德民京安

公司地址：北京市朝阳区城环城国际汽配城 24 号楼 810 号
联系人： 隋德芝
电 话： 010-52236810
主营业务：解放、长安、华西、大柴 498

东方佳业

公司地址：北京市朝阳区城环城国际汽配城 25 号楼 817 号
联系人： 万中营
电 话： 010-52236817/52202966
主营业务：全顺、五十铃、江铃、庆铃

北方四海

公司地址：北京市朝阳区城环城国际汽配城 27 号楼 885-886 号
联系人： 徐四海
电 话： 010-52236886/52236969
51102460/87682558
主营业务：五十铃

祥和驿动

公司地址：北京市朝阳区城环城国际汽配城 1 号楼 22 号
联系人： 路红杰
电 话： 010-51102022/51102836
主营业务：厦门金旅、苏州金龙、柯斯达、考斯特

国旅汽配

公司地址：北京市朝阳区城环城国际汽配城 24 号楼 781 号
联系人： 林强
电 话： 010-52236781/52236725
主营业务：丰田考斯特、金龙、日野、日产柴

嘉朋机械

公司地址：北京市朝阳区城环城国际汽配城 3 号楼 67-68 号
联系人： 刘雪晶
电 话： 010-51102866/51102868
主营业务：南京：依维柯、派力奥、西耶那

专项件系列

鼎立车灯

公司地址：北京市朝阳区城环城国际汽配城 27 号楼 879 号
联系人： 陈立增
电 话： 010-52263306/52236880
63268403
主营业务：中高档拆车大灯

兆龙通泰

公司地址：北京市朝阳区城环城国际汽配城 10 号楼 329-330 号
联系人： 付丽华
电 话： 010-51102328/51102329
51102330/52202329
主营业务：台湾外观件

金洪昌（品牌部）

公司地址：北京市朝阳区城环城国际汽配城 11 号楼 362 号
联系人： 钱昱强
电 话： 010-52261415/52261416
58484175
主营业务：方向机、助力泵、空调泵

金联汇盛

公司地址：北京市朝阳区城环城国际汽配城 11 号楼 349-350 号
联系人： 黄华荣
电 话： 010-52239645/52239646
主营业务：盖茨、博世

陆兵

公司地址：北京市朝阳区城环城国际汽配城 12 号楼 372 号
联系人： 徐殿梅
电 话： 010-51102372/52202372
主营业务：自动变速箱、工具设备

林辉腾达

公司地址：北京市朝阳区城环城国际汽配城 11 号楼 359 号
联系人： 揭兆辉
电 话： 010-51102359/52202359
51102864
主营业务：起动机、发电机、刹车盘、刹车片

嘉兴旺达
公司地址：北京市朝阳区城环城国际汽配城 19 号楼 538 号
联系人： 汪静
电 话： 010-52263423/53025458 53025459
主营业务：各种车型发动机、变速箱、附件

巨泰
公司地址：北京市朝阳区城环城国际汽配城 12 号楼 387 号
联系人： 洪双双
电 话： 010-51102730/52202730 52202548
主营业务：球笼、方向机、助力泵、减震器

利诚通源
公司地址：北京市朝阳区城环城国际汽配城 15 号楼 429 号
联系人： 李彦成
电 话： 010-52239829/52239830 52237695
主营业务：自动变速箱、配件、维修

元繁祥盛
公司地址：北京市朝阳区城环城国际汽配城 15 号楼 432 号
联系人： 曾涛
电 话： 010-52239856/52239859 52299022
主营业务：汽车皮带大全

群旺合兴
公司地址：北京市朝阳区城环城国际汽配城 19 号楼 540 号
联系人： 密书群
电 话： 010-51102540/52660026 52263256/52462540
主营业务：水管、油管、拉线、密封条

中蒙
公司地址：北京市朝阳区城环城国际汽配城 21 号楼 701 号
联系人： 曹玉林
电 话： 010-57130733/53025195 52202916/52202917
主营业务：减震器、球笼

昌顺盛业
公司地址：北京市朝阳区城环城国际汽配城 19 号楼 579 号
联系人： 丁昌学
电 话： 010-52237651/52237652 51102672
主营业务：发动机、大修件、底盘件

双诚纵通
公司地址：北京市朝阳区城环城国际汽配城 19 号楼 529 号
联系人： 王金柱
电 话： 010-52202467
主营业务：自动变速箱和大修包

安莉
公司地址：北京市朝阳区城环城国际汽配城 19 号楼 548-549 号
联系人： 张安莉
电 话： 010-51102548/51102549 67678107
主营业务：自动变速箱

同耀远行
公司地址：北京市朝阳区城环城国际汽配城 12 号楼 371 号
联系人： 龚润兰
电 话： 010-51102371/52202371
主营业务：保险杠

鉴锁堂
公司地址：北京市朝阳区城环城国际汽配城 19 号楼 563B 号
联系人： 段超
电 话： 010-51102564/56275628
主营业务：汽车锁具

北京源兴
公司地址：北京市朝阳区城环城国际汽配城 19 号楼 566 号
联系人： 王兴海
电 话： 010-52202869/51102566
主营业务：自动变速箱

广通汽配
公司地址：北京市朝阳区城环城国际汽配城 19 号楼 578 号
联系人： 黄勇
电 话： 010-51102578/52202578
主营业务：自动变速箱总成及散件大全

安驰畅通
公司地址：北京市朝阳区城环城国际汽配城 20 号楼 616 号
联系人： 刘远安
电 话： 010-51102615/51102616
主营业务：油漆、辅料、精品

隆旺信达
公司地址：北京市朝阳区城环城国际汽配城 15 号楼 451 号
联系人： 杨磊
电 话： 010-52239863/52239864
主营业务：大灯、车门、机盖、保险杠、外观件

松丽雅
公司地址：北京市朝阳区城环城国际汽配城 1 号楼 9 号
联系人： 贾秀臣
电 话： 010-51102009/52239817
主营业务：帕诺刹车片、菲罗多刹车片

盛通捷奥
公司地址：北京市朝阳区城环城国际汽配城 20 号楼 591-592 号
联系人： 刘建平
电 话： 010-52239973/52239993
主营业务：自动变速箱

天旺东方
公司地址：北京市朝阳区城环城国际汽配城 20 号楼 599B 号
联系人： 康乐
电 话： 010-51102598
主营业务：手动、自动变速箱

盛世秦龙
公司地址：北京市朝阳区城环城国际汽配城 20 号楼 596 号
联系人： 董预算
电 话： 010-51102596/52202596
主营业务：索菲玛滤清器、菲罗多盘片

德华骏博
公司地址：北京市朝阳区城环城国际汽配城 20 号楼 633B 号
联系人： 徐德华
电 话： 010-52202634/51102439
主营业务：自动变速箱、总成及配件

新世华
公司地址：北京市朝阳区城环城国际汽配城 16 号楼 476 号
联系人： 吴艳平
电 话： 010-52202232
主营业务：电喷配件、传感器

海强顺达
公司地址：北京市朝阳区城环城国际汽配城 21 号楼 653 号
联系人： 李彦贺
电 话： 010-51102653/52239729
主营业务：消声器、三元催化

五一集团
公司地址：北京市朝阳区城环城国际汽配城 16 号楼 479 号
联系人： 徐伟
电 话： 010-52238797/51102815
主营业务：油漆、辅料

信美龙

公司地址：北京市朝阳区城环城国际汽配城 18 号楼 517 号
联系人： 齐照亮
电　话： 010-51102517/51102518
52202517/52202518
主营业务：汽车空调、压缩机

鑫本诚

公司地址：北京市朝阳区城环城国际汽配城 21 号楼 655 号
联系人： 李春花
电　话： 010-51102655/52202215
52202655
主营业务：方向机、球笼、助力泵

东方昊驰

公司地址：北京市朝阳区城环城国际汽配城 24 号楼 807 号
联系人： 王洪彦
电　话： 010-52236807/52236461
52236462
主营业务：转向助力泵

豫京博达

公司地址：北京市朝阳区城环城国际汽配城 21 号楼 663A 号
联系人： 徐红军
电　话： 010-51102663
主营业务：下护板、轮盖、雨挡、挡泥板

丰润汽配

公司地址：北京市朝阳区城环城国际汽配城 21 号楼 669 号
联系人： 立昌玲
电　话： 010-51102669/52202669
52293297
主营业务：汽车轴承

海洋伟业

公司地址：北京市朝阳区城环城国际汽配城 19 号楼 573B 号
联系人： 罗云
电　话： 010-52238729
主营业务：自动变速箱

京通水箱

公司地址：北京市朝阳区城环城国际汽配城 21 号楼 716 号
联系人： 陈志磊
电　话： 010-51102716/52237564
52203189
主营业务：日系、韩系水箱、冷凝器、电子扇

八方伟业

公司地址：北京市朝阳区城环城国际汽配城 22 号楼 726 号
联系人： 杨飞
电　话： 010-52236030/52236031
主营业务：牡丹江富通空调压缩机

睿翔嘉业

公司地址：北京市朝阳区城环城国际汽配城 23 号楼 767 号
联系人： 刘贵香
电　话： 010-52236068/52236069
主营业务：自动变速箱

青志宏达

公司地址：北京市朝阳区城环城国际汽配城 23 号楼 768 号
联系人： 叶腾
电　话： 010-52236148/52236768
主营业务：三滤大全

慧远洋

公司地址：北京市朝阳区城环城国际汽配城 21 号楼 658 号
联系人： 杨培国
电　话： 010-51102658
主营业务：自动变速箱销售、专业维修

同兴旺

公司地址：北京市朝阳区城环城国际汽配城 24 号楼 809 号
联系人： 李怀芳
电　话： 010-52236809
主营业务：消声器、三元、催化器

鑫粤泰

公司地址：北京市朝阳区城环城国际汽配城 24 号楼 811 号
联系人： 回学军
电　话： 010-52236811
主营业务：三滤、雨刷片、刹车片、喇叭、火花塞

格林绿洲

公司地址：北京市朝阳区城环城国际汽配城 25 号楼 822 号
联系人： 鲍晓东
电　话： 010-52236822/52263488
52263486/52236428
主营业务：马牌皮带、水泵、轴承、灯泡

世通恒祥

公司地址：北京市朝阳区城环城国际汽配城 4 号楼 131 号
联系人： 李延青
电　话： 010-51102131/52202131
主营业务：三滤、螺丝、卡扣、大众易损件

京辉腾

公司地址：北京市朝阳区城环城国际汽配城 24 号楼 802 号
联系人： 文长春
电　话： 010-52236961/52236311
主营业务：车门大全、台湾外观件

浙江阳明

公司地址：北京市朝阳区城环城国际汽配城 31 号楼 1032 号
联系人： 万樱珠
电　话： 010-52236090/52263192
52263193/52236091
主营业务：电器

奕鑫汽配

公司地址：北京市朝阳区城环城国际汽配城 32 号楼 1056 号
联系人： 吴博
电　话： 010-52236541/52236542
51371837
主营业务：美国车、路虎车、方向机助力泵

永旺星源

公司地址：北京市朝阳区城环城国际汽配城 21 号楼 699 号
联系人： 李占领
电　话： 010-51102699/52202699
52261989
主营业务：手动变速箱

盛茂永昌

公司地址：北京市朝阳区城环城国际汽配城 29 号楼 937 号
联系人： 许胜茂
电　话： 010-52263300/58416803
52263311
主营业务：一汽、上汽大众车型螺丝、塑料件

睿达扬

公司地址：北京市朝阳区城环城国际汽配城 29 号楼 943 号
联系人： 黄文娟
电　话： 010-51130772/51130771
51130770
主营业务：倒车镜及大众奥迪外观件

梯欧科

公司地址：北京市朝阳区城环城国际汽配城 30 号楼 1007A 号
联系人： 吴幸福
电　话： 010-52263156/52263157
52263155
主营业务：球笼、半轴、防尘套

健均晓曦

公司地址：北京市朝阳区城环城国际汽配城 4 号楼 107-108 号
联系人：庞勃
电　话：010-51102211/51102210
主营业务：盖茨皮带

山东金麒麟

公司地址：北京市朝阳区城环城国际汽配城东楼 1 号
联系人：杨勇
电　话：010-51125968/51125969
主营业务：高端陶瓷刹车片

合创亿兴

公司地址：北京市朝阳区城环城国际汽配城 7 号楼 219 号
联系人：李宝军
电　话：010-52236631/52236632
52236612
主营业务：现货供应各款全新汽车发动机

轩逸悦翔

公司地址：北京市朝阳区城环城国际汽配城 32 号楼 1065 号
联系人：钱进
电　话：010-52267228/52267229
56255971
主营业务：奥迪、倒车镜、发动机油底壳、门锁块系列

立志天瑞

公司地址：北京市朝阳区城环城国际汽配城特区 16 号
联系人：薛兵胶
电　话：010-51102954/52202862
52269428/52269429
主营业务：台湾覆盖件、机盖、叶子板、中网、电子扇

三元催化

公司地址：北京市朝阳区城环城国际汽配城 7 号楼 222 号
联系人：史志胜
电　话：010-51130762/51130763
51130764/51130765
主营业务：三元催化、刹车片、涡轮增压器

奥德顺通

公司地址：北京市朝阳区城环城国际汽配城 8 号楼 260 号
联系人：常新彪
电　话：010-52236746/52236749
52261939/52261940
主营业务：汽车电脑、ANS 泵、电子助力泵

恩照行

公司地址：北京市朝阳区城环城国际汽配城 25 号楼 821 号
联系人：黄大伟
电　话：010-52236821/52236316
主营业务：变速箱自动、手动

鑫博正源

公司地址：北京市朝阳区城环城国际汽配城 29 号楼 963 号
联系人：邵明庆
电　话：010-52236963/51102942
主营业务：方向机、减震器、弹簧、缓冲器

金安通汇

公司地址：北京市朝阳区城环城国际汽配城特区 10 号
联系人：周文学
电　话：010-52202736/52202738
主营业务：刹车片、刹车盘、离合器、压盘、球笼

博文电喷

公司地址：北京市朝阳区城环城国际汽配城 7 号楼 212 号
联系人：袁振文
电　话：010-52269112/52269113
主营业务：电喷系列配件

中惠汽配

公司地址：北京市朝阳区城环城国际汽配城特区 17 号
联系人：徐中朴
电　话：010-52239711/52269408
51299338/52269409
主营业务：方向机、球笼、减震器、助力泵

鑫旺通达

公司地址：北京市朝阳区城环城国际汽配城 6 号楼 188 号
联系人：龚保金
电　话：010-51102188/52202188
52202992/52202552
主营业务：新旧发动机、变速箱

蓝驰达

公司地址：北京市朝阳区城环城国际汽配城 9 号楼 301-302 号
联系人：张明生
电　话：010-51102301/51102302
52238739
主营业务：海业滤清器、易损件

易酷马

公司地址：北京市朝阳区城环城国际汽配城 29 号楼 950-951 号
联系人：李跃兵
电　话：010-52236266/52236366
主营业务：减震器、弹簧

金地三合

公司地址：北京市朝阳区城环城国际汽配城 30 号楼 996 号
联系人：刘四宝
电　话：010-52236996
主营业务：大灯、翻新、修复、销售

华泰油漆

公司地址：北京市朝阳区城环城国际汽配城 30 号楼 998 号
联系人：梁纪华
电　话：010-52236998/52269139
主营业务：油漆、辅料

四惠发

公司地址：北京市朝阳区城环城国际汽配城 26 号楼 863 号
联系人：张阳
电　话：010-52236436/52236863
主营业务：自动变速箱及零配件

佳奇鑫业

公司地址：北京市朝阳区城环城国际汽配城 27 号楼 897 号
联系人：罗小康
电　话：010-52236094
主营业务：消声器、三元

永顺嘉业

公司地址：北京市朝阳区城环城国际汽配城 32 号楼 1059 号
联系人：李佑营
电　话：010-52237659/52263335
主营业务：自动变速箱兼售大修包

麦田汽配

公司地址：北京市朝阳区城环城国际汽配城 7 号楼 203B 号
联系人：罗素芳
电　话：010-52263044/52261775
52261776
主营业务：刹车片、车盘

油品、轮胎、电瓶系列

瑞达通

公司地址：北京市朝阳区城环城国际汽配城 15 号楼 430 号
联系人：　宋现锐
电　话：　010-52239759/52239954
主营业务：机油、电瓶、防冻液、清洗剂

顺天腾达

公司地址：北京市朝阳区城环城国际汽配城 31 号楼 1008-1009 号
联系人：　王晓燕
电　话：　010-59488035/59443511
主营业务：轮胎

京诚力创

公司地址：北京市朝阳区城环城国际汽配城 16 号楼 469 号
联系人：　金永亮
电　话：　010-52238786/58476577
　　　　　52907668/52463891
主营业务：机油、防冻液、三滤、冷媒、火花塞、灯泡

伟业兴达

公司地址：北京市朝阳区城环城国际汽配城 23 号楼 777 号
联系人：　李文智
电　话：　010-52236053/52236153
　　　　　51130523
主营业务：滤芯器（四滤）、机油、雨刷片

耀日生

公司地址：北京市朝阳区城环城国际汽配城 20 号楼 621 号
联系人：　李剑峰
电　话：　010-51102621/52202621
　　　　　59498027
主营业务：灯泡、三滤、氙灯、机油、易损件

财盛润达

公司地址：北京市朝阳区城环城国际汽配城 21 号楼 718 号
联系人：　王恩才
电　话：　010-51102718/52202718
　　　　　52202448
主营业务：机油、电瓶、防冻液、精品

润泽商贸

公司地址：北京市朝阳区城环城国际汽配城特区 019B 号
联系人：　张娟
电　话：　010-52267217/52267218
　　　　　52267219
主营业务：机油、电瓶、三滤

盛世登辉

公司地址：北京市朝阳区城环城国际汽配城特区 006B 号
联系人：　张存辉
电　话：　010-52202065/52237506
　　　　　52238787
主营业务：三滤、机油、电瓶、灯泡、火花塞

宏利佳达

公司地址：北京市朝阳区城环城国际汽配城 30 号楼 993 号
联系人：　杨素香
电　话：　010-52236992/52293681
主营业务：倍耐力、米其林、马牌、普利司通

太捷广达

公司地址：北京市朝阳区城环城国际汽配城 26 号楼 849 号
联系人：　杨雪梅
电　话：　010-52236349/52236849
主营业务：火花塞、刹车片、机油

韩旭安达

公司地址：北京市朝阳区城环城国际汽配城 17 号楼 493B 号
联系人：　刘素彬
电　话：　010-51102494/52202494
主营业务：电瓶、机油、维修、保养

昊翔鑫达

公司地址：北京市朝阳区城环城国际汽配城 20 号楼 607B 号
联系人：　张鹏程
电　话：　010-51102600/52202600
主营业务：变速箱总成、配件、各种油品

京盛行

公司地址：北京市朝阳区城环城国际汽配城 30 号楼 985 号
联系人：　范志刚
电　话：　010-52238588
主营业务：轮胎

沃生照明

公司地址：北京市朝阳区城环城国际汽配城 24 号楼 805 号
联系人：　何晓慧
电　话：　010-52202887/52236805
主营业务：机油、电瓶、灯泡、火花塞、防冻液

奥捷盛通

公司地址：北京市朝阳区城环城国际汽配城 22 号楼 750AB 号
联系人：　赵相民
电　话：　010-52236485/52236486
主营业务：轮胎

金海扬帆

公司地址：北京市朝阳区城环城国际汽配城东楼 7 号
联系人：　曹宁
电　话：　010-52261962/52261963
主营业务：各大品牌轮胎、轮毂、四轮定位

嘉润嘉杰

公司地址：北京市朝阳区城环城国际汽配城 31 号楼 1013 号
联系人：　李银阎
电　话：　010-52236013/52236113
主营业务：机油、三滤

汽保设备、维修工具系列

北方信诺

公司地址：北京市朝阳区城环城国际汽配城 22 号楼 731 号
联系人：　赵雅荷
电　话：　010-51102787
主营业务：汽保、世达工具、汽修工具

博泽兴业

公司地址：北京市朝阳区城环城国际汽配城 22 号楼 728 号
联系人：　高良更
电　话：　010-52236728/52236558
主营业务：汽修设备及工具，世达工具

祥鸿永立

公司地址：北京市朝阳区城环城国际汽配城 22 号楼 729-730 号
联系人：　付新纪
电　话：　010-52236729/52236730
　　　　　52236384
主营业务：汽车检测设备，世达工具

欧博图

公司地址：北京市朝阳区城环城国际汽配城 22 号楼 740-741 号
联系人：　郭军
电　话：　010-52202852/52202853
　　　　　52236142
主营业务：汽保

娜威诚远

公司地址：北京市朝阳区城环城国际汽配城 22 号楼 743 号
联系人：彭锦秀
电　话：010-52236743/52236443
主营业务：汽保

利艺顺发

公司地址：北京市朝阳区城环城国际汽配城 22 号楼 745 号
联系人：王庆法
电　话：010-52236745
主营业务：汽保工具、设备及维修

汽车用品系列

欣士心元

公司地址：北京市朝阳区城环城国际汽配城 1 号楼 6-27 号
联系人：刘海燕
电　话：010-51102026
主营业务：装饰、维修、轮胎

鑫茂汽配

公司地址：北京市朝阳区城环城国际汽配城 20 号楼 602 号
联系人：吕荣茂
电　话：010-52236724/52236785
主营业务：护杠、踏板、行李架

宏盛达

公司地址：北京市朝阳区城环城国际汽配城 30 号楼 1006-1007 号
联系人：孙应华
电　话：010-52263114
主营业务：音响、装饰、美容

创新洁

公司地址：北京市朝阳区城环城国际汽配城 31 号楼 1019-1020 号
联系人：葛伏香
电　话：010-52236019/52236119
51102400
主营业务：汽车真皮、内饰翻新、改装

鸿江装饰

公司地址：北京市朝阳区城环城国际汽配城 31 号楼 1025 号
联系人：戴鸿江
电　话：010-52236025
主营业务：汽车装饰、用品、座垫、导航

锦绣龙江

公司地址：北京市朝阳区城环城国际汽配城 31 号楼 1038 号
联系人：辛红亮
电　话：010-52263085
主营业务：太阳膜、音响、LED、座垫

宏盛达

公司地址：北京市朝阳区城环城国际汽配城 33 号楼 1090-1091 号
联系人：陈宏
电　话：010-51130791
主营业务：汽车装饰

福丽嘉

公司地址：北京市朝阳区城环城国际汽配城 33 号楼 1101-1103B 号
联系人：古国强
电　话：010-51130628/52855753
主营业务：汽车装饰

吉美汽车导航

公司地址：北京市朝阳区城环城国际汽配城 33 号楼 B23-23B 号
联系人：张玉龙
电　话：010-51130596
主营业务：批发电子狗、导航、记录仪

北京车友（城环城分公司）

公司地址：北京市朝阳区城环城国际汽配城 35 号楼 B008-9 号
联系人：刘永东
电　话：010-59264486/53031836
029-63369706
主营业务：座垫、脚垫、座套、精品、儿童座椅

路易通达

公司地址：北京市朝阳区城环城国际汽配城 35 号楼 B31-32-49-50 号
联系人：刘禄成
电　话：010-53031605/53031606
主营业务：汽车用品、座垫、座套、脚垫、饰品

极致坐标

公司地址：北京市朝阳区城环城国际汽配城 35 号楼 33-36 号
联系人：孙燕伟
电　话：010-53031885
主营业务：导航、电子狗、车载 MP3、摄像头

兴创民意

公司地址：北京市朝阳区城环城国际汽配城 35 号楼 B36-B37 号
联系人：周凤齐
电　话：010-53031608/52743786
主营业务：脚垫、地胶、发动机护板、后仓垫

耀京城

公司地址：北京市朝阳区城环城国际汽配城 35 号楼 B52 号
联系人：于海清
电　话：010-67486900
主营业务：地胶、脚垫、后备箱垫

嘉豪

公司地址：北京市朝阳区城环城国际汽配城 35 号楼 70-72 号
联系人：赖松禧
电　话：010-53031882/53031889
53031883
主营业务：脚垫、座垫、把套、香水

知音

公司地址：北京市朝阳区城环城国际汽配城 35 号楼 006-008 号
联系人：秋明
电　话：010-53031688/53031788
53031898/53031899
主营业务：导航、音响改装、电子狗、行车记录仪

东方钰祥

公司地址：北京市朝阳区城环城国际汽配城 35 号楼 33B-35 号
联系人：蔡维丰
电　话：010-53031706/53031707
主营业务：汽车护理用品、20 公斤装清洗剂

富达汽车座套

公司地址：北京市朝阳区城环城国际汽配城 35 号楼 B3-B4-B5 号
联系人：潘叔招
电　话：010-53031798
主营业务：专用座套、通用座套

黔飞龙

公司地址：北京市朝阳区城环城国际汽配城 35 号楼 76 号
联系人：李艳婵
电　话：010-51242536/53031826
51130769/53031626
主营业务：快美特、精品、亚太天能电子、卡迪尔布艺

冠利顺隆

公司地址：北京市朝阳区城环城国际汽配城 35 号楼 B06-B07 号
联系人：陈再兴
电　话：010-53031861/53031862
主营业务：四季座垫、冰丝座垫

文硕

公司地址：北京市朝阳区城环城国际汽配城 35 号楼东楼梯口 1 号
联系人：　张妍
电　话：　010-52236137
主营业务：导航仪、电子狗、行车记录仪

梁博士

公司地址：北京市朝阳区城环城国际汽配城 35 号楼 62-62B 号
联系人：　梁永明
电　话：　010-53031696/53031697
　　　　　53031698/53031699
主营业务：汽车美容、养护、精品

雷力风行

公司地址：北京市朝阳区城环城国际汽配城 35 号楼 B01-03 号
联系人：　马四海
电　话：　010-51130615/53031648
　　　　　51130616/53031658
主营业务：座垫、脚垫、后备箱垫、改装件

铭昊

公司地址：北京市朝阳区城环城国际汽配城 35 号楼 45-47 号
联系人：　薛红梅
电　话：　010-53031686
主营业务：洗护用品、电热杯、汽车精品

星辉满庭

公司地址：北京市朝阳区城环城国际汽配城 35 号楼 16-18 号
联系人：　周星辉
电　话：　010-53031800/53031801
　　　　　53031802/53031803
主营业务：改装件、装饰件、SUV 越野件

天诚汽车用品

公司地址：北京市朝阳区城环城国际汽配城 35 号楼 B27-28、53-53B 号
联系人：　常树
电　话：　010-53031600/67478425
主营业务：地胶、脚垫、后仓垫

汽车维修保养系列

途中兴达

公司地址：北京市朝阳区城环城国际汽配城 22 号楼 720 号
联系人：　王永江
电　话：　010-52236478
主营业务：翻新修复

茂顺翔

公司地址：北京市朝阳区城环城国际汽配城 30 号楼 1005 号
联系人：　陈秋莉
电　话：　010-52236611/52236777
　　　　　52236999/52236655
主营业务：汽车修理

隆达

公司地址：北京市朝阳区城环城国际汽配城 31 号楼 1029 号
联系人：　杨忠孝
电　话：　010-52236029
主营业务：汽车电脑电路维修

途中美乐

公司地址：北京市朝阳区城环城国际汽配城 31 号楼 1016-1017 号
联系人：　王晓平
电　话：　010-52202588
主营业务：翻新修复

北京四元桥汽配城

北京四元桥汽配城创建于 1998 年，总占地面积 9 万平方米，营业面积 3.6 万平方米，是一个以批发为主，零售为辅的大型汽车配件市场。环境幽雅，交通便利，可直通内蒙、河北、东北以及西北等地区。依托亚运村和未来的奥运商圈，还有亚洲最大的望京住宅小区，辐射面广，商机无限，汽配城内集世界众多品牌和国内各大汽车品牌配件于一体，优势享誉国内外，已成为服务北京、面向全国的汽车配件批发集散地。市场每天近 10000 辆汽车的流量，现已经有 700 余家有实力的经营者入场经营，解决近 5000 人的就业问题，为创建和谐社会作出了巨大贡献，从创建伊始商家入驻率 10% 到现在的 100%，数据变化是赢得消费者认可的真实写照。

欧洲车系列

专业汽车修理

公司地址：北京市朝阳区四元桥汽配城中区 25 号北
联系人： 王浩南
电　话： 010-51907525
手机号码：13811310833
经营年限：14 年
主营业务：奔驰汽车配件及维修

南方路华（北京）贸易有限公司

公司地址：北京市朝阳区四元桥汽配城中区 4A 号
联系人： 殷国兆 / 蔡宏杰
电　话： 010-64393006/64393016
手机号码：13900118799/13521210323
传　真： 010-64393006
经营年限：4 年
主营业务：路虎、宾利、捷豹、沃尔沃、玛莎拉蒂等高端车原厂进口部件，实力雄厚、库存量大、价格便宜、订货及时、发货快捷

北京高永生汽车配件销售中心

公司地址：北京市朝阳区四元桥汽配城中区 22 号南
联系人： 高永生
电　话： 010-64393042
手机号码：13811078238
经营年限：5 年
员工数量：3 人
主营业务：奔驰、宝马、奥迪、保时捷、路虎、马自达

北京欧陆德宝商贸有限公司

公司地址：北京市朝阳区四元桥汽配城中区 4 号
联系人： 刘稳
电　话： 010-51907156
手机号码：15901238195
传　真： 010-64395828
员工数量：7 人
主营业务：奔驰、宝马、路虎汽车配件及快修

北京新凯顿 PSA 汽车配件专营店

公司地址：北京市朝阳区四元桥汽配城东区 46 号
联系人： 唐宝平
电　话： 010-64393122/64393099
手机号码：13366098011
经营年限：10 年
员工数量：5 人
主营业务：东风雪铁龙、东风标志、爱丽舍、赛纳、307\206\207、毕加索、世嘉、408\508、凯旋、C2\C5

北京长峰兴业商贸有限公司

公司地址：北京市朝阳区四元桥汽配城东区 40 号
联系人： 史建红
电　话： 010-64395824/51907320
手机号码：13601247199
传　真： 010-64395824
经营年限：13 年
员工数量： 5 人
主营业务：东风雪铁龙、东风标致配件、维修、保养

北京万龙通贸易有限公司

公司地址：北京市朝阳区四元桥汽配城中区 31 号南
联系人： 许金龙
电　话： 010-51907886
经营年限：11 年
员工数量：4 人
主营业务：东风雪铁龙、东风标致全车配件，专业维修东风雪铁龙、东风标致车型

北京鑫盛源通

公司地址：北京市朝阳区四元桥汽配城西区 18A 号
联系人： 王志文
电　话： 010-64393881/64393036
手机号码：13070168999
经营年限：5 年
主营业务：东风雪铁龙、富康、爱丽舍、凯旋、赛纳、毕加索、世嘉、C2\C5、标致206\207\307\308\406\408\508\206CC

北京迅驰宝汽车配件销售中心

公司地址：北京市朝阳区四元桥汽配城西区 89CD 号
联系人： 高小渭
电　话： 010-51907599
手机号码：13520485275
经营年限：8 年
员工数量：10 人
主营业务：奔驰、宝马、保时捷、路虎、奥迪等高档汽车配件、维修

大众、奥迪系列

北京京瑞申驰商贸有限公司

公司地址：北京市朝阳区四元桥汽配城中区 6A 号
联系人： 郭永生
电　话： 010-64395523
手机号码：13520189963
主营业务：奥迪 A6L\A4\A8 全车配件

北京万通鑫源商贸有限公司

公司地址：北京市朝阳区四元桥汽配城中区 32-33 号北
联系人： 孙建生
电　话： 010-51907957/64393163
手机号码：13601238245
传　真： 010-64393193
主营业务：德国大众、奥迪原装车零配件

北京恒源旺通汽配中心

公司地址：北京市朝阳区四元桥汽配城中区 29 号北
联系人： 马长祥
电　话： 010-64395822
手机号码：13241278929
传　真： 010-64395377
经营年限：5 年
员工数量：3 人
主营业务：大众、帕萨特 B4\B5、波罗、朗逸、途安、高尔夫、宝来、速腾、迈腾全车零部件

北京万隆通达商贸有限公司

公司地址：北京市朝阳区四元桥汽配城中区 31 号北
联系人： 王文说
电　话： 010-64395318
手机号码：15801687098
传　真： 010-64395328
员工数量：6 人
主营业务：帕萨特 B5、领驭、奥迪全车配件

北京新北仓汽车配件有限公司

公司地址：北京市朝阳区四元桥汽配城中区 22 号北
联系人： 王海明
电　话： 010-64393209
手机号　 15711422252
主营业务：一汽大众、上海大众配件

北京奥凯汽车配件

公司地址：北京市朝阳区四元桥汽配城中区 21 号北
联系人： 胡俊凯
电　话： 010-51907862/64395606
手机号　 13811523006
经营年限：5 年
主营业务：大众（速腾、迈腾）、奥迪（A6\A8\Q7）、铃木配件全车配件销售及修理

北京奔宝宏大汽车配件有限公司

公司地址：北京市朝阳区四元桥汽配城中区 19 号北
联系人： 洪进益
电　话： 010-51907562
手机号　 13718779118
主营业务：奥迪全车配件及汽车维护

北京铮兴恒业商贸有限公司

公司地址：北京市朝阳区四元桥汽配城东区 80 号
联系人： 李大勇
电　话： 010-64393754
手机号码：13811098798
传　真： 010-51907118
员工数量：5 人
主营业务：上海大众系列全车配件

北京兴瑞光汽配销售有限公司

公司地址：北京市朝阳区四元桥汽配城中区 13 号
联系人： 李志卢
电 话： 010-64393402
手机号码：13910078192
传 真： 010-64395556
经营年限：14 年
员工数量：7 人
主营业务：主营车型：途锐、奥迪、大众、北京现代；代理品牌：NTN\SKF\SACHS、上海小糸、上海三电贝洱、斯泰必鲁斯、BOSCH

北京众诚腾鑫汽配销售中心

公司地址：北京市朝阳区四元桥汽配城中区 26 号南
联系人： 陈志彦
电 话： 010-51907991
手机号码：13910809159
传 真： 010-51907987
员工数量：4 人
主营业务：销售汽车配件（专营迈腾、CC、途观全车件）

北京金奔粤经贸有限公司

公司地址：北京市朝阳区四元桥汽配城东区 43 号
联系人： 刘武涛
电 话： 010-64393645
手机号码：18600173046
传 真： 010-51907016
经营年限：20 年
员工数量：10 人
主营业务：奥迪系列车型配件专营及专修

北京大丰隆达汽车配件有限公司分公司

公司地址：北京市朝阳区四元桥汽配城中区 5B 号
联系人： 陈晓平
电 话： 010-64393066
手机号码：13581778740
经营年限：12 年
员工数量：7 人
主营业务：上海大众、一汽大众、一汽奥迪、整车配件，横向易损件

北京兴华伟业科贸有限公司

公司地址：北京市朝阳区四元桥汽配城东区 42 号
联系人： 王永
电 话： 010-64393368
手机号码：13910977605
传 真： 010-64395045
经营年限：20 年
主营业务：批发零售上海大众、一汽大众全系车配件，上海全新桑塔纳、帕萨特、途锐、途安、途观，一汽全新捷达、速腾、迈腾、奥迪、高尔夫

北京京鲁金海贸易有限公司

公司地址：北京市朝阳区四元桥汽配城东区 45A 号
联系人： 谢燕平
电 话： 010-51907161
手机号码：13910952276/13426131878
传 真： 010-51907161
经营年限：20 年
员工数量：8 人
主营业务：一汽大众、上海大众配件

北京欣卓昊商贸有限公司

公司地址：北京市朝阳区四元桥汽配城中区 9 号
联系人： 周海军
电 话： 010-64395142/64395143
手机号码：13601298215
传 真： 010-64395143
经营年限：13 年
员工数量：6 人
主营业务：奥迪 A6\A6L\A8\A4L\Q7、途锐，全车配件

北京永合信商贸有限公司

公司地址：北京市朝阳区四元桥汽配东区 77 号
联系人： 许今水
电 话： 010-51907577
手机号码：13601086351
传 真： 010-64393601
经营年限：10 年
员工数量：10 人
主营业务：奥迪全车配件及维护保养

北京鑫迈隆汽车配件有限公司

公司地址：北京市朝阳区四元桥汽配城 5 厅 6 号
联系人： 杨国军
电 话： 010-64393080
手机号码：13261111868
经营年限：12 年
主营业务：汽车配件销售、大众系列全车配件、轮胎销售、邓禄普轮胎代理

北京众合奔宝配件中心

公司地址：北京市朝阳区四元桥汽配城中区 5A 号
联系人： 贾辉
电 话： 010-64393868
手机号码：13439400503
经营年限：3 年
主营业务：奔驰、宝马、奥迪、大众

北京福瑞汽车配件销售中心

公司地址：北京市朝阳区四元桥汽配城 2 厅 8 号
联系人： 张福瑞
手机号码：010-51907676
手机号码：13911176976
员工数量：5 人
主营业务：奥迪、帕萨特、速腾、宝来、捷达王、桑塔纳、3000 型、志俊全车配件

北京市新万安汽车配件有限公司

公司地址：北京市朝阳区四元桥汽配城中区 7 号
联系人： 谢金良
电 话： 010-64393988
手机号码：18910390388
传 真： 010-64393027
员工数量：6 人
主营业务：一汽大众、上海大众汽车零部件

北京旭日春升汽车配件中心

公司地址：北京市朝阳区四元桥汽配城西 7 号
联系人： 孙洪生
电 话： 010-64393742
手机号码：13120383888
经营年限：10 年
员工数量：4 人
主营业务：上海大众、一汽大众

北京瑞丰汽配

公司地址：北京市朝阳区四元桥汽配城中区 18A 号
联系人： 戴刚
电 话： 010-51907126/64393176
传 真： 010-51907126
经营年限：10 年
主营业务：大众系列品牌配件

盛世达

公司地址：北京市朝阳区四元桥汽配城大厅西 9 号
联系人： 张科
电 话： 010-51907200
手机号码：13911535473/13552223340
经营年限：6 年
员工数量：5 人
主营业务：一汽、上汽、汽车快修服务

北京宏远汽配中心

公司地址：北京市朝阳区四元桥汽配城中区 19 号南
联系人： 朱红昌
电 话： 010-51907510
手机号码：13811526359
主营业务：奔驰、宝马、奥迪、大众、别克

北京市佳兴伟业商贸有限公司

公司地址：北京市朝阳区四元桥汽配城中区 5 号
联系人： 孙林
手机号码：13911392969
传 真： 010-64393813
员工数量：7 人
主营业务：一汽大众、上海大众、奥迪全车配件

北京市佳美新众汽配商贸中心

公司地址：北京市朝阳区四元桥汽配城 2 厅 13 号
联系人： 于增新
电 话： 010-64395141
手机号码：13381056365
传 真： 010-51907090
经营年限：10 年
主营业务：捷达、宝来、桑塔纳、速腾、朗逸、帕萨特、信义刹车片、博世专营店

丰亿汽配

公司地址：北京市朝阳区四元桥汽配城西区 15 号
联系人： 张丽君
电 话： 010-64395610
手机号码：13693555560
经营年限：10 年
主营业务：大众配件

北京伊锦盛汽车配件服务中心

公司地址：北京市朝阳区四元桥汽配城西区 84A 号
联系人： 李仁岗
电 话： 010-64393252
手机号码：13311518943
传 真： 010-64393252
经营年限：10 年
主营业务：奥迪、大众汽车配件、汽车服务、汽车维修

北京佳维汽车服务中心

公司地址：北京市朝阳区四元桥汽配城西区 99 号
联系人： 郭辉
手机号码：13522462392
经营年限：2 年
员工数量：4 人
主营业务：奥迪、大众

北京北茂汽车配件有限公司

公司地址：北京市朝阳区四元桥汽配城中区 8B 号
联系人： 周阳春
电 话： 010-51907040/86504685
手机号码：13521381533
员工数量：3 人
主营业务：B5、领驭、新领驭、新帕萨特、波罗、朗逸、桑塔纳、捷达王等上海大众、一汽大众车型

北京荣发汽配总汇

公司地址：北京市朝阳区四元桥汽配城大厅西 4 号
联系人： 任双利
电 话： 010-64393966
手机号码：13051431812
经营年限：10 年
主营业务：专营大众汽车配件及订购急件，奥迪、途锐、明锐、帕萨特、领驭等

四元飞舟汽配

公司地址：北京市朝阳区四元桥汽配城东区 38 号
联系人： 王傲利
手机号码：13366613285
经营年限：10 年
主营业务：大众、菲亚特、现代

北京信发航商贸有限公司

公司地址：北京市朝阳区四元桥汽配城西区 46 号
联系人： 童晓玉
电 话： 010-64395227
手机号码：13910636234
传 真： 010-64393888
经营年限：10 年
员工数量：7 人
主营业务：上海大众、一汽大众、一汽丰田、广汽丰田、东风日产、郑州日产

北京康迪威达经贸有限责任公司

公司地址：北京市朝阳区四元桥汽配城西区 33 号
联系人： 霍凤军
电 话： 010-64393012
手机号码：13621156818
传 真： 010-64395950
经营年限：19 年
员工数量：4 人
主营业务：帕萨特 B5、领驭、3000、超人、普桑

北京慧博恒远汽车配件销售中心

公司地址：北京市朝阳区四元桥汽配城新区 74 号
联系人： 杨文峰
电 话： 010-51907466
手机号码：13366777653
经营年限：7 年
员工数量：6 人
主营业务：大众、奥迪汽车配件；奥迪、B5、宝来、领驭、捷达、波罗

北京市福合顺汽配商贸中心

公司地址：北京市朝阳区四元桥汽配城西区 67 号
联系人： 诸晓亮
电 话： 010-64395127
手机号码：13051253357
经营年限：4 年
员工数量：3 人
主营业务：奥迪配件

北京车盟缘汽修

公司地址：北京市朝阳区四元桥汽配城新区 24A 号
联系人： 李艳民
电 话： 010-51907034
手机号码：13552175982
经营年限：10 年
主营业务：途锐、Q7、奥迪、欧系

北京力驰多宏信汽车配件销售中心

公司地址：北京市朝阳区四元桥汽配城西区 89E 号
联系人： 杜建鹏
手机号码：13671206040
经营年限：3 年
主营业务：奥迪、大众

北京四元慷慨汽配中心

公司地址：北京市朝阳区四元桥汽配城西区 45 号
联系人： 康忠岩
电 话： 010-64393195
手机号码：13911380632
主营业务：上海大众、一汽大众原装全车配件及修理

义凯弘诚

公司地址：北京市朝阳区四元桥汽配城西区 6 号
联系人： 李振凯
电 话： 010-64393717/51907456
手机号码：13901333155
经营年限：10 年
员工数量：8 人
主营业务：大众、奥迪汽车零部件

北京世纪永坤汽配销售中心

公司地址：北京市朝阳区四元桥汽配城大厅西 3 号
联系人： 杨双奎
电 话： 010-64395112
手机号码：13681349929
经营年限：8 年
员工数量：5 人
主营业务：一汽大众、上海大众

北京信合永胜汽车配件中心

公司地址：北京市朝阳区四元桥汽配城西区 67B 号
联系人： 张永胜
电 话： 010-64395087
手机号码：13681571106
主营业务：奔驰、宝马、陆虎、奥迪、大众

北京众合顺致汽配中心

公司地址：北京市朝阳区四元桥汽配城新区 43 号
联系人： 程金涛
手机号码：13911803816
主营业务：经营大众、奥迪、别克配件

北京奥德仁汽车配件中心

公司地址：北京市朝阳区四元桥汽配城西区 68 号
联系人： 李家豪
电 话： 010-51907972/51907086
手机号码：13520497757
传 真： 010-51907086
经营年限：8 年
员工数量：8 人
主营业务：奥迪、帕萨特全车配件、保养及专业维修

日本车系列

北京市天智华菱汽车配件有限公司

公司地址：北京市朝阳区四元桥汽配城西区 75 号
联系人： 王宏
电 话： 010-64393017
手机号码：13901218356
传 真： 010-64393018
经营年限：14 年
员工数量：15 人
主营业务：三菱吉普、猎豹、欧蓝德、速跑、格兰迪、航天三菱发动机配件，专修三菱、猎豹、欧蓝德、速跑、格兰迪，日常保养、发动机大修、清洗喷油头、空调加氟

北京凯业商贸公司

公司地址：北京市朝阳区四元桥汽配城中区 11 号
联系人： 朱凯军
电 话： 010-64393037
手机号码：13701289890
传 真： 010-64393267
经营年限：19 年
员工数量：20 人
主营业务：销售东风日产、原装日产、一汽丰田、原装丰田配件

北京捷斯达商贸有限责任公司

公司地址：北京市朝阳区四元桥汽配城中区 17 号
联系人： 吴群
电 话： 010-64393312/51907079
手机号码：13691092299
经营年限：17 年
员工数量：3 人
主营业务：本田全车配件、马自达全车配件

北京华日海天商贸有限公司

公司地址：北京市朝阳区四元桥汽配城中区 12 号
联系人： 马军
电 话： 010-64393081
手机号码：13801366800/13552388268
传 真： 010-64393224
经营年限：20 年
主营业务：广本汽车配件、东本汽车配件

北京群利飞腾汽配商店

公司地址：北京市朝阳区四元桥汽配城东区 78 号
联系人： 刘飞
电 话： 010-64395737
手机号码：13501281255
主营业务：切诺基、马自达配件大全

北京吉顺达兴汽车配件中心

公司地址：北京市朝阳区四元桥汽配城西区 103 号
联系人：陈中华
电　话：010-51907902/64393569
手机号码：13701273104/13521778945
传　真：010-64393381
经营年限：9 年
主营业务：尼桑、东风日产、丰田、一汽丰田、奇瑞、现代

北京高速商贸有限公司

公司地址：北京市朝阳区四元桥汽配城中区 23 号北
联系人：李进霞
电　话：010-51450670
手机号码：18611251997
传　真：010-51907245
主营业务：马自达配件大全

北京四元宏达汽配有限责任公司

公司地址：北京市朝阳区四元桥汽配城东区 75 号
联系人：刘俊豪
电　话：010-51907336/51907858
手机号码：13641280932/13552640822
传　真：010-51907858
经营年限：8 年
员工数量：8 人
主营业务：本田配件、丰田配件及专修

北京东方铭硕汽配中心

公司地址：北京市朝阳区四元桥汽配城西区 76 号
联系人：崔志广
电　话：010-64393884
手机号码：13601009379
传　真：010-51907331
经营年限：8 年
员工数量：4 人
主营业务：丰田、日产全车配件

北京鑫万通

公司地址：北京市朝阳区四元桥汽配城西区 105 号
联系人：赵士俊
电　话：010-64395023
手机号码：13391978468
传　真：010-64395023
经营年限：5 年
员工数量：4 人
主营业务：三菱、猎豹

美国车系列

北京文明祥达汽配商行

公司地址：北京市朝阳区四元桥汽配城东区 36 号
联系人：周勇
电　话：010-64393305/51907088
手机号码：13522761585
传　真：010-64393844
经营年限：14 年
员工数量：5 人
主营业务：上海通用别克、雪佛兰汽车配件、现代圣达菲全车配件

北京正丰

公司地址：北京市朝阳区四元桥汽配城西区 70 号
联系人：柴明峰
电　话：010-51907345/51907382
手机号码：13681572050
传　真：010-51907345
经营年限：10 年
员工数量：8 人
主营业务：别克全系、东南、风行

北京鑫瑞驰商贸有限责任公司

公司地址：北京市朝阳区四元桥汽配城新区 44 号
联系人：孙放
电　话：010-64393415
传　真：010-64393415
主营业务：切诺基、牧马人配件

北京慧博汽车配件销售中心

公司地址：北京市朝阳区四元桥汽配城 2 厅 41 号
联系人：王德兴
电　话：010-51907152
手机号码：13241717924/15330012885
经营年限：7 年
主营业务：别克君威、别克商务、陆尊、凯越、赛欧、君越、林荫大道、雪佛兰、乐风、景程、克鲁兹等系列车型全车配件

北京天祺汽车配件销售公司

公司地址：北京市朝阳区四元桥汽配城西区 105 号
联系人：武少云
电　话：010-51907017
手机号码：13911558682
传　真：010-51907017
经营年限：7 年
主营业务：雪佛兰全车配件

北京长丰兴业汽配销售公司

公司地址：北京市朝阳区四元桥汽配城 2 厅 1 号
联系人：彭国萍
电　话：010-64393367
手机号码：13381205229
经营年限：10 年
主营业务：吉普、切诺基、大切诺基、牧马人、指南者、自由客、300C 等全车配件

北京鑫鑫宇阳汽车配件中心

公司地址：北京市朝阳区四元桥汽配城西区 108A 号
联系人：苗向雷
电　话：010-64395157
手机号码：13911682656
经营年限：11 年
员工数量：7 人
主营业务：别克系列全车配件及汽车维修

北京阳光美程汽车配件贸易有限公司

公司地址：北京市朝阳区四元桥汽配城西区 36 号
联系人：任小秋
电　话：010-64393596/51907011
手机号码：18610239326
经营年限：10 年
员工数量：5 人
主营业务：上海通用全车配件、底盘易损件、常用化清、冷媒等、刹车片、火花塞、三滤、减震器、防冻液等综合配件

信拓展汽配

公司地址：北京市朝阳区四元桥汽配城西区 94 号
联系人：周新平
电　话：010-51907164
手机号码：15011231738
经营年限：3 年
员工数量：3 人
主营业务：上海通用、别克、雪佛兰系列

北京万众汽车配件销售中心

公司地址：北京市朝阳区四元桥汽配城西区 69B 号
联系人：陈云杰
电　话：010-51907328
手机号码：13641313548
经营年限：13 年
员工数量：5 人
主营业务：别克、雪佛兰、福特配件、维修

韩国车系列

北京兴瑞光汽配销售有限公司

公司地址：北京市朝阳区四元桥汽配城中区 2B 号
联系人：胡伟杭
电　话：010-64393317/51907689
手机号码：13681161211
传　真：010-51907689
主营业务：北京现代、伊兰特、索纳塔、悦动、途胜、明驭

北京翔通达汽配部

公司地址：北京市朝阳区四元桥汽配城东区 38A 号
联系人：张彦奇
电　话：010-64395236
手机号码：13522455067
传　真：010-51907970
经营年限：12 年
主营业务：起亚：千里马、赛图拉、狮跑、智跑、K5\K2\K3；现代：瑞风、IX35、索纳塔、伊兰特、悦动

北京现代崇正配件

公司地址：北京市朝阳区四元桥汽配城东区 37 号
联系人：杨二东
电　话：010-51907180
手机号码：18910351360
经营年限：9 年
员工数量：5 人
主营业务：北京现代、东风起亚、伊兰特、索纳塔、千里马、赛拉图、悦动、途胜

现代专用配件

公司地址：北京市朝阳区四元桥汽配城 2 厅 11B 号
联系人：武建文
电　话：010-51907144
手机号码：13810004694/13716057983
经营年限：5 年
员工数量：4 人
主营业务：伊兰特、索纳塔、途胜、悦动、雅绅特、导航批发、音响维修

北京青鑫汽配

公司地址：北京市朝阳区四元桥汽配城东区 72 号
联系人： 向树青
电　话： 010-64393624
手机号码：13901173363
主营业务：现代系列、大众系列配件

北京文浩盛达汽配中心

公司地址：北京市朝阳区四元桥汽配城西区 37 号
联系人： 毛剑
电　话： 010-51907398
手机号码：13261236128
传　真： 010-64395682
经营年限：10 年
主营业务：途胜、圣达菲、维拉克斯、御翔、IX35、伊兰特、索纳塔、北京现代全车配件、夏利吉利全车配件

北京京锐豪汽车配件销售中心

公司地址：北京市朝阳区四元桥汽配城大厅西 2 号
联系人： 王丽君
手机号码：13910624268
经营年限：10 年
员工数量：2 人
主营业务：韩系配件，主营：瑞风、现代、起亚

国产车系列

北京众心安达

公司地址：北京市朝阳区四元桥汽配城东区 79 号
联系人： 杜新耀
电　话： 010-64395623/51907516
手机号码：13522185099/13301323872
传　真： 010-51907134
员工数量：6 人
主营业务：中华全车配件及修理（中华、骏捷）；上海大众汽车配件及修理（奥迪、途观）

北京鑫绿树园商贸有限公司

公司地址：北京市朝阳区四元桥汽配城中区 3 号
联系人： 李金来
电　话： 010-64393020
手机号码：13601102298
传　真： 010-51907321
经营年限：20 年
员工数量：7 人
主营业务：奥迪配件，长城汽车、皮卡、SUV 配件，美国配件

北京志明浩宇商贸有限公司

公司地址：北京市朝阳区四元桥汽配城中区 33 号南
联系人： 王树志
手机号码：13810638976
经营年限：5 年
员工数量：6 人
主营业务：销售汽车配件（金杯、福田）

北京苏世汽配销售中心

公司地址：北京市朝阳区四元桥汽配城中区 23 号南
联系人： 陈玉风
电　话： 010-64393337
手机号码：13552222873/13621128713
经营年限：5 年
员工数量：3 人
主营业务：金杯海狮、中华、三菱猎豹

北京世纪正隆汽配销售中心

公司地址：北京市朝阳区四元桥汽配城东区 68 号
联系人： 段宏亮
电　话： 010-64393119/51907339
手机号码：13071887450/13521866705
经营年限：10 年
员工数量：6 人
主营业务：长城系列、东南系列、奇瑞系列、三菱系列

长安铃木纯正部品经销处

公司地址：北京市朝阳区四元桥汽配城东区 35A 号
联系人： 王春霞
电　话： 010-64395862/51907658
手机号码：13811709598
经营年限：10 年
主营业务：奥拓、羚羊、雨燕、天语、长安奔奔、悦翔系列

天地人汽配有限公司

公司地址：北京市朝阳区四元桥汽配城东区 42A 号
联系人： 李英
电　话： 010-51907125
手机号码：13031100937
经营年限：10 年
主营业务：天语、雨燕、奥拓、羚羊、丰田、尼桑配件及修理、代订急件

北京华丰昌隆配件中心

公司地址：北京市朝阳区四元桥汽配城东区 53B 号
联系人： 刘文成
电　话： 010-51907428/64395339
手机号码：13910582281
传　真： 010-64393779
员工数量：4 人
主营业务：菲亚特、荣威、名爵、北京汽车配件

北京东胜博驰商贸有限公司

公司地址：北京市朝阳区四元桥汽配城东区 53 号
联系人： 蔺小平
电　话： 010-51907136
手机号码：13501124952
传　真： 010-64395225
经营年限：11 年
员工数量：4 人
主营业务：奇瑞全车配件、斯柯达配件

亚兴汽配

公司地址：北京市朝阳区四元桥汽配城大厅西 8 号
联系人： 张雅秀
电　话： 010-64393685
手机号码：15699859003/15699859002
经营年限：10 年
员工数量：3 人
主营业务：奇瑞全车配件、长安铃木全车配件

北京同方泓韵配件中心

公司地址：北京市朝阳区四元桥汽配城中区 18 号南
联系人： 赵凯
手机号码：010-81607286/51907517
主营业务：三菱、东南汽车配件、电瓶超市

北京鑫竟龙商贸有限公司

公司地址：北京市朝阳区四元桥汽配城东区 52 号
联系人： 曹微
电　话： 010-51907489
手机号码：13601335997
传　真： 010-64393389
经营年限：11 年
员工数量：5 人
主营业务：批发零售长安福特、羚羊、奥拓、一汽大众、红旗等汽车装饰及美容

北京市深蓝汽车配件有限公司

公司地址：北京市朝阳区四元桥汽配城东区 74 号
联系人： 孔德青
电　话： 010-64393444
手机号码：13691210007
传　真： 010-51907406
经营年限：9 年
主营业务：哈飞、比亚迪汽车配件销售、批发、零售，汽车快修等

北京华奇汽配中心

公司地址：北京市朝阳区四元桥汽配城东区 69 号
联系人： 张书华 / 张万强
电　话： 010-64395911/64393306
手机号码：13520458664
经营年限：10 年
员工数量：7 人
主营业务：夏利、北斗星、一汽大众

北京繁世行汽车销售服务有限公司

公司地址：北京市朝阳区四元桥汽配城东区 39 号
联系人： 秦兰香
电　话： 010-64395644
手机号码：13911314939
员工数量：5 人
主营业务：昌河铃木配件、维修及保养

宏伟哈飞汽配中心

公司地址：北京市朝阳区四元桥汽配城 2 厅 16 号
联系人： 韩英宾
电　话： 010-64395706
手机号码：18610683227/13811232717
主营业务：哈飞赛马、路宝、赛豹、百利、北斗星、五菱之光、民意、中意全车配件

北京振兴汽配

公司地址：北京市朝阳区四元桥汽配城 2 厅 15 号
联系人： 郑康
电　话： 010-64395018/51907365
手机号码：13718525585
传　真： 010-51907365
经营年限：10 年
员工数量：5 人
主营业务：哈飞中意、哈飞民意、五菱之光、五菱荣光、五菱宏光、一汽佳宝、东风小康、长安之星、长安星光、夏利、吉利

北京金润达汽车配件有限公司

公司地址：北京市朝阳区四元桥汽配城 2 厅 5 号
联系人： 栾英志
电 话： 010-64393041/51907041
手机号码：13611002280
主营业务：金林海狮、风景快运、爱尔法、阁瑞斯、蒙派克、迷迪、福田皮卡、风景冲浪，全车配件

鑫日新汽配

公司地址：北京市朝阳区四元桥汽配城 2 厅 48 号
联系人： 石俊双
电 话： 010-64393746
手机号码：13691405482
传 真： 010-64393746
经营年限：12 年
员工数量：4 人
主营业务：北斗星、五菱之光、东风小康、吉利自由舰、吉利金刚、天津夏利、北汽威旺、昌河福瑞达、浪迪、利亚纳

北京金宇双丰汽车配件有限公司

公司地址：北京市朝阳区四元桥汽配城 2 厅 44 号
联系人： 王治中
电 话： 010-64393124
手机号码：13910788662
主营业务：玉柴机器专卖、金龙、宇通、海格、金旅、欧Ⅴ、中通、华西、长安、江淮等豪华大巴及中巴配件

华鑫汽配

公司地址：北京市朝阳区四元桥汽配城 2 厅 9C 号
联系人： 魏金刚
电 话： 010-64393129
手机号码：13661130549
经营年限：10 年
主营业务：夏利、中意、民意、长安之星、东风小康、五菱之光、北斗星、北汽威旺、金牛星配件

北京市阳光春华汽车配件销售中心

公司地址：北京市朝阳区四元桥汽配城 2 厅 37 号
联系人： 王丹洲
电 话： 010-64393144/58427237
手机号码：18611153817
传 真： 010-64393144
员工数量：3 人
主营业务：天津一汽配件专营（威姿、威东、XL2000、N5、N3+、威志、A+、新 N3、威 2、威 5）；吉利配件专营（金刚、远景、帝豪、熊猫、全球鹰系列）；一汽丰田、威驰

北京鑫阳鹏达汽车配件销售中心

公司地址：北京市朝阳区四元桥汽配城 2 厅 46 号
联系人： 倪长青
电 话： 010-64393744
手机号码：13801114050
传 真： 010-51907844
经营年限：12 年
主营业务：长安之星、长安星光、金牛星、欧诺、五菱之光、五菱荣光、五菱宏光、东风小康、北汽威旺、哈飞中意、民意全车配件

北京富康之家

公司地址：北京市朝阳区四元桥汽配城西区 96 号
联系人： 何顺辉
电 话： 010-64393734/51907698
手机号码：13121202425
经营年限：13 年
员工数量：7 人
主营业务：配件销售、快修服务、技术咨询

北京鑫金龙汽车配件销售中心

公司地址：北京市朝阳区四元桥汽配城大厅西 3 号
联系人： 栾东涛
电 话： 010-64393909
手机号码：18610249916
经营年限：10 年
员工数量：3 人
主营业务：神龙富康、爱丽舍、206、307，全车汽车配件

北京京日华汽车配件经营部

公司地址：北京市朝阳区四元桥汽配城 2 厅 50 号
联系人： 黎倩妤
电 话： 010-64393993
手机号码：13522900709
主营业务：比亚迪配件、各种车型皮带、传动带及正时涨紧轮、各种车型电喷配件

北京市鑫顺汽车配件批发中心

公司地址：北京市朝阳区四元桥汽配城 2 厅 9A 号
联系人： 王建魁
电 话： 010-64395109/51907189
手机号码：18600790857
主营业务：羚羊、奥拓、雨燕、天语、奔奔、悦翔、福莱尔、北斗星、F3\F0\L3\G3\F6\S6\M6 全车配件

北京市昌峰汽车配件商贸中心

公司地址：北京市朝阳区四元桥汽配城 2 厅 9B 号
联系人： 武志昌
电 话： 010-51907097
手机号码：13521043657
经营年限：6 年
主营业务：经营：红旗、奔腾、帕萨特、捷达、奥迪、世纪星汽车配件

北京市金马汽配销售中心

公司地址：北京市朝阳区四元桥汽配城 2 厅 36 号
联系人： 王泽聚
电 话： 010-64393695/51907891
手机号码：13120339659
传 真： 010-51907891
经营年限：15 年
主营业务：羚羊、奥拓、雨燕、长安之星、长安星光、星韵、奔奔等全车配件

北京伟业汽配

公司地址：北京市朝阳区四元桥汽配城西区 92 号
联系人： 余江 / 燕振宇
电 话： 010-51907712/51907459
手机号码：13718635033/13681215740
传 真： 010-64393161
经营年限：11 年
主营业务：夏利（天津一汽）、丰田、大众，长安系列、长安铃木系列、昌河铃木系列

北京市兰冠汽配

公司地址：北京市朝阳区四元桥汽配城 2 厅 42B 号
联系人： 顾瑞泊
电 话： 010-64393688
手机号码：13511094210
主营业务：哈飞中意、民意、长安之星、长安星光、五菱之光全车配件

北京市正日汽配商行

公司地址：北京市朝阳区四元桥汽配城 2 厅 1A 号
联系人： 张国永
电 话： 010-64393580
手机号码：15611685188
经营年限：8 年
主营业务：奇瑞全车配件

北京大金天微商贸中心

公司地址：北京市朝阳区四元桥汽配城西区 72 号
联系人： 赵小贺
电 话： 18810243200/13681562365
手机号码：010-64393976
经营年限：10 年
员工数量：5 人
主营业务：天津一汽、吉利配件批发、零售

北京宏喜达商贸有限责任公司

公司地址：北京市朝阳区四元桥汽配城西区 64 号
联系人： 吕春霞
电 话： 010-64393548
手机号码：15101028369
传 真： 010-64395592
经营年限：20 年
员工数量：10 人
主营业务：金杯、福田汽车配件

北京九龙天赐贸易有限公司

公司地址：北京市朝阳区四元桥汽配城西区 66 号
联系人： 黄杰桢
电 话： 010-64395357
传 真： 010-64393747
经营年限：20 年
员工数量：10 人
主营业务：金杯海狮、福田风景、福田蒙派克、金杯阁瑞斯配件，主修各种车型

北京中汽航天汽配销售中心

公司地址：北京市朝阳区四元桥汽配城 2 厅 46 号
联系人： 王恩
电 话： 010-64395215
手机号码：13718392705
传 真： 010-51907101
经营年限：10 年
员工数量：3 人
主营业务：阁瑞斯、蒙派克、迷迪、金杯、福田、丰田、京城、金龙、中顺等海狮系列全车配件

北京凯迪汽配商贸中心

公司地址：北京市朝阳区四元桥汽配城 2 厅 12 号
联系人： 潘孝凯
电 话： 010-64395110
手机号码：13910408980
传 真： 010-64395110
员工数量：3 人
主营业务：奇瑞系列配件

北京京龙飞商贸公司

公司地址：北京市朝阳区四元桥汽配城西区 79-80 号
联系人： 阮俊方
电 话： 010-64393151
手机号码：13146007879
传 真： 010-51907951
经营年限：20 年
员工数量：15 人
主营业务：哈飞、五菱、长安等国产车，中意、民意等各种微型配件批发、零售、调试、安装、快修、保养

北京金鑫德贸易有限公司

公司地址：北京市朝阳区四元桥汽配城西区 65 号
联系人： 李阳
电 话： 010-64393835
手机号码：18101031013
传 真： 010-64393075
经营年限：10 年
员工数量：10 人
主营业务：销售金杯、福田汽车配件

商用车系列

东宁盛商贸中心

公司地址：北京市朝阳区四元桥汽配城东区 45 号
联系人： 刘永盛
手机号码：13381132080
传 真： 010-64393428
经营年限：10 年
员工数量：3 人
主营业务：客车配件：康明斯发动机、尼桑 TD42 发动机（柴油车）、剑门 495 发动机（汽油车）

北京北奥恒润贸易发展有限公司

公司地址：北京市朝阳区四元桥汽配城 2 厅 4 号
联系人： 李冠超
电 话： 010-64393047/51907996
手机号码：13501039554
传 真： 010-64393047
经营年限：10 年
主营业务：东风、天锦、天龙、金龙、宇通、多利卡、4H、大力神、雷诺、解放、凯奥、奥威、J6、J5、玉柴、朝柴、大柴、康明斯、EQ6100、EQ6102

北京金鹏汽配

公司地址：北京市朝阳区四元桥汽配城大厅西 8 号
联系人： 顾华鹏
电 话： 010-51907037
手机号码：13683267783
经营年限：5 年
员工数量：4 人
主营业务：金龙、宇通、考斯特、青年、北方客车配件

北京友佳明商贸有限公司

公司地址：北京市朝阳区四元桥汽配城西区 87 号
联系人： 杨卫东
电 话： 010-64393289
手机号码：13466665827
传 真： 010-64393254
经营年限：12 年
员工数量：4 人
主营业务：福特全顺、江铃、庆铃、日本五十铃

北京瑞申汽车配件有限公司

公司地址：北京市朝阳区四元桥汽配城中区 13A 号
联系人： 嵇明峰
电 话： 010-51907828
手机号码：13611117622
传 真： 010-51907087
经营年限：8 年
主营业务：东风天锦、天龙、解放、德龙、斯太尔、欧曼、豪沃各种大小车起动机、发电机、氙气灯、雨刮、各种电器等

北京伟德汽配批发中心

公司地址：北京市朝阳区四元桥汽配城 2 厅 2 号
联系人： 崔树林
电 话： 010-64393121/51907935
手机号码：13120307745/13269238739
经营年限：18 年
主营业务：朝柴、扬柴、云内 4102\4100\BJ1041\BJ1061、时代轻卡、东风多利卡、东风小霸王、新跃进、红叶、北旅、小解放、金杯、福田、牡丹、胜利、金龙、叉车、工程机械、长齿、赣齿、唐齿、天齿、临工 520、长齿 512 等变速箱总成及配件，各种液压管、油管、卡子、卡簧、垫片、弯头螺丝、扎带、充电机、逆变器、打气泵、线尾、专业压管，洗车用品、汽车护理用品

专项件系列

北京鑫粤泰汽车配件销售有限公司

公司地址：北京市朝阳区四元桥汽配城东区 11 号
联系人： 董欣
电 话： 010-64393363
手机号码：13911700959
传 真： 010-51907720
经营年限：13 年
员工数量：20 人
主营业务：豹王滤清器、山多力雨刷片、赛歌喇叭、耐磨士刹车片、飞利浦灯泡等易损件

北京国力鑫田汽车配件有限公司

公司地址：北京市朝阳区四元桥汽配城 2 厅 8A 号
联系人： 王国松
电 话： 010-64393278
手机号码：13701168137
主营业务：水箱、仪表、雨刷电机、组合开关、电风扇、电子扇、地锁、刷子、刮子、养护品

四元眼镜汽车玻璃销售中心

公司地址：北京市朝阳区四元桥汽配城东区 35 号
联系人： 李清池 / 崔洪芹
电 话： 010-64395324
手机号码：13911613383/13466662005
主营业务：汽车玻璃、风挡修复，国产、进口汽车玻璃、保险直赔

北京四元桥信毅电机销售中心

公司地址：北京市朝阳区四元桥汽配城东区 34 号
联系人： 蒋信毅
电 话： 010-51907080
手机号码：13911796531
传 真： 010-64395842
经营年限：15 年
员工数量：13 人
主营业务：轿车、客车、重卡、叉车、吊车、船舶、挖掘机、压路机、推土机、发电机组，市政环卫机械、高尔夫球场设备等，本公司以疑难高端机型为主，专业从事世界各国各种起动机与发电机的销售、维修、置换、回收、零部件供应等业务，数千种产品应有尽有，从业十余年的经历是您可靠的技术保障

北京蓝天汽配商贸有限公司

公司地址：北京市朝阳区四元桥汽配城东区 32 号
联系人： 肖淑珍
电 话： 010-51907058
手机号码：13436693277
传 真： 010-51907058
主营业务：刹车片、刹车盘、刹车油、手刹片（各种名牌刹车片、刹车盘）

北京固全晟汽配有限公司

公司地址：北京市朝阳区四元桥汽配城东区 32B 号
联系人： 王洪泉
电 话： 010-51907068
手机号码：13901295055
传 真： 010-52203030
主营业务：金麒麟刹车片、安耐特刹车片（高端陶瓷）、山东赛夫威刹车盘（打孔画线、碳化）

昆华源

公司地址：北京市朝阳区四元桥汽配城 2 厅 10 号
联系人： 徐园春
电 话： 010-64393053
手机号码：15210890090
经营年限：12 年
员工数量：3 人
主营业务：现代、大众、奔驰、宝马、奥迪、丰田、本田、别克、马自达、福特等汽车原装三滤、品牌三滤

北京创意彩商贸有限公司

公司地址：北京市朝阳区四元桥汽配城东区 31 号
联系人： 于顺利
手机号码：13601253578
经营年限：20 年
员工数量：3 人
主营业务：汽车油漆

北京丰越泰汽车配件销售有限公司

公司地址：北京市朝阳区四元桥汽配城 2 厅 28 号
联系人：　高加勇
手机号码：18910311568
员工数量：5 人
主营业务：汽车易损件，代理品牌：博世、飞利浦、车仆养护品、豹王滤清器，各种品牌机油

北京嘉圣邦商贸中心

公司地址：北京市朝阳区四元桥汽配城中区 8F 号
联系人：　郭天新
电　话：　010-64393728
手机号码：13161565356/13910020686
传　真：　010-67208118
经营年限：7 年
员工数量：5 人
主营业务：各种车型球笼、半轴、支臂、轴承、球头、减震器、球笼修理包

北京新星勤昌盛四元桥店

公司地址：北京市朝阳区四元桥汽配城 2 厅 16 号
联系人：　李广宇
电　话：　010-51907326
手机号码：13439919400
经营年限：20 年
主营业务：进口、国产汽车轴承、日本 NSK\KOYO\NTN、法国 HZY、国产 QCS，韩国法雷奥离合器，空调压缩机等，种类齐全、专业批发

北京三鑫滤清器、机油批发中心

公司地址：北京市朝阳区四元桥汽配城 2 厅 34 号
联系人：　潘欣
电　话：　010-64393049/51907172
手机号码：13701134345
传　真：　010-64393049
经营年限：15 年
员工数量：10 人
主营业务：批发各种机油、三滤、电瓶、防冻液、氟、养护品及汽车用品

北京四元德萨汽车离合器刹车片销售部

公司地址：北京市朝阳区四元桥汽配城 2 厅 45A 号
联系人：　张超
电　话：　010-51907094
手机号码：13683046701
经营年限：2 年
主营业务：上海德萨离合器、刹车片，杭州优纳（陶瓷）刹车片、分离轴承、离合片、压盘、刹车盘，货车、客车、工程车离合片、压盘大全

北京中铃汽配中心

公司地址：北京市朝阳区四元桥汽配城 2 厅 45 号
联系人：　施涪帆
电　话：　010-51907950
手机号码：15901476131
经营年限：4 年
主营业务：氙气灯、LED 灯、汽车大灯、雨刷、喇叭、日行灯、汽车用品、火花塞

北京易和华业贸易有限公司

公司地址：北京市朝阳区四元桥汽配城 2 厅 43 号
联系人：　常树元
电　话：　010-64393737/86532717
手机号码：13601017100
主营业务：皮带、密封胶、涨紧轮

北京居路成汽配销售中心

公司地址：北京市朝阳区四元桥汽配城 2 厅 26 号
联系人：　赵福利
电　话：　010-51907384
手机号码：13661126850
经营年限：5 年
主营业务：三元催化、消声器、刹车片、刹车盘

北京市欧亚惠通汽配经营部

公司地址：北京市朝阳区四元桥汽配城 2 厅 39B 号
联系人：　罗先平
电　话：　010-64395765
手机号码：13520729632
员工数量：4 人
主营业务：各种车型空气滤、机油滤、汽油滤、柴油滤、空调滤、雨刷片、玻璃水、火花塞以及各种异型滤芯定制

三力城

公司地址：北京市朝阳区四元桥汽配城 2 厅 3 号
联系人：　钟方根
电　话：　010-64393473
手机号码：18701577269
主营业务：刹车片、刹车盘、三滤、空调滤

北京市闯瑞兴业商贸有限公司

公司地址：北京市朝阳区四元桥汽配城东区 14 号
联系人：　张闯
电　话：　010-64393346
手机号码：13701158409
传　真：　010-64393351
主营业务：普兰纳、鹦鹉、百事利等油漆辅料，费斯托干磨设备

北京恒鑫汽车灯具配件销售中心

公司地址：北京市朝阳区四元桥汽配城 2 厅 14 号
联系人：　江春龙
电　话：　010-64395738
手机号码：13801183436
传　真：　010-64395738
主营业务：各种汽车灯具、反光镜（金龙、京华、黄海、宇通、青年、安凯、福田、金旅、亚星、京通、解放各种客货等）

鑫源汽配

公司地址：北京市朝阳区四元桥汽配城 4 厅 45 号
联系人：　曾学富
电　话：　010-57431995
手机号码：13161297159
经营年限：3 年
主营业务：刹车片、刹车盘

北京龙祥宏业商贸有限公司

公司地址：北京市朝阳区四元桥汽配城 2 厅 49、51 号
联系人：　孙红涛
电　话：　010-64395052
手机号码：13031053363
传　真：　010-64395052
经营年限：10 年
员工数量：6 人
主营业务：批发美孚、壳牌、长城、嘉实多、加德士等车用及工业用油，汽车美容护理用品

北京众和汇丰减震器销售中心

公司地址：北京市朝阳区四元桥汽配城 2 厅 3 号
联系人：　王世发
电　话：　010-64393108
手机号码：13911170346
员工数量：2 人
主营业务：各种车型减震器、弹簧、胶垫

北京顺路祥通汽配中心

公司地址：北京市朝阳区四元桥汽配城 2 厅 43 号
联系人：　曹晓禄
电　话：　010-64395362
手机号码：18612561378
经营年限：12 年
主营业务：氙气灯、灯泡、雨刷片、喇叭、汽车密码锁、修复翻新大灯、大灯改装总成、卡扣、卡篩、汽车遥控电池

金辉汽车配件

公司地址：北京市朝阳区四元桥汽配城 2 厅 8 号
联系人：　张礼翠
电　话：　010-64395846
手机号码：13910406922
主营业务：易损件：灯泡、氙气灯、日行灯、LED 灯、大灯改装、雨刷片、保险片、喇叭、火花塞、螺丝

北京和泰鑫隆汽车配件经营部

公司地址：北京市朝阳区四元桥汽配城 2 厅 39 号
联系人：　蒋军杰
电　话：　010-64395600
手机号码：13693279499
经营年限：9 年
主营业务：刹车片、刹车盘、球笼

北京恒城汽配销售中心

公司地址：北京市朝阳区四元桥汽配城 2 厅 6 号
联系人：　顾瑞恒
电　话：　010-64393449
手机号码：13311208713
经营年限：10 年
主营业务：汽车四滤、雨刷片、刹车片、易损件大全

火花塞点火线电喷配件灯泡中心

公司地址：北京市朝阳区四元桥汽配城 2 厅 38 号
联系人：　支向东
电　话：　010-51907190
手机号码：13911118003
主营业务：主营：火花塞（各种品牌）、点火线、高压线圈、灯泡、飞利浦灯泡、法雷奥起动机、发电机、力爽改装线、雨刷

豪杰汽配
公司地址：北京市朝阳区四元桥汽配城 2 厅 42A 号
联系人：常秋盼
电 话：010-64395939
手机号码：13552954590
传 真：010-64395939
主营业务：汽车滤清器

中机加得益科技有限责任公司
公司地址：北京市朝阳区四元桥汽配城中区 20-21 号南
联系人：刘建义
手机号码：13552226884
主营业务：通用配件

康平长丰配件销售中心
公司地址：北京市朝阳区四元桥汽配城 2 厅 4A 号
联系人：曹建康
电 话：010-51907361
手机号码：13621287519
主营业务：三滤大全

北京千里辉煌商贸有限公司
公司地址：北京市朝阳区四元桥汽配城大厅西 3A 号
联系人：马海峰
电 话：010-64395796
手机号码：13693180296
传 真：010-64395796
经营年限：12 年
主营业务：氙气灯、飞利浦、欧司朗汽车灯泡、火花塞、喇叭、保险、雨刷片（博士雨刷及各种多功能雨刷）、各种清洗剂

油品、轮胎、电瓶系列

北京盛顺达科贸有限责任公司
公司地址：北京市朝阳区四元桥汽配城东区 8 号
联系人：王灯武
电 话：010-51907148
手机号码：13693220785
传 真：010-51907064
经营年限：8 年
员工数量：8 人
主营业务：倍耐力轮胎、米其林轮胎、德国马牌轮胎，批发各种轮胎

北京鹏程伟业轮胎销售中心
公司地址：北京市朝阳区四元桥汽配城中区 01 号
联系人：詹伟彬
电 话：010-51907761
手机号码：13522888381
传 真：010-64395870
经营年限：5 年
员工数量：6 人
主营业务：马牌、米其林、普利司通、固特异、韩泰等高中档配套轮胎

北京四元鹏程轮胎经销部
公司地址：北京市朝阳区四元桥汽配城东区 13 号
联系人：詹真佳
电 话：010-64393345
手机号码：13501032856
经营年限：13 年
主营业务：销售轮胎、轮圈及周边产品

北京天慧陆邦贸易有限公司
公司地址：北京市朝阳区四元桥汽配城中区 30 号南
联系人：姚瑶
电 话：010-51907122
手机号码：13801153975
传 真：010-51907122
员工数量：5 人
主营业务：汽车电瓶、摩托车电瓶

宏远轮胎服务中心
公司地址：北京市朝阳区四元桥汽配城新区 62 号
联系人：蔡爱国
电 话：010-64395301
手机号码：13681101652
经营年限：6 年
主营业务：轮胎

北京海华舜禹商行
公司地址：北京市朝阳区四元桥汽配市场东区 1-5 号
联系人：何桂龙
电 话：010-64393269/64393270
传 真：010-64393269
经营年限：15 年
员工数量：10 人
主营业务：各种汽车轮胎、小修保养、四轮定位、大梁校正

北京欣安展商贸有限责任公司
公司地址：北京市朝阳区四元桥汽配城 5 厅 5 号
联系人：柳毅
电 话：010-64395122
手机号码：13801325350
传 真：010-64393009
经营年限：20 年
员工数量：35 人
主营业务：固特导轮胎及各种进口原配、改装轮胎、四轮定位

北京鑫和易通贸易有限公司
公司地址：北京市朝阳区四元桥汽配城西区 102 号
联系人：吴俊奇
电 话：010-51907458/51907498
手机号码：13051274307
经营年限：10 年
员工数量：6 人
主营业务：各种轮胎、四轮定位、动平衡

北京欣安展商贸有限责任公司
公司地址：北京市朝阳区四元桥汽配城东区 12 号
联系人：吴卫龙
电 话：010-64393059
手机号码：13683188308
主营业务：轮胎（各种轮胎）

电瓶专卖
公司地址：北京市朝阳区四元桥汽配城东区 01A 号
联系人：翁振富
电 话：010-51907994
手机号码：13718444121
主营业务：汽车蓄电池：地球（GLOBAL）、韩泰（KOBA）、统一、风帆、瓦尔塔、南韩、巨江、博士、骆驼

博远电瓶机油批发
公司地址：北京市朝阳区四元桥汽配城西区 97 号
联系人：陈金勇
电 话：010-64393604
手机号码：18910591099
传 真：010-64393604
经营年限：8 年
员工数量：3 人
主营业务：机油：壳牌、美孚、嘉实多，陈冻液、添加剂，电瓶：风帆、瓦尔塔、骆驼

事可成润滑油销售中心
公司地址：北京市朝阳区四元桥汽配城 2 厅 17A 号
联系人：史增国
电 话：010-64393097/51907787
手机号码：13651274707/13552818287
传 真：010-64393097
主营业务：各品牌机油（壳牌、美孚、加德士、嘉实多、长城等），风帆蓄电池、WT、骆驼蓄电池，机油、汽油添加剂，车仆、金冷空调氟

北京永利发汽车配件商店
公司地址：北京市朝阳区四元桥汽配城 2 厅 6A 号
联系人：张志强
电 话：010-51907338
手机号码：13910701088
传 真：010-64393887
经营年限：8 年
主营业务：机油（壳牌、美孚、嘉实多、长城等）、电瓶（风帆、骆驼等）、防冻液（蓝星、长城、壳牌等）、玻璃水等汽车用品

北京乐泰驰达汽车用品商行
公司地址：北京市朝阳区四元桥汽配城 2 厅 48B 号
联系人：蔺小代
手机号码：13681178831/18600362085
经营年限：11 年
员工数量：5 人
主营业务：电池、机油、养护品

北京市腾飞宏德商贸有限责任公司
公司地址：北京市朝阳区四元桥汽配城 2 厅 7 号
联系人：杜士平
电 话：010-51907810
手机号码：13311513835
传 真：010-64393409
员工数量：8 人
主营业务：风帆蓄电池代理、各种品牌机油及添加剂

北京车之友经贸有限公司

公司地址：北京市朝阳区四元桥汽配城东区 19 号
联系人：　彭玉粦
电　话：　010-64393756
手机号码：13801299368
传　真：　010-64393800
主营业务：倍耐力轮胎、马牌轮胎、四轮定位

轮胎专营

公司地址：北京市朝阳区四元桥汽配城西区 101 号
联系人：　曹宁
电　话：　010-64393443/51907092
经营年限：10 年
员工数量：11 人
主营业务：各种轮胎：倍耐力、邓禄普、德国马牌、玛吉斯、米其林、普利司通等品牌

北京林运通轮胎商行

公司地址：北京市朝阳区四元桥汽配城西区 34 号
联系人：　王林
电　话：　010-64395894
手机号码：13801384157
经营年限：8 年
员工数量：3 人
主营业务：轮胎、定位、补胎

北京宇通金强鑫蓄电池商贸中心

公司地址：北京市朝阳区四元桥汽配城大厅西 1 号
联系人：　黎彪
电　话：　010-51907938
手机号码：13810998197
经营年限：12 年
员工数量：6 人
主营业务：蓄电池批发、零售

电瓶系列；福田火车配件系列；火车轮胎

公司地址：北京市朝阳区四元桥汽配城大厅西 6 号
联系人：　蔺道秀
电　话：　010-64395239
手机号码：13718148650
主营业务：电瓶、货车配件、机油、轮胎、汽车用品

北京经纬盛华配件销售中心

公司地址：北京市朝阳区四元桥汽配城东区 73 号
联系人：　侯占阁 / 张永庆
电　话：　010-51907782
手机号码：13366695025/13522014854
主营业务：机油、电瓶、中华、荣威

汽保设备、维修工具系列

2 厅 11 号

公司地址：北京市朝阳区四元桥汽配城 2 厅 11 号
联系人：　杜宪刚
手机号码：13661083895/15201563145
主营业务：成套工具、洗车泵（12V、200V）、洗车水管、各种地锁（销售带安装）、轮胎防盗螺丝

北京盛源立峰商贸有限公司

公司地址：北京市朝阳区四元桥汽配城 4 厅 9 号
联系人：　李立峰
电　话：　010-51907021
手机号码：13391896621/13693593863
传　真：　010-51907021
经营年限：10 年
主营业务：大梁校正仪、烤漆房、大剪、小剪、四柱举升机、两柱举升机、龙门举升机、四轮定位仪、合资空压机、扒胎机、平衡机、汽车美容用品和设备及各工具等，二手设备、回收以及出售等

北京华众汽保工具大全

公司地址：北京市朝阳区四元桥汽配城 4 厅 45 号
联系人：　夏向杰
电　话：　010-51907893
手机号码：13167567062
主营业务：汽保、养护产品、排子、工具大全

北京市伟业腾达商贸有限公司

公司地址：北京市朝阳区四元桥汽配城 4 厅 3 号
联系人：　宋中华
电　话：　010-64393307
手机号码：13391808280
传　真：　010-80115555-736047
经营年限：11 年
员工数量：10 人
主营业务：销售烤房、举升机、扒胎平衡、四轮定位、洗车机、世达工具、捷科工具、JTC 专用工具，批发蒸汽机、打蜡机、封釉机、抛光机、气鼓、灯鼓、电鼓

北京金源诗琴机电设备有限公司

公司地址：北京市朝阳区四元桥汽配城 4 厅 5 号
联系人：　曹振
电　话：　010-64393931
手机号码：13331100181
传　真：　010-64395456
经营年限：7 年
主营业务：汽保设备：拆胎机、平衡机、举升机、烤漆房、大梁校正、工具等

北京慧诚高捷贸易有限公司

公司地址：北京市朝阳区四元桥汽配城 4 厅 1 号
联系人：　马桂旺
电　话：　010-64393308
手机号码：13718227680
传　真：　010-51386718
主营业务：世达工具、力易锝工具、凯驰清洗机、黑猫清洗机、绿霸清洗机、鲸鱼清洗机等汽车美护用工品

北京达高精机贸易有限公司

公司地址：北京市朝阳区四元桥汽配城 4 厅 8 号
联系人：　邓金铎
手机号码：13601271542/13439392802
传　真：　010-64393484
经营年限：14 年
员工数量：5 人
主营业务：营口大力轮胎拆装机、动平衡机、四轮定位仪、二柱举升机、四柱举升机、小剪举升机、子母式大剪举升机、大梁校正仪、烤漆房、维修工具、洗车机、美容产品、气泵

北京天鸿繁源商贸有限责任公司

公司地址：北京市朝阳区四元桥汽配城 4 厅 39-40 号
联系人：　杨建平
电　话：　010-64395007
手机号码：13501284728
传　真：　010-64393228
经营年限：10 年
员工数量：4 人
主营业务：日用品、工艺品、通用设备、五金交电、电子产品

北京京广恒盛汽车维修设备有限公司

公司地址：北京市朝阳区四元桥汽配城 4 厅 12 号
联系人：　陈德广
电　话：　010-64393820
手机号码：13311366226
传　真：　010-64395129
员工数量：3 人
主营业务：汽保工具、设备、捷科工具、扒胎机、平衡机、大剪、小剪、举升机、四轮定位仪、JG 牌认证烤漆房、泰克轮胎修补材料、美容养护用品等

北京联智达科技有限公司

公司地址：北京市朝阳区四元桥汽配城 4 厅 11 号
联系人：　毛远涛
电　话：　010-64395967
手机号码：18611704563
传　真：　010-64395020
经营年限：20 年
主营业务：汽车解码器、BOSCH 博世金德、车博士、LAUNCH 元征、金奔腾、正原解码器、朗仁解码器、爱夫卡解码器、ADS-1PC 版、X100+ 防盗匹配仪、X200 保养灯归零仪

北京俊联康泰机械设备有限公司

公司地址：北京市朝阳区四元桥汽配城 4 厅 10 号
联系人：　谢俊云
手机号码：13240174148/15712940026
主营业务：举升机、大梁校正仪、四轮定位仪、扒胎机、平衡机、洗车机及各种工具和维修设备，各种汽修厂整厂配套

北京天翔恒通机械设备有限公司

公司地址：北京市朝阳区四元桥汽配城 4 厅 33A 号
联系人：　梅长波
电　话：　010-64393425
手机号码：13901112242
传　真：　010-59107873
主营业务：销售机械设备、汽车配件、五金交电、电器设备、金属材料、日用杂品、装饰材料、橡胶制品、化工产品

蓝海湾商贸中心

公司地址：北京市朝阳区四元桥汽配城 4 厅 32 号
联系人：　林云
电　话：　010-64393452
手机号码：18211044110
员工数量：5 人
主营业务：主营各种进出口汽车维修专用工具

汽车用品系列

北京变形金刚汽车改造

公司地址：北京市朝阳区四元桥汽配城大厅西8号
联系人：杨大海
电　话：010-64393905
手机号码：13146285483/13911400114
经营年限：5年
员工数量：3人
主营业务：踏板、护杠、行李架，全系列SUV外饰精品、护杠大全

北京新斯凡工贸公司

公司地址：北京市朝阳区四元桥汽配城东区22号
联系人：薛振梁
电　话：010-51907378
手机号码：13901092896
传　真：010-64393261
经营年限：15年
员工数量：6人
主营业务：汽车座垫、座套、脚垫、儿童座椅、汽车护理用品等汽车精品

京奥汽车音响维修

公司地址：北京市朝阳区四元桥汽配城东区82-83号
联系人：阿跃
电　话：010-64390323
手机号码：13701013928
传　真：010-51907038
经营年限：10年
主营业务：汽车音响维修、改装高档车屏幕、英文改中文导航影音中心、美国强生贴膜

专业汽车装饰、美容

公司地址：北京市朝阳区四元桥汽配城东区67号
联系人：杨松彬
电　话：010-51907298
手机号码：15811171838
经营年限：5年
主营业务：汽车贴膜、导航、车身改色

汽车装饰

公司地址：北京市朝阳区四元桥汽配城东区49号
联系人：孙雅楠
电　话：010-64395598
手机号码：13801353448
经营年限：12年
员工数量：5人
主营业务：汽车配件、大众改装件、精品装饰美容

东方恒业汽车装饰公司

公司地址：北京市朝阳区四元桥汽配城东区48A号
联系人：于茗雅
电　话：010-51907045
手机号码：13552510222/18610115933
经营年限：5年
员工数量：7人
主营业务：美国量子膜授权店、汽车音响、装饰、DVD导航、汽车用品

北京海华舜禹商行

公司地址：北京市朝阳区四元桥汽配城东区66A号
联系人：周林
电　话：010-51907104
传　真：010-64393269
经营年限：10年
员工数量：8人
主营业务：元尘专业贴膜、高档品牌膜、威固、雷朋、3M膜、USL膜、北极光膜；品牌DVD导航专用机、原车屏升级、音响防盗、底盘封塑、平静隔音、镀膜封釉、室内翻新、原车真皮座椅、凉垫、毛垫批发，各种精品地胶、脚垫等

北京鑫安同顺商贸中心

公司地址：北京市朝阳区四元桥汽配城东区23号
联系人：卫平
电　话：010-64395901
手机号码：13331004578
经营年限：10年
员工数量：5人
主营业务：美国强生膜、品牌专车专用导航

江礼贤

公司地址：北京市朝阳区四元桥汽配城东区32A号
联系人：江礼贤
手机号码：13641219710
经营年限：5年
主营业务：汽车座套

聚龙汽车外装饰

公司地址：北京市朝阳区四元桥汽配城东区25号
联系人：陈燕
电　话：010-51907188/64393875
手机号码：15801531731/13520787937
主营业务：汽车用品、贴膜、DVD导航、音响改装、汽车美容，脚踏板、前杠、后杠、行李架，各种越野车、SUV车外装饰

强顺汽车音响

公司地址：北京市朝阳区四元桥汽配城东区24号
联系人：赵又强
电　话：010-64393138
手机号码：13601016652
传　真：010-64393138
经营年限：12年
员工数量：5人
主营业务：汽车美容、音响、防盗、贴膜、金鹰自排锁、豪迪倒车雷达

北京必成技贸公司

公司地址：北京市朝阳区四元桥汽配城东区26号
联系人：李朝晖
电　话：010-64393448
手机号码：13901353337
经营年限：10年
员工数量：4人
主营业务：3M汽车专用防爆膜授权中心，3M美容产品授权代理批发，贴膜、装饰、音响、美容

广宏达装饰

公司地址：北京市朝阳区四元桥汽配城东区20号
联系人：黄锦宏
电　话：010-64393350/64393979
手机号码：13801331762
员工数量：4人
主营业务：汽车贴膜、音响

北京双周汽车装饰中心

公司地址：北京市朝阳区四元桥汽配城东区15号
联系人：刘胜利
电　话：010-64393418
手机号码：13910696786
员工数量：3人
主营业务：汽车音响改装、装潢、装饰、美容、隔音

北京恒远汽车装饰用品商行

公司地址：北京市朝阳区四元桥汽配城东区21号
联系人：崔立杰
电　话：010-51907369
手机号码：13071178221
主营业务：专业座套、贴膜地胶、真皮座椅、窗帘贴画、倒车雷达、美容封釉、精品脚垫、凉垫绒垫、音响DVD导航、钣金喷漆、导航升级、防盗器车锁，汽车维修、换件保养、各种颜色太阳膜

北京盛顺达科贸有限责任公司

公司地址：北京市朝阳区四元桥汽配城东区8号
联系人：颜宏梅
电　话：010-64393469
手机号码：13701072199
传　真：010-64393466
经营年限：18年
员工数量：15人
主营业务：汽车贴膜（美国强生、联邦、USL）、环保地胶、脚垫，多种品牌座垫，各种品牌专用DVD导航系统及倒车影像，各种款式、材质脚垫（丝毯、环保硅胶、丝圈、环保大包围等）

北京市升益隆汽车装饰

公司地址：北京市朝阳区四元桥汽配城16-17号
联系人：麦培洪
电　话：010-64393038
手机号码：13693020382
主营业务：汽车音响改装、DVD改装、贴膜龙膜

宏业汽车装饰

公司地址：北京市朝阳区四元桥汽配城3厅40号
联系人：朱海玲
电　话：010-51907980
手机号码：13311589958
经营年限：15年
员工数量：3人
主营业务：座垫：恒源祥、投缘、乐家宜、手工钩花座垫，冰箱：美国奥特赛冰箱，脚垫：YOD、晟达脚垫，座套：球队、卡通座套，香水：香百年、尊尼、爱特丽，洗车用品：毛巾、轮胎蜡、洗车液

北京斯玛特捷声商贸有限公司

公司地址：北京市朝阳区四元桥汽配城东区 18 号
联系人：蔡志军
电　话：010-64393343
手机号码：13901023684
传　真：010-64393343
经营年限：10 年
员工数量：4 人
主营业务：贴膜、汽车音响、导航、装饰用品的批发零售等

北京聚鑫众邦商贸中心

公司地址：北京市朝阳区四元桥汽配城 3 厅 59-62A 号
联系人：刘兰兰
电　话：010-57168765
手机号码：13910627664
经营年限：3 年
员工数量：7 人
主营业务：批发订做各种专车专用立体全包围脚垫、原厂地毯脚垫、后备箱垫，专营品牌脚垫、座垫、专车专用各种材质发动机底护板

北京宏基利商贸中心

公司地址：北京市朝阳区四元桥汽配城中区 8C 号
联系人：王子兵
电　话：010-64393234
手机号码：13701352236
经营年限：14 年
主营业务：汽车脚垫、座垫、把套、座套

北京金艳财成商贸有限公司

公司地址：北京市朝阳区四元桥汽配城 2 厅 22 号
联系人：乔桂艳
电　话：010-51903088/64397838
手机号码：13501056614/13522047397
经营年限：10 年
员工数量：3 人
主营业务：化油器清洗、空调清洗剂、轮胎泡沫清洗剂、各种品牌机油、润滑油、刹车油、助力油、玻璃水、红胶、灰胶、AB 胶、自喷漆、进气系统、清洗剂、螺栓松动剂、超级积碳净、水箱补漏剂、水箱清洗剂、各种泡沫清洁剂、ER 安耐驰、双面胶、三元清洗剂、氟电瓶、防冻液、刷子、鸡皮、蜡、掸子、拖车绳、充电机、摩圣

嘉盛汽车用品

公司地址：北京市朝阳区四元桥汽配城 2 厅 32 号
联系人：刘熠
电　话：010-51907135
手机号码：13701205933
员工数量：8 人
主营业务：车衣、座垫、座套、脚垫，ED 等各品牌香水、香百年、尊尼、快美特等品牌车香风，非常爱车、风王等品牌打气泵，吸尘器、碳包、防滑垫、颈枕、手贴膜、各种车型护杠、迎宾踏板、门槛条、门碗、拉手、车窗饰条、金窗条、大灯罩、尾灯罩、后饰条、雾灯罩、后踏板、发动机下护板、油箱盖、挡泥板、注塑雨搭、缓冲器、行李架、中网、尾喉

北京路友脚垫

公司地址：北京市朝阳区四元桥汽配城 2 厅 31 号
联系人：姜治娜
电　话：010-51907127
手机号码：15210086911
经营年限：3 年
主营业务：汽车用品、脚垫、座垫、座套等汽车内饰精品

广顺源汽车装饰

公司地址：北京市朝阳区四元桥汽配城东区 6A 号
联系人：陈本贵
电　话：010-51907120
手机号码：13522201705
主营业务：音响、贴膜、美容、DVD 导航

北京国梦缘汽车用品公司

公司地址：北京市朝阳区四元桥汽配城 2 厅 41 号
联系人：史增民
电　话：010-64393467
手机号码：13671011469
传　真：010-64393268
经营年限：13 年
员工数量：4 人
主营业务：批发品牌润滑油、齿轮油、润滑脂（壳牌、美尔、加德士、长城、统一）、制冷剂（氟）、车仆 134A、车仆系列养护产品、标榜系列养护产品、批发电瓶（风帆、瓦尔塔、骆驼）

北京沂瑞汽车用品有限公司

公司地址：北京市朝阳区四元桥汽配城 3 厅 36B 号
联系人：李振林
电　话：010-51907178
手机号码：13520562037
经营年限：10 年
员工数量：4 人
主营业务：汽车座套、海啊硅胶脚垫代理、汽车车衣、森虑丝圈脚垫代理、AAA 丝圈脚垫代理

北京鑫源汽车座套批发

公司地址：北京市朝阳区四元桥汽配城 3 厅 45 号
联系人：程高峰
电　话：010-57237631
手机号码：18611097867
经营年限：3 年
员工数量：3 人
主营业务：批发定做各种布料专车专用座套、座垫、脚垫、把套、香水、各种挂件等汽车内饰用品

北京天翔汽车装饰中心

公司地址：北京市朝阳区四元桥汽配城 3 厅 42 号
联系人：李强
手机号码：13552064259
经营年限：6 年
员工数量：3 人
主营业务：贴膜、GPS 导航、全车隔音、底盘装甲、全车镀膜，批发各种车型门槛条、车窗饰条、下护板、挡泥板、扶手箱、尾喉等外观装饰件和 SUV 前后杠、侧踏、行李架等

桂林座套

公司地址：北京市朝阳区四元桥汽配城东区 71 号
联系人：陈银敬
手机号码：13120283366
主营业务：汽车精品座套

文盛汽车用品

公司地址：北京市朝阳区四元桥汽配城 3 厅 50 号
联系人：林泽文
手机号码：13520903207
员工数量：3 人
主营业务：汽车专车专用 DVD 导航、座垫、座套、脚垫、汽车用品、香水、小精品、真皮把套、手缝把套、太阳挡、电子狗、空气净化器、CD 夹、PU 大包脚垫、后仓垫、香水、逆变器、雨刷

北京极速狂飙精品装饰公司

公司地址：北京市朝阳区四元桥汽配城 3 厅 32A 号
联系人：范顺风
电　话：010-51907062
手机号码：18611893090
主营业务：灯、贴画、导航、记录仪、电子狗等

北京君华行商贸有限公司

公司地址：北京市朝阳区四元桥汽配城 2 厅 20 号
联系人：王涛
电　话：010-51907193
手机号码：15810384739
传　真：010-51907193
主营业务：座垫、脚垫、座套、冰箱、导航、儿童座椅、自驾游等汽车用品

北京辉腾汽车用品销售中心

公司地址：北京市朝阳区四元桥汽配城中区 8D 号
联系人：李凤英
电　话：010-51907195
手机号码：13611048101
主营业务：导航、定位跟踪、防盗器、电子狗、倒车影像、行车记录仪

汽车精品装饰

公司地址：北京市朝阳区四元桥汽配城 3 厅 7 号
联系人：王钦
电　话：010-51907316
手机号码：13699238525
经营年限：5 年
员工数量：3 人
主营业务：汽车座垫、座套、脚垫、把套、香水、车蜡、护理产品

威陆汽车装饰中心

公司地址：北京市朝阳区四元桥汽配城 3 厅 39A 号
联系人：任学梅
电　话：010-51907826
手机号码：13683330541
经营年限：10 年
员工数量：4 人
主营业务：汽车座垫、大象汽车脚垫、精品、3D 神爪脚垫、恒源祥汽车座垫、后仓垫批发、汽车毛巾、把套、香水、蜡、掸子、扶手箱、大象汽车全包围脚垫

北京锐海通汽车用品专卖店

公司地址：北京市朝阳区四元桥汽配城 3 厅 38B 号
联系人：高威
电　话：010-51907023
手机号码：13683187544
经营年限：6 年
主营业务：汽车用品、机油、装饰用品

北京车福名品汽车用品店

公司地址：北京市朝阳区四元桥汽配城 3 厅 31 号
联系人：于小林
电　话：010-51907096
手机号码：13501233065
经营年限：11 年
员工数量：4 人
主营业务：脚垫、座垫、把套、座套、地胶、儿童座椅、香水、御马脚垫、羊毛脚垫

北京市京深脚垫地胶销售公司

公司地址：北京市朝阳区四元桥汽配城 4 厅 13 号
联系人：冯保继
电　话：010-64395358
手机号码：13522777649
经营年限：10 年
员工数量：4 人
主营业务：地胶、大包围脚垫、后仓垫、高中低档都有，地胶卷材、全覆盖脚垫

鑫通达

公司地址：北京市朝阳区四元桥汽配城 3 厅 32 号
联系人：梁飞
电　话：010-64393208
手机号码：13581755928
员工数量：4 人
主营业务：精品座垫、DVD 导航、音响、防盗器、贴膜、汽车美容、养护品等

宏大汽车用品经营装饰中心

公司地址：北京市朝阳区四元桥汽配城 2 厅 17 号
联系人：张海立
电　话：010-51249187
手机号码：13522300313/13691420261
主营业务：各种车型座套、脚垫、座垫，各种各样的掸子、把套，专业贴膜、封釉，皮水、竹碳、氧吧等

脚垫批发零售

公司地址：北京市朝阳区四元桥汽配城 3 厅 35A 号
联系人：李士茹
电　话：010-51907402
手机号码：13661025376
经营年限：10 年
主营业务：批发汽车脚垫、专用胶、通用可裁脚垫、羊毛垫（伊利兰雅）、护理用品

顺丰汽车音响中心

公司地址：北京市朝阳区四元桥汽配城 3 厅 36A 号
联系人：解红
电　话：010-64393574
手机号码：13651237701
主营业务：音响改装、防盗、汽车精品

车宝汽车装饰

公司地址：北京市朝阳区四元桥汽配城西区 73 号
联系人：黄南锡
电　话：010-64393032
手机号码：13501076483
经营年限：12 年
员工数量：5 人
主营业务：真皮座椅

鹏宇汽车装饰

公司地址：北京市朝阳区四元桥汽配城 3 厅 39 号
联系人：常祥明
电　话：010-51907982
手机号码：13641278705
经营年限：7 年
主营业务：座垫、脚垫、座套、香水、把套等汽车用品

北京远航汽车用品商行

公司地址：北京市朝阳区四元桥汽配城 3 厅 67A 号
联系人：郭子宗
电　话：010-51907031
手机号码：13671304631
传　真：010-51907059
经营年限：5 年
员工数量：3 人
主营业务：汽车座垫、脚垫、座套、地胶、小装饰品，现场制作脚垫、材料、3G 喷丝卷材、PVC 透明卷材、电子净化器

北京尔东舰汽车音响中心

公司地址：北京市朝阳区四元桥汽配城 3 厅 3 号
联系人：陈北京
电　话：010-64393107
手机号码：13601170314
传　真：010-64393107
员工数量：6 人
主营业务：批发安装各种车专用 DVD 导航、定位电子狗等产品，整车装饰、音响、防盗、改装业务

乐乐精品屋

公司地址：北京市朝阳区四元桥汽配城 3 厅 67 号
联系人：王国娟
手机号码：13501110926
经营年限：10 年
员工数量：10 人
主营业务：主营快美特系列、卡通世界、四季垫、脚垫、奥特莱芙系列、DAD 系列、美美熊系列、魅惑系列、欧利莱系列

东华汽车装饰用品

公司地址：北京市朝阳区四元桥汽配城 3 厅 8 号
联系人：王秀琼
电　话：010-64393105
手机号码：13522923636
经营年限：13 年
主营业务：羊毛座垫、亚麻冰丝座垫、各款车型座套、车型地胶、乳胶脚垫、排挡锁、冷暖冰箱、车蜡、香水等各种汽车护理用品、CD 袋、头枕、腰靠等各种装饰品

北京车神汽车脚垫经营部

公司地址：北京市朝阳区四元桥汽配城 4 厅 14 号
联系人：何军强
电　话：010-51907121
手机号码：13552042826
主营业务：汽车脚垫

仁和汽车装饰

公司地址：北京市朝阳区四元桥汽配城 3 厅 38 号
联系人：焦丽平
电　话：010-51907946
手机号码：13522132103
经营年限：4 年
主营业务：汽车用品

极品黑店

公司地址：北京市朝阳区四元桥汽配城 3 厅 37 号
联系人：史俊娟
电　话：010-51907319
手机号码：13522066489
主营业务：牧宝座垫、脚垫、精品匙扣、香水、麦瑞琳亚麻垫

北京粤顺兴汽车装饰行

公司地址：北京市朝阳区四元桥汽配城 3 厅 56 号
联系人：麦树书
手机号码：13401068601
员工数量：6 人
主营业务：汽车用品、脚垫、座垫、贴膜、音响改装、DVD 导航、饰件

琳浪满目爱车精品

公司地址：北京市朝阳区四元桥汽配城 3 厅 66 号
联系人：王静
电　话：010-51907303
手机号码：13366930581
经营年限：8 年
主营业务：主营汽车脚垫、座垫，座垫代理品牌：日本美代子、座骑时代、台湾瑞琦、金手指、龙图腾、尊享座骑裘皮系列；脚垫代理品牌：歌诗达、御马、金木世家、E 璐人、瑞琦，各种车型专车专用脚踏板

北京新时代超达汽车用品销售中心

公司地址：北京市朝阳区四元桥汽配城 4 厅 15 号
联系人：田淑霞
电　话：010-51907818
手机号码：13718105339
经营年限：10 年
员工数量：8 人
主营业务：恒源祥汽车座垫代理、冰峰座垫、四季垫、汽车大包围脚垫、高级后备仓垫、高级座套及订做专用座套

365 汽车装饰

公司地址：北京市朝阳区四元桥汽配城 3 厅 65 号
联系人：张存
电　话：010-51907183
手机号码：13691254851
经营年限：10 年
主营业务：汽车座垫、脚垫、仿毛座垫、羊剪绒垫、后仓垫、置物箱、毛巾、南韩布等各样车用小精品

北京万通弘源汽车音响批发

公司地址：北京市朝阳区四元桥汽配城 3 厅 63 号
联系人： 翟秀辉
电 话： 010-51907071
手机号码：13681312062
经营年限：6 年
员工数量：3 人
主营业务：汽车音响、DVD 导航、精品座套、科维 DVD 导航总代理、豪迪倒车雷达总代理、凌速电子狗总代理、奥德赛冰箱、保温冰箱

环宇汽车精品

公司地址：北京市朝阳区四元桥汽配城 3 厅 43 号
联系人： 周佳宇
电 话： 010-52462567
手机号码：13311100740
主营业务：汽车精品、内饰用品、座套、座垫、整理箱、爱丽思、汽车整理箱、上海风王、NFA 品牌脚垫

北京世纪美神汽车装饰中心

公司地址：北京市朝阳区四元桥汽配城 3 厅 41 号
联系人： 王东
电 话： 010-64393048
手机号码：13901227350
传 真： 010-64393048
经营年限：8 年
主营业务：批发汽车卡通座套、汽车精品、卡通汽车精品，汽车美容用品：美国索特汽车美容用品、一次 OK 研磨剂、劲亮树脂、宝石护膜、3M 镀膜等

北京新辉汽车用品批发

公司地址：北京市朝阳区四元桥汽配城 3 厅 3B 号
联系人： 左庆国
电 话： 010-51907955
手机号码：13269094339
经营年限：10 年
主营业务：批发汽车座垫、脚垫、护理用品、把套、香水、南韩精品

北京市海天汽车装饰中心

公司地址：北京市朝阳区四元桥汽配城西区 84D 号
联系人： 杨道红
电 话： 010-64395850
手机号码：13501395336
经营年限：12 年
员工数量：5 人
主营业务：各种档次太阳膜、专车专用导航 DVD、倒车影像、汽车影院、音响、防盗器、倒车雷达、地胶、汽车室内外美容装潢、真皮座椅、座垫、座套、原车漆面贴纸改色

博鑫达汽车用品装饰

公司地址：北京市朝阳区四元桥汽配城 3 厅 47 号
联系人： 张珂
电 话： 010-51907945
手机号码：13520798676
经营年限：7 年
员工数量：3 人
主营业务：三星电子导航总代理、富威不拆 CD 导航、东视杰 DVD 导航

北京金车利汽车用品商行

公司地址：北京市朝阳区四元桥汽配城 3 厅 48 号
联系人： 张永明
电 话： 010-52426573
手机号码：13520867329
经营年限：8 年
主营业务：座垫、脚垫，爱车屋及快美特、TYPER 小精品，美容护理品、雨刷

北京圣奥有限公司

公司地址：北京市朝阳区四元桥汽配城 3 厅 6 号
联系人： 王强
电 话： 010-64393955
手机号码：13391669158
传 真： 010-51907993
经营年限：15 年
员工数量：8 人
主营业务：汽车地毯脚垫、圣美奥全包围脚垫、后备厢垫

北京乐泰驰达汽车用品商行

公司地址：北京市朝阳区四元桥汽配城 3 厅 2 号
联系人： 蔺秀莲
电 话： 010-64393186
手机号码：13522566798
经营年限：10 年
员工数量：5 人
主营业务：名品座垫、高档脚垫、香水、挂饰、车载行李箱、美容护理用品

转速动力改装

公司地址：北京市朝阳区四元桥汽配城 2 厅 47 号
联系人： 简景洋
电 话： 010-64395831
手机号码：13264315235
主营业务：DVD 导航、电子狗、行车记录仪、氙气灯、灯泡、大灯总成、喇叭、雨刷片

北京合合兴商贸有限公司

公司地址：北京市朝阳区四元桥汽配城西区 21-22 号
联系人： 周勤成
电 话： 010-64393290/64393291
手机号码：13910794171
传 真： 010-64393291
经营年限：14 年
主营业务：汽车装饰

北京巨能蓄电池有限公司

公司地址：北京市朝阳区四元桥汽配城 2 厅 2A 号
联系人： 张士安 / 毛义武
电 话： 010-64393845
手机号码：13681461760/13683509115
员工数量：3 人
主营业务：台湾 O 型圈、TTO、NAK 油封、无骨雨刷、火花塞、高压油管、各种车型塑料卡扣、汽车卤素灯泡、氙气灯泡、各种车型蓄电池、水管卡子、拖车绳、扎带、电瓶搭线、地锁、汽车充电器、逆变器、点烟器、各种胶水、车门密封条、各种开关、电瓶桩头、电线、各种插头、亮条、各种保险片、LED 灯、轮胎充气泵等汽车用品

北京京容汽车精品装饰中心

公司地址：北京市朝阳区四元桥汽配城 3 厅 46 号
联系人： 杨玲玲
手机号码：15901368531
主营业务：脚垫、把套、座垫、DVD 导航、凯立德地图代理升级网点、道道通地图升级服务网点、蜡、防盗器、倒车雷达、成捆地胶、现裁脚垫、手缝把套、掸子、鹿皮、毛巾、清洗剂、内视镜、大视野、打气泵、遮阳板、车衣

北京自由派改装装饰中心

公司地址：北京市朝阳区四元桥汽配城西区 84E 号
联系人： 刘兰香
电 话： 010-64395760
手机号码：13521018081
经营年限：10 年
员工数量：5 人
主营业务：贴膜、贴纸、贴画、防盗器、中控锁、抛光、封釉、地胶、音响、汽车改装

京广阿飘

公司地址：北京市朝阳区四元桥汽配城西区 43 号
联系人： 王秀玉
电 话： 010-51907375
手机号码：15801078238
传 真： 010-64395333
经营年限：10 年
员工数量：8 人
主营业务：汽车装潢、美容

北京鸿冠发汽车装饰中心

公司地址：北京市朝阳区四元桥汽配城西区 85 号
联系人： 张冠伦
电 话： 010-64393185
手机号码：13520051668
经营年限：10 年
员工数量：5 人
主营业务：美国强生贴膜、镀膜、防盗器、铺地胶、雷朋贴膜、封釉、内饰清洗

北京虎氏创伟商贸有限公司

公司地址：北京市朝阳区四元桥汽配城 3 厅 1 号
联系人： 张营
手机号码：18610377928
主营业务：汽车用品：座垫、脚垫、饰品等

北京利让客汽车贴膜音响装饰中心

公司地址：北京市朝阳区四元桥汽配城新区 32-33 号
联系人： 王芳
电 话： 010-64395727
手机号码：13810391093
经营年限：10 年
主营业务：汽车音响、美容、装饰、汽车用品

北京兴兴粤福汽车音响中心

公司地址：北京市朝阳区四元桥汽配城西区 40 号
联系人： 郭金何
电 话： 010-64395013
手机号码：13701123932
经营年限：10 年
员工数量：9 人
主营业务：汽车装饰、音响、贴膜

北京江恒晨升汽车用品行

公司地址：北京市朝阳区四元桥汽配城西区106号
联系人： 陈美玉
电　话： 010-51907165
手机号码：18901196928
员工数量：5人
主营业务：汽车配件、日用品、五金交电、电子产品、建筑材料、装饰材料、经济贸易咨询、汽车装饰

北京三瑞丰汽车配件中心

公司地址：北京市朝阳区四元桥汽配城新区69号
联系人： 吕瑞权
电　话： 010-64393102
手机号码：13651233871
经营年限：10年
员工数量：5人
主营业务：雷朋汽车隔热膜、音响改装、导航、汽车隔音、汽车用品

车友汽车座套

公司地址：北京市朝阳区四元桥汽配城西区84C号
联系人： 刘保良
电　话： 010-57036310
手机号码：13701199183
经营年限：11年
员工数量：3人
主营业务：座套、座垫、脚垫

北京方泰驰商贸有限公司

公司地址：北京市朝阳区四元桥汽配城新区53-54号
联系人： 牛明均
手机号码：15901457936/18618162995
经营年限：10年
员工数量：6人
主营业务：汽车贴膜、专用DVD导航、包真皮座椅、漆面镀膜封釉、底盘封塑、各种汽车用品等

京广润汽车装饰

公司地址：北京市朝阳区四元桥汽配城西区39号
联系人： 张力行
电　话： 010-64393376
手机号码：13520074318
经营年限：13年
员工数量：6人
主营业务：专业贴膜、联邦防爆膜授权施工店、高中档原车屏导航升级、汽车漆面镀膜、封釉、底盘封塑、隔音降噪、各种汽车DVD音响安装、真皮座椅、座垫、座套、脚垫、精品等

北京市鹏程盛利汽车音响装饰中心

公司地址：北京市朝阳区四元桥汽配城西区77-78号
联系人： 陈惠源
电　话： 010-64393584/64395647
手机号码：13911561932
经营年限：13年
员工数量：10人
主营业务：美容装潢、轮胎、四轮定位

北京贵客春汽车配件中心

公司地址：北京市朝阳区四元桥汽配城西区98号
联系人： 江利华
电　话： 010-64393203
手机号码：13601375289
经营年限：10年
主营业务：专业汽车布艺座套批发、零售，各种汽车座垫、脚垫

高门汽车露营商店

公司地址：北京市朝阳区四元桥汽配城西区47号
联系人： 向阳
电　话： 010-51907015
手机号码：18600551707
员工数量：5人
主营业务：自驾用品、露营旅行装备、改装产品

北京天天汽车装饰中心

公司地址：北京市朝阳区四元桥汽配城西区104号
联系人： 武少云
电　话： 010-51907846
手机号码：13911558682
传　真： 010-51907846
经营年限：7年
主营业务：汽车贴膜、地胶

北京创意彩汽车装饰有限公司

公司地址：北京市朝阳区四元桥汽配城新区34号
联系人： 王庆喜
电　话： 010-64395808
手机号码：13683034635
经营年限：10年
员工数量：4人
主营业务：贴膜、地胶

北京泰聚商贸有限公司

公司地址：北京市朝阳区四元桥汽配城新区47号
联系人： 李修树
电　话： 010-64393239
手机号码：13311294133
主营业务：汽车装饰、贴膜、用品、美容

俊洁脚垫批发

公司地址：北京市朝阳区四元桥汽配城3厅68A号
联系人： 金磊
电　话： 010-58473331
手机号码：15311210264
经营年限：2年
员工数量：3人
主营业务：脚垫、后仓垫

汽车维修保养系列

北京瑞馨汽配中心

公司地址：北京市朝阳区四元桥汽配城中区24号北
联系人： 刘建月
手机号码：13126664336
主营业务：汽车维护

北京广源顺发汽车配件工贸中心

公司地址：北京市朝阳区四元桥汽配城东区50号
联系人： 寇艳芳
手机号码：15300032402/13801250226
传　真： 010-64395136
维修资质：二类
经营年限：15年
员工数量：5人
主营业务：汽车配件销售、汽车修理、保险现场出单、定损理赔

北京杰宇云杰汽车技术有限公司

公司地址：北京市朝阳区四元桥汽配城中区20号北
联系人： 张云杰
电　话： 010-51907908
手机号码：13031199875
经营年限：4年
员工数量：3人
主营业务：汽车保养、维护

四元大众

公司地址：北京市朝阳区四元桥汽配城中区甲33A号
联系人： 李立平
电　话： 010-64395529/64395530
手机号码：13601151202
经营年限：9年
员工数量：3人
主营业务：大众系列配件及维修保养

北京丰旺通汽车配件销售公司

公司地址：北京市朝阳区四元桥汽配城东区66号
联系人： 方博东
手机号码：15010674767
经营年限：6年
员工数量：5人
主营业务：别克、福特、大众、奥迪配件及快修

北京腾达汽修服务中心

公司地址：北京市朝阳区四元桥汽配城西区13A号
联系人： 张超仁
手机号码：13718007361
经营年限：4年
主营业务：大众汽修

北京满丰顺达汽配中心

公司地址：北京市朝阳区四元桥汽配城中区25号南
联系人： 韩晓满
手机号码：13601393997
员工数量：4人
主营业务：改装、修理、越野车

北京燕顺通达汽配有限公司

公司地址：北京市朝阳区四元桥汽配城东区70号
联系人： 燕振邦
电　话： 010-64393815
手机号码：13391578886
传　真： 010-64393981
经营年限：10年
员工数量：7人
主营业务：南京依维柯、江铃全顺、金龙等客车全车配件及维修

北京德黑马商贸中心

公司地址：北京市朝阳区四元桥汽配城东区 54 号
联系人：苏星宇
电　话：010-64395297/64393397
手机号码：13811193566
传　真：010-64393397
经营年限：14 年
员工数量：18 人
主营业务：大众、奥迪、一汽、上汽配件，快修快保、钣金喷漆、保险代理、定损理赔

北京诚金鼎盛汽配销售服务中心

公司地址：北京市朝阳区四元桥汽配城东区 41 号
联系人：陈婉
电　话：010-51907155
手机号码：15811105422
员工数量：6 人
主营业务：奥迪全车系原厂功放、CD 主机、J794、3G 主机的销售与维修，中高档车系音响、CD 导航销售与维修，柴油电喷、电脑维修、汽车仪表维修校正

北京中柯惠贤科技有限公司

公司地址：北京市朝阳区四元桥汽配城东区 50A 号
联系人：柯贤
电　话：010-52465539/64393757
手机号码：13051068182
传　真：010-64393757
维修资质：三类
经营年限：12 年
员工数量：4 人
主营业务：本田、丰田、尼桑配件及维修服务，代办保险、验车等项目

美福通宝

公司地址：北京市朝阳区四元桥汽配城东区 49A 号
联系人：张传东
电　话：010-51907131
手机号码：13910515907
传　真：010-51907997
维修资质：三类
员工数量：4 人
主营业务：长安福特、上海通用及美国本土车型，维修服务、代办保险、验车等项目

北京博技通达汽车空调经营部

公司地址：北京市朝阳区四元桥汽配城东区 6 号
联系人：赖初权
电　话：010-64393123
手机号码：13801219028
传　真：010-64393433
主营业务：各种汽车空调配件及维修

北京四元尤克汽车配件经营部

公司地址：北京市朝阳区四元桥汽配城 2 厅 51A 号
联系人：李克利
电　话：010-64446444
手机号码：13601012682
主营业务：开修锁、配钥匙

北京益民汽车服务中心

公司地址：北京市朝阳区四元桥汽配城东区 49B 号
联系人：吴明
电　话：010-52899331
手机号码：13671205371
经营年限：5 年
员工数量：3 人
主营业务：奥迪系列车型维修、大众车型维修、丰田车型维修（包括进口奥迪和大众、丰田），兼营奔驰、宝马、代定急件

北京华新凯业物资再生有限公司

公司地址：北京市朝阳区四元桥汽配城东区 44 号
联系人：袁磊
电　话：4000046858
手机号码：18810115977
传　真：4008892163 转 538098
员工数量：3 人
主营业务：本公司为北京市政府指定汽车报废解体企业，常年备有大量进口和国产各车系车型拆解件，各种齐全、价格优惠，欢迎广大汽修厂、汽配经销商等前来洽谈订购

北京市华通配件中心

公司地址：北京市朝阳区四元桥汽配城东区 76 号
联系人：李保通
电　话：010-64393214
手机号码：13910202856
传　真：010-64393214
经营年限：10 年
员工数量：4 人
主营业务：奇瑞、大众全车配件及维护保养

北京诚志华仕商贸中心

公司地址：北京市朝阳区四元桥汽配城西区 95 号
联系人：乔景艳
电　话：010-64393458/51907030
手机号码：13801217110/13683037554
传　真：010-51907108
经营年限：10 年
员工数量：3 人
主营业务：华仕大视野蓝镜、白镜，瑞风全车配件销售及维修

利诚汽配

公司地址：北京市朝阳区四元桥汽配城西区 93 号
联系人：邱敏
电　话：010-51907368
手机号码：13681001282
传　真：010-51907368
经营年限：5 年
员工数量：4 人
主营业务：马自达全系配件、比亚迪全系配件、福特配件销售及维修

北京家丰汽车电脑维修中心

公司地址：北京市朝阳区四元桥汽配城 2 厅 33 号
联系人：高志海
电　话：010-59974398
手机号码：13520357038
员工数量：3 人
主营业务：汽车电脑维修、气囊电脑原厂数据恢复、ABS 泵维修、欧Ⅲ柴油共轨电脑维修、电子仪表维修调校

北京环平大川商贸有限公司

公司地址：北京市朝阳区四元桥汽配城中区 1 号
联系人：阮军
电　话：010-51907012
手机号码：13901359926
传　真：010-51907012
经营年限：20 年
主营业务：汽车配件批发零售、汽车保养服务、技术服务

北京市盛唐兴业汽配维修中心

公司地址：北京市朝阳区四元桥汽配城东区 33 号
联系人：刘军
电　话：010-51907162
手机号码：13070128526
主营业务：夏利、吉利、中华，钣金喷漆

超专业钣金喷漆

公司地址：北京市朝阳区四元桥汽配城西区 10A 号
联系人：王兵
手机号码：13031008812
主营业务：钣金喷漆

福通达汽配

公司地址：北京市朝阳区四元桥汽配城东区 51 号
联系人：李大庄
电　话：010-51907210
手机号码：13511065093
传　真：010-51907210
员工数量：5 人
主营业务：马自达、奔腾、荣威、雪佛兰、福特汽车配件及快修

北京华旭泓祥汽车服务有限公司

公司地址：北京市朝阳区四元桥汽配城西区 8A 号
联系人：兰景艳
手机号码：13601378728
经营年限：3 年
主营业务：经营别克、大众车系的维修及养护

专业钣金喷漆

公司地址：北京市朝阳区四元桥汽配城西区 11 号
联系人：李庆锋
手机号码：13911751656
经营年限：10 年
主营业务：钣金喷漆

北京双润达配件

公司地址：北京市朝阳区四元桥汽配城东区 37 号
联系人：慕电龙
电　话：010-51907992
手机号码：13522827371
主营业务：一汽大众、上海大众、本田、尼桑、奥迪、马自达、福特、荣威、奇瑞，代办验车、收购二手车

专业汽车配件维修

公司地址：北京市朝阳区四元桥汽配城西区 89F 号
联系人：王顺
手机号码：13021222368
主营业务：汽车配件、汽车维修、大众、别克、丰田、本田

北京四元桥爱车行汽车服务

公司地址：北京市朝阳区四元桥汽配城西区75A号
联系人：卜进军
电　话：010-64395327
手机号码：13401069663
传　真：010-51907440
经营年限：15年
员工数量：5人
主营业务：汽车改装、汽车养护、汽车快修、汽车配件

专业别克维修

公司地址：北京市朝阳区四元桥汽配城西区14号
联系人：张帅
手机号码：18610265715
经营年限：2年
员工数量：3人
主营业务：别克维修

专业汽车维修

公司地址：北京市朝阳区四元桥汽配城西区86号
联系人：苗果
电　话：010-64393313
手机号码：13911916704
经营年限：10年
员工数量：4人
主营业务：别克、奥迪、大众汽配维修

北京嘉盛顺达汽车配件销售中心

公司地址：北京市朝阳区四元桥汽配城西区89B号
联系人：冯亮
手机号码：13911776359
经营年限：14年
员工数量：4人
主营业务：零售汽车配件，主修：奥迪、标致、大众系列，专修雪铁龙

专业钣金喷漆

公司地址：北京市朝阳区四元桥汽配城西区13号
联系人：潘守国
手机号码：13661396049
经营年限：10年
员工数量：4人
主营业务：钣金喷漆

北京富标传奇汽车配件销售中心

公司地址：北京市朝阳区四元桥汽配城西区108号
联系人：吴林
电　话：010-51907076
手机号码：13371752316
经营年限：5年
主营业务：汽车配件

奔宝星辉

公司地址：北京市朝阳区四元桥汽配城西区71号
联系人：刘洋
电　话：010-64393577
手机号码：13911382570
经营年限：3年
员工数量：10人
主营业务：奔驰、宝马配件及维修

北京车之捷汽车服务

公司地址：北京市朝阳区四元桥汽配城西区12号
联系人：夏军
手机号码：13071135888
传　真：010-64393948
经营年限：12年
主营业务：车险出单、理赔、维修各种高档汽车底盘、引擎、变速箱、喷漆

北京佳宝盈泰商贸中心

公司地址：北京市朝阳区四元桥汽配城西区88号
联系人：李继钊
电　话：010-51907995/64395800
手机号码：13661134205
传　真：010-64395800
经营年限：13年
员工数量：5人
主营业务：奔驰、宝马、奥迪、别克，原厂配件、专修专营

北京骅冠天驰汽车服务有限公司

公司地址：北京市朝阳区四元桥汽配城西区89A号
联系人：段艳彭
电　话：010-52899067
手机号码：13811802296
传　真：010-51907596
经营年限：3年
主营业务：奔驰、宝马配件、维修、保养

北京四元奥峰林汽配中心

公司地址：北京市朝阳区四元桥汽配城西区16号
联系人：张志雨
电　话：010-64393227
手机号码：13801286731
传　真：010-64393227
维修资质：二类
经营年限：10年
员工数量：8人
主营业务：本田汽车配件、维修

北京水都彼科贸有限公司

公司地址：北京市朝阳区四元桥汽配城西区38号
联系人：方荣生
电　话：010-64393361
手机号码：13051375886
传　真：010-64393575
经营年限：20年
主营业务：三元催化、忘关窗控制器、节油器、环保添加剂、倒车雷达，奥迪、别克、尼桑配件，爆胎安全装置、缓冲器

北京盛达同致科贸有限公司

公司地址：北京市朝阳区四元桥汽配城中区27-28号
联系人：舒立
电　话：010-64393149/64393158
手机号码：13801018834
维修资质：二类
经营年限：12年
员工数量：5人
主营业务：汽车配件、汽车保险、汽车维修、汽车养护

北京万通奔宝汽车服务中心

公司地址：北京市朝阳区四元桥汽配城西区89号
联系人：邵占红
手机号码：13718665515
经营年限：2年
主营业务：奔驰、宝马配件维修

专业钣金喷漆

公司地址：北京市朝阳区四元桥汽配城西区11A号
联系人：冯智勇
手机号码：13031097993
经营年限：12年
员工数量：7人
主营业务：汽车钣金喷漆

北京祥和宏兴源汽车配件中心

公司地址：北京市朝阳区四元桥汽配城西区19号
联系人：远和祥
电　话：010-64393495
手机号码：13381109913
经营年限：10年
主营业务：克莱斯勒、JEEP系列、奥迪、马6等配件及维修

北京福龙通达汽车配件销售中心

公司地址：北京市朝阳区四元桥汽配城西区69A号
联系人：李其峰
电　话：010-64393301/51907654
手机号码：13910274459
传　真：010-64393301
经营年限：4年
员工数量：4人
主营业务：福特配件保养

北京市皓海安诚汽车配件经营部

公司地址：北京市朝阳区四元桥汽配城西区91号
联系人：汤祥丰
电　话：010-64395825
手机号码：13701382500
经营年限：10年
主营业务：吉普、老大切、新大切指挥官、指南者、300C、酷博、吉普2500、213

北京市新万安汽车配件有限公司

公司地址：北京市朝阳区四元桥汽配城新区82-87号
联系人：谢根能/周飞
电　话：010-64395146
手机号码：15301386095/13611268879
传　真：010-64393027
经营年限：11年
员工数量：7人
主营业务：配件、机修

北京德众祥汽车配件

公司地址：北京市朝阳区四元桥汽配城新区27号
联系人：刘忠祥
电　话：010-51907887
手机号码：13901224488
传　真：010-51907887
经营年限：8年
主营业务：尾气治理、疑难验车、新车上牌，在用车转出、转入、办理报废手续

北京同君营汽车配件中心

公司地址：北京市朝阳区四元桥汽配城西区 44 号
联系人： 裴文君
电 话： 010-64393353
手机号码：13051279849
经营年限：14 年
主营业务：JEEP 系列：大切、2500、300C 指南者、指挥官、牧马人，丰田、尼桑、别克、马自达，配件、维修、改装，机油、电瓶、清洗剂

专业钣金喷漆

公司地址：北京市朝阳区四元桥汽配城西区 10 号
联系人： 岳海军
手机号码：13261328805
经营年限：5 年
员工数量：4 人
主营业务：汽车钣金喷漆

北京嘉丰行汽车配件销售中心

公司地址：北京市朝阳区四元桥汽配城西区 17 号
联系人： 任立新
电 话： 010-64393033
手机号码：13301088486
经营年限：12 年
主营业务：专营本田改装刹车盘、各车系发动机、自变箱、手动箱、维修及配件

别克 / 奥迪专修

公司地址：北京市朝阳区四元桥汽配城西区 90 号
联系人： 朱明
手机号码：13810510526
经营年限：3 年
主营业务：别克、奥迪、专修专营

专业钣金喷漆

公司地址：北京市朝阳区四元桥汽配城西区 18B 号
联系人： 李楠
电 话： 010-51907020
手机号码：13811543692
主营业务：钣金喷漆

北京宏达朋成汽车配件中心

公司地址：北京市朝阳区四元桥汽配城新区 68 号
联系人： 杜经理
电 话： 010-51907109
手机号码：13161586351/13671208143
经营年限：5 年
员工数量：5 人
主营业务：主营：奥迪、大众、奔驰、宝马等所有轿车的维修及保养，四环内免费救援，大修车在一周内完成质保 6 万公里，中修在 2 天内完工，同时与客户签订质保协议，服务一流、价格合理

北京奔宝之家汽车服务有限公司

公司地址：北京市朝阳区四元桥汽配城西区 89 号
联系人： 杨国磊
电 话： 010-64393661
手机号码：13910067769
经营年限：2 年
主营业务：奔驰、宝马配件，维修、保养

北京车友汇汽车服务中心

公司地址：北京市朝阳区四元桥汽配城西区 100 号
联系人： 于延彪
电 话： 010-51907042
手机号码：13683112386
传 真： 010-51907042
主营业务：主营大众、奥迪、本田、丰田汽车配件及保养维修业务

大熊改装

公司地址：北京市朝阳区四元桥汽配城西区 41 号
联系人： 任学法
电 话： 010-64393646
手机号码：18611117779
传 真： 010-51907969
经营年限：11 年
主营业务：改装配件、维修保养

北京康利达汽配销售中心

公司地址：北京市朝阳区四元桥汽配城新区 20 号
联系人： 康建国
电 话： 010-64393021
手机号码：13601374875
传 真： 010-64393021
主营业务：汽车配件销售及维修

国中利源商贸有限公司

公司地址：北京市朝阳区四元桥汽配城新区 80-81 号
联系人： 邓康宇
手机号码：13911002185
经营年限：8 年
主营业务：经营：本田、丰田配件；修理：本田、丰田、别克、奥迪、大众等车系

北京京鲁天宇汽车配件有限公司

公司地址：北京市朝阳区四元桥汽配城新区 65 号
联系人： 时丕强
电 话： 010-81606213
手机号码：13901203351
经营年限：2 年
员工数量：6 人
主营业务：奔驰、宝马、奥迪、大众，维修、保险、钣金、喷漆

北京凯吉隆汽配中心

公司地址：北京市朝阳区四元桥汽配城新区 73 号
联系人： 唐晓寅
电 话： 010-64395756
手机号码：13391851685
主营业务：汽车维修、保养、配件，金杯专修

北京润成杰迪汽车服务中心

公司地址：北京市朝阳区四元桥汽配城西区 107 号
联系人： 李小兵
手机号码：13910684728/13366303255
主营业务：修理、保养

北京北方四海汽配有限责任公司

公司地址：北京市朝阳区四元桥汽配城西区 49A 号
联系人： 孙亮
电 话： 010-64393321
手机号码：18618484710
传 真： 010-64393002
经营年限：21 年
员工数量：20 人
主营业务：汽配、快修、改装配件、升级配件

北京凯凯汽车配件维修中心

公司地址：北京市朝阳区四元桥汽配城新区 75-77 号
联系人： 何立
电 话： 010-51907055
手机号码：13911288834
经营年限：8 年
员工数量：4 人
主营业务：东风雪铁龙、标致、上海华普、北京现代

北京华飞龙商贸有限责任公司

公司地址：北京市朝阳区四元桥汽配城新区 59 号
联系人： 杨小姐
电 话： 010-64393109/64393110
手机号码：13901282293
传 真： 010-64393109
经营年限：18 年
员工数量：10 人
主营业务：德国原厂奔驰、宝马配件、维修，奔驰、宝马汽车服务，原厂配件提供订货服务，专业维修

北京达顺汽车修理站

公司地址：北京市朝阳区四元桥汽配城新区 40 号
联系人： 刘志中
电 话： 010-64393626
手机号码：13901064301
经营年限：21 年
主营业务：各种车型大中小修、钣金喷漆

龙翔奔宝

公司地址：北京市朝阳区四元桥汽配城新区 21 号
联系人： 曹刘榜
电 话： 010-51907895
手机号码：13811567847
主营业务：配件、维修

北京万隆通顺汽车配件经销中心

公司地址：北京市朝阳区四元桥汽配城新区 25-26 号
联系人： 吴振兴
电 话： 010-64393655/51907091
手机号码：15810168770
经营年限：10 年
员工数量：12 人
主营业务：零售汽车配件及汽车维修养护

北京众鑫恒业汽配中心

公司地址：北京市朝阳区四元桥汽配城新区 45 号
联系人： 王振涛
电　话： 010-51907954
手机号码：13031090127
传　真： 010-51907954
经营年限：10 年
员工数量：4 人
主营业务：精修奥迪、本田、别克、大众、现代、红旗等发动机、变速箱、线路、底盘，免费检测、保养、空调疑难、加氟、清洗等

鹏宇合星维修中心

公司地址：北京市朝阳区四元桥汽配城新区 17-18 号
联系人： 刘伟
电　话： 010-51907876
手机号码：13691056969
主营业务：汽车修理

北京双龙汽车维修服务中心

公司地址：北京市朝阳区四元桥汽配城新区 35-36 号
联系人： 林海龙
电　话： 010-51450662
手机号码：13671085450
经营年限：10 年
员工数量：5 人
主营业务：经营维修奔驰、宝马、丰田、本田、奥迪、大众（上海大众、一汽大众）等各车型电路、电脑电装以及大中小修理

瑞通奔宝维修中心

公司地址：北京市朝阳区四元桥汽配城新区 37-38 号
联系人： 杨勇
电　话： 010-51907327
手机号码：13911121755
传　真： 010-51907327
经营年限：13 年
主营业务：维修、汽配

北京德睿通宝汽车配件中心

公司地址：北京市朝阳区四元桥汽配城新区 30-31 号
联系人： 李云峰
电　话： 010-64395295
手机号码：13901054938
传　真： 010-64395376
维修资质：三类
经营年限：7 年
员工数量：10 人
主营业务：经营德系车型维修、配件业务

北京宝利飞腾汽配中心

公司地址：北京市朝阳区四元桥汽配城新区 46 号
联系人： 王保利
电　话： 010-64393923
手机号码：13269707890
经营年限：20 年
主营业务：美国奇魔发动机保护剂系列产品；汽车维修、保养；钣金喷漆、轮毂翻新；各种车型常用配件

京和大众汽车行

公司地址：北京市朝阳区四元桥汽配城新区 66 号
联系人： 魏爱杰
手机号码：18611063191
主营业务：汽车配件、汽车维修，一汽大众、上海大众、奥迪、别克、本田、现代

大众切诺基维修中心

公司地址：北京市朝阳区四元桥汽配城新区 78 号
联系人： 苗章华
手机号码：13910129073/13031096653
传　真： 010-51907107
经营年限：8 年
主营业务：配件、快修大众、切诺基

北京建鼎盛新光工贸有限公司

公司地址：北京市朝阳区四元桥汽配城新区 28 号
联系人： 李红
电　话： 010-51907715
手机号码：13691374606
经营年限：5 年
主营业务：汽车配件、配件维修

华安汽车维修服务站

公司地址：北京市朝阳区四元桥汽配城西区 8 号
联系人： 李密
电　话： 010-64393263
手机号码：13683529566
经营年限：5 年
员工数量：5 人
主营业务：各种轿车维修、保养

北京奥瑞汽配

公司地址：北京市朝阳区四元桥汽配城新区 63-64 号
联系人： 张帝
电　话： 010-51907141
手机号码：13311079660
主营业务：奥迪、大众系列配件及维修

北京恒峰业自动变速箱服务中心

公司地址：北京市朝阳区四元桥汽配城新区 41 号
联系人： 战善良
电　话： 010-64395844
手机号码：13910670068
传　真： 010-64395843
经营年限：12 年
主营业务：各国自动变速器维修、销售

北京双永汽配

公司地址：北京市朝阳区四元桥汽配城新区 55 号
联系人： 袁保成
手机号码：15810982978/13911027262
经营年限：10 年
员工数量：4 人
主营业务：维修

四元奔驰

公司地址：北京市朝阳区四元桥汽配城新区 58 号
联系人： 王永荣
电　话： 010-64390460
手机号码：13521137992
经营年限：10 年
主营业务：汽车配件销售、汽车维修

奥迪大众维修中心

公司地址：北京市朝阳区四元桥汽配城新区 48 号
联系人： 李俊
电　话： 010-51907956
手机号码：13031088505
经营年限：10 年
员工数量：10 人
主营业务：大众系列维修

北京方泰驰商贸有限公司

公司地址：北京市朝阳区四元桥汽配城新区 49-52 号
联系人： 王俊
电　话： 010-64393777/51907928
手机号码：15911081410
传　真： 010-64395536
经营年限：12 年
主营业务：汽车维修

北京朝顺达汽修服务部

公司地址：北京市朝阳区四元桥汽配城新区 29 号
联系人： 许朝金
电　话： 010-64395733
手机号码：13671308667
传　真： 010-64395733
经营年限：11 年
员工数量：3 人
主营业务：小修、保养、换电瓶

北京京阳汽车修理有限公司

公司地址：北京市朝阳区四元桥汽配城新区 71-72 号
联系人： 刘襄江
电　话： 010-51907026
手机号码：13911381405
主营业务：维修大众

大众、奥迪系列

北京远大腾达汽配经营部

公司地址：北京市朝阳区盛华汽配城 1 区 10 号
联系人：谢光庆
电　话：010-67293185
手机号码：15810173121
传　真：010-67293185
经营年限：3 年
员工数量：4 人
主营业务：一汽大众捷达全系列全车配件，兼营上海大众各系配件

北京德奥兴业商贸有限公司

公司地址：北京市朝阳区盛华汽配城 2 区 27 号
联系人：侯杰
电　话：010-67295135/67295112
手机号码：13552014151
传　真：010-67295112
经营年限：5 年
员工数量：9 人
主营业务：奥迪全系：A6L\A8L\A4\A3\Q7\Q5\Q3、辉腾、途锐、保时捷、卡宴

北京瀚博盛华汽配经营部

公司地址：北京市朝阳区盛华汽配城 2 区 30 号
联系人：刘敏
电　话：010-67208010
手机号码：13844897353
传　真：010-67208711
主营业务：奥迪系列全车件

北京奥联兴业商贸有限公司

公司地址：北京市朝阳区盛华汽配城 1 区 27 号
联系人：李殿春
电　话：010-67208235
手机号码：13261633680
传　真：010-67208236
经营年限：12 年
主营业务：奥迪全车系

北京阳光德众有限股份公司

公司地址：北京市朝阳区盛华汽配城 1 区 1 号
联系人：刘伟强
手机号码：18710152404
传　真：010-67208070
经营年限：4 年
员工数量：10 人
主营业务：一汽大众全车配件、北京现代全车配件

北京艺荣棠汽配经营部

公司地址：北京市朝阳区盛华汽配城 1 区 33 号
联系人：吴军河
电　话：010-87330607
手机号码：13522202181
传　真：010-87330377
经营年限：5 年
员工数量：5 人
主营业务：帕萨特、领驭、奥迪 A6、A6L、迈腾、速腾，大众全系配件

北京智和联拓科技有限公司

公司地址：北京市朝阳区盛华汽配城 1 区 34-35 号
联系人：李东
电　话：010-67208681
手机号码：13501214191
传　真：010-67208685
员工数量：4 人
主营业务：奥迪 A8\Q7\A6L\A6\A5\A3\A1\TT 等全车系原装进口零部件

北京光奥佳业商贸有限公司

公司地址：北京市朝阳区盛华汽配城 2 区 1-2 号
联系人：李春光
电　话：010-67208414
手机号码：13511032281
传　真：010-67208766
员工数量：4 人
主营业务：奥迪 Q7\A6L\A6 专营

北京五方金隆通商贸有限公司

公司地址：北京市朝阳区盛华汽配城 2 区 33-34 号
联系人：许金论
电　话：010-67208207/67208208
手机号码：13910707566/13661113931
传　真：010-67293167
经营年限：6 年
员工数量：9 人
主营业务：主营新帕萨特，兼营上海大众：帕萨特 B5、领驭、新领驭、桑塔纳 3000，一汽大众：捷达王、宝来、速腾、奥迪系列

北京中德大业商贸有限公司

公司地址：北京市朝阳区盛华汽配城 2 区 10 号
联系人：张胜
电　话：010-67208545
手机号码：13261133590
传　真：010-67208212
经营年限：8 年
员工数量：3 人
主营业务：一汽大众、宝来、高尔夫

北京德信众腾汽配经营部

公司地址：北京市朝阳区盛华汽配城 2 区 11-12 号
联系人：卢建锋
电　话：010-67208706/67208709
手机号码：13241625986
传　真：010-67208690
经营年限：6 年
员工数量：7 人
主营业务：一汽大众、速腾、迈腾、新速腾、新迈腾、开迪、宝来、高尔夫、高尔夫 6 全车配件

北京华鑫众腾汽配经营部

公司地址：北京市朝阳区盛华汽配城 2 区 14 号
联系人：左长新
电　话：010-67297089/67297092
手机号码：13161870000
传　真：010-67297089
经营年限：3 年
员工数量：3 人
主营业务：奥迪：A6L（C7）全车配件，大众：捷达、帕萨特全车配件

北京京盛源通汽配经营部

公司地址：北京市朝阳区盛华汽配城 2 区 37-38 号
联系人：谭治坤
电　话：010-67208243
手机号码：18610211011
传　真：010-67208644
员工数量：5 人
主营业务：宝来、高尔夫、速腾、迈腾、奥迪 A8、Q7 全车配件

北京市奥吉中特商贸有限公司

公司地址：北京市朝阳区盛华汽配城 1 区 19 号
联系人：赵明远
电　话：010-87339492/67208614
手机号码：13693206088
传　真：010-67208614
经营年限：5 年
员工数量：4 人
主营业务：上海大众、一汽大众全车配件，奥迪 A6\A6L、帕萨特、新帕萨特、桑塔纳、时代超人、3000 致俊、速腾、迈腾、捷达王

北京博锐辉腾

公司地址：北京市朝阳区盛华汽配城 7 区 15 号
联系人：余经理
电　话：010-67208072
手机号码：13520395812
传　真：010-67208074
经营年限：10 年
员工数量：10 人
主营业务：德国进口大众、奥迪，途锐、辉腾、甲壳虫、夏朗、尚酷等

北京五方天地人商贸有限公司

公司地址：北京市朝阳区盛华汽配城 4 区 28-29 号
联系人：李朝炳
电　话：010-67208206/67208205
手机号码：13910101775
传　真：010-67208205
主营业务：奥迪 C5\C6\Q5\Q7\A8\B5、途锐、帕萨特、领驭

北京泰昌欣伟业汽配商行

公司地址：北京市朝阳区盛华汽配城 2 区 35 号
联系人：彭家红
电　话：010-67297388
手机号码：15011171180
传　真：010-87339553
经营年限：13 年
员工数量：5 人
主营业务：上海大众斯柯达系全车件，昊锐、明锐、晶锐、昕锐，批发零售

北京晨阳恒泰汽配商行

公司地址：北京市朝阳区盛华汽配城二期 15 区 22 号
联系人：康兵
电　话：010-67295470/52420168
手机号码：13810275661/18612097652
传　真：010-67295473
经营年限：3 年
员工数量：5 人
主营业务：德国大众、一汽大众系列：宝来、速腾、高尔夫、迈腾系列全车配件，兼营奥迪 A4\A6\A8\Q3\Q5 系列

北京五方晨曦

公司地址：北京市朝阳区盛华汽配城 3 区 32-33 号
联系人：杨淼
电　话：010-67208238
手机号码：13401069665
传　真：010-87151020
经营年限：5 年
员工数量：5 人
主营业务：上海大众、斯柯达、波罗、GOL、新桑

北京共鑫正源科贸有限公司

公司地址：北京市朝阳区盛华汽配城 7 区 9-10、25-26 号
电　话：010-67208471/67208472
传　真：010-67208473
员工数量：6 人
主营业务：大众集团新加坡授权售后零件经销商，提供大众奥迪系列原装进口纯正配件（A8\Q7\R8\A6\A6L\S6\A5\A7\S5\Q5\Q3\A4\A4L\S4\A3\A1\TT 全车件等）

北京宏伟途观汽车配件销售中心

公司地址：北京市朝阳区盛华汽配城 2 区 36 号
联系人：王功伟
电　话：010-87330303
手机号码：18611750303
传　真：010-87339158
经营年限：3 年
员工数量：3 人
主营业务：大众途观、途观全车配件

北京博宇嘉业

公司地址：北京市朝阳区盛华汽配城 3 区 10 号
联系人：马刚
电　话：010-67208412
手机号码：15011084459
传　真：010-67293115
经营年限：4 年
员工数量：5 人
主营业务：大众、速腾、迈腾、CC

北京馨悦宏兴汽配中心

公司地址：北京市朝阳区盛华汽配城二期 15 区 31 号
联系人：张宏兰
电　话：010-67295269/67295352
手机号码：15810533046/13161177186
传　真：010-67295352
经营年限：5 年
主营业务：捷达王、04 款 \05 款 \10 款 \13 款、帕萨特、领驭 STN3000\STN4000、时代超人、桑塔纳 2000、桑塔纳，一汽大众、上海大众

北京市吉兴达旺汽车配件经营部

公司地址：北京市朝阳区盛华汽配城 3 区 17 号
联系人：王桂英
电　话：010-67208599/67208721
手机号码：18701583697
传　真：010-67208596
经营年限：15 年
员工数量：5 人
主营业务：一汽大众、捷达、宝来、速腾、迈腾

北京东方广源商贸有限公司

公司地址：北京市朝阳区盛华汽配城 3 区 22 号
联系人：张琦
电　话：010-67208327
手机号码：13501371277
传　真：010-67208328
员工数量：7 人
主营业务：一汽大众

北京北方凯金汽配经营部

公司地址：北京市朝阳区盛华汽配城 3 区 27-28 号
联系人：高国昌
电　话：010-67208458
手机号码：13911029570
传　真：010-67208416
员工数量：5 人
主营业务：奥迪 A6\Q7 全车配件

北京德益融通汽配经营部

公司地址：北京市朝阳区盛华汽配城 1 区 17-18 号
联系人：张满
电　话：010-87151098
手机号码：13804376911
传　真：010-87151099
员工数量：4 人
主营业务：大众德系配件

北京云勇佳业汽配经营部

公司地址：北京市朝阳区盛华汽配城 3 区 6 号
联系人：麻勇
电　话：010-67208190/81950882
手机号码：13911200689
传　真：010-64395065
经营年限：9 年
主营业务：奥迪系列

北京利源利贸汽配销售中心

公司地址：北京市朝阳区盛华汽配城 1 区 6 号
联系人：张素苓
电　话：010-67208084/67208085
手机号码：13366153077/13401075772
传　真：010-67208085
经营年限：6 年
主营业务：高尔夫 6、GTI 全车配件

北京宏腾盛世汽配

公司地址：北京市朝阳区盛华汽配城 2 区 28 号
联系人： 马长兴
电　话： 010-67208004
手机号码：13120303403
经营年限：3 年
员工数量：2 人
主营业务：上海大众、波罗、劲情、劲取、B4、新老高尔夫、新桑塔纳、朗逸

北京龙钰丰行汽车配件经营中心

公司地址：北京市朝阳区盛华汽配城 5 区 13 号
联系人： 聂四凤
电　话： 010-67208756/67208767
手机号码：13810882812
传　真： 010-67208756
经营年限：13 年
主营业务：新奥迪 A4L(B9)\C5\C6\A6L 全车配件

北京众泰同达汽配

公司地址：北京市朝阳区盛华汽配城 5 区 21 号
联系人： 刘东海
电　话： 010-67208708
手机号码：18611927502
传　真： 010-67208710
经营年限：10 年
员工数量：10 人
主营业务：捷达全车件、新迈腾 B7L、GOLF6、新速腾、新宝来

北京奥晟佳业汽配经营部

公司地址：北京市朝阳区盛华汽配城 5 区 27 号
联系人： 付迎伟
电　话： 010-87330201
手机号码：15001296777
传　真： 010-87330201
员工数量：3 人
主营业务：奥迪 A6\A6L\A4\A4L\A8\Q7\Q5 等车型

北京德邦宏业汽配经营部

公司地址：北京市朝阳区盛华汽配城 4 区 4 号
电　话： 010-67297216/87523754
手机号码：15201662654
传　真： 010-67297226
主营业务：奥迪 A4L\A6L\Q5 全车配件

北京市万利宏达汽车配件中心

公司地址：北京市朝阳区盛华汽配城 5 区 32 号
联系人： 张利杰
电　话： 010-67297618
手机号码：13466567455
传　真： 010-67297628
主营业务：上海大众、一汽大众、捷达王、B5\C5、宝来、桑塔纳 3000、4000

北京华瀚鼎腾汽配有限公司

公司地址：北京市朝阳区盛华汽配城 6 区 15 号
联系人： 曲小龙
电　话： 010-67293315/67293252
手机号码：13120218888
传　真： 010-67208180
经营年限：5 年
员工数量：10 人
主营业务：奥迪 A8L\A8\Q7\A7\C7\A6L\A6\A5\A3\Q3\A1\TT\R8，德国大众：辉腾、途锐、尚酷，全车纯正零部件

北京爱意世纪技术开发有限公司

公司地址：北京市朝阳区盛华汽配城 7 区 5 号
联系人： 马龙涛
电　话： 010-67208376
手机号码：13466555849
传　真： 010-67208378
经营年限：7 年
员工数量：7 人
主营业务：上海大众、一汽大众、一汽奥迪，B5、领驭、朗逸、新帕萨特

北京祥瑞丰业汽配经营部

公司地址：北京市朝阳区盛华汽配城 6 区 26 号
联系人： 林海丰
电　话： 010-67208159
手机号码：13811401600
传　真： 010-67293007
经营年限：3 年
员工数量：3 人
主营业务：上海大众、一汽大众全车配件，升降器大全

北京勤创新科贸有限公司

公司地址：北京市朝阳区盛华汽配城 6 区 9-10 号
联系人： 尹忠福
电　话： 010-67208121
手机号码：13601179096
传　真： 010-67208123
经营年限：13 年
主营业务：进口汽车配件、批发零售，主营：一汽大众、上汽大众、西峡水泵系列

宝丰宏业（北京）商贸有限公司

公司地址：北京市朝阳区盛华汽配城 12 区 10 号
联系人： 韩百胜
电　话： 010-67295168
手机号码：13801295123
经营年限：3 年
员工数量：5 人
主营业务：大众汽配、大众汽车精品件、改装件、汽车用品

北京华瀚德诺商贸有限公司

公司地址：北京市朝阳区盛华汽配城 6 区 17 号
联系人： 任同刚
电　话： 010-67297131/67297132
手机号码：13241833952
传　真： 010-67297133
经营年限：3 年
员工数量：8 人
主营业务：奥迪、途锐、辉腾系列全车件

北京永泰昌达

公司地址：北京市朝阳区盛华汽配城二期 15 区 29 号
联系人： 陈凌云
电　话： 010-67295378
手机号码：13911445000
传　真： 010-67295377
经营年限：8 年
员工数量：6 人
主营业务：进口大众、高尔夫（CROSS、R20、旅行版、A6、GT1、4 代）

北京凯华腾辉商贸有限公司

公司地址：北京市朝阳区盛华汽配城 14 区 5 号
联系人： 靳凯
电　话： 010-67295152/67295153
手机号码：13910711069
传　真： 010-67293197
经营年限：5 年
员工数量：6 人
主营业务：德国大众，主营途锐、辉腾全车件，兼营途锐、辉腾拆车件

北京市京诚恒业汽配销售中心

公司地址：北京市朝阳区盛华汽配城二期 15 区 7 号
联系人： 许双飞
电　话： 010-67295469/67295479
手机号码：15811361654
传　真： 010-67295458
经营年限：5 年
主营业务：上海大众：朗逸、帕萨特、领驭、明锐、POLO，一汽大众：宝来、速腾、奥迪 A6、A6L、波罗，代理贵航品牌

北京浩海翔宇商贸有限公司

公司地址：北京市朝阳区盛华汽配城 6 区 16 号
联系人： 谭经理
电　话： 010-67293109/67293106
手机号码：15811010172/15330464555
传　真： 010-87523473
经营年限：5 年
员工数量：10 人
主营业务：一汽大众速腾、高尔夫、迈腾、CC、MS，进口大众高尔夫、尚酷、迈腾

北京市明海科技有限公司

公司地址：北京市朝阳区盛华汽配城 5 区 4-5 号
联系人： 许美卿
电　话： 010-67208898/67208733
手机号码：18600596376
传　真： 010-87330861
经营年限：8 年
员工数量：8 人
主营业务：上海大众、一汽大众

奥特鸿祥

公司地址：北京市朝阳区盛华汽配城 6 区 30 号
联系人： 薛钢
电　话： 010-67208638
手机号码：13611252302
主营业务：奥迪：C5\A6\A6L\A4\A4L\Q5，暖风水管、胶管、废气管、大灯喷水管、喷枪、底盘件、杠衬、铁水管、橡胶件、密封胶条、密封垫、机盖锁

北京京皖顺通商贸有限公司

公司地址：北京市朝阳区盛华汽配城 3 区 11 号
联系人： 马超
电　话： 010-67208847
手机号码：13910520533
传　真： 010-60624375
员工数量：6 人
主营业务：专营上海大众途观全车配件，进口大众途欢全车配件

北京众鑫恒达商贸有限公司

公司地址：北京市朝阳区盛华汽配城 12 区 26 号
联系人： 尹高飞
电　话： 010-67295006
手机号码：13520694775
经营年限：20 年
员工数量：3 人
主营业务：德国进口大众：途锐、辉腾、老甲壳虫、新夏朗全车配件

北京垚鑫基业商贸有限责任公司

公司地址：北京市朝阳区盛华汽配城 7 区 1 号
联系人： 马磊
电　话： 010-67208557/67208558
手机号码：13641279000
传　真： 010-67208426
经营年限：6 年
员工数量：10 人
主营业务：宝来全车全系、迈腾全车全系、纯正原厂配件、批发零售

北京丰华友汽配销售中心

公司地址：北京市朝阳区盛华汽配城二期 15 区 8 号
联系人： 马家磊
电　话： 010-67208813/87339328
手机号码：13911876115/13911483680
传　真： 010-67208813
经营年限：6 年
员工数量：8 人
主营业务：奥迪 A8\Q7\A6L、途锐，上海别克、美国通用

北京德锐光大商贸有限公司

公司地址：北京市朝阳区盛华汽配城 14 区 8 号
联系人： 王凯
电　话： 010-67295118/67295119
手机号码：13910068056
传　真： 010-67208623
经营年限：9 年
员工数量：10 人
主营业务：德国大众、途锐、保时捷、新途锐，品牌摆臂

北京博大奥通

公司地址：北京市朝阳区盛华汽配城 6 区 6-7 号
联系人： 马玉娟
电　话： 010-67208044/67208572
手机号码：13621278901
传　真： 010-67293328
员工数量：5 人
主营业务：奥迪 A6\A6L\A4L\Q7

北京德侨奥丰汽配经营部

公司地址：北京市朝阳区盛华汽配城二期 15 区 13 号
联系人： 刘侨
电　话： 010-67295253
手机号码：13581908129
传　真： 010-67295251
经营年限：3 年
员工数量：4 人
主营业务：奥迪 A8\Q7 全车配件

北京鑫源达艺顺商贸有限公司

公司地址：北京市朝阳区盛华汽配城 6 区 11-12 号
联系人： 谢志强
电　话： 010-67297500
手机号码：13910151016
传　真： 010-67297510
员工数量：6 人
主营业务：斯柯达、昊锐、明锐、晶锐、帕萨特

北京德腾商贸有限公司

公司地址：北京市朝阳区盛华汽配城 2 区 39-40 号
联系人： 柯仲杰
电　话： 010-67208453/67208865
手机号码：13522643527
传　真： 010-67208453
员工数量：4 人
主营业务：奥迪全车系

北京瑞丰达

公司地址：北京市朝阳区盛华汽配城 14 区 25 号
联系人： 陈永计
电　话： 010-67295012
手机号码：13120207340
传　真： 010-67295013
经营年限：4 年
员工数量：4 人
主营业务：一汽大众配件

北京奥港伟业贸易有限公司

公司地址：北京市朝阳区盛华汽配城 14 区 6 号
联系人： 李飞
电　话： 010-67295026
手机号码：18612381281
传　真： 010-67295027
员工数量：8 人
主营业务：奥迪 A6L\A8L(04) 全车原装零部件

北京鑫奥宏业商贸有限公司

公司地址：北京市朝阳区盛华汽配城 6 区 1-2 号
联系人： 林雅波
电　话： 010-67208316/67208311
传　真： 010-67208312
经营年限：5 年
员工数量：6 人
主营业务：订德国期货、奥迪全系汽车配件

北京阳云兴盛汽配经营部

公司地址：北京市朝阳区盛华汽配城 14 区 3 号
联系人： 许金德
电　话： 010-87335592/67295228
手机号码：13601101852
传　真： 010-67295228
经营年限：4 年
员工数量：5 人
主营业务：宝来、速腾、迈腾

北京市恒星华明汽车配件有限责任公司

公司地址：北京市朝阳区盛华汽配城 8 区 28 号
联系人： 李建涛
电　话： 010-87330370
手机号码：13522619126
传　真： 010-87330350
经营年限：20 年
主营业务：上海大众桑塔纳、帕萨特系列车型

北京兴慧成科贸有限公司

公司地址：北京市朝阳区盛华汽配城 5 区 31 号
联系人： 李立文
电　话： 010-67208428
手机号码：13811587928
传　真： 010-67208438
员工数量：4 人
主营业务：大众配件：捷达、宝来、速腾、迈腾、桑塔纳、超人、B5、领驭

北京明宇正通万达

公司地址：北京市朝阳区盛华汽配城 6 区 33 号
联系人： 李明岳
电　话： 010-67297197
手机号码：13522672959
经营年限：3 年
员工数量：8 人
主营业务：大众、奥迪

欧洲车系列

北京惠众鑫业汽配
公司地址：北京市朝阳区盛华汽配城 1 区 11 号
联系人：苗春雷
电　话：010-87151359/87151379
手机号码：15101574353
传　真：010-87151379
主营业务：保时捷、陆虎、悍马

北京辰奥众烨商贸有限公司
公司地址：北京市朝阳区盛华汽配城 8 区 1 号
联系人：赵洪波
电　话：010-87156119/87156120
手机号码：13511093008
传　真：010-87156119
经营年限：2 年
员工数量：7 人
主营业务：奥迪 A8、Q7、途锐、保时捷、卡宴、辉腾

北京八方鼎润商贸有限公司
公司地址：北京市朝阳区盛华汽配城 2 区 19-20 号
联系人：高阳
电　话：010-67297113
手机号码：13611273730
传　真：010-67208585
主营业务：保时捷全车系配件，兼营法拉利、宾利、兰博基尼

北京欣今日盛商贸有限公司
公司地址：北京市朝阳区盛华汽配城 2 区 21-22 号
联系人：沈怀荣
电　话：010-67208231/67208232
手机号码：15601237860
传　真：010-67208374
经营年限：5 年
员工数量：8 人
主营业务：沃尔沃全系轿车配件

北京瑞辰嘉业汽配
公司地址：北京市朝阳区盛华汽配城 2 区 23 号
联系人：石磊
电　话：010-87661192/87661193
手机号码：15611277289
主营业务：沃尔沃全车汽车配件

北京雪标汽配
公司地址：北京市朝阳区盛华汽配城 5 区 10 号
联系人：刘经理
电　话：010-67293093
手机号码：13661212223
主营业务：东风雪铁龙、东风标致、东风风神、S30\H30\A60

北京荣辉伟业汽车配件贸易有限公司
公司地址：北京市朝阳区盛华汽配城 5 区 12 号
联系人：张芳
电　话：010-67297275
手机号码：15010452797
传　真：010-67297275
主营业务：路虎、保时捷

北京中亿海迈商贸有限公司
公司地址：北京市朝阳区盛华汽配城 12 区 22 号
联系人：王经理
电　话：010-67295480
手机号码：13911860611
传　真：010-67295481
经营年限：5 年
员工数量：6 人
主营业务：萨博 SAAB 配件及进口机油，MASTER 汽车养护品

北京星辉众信汽配销售中心
公司地址：北京市朝阳区盛华汽配城 12 区 30 号
联系人：彭玉星
电　话：010-67295200
手机号码：13699262093
传　真：010-67295290
经营年限：3 年
员工数量：3 人
主营业务：德国进口大众：途锐全车系列、保时捷、凯宴、奥迪 Q7\A6\A8

北京贵和顺通汽配商贸中心
公司地址：北京市朝阳区盛华汽配城 9 区 6 号
联系人：朱智彪
电　话：010-87339308
手机号码：15801373434
传　真：010-87339357
经营年限：5 年
员工数量：6 人
主营业务：保时捷、悍马、路虎全车配件

北京晟隆通利汽配商行
公司地址：北京市朝阳区盛华汽配城 11 区 6 号
联系人：张珺
电　话：010-67295389
手机号码：15611929510
传　真：010-67295233
经营年限：2 年
主营业务：路虎、捷豹原厂汽车配件

京德奔宝
公司地址：北京市朝阳区盛华汽配城 14 区 19 号
联系人：王湘宾
电　话：010-67295107/67295268
手机号码：13693723267
传　真：010-67295107
经营年限：2 年
员工数量：5 人
主营业务：奔驰、宝马纯正原厂配件

北京风驰创达汽配经营部
公司地址：北京市朝阳区盛华汽配城二期 16 区 20 号
联系人：姜世海
电　话：010-67295090
手机号码：13910164248
经营年限：2 年
员工数量：3 人
主营业务：法国雷诺、科雷傲、风景、纬度、梅甘娜汽车配件

北京吉沃行汽配经营部
公司地址：北京市朝阳区盛华汽配城 1 区 13 号
联系人：杨士广
电　话：010-67293379
手机号码：13501255902
传　真：010-67293269
员工数量：3 人
主营业务：VOLVO 全系汽车配件

北京远华物通商贸有限责任公司
公司地址：北京市朝阳区盛华汽配城 11 区 1 号
联系人：徐文林
电　话：010-87339302
传　真：010-67295199
经营年限：10 年
主营业务：保时捷、沃尔沃、悍马等汽车配件

北京华仪恒泰科技有限公司
公司地址：北京市朝阳区盛华汽配城 8 区 2 号
联系人：王杰
手机号码：13683381943
传　真：010-87330856
经营年限：6 年
员工数量：6 人
主营业务：路虎、捷豹原厂汽车配件

北京汇通仁孚汽配经营部
公司地址：北京市朝阳区盛华汽配城 14 区 18 号
联系人：杜哲
电　话：010-67295001/67295002
手机号码：13801188929
传　真：010-67295003
经营年限：5 年
员工数量：4 人
主营业务：专营路虎全系，代定欧洲名车配件，路虎全车配件，宾利、劳斯莱斯、法拉利等各车配件

日本车系列

北京市通达汽车配件经营部
公司地址：北京市朝阳区盛华汽配城 2 区 8 号
联系人：王跃勇
电　话：010-67208230
手机号码：13146083119
传　真：010-67208872
员工数量：4 人
主营业务：途乐、吉普、Y60\Y61、东风日产、天籁、骐达、颐达、新阳光、郑州日产

北京鸿祥隆腾汽配经营部
公司地址：北京市朝阳区盛华汽配城 1 区 20 号
联系人：白晓利
电　话：010-67208104/67208105
手机号码：13381056840
传　真：010-67208104
经营年限：10 年
员工数量：8 人
主营业务：斯巴鲁全车件，翼豹、力狮、傲虎、驰鹏、森林人、XV、小公主、云雀等，斯巴鲁系列拆车件、改装件、装饰件

北京合创安业

公司地址：北京市朝阳区盛华汽配城 1 区 12 号
联系人：曹争贤
电　话：010-67208287
手机号码：13520003732
传　真：010-67208297
员工数量：3 人
主营业务：郑州日产汽车配件

北京市博瑞振晔汽配经营部

公司地址：北京市朝阳区盛华汽配城 1 区 29 号
联系人：刘瑞
电　话：010-67208482/67208483
手机号码：13522718685
传　真：010-67208483
经营年限：7 年
员工数量：3 人
主营业务：广州本田、东风本田纯正零部件，SUV 改装件、底盘件、橡胶件，代理国内著名品牌、国家五项专利、纯不锈钢（HST）全钢消声器、三元催化器

五福云汽配销售中心

公司地址：北京市朝阳区盛华汽配城 1 区 8 号
联系人：陈经理
电　话：010-67208053/87330646
手机号码：13901123463
传　真：010-67208054
主营业务：欧宝、点火线圈、空气流量计、快急件，广州本田、东风本田

北京鑫日菱通汽配销售中心

公司地址：北京市朝阳区盛华汽配城 6 区 39 号
联系人：方志力
电　话：010-67293281/57225336
手机号码：18911185267
传　真：010-67293281
经营年限：5 年
员工数量：4 人
主营业务：三菱、猎豹、广汽劲炫、北京欧蓝德、东南汽车配件

北京鑫源鼎盛商贸有限公司

公司地址：北京市朝阳区盛华汽配城 4 区 24-25 号
联系人：杜春友
电　话：010-67208505
手机号码：13911787609
传　真：010-67208507
经营年限：10 年
员工数量：12 人
主营业务：天津一汽丰田、广汽丰田、进口丰田原厂零部件

北京奥峰林本田汽车俱乐部

公司地址：北京市朝阳区盛华汽配城 1 区 38-39 号
联系人：张志华
电　话：010-67208185/67208186
手机号码：13121549966
传　真：010-67208185
员工数量：7 人
主营业务：日系、德系配件

北京豪昌达汽车配件销售有限公司

公司地址：北京市朝阳区盛华汽配城 3 区 20 号
联系人：郑明水
电　话：010-67208801/67208802
手机号码：15810631300
传　真：010-67208805
经营年限：6 年
员工数量：5 人
主营业务：广汽本田、东风本田、日本本田

北京广阳东兴汽配经营部

公司地址：北京市朝阳区盛华汽配城 3 区 25 号
联系人：谭显据
电　话：010-67208138
手机号码：13801177986
传　真：010-67208179
经营年限：5 年
员工数量：4 人
主营业务：丰田考斯特、四川柯斯达全车配件

北京华北东南汽配公司

公司地址：北京市朝阳区盛华汽配城 7 区 31 号
联系人：王学辉
电　话：010-52494890/60624019
手机号码：13522220643
传　真：010-60624019
经营年限：2 年
员工数量：4 人
主营业务：东南汽车、三菱汽车、长丰猎豹、V5 菱致、V6 菱仕、V3 菱悦、菱帅

北京诚舟驰汽配商店

公司地址：北京市朝阳区盛华汽配城 1 区 21-22 号
联系人：高建
电　话：010-67208033
手机号码：13641003771
传　真：010-67208079
经营年限：13 年
员工数量：7 人
主营业务：丰田系列汽车备件批发零售

北京博远骏鑫商贸有限公司

公司地址：北京市朝阳区盛华汽配城 6 区 13-14 号
联系人：曹红旗
电　话：010-67208531/67208573
手机号码：18001225650
传　真：010-67208103
经营年限：9 年
主营业务：一汽 M6、睿翼、长安 M2\M3、星骋、进口 M3BK\M3BL\M5\ 新 M5\CX-7\MX-5\RX-8\CX-5\M8

北京惠龙腾达汽配经营部

公司地址：北京市朝阳区盛华汽配城 13 区 7-8 号
联系人：张媛
电　话：010-67295022
手机号码：15801569279
传　真：010-67295021
经营年限：4 年
员工数量：5 人
主营业务：斯巴鲁系列改装件及全车配件，克莱斯勒全系改装件

北京一马万事得汽配经营部

公司地址：北京市朝阳区盛华汽配城 3 区 31 号
联系人：蔡灵云
电　话：010-67208529
手机号码：13520512778
传　真：010-67208528
员工数量：6 人
主营业务：马自达汽车配件

东方嘉业

公司地址：北京市朝阳区盛华汽配城二期 15 区 3 号
联系人：陈伟
电　话：010-67295450
手机号码：13020019996
传　真：010-67295419
经营年限：2 年
主营业务：斯巴鲁：森林人、傲虎、力狮、翼豹、驰鹏、XV，全车配件、原厂件、拆车件，长期收购事故车

北京三友汇鑫贸易有限公司

公司地址：北京市朝阳区盛华汽配城 1 区 5 号
联系人：李占城
电　话：010-58448899/67208234
手机号码：15110057093
传　真：010-67208234
员工数量：4 人
主营业务：奔腾、马 6、广本全系全车件

北京合创伟业汽配经营部

公司地址：北京市朝阳区盛华汽配城 6 区 5 号
联系人：周小猛
电　话：010-67208093/67208094
手机号码：13910405010
传　真：010-67208093
经营年限：8 年
主营业务：东风日产、骐达、颐达、新阳光、骊威、轩逸、新骐达、三滤、火花塞、缸套

北京日嘉达商贸有限公司

公司地址：北京市朝阳区盛华汽配城 7 区 2 号
联系人：张利军
电　话：010-67208271/67208272
手机号码：13911694338
传　真：010-67208274
经营年限：15 年
主营业务：三菱汽车全系列正产零件

北京盛伟菱飞商贸有限公司

公司地址：北京市朝阳区盛华汽配城 8 区 5 号
联系人：郭磊
电　话：010-87339576/67208858
手机号码：13901118730
传　真：010-87339249
员工数量：13 人
主营业务：进口三菱汽车配件

北京华凯嘉业

公司地址：北京市朝阳区盛华汽配城 6 区 36 号
联系人：韩存恩
电　话：010-67208837
经营年限：4 年
主营业务：三菱、欧兰德、EX、速跑、广汽劲炫、劲界全车件

北京欧佩克商贸有限责任公司

公司地址：北京市朝阳区盛华汽配城 3 区 39-40 号
联系人：李英球
电　话：010-67208366
手机号码：15601320815
传　真：010-67208377
经营年限：3 年
员工数量：20 人
主营业务：克莱斯勒旗下的各车型：指南者、新老款大切、酷威、酷博、牧马人、大捷龙、300C 等全车系配件

北京凯程峰

公司地址：北京市朝阳区盛华汽配城 5 区 14 号
联系人：刘先生
电　话：010-67208174/67208294
手机号码：13520295712
传　真：010-67208184
员工数量：7 人
主营业务：别克凯越（新老款）、旅行车、HRV 全车系，小件、杂件、疑难件，汽车轴承 NSK\NTN\KOYO\NACHI，汽车油封 NOK\TTO

北京宇联顺合汽配公司

公司地址：北京市朝阳区盛华汽配城 2 区 9 号
联系人：刘洪亮
电　话：010-67208008/67208009
手机号码：13522352435
传　真：010-67208009
员工数量：4 人
主营业务：别克昂科拉、13 款凯越

北京盛鼎嘉业汽配经营部

公司地址：北京市朝阳区盛华汽配城 7 区 3 号
联系人：万超
电　话：010-67297122
手机号码：13671653071
传　真：010-67297122
经营年限：2 年
员工数量：9 人
主营业务：乐风、景程、科鲁兹、爱唯欧、迈锐宝全车配件

锦菱昊达

公司地址：北京市朝阳区盛华汽配城 5 区 24 号
联系人：邓利民
电　话：010-67208700/67293309
手机号码：13683318838
传　真：010-67293250
经营年限：5 年
主营业务：主营美系车和日系车全车配件

北京仲佳伟业汽配销售中心

公司地址：北京市朝阳区盛华汽配城 5 区 17-18 号
联系人：韩刚
电　话：010-67208609/67208041
手机号码：13366321006
传　真：010-67208610
员工数量：6 人
主营业务：SPARK 乐驰、宝骏 630 汽车，雪佛兰进口斯帕可、乐骋、景程、科鲁兹、10 新塞欧、爱唯欧、科帕奇

北京天耀贸易有限公司

公司地址：北京市朝阳区盛华汽配城 4 区 12-13 号
联系人：陈丰录
电　话：010-87156340/87156341
手机号码：13901397936
传　真：010-87156329
员工数量：15 人
主营业务：别克：昂科拉、凯越、新君威、新君越、英朗、荣御、GL8、林荫大道，雪佛兰：爱唯欧、景程、科鲁兹、科帕奇、迈锐宝、赛欧、乐骋、乐风

北京天悦和丰汽配销售中心

公司地址：北京市朝阳区盛华汽配城 11 区 5 号
联系人：齐师亮
电　话：010-67295095
手机号码：18600615069
传　真：010-67295098
经营年限：4 年
员工数量：3 人
主营业务：长安福特（蒙迪欧、福克斯、嘉年华、致胜）全车系列，辉门福特华北地区总代理

北京鑫欧宝经贸有限公司

公司地址：北京市朝阳区盛华汽配城 8 区 12 号
联系人：季雪
电　话：010-83833333
手机号码：13501234131
传　真：010-67208334
主营业务：欧宝系列车型全车件（威达、雅特、赛飞利、安德拉、英速亚），克莱斯勒全车系配件（300C、捷龙、指南者、酷威、牧马人、大切诺基），AC 电瓶特约授权经销商、麦格纳倒车镜全国总代理

北京太捷远达商贸有限公司

公司地址：北京市朝阳区盛华汽配城 7 区 11 号
联系人：张继宁
电　话：010-87339278
手机号码：13601222156
传　真：010-87339278
员工数量：6 人
主营业务：美国克莱斯勒、道奇、吉普全车系零部件

北京大鹏嘉鑫商贸有限公司

公司地址：北京市朝阳区盛华汽配城 8 区 8 号
联系人：王晖
电　话：010-67208153
传　真：010-67208153
经营年限：10 年
员工数量：12 人
主营业务：美系汽车配件

鑫盛兴隆

公司地址：北京市朝阳区盛华汽配城 6 区 32 号
联系人：侯中原
电　话：010-87339428/87339427
手机号码：13683391297
传　真：010-87339427
员工数量：4 人
主营业务：美国车系、克莱斯勒、300C、铂锐、指南者

北京爱迪杰斯汽车配件销售有限公司

公司地址：北京市朝阳区盛华汽配城 4 区 27 号
联系人：姜永法
电　话：010-67208248/67208249
手机号码：13911667278
传　真：010-67208248
主营业务：批发兼零售

北京源盛天祥汽配经营部

公司地址：北京市朝阳区盛华汽配城 12 区 23 号
联系人：西月松
电　话：010-67295255
手机号码：13311025299
传　真：010-67295256
经营年限：4 年
员工数量：6 人
主营业务：别克、雪佛兰全系全车部件

北京畅达京美汽车配件销售中心

公司地址：北京市朝阳区盛华汽配城 8 区 3-4 号
联系人：渠经理
电　话：010-67208181
手机号码：13801235170
传　真：010-67208590
经营年限：18 年
员工数量：7 人
主营业务：美国汽车配件

北京鑫融宇科贸有限公司

公司地址：北京市朝阳区盛华汽配城 12 区 20 号
联系人：李先田
手机号码：13311390710
传　真：010-67478993
经营年限：4 年
员工数量：3 人
主营业务：克莱斯勒系列、300C、铂锐、大切诺基、2500、北京现代、别克等汽车散热器及配件

北京峰达佳业汽配销售中心

公司地址：北京市朝阳区盛华汽配城 5 区 22 号
联系人：任峰臣
电　话：010-67293120/87151605
手机号码：15010488817
传　真：010-67293121
员工数量：4 人
主营业务：克莱斯勒、道奇、吉普、路虎、宾利、捷豹

北京百特富德商贸有限公司

公司地址：北京市朝阳区盛华汽配城 4 区 30-31 号
联系人：王鑫 / 刘兴龙
电　话：010-87330262/87330261
手机号码：13701085164/13264519973
传　真：010-87339568
经营年限：20 年
员工数量：10 人
主营业务：美国通用汽车零部件，悍马 H2、H3、凯迪拉克、SRX、别克昂科雷、雪佛兰大黄峰、科迈罗等全车配件、纯正原厂

北京星丰胜汽配

公司地址：北京市朝阳区盛华汽配城 12 区 27 号
联系人：黄丽
电　话：010-67295463
手机号码：13522906301
传　真：010-67295463
员工数量：4 人
主营业务：丰田、一汽丰田，电装代理、索菲玛三滤

北京华升伟杰商贸有限公司

公司地址：北京市朝阳区盛华汽配城 4 区 16 号
联系人：王经理
电　话：010-67208841/67208842
手机号码：13842884490
传　真：010-67208553
经营年限：6 年
员工数量：20 人
主营业务：丰田全车件

北京锦程汽配销售中心

公司地址：北京市朝阳区盛华汽配城二期 15 区 6 号
联系人：徐洪旗
电　话：010-67295009/87330280
手机号码：18201697955
传　真：010-67295010
经营年限：5 年
主营业务：本田系列拆车件、下线件、全新件，奥迪全系拆车件、下线件、全新件

北京天马汽配销售中心

公司地址：北京市朝阳区盛华汽配城二期 15 区 19 号
联系人：王向阳
电　话：010-87330813/57270083
手机号码：13718627383
传　真：010-67295212
经营年限：3 年
员工数量：3 人
主营业务：三菱 北京欧兰德、速跑、EX、格蓝迪、V73、劲弦、劲界、广汽三菱

北京五方天地人商贸有限公司

公司地址：北京市朝阳区盛华汽配城 3 区 34 号
联系人：李长水
电　话：010-67295016
手机号码：13552696295
传　真：010-67295308
员工数量：5 人
主营业务：广州本田、东风本田

北京嘉源丰

公司地址：北京市朝阳区盛华汽配城二期 16 区 23 号
电　话：010-67295250
手机号码：13522418098
传　真：010-67295330
经营年限：2 年
主营业务：卡罗拉、RAV4、威驰、花冠、皇冠、锐志，全车配件

北京市建鹏佳业

公司地址：北京市朝阳区盛华汽配城二期 16 区 8 号
联系人：王建鹏
电　话：010-52432380
手机号码：13146172436
员工数量：8 人
主营业务：丰田、尼桑

美国车系列

北京诚信美通

公司地址：北京市朝阳区盛华汽配城 1 区 24 号
联系人：安建国
电　话：010-67208797/67208773
手机号码：13911335772
传　真：010-67208704
经营年限：6 年
主营业务：上海通用别克、君威、凯越、赛欧、GL8、陆尊、昂克雷、英朗、新君威、新君越、新赛欧、新凯越、新景程、乐风、科鲁兹、科帕奇、迈瑞宝、斯帕克（乐驰）、大黄峰

北京奥盛顺隆贸易有限公司

公司地址：北京市朝阳区盛华汽配城 1 区 28 号
联系人：王益德
电　话：010-67293172/67293173
手机号码：13810882179
传　真：010-67208402
经营年限：5 年
主营业务：新老景程、科鲁兹、英朗、新老乐风、新老乐骋、爱唯欧、迈瑞宝、昂克拉全车件

北京华达汽配销售中心

公司地址：北京市朝阳区盛华汽配城 2 区 15 号
联系人：张先生
电　话：010-67208650/67208795
传　真：010-67208341
主营业务：长安福特蒙迪欧、福克斯、嘉年华、蒙迪欧致胜、翼虎、翼博、锐界全车件，美国进口福特

北京凯荣世佳汽车配件有限公司

公司地址：北京市朝阳区盛华汽配城 2 区 24-26 号
联系人：林士松
电　话：010-67208560/67208561
手机号码：13601317815
传　真：010-67208563
经营年限：6 年
员工数量：10 人
主营业务：别克全车配件，上海安吉“安帕仕”全线产品北京地区经销商，盖茨优霓塔传动系统通用车系北京地区经销商，“中鼎”北京地区经销商

北京道吉克汽车配件

公司地址：北京市朝阳区盛华汽配城 1 区 7 号
联系人：姜经理
电　话：010-67293297
手机号码：13811920657
传　真：010-67360553
员工数量：4 人
主营业务：美国配件

北京亿佳宏宇汽配经营部

公司地址：北京市朝阳区盛华汽配城 1 区 9 号
联系人：张剑
电　话：010-67208042
手机号码：13436708752
传　真：010-67208043
经营年限：6 年
员工数量：4 人
主营业务：别克新君威、新君越、英朗、新 GL8S 全车零配件

北京美凯宣丰贸易有限公司

公司地址：北京市朝阳区盛华汽配城 4 区 1-2 号
联系人：梁丰
电　话：010-67208145
手机号码：13601116037
传　真：010-67208595
经营年限：20 年
主营业务：凯迪拉克（CTS\SLS\SRX\XTS、凯雷德）、悍马（H2\H3）、别克（昂科雷）、GMC 房车、雪佛兰（科迈罗、大黄峰）

北京京威四海汽车配件有限公司

公司地址：北京市朝阳区盛华汽配城 3 区 16 号
联系人：张志平
电　话：010-67208774/67208764
手机号码：13683377798
传　真：010-67208764
经营年限：7 年
员工数量：3 人
主营业务：君威、君越、凯越、陆尊、GL8、新君威、新君越、新 GL8、英朗、景程、乐骋、乐风、新赛欧、科鲁兹

北京龙通天地人汽配经营部

公司地址：北京市朝阳区盛华汽配城 3 区 35-36 号
联系人：李朝海
电　话：010-67208583
手机号码：13401131282
传　真：010-87151026
经营年限：2 年
员工数量：5 人
主营业务：美国辉门代理、上海优士经销商，主营：新君威、新君越、GL8、科鲁兹、新凯越、新景程、新乐风、赛欧、昂科雷

北京鑫瑞汽配

公司地址：北京市朝阳区盛华汽配城 3 区 5 号
电　话：010-57019185/60624029
经营年限：5 年
员工数量：6 人
主营业务：美系：克莱斯勒、Jeep、道奇，德系：奥迪 A6\A6L\A8

北京越亘汽车配件有限公司

公司地址：北京市朝阳区盛华汽配城 4 区 22 号
电　话：010-87330678
手机号码：13683003646
传　真：010-67208219
经营年限：6 年
主营业务：别克配件、雪佛兰配件

北京兴盛隆汽配经营部

公司地址：北京市朝阳区盛华汽配城 6 区 27 号
联系人：张泽雨
电　话：010-67208358
手机号码：13521915885
传　真：010-67208419
员工数量：6 人
主营业务：长安福特全车系全车件，北京现代全车系全车件

北京君合汇通世纪贸易有限公司

公司地址：北京市朝阳区盛华汽配城 5 区 6 号
联系人：君合
电　话：010-87151540
手机号码：13911698402
传　真：010-87151541
主营业务：新君威、新君越、英朗、GL8、路尊、凯越、君威、君越、科鲁兹、迈锐宝、爱唯欧、乐风、景程、别克、雪佛兰配件

北京同驰美通行贸易有限公司

公司地址：北京市朝阳区盛华汽配城 13 区 27 号
联系人：宗刚
电　话：010-67295110/67295113
手机号码：13601017806
传　真：010-67295158
经营年限：2 年
员工数量：13 人
主营业务：上海通用别克、雪佛兰全车配件，本公司产品均为原厂配件及配套厂配件

北京天益同兴汽配经营部

公司地址：北京市朝阳区盛华汽配城 13 区 23 号
联系人：袁长洲
电　话：010-67208117/67208102
手机号码：13810683258
传　真：010-67208013
经营年限：5 年
员工数量：4 人
主营业务：美国克莱斯勒配件、Jeep 配件

北京京蓟腾飞商贸有限公司

公司地址：北京市朝阳区盛华汽配城二期 15 区 24 号
联系人：张艳臣
电　话：010-67295459/67293295
手机号码：13681510942/13051757344
传　真：010-67293295
员工数量：6 人
主营业务：300C、铂锐、指南者、道奇酷威、指挥官、酷博、大切诺基、大捷龙、PT 漫步者

北京诚信兴业汽车配件销售中心

公司地址：北京市朝阳区盛华汽配城 13 区 29 号
联系人：牛玉果 / 赵春英
电　话：010-87339125/87339195
手机号码：13901229877/13521622080
传　真：010-87339125
经营年限：3 年
主营业务：切诺基、大切诺基、300C、铂锐、指南者、酷博、牧马人、自由人、欧蓝德、奔驰全车系配件

北京鸿图伟业汽配公司

公司地址：北京市朝阳区盛华汽配城 13 区 24 号
联系人：赵亚峰
电　话：010-67295210
手机号码：18600964922
传　真：010-67295136
经营年限：3 年
员工数量：6 人
主营业务：上海通用凯越、景程、新乐风、科鲁兹、科帕奇、爱唯欧、迈锐宝、新赛欧全车配件

北京东方远航汽配

公司地址：北京市朝阳区盛华汽配城 13 区 25 号
联系人：钟先生
电　话：010-67295475
手机号码：13601398830
传　真：010-67295475
经营年限：2 年
主营业务：克莱斯勒 300C、新大切、指挥官、指南者、牧马人、酷威、酷博，绅宝 C70\E150\E130、勇士

北京胜搏力拓汽配

公司地址：北京市朝阳区盛华汽配城二期 15 区 15 号
联系人：刘刚
电　话：010-67295055/50335085
手机号码：13146111130
传　真：010-67295087
主营业务：科鲁兹、开拓者

北京京海通行汽配经营部

公司地址：北京市朝阳区盛华汽配城 14 区 24 号
联系人：范坤贺
电　话：010-67295278
手机号码：13521889407
传　真：010-67295397
主营业务：新凯越、新君威、新君越、GL8、陆尊、英朗

北京文浩轩商贸有限公司

公司地址：北京市朝阳区盛华汽配城二期 15 区 10 号
联系人：刘青山
电　话：010-67293075
手机号码：18611847673
传　真：010-67295220
员工数量：4 人
主营业务：克莱斯勒、Jeep、道奇

北京市金讯通商贸有限公司

公司地址：北京市朝阳区盛华汽配城 8 区 11 号
联系人：程冉
电　话：13488682202
传　真：010-67208164
经营年限：17 年
主营业务：长安福特：嘉年华、蒙迪欧、福克斯、致胜，北美福特：翼虎、领航员、锐界

北京飞驰迪通汽车配件销售中心

公司地址：北京市朝阳区盛华汽配城 12 区 25 号
联系人：刘煜
电　话：010-67295231
手机号码：13661012077
传　真：010-67295231
经营年限：10 年
员工数量：5 人
主营业务：美系凯迪拉克车配件

北京伟杰恒业

公司地址：北京市朝阳区盛华汽配城 13 区 31 号
联系人：练红雨
电　话：010-67295066/67295067
手机号码：13520520922
传　真：010-67295067
经营年限：6 年
员工数量：4 人
主营业务：别克、昂科雷、GMC、SRX、克莱斯勒、道奇、吉普

北京兴华盛达汽车配件销售中心

公司地址：北京市朝阳区盛华汽配城二期 15 区 2 号
电　话：010-67208262
手机号码：13911693986
传　真：010-67208125
经营年限：3 年
主营业务：克莱斯勒 300C、铂锐、Jeep、道奇全车系及改装配件

北京盛兴恒远汽配销售中心

公司地址：北京市朝阳区盛华汽配城二期 15 区 26 号
联系人：胡金锋
电　话：010-67295047/67295048
手机号码：13718608085
传　真：010-67295046
员工数量：4 人
主营业务：别克凯越、雪佛兰全系配件

北京龙辉汽配改装有限公司

公司地址：北京市朝阳区盛华汽配城 13 区 30 号
联系人：杨义辉
电　话：010-67295366
手机号码：13241780328
经营年限：6 年
员工数量：4 人
主营业务：Jeep、牧马人、指南者、自由客、大切诺基、克莱斯勒 300C、铂锐、2500、酷威全车配件及改装件

北京龙轩汽配

公司地址：北京市朝阳区盛华汽配城 13 区 28 号
联系人： 王超龙
电　话： 010-67295217
手机号码：15011373167
传　真： 010-67295130
经营年限：2 年
员工数量：4 人
主营业务：别克：昂克拉、昂克雷、新君威、新君越、天尊、凯越、陆尊、GL8、英朗、林荫大道，雪佛兰：科鲁兹、新景程、乐风、乐骋、科帕奇、新赛欧、爱唯欧等

北京鹤予鹏博汽配经营部

公司地址：北京市朝阳区盛华汽配城 8 区 9-10 号
联系人： 李菁菁
电　话： 010-67208502
手机号码：18201364547
传　真： 010-67208502
经营年限：5 年
员工数量：8 人
主营业务：通用类汽车配件

北京爱益通商贸有限公司

公司地址：北京市朝阳区盛华汽配城 7 区 7 号
联系人： 李素英
电　话： 010-67470912
手机号码：13801254000
传　真： 010-67297009
主营业务：克莱斯勒配件、汉拿起动机、发电机、韩国法里奥压盘及片

韩国车系列

北京金峰盛世商贸有限公司

公司地址：北京市朝阳区盛华汽配城 1 区 15-16 号
联系人： 于云波
电　话： 010-67208192
手机号码：13381157303
传　真： 010-67208192
员工数量：30 人
主营业务：圣达菲、新圣达菲、特拉卡、宝利格、B11、维拉克斯、吉田等韩系 SUV 系列

北京恒通昌盛经贸有限公司

公司地址：北京市朝阳区盛华汽配城 2 区 13 号
联系人： 李烨
电　话： 010-52872825/52872826
手机号码：13552718306
传　真： 010-67208305
经营年限：20 年
员工数量：10 人
主营业务：专业经营华泰汽车配件（宝利格、圣达菲、特拉卡等），同时经营进口现代汽车配件，现代圣达菲、现代特拉卡全车配件，品种齐全、批零兼营、渠道稳定有价格优势，可发全国各地的货运及快递

北京世纪三星汽配销售中心

公司地址：北京市朝阳区盛华汽配城 1 区 31 号
联系人： 张亮
电　话： 010-87330624/87330467
手机号码：13436397336
传　真： 010-87330467
经营年限：4 年
员工数量：4 人
主营业务：北京现代全车系纯正配件

北京荣信远达商贸有限公司

公司地址：北京市朝阳区盛华汽配城 9 区 34 号
联系人： 王莉娟
电　话： 010-67208758
手机号码：13371698209/13520303950
传　真： 010-87151270
经营年限：2 年
员工数量：6 人
主营业务：韩系国产全车配件，MOBIS，主营 K5\K2\K3、智跑全车配件

北京宏业龙辉汽配经营部

公司地址：北京市朝阳区盛华汽配城 5 区 11 号
联系人： 黄德常
电　话： 010-67208723
手机号码：13311576669/13120387775
传　真： 010-67208752
经营年限：5 年
主营业务：北京现代：伊兰特、索纳塔、途胜、御翔、领翔、朗动、索八、IX35、IX45、悦动

北京瑞进伟业汽配有限公司

公司地址：北京市朝阳区盛华汽配城 5 区 19 号
联系人： 郑智伟
电　话： 010-87339162
手机号码：15001356480
传　真： 010-87339162
经营年限：3 年
员工数量：5 人
主营业务：伊兰特、悦动、索纳塔、朗动、索八、IX35\IX45、御翔、途胜、领翔、名驭、雅绅特

北京明慧通达汽配经营部

公司地址：北京市朝阳区盛华汽配城 6 区 25 号
联系人： 武明慧
电　话： 010-67208266
手机号码：13141434343
传　真： 010-67208720
经营年限：6 年
员工数量：4 人
主营业务：北京现代系列、悦达起亚系列、底盘系统、发动机系统、易损件、国产、品牌、配套、OEM，专业批发

北京盛华圣达创业汽配销售

公司地址：北京市朝阳区盛华汽配城 3 区 13 号
联系人： 胡云超
电　话： 010-67297650/67297660
手机号码：13521612178
传　真： 010-67297660
经营年限：2 年
主营业务：北京现代、伊兰特、悦动

北京顺成信达

公司地址：北京市朝阳区盛华汽配城 3 区 9 号
联系人： 姚文成
电　话： 010-87339209/87333321
手机号码：18601146635
传　真： 010-67208751
经营年限：3 年
员工数量：4 人
主营业务：瑞纳、IX35、朗动、IX45、全新胜达

北京兴宇佳业商贸有限公司

公司地址：北京市朝阳区盛华汽配城 1 区 23 号
联系人： 程超
手机号码：13810351345
传　真： 010-67208147
经营年限：5 年
员工数量：10 人
主营业务：现代 IX45、全新胜达 3.0、圣达菲、特拉卡、维拉克斯全车件以及改装件

北京悦亚兴达汽车配件销售中心

公司地址：北京市朝阳区盛华汽配城 6 区 23 号
联系人： 吕志文
电　话： 010-67297021
手机号码：18210615661
传　真： 010-67297021
经营年限：2 年
主营业务：起亚：赛拉图、福瑞迪、锐欧、狮跑、K2\K3\K5、智跑、远航、千里马全车系，现代：途胜、伊兰特、索纳塔、御翔、雅绅特

北京世纪博奥

公司地址：北京市朝阳区盛华汽配城 5 区 28 号
联系人： 张平
电　话： 010-67297590
手机号码：18601143780
传　真： 010-67297680
经营年限：3 年
员工数量：5 人
主营业务：北京现代：瑞纳、朗动、IX35、S08 全车配件

北京雄澳双升汽配经营部

公司地址：北京市朝阳区盛华汽配城 3 区 3 号
联系人： 倪东生
电　话： 010-67293001/67293005
手机号码：13520839944
传　真： 010-87151217
经营年限：5 年
员工数量：8 人
主营业务：北京现代、华泰现代、盐城起亚（批发 NDS、鄂尔华泰及代理国内品牌发动机配件和底盘件）

北京龙泽东方经贸有限公司

公司地址：北京市朝阳区盛华汽配城 3 区 26 号
联系人： 周祥明
电　话： 010-67208036
手机号码：13501002473
传　真： 010-67208038
经营年限：8 年
员工数量：10 人
主营业务：现代新胜达、现代圣达菲、华泰圣达菲汽车配件

北京天意世纪顺汽车配件销售中心

公司地址：北京市朝阳区盛华汽配城 6 区 8 号
联系人： 刘洪权
电　话： 010-87330392
手机号码：15210600368
传　真： 010-87330393
经营年限：12 年
主营业务：韩系汽车全车件、通用汽车全车件

北京腾飞兴隆

公司地址：北京市朝阳区盛华汽配城 6 区 22 号
联系人： 张琪
电　话： 010-87339915/87339208
手机号码：18911006654/18210413856
传　真： 010-87151989
经营年限：3 年
员工数量：5 人
主营业务：伊兰特、索纳塔、雅绅特、悦动、朗动、名驭、瑞纳、御翔、领翔、途胜、IX35

顺杰腾达

公司地址：北京市朝阳区盛华汽配城 12 区 34 号
联系人： 王经理
电　话： 010-67295322
手机号码：13161536878
传　真： 010-67295187
经营年限：2 年
员工数量：6 人
主营业务：东风本田、北京现代、途胜、IX35，全车件

北京顺通荣达科贸有限公司

公司地址：北京市朝阳区盛华汽配城 5 区 34 号
联系人： 荣维
电　话： 010-67208814/67208323
手机号码：13810158078
传　真： 010-87151206
经营年限：3 年
主营业务：朗动、瑞纳全车配件

北京警强新世纪贸易有限公司

公司地址：北京市朝阳区盛华汽配城 13 区 10 号
联系人： 李爽
电　话： 010-87339940/87339941
手机号码：18611144386
传　真： 010-87339440
经营年限：8 年
员工数量：5 人
主营业务：进口起亚、进口现代、北京现代、东风悦达起亚、雷诺、双龙，全系配件、全系改装精品

北京双腾恒业商贸有限公司

公司地址：北京市朝阳区盛华汽配城二期 15 区 11 号
联系人： 周小双
电　话： 010-67295420
手机号码：15510623968
传　真： 010-67295195
经营年限：3 年
员工数量：5 人
主营业务：华泰圣达菲、新胜达、维拉克斯、劳恩斯、酷派、雅尊等系列车型全车配件及装饰件

北京新生汽配

公司地址：北京市朝阳区盛华汽配城 5 区 33 号
联系人： 张新旺
电　话： 010-67295457
手机号码：13269066321
传　真： 010-87156203
主营业务：北京现代全车系配件批发

北京东润汽配

公司地址：北京市朝阳区盛华汽配城 5 区 15 号
联系人： 安颖辉
电　话： 18911006868
传　真： 010-87339387
经营年限：6 年
员工数量：8 人
主营业务：北京现代全车系纯正配件

北京国盛华庆汽配经营部

公司地址：北京市朝阳区盛华汽配城 10 区 1-A
联系人： 于国庆
电　话： 010-87151183
手机号码：13146085023
主营业务：北京现代全车系纯正备件

北京联友恒运汽配

公司地址：北京市朝阳区盛华汽配城 2 区 3-4 号
联系人： 李士贺
电　话： 010-67293358
手机号码：13161865282
传　真： 010-67293358
员工数量：8 人
主营业务：马自达、北京现代、韩国现代、奔腾

北京晨隆伟业商贸有限公司

公司地址：北京市朝阳区盛华汽配城二期 16 区 19 号
联系人： 朱汉锋
电　话： 010-67208654
手机号码：13718923726
传　真： 010-67295162
经营年限：3 年
员工数量：5 人
主营业务：双龙爱腾、享御、雷斯特、柯兰多、上海汇众、奔驰面包 MB100，现代、新胜达、圣达菲、维拉克斯、索兰托、新佳乐

北京韩轩世纪汽配商行

公司地址：北京市朝阳区盛华汽配城 6 区 31 号
联系人： 张学杰
电　话： 010-67297629/67297609
手机号码：13810321153
传　真： 010-67297629
经营年限：3 年
员工数量：5 人
主营业务：05 圣达菲、07 圣达菲、IX35、特拉卡、维拉克斯、起亚全系

北京尚青佳业汽配销售中心

公司地址：北京市朝阳区盛华汽配城 8 区 29 号
联系人： 许青
电　话： 15810446907
传　真： 010-87151032
员工数量：3 人
主营业务：韩系配件

北京京朝世纪汽车配件销售中心

公司地址：北京市朝阳区盛华汽配城 6 区 21 号
联系人： 宋超
电　话： 010-67208554
手机号码：13671248787
传　真： 010-67208564
主营业务：北京现代汽车配件

北京林源顺通汽配商行

公司地址：北京市朝阳区盛华汽配城 13 区 20 号
联系人： 郭林
电　话： 010-67295128/52423421
手机号码：13439447621/15611429726
传　真： 010-67295128
经营年限：3 年
员工数量：3 人
主营业务：北京现代全车配件、现代全车系

北京市东海福源商贸有限公司

公司地址：北京市朝阳区盛华汽配城 12 区 21 号
联系人： 赵基江
电　话： 010-87339172
手机号码：18210855789
传　真： 010-67295343
经营年限：3 年
员工数量：5 人
主营业务：韩国进口现代、起亚全车系配件

北京亮剑东方汽车配件销售中心

公司地址：北京市朝阳区盛华汽配城 13 区 26 号
联系人： 范凤权
电　话： 010-67295448/67295449
手机号码：13811907922
传　真： 010-67295446
经营年限：4 年
员工数量：3 人
主营业务：北京现代、IX35、瑞纳全车零配件

北京俊盛畅达汽配销售中心

公司地址：北京市朝阳区盛华汽配城 14 区 11 号
联系人： 陶海俊
电　话： 010-67293013
手机号码：13522335182/18911965722
传　真： 010-67293023
员工数量：5 人
主营业务：韩国进口车系、华泰车系、韩国进口起亚车系

北京盛华龙达汽配销售中心

公司地址：北京市朝阳区盛华汽配城 14 区 13 号
联系人： 陈鑫
电　话： 010-67295121/67295122
手机号码：18611210046
传　真： 010-67295121
主营业务：起亚、千里马、塞拉图、锐欧、福瑞迪、狮跑、K5、K2，起亚全车覆盖件

北京永诚恒信

公司地址：北京市朝阳区盛华汽配城 14 区 29 号
联系人： 张健
电　话： 010-67295476
手机号码：15911092716
经营年限：5 年
主营业务：通用、现代、起亚全车件

北京尚志商贸有限公司

公司地址：北京市朝阳区盛华汽配城二期 15 区 30 号
联系人： 赵静
电　话： 010-67295206
手机号码：13311150266/13522706101
传　真： 010-67295326
员工数量：12 人
主营业务：福瑞迪、赛拉图、千里马、R20、智跑、狮跑、K5、K3、K2 等全车配件

北京广龙顺达汽配经营中心

公司地址：北京市朝阳区盛华汽配城二期 16 区 28 号
联系人： 孙兆磊
电　话： 010-67295323/52435876
手机号码：13522325958
传　真： 010-67295323
经营年限：7 年
员工数量：4 人
主营业务：进口起亚及国产起亚：K2\K3\K5、狮跑、智跑、福瑞迪、赛拉图、锐欧、千里马、远舰、佳华、秀尔，新佳乐、欧菲莱斯、凯尊、速迈、霸锐、索兰托，代订急件 3-7 天

北京迪欧商贸有限公司

公司地址：北京市朝阳区盛华汽配城 14 区 21 号
联系人： 张军旭
电　话： 010-67295436/67295405
手机号码：13439123128
传　真： 010-67295405
经营年限：4 年
主营业务：进口起亚、进口现代、进口双龙等韩国进口亮饰（防擦条、灯罩、护杠、A\B\C 柱贴、踏板、脚垫、雨档、套标等），各系 LED 改装车灯批发，长期与国内各大韩系车 4S 店和各地经销商合作，公司网址 www.diooid.com

北京盛海鑫源商贸有限公司

公司地址：北京市朝阳区盛华汽配城 1 区 30 号
联系人： 刘禹
电　话： 010-87330891/87330815
手机号码：13520845959
传　真： 010-67208871
经营年限：5 年
员工数量：3 人
主营业务：北京现代全车系纯正部件，新圣达 IX45、IX35、索纳塔八代、I30、2013 款悦动、朗动、瑞纳、途胜、领翔、御翔、新款伊兰特、2013 款途胜、名驭、索纳塔

北京凯路达汽车配件销售公司

公司地址：北京市朝阳区盛华汽配城二期 15 区 16 号
联系人： 窦林杰
电　话： 010-56142359/67295489
手机号码：13683574909/18600730510
传　真： 010-67295499
经营年限：3 年
员工数量：6 人
主营业务：各车型曲轴、北京现代、进口现代、长城全车配件

北京金东

公司地址：北京市朝阳区盛华汽配城二期 16 区 25 号
联系人： 王振杰
电　话： 010-67295182
手机号码：13716645217
传　真： 010-67295437
员工数量：3 人
主营业务：现代、起亚全车系配件

北京创力信诚商贸有限公司

公司地址：北京市朝阳区盛华汽配城二期 15 区 23 号
联系人： 吴幸丽
电　话： 010-67295100
手机号码：010-67295099
经营年限：20 年
员工数量：5 人
主营业务：专营华泰汽车（特拉卡、圣达菲、宝利格等车型）配件

北京恒鑫力创汽配销售中心

公司地址：北京市朝阳区盛华汽配城 13 区 22 号
联系人： 李鹤
电　话： 010-67295267/67208753
手机号码：13701160307
经营年限：2 年
员工数量：3 人
主营业务：北京现代第八代索纳塔专营

北京五方永盛汽配经营部

公司地址：北京市朝阳区盛华汽配城二期 16 区 24 号
联系人： 沈亚昆
电　话： 010-67295215
手机号码：18910712305
传　真： 010-67295215
经营年限：2 年
主营业务：华泰现代：圣达菲、特拉卡、吉田，进口现代：新圣达菲、维拉克斯，北京现代：途胜、IX35

北京金华光汽车销售有限公司

公司地址：北京市朝阳区盛华汽配城 14 区 4 号
联系人： 薛书华
电　话： 010-67295061/67295062
手机号码：18911088363
传　真： 010-67295193
主营业务：伊兰特、悦动、雅绅特、索纳塔、途胜、御翔、IX35、IX45 全车系配件

北京世纪昌盛

公司地址：北京市朝阳区盛华汽配城二期 15 区 5 号
联系人： 王洋
电　话： 010-67295117/67208692
手机号码：18614043808
传　真： 010-67208569
经营年限：5 年
员工数量：10 人
主营业务：东风悦达起亚全车配件，智跑、K5\K2\K3、赛拉图、锐欧、狮跑、千里马、福瑞迪、秀尔

北京振兴宏业汽配

公司地址：北京市朝阳区盛华汽配城二期 15 区 28 号
联系人： 王振东
电　话： 010-67295190
手机号码：15910768948
传　真： 010-67295170
员工数量：4 人
主营业务：进口起亚、现代、雪佛兰

北京立扬成达汽配商行

公司地址：北京市朝阳区盛华汽配城 14 区 15 号
电　话： 010-67295058/67295059
传　真： 010-67208394
经营年限：3 年
员工数量：5 人
主营业务：韩系越野车，主营圣达菲 SUV

北京京杨璐发盛宏汽配

公司地址：北京市朝阳区盛华汽配城二期 15 区 32 号
联系人： 刘春风
电　话： 010-67295167/67295486
手机号码：13381079279/13521598722
经营年限：3 年
员工数量：5 人
主营业务：北京现代、进口现代、悦达起亚、进口起亚

北京盛世丰达汽配有限公司

公司地址：北京市朝阳区盛华汽配城 14 区 31 号
联系人： 张雷
手机号码：13681089810
传　真： 010-67208712
经营年限：5 年
员工数量：5 人
主营业务：韩国双龙、爱腾、享御、雷斯特、主席、柯兰多

国产车系列

北京市天通祥汽车配件部

公司地址：北京市朝阳区盛华汽配城 3 区 7 号
联系人： 杨珂
电　话： 010-67208261/67208392
手机号码：13366061341
传　真： 010-67208392
经营年限：10 年
员工数量：3 人
主营业务：长安轿车：悦翔、V3\V5、逸动 CS35\CX20\CX30、奔奔、奔奔迷你、睿骋、致尚 XT、志翔，长安铃木：雨燕、天语 SX4、肖悦、锐骑、羚羊、奥拓、新奥拓、福莱尔

北京通达美佳汽配经营部

公司地址：北京市朝阳区盛华汽配城 1 区 4 号
联系人： 刘金花
电　话： 010-67208551/59483719
手机号码：13683382479
传　真： 010-67208551
主营业务：上海华普、上海英伦、重庆力帆、东风雪铁龙

北京永合长远汽车配件销售中心

公司地址：北京市朝阳区盛华汽配城 1 区 26 号
联系人：李岩
电　话：010-67293031/67208302
手机号码：13651131650
传　真：010-67293029
经营年限：6 年
员工数量：7 人
主营业务：北汽勇士、切诺基、骑士、Jeep2500、长安悦翔、北京现代

北京盛华通达汽车配件经营部

公司地址：北京市朝阳区盛华汽配城 1 区 14 号
联系人：张安杰
电　话：010-67208289/87330494
手机号码：13241761898
传　真：010-87330494
经营年限：5 年
员工数量：3 人
主营业务：永源飞碟、A380、猎鹰、皮卡、SUV 大全，各种汽车空调配件大全，水箱冷凝器、空调泵专营

北京喜乐达茂汽配经营部

公司地址：北京市朝阳区盛华汽配城 2 区 32 号
联系人：王卫丰
电　话：010-67208126/67208127
手机号码：13691256588
传　真：010-67208128
经营年限：7 年
主营业务：5 人
北京汽车 E150、E130，北京欧兰德速跑 EX、V73、300C、铂锐、东风风行、大切

北京恒泰威德汽配商贸中心

公司地址：北京市朝阳区盛华汽配城 2 区 7 号
联系人：刘金枝
电　话：010-67208280
手机号码：18611859259
传　真：010-67208281
经营年限：6 年
员工数量：5 人
主营业务：北京汽车 E150\E130，北汽越铃皮卡、陆铃皮卡、锐铃皮卡、域胜 007、威旺、陆霸、勇士、骑士、战旗全车配件

北京百源祥商贸有限公司

公司地址：北京市朝阳区盛华汽配城 3 区 37 号
联系人：刘大增
电　话：010-67208026
手机号码：13311291190
传　真：010-67208028
经营年限：20 年
主营业务：荣威、名爵全车件，赛欧、赛宝、欧宝

北京朝月旭辉汽配经营部

公司地址：北京市朝阳区盛华汽配城 4 区 3 号
联系人：张宁
电　话：010-67208636
手机号码：18601970015
传　真：010-67208600
主营业务：宝晨宝马 3 系、5 系、X 系

北京海峰同心商贸有限责任公司

公司地址：北京市朝阳区盛华汽配城 1 区 40 号
联系人：刘正前
电　话：010-87330367
手机号码：13311182054
员工数量：3 人
主营业务：力帆配件

北京欣欣博远汽配经营部

公司地址：北京市朝阳区盛华汽配城 4 区 19 号
联系人：张宁
电　话：010-64393229/64393564
手机号码：13651055790
传　真：010-67208636
经营年限：3 年
员工数量：5 人
主营业务：华晨中华、尊驰、骏捷、FRV\H530\H230\V5 配件

北京诚生顺达商贸有限公司

公司地址：北京市朝阳区盛华汽配城 4 区 26 号
联系人：谌义忠
电　话：010-87339327
手机号码：18600418151
传　真：010-67208245
经营年限：3 年
员工数量：6 人
主营业务：北汽系列、北汽陆霸、B40\B70

北京厚德载物电子设备中心

公司地址：北京市朝阳区盛华汽配城 4 区 9 号
联系人：梁广磊
电　话：010-67208101
手机号码：13691492504
传　真：010-67208513
主营业务：天津一汽、夏利、威志、AU\A+\N3\N3+\N5\V2\V5\N7

北京韩天华运商贸有限公司

公司地址：北京市朝阳区盛华汽配城 5 区 16 号
联系人：牛占华
电　话：010-67208580
手机号码：13810893832
传　真：010-67297898
经营年限：5 年
员工数量：10 人
主营业务：江淮乘用车全车件

北京晨阳通达汽车配件销售中心

公司地址：北京市朝阳区盛华汽配城 13 区 32 号
联系人：杨义德
电　话：010-87339590/67295018
手机号码：13621099410
传　真：010-67295329
经营年限：3 年
员工数量：4 人
主营业务：切诺基全车件、金杯、皮卡及各款变速箱

北京京凯卓亚汽配经营部

公司地址：北京市朝阳区盛华汽配城 5 区 7 号
联系人：张凯
电　话：010-67208196
手机号码：13693666127
经营年限：7 年
员工数量：3 人
主营业务：红旗、奔腾、奥迪 Q3 全车配件

北京福源七佳汽配销售中心

公司地址：北京市朝阳区盛华汽配城 14 区 2 号
联系人：何英花
电　话：010-87339661/87339881
手机号码：15001367800/15001367668
传　真：010-67295399
经营年限：5 年
员工数量：5 人
主营业务：比亚迪系列：F0\F3\F6\L3\G3\S6、速锐，长安福特：嘉年华、蒙迪欧、福克斯、致胜、翼虎、S-MAX，江铃系列：全顺、新世代

北京市冀和宏业商贸有限公司

公司地址：北京市朝阳区盛华汽配城 12 区 29 号
联系人：赵庆华
电　话：010-67295076/67295362
手机号码：13511056883/13401013315
传　真：010-67295075
经营年限：4 年
员工数量：3 人
主营业务：北汽越铃、陆铃、勇士、战旗、域胜 007、锐铃等全车配件，江铃、庆铃、五十铃

北京建东金益汽配销售中心

公司地址：北京市朝阳区盛华汽配城 13 区 17 号
联系人：陈晨
电　话：010-65571105/65570265
手机号码：13522103003
传　真：010-65568341
经营年限：5 年
员工数量：6 人
主营业务：勇士、战旗、2020S\2020VJ 全车配件，专业生产农用车汽车前后桥总成及各项配件

北京盛海通瑞汽配销售中心

公司地址：北京市朝阳区盛华汽配城 9 区 40 号
联系人：王国清
电　话：010-67472206
手机号码：13641338076/13121184298
经营年限：2 年
主营业务：奇瑞配件、安装服务

北京林冲伟业汽车配件销售中心

公司地址：北京市朝阳区盛华汽配城 5 区 36 号
联系人：王林冲
电　话：010-67208091
手机号码：13511061112
传　真：010-67208091
主营业务：北汽配件，北京陆铃、越铃、锐铃、域胜 007、战旗、勇士全车配件

北京京一天微商贸有限公司

公司地址：北京市朝阳区盛华汽配城 9 区 8 号
联系人： 张平
电　话： 010-67389853
手机号码：15901301435
传　真： 010-67389853
经营年限：10 年
员工数量：20 人
主营业务：天津一汽夏利全车配件，夏利 AU\A+\N3\N3+\N5\ 新 N3、威志、威志 V2\V5、威乐、夏利 2000 全车配件、原厂件，批发零售、全国发货

北京鑫旺恒达汽配商行

公司地址：北京市朝阳区盛华汽配城 14 区 1 号
联系人： 薛伟
电　话： 010-67295044/52494895
手机号码：18210413099/13661262635
传　真： 010-67295044
经营年限：4 年
员工数量：4 人
主营业务：长安轿车：奔奔迷你、悦翔、逸动、CX20、CX30，长安铃木：天语 SX4、雨燕、新奥拓、新羚羊

北京福志鑫力商贸有限公司

公司地址：北京市朝阳区盛华汽配城 7 区 4 号
联系人： 陶李
电　话： 010-67208616/87741566
手机号码：13901290475/18910856967
传　真： 010-67208626
经营年限：15 年
员工数量：15 人
主营业务：北京汽车制造厂所有车型全车配件，另代理台湾帝宝灯具系列

北京盛兴隆源汽配销售

公司地址：北京市朝阳区盛华汽配城 14 区 16 号
联系人： 毛蕾 / 程相彦
电　话： 010-67295439/67295301
67295372/67295477
手机号码：18701007020
经营年限：8 年
员工数量：8 人
主营业务：江淮瑞风、瑞鹰、悦悦、S5、和悦、奥迪 A6\A6L\A4L\Q5 系列

北京远成通达汽车配件销售有限公司

公司地址：北京市朝阳区盛华汽配城二期 15 区 25 号
联系人： 徐杨
电　话： 010-67295280
手机号码：13241071271
传　真： 010-67295280
经营年限：6 年
员工数量：5 人
主营业务：华晨中华系列、海狮系列

北京京福利达商贸有限公司

公司地址：北京市朝阳区盛华汽配城 14 区 17 号
联系人： 马丙方
电　话： 010-67295115
传　真： 010-67295116
经营年限：20 年
主营业务：经销勇士全车配件

北京跃意兴达汽配经营部

公司地址：北京市朝阳区盛华汽配城二期 16 区 10 号
联系人： 黄飞跃
电　话： 010-51241725
手机号码：15210955488
经营年限：4 年
员工数量：4 人
主营业务：金杯、福田、中意、长安、五菱、夏利、威旺、奇瑞、比亚迪

北京联发五菱配件公司

公司地址：北京市朝阳区盛华汽配城 7 区 29 号
联系人： 宫建刚
电　话： 010-87156238
手机号码：18618463936
传　真： 010-87156237
经营年限：3 年
主营业务：五菱之光、五菱荣光、五菱之光 6390、五菱宏光、五菱宝骏

中超汽配

公司地址：北京市朝阳区盛华汽配城二期 16 区 15 号
联系人： 刘中超
电　话： 010-67295032
手机号码：13522944675
传　真： 010-67295032
经营年限：5 年
主营业务：金杯海狮、福田风景、金杯海星、阁瑞斯、沈阳中顺、金龙海狮、爱尔法、迷迪、蒙派克，全车配件

北京鑫隆福诚汽配

公司地址：北京市朝阳区盛华汽配城二期 15 区 18 号
联系人： 李忠强
电　话： 010-67295385
手机号码：13718574524
传　真： 010-67295380
经营年限：3 年
员工数量：4 人
主营业务：福田迷迪、蒙派克、萨普、风景、征服者全车配件，可订加急件，483\486\493 发动机配件

北京盛华嘉恒汽配销售中心

公司地址：北京市朝阳区盛华汽配城 12 区 28 号
联系人： 李岩
电　话： 010-87339468/67295156
手机号码：13021973896
传　真： 010-67295157
经营年限：4 年
主营业务：一汽轿车奔腾、B50、B70 全车配件

北京义海嘉诚汽配经营部

公司地址：北京市朝阳区盛华汽配城二期 16 区 13 号
联系人： 郝建
电　话： 010-67208593
手机号码：13439086754
传　真： 010-67208593
经营年限：3 年
员工数量：3 人
主营业务：批发奥迪、红旗配件

北京奥力兴源汽配销售中心

公司地址：北京市朝阳区盛华汽配城 14 区 20 号
联系人： 张来福
电　话： 010-87390361
手机号码：13691192259
传　真： 010-87390362
经营年限：5 年
主营业务：奇瑞配件

北京尚盟汽车服务有限公司

公司地址：北京市朝阳区盛华汽配城 8 区 16 号
联系人： 潘兆
电　话： 010-67208240
手机号码：15110216428
传　真： 010-67208342
员工数量：12 人
主营业务：东南、三菱全车系配件，台湾钣金件，台湾油品

北京宏业创兴

公司地址：北京市朝阳区盛华汽配城 6 区 38 号
联系人： 王芳瑞
电　话： 010-67208691
手机号码：13522486598
传　真： 010-67297079
经营年限：3 年
员工数量：4 人
主营业务：奇瑞汽车配件

北京宏林通达汽配销售中心

公司地址：北京市朝阳区盛华汽配城二期 15 区 1 号
联系人： 刘训山
电　话： 010-67295101
手机号码：13810640685
传　真： 010-67295102
经营年限：2 年
主营业务：奇瑞 S16（QQme)\S18(M1)\S18D(X1)\J18(G3)\B21(G5)\Q22(优优)\Q21(优派)\KOO(优胜)\K02(优胜 2 代），全车配件

商用车系列

北京盛华金越叉车配件销售中心

公司地址：北京市朝阳区盛华汽配城 3 区 12 号
联系人： 郭春福
电　话： 010-87339350
手机号码：13466458170
传　真： 010-67293375
经营年限：5 年
员工数量：4 人
主营业务：日本进口叉车配件，适用于：三菱、小松、TCM、丰田、日产、耶鲁、台励福、大宇、林德以及合力、杭州、大连等使用进口发动机配件

北京鑫京州商贸有限公司

公司地址：北京市朝阳区盛华汽配城 4 区 35-36 号
联系人： 肖爱玉
电　话： 010-67208202/64395063
手机号码：13718373282
经营年限：16 年
员工数量：8 人
主营业务：小解放、大柴 498、新江淮、新跃进、新金霸、多利卡、解放三吨、解放凯奥、解放赛龙、东风天龙、东风天锦、东风乘龙、金杯海狮、金杯货车、北京旗铃、福田骑仕、哈轻三吨、长安胜利、大柴、锡柴、玉柴、朝柴、扬柴、云内

北京四海威风汽配经营部

公司地址：北京市朝阳区盛华汽配城 4 区 8 号
联系人： 任伟平
电　话： 010-67208474
手机号码：13611373266
传　真： 010-67208284
经营年限：6 年
员工数量：5 人
主营业务：江铃、庆铃、五十铃系列全车配件

北京天业龙翔商贸有限公司

公司地址：北京市朝阳区盛华汽配城 7 区 8 号
联系人： 王茂军
电　话： 010-67208353
手机号码：13001221101
传　真： 010-67208351
经营年限：18 年
员工数量：5 人
主营业务：五十铃系列，江铃、庆铃、凯运、陆风、全顺、V348、顺达

北京天元联发汽车贸易有限责任公司王四营汽车配件分公司

公司地址：北京市朝阳区盛华汽配城 10 区 27-29 号
联系人： 任全增
电　话： 010-52432697
手机号码：13911419829
传　真： 010-67208637
员工数量：4 人
主营业务：一汽、二汽、陕汽、重汽、欧曼系列全车配件，发动机变速箱、后桥、全系列配件

北京通利盛发商贸有限公司

公司地址：北京市朝阳区盛华汽配城 10 区 9-10 号
联系人： 李常玲
电　话： 010-60249073/60245375
手机号码：13501229809/13552734674
传　真： 010-60249073
经营年限：20 年
员工数量：6 人
主营业务：一汽长春解放、一汽青岛解放、奥威、悍威、骏威、赛龙、赛麒麟、J5\J6、四大、双桥自卸、大柴、锡柴、道依茨、潍柴发动机配件，435\457\485\498\300 后桥配件

北京五方福缘汽配经营部

公司地址：北京市朝阳区盛华汽配城 14 区 34 号
联系人： 陈韧
手机号码：13520899268
传　真： 010-67295299
经营年限：6 年
员工数量：10 人
主营业务：北汽福田萨普征服者、蒙派克迷迪、风景爱尔法、冲浪传奇、奥铃全车配件及 4D22(483)\4D24(486)\493 欧Ⅲ \EQ486、福田康明斯 3.8\2.8 发动机件为主营，代理经销北汽福田汽车配件和寿光康跃增压器

北京双慧兴汽车配件有限公司

公司地址：北京市朝阳区盛华汽配城 10 区 5 号
联系人： 刘振怀
电　话： 010-64395596
手机号码：13901147864
传　真： 010-89488620
员工数量：6 人
主营业务：北京旗铃、旗龙、BJ1041\BJ1045、北京现代索纳塔、伊兰特全车配件，生产旗铃、旗龙驾驶室、车门、钣金件

北京盛达路通汽配经营部

公司地址：北京市朝阳区盛华汽配城 10 区 6 号
联系人： 王庆录
电　话： 010-67208256
手机号码：13552600986
经营年限：6 年
员工数量：12 人
主营业务：批发零售：斯太尔、豪沃、欧曼、挂车、机油、防冻液、风帆蓄电池、博世蓄电池、瓦尔塔蓄电池、全车配件

北京延永宏工贸有限责任公司

公司地址：北京市朝阳区盛华汽配城二期 16 区 2 号
联系人： 卫阿坡
手机号码：13910585727
传　真： 010-67472904
经营年限：8 年
员工数量：4 人
主营业务：依维柯、都灵 V、宝迪全车配件

北京桂柳机械配件有限公司

公司地址：北京市朝阳区盛华汽配城 10 区 30-31 号
联系人： 孙娟
电　话： 010-67471752
手机号码：13717667595
传　真： 010-67208719
经营年限：20 年
员工数量：5 人
主营业务：柳工系列产品及配件

广州佛朗斯机械有限公司北京分公司

公司地址：北京市朝阳区盛华汽配城 10 区 2 号
联系人： 魏凡
电　话： 010-67297318/67297638
手机号码：18001296880
传　真： 010-67297308
员工数量：5 人
主营业务：叉车配件

北京乐安汽配

公司地址：北京市朝阳区盛华汽配城二期 15 区 17 号
联系人： 曹云
电　话： 010-67295332
手机号码：15810611466
传　真： 010-67295332
经营年限：16 年
员工数量：16 人
主营业务：扬动、莱动、新昌、常柴、玉柴、扬柴、大柴、上柴、飞动、朝柴、无锡、云内、潍坊、全柴、洛拖等国产四缸、三缸、二缸各种柴油机配件

北京盛华锦程汽配销售中心

公司地址：北京市朝阳区盛华汽配城 10 区 7 号
联系人： 张春华
电　话： 010-87339401/67293411
手机号码：13501213081/13611388559
传　真： 010-87339401
员工数量：3 人
主营业务：河北长安客车配件、一汽成都华西客车配件、牡丹客车配件、北汽旗铃货车配件以及各种车型进口、国产汽车轴承、万向节

专项件系列

北京和兴润业商贸有限公司

公司地址：北京市朝阳区盛华汽配城 1 区 36 号
联系人： 王经理
电　话： 010-67208050
手机号码：13521301280
传　真： 010-67208051
经营年限：10 年
员工数量：5 人
主营业务：自创品牌宏润通，批发销售本田车系各种车型减振、悬挂、玻璃升降器、球笼、门锁电机、起动马达等产品，型号齐全、保证质量

北京世纪南侨商贸有限公司

公司地址：北京市朝阳区盛华汽配城 1 区 25 号
联系人： 马春月
电　话： 010-67208020
手机号码：13901128941
传　真： 010-67208021
经营年限：20 年
员工数量：3 人
主营业务：豫北原厂装车方向机、绍兴索密克公司原厂装车底盘件以及杭州轴瓦公司的配套系列产品，全国批发及零售，全部纯正原厂配套件，车型有：长城、江淮、福田、江铃、猎豹、比亚迪、日产、丰田、双环、大众、通用、金杯、切诺基等

北京瑞河鸿鹤汽配销售中心

公司地址：北京市朝阳区盛华汽配城 2 区 29 号
联系人： 张瑞保
电　话： 010-87330321
手机号码：13501388781
员工数量：4 人
主营业务：现代系列的大修包、缸垫、油封、气门、活塞环、活塞、气门顶、缸套、大小瓦等

北京世纪安信汽配经营部

公司地址：北京市朝阳区盛华汽配城 1 区 3 号
联系人： 李红 / 甘雨
电　话： 010-67293038/67293039
手机号码：13671124254/18500136839
传　真： 010-67293039
员工数量：5 人
主营业务：现代、起亚精品底盘件，精品皮带专营

北京昌信汽配

公司地址：北京市朝阳区盛华汽配城 3 区 1-2 号
联系人： 王明
电　话： 010-67293215
手机号码：13716210683
传　真： 010-67293225
经营年限：10 年
员工数量：10 人
主营业务：奥迪发动机系列、钢圈系列、ACDELCO 品牌系

北京瑞奥达顺汽配经营部

公司地址：北京市朝阳区盛华汽配城 4 区 21 号
联系人： 张增国
电　话： 010-67208015
手机号码：13426387185
传　真： 010-67208014
经营年限：7 年
主营业务：上海大众、一汽大众、奥迪、水箱框架、底护板、保险杠及相关外观件

北京盛华菱奥汽配经营部

公司地址：北京市朝阳区盛华汽配城 1 区 32 号
联系人： 李俊国
电　话： 010-87151415
手机号码：13501163859
主营业务：沈阳航天三菱发动机、绵阳新晨发动机、东安三菱发动机配件、整机、秃机、短发动机及散件，批发发动机曲轴、轴瓦、活塞、活塞环、缸体、缸盖系列产品

北京佳士特翼汽配经营中心

公司地址：北京市朝阳区盛华汽配城 3 区 23-24 号
联系人： 王刚
电　话： 010-67293210/67293211
手机号码：18611752997/18600085277
传　真： 010-67293169
员工数量：8 人
主营业务：压缩机、冷凝器、水箱、电子扇、高压线，常州丰源电子扇北京总代理，上海邦德冷凝器北京总代理，奔驰、宝马、奥迪、丰田、本田、日产、通用、马自达、三菱各车系

北京市环宇浩业汽配经营中心

公司地址：北京市朝阳区盛华汽配城 1 区 37 号
联系人： 程雪飞
电　话： 010-84569123
手机号码：13693181848
传　真： 010-67208646
员工数量：5 人
主营业务：批发消声器、三元催化器（订做、改装）

北京宝松兴达汽配经营部

公司地址：北京市朝阳区盛华汽配城 3 区 14 号
联系人： 肖印宝
电　话： 010-67208199
手机号码：13911093835
传　真： 010-67208815
主营业务：油封、缸垫、大修包、盛仕达活塞环、DAYCO 皮带

北京盛世秦龙商贸有限公司

公司地址：北京市朝阳区盛华汽配城 3 区 18-19 号
联系人： 高翘楚
电　话： 010-87156071
手机号码：13572042902
传　真： 010-87330298
经营年限：10 年
员工数量：20 人
主营业务：索菲玛滤清器、菲罗多 / 耐磨士刹车片、冠军 /NGK 火花塞、法雷奥雨刷片、菲亚姆喇叭、车仆养护品、宝孚 / 马勒 / 曼牌滤清器、WD-40 防锈剂、美孚 / 壳牌 / 嘉实多机油

北京汽车钥匙王

公司地址：北京市朝阳区盛华汽配城 3 区 21 号
联系人： 周福军
电　话： 010-86388638
手机号码：13521242124
经营年限：9 年
员工数量：5 人
主营业务：汽车钥匙、摇控器、汽车锁、智能卡、解码器、改装钥匙、纽扣电池

北京盛华得福汽配经营部

公司地址：北京市朝阳区盛华汽配城 2 区 16 号
联系人： 客志伟
电　话： 010-67208012
手机号码：13901165195
传　真： 010-64393180
主营业务：上海大众、一汽大众全车油封、密封件、缸垫、大修包，长春恩福油封、长春爱尔铃密封件

北京盛世恩威汽配经营部

公司地址：北京市朝阳区盛华汽配城 3 区 29 号
联系人： 张聪
电　话： 010-67208588
手机号码：15910771207
传　真： 010-67208589
经营年限：6 年
员工数量：4 人
主营业务：恩福油封、NGK 火花塞、电装火花塞、伊林大修包、缸垫、密封垫、国昌缸线、依维柯、都灵 V、宝迪

北京瑞福泽商贸有限责任公司

公司地址：北京市朝阳区盛华汽配城 4 区 6 号
联系人： 徐经理
电　话： 010-67208142
手机号码：13910842195
传　真： 010-87523841
经营年限：8 年
主营业务：机油（美孚、壳牌、嘉实多、统一）、电瓶（统一、风帆、骆驼、德尔福、瓦尔塔）、博世系列、标榜、刹车片

北京青森兴业汽配经营部

公司地址：北京市朝阳区盛华汽配城 5 区 26 号
联系人： 王永平
电　话： 010-67208251
手机号码：13718982241
传　真： 010-67208255
经营年限：6 年
员工数量：4 人
主营业务：油漆辅料

盛华顺达汽配经营部

公司地址：北京市朝阳区盛华汽配城 6 区 37 号
联系人： 葛金红
电　话： 010-67208309
手机号码：13901199481
传　真： 010-67208309
经营年限：4 年
员工数量：3 人
主营业务：汽车水箱及配件

北京台裕汽车电机工业制造有限公司

公司地址：北京市朝阳区盛华汽配城 2 区 17-18 号
联系人： 金春兰
电　话： 010-60358229/60358230
手机号码：13701068649
传　真： 010-60358122
经营年限：10 年
员工数量：100 人
主营业务：汽车起动马达、发电机、空调压缩机再生、加工、销售部以及售后服务

北京北方通宝汽车配件有限公司

公司地址：北京市朝阳区盛华汽配城 4 区 32-33 号
联系人： 王经理
电　话： 010-67208352
手机号码：13901075753
传　真： 010-67208350
经营年限：20 年
员工数量：18 人
主营业务：LUK\FAG\BOSCH\VDEO\TRW\FLAMM\2F\SKF\VDO\FEBJ 等授权经销产品

北京统域凯源商贸有限公司

公司地址：北京市朝阳区盛华汽配城 4 区 5 号
联系人： 贺龙
电　话： 010-67208410
传　真： 010-67208413
经营年限：5 年
员工数量：12 人
主营业务：润滑油、汽车消耗品、防冻液、柴机油、汽机油

北京奥开通汽配经营部

公司地址：北京市朝阳区盛华汽配城 3 区 8 号
联系人： 崔烨干
电 话： 010-67208225
手机号码：15811159398
传 真： 010-67208225
经营年限：20 年
员工数量：6 人
主营业务：原厂代工刹车盘、刹车片

北京丽彩达汽配经营部

公司地址：北京市朝阳区盛华汽配城 6 区 24 号
联系人： 王伟
电 话： 010-67208226
手机号码：15711133888
传 真： 010-67208163
主营业务：批发各种汽车油漆、辅料（原子灰、填眼灰、美纹纸、纸漏斗、塑料底漆、除尘布、单鹰纱纸、清漆、固化剂、接口水、烤漆稀料）

北京锦兴振通汽配经营部

公司地址：北京市朝阳区盛华汽配城 6 区 29 号
联系人： 韩振良
电 话： 010-67208357
手机号码：13718198669
传 真： 010-67208357
经营年限：5 年
员工数量：3 人
主营业务：汽车发电机、起动机

北京德龙伟业汽车配件经营部

公司地址：北京市朝阳区盛华汽配城 7 区 12 号
联系人： 肖峰
电 话： 010-67208821/67208538
手机号码：18001029991
传 真： 010-60624026
经营年限：18 年
员工数量：6 人
主营业务：品牌易损件（博世、法雷奥、萨克斯、Lee、SKF、马牌、骆氏、曼牌、李氏、佛山、爱尔特、车仆、永凯达、马勒、Airtex、泰明顿）

北京五方京安汽配经营部

公司地址：北京市朝阳区盛华汽配城 6 区 18 号
联系人： 宋绍永
电 话： 010-67208639
手机号码：13661026156
传 真： 010-67208639
经营年限：8 年
员工数量：3 人
主营业务：增压器、刹车泵、制动阀、轴瓦、钢垫、皮带、油封

北京鹏成兴业汽配销售中心

公司地址：北京市朝阳区盛华汽配城 6 区 3-4 号
联系人： 邓亚东
电 话： 010-87339394
手机号码：13552908099
传 真： 010-67208478
经营年限：3 年
员工数量：4 人
主营业务：起动机、齿轮、开关、发电机、调节器、碳刷架、压缩机以及相关配件

北京文成兴业汽配经营部

公司地址：北京市朝阳区盛华汽配城 5 区 30 号
联系人： 苑经理
电 话： 010-67208480
手机号码：13031149283
传 真： 010-64395283
经营年限：6 年
员工数量：4 人
主营业务：消声器、三元催化

北京瑞达申华汽配经营部

公司地址：北京市朝阳区盛华汽配城 5 区 1 号
联系人： 程经理
电 话： 010-67208429
手机号码：13439455701
经营年限：5 年
主营业务：灯泡、喇叭、雨刷、火花塞、继电器、双面胶、氙气灯

楚安兴业

公司地址：北京市朝阳区盛华汽配城 5 区 3 号
联系人： 汪梦芳
电 话： 010-67208300
手机号码：13391703371
经营年限：10 年
员工数量：3 人
主营业务：变速箱总成及零散件

北京市坤广兴源汽配经营部

公司地址：北京市朝阳区盛华汽配城 4 区 10 号
联系人： 李建强
电 话： 010-67208048
手机号码：13167367559
传 真： 010-67208049
经营年限：7 年
主营业务：汽车消声器、三元催化器

宏渠盛业（北京）贸易有限公司

公司地址：北京市朝阳区盛华汽配城 5 区 9 号
联系人： 宋胜勇
电 话： 010-67297859
手机号码：13910952365
传 真： 010-67477939
经营年限：5 年
员工数量：5 人
主营业务：汽车起动机、发电机、空调泵

北京万安盛兴汽配经营部

公司地址：北京市朝阳区盛华汽配城 6 区 40 号
联系人： 武模济
电 话： 010-87151368
手机号码：13366060671
传 真： 010-67208025
经营年限：7 年
员工数量：7 人
主营业务：汽车配件、轴承

北京剑欣顺达空调设备商行

公司地址：北京市朝阳区盛华汽配城 4 区 11 号
联系人： 佘剑
电 话： 010-87825819/400-6260-636
手机号码：18601021569
传 真： 010-67293182
主营业务：剑鑫品牌压缩机、冷凝器、蒸发器、离合器等空调配件

北京亿润永聚汽配经营部

公司地址：北京市朝阳区盛华汽配城 5 区 25 号
联系人： 谷江
电 话： 010-67208115/67208116
手机号码：13552348148
主营业务：进口、国产汽车玻璃、专业安装

北京优庆好光汽配经营部

公司地址：北京市朝阳区盛华汽配城 6 区 28 号
联系人： 王希海
电 话： 010-67208321/67208322
手机号码：13051776453
传 真： 010-67208321
经营年限：5 年
主营业务：各种车型 ABS 传感器、高压线、汽油泵芯和电器件

北京嘉文泽汽配经营部

公司地址：北京市朝阳区盛华汽配城 5 区 35 号
联系人： 周经理
电 话： 010-67208252
手机号码：13911522605
传 真： 010-67208253
经营年限：6 年
主营业务：华安配件、水箱

北京华迪惠通汽配经营部

公司地址：北京市朝阳区盛华汽配城 6 区 34 号
联系人： 杨文亮
电 话： 010-67208345
手机号码：13141225534
经营年限：7 年
主营业务：三元催化、消声器

力爽北方市场拓展部（北京盛达必得商贸中心）

公司地址：北京市朝阳区盛华汽配城 5 区 20 号
联系人： 耿娜
电 话： 010-67208447
经营年限：8 年
主营业务：力爽高性能环保节能点火线系列

北京鸣辰远业汽配经营部

公司地址：北京市朝阳区盛华汽配城 7 区 13-14 号
联系人： 姜志刚
电 话： 010-67208133/67208134
传 真： 010-67208136
经营年限：5 年
员工数量：6 人
主营业务：定德国期货、变速箱电脑、发动机件、灯具，品牌代理：海拉、法雷奥、博格华纳、博世、NTN、啄木鸟、索菲玛

石家庄市华利经贸有限公司北京分公司

公司地址：北京市朝阳区盛华汽配城 7 区 17-18 号
联系人： 孙耀伟
电 话： 010-51450268
手机号码：15632354321
传 真： 010-87151872
经营年限：20 年
主营业务：博世电喷件、易损件、德士福电喷、盖浦电喷

北京元业隆科技发展有限公司

公司地址：北京市朝阳区盛华汽配城 7 区 6 号
联系人：霍红
电　话：010-67208370
手机号码：13801307723
传　真：010-67208371
经营年限：10 年
主营业务：电喷配件

北京盛达万都

公司地址：北京市朝阳区盛华汽配城 5 区 29 号
联系人：王仁华
电　话：010-87523783
手机号码：15110288850
经营年限：5 年
员工数量：8 人
主营业务：北京现代底盘易损件

北京赛虎汽车配件有限责任公司

公司地址：北京市朝阳区盛华汽配城 7 区 16 号
联系人：苏磊
电　话：010-87339408/87339409
手机号码：13901154285
传　真：010-87330481-803
经营年限：12 年
员工数量：20 人
主营业务：各车型汽车离合器、减振器、水泵、分离轴承、轮毂轴承单元、离合器总、分泵、球笼修包、涨紧轮

北京盛河源贸易有限公司

公司地址：北京市朝阳区盛华汽配城 7 区 30 号
联系人：刘经理
电　话：010-67293088/67293087
手机号码：13264295683/13911409690
传　真：010-67293086
经营年限：5 年
员工数量：5 人
主营业务：品牌代理：GKN\LUK\INA\FAG\SKF\optibelt\ZF\NTN\STABILUS\MONROE\WAIKER

北京京奥祥瑞汽配经营部

公司地址：北京市朝阳区盛华汽配城 10 区 3-4 号
联系人：黎志瑜
电　话：010-67208326
手机号码：13691242494
传　真：010-67208326
员工数量：6 人
主营业务：国产、原装进口汽车蓄电池，UPS 电瓶、摩托车用电瓶，厂家直销：正统牌蓄电瓶，授权代理：统一、风帆、骆驼、东北品牌蓄电池

北京新艺友福轮毂

公司地址：北京市朝阳区盛华汽配城 9 区 31 号
联系人：刘锦
电　话：010-60624022
手机号码：13146747831
员工数量：4 人
主营业务：批发改装、原装大尺寸、戴卡原厂轮圈

北京恒云翔商贸有限公司

公司地址：北京市朝阳区盛华汽配城 10 区 11-14 号
联系人：曹勋
电　话：010-67470825/67470823
手机号码：13910652376/13701259513
传　真：010-67470825
经营年限：20 年
主营业务：汽车轮胎、福斯机油，普利司通北京代理商、固特异轮胎北京代理商、福斯机油北京代理商

优配汽车零件贸易（北京）有限公司

公司地址：北京市朝阳区盛华汽配城 8 区 15 号
联系人：许盼
电　话：010-67208166/67208488
手机号码：18612435218
传　真：010-67208661
经营年限：5 年
员工数量：35 人
主营业务：汽车系统件：刹车片、刹车盘、五滤、火花塞、高压线、点火线圈、汽油泵、皮带、涨紧器、涨紧轮、灯泡、发电机、起动机、压缩机、冷媒、雨刮片、变速箱油、控制臂、减振器、球笼、离合器、各种添加剂、各类胶、空气流量计、氧传感器、油管、卡箍、各种腊

北京市鑫鸿翔商贸中心

公司地址：北京市朝阳区盛华汽配城 9 区 29-30 号
联系人：于宗昌
电　话：010-67208578
手机号码：13801235643
传　真：010-67208579
经营年限：15 年
员工数量：6 人
主营业务：批发零售普利司通、邓禄普、米其林、固特异、韩泰等各国合资进口轮胎、发货及时

北京聚德利荣汽配

公司地址：北京市朝阳区盛华汽配城 10 区 23 号
联系人：宁宇然
手机号码：13691058773
传　真：010-87151386
经营年限：7 年
主营业务：各种客车、货车变速箱总成及零配件，哈尔滨一汽变速箱有限公司北京总代理、浙江东风齿轮有限公司北京总代理

北京合兴威达汽配经营部

公司地址：北京市朝阳区盛华汽配城 14 区 14 号
联系人：田保刚
电　话：010-67295008
手机号码：13264021791
员工数量：4 人
主营业务：电池、机油、防冻液、氟、玻璃水，各种品牌汽车护理品

北京顺安世纪汽配经营部

公司地址：北京市朝阳区盛华汽配城 10 区 8 号
联系人：寿权
电　话：010-67208082
手机号码：13439981388
传　真：010-87151387
员工数量：4 人
主营业务：汽车底盘、泵类与阀类

北京天永天卓汽配经营部

公司地址：北京市朝阳区盛华汽配城 6 区 35 号
联系人：汪聿灯
电　话：010-67208233/57109776
手机号码：13641297119
主营业务：上海大众纯正内饰、外饰件

北京橡胶树科贸有限公司

公司地址：北京市朝阳区盛华汽配城 10 区 18-20 号
联系人：王喜增
电　话：010-67208391
手机号码：13366040733
员工数量：5 人
主营业务：轮胎

北京永盛义海商贸有限公司

公司地址：北京市朝阳区盛华汽配城 10 区 1-B
联系人：张广林
手机号码：13552335319
主营业务：机油、电瓶、防冻液、黄油、玻璃水、灭火器、化油清洗剂，批发、零售兼专业电瓶安装回收

北京色彩佳商贸有限公司

公司地址：北京市朝阳区盛华汽配城 10 区 26 号
联系人：安丰明
电　话：010-87339277/87339276
手机号码：13901123767
员工数量：12 人
主营业务：汽车油漆、辅料

北京俊兴通达汽配销售中心

公司地址：北京市朝阳区盛华汽配城二期 16 区 12 号
联系人：李俊波
电　话：010-67295435/53630311
手机号码：18801135315
传　真：010-67295435
主营业务：航天三菱、东安三菱、绵阳新晨发动机批发

从讯（北京）商贸有限公司

公司地址：北京市朝阳区盛华汽配城 14 区 22 号
联系人：赵腊梅
电　话：010-67379265
手机号码：13124790653
传　真：010-87764281
经营年限：9 年
员工数量：50 人
主营业务：汽车润滑油、汽车美容产品

北京宏峰行经贸有限责任公司

公司地址：北京市朝阳区盛华汽配城 13 区 15-16 号
联系人：王胜军
电　话：010-67295401
手机号码：13311367203
传　真：010-67295272
经营年限：2 年
员工数量：7 人
主营业务：萨塔喷枪、PPG 油漆、3M 产品、日本动力喷枪、国产油漆

北京盛世瑞业汽配销售中心

公司地址：北京市朝阳区盛华汽配城 14 区 26 号
联系人：薛爱芬
电　话：010-67295350
手机号码：13522927303
传　真：010-67295351
经营年限：4 年
员工数量：3 人
主营业务：各车型汽车发动机下护板（有铁、铝、钛合金下护板）

北京文合捷兴汽配商行

公司地址：北京市朝阳区盛华汽配城 12 区 18 号
联系人：柳斌
电　话：010-67376837
手机号码：13301135900/13801056377
传　真：010-67376837
经营年限：3 年
员工数量：3 人
主营业务：专营进口汽车玻璃、空运急件、海运期货、现货安装、保险理赔

北京好运通安达汽车配件有限公司

公司地址：北京市朝阳区盛华汽配城 13 区 9 号
联系人：李振宗
电　话：010-85778060
手机号码：13601134682
传　真：010-67295106
经营年限：4 年
员工数量：3 人
主营业务：汽车油漆、汽车喷漆辅料、喷枪

中国汇润机电北京专卖店

公司地址：北京市朝阳区盛华汽配城二期 15 区 14 号
联系人：胡平
电　话：010-67297262
手机号码：18958895966
传　真：010-67297262
经营年限：5 年
员工数量：3 人
主营业务：燃油泵及总成、氧传感器、点火线圈、高压线、火花塞等

北京京通凯发汽配商行

公司地址：北京市朝阳区盛华汽配城 9 区 39 号
联系人：裴丽娟
电　话：010-87151052
手机号码：15810194086
主营业务：汽车配件，水箱、冷凝器、电子扇

金浩兴北汽车电器

公司地址：北京市朝阳区盛华汽配城 12 区 8 号
联系人：曾小超
电　话：010-67295390
手机号码：13581772222
传　真：010-67295390
经营年限：2 年
员工数量：7 人
主营业务：喇叭、继电器、氙气灯、灯泡等汽车易损件

珠海格莱利摩擦材料 CAC 刹车片驻京办

公司地址：北京市朝阳区盛华汽配城 13 区 18 号
联系人：曾建军
电　话：010-67295086
手机号码：13910261843
传　真：010-67295086
经营年限：10 年
主营业务：经销 CAC 品牌各车型中高档陶瓷基刹车片

北京睿麒世纪汽配中心

公司地址：北京市朝阳区盛华汽配城 14 区 10 号
联系人：刘锋
电　话：010-67295356
手机号码：13810919919
传　真：010-67295365
经营年限：6 年
员工数量：6 人
主营业务：汽车轴承、皮带、涨紧轮、涨紧器

无锡市雀来宝汽车零部件有限公司

公司地址：北京市朝阳区盛华汽配城 14 区 27-28 号
联系人：杨天中
电　话：010-81957777
传　真：010-83597095
经营年限：10 年
员工数量：4 人
主营业务：橡胶底盘件

北京极智盛华汽配销售中心

公司地址：北京市朝阳区盛华汽配城 13 区 12 号
联系人：李泽红
电　话：010-67295319
手机号码：15001177519
传　真：010-67295460
经营年限：4 年
员工数量：3 人
主营业务：销售德国辅助驾驶产品，T-MAX 全部产品、上海产雅泛迪轮圈、TJM 越野配件

北京北方华雕汽配商行

公司地址：北京市朝阳区盛华汽配城 12 区 24 号
联系人：彭堂丹
电　话：010-68165395
手机号码：13693368873
经营年限：3 年
员工数量：9 人
主营业务：力骆灯泡、禅光汽车照明、飞利浦、欧司朗汽车照明、继电器、大灯增亮器、HID 氙气灯、无骨雨刷片、喇叭、大灯插头、各种保险片、小太阳灯

北京京宝威商贸有限公司

公司地址：北京市朝阳区盛华汽配城 14 区 23 号
联系人：赵晓巍
电　话：010-67295339
手机号码：13426025210
员工数量：5 人
主营业务：美系、德系、拓普品牌、橡胶件、底盘件、悬挂等

东营信义汽车配件有限公司北京总店

公司地址：北京市朝阳区盛华汽配城 11 区 4 号
联系人：张光进
电　话：010-67295455/67295466
手机号码：15288882699/15311116869
经营年限：4 年
员工数量：5 人
主营业务：信义刹车片、刹车盘

北京文叶贸易有限公司

公司地址：北京市朝阳区盛华汽配城 13 区 19 号
联系人：于招云
电　话：010-67297023
手机号码：13810852838
传　真：010-67297093
经营年限：3 年
主营业务：经销大众车系橡胶水管、发动机部件

珠海华粤离合器北京办事处

公司地址：北京市朝阳区盛华汽配城 14 区 12 号
联系人：王连众
电　话：010-67475228
手机号码：13501228045
传　真：010-67477433
员工数量：5 人
主营业务：离合器压盘、片、分离轴承、刹车片

北京丰兴加南汽配销售中心

公司地址：北京市朝阳区盛华汽配城 14 区 33 号
联系人：余洲
电　话：010-67295014/67295015
手机号码：15810513195
传　真：010-67295015
经营年限：7 年
员工数量：5 人
主营业务：韩国进口刹车片、MOBIS 原厂、韩国配套品牌、相信刹车片

北京双通恒业汽配销售中心

公司地址：北京市朝阳区盛华汽配城二期 15 区 9 号
联系人：李晓琳
电　话：010-67295487
手机号码：15910247593
传　真：010-67295497
经营年限：3 年
员工数量：4 人
主营业务：水箱、冷凝器、空调泵、空调管等空调配件，涡轮增压器

北京盛旭佳业汽配商行

公司地址：北京市朝阳区盛华汽配城 14 区 9 号
联系人：陈旭华
电　话：010-87393551
手机号码：13552599919
传　真：010-67295335
经营年限：5 年
主营业务：各种车型底盘件

北京京兴航修锁技术服务有限公司

公司地址：北京市朝阳区盛华汽配城二期 16 区 26 号
联系人：于佩云
电　话：010-67295309
手机号码：15801513606
经营年限：3 年
主营业务：配汽车钥匙、汽车锁维修、芯片钥匙、智能钥匙、摇控器

北京邦达悦信汽车配件销售中心

公司地址：北京市朝阳区盛华汽配城二期 15 区 20 号
联系人：牟喜悦
电　话：010-67295306/52436248
手机号码：15910588967
传　真：010-67295306
经营年限：5 年
员工数量：4 人
主营业务：博世火花塞、电瓶、雨刮片、刹车片、喇叭、电喷元件全系列配件，德克萨斯大众系列配件代理，大众全车配件，汽车深度养护产品（喷油嘴清洗剂、进气道清洗剂、三元清洗剂、发动机内部清洗剂、搞磨剂等）

北京禾邦伟业汽车配件销售中心

公司地址：北京市朝阳区盛华汽配城二期 15 区 4 号
联系人：詹印美
电　话：010-87322292
手机号码：18613811315/13910715331
经营年限：20 年
员工数量：5 人
主营业务：北京现代离合器、ABS 传感器，代理浙江天岳汽车电器有限公司、江西天岳汽车电器有限公司产品

北京鑫海顺腾汽配销售中心

公司地址：北京市朝阳区盛华汽配城二期 16 区 21 号
联系人：王斌
电　话：010-67295257/57021335
手机号码：15811533613
传　真：010-67295257
经营年限：5 年
员工数量：8 人
主营业务：点火线圈、气囊线圈、火花塞、高压线

北京宏达伟业汽配经营部

公司地址：北京市朝阳区盛华汽配城二期 16 区 29 号
联系人：张新彬
电　话：010-67295238
手机号码：13146585230
主营业务：维修销售各种车型变速箱及配件

鸿业远图

公司地址：北京市朝阳区盛华汽配城 14 区 32 号
联系人：李枫
电　话：010-87399520/67208693
手机号码：13910842982
传　真：010-67295063
经营年限：3 年
员工数量：3 人
主营业务：VDO 地区代理，怠速马达、节气门、汽油泵、汽油泵芯

汽保设备、维修工具系列

北京鑫天浩海汽车用品有限公司

公司地址：北京市朝阳区盛华汽配城 2 区 6 号
联系人：李钢
电　话：010-67293008
手机号码：13311317844
传　真：010-67208684
经营年限：5 年
员工数量：5 人
主营业务：汽车工时工具、汽车全车检测仪、专车专用检测仪、汽保工具、维修汽车电脑

北京盛华永恒汽配经营部

公司地址：北京市朝阳区盛华汽配城 4 区 7 号
联系人：田俊
电　话：010-67293080
手机号码：13146125712
经营年限：7 年
员工数量：4 人
主营业务：各种汽车检测设备、东良工具、鹰之印工具、史密得大梁校正仪、奥利丰烤漆房

北京盛鸿金业汽配经营部

公司地址：北京市朝阳区盛华汽配城 14 区 30 号
联系人：金崇信
手机号码：13801288939
传　真：010-67295120
经营年限：20 年
员工数量：3 人
主营业务：高压清洗机、高压水管道疏通机、迷雾造景加湿机及售后服务

北京京庆伟业汽配经营部

公司地址：北京市朝阳区盛华汽配城 5 区 8 号
联系人：陈德庆
电　话：010-87330885
手机号码：13301266969
传　真：010-87151200
员工数量：15 人
主营业务：专业生产大梁校正仪、钣金整形修复设备、整厂配套、咨询、整厂搬迁，烤漆房销售、安装、维修、换棉及搬迁，双柱、四柱、剪式举升机、四轮定位、电脑解码器、扒胎机、平衡机，各种快修及美容设备、冷热水清洗机

北京天润力鸿科技发展有限公司

公司地址：北京市朝阳区盛华汽配城二期 15 区 27 号
联系人：王永峰
电　话：010-84333486/52422320
手机号码：13501178736
传　真：010-84333486
经营年限：20 年
员工数量：5 人
主营业务：汽保工具设备、整厂规模配套，主要产品：意大利 GLOBALJIG 大梁校正仪、意大利 DECA 焊接设备、德国 W+S 铝车身维修工具、台湾西帝工具、汽车美容清洗设备、汽车免喷漆凹陷修复工具、玻璃修复工具

北京联拓众为科贸有限公司

公司地址：北京市朝阳区盛华汽配城 5 区 2 号
联系人：安国勇
电　话：010-67208257/67208258
手机号码：13911044281
传　真：010-67208258
主营业务：汽车检测仪器、进口设备（扒胎机、动平衡、四轮定位仪）工具等

汽车用品系列

北京市腾依卓欣汽配经营部

公司地址：北京市朝阳区盛华汽配城 3 区 4 号
联系人：李英
电　话：010-87339519/67293283
手机号码：15901031419
传　真：010-67293263
主营业务：专业生产设计：韩系、日系、欧美、国产 SUV 改装件，进口、国产高档原厂越野车 SUV 汽车外饰件、前后护杠、踏板、行李架、尾翼、中网、大包围、LED 灯、挡泥板、发动机下护板、韩国原装进口电镀件、雨挡、各种车型遮物帘、隔物板，双龙全车配件、奔驰 MB100、12 座面包、爱腾、享御、雷斯特、路帝、主席全车配件及装饰件

北京帅星技术培训中心有限公司

公司地址：北京市朝阳区盛华汽配城 5 区 23 号
联系人：刘丽
电　话：010-67208520
手机号码：13141388398
经营年限：8 年
员工数量：4 人
主营业务：汽车养护用品

北京奥顺通汽车装饰

公司地址：北京市朝阳区盛华汽配城 12 区 11 号
联系人：马中杰
手机号码：13146805383
经营年限：3 年
员工数量：3 人
主营业务：汽车装饰

北京艺人坊汽车装饰中心

公司地址：北京市朝阳区盛华汽配城 12 区 12 号
联系人： 王军
电　话： 010-67295321
手机号码：13716494493
经营年限：3 年
员工数量：4 人
主营业务：专业翻新仪表台、气囊、内饰板塑料件及全车翻新、蒙皮、改色，顶篷包绒、包鹿皮等，桃木、碳纤维制作

北京路易通汽车音响装饰中心

公司地址：北京市朝阳区盛华汽配城 13 区 3-4 号
联系人： 喻博
电　话： 010-67295056
手机号码：13910986925
经营年限：4 年
员工数量：5 人
主营业务：贴膜、美容、专车专用 DVD 导航、原厂屏升级、欧华 4G 云导航、封釉、镀膜、室内清洗桑拿、座套、脚垫、座垫等汽车用品

北京红山头汽车装饰中心

公司地址：北京市朝阳区盛华汽配城 12 区 15-16-17 号
联系人： 林玉加
电　话： 010-67295053
手机号码：13611194327
传　真： 010-67295052
经营年限：5 年
员工数量：12 人
主营业务：无尘贴膜、音响改装、DVD 导航、全车隔音、一键启动、定速巡航、SUV 改装、封釉镀膜、底盘装甲、真皮座椅、车身改色个性化设计，美国强生、美国雷朋汽车隔热膜会员店、飞歌 DVD 导航黄金家族店及区域代理

北京天诚豫龙汽车装饰中心

公司地址：北京市朝阳区盛华汽配城二期 15 区 21 号
联系人： 李民众
电　话： 010-67295089
手机号码：13522268965
传　真： 010-67295189
经营年限：3 年
员工数量：3 人
主营业务：一键启动、车窗自动关闭器、全车亮条、大灯罩、尾灯罩、改装车标、天窗自动关闭器、前后护杠、脚踏板

广州群艺汽车内室翻新改装材料有限公司北京分公司

公司地址：北京市朝阳区盛华汽配城 12 区 7 号
联系人： 邹光辉
电　话： 010-67295404
手机号码：13260077790
经营年限：9 年
员工数量：3 人
主营业务：汽车内室翻新、改装材料、皮革、绒布、麂皮、真皮、仿皮、超纤皮、仿皮扎线、软包、桃木、石灰纤维、胶水、油漆

北京创鑫福汽车装饰中心

公司地址：北京市朝阳区盛华汽配城 12 区 19 号
联系人： 宋桂明
手机号码：15810868786
经营年限：3 年
主营业务：导航、空调、音响安装维修，汽车装饰、贴膜

广丰顺汽配装饰

公司地址：北京市朝阳区盛华汽配城 12 区 9 号
联系人： 潘叔爱
手机号码：13701222268
经营年限：5 年
员工数量：3 人
主营业务：装饰、贴膜、音响、座套

北京淮中兴汽车用品有限责任公司

公司地址：北京市朝阳区盛华汽配城 12 区 13-14 号
联系人： 王忠远
电　话： 010-67295177
手机号码：13501054196
传　真： 010-67295176
经营年限：3 年
员工数量：5 人
主营业务：汽车零配件、工艺品

北京久祥隆

公司地址：北京市朝阳区盛华汽配城 13 区 1-2 号
联系人： 邓言伍
手机号码：13311396402
经营年限：5 年
员工数量：4 人
主营业务：贴膜、音响、导航、美容、改装

北京伯莱塔汽车装饰部

公司地址：北京市朝阳区盛华汽配城 13 区 21 号
联系人： 李富贵
手机号码：13366240751
传　真： 010-87390857
经营年限：1 年
员工数量：4 人
主营业务：各种越野 SUV 车侧踏板、行李架、前后下护板

北京奥美金舆汽车装饰中心

公司地址：北京市朝阳区盛华汽配城 13 区 5 号
联系人： 马女士
电　话： 010-67295025
手机号码：13161163333
经营年限：4 年
员工数量：3 人
主营业务：音响改装、贴膜、导航、防盗、车身改色

北京家家安商贸有限公司

公司地址：北京市朝阳区盛华汽配城 13 区 14 号
联系人： 方东浩
电　话： 010-67208850
手机号码：18710139476
经营年限：4 年
主营业务：韩国车系保留原车 CD 机、导航 GPS、CMMB、倒车后视、行车记录仪

北京盛华威固汽车装饰中心

公司地址：北京市朝阳区盛华汽配城 12 区 1-6 号
联系人： 王宁
电　话： 010-67295188
手机号码：18911666077
传　真： 010-67295166
经营年限：4 年
员工数量：12 人
主营业务：保时捷配件和改装，汽车美容、贴膜

汽车维修保养系列

北京新禄昌盛

公司地址：北京市朝阳区盛华汽配城 9 区 12 号
联系人： 刘明
手机号码：13161682888
经营年限：3 年
员工数量：3 人
主营业务：汽修保养

金驰方元汽车维修中心

公司地址：北京市朝阳区盛华汽配城 9 区 13 号
联系人： 杨永贵
电　话： 010-67208250
手机号码：13718005418
主营业务：专修：Jeep、特拉卡、牧马人、圣达菲、奥迪、越野车改装

北京嘉德汽车服务中心

公司地址：北京市朝阳区盛华汽配城 9 区 14-15 号
联系人： 王永亭
电　话： 010-67208816
手机号码：13031166397
传　真： 010-67208816
经营年限：6 年
员工数量：3 人
主营业务：钣金喷漆、机修变速

北京远奔路路琦汽配经营部

公司地址：北京市朝阳区盛华汽配城 9 区 16 号
联系人： 刘海涛
电　话： 010-57017910
手机号码：15101152655
经营年限：10 年
员工数量：4 人
主营业务：斯巴鲁、现代、中华

北京奥峰林汽车服务有限公司

公司地址：北京市朝阳区盛华汽配城 9 区 21 号
联系人： 张志华
电　话： 010-67208688
手机号码：13701027728
传　真： 010-65487367
经营年限：10 年
员工数量：5 人
主营业务：主修宝马、本田、奔驰

北京联合理程汽车配件中心

公司地址：北京市朝阳区盛华汽配城 9 区 17-19 号
联系人： 薛长宝
手机号码：13801310546
员工数量：5 人
主营业务：越野车改装、维修

京诚信达

公司地址：北京市朝阳区盛华汽配城 9 区 1 号
联系人： 任学旺
电 话： 010-67208005
手机号码：13911274060/18611117775
传 真： 010-67208005
经营年限：7 年
员工数量：7 人
主营业务：钣金、喷漆

北京景之瑞汽配销售中心

公司地址：北京市朝阳区盛华汽配城 9 区 20 号
联系人： 许素霞
手机号码：13611113188
员工数量：3 人
主营业务：快修、保养

北京祥远汽配服务中心

公司地址：北京市朝阳区盛华汽配城 9 区 23 号
联系人： 刘祥远
手机号码：13439226901/13439088237
主营业务：快修、保养

北京铭蓝润通达汽车配件销售中心

公司地址：北京市朝阳区盛华汽配城 9 区 22 号
联系人： 高学明
电 话： 010-60624501
手机号码：13811974338
经营年限：6 年
员工数量：4 人
主营业务：雪佛兰、别克、奔驰唯雅诺配件维修

北京兄弟连汽车维修中心

公司地址：北京市朝阳区盛华汽配城 9 区 2-3 号
联系人： 李斌
手机号码：13911788213
经营年限：7 年
主营业务：宝马、奔驰、奥迪专修

北京明崇刚汽车维修服务中心

公司地址：北京市朝阳区盛华汽配城 9 区 26 号
联系人： 刘志刚
电 话： 010-67208298
手机号码：13641299964
经营年限：4 年
员工数量：5 人
主营业务：维修、保养，主营：标志、雪铁龙、中华

北京腾辉奥众汽配经营部

公司地址：北京市朝阳区盛华汽配城 9 区 7 号
联系人： 刘斌
电 话： 010-51149829
手机号码：13810632019
传 真： 010-51149829
经营年限：8 年
主营业务：维修、保养

北京市恒源行汽车维修站

公司地址：北京市朝阳区盛华汽配城 9 区 33 号
联系人： 钱程
电 话： 010-67208130
手机号码：13120444006
经营年限：5 年
员工数量：4 人
主营业务：维修、保养、电脑维修检测，主营：上海通用、北美通用

北京胜鑫颖汽车配件销售中心

公司地址：北京市朝阳区盛华汽配城 9 区 36 号
联系人： 董士颖
电 话： 010-67208486
手机号码：13381497288/13311284779
经营年限：8 年
员工数量：5 人
主营业务：精修各种国产、进口车辆（宝马、大众、日产、丰田、现代、马自达）

北京万通昌盛

公司地址：北京市朝阳区盛华汽配城二期 16 区 16 号
联系人： 景喜仁
电 话： 010-67295234
手机号码：13621082662
经营年限：5 年
员工数量：4 人
主营业务：专业汽车修理、电脑检测、清洗油路、保险验车，维修欧、美、日、韩等中高档轿车

北京五方志盛汽配经营部

公司地址：北京市朝阳区盛华汽配城二期 16 区 18 号
联系人： 谢志胜
电 话： 010-87339183
手机号码：13691220468
经营年限：4 年
主营业务：汽车配件、油品、修理

北京振辉基业汽配经营部

公司地址：北京市朝阳区盛华汽配城 9 区 32 号
联系人： 董敬涛
手机号码：13070173629
经营年限：6 年
员工数量：3 人
主营业务：汽车修理

亨利美派汽车维修中心

公司地址：北京市朝阳区盛华汽配城二期 16 区 5 号
联系人： 张树磊
手机号码：13501302757/13146009891
经营年限：3 年
员工数量：5 人
主营业务：专修美系、德系、韩系进口车

国泰联合

公司地址：北京市朝阳区盛华汽配城二期 16 区 9 号
联系人： 陈磊
电 话： 010-67295183
手机号码：13810380975
经营年限：4 年
员工数量：3 人
主营业务：通用系列专修、专业电脑编程及检测

北京祥丰永泰商贸有限公司

公司地址：北京市朝阳区盛华汽配城二期 16 区 22 号
联系人： 王艳丰
电 话： 010-67295295/56011819
手机号码：13716498110
经营年限：20 年
员工数量：7 人
主营业务：汽车零配件、改装件、精品

佳佳红日汽修

公司地址：北京市朝阳区盛华汽配城二期 16 区 4 号
联系人： 王丽华
手机号码：13146185302/15611903368
经营年限：5 年
员工数量：8 人
主营业务：汽车修理、钣金喷漆、保险、验车、过户

奥迪途锐专修

公司地址：北京市朝阳区盛华汽配城二期 16 区 17 号
联系人： 姜立刚
电 话： 010-67295369
手机号码：13718833615
经营年限：3 年
主营业务：大众、奥迪专修

北京衡易福源汽配维修中心

公司地址：北京市朝阳区盛华汽配城二期 16 区 7 号
联系人： 李文生
手机号码：18911266892
经营年限：3 年
员工数量：5 人
主营业务：专修美、日、国产汽车

北京捷迅达汽配经营部

公司地址：北京市朝阳区盛华汽配城二期16区3号
联系人： 郭忠奇
电 话： 010-67493810
手机号码：13621076062
主营业务：维修、保养

北京盛华金辉汽配销售中心

公司地址：北京市朝阳区盛华汽配城二期16区1号
联系人： 何立青
电 话： 010-67295077/67295078
手机号码：13911521567
经营年限：4年
员工数量：3人
主营业务：汽车维修、自动变速箱维修

北通达万向汽配经营部

公司地址：北京市朝阳区盛华汽配城9区42号
联系人： 隋德芝
电 话： 010-67208213
手机号码：13683584389
主营业务：国产车维修、保养

盛和通达

公司地址：北京市朝阳区盛华汽配城9区9号
联系人： 房凤敏
电 话： 010-87151067
手机号码：15810445763
经营年限：5年
主营业务：汽修：吉普、三菱、大众、别克、骑士，销售：汽车水泵

北京硕源恒通

公司地址：北京市朝阳区盛华汽配城9区25号
联系人： 刘正权
电 话： 010-67208229
手机号码：13070153891
员工数量：3人
主营业务：快修、保养

北京易车彩汽配经营部

公司地址：北京市朝阳区盛华汽配城二期16区6号
联系人： 袁贵安
手机号码：15811447004
员工数量：3人
主营业务：钣金喷漆、代办保险

锦盛龙辉

公司地址：北京市朝阳区盛华汽配城二期16区11号
联系人： 王胜宝
电 话： 010-67208301
手机号码：13391703371
主营业务：维修自动变速箱

北京伟杰恒业汽车维修服务

公司地址：北京市朝阳区盛华汽配城二期16区14号
联系人： 练红杰
手机号码：13611222877
经营年限：5年
主营业务：快修别克、福特、捷龙、公羊

北京友力正通汽车修理有限公司

公司地址：北京市朝阳区盛华汽配城9区37号
联系人： 李阳
电 话： 010-67293096/67293095
手机号码：13910512707
传 真： 010-67293096
经营年限：5年
员工数量：6人
主营业务：维修、保养、电脑维修，主营VOLVO

其他系列

北京盛鑫旧机动车交易市场有限公司

公司地址：北京市朝阳区盛华汽配城10区17号
联系人： 何晓辉
电 话： 010-67297978
手机号码：13810416800
传 真： 010-67297978
员工数量：15人
主营业务：北京市的旧机动车交易、过户、外迁业务，旧机动车买卖、新车销售、各种机械

北京康乾捷利达物流有限公司

公司地址：北京市朝阳区盛华汽配城物流2号
联系人： 张红军
手机号码：13811826126/15010091828
传 真： 010-52236186
员工数量：15人
主营业务：全国铁路快件，北京至合肥、南京、昆明、长沙、乌鲁木齐、兰州、西宁

光正通达速递部

公司地址：北京市朝阳区盛华汽配城物流1号
联系人： 黄建军
电 话： 010-67902260
手机号码：13910428878
传 真： 010-67902260
员工数量：20人
主营业务：北京至辽西地区（汽运）、北京至武汉至宜昌（全国铁路）

北京兵速物流有限公司

公司地址：北京市朝阳区盛华汽配城10区24号
联系人： 陈飞翔
电 话： 010-51243110
手机号码：18301329736
传 真： 010-87151289
主营业务：北京至上海往返铁路专线，北京至广州往返，铁路、汽运、空运专线

明达快运

公司地址：北京市朝阳区盛华汽配城10区25号
联系人： 廖升军
电 话： 010-59440930
手机号码：13520870903
传 真： 010-59440930
员工数量：10人
主营业务：货运代理、仓储、物流

北京九州新干线物流有限责任公司

公司地址：北京市朝阳区盛华汽配城10区21号
联系人： 倪志福
电 话： 010-67297105
手机号码：13161942100
经营年限：4年
主营业务：北京至广州专线往返

北京阳光宏业物流有限公司

公司地址：北京市朝阳区盛华汽配城物流3号
联系人： 张殿权
电 话： 010-59103886
手机号码：18901390013
主营业务：北京至大同、太原、沧州、保定、山西全境（汽运）

北京京安顺达货运代理有限公司

公司地址：北京市朝阳区盛华汽配城10区22号
联系人： 杨经理
电 话： 010-67293099
手机号码：13911169338
传 真： 010-67293099
经营年限：5年
员工数量：6人
主营业务：北京至广州及哈尔滨铁路、公路运输，北京至世界各地邮局小包业务

欧洲车系列

北京鑫诚汽配销售中心

公司地址：北京市朝阳区五方天雅汽配城 2 区 5-7 号
联系人： 赵先生
电　话： 010-87332212
手机号码：15011056476
主营业务：大众系列全车件

北京仁和众创达汽配销售中心

公司地址：北京市朝阳区五方天雅汽配城东 1-15 号
联系人： 李广超
电　话： 010-87330034/87330035
手机号码：13439472223
主营业务：新速腾、新迈腾、红旗、奔腾

北京五方祺琳汽配销售中心

公司地址：北京市朝阳区五方天雅汽配城东 4-46 号
联系人： 王经理
电　话： 010-87330176/87330582
主营业务：大众系列配件、代理：法雷奥、海拉、索菲玛、TRW

嘉泰丰泽汽配

公司地址：北京市朝阳区五方天雅汽配城西 2-21 号
联系人： 张鹏
电　话： 010-87330632/87330079
手机号码：13911203479
主营业务：朗逸、朗行、高尔

北京宝驰鸿发商贸有限公司

公司地址：北京市朝阳区五方天雅汽配城西 35 号
联系人： 徐洪刚
电　话： 010-87339769
手机号码：13691549505
主营业务：奔驰、宝马

北京奔逸鑫宝汽车配件公司

公司地址：北京市朝阳区五方天雅汽配城二期 175 号
联系人： 刘经理
电　话： 010-67297707
手机号码：13910789494
主营业务：奔驰、宝马

北京鑫聚源汽车配件销售中心

公司地址：北京市朝阳区五方天雅汽配城南 3-01、03 号
联系人： 吴德军
电　话： 010-87523876/87523866
手机号码：18911287667
主营业务：奔驰、宝马、路虎、宾利、捷豹

北京新奥诚信汽车配件销售中心

公司地址：北京市朝阳区五方天雅汽配城南 4-11 号
联系人： 李君平
电　话： 010-67297252
手机号码：13910690858
主营业务：一汽奥迪 A8\Q7\A7 全车配件、德国进口奥迪、大众全车玻璃

北京京申佳贸易有限公司

公司地址：北京市朝阳区五方天雅汽配城西 1-13 号
联系人： 冯孝军
电　话： 010-87330837/87330836
手机号码：13811855388
主营业务：上海大众、一汽大众

北京世纪龙腾商贸有限责任公司

公司地址：北京市朝阳区五方天雅汽配城西 5-48 号
联系人： 梁经理
电　话： 010-87339927
手机号码：13381356989
主营业务：奔驰、宝马、奥迪

北京四海人和商贸有限责任公司

公司地址：北京市朝阳区五方天雅汽配城东 6-12 号
联系人： 苏先生
电　话： 010-87330401/87330766
主营业务：新帕萨特、斯柯达、昊锐、明锐、晶锐

北京宏曜奇源行汽车配件中心

公司地址：北京市朝阳区五方天雅汽配城西 3-01 号
联系人： 李军龙
电　话： 010-87339418
手机号码：13501293200
主营业务：奔驰、宝马

北京鑫奥源汽配商行

公司地址：北京市朝阳区五方天雅汽配城西 3-26 号
联系人： 焦铁祥
电　话： 010-87330065/87330397
手机号码：13501071733
主营业务：奥迪 A6L、C6、C7

佳明兴业

公司地址：北京市朝阳区五方天雅汽配城西 7-48 号
联系人： 李子宏
电　话： 010-67293151/67293201
手机号码：13717516936
主营业务：奥迪 A8L、Q7、Q5

北京芳鑫德众配件销售有限公司

公司地址：北京市朝阳区五方天雅汽配城西 6-01-03 号
联系人： 魏喜东
电　话： 010-87339910
手机号码：13261267076
主营业务：上海大众、一汽大众

北京飞达顺通汽车配件经营部

公司地址：北京市朝阳区五方天雅汽配城西 6-08-10 号
联系人： 叶献光
电　话： 010-87330709
手机号码：13901314857
主营业务：上海大众、一汽大众

北京鸿运达伟业

公司地址：北京市朝阳区五方天雅汽配城西 5-17 号
联系人： 卞兆虎
电　话： 010-87330947
手机号码：18611870315
主营业务：迈腾、大众 CC

北京东方博锐汽配有限公司

公司地址：北京市朝阳区五方天雅汽配城东6-13号
联系人：孙海波
电　话：010-87331167/87339789
手机号码：13683309500
主营业务：上海大众朗逸全车系配件

北京利博通达美合汽配销售中心

公司地址：北京市朝阳区五方天雅汽配城东5-16号
联系人：葛经理
电　话：010-87339625
手机号码：13911854542
主营业务：东风雪铁龙、标致

北京翔宇锐通配件销售有限公司

公司地址：北京市朝阳区五方天雅汽配城西2-19号
电　话：010-67295223
手机号码：13911954208
主营业务：辉腾、新夏朗、途锐、保时捷卡宴

北京半岛大众商贸有限公司

公司地址：北京市朝阳区五方天雅汽配城西2-29号
电　话：010-67293117/67293006
主营业务：上海大众斯柯达全车系配件

日本车系列

北京君合恒信商贸有限公司

公司地址：北京市朝阳区五方天雅汽配城2期190号
联系人：郭先生
电　话：010-87339346
手机号码：13331005133
主营业务：航天三菱、东安三菱、江淮瑞风、保定长城发动机配件

北京佳宇恒业汽车配件销售中心

公司地址：北京市朝阳区五方天雅汽配城西4-29号
联系人：朱照旗
电　话：010-87339754/67293179
手机号码：13810488196
主营业务：广州本田、东风本田、日本本田、讴歌

北京轩锋时代汽车配件经营中心

公司地址：北京市朝阳区五方天雅汽配城东2-28号
联系人：王先生
电　话：010-87330432/87339971
手机号码：13366103344
主营业务：进口、国产本田全系全车件

北京五方梦轩商贸有限公司

公司地址：北京市朝阳区五方天雅汽配城西5-22-26号
联系人：涂琳
电　话：010-87330251
手机号码：13051238427
主营业务：东风日产

北京鹏程伟业汽配销售中心

公司地址：北京市朝阳区五方天雅汽配城西6-09号
电　话：010-87661476
手机号码：15901427612
主营业务：丰田、尼桑

美国车系列

北京众合美商贸有限公司

公司地址：北京市朝阳区五方天雅汽配城东1-17号
联系人：马明明
电　话：010-87339537/67297090
手机号码：13141349293
主营业务：上海通州、雪佛兰及美国通用全车件

北京高瞻显锋汽配经营部

公司地址：北京市朝阳区五方天雅汽配城东7-77号
联系人：詹显峰
电　话：010-87330601
手机号码：13381435415
主营业务：美国通用GMC房车、道奇公羊房车、福特房车

北京东成悦达商贸有限公司

公司地址：北京市朝阳区五方天雅汽配城二期169-170号
联系人：杨志勇
电　话：010-87339809/87330609
手机号码：15810787114
主营业务：猛禽、航领员、锐界、F350、野马G500

北京东方旭日东升

公司地址：北京市朝阳区五方天雅汽配城西2-25-27号
联系人：浦先生
电　话：010-87339382/67293361
主营业务：进口、国产克莱斯勒配件

韩国车系列

北京军峰恒达商贸有限公司

公司地址：北京市朝阳区五方天雅汽配城东2-25号
联系人：王峰
电　话：010-87330900/87330905
手机号码：13701193966
主营业务：特拉卡、圣达菲、新圣达

北京圣特伟业商贸有限公司

公司地址：北京市朝阳区五方天雅汽配城东5-20号
联系人：孙延顺
电　话：010-87339795
手机号码：13126852806
主营业务：新圣达、华泰圣达菲、B35/B11全车系配件

北京保利胜汽配中心

公司地址：北京市朝阳区五方天雅汽配城东6-02号
联系人：杨文胜
电　话：010-67208677/87339380
主营业务：现代：IX35\IX45、途胜、悦动、索纳塔八代、御翔，起亚：智跑、狮跑、赛拉图、K5、佳乐

北京韩奥汽配销售中心

公司地址：北京市朝阳区五方天雅汽配城东2-36号
联系人：金先生
电　话：010-59799376
手机号码：13161142779
主营业务：韩国现代、北京现代配件

北京环城汽配销售中心

公司地址：北京市朝阳区五方天雅汽配城东4-48号
联系人：姜光云
电　话：010-87339979
手机号码：13691113860
主营业务：北京现代

北京丰联鸿运达商贸中心

公司地址：北京市朝阳区五方天雅汽配城东2-40号
联系人：张经理
电　话：010-87330828/87330827
手机号码：13167565999
主营业务：现代、起亚

北京恒立达汽配销售有限公司

公司地址：北京市朝阳区五方天雅汽配城东4-31号
联系人：潘丽红
电　话：010-87339862/51241993
手机号码：13691396760
主营业务：狮跑、华泰圣达菲、进口圣达菲

北京天惠嘉星商贸有限公司

公司地址：北京市朝阳区五方天雅汽配城东4-36号
电　话：010-67293127/85388965
手机号码：18710151163
主营业务：特拉卡、圣达菲、宝利格、康迪、吉田、科雷傲

北京百旺恒源兴隆商贸中心

公司地址：北京市朝阳区五方天雅汽配城南2-16号
联系人：崔铭君
电　话：010-87330230/87151523
手机号码：13910165496
主营业务：起亚系列配件、进口起亚、悦达起亚配件

北京天地源通汽配中心

公司地址：北京市朝阳区五方天雅汽配城东6-25号
联系人：屈洪伟
电　话：010-87330550/87330993
手机号码：13811222118
主营业务：北京现代全车配件

北京云龙佳和商贸有限公司

公司地址：北京市朝阳区五方天雅汽配城东3-42号
联系人：冉小龙
电　话：010-87339240/87339741
手机号码：13910242244
主营业务：现代、大宇、起亚、双龙

北京勤建双成利汽配销售中心

公司地址：北京市朝阳区五方天雅汽配城东6-16号
联系人：孙建程
电　话：010-87339081
手机号码：13810831450
主营业务：起亚、福瑞迪、赛拉图、狮跑、K2\K3\K5、新索兰托、速迈

北京惠利拓普商贸有限公司

公司地址：北京市朝阳区五方天雅汽配城东5-32号
联系人：张健
电　话：010-87330829
手机号码：13321121411
主营业务：起亚 K2\K3\K5、现代发动机件、底盘件

北京奥森龙商贸有限公司

公司地址：北京市朝阳区五方天雅汽配城南5-53号
联系人：寿经理
电　话：010-87330788/87523726
手机号码：13381098845
主营业务：北京现代、汽车座椅

北京呈旺盛远商贸有限公司

公司地址：北京市朝阳区五方天雅汽配城东6-40号
联系人：涂吉军
电　话：010-87339918
手机号码：13121290033
主营业务：进口起亚、现代全车件、空调系列

北京嘉兴恒通汽配公司

公司地址：北京市朝阳区五方天雅汽配城东7-55号
联系人：张丽雷
电　话：010-87330427/87339216
主营业务：北京现代、国产起亚全车系

北京全现优品汽车零部件有限公司

公司地址：北京市朝阳区五方天雅汽配城南2-20号
电　话：010-87523078
手机号码：18612827384/13011215797
主营业务：北京现代配件、发动机件、电器、底盘件

北京同心力创汽配公司

公司地址：北京市朝阳区五方天雅汽配城南2-50号
联系人：许昌营
电　话：010-51249015/51249017
手机号码：13051867302
主营业务：进口起亚全车件

北京鼎创伟业汽车配件有限公司

公司地址：北京市朝阳区五方天雅汽配城南4-58-60号
联系人：赵宸
电　话：010-87339037/87339323
手机号码：13671215971
主营业务：北京现代全车系配件、悦达起亚全车系配件

北京韩龙世佳汽配经营部

公司地址：北京市朝阳区五方天雅汽配城东6-27号
电　话：010-87339330/57452367
手机号码：18600882324/18600978130
主营业务：韩国双龙、现代、三菱猎豹

北京慧龙同兴汽车配件销售部

公司地址：北京市朝阳区五方天雅汽配城东2-37号
联系人：吴飞
电　话：010-87339512/87339215
主营业务：北京现代

北京源顺通泰汽配销售中心

公司地址：北京市朝阳区五方天雅汽配城西6-22号
联系人：李泽林
电　话：010-87339141
手机号码：13810083459
主营业务：韩国大宇、雪佛兰科帕奇、欧宝配件

北京浩宇嘉业商贸有限公司

公司地址：北京市朝阳区五方天雅汽配城南4-60号
电　话：010-52291786/52291787
主营业务：起亚系列、现代系列配件

北京万全通达汽车配件

公司地址：北京市朝阳区五方天雅汽配城南区4排38号
联系人：王先茂
电　话：010-57228305/57228306
手机号码：18310263020
主营业务：索纳塔、伊兰特、朗动、瑞纳、IX45\IX35、悦动、途胜、御翔、领翔、悦动、新圣达菲

世纪恒翔汽配销售中心

公司地址：北京市朝阳区五方天雅汽配城西1-20号
联系人：卜建伟
电　话：010-87330062/87339690
手机号码：13699127916
主营业务：狮跑、K2、佳乐

北京亿隆华泰宏丰汽配中心

公司地址：北京市朝阳区五方天雅汽配城东1排19号
电　话：010-87339571/87339572
87339295
手机号码：15840444450/13366027898
主营业务：跑车、雅尊、劳恩斯酷派、劳内斯轿车、新胜达、维拉克斯、雅科仕（百年）、君爵、美佳、飞思配件销售，代定出口部急件/韩国 MOBIS 急件

北京彬浩腾达商贸有限公司

公司地址：北京市朝阳区五方天雅汽配城东 4-29 号
电 话：010-87330072/87330073
手机号码：13911562600
主营业务：途胜、IX35、智跑

国产车系列

北京鑫浩硕业汽配销售公司

公司地址：北京市朝阳区五方天雅汽配城 5-38 号
联系人：王旭
电 话：010-87339013
手机号码：13520069850
主营业务：比亚迪系列、长城系列、力帆系列

北京精诚益德商贸有限公司

公司地址：北京市朝阳区五方天雅汽配城东 1-08 号
联系人：邓书静
电 话：010-87523066/87523166
手机号码：13911350605
主营业务：东风风行、景逸全车配件、华北地区一级代理商

北京四方振兴商贸有限公司

公司地址：北京市朝阳区五方天雅汽配城东 2-01-03 号
联系人：陈华强
电 话：010-87339757
手机号码：18611562991
主营业务：金杯、皮卡、SUV 配件

北京市龙华源商贸有限责任公司

公司地址：北京市朝阳区五方天雅汽配城东 2-05 号
联系人：刘伟
电 话：010-87339564
手机号码：13521771262
主营业务：奇瑞全车配件

北京五方吉成商贸有限公司

公司地址：北京市朝阳区五方天雅汽配城东 4-25 号
联系人：陈少兵
电 话：010-87339867
手机号码：13240432785
主营业务：长安 M3\M2、海马 3、一汽 M6、福美来

北京瑞环昊业

公司地址：北京市朝阳区五方天雅汽配城东 5-2 号
联系人：林则全
电 话：010-87339050
手机号码：13901309931
主营业务：金杯海星、福田迷迪等全车配件，生产各种车型水泵、离合器压盘、离合器片

北京东南华宇汽配

公司地址：北京市朝阳区五方天雅汽配城南 3-57 号
联系人：王明臣
电 话：010-87151405/67295020
手机号码：13261877162
主营业务：菱帅、菱悦 V3、菱致 V5、蓝瑟、翼神、东南三菱全车配件

北京江源宏达汽配商行

公司地址：北京市朝阳区五方天雅汽配城西 1-08-09 号
联系人：陈江红
电 话：010-87661316/87661317
手机号码：18910011035
主营业务：长安轿车系列配件

北京朝福兴达汽配销售中心

公司地址：北京市朝阳区五方天雅汽配城西 6-39 号
联系人：栾智强
电 话：010-64393054
手机号码：13552068286
主营业务：夏利、吉利全车配件、各种车型涡轮增压管

北京天智京丰世达汽配中心

公司地址：北京市朝阳区五方天雅汽配城西 1-08 号
联系人：丰磊
电 话：010-87330932/67208854
手机号码：13301178766
主营业务：北京威旺、北汽银翔、五菱、哈飞、长安

北京腾达泊涛汽车配件有限责任公司

公司地址：北京市朝阳区五方天雅汽配城西 5-13、15 号
联系人：王西涛
电 话：010-67208658/88449492
主营业务：专营吉利帝豪、英伦、全球鹰全车配件，专营各种汽车减震器、半轴、球笼、湖北三环离合器华北地区总代理

北京鑫申伟业商贸有限公司

公司地址：北京市朝阳区五方天雅汽配城西 1-08-09 号
电 话：010-87335058/87523713
手机号码：13161176418
主营业务：江铃、庆铃、五十铃

鼎盛博瑞通

公司地址：北京市朝阳区五方天雅汽配城西 7-17 号
联系人：邱明林
电 话：010-87523693
手机号码：13911077331
主营业务：长安悦翔、V3\V5\CX20\CX30、逸动、奔奔

商用车系列

北京世纪通天汽车配件销售中心

公司地址：北京市朝阳区五方天雅汽配城东 4-02-06 号
联系人：陈家才
电 话：010-87339005/87339096
手机号码：13601018892
主营业务：全顺、陆风、江铃

北京金地球汽配有限公司

公司地址：北京市朝阳区五方天雅汽配城西 1-01-02 号
联系人：李经理
电 话：010-87339845/52424384
手机号码：13439036558
主营业务：奥铃、捷运、欧马克、驭铃全车配件、皮卡减震器、差速器、转向连接轴等

北京京泰盛源汽配经营中心

公司地址：北京市朝阳区五方天雅汽配城西 4-23 号
联系人：刘铁柱
电 话：010-87330525
手机号码：13552335420
主营业务：东风、解放、福田、江淮、跃进、旗铃、BJ1041、长安胜利

专项件系列

北京璐琳商贸有限公司

公司地址：北京市朝阳区五方天雅汽配城东 2-18 号
联系人：林经理
电　话：010-87330928
手机号码：13146367753
主营业务：各种车型轴承、轴头、张紧轮、惰轮、分离轴承、点火线圈

博森达汽车电子北京店

公司地址：北京市朝阳区五方天雅汽配城东 2-23 号
联系人：史周刚
电　话：010-87330123
手机号码：13240322205
主营业务：ABS 泵、汽车电脑、电子方向机、电子助力泵

北京苏源通汇汽配经营部

公司地址：北京市朝阳区五方天雅汽配城东 5-23 号
联系人：潘启波
电　话：010-87393438
手机号码：13522996508
主营业务：现代、东南、三菱、铃木、长城、皮卡、一汽等车系钣金覆盖件

三滤大全

公司地址：北京市朝阳区五方天雅汽配城西 4-62A 号
联系人：何衡升
电　话：010-87696165/52236818
手机号码：13911214187
主营业务：德国曼胡默尔、昊业滤清器、中外合资凤凰滤清器、氙气灯、防冻液、雨刷片、继电器、佛山灯泡、科萨喇叭

北京海宁广信达汽配经营部

公司地址：北京市朝阳区五方天雅汽配城东 6-11 号
联系人：刘福众
电　话：010-87339108/87339847
手机号码：13691326581
主营业务：三滤、刹车片、火花塞、雨刷片、灯泡

北京世通恒祥配件经营部

公司地址：北京市朝阳区五方天雅汽配城南 4-33 号
联系人：邱毫岭
手机号码：13716167727
主营业务：螺丝、卡扣、插头、三滤、水管、密封条

北京正帆亨运商贸有限公司

公司地址：北京市朝阳区五方天雅汽配城东 6-29 号
联系人：赵明坤
电　话：010-67297316
手机号码：13488887595
主营业务：空调配件、三美冷媒、水箱、冷凝器总成、蒸发器

北京五方德瑞顺汽配商行

公司地址：北京市朝阳区五方天雅汽配城东 6-17 号
联系人：王朗
电　话：010-87330056/87339487
主营业务：皮带、汽油泵、油管

北京东方依诺汽车零部件有限公司

公司地址：北京市朝阳区五方天雅汽配城西 6-49 号
电　话：010-87330240/87330078 87330246
主营业务：各车型方向机、助力泵

北京鑫华安和轮胎销售部

公司地址：北京市朝阳区五方天雅汽配城东 8-17-23 号
联系人：朱艳梅
电　话：010-67297338
手机号码：13845362633
主营业务：轮胎

北京顺驰基业商贸有限公司

公司地址：北京市朝阳区五方天雅汽配城南 5 区 21-23 号
联系人：钦亮
电　话：010-87523169
手机号码：13911263569
主营业务：盛联滤清器、雨刷片、机油、电瓶、刹车片及护理用品

北京毅诚兴业商贸有限公司

公司地址：北京市朝阳区五方天雅汽配城西 3-25 号
联系人：王毅军
电　话：010-87151398
手机号码：18611994898
主营业务：壳牌、嘉实多、美孚润滑油系列

北京恒源旺泰汽车配件有限公司

公司地址：北京市朝阳区五方天雅汽配城西 5-49 号
联系人：崔盛闻
电　话：010-87339551/87339373
手机号码：13811113256
主营业务：摩檫 1 号、美国静音陶瓷盘、烟台美丰磐石、雨刷、喇叭

北京酷越汽配销售有限公司

公司地址：北京市朝阳区五方天雅汽配城西 6-48 号
联系人：张传启
电　话：010-67293323
主营业务：品牌刹车片、刹车盘、雨刷片、SB\FUJITA\KCW

北京天涯海角汽配销售中心

公司地址：北京市朝阳区五方天雅汽配城西 3-49 号
联系人：范经理
电　话：010-58482578
手机号码：13120044188
主营业务：各种卡扣、灯泡、螺丝、保险、雨刷片、油封、喇叭

北京宏利欣达贸易有限公司

公司地址：北京市朝阳区五方天雅汽配城南区 4 排 93 号
联系人：王欣
电　话：010-67489509
手机号码：13269288581
主营业务：马牌、陪耐力、米其林、固特异等轮胎销售

北京王立民福祥汽车水箱销售部

公司地址：北京市朝阳区五方天雅汽配城西 1-06 号
联系人：王立民
电　话：010-67208875
手机号码：13601138141
主营业务：水箱、冷凝器

北京巨福兴业配件贸易部

公司地址：北京市朝阳区五方天雅汽配城西 4-41 号
联系人：梦飞
电　话：010-52471022
手机号码：13581957199
主营业务：三滤、车顶内衬、机盖内衬

北京佳合伟清汽车配件有限公司

公司地址：北京市朝阳区五方天雅汽配城西 6-27 号
联系人：叶健伟
电　话：010-87330611/87330507
手机号码：13683038309
主营业务：发动机大修包

北京启星智泽汽配经营中心

公司地址：北京市朝阳区五方天雅汽配城东 6-37 号
电　话：010-87339164/87339154
主营业务：专业生产国产、进口汽车消声器

汽保设备、维修工具系列

北京卡途恒业汽车维修设备有限公司

公司地址：北京市朝阳区五方天雅汽配城东 6-37-01 号
联系人：吴柳阳
电　话：010-67297270
手机号码：18600041980
主营业务：汽保工具、美容产品、检测设备、钣喷设备

北京兴达湘通德商贸中心

公司地址：北京市朝阳区五方天雅汽配城西 5-08 号
联系人：王洁
电　话：010-87151210
手机号码：15611932062
主营业务：工具设备、汽保工具

（下转 135 页）

欧洲车系列

北京年达汽车服务

公司地址：北京市朝阳区十八里店汽配城 2 区 16 号
手机号码：13693215325
主营业务：上海大众、一汽大众、马自达、丰田

北京诚信方达汽车配件经营中心

公司地址：北京市朝阳区十八里店汽配城 2 区 25–26 号
电　话：010–67477445
主营业务：沃尔沃、SAAB 配件，并为专修厂提供配件、品质纯正

北京廖态伟业汽车配件有限公司

公司地址：北京市朝阳区十八里店汽配城 3 区 11–12 号
电　话：010–67475342
主营业务：奔驰、奥迪、宝马全车系列配件

北京星达嘉汽配经营部

公司地址：北京市朝阳区十八里店汽配城 6 区 13–14 号
电　话：010–67474529
主营业务：一汽大众、上海大众、神龙富康、爱丽舍、帕萨特、捷达（王）

国产车系列

鑫荣汽配

公司地址：北京市朝阳区十八里店汽配城 2 区 4 号
手机号码：13810096424
主营业务：金杯、海狮系列全车配件，福田风景、京城海狮、丰田海狮系列车型配件

金鑫达汽车配件中心

公司地址：北京市朝阳区十八里店汽配城 6 区 13–14 号
手机号码：13681176107
主营业务：比亚迪、奇瑞、中华等系列，电脑检测、外出救援

北京市盛达汽车配件有限公司

公司地址：北京市朝阳区十八里店汽配城 7 区 16 号
手机号码：13693013064
主营业务：夏利、五菱全车系配件，代购各车型急件

北京市万鹏汽配经营部

公司地址：北京市朝阳区十八里店汽配城 7 区 17 号
手机号码：13522713132
主营业务：中意、佳宝、长安之星、五菱之光、夏利、吉利、奥拓、羚羊、大众等，空调加氟

北京安立德伟业商贸有限公司

公司地址：北京市朝阳区十八里店汽配城 7 区 1 号
手机号码：13718448595/13718328669
主营业务：大众、现代、一汽、奥迪、金杯、中意

北京越发配件经营部

公司地址：北京市朝阳区十八里店汽配城 7 区 2 号
电　话：010–67477904
主营业务：夏利、吉利、中意、佳宝、北斗星、长安之星、奥拓、金杯、大众、微面、电瓶、机油三滤保养、电喷清洗

北京先成汽配销售中心

公司地址：北京市朝阳区十八里店汽配城 A 厅 9 号
电　话：010–52436034
主营业务：东风小康、民意、小霸王、北斗星、北汽威旺、长安之星、金牛星等

北京四环仁和汽配中心

公司地址：北京市朝阳区十八里店汽配城 C 厅 23 号
电　话：010–67475393
主营业务：金杯海狮、福田风景、旗铃、跃进、江淮等配件

北京安兴汽配中心

公司地址：北京市朝阳区十八里店汽配城大区 12 号
电　话：010–67488843/67475719
主营业务：哈飞、长安、五菱、小康、佳宝、昌河、吉利、夏利、奥拓等全车配件

北京鑫欣运达汽车配件有限公司

公司地址：北京市朝阳区十八里店汽配城 F 区 49 号
电　话：010–67384226/67383747
主营业务：奇瑞系列全车配件

北京正联技东汽车配件销售中心

公司地址：北京市朝阳区十八里店汽配城 6 区 0 号
电　话：010–67485560
主营业务：哈飞、金杯原厂配件

专项件系列

汽车油漆、喷漆辅料

公司地址：北京市朝阳区十八里店汽配城 3 区 25–26 号
电　话：010–67476213
主营业务：各种汽车原色漆、氟碳漆、喷漆辅料、喷枪、喷涂工具、调漆设备、自动喷漆、美国杜邦汽车油漆、电脑调色

北京鑫三里祥福源汽配中心

公司地址：北京市朝阳区十八里店汽配城 4 区 17 号
电　话：010–67475661
主营业务：国内、国际各品牌电瓶、机油、刹车油、齿轮油、液压油、防冻液等

北京宏达汽车灯饰总汇

公司地址：北京市朝阳区十八里店汽配城 5 区 21–24 号
手机号码：13366877397/15601258635
主营业务：欧司朗灯泡大全、氙灯大全、博世雨刷片、喇叭、飞利浦 HID 灯泡、日本电装铱金火花塞、喇叭

北京金四华英商贸中心

公司地址：北京市朝阳区十八里店汽配城 6 区 11 号
电　话：010–67475083
主营业务：风帆蓄电池、机油、防冻液、添加剂等，各种汽车小修

汽车玻璃

公司地址：北京市朝阳区十八里店汽配城 6 区 12 号
电　话：010–67479146
主营业务：各种汽车玻璃、异型玻璃、汽车胶条

北京德信旺发商贸有限公司

公司地址：北京市朝阳区十八里店汽配城 7 区 3 号
电　话：010–67477088
主营业务：米其林、回力、固特异、普利司通、正新、锦湖、双钱、成山、三角、玲珑等

北京伟杰兴业商贸中心

公司地址：北京市朝阳区十八里店汽配城 A 区 55 号
电　话：010-52019220
主营业务：进口、国产电瓶、机油、防冻液、各种氟

北京旺启航三滤大批发

公司地址：北京市朝阳区十八里店汽配城 C 厅 15 号
电　话：010-67475096
主营业务：机油防冻液、三滤欧Ⅲ、欧Ⅳ大全

三滤大全

公司地址：北京市朝阳区十八里店汽配城 C 厅 16 号
电　话：010-67477190/57101838
主营业务：三滤、密封条、油管

福建冠良汽车配件工业有限公司十八里店总代理

公司地址：北京市朝阳区十八里店汽配城 C 厅 18 号
电　话：010-67479508
主营业务：冠良牛头牌汽车盘式制动块、制动蹄总成，意奔玛三滤大全，机油、火花塞、灯泡、雨刷片

鲁东兴达汽配销售中心

公司地址：北京市朝阳区十八里店汽配城 C 厅 21 号
电　话：010-67484467
主营业务：各种车型起动机、发电机、闽中原车配套系列科姆达

汇福顺天驰加店

公司地址：北京市朝阳区十八里店汽配城轮胎街特区 1 号
电　话：010-67475327
主营业务：各种轮胎、四轮定位、机油三滤、大梁校正

汇福顺天佳通店

公司地址：北京市朝阳区十八里店汽配城轮胎街特区 2 号
电　话：010-67481884
主营业务：各种轮胎、四轮定位、机油三滤、大梁校正

海华厚土马牌店

公司地址：北京市朝阳区十八里店汽配城轮胎街特区 4 号
电　话：010-67482088
主营业务：各种轮胎、四轮定位、机油三滤、大梁校正

北京路通电源商贸中心

公司地址：北京市朝阳区十八里店汽配城特区 21 号
手机号码：13521304219/18201684850
主营业务：国内、国际各品牌电瓶、机油、刹车油、齿轮油、液压油、防冻液等

汽保设备、维修工具系列

北京鲁工达汽车维修检测设备有限公司

公司地址：北京市朝阳区十八里店汽配城 A 厅 3-4-5 号
电　话：010-67476940
主营业务：汽车维修设备

北京欧博图商贸有限公司

公司地址：北京市朝阳区十八里店汽配城 A 厅 7 号
电　话：010-67484058
主营业务：烤漆房、大梁较正、举升机、扒胎机、平衡机、四轮定位仪、汽车解码器、尾气分析仪、喷油嘴清洗机等汽修专用工具、设备

汽车用品系列

龙兴汽车装饰

公司地址：北京市朝阳区十八里店汽配城 5 区 0 号
电　话：010-67488890/67486286
主营业务：贴膜、真皮座套、抛光、封釉、汽车导航、音响

东泽汽车装饰贴膜精品

公司地址：北京市朝阳区十八里店汽配城 2 区 1-2 号
电　话：010-67486962
主营业务：音响、DVD、贴膜、美容

迅通汽车装饰

公司地址：北京市朝阳区十八里店汽配城 3 区 3-10 号 /4 区 2-4 号
电　话：010-67475218/67479606
主营业务：贴膜、导航、美容、装饰

北京同顺达汽车装饰美容中心

公司地址：北京市朝阳区十八里店汽配城 6 区 22 号
手机号码：13717827351
主营业务：封釉、室内桑拿、贴膜

天宇精品装饰

公司地址：北京市朝阳区十八里店汽配城 4 区 18-20 号
手机号码：13161583074/13121814308
主营业务：导航、音响、倒车雷达、脚垫、座套等

北京海成兴业汽车装饰中心

公司地址：北京市朝阳区十八里店汽配城 4 区 25-26 号
电　话：010-67470183
主营业务：音响、防盗器、贴膜、地胶、精修空调等

文达汽车装饰精品

公司地址：北京市朝阳区十八里店汽配城 4 区 23-24 号
电　话：010-67479608
主营业务：DVD、导航、地胶、倒车雷达等汽车用品

京顺宇航汽车装饰

公司地址：北京市朝阳区十八里店汽配城 4 区 7-10 号
电　话：010-67470330
主营业务：导航、音响、防盗器、空调加氟、贴防爆膜

俊车行汽车装饰美容中心

公司地址：北京市朝阳区十八里店汽配城 2 区 11-12 号
手机号码：13381360052
主营业务：精品超市、专业贴膜、抛光封釉、音响防盗、铺地胶、GPS 安装、倒车雷达等

北京永福汽车装饰

公司地址：北京市朝阳区十八里店汽配城 5 区 16-17 号
手机号码：13691090644
主营业务：导航、车膜、地胶、座套、封釉、镀膜、倒车雷达、音响、汽车精品

北京世纪恒润科技有限公司

公司地址：北京市朝阳区十八里店汽配城 5 区 19 号
手机号码：13146965896/13391966965
主营业务：电子狗（征服者、纵天、威仕特、征服眼、先知等品牌）、导航仪

兴达汽车装饰专业座套

公司地址：北京市朝阳区十八里店汽配城 5 区 38 号
电　话：010-58427286
主营业务：DVD、各种音响、导航、真皮座椅、贴膜、地胶、脚垫、封釉等

奇才汽车装饰贴膜店

公司地址：北京市朝阳区十八里店汽配城 4 区 12 号
电　话：010-67475193
主营业务：美国优玛膜专贴店，强生、雷朋贴膜、DVD、清洗内室、防盗器、氙气灯、把套、座套、封釉、镀膜

北京市永恒昌达汽车装饰

公司地址：北京市朝阳区十八里店汽配城 7 区 10 号
手机号码：13366652061/15811571692
主营业务：音响、贴膜、防盗器、导航、座套、地胶、抛光封釉、底盘封塑

福之生汽车精品装饰

公司地址：北京市朝阳区十八里店汽配城 7 区 11 号
手机号码：13811390196
主营业务：导航、车膜、地胶、座套、封釉、镀膜、倒车雷达、音响、汽车精品

北京紫源音响贴膜装饰美容

公司地址：北京市朝阳区十八里店汽配城 7 区 15 号
手机号码：13552095400/13581975838
主营业务：汽车座套、座垫、脚垫、防盗器、导航、美容封釉、底盘装甲、空调加氟

北京捷力汽车用品批发

公司地址：北京市朝阳区十八里店汽配城 A 厅 10 号
手机号码：13391833748/15321993588
主营业务：卡诺全包围连体脚垫、卡诺 3D 脚垫、皮革大包围脚垫、后备箱垫、车衣

石银数码科技（深圳）有限公司北京办事处

公司地址：北京市朝阳区十八里店汽配城 A 厅 2 号
电　话：010-51458958
主营业务：车载导航、DVD 吸顶多尺寸显示器、头枕显示器、摄像头等

京顺宇航汽车装饰

公司地址：北京市朝阳区十八里店汽配城 B 厅 8 号
电　话：010-67480971
主营业务：专业批发安装卡仕达导航影音、科骏达导航影音，隔音棉、氙气灯、地胶、后备箱垫等

北京耀京城汽车用品

公司地址：北京市朝阳区十八里店汽配城 C 厅 14 号
电　话：010-67486900
主营业务：热压成型地胶、脚垫、后备箱垫、地胶散料、面包手缝地胶

北京华艺汽车装饰

公司地址：北京市朝阳区十八里店汽配城大厅 22 号
手机号码：18201663801
主营业务：导航、车膜、地胶、座套、封釉、镀膜、倒车雷达、音响、汽车精品

北京中天益达商贸有限公司

公司地址：北京市朝阳区十八里店汽配城特 1 号
电　话：010-67483397/67484158
主营业务：3M 专业汽车美容授权施工中心，漆面抛光、封釉镀膜、脚垫等，雷朋膜一级授权店

北京日升豪丰汽车影音中心

公司地址：北京市朝阳区十八里店汽配城特 8 号
电　话：010-67473993
主营业务：专贴雷朋、强生膜，导航、音响、防盗系统、座套、汽车美容、抛光镀膜、清洗内饰

汽车维修保养系列

北京日月星鑫汽配维修中心

公司地址：北京市朝阳区十八里店汽配城 2 区 0 号
手机号码：13366787719/13522209344
主营业务：奥迪等汽车维修、外出救援，各种刹车片、消声器、清洗喷油嘴、进气道

金德兴旺汽车快修养护中心

公司地址：北京市朝阳区十八里店汽配城 5 区 36 号
手机号码：13911797859
主营业务：电脑检测、电路检修、机油三滤、空调加氟、刹车盘片、积碳清洗、改装升级

北京顺兴鑫达汽车配件公司

公司地址：北京市朝阳区十八里店汽配城 4 区 5-6 号
电　话：010-67475036/67476530
主营业务：奔驰、宝马、奥迪、马自达、三菱、福特，维修检测、汽车保养、外出救援

北京市秀照祥云汽车配件中心

公司地址：北京市朝阳区十八里店汽配城 4 区 28 号
电　话：010-67470748
主营业务：一汽大众、上海大众、别克、中华、现代、马自达等系列车的维修

北京市朝阳区鑫盛达汽配

公司地址：北京市朝阳区十八里店汽配城 4 区 2 号
电　话：010-67475048/67475056
主营业务：上海别克、雪佛兰，维修检测、汽车保养、外出救援

广隆专业汽车音响维修部

公司地址：北京市朝阳区十八里店汽配城 5 区 18 号
手机号码：13811609862
主营业务：专业维修汽车 CD\VCD\DVD 及各种原车音响、解码

北京市惠利通达汽配服务中心

公司地址：北京市朝阳区十八里店汽配城 5 区 14 号
电　话：010-81630378
主营业务：专修上海大众、一汽大众、金杯、奇瑞、别克、现代系列

北京天达通恒业汽车配件经营部

公司地址：北京市朝阳区十八里店汽配城 5 区 20 号
电　话：010-67476095
主营业务：切诺基、金杯、大众系列专修，精修化油器、汽车电路、大修发动机、全车装饰

北京中驰联创汽车服务有限公司

公司地址：北京市朝阳区十八里店汽配城 2 区 8-10 号
电　话：010-67487566/67489665
主营业务：疑难故障、汽车电路

顺鑫祥和汽配

公司地址：北京市朝阳区十八里店汽配城 3 区 18 号
手机号码：13331023998
主营业务：车辆维护保养、配件修理、事故车整形、特急车救援

北京国威别克汽车维修服务中心

公司地址：北京市朝阳区十八里店汽配城 5 区 8-9 号
电　话：010-67475671
主营业务：广州丰田、一汽丰田、日本丰田

成建汽修

公司地址：北京市朝阳区十八里店汽配城 6 区 18-19 号
手机号码：13366232158
主营业务：专修大众、金杯、中意、民意、五菱之光、长安之星、东风小康

北京拓利源汽车服务中心

公司地址：北京市朝阳区十八里店汽配城 6 区 20 号
电　话：010-67475841
主营业务：进口、国产润油油、添加剂、汽车用品，专业汽车保养维修

北京搏鑫达汽车维修服务中心

公司地址：北京市朝阳区十八里店汽配城 6 区 23 号
电　话：010-67470268
主营业务：原现代汽车维修站主修技师，韩国车专修

北京恒路通商贸有限公司

公司地址：北京市朝阳区十八里店汽配城 6 区 3 号
手机号码：15010024889/13521232198
主营业务：金杯海狮、福田风景、中华骏捷、华晨宝马，保险验车、钣金喷漆

行好车汽车维修店

公司地址：北京市朝阳区十八里店汽配城 5 区 1-4 号
电　话：010-67489281
主营业务：大众汽车维修保养

国产车系列

北京博伟畅达汽配有限公司

公司地址：北京市朝阳区东坝汽配城 2 区 65-66 号
联系人：张福华
电　话：010-59466705
手机号码：13671324232/13691262409
主营业务：绅雅、N3\N5\A+、威志、美日、优利欧、自由舰、远景、金刚等全车配件

统一汽配

公司地址：北京市朝阳区东坝汽配城 A 区 122 号
联系人：吴小青
电　话：010-65780891
手机号码：13146298637
主营业务：金杯、福田、中顺、中意、民意、长安之星、五菱之光、奥拓、夏利等全车件

大忠汽车配件批发中心

公司地址：北京市朝阳区东坝汽配城 151 号
联系人：李连忠
手机号码：13522069012/13031139336
主营业务：金杯、福田、五菱、长安配件大全，维修保养

兴顺汽车配件批发

公司地址：北京市朝阳区东坝汽配城 A 区 130 号
联系人：王振昌
电　话：010-65780435/65425003
手机号码：13601194078
主营业务：旗铃、解放、东风、跃进、江淮、福田等全车配件，代理铁流压盘、离合器片、刹车蹄系列产品

北京金昌兴汽车配件销售中心

公司地址：北京市朝阳区东坝汽配城 B 区 112 号
联系人：郑中全
电　话：010-58429730
手机号码：13146866596
主营业务：解放、赛龙、江淮、威铃、新东风、旗铃、跃进、福田、奥铃等全车配件，锡柴、朝柴、大柴 498 等国Ⅲ电喷件

金全汽配

公司地址：北京市朝阳区东坝汽配城 2 区 7 号
联系人：郑昭全
电　话：010-65780971/58493166
手机号码：13521608138
主营业务：东风、解放、江淮、旗铃、五十铃、福田，加装空调、油箱、批发钢圈、机油、三滤、防冻液等

北京市永兴汽车配件销售中心

公司地址：北京市朝阳区东坝汽配城 B 区 115 号
联系人：苏洪亮
电　话：010-65419039
手机号码：13126563410
主营业务：风云、旗云、QQ 等奇瑞系列，现代、奥迪、马自达、别克、捷达、桑塔纳、超人等，全车配件、维修保养、电脑检测

专项件系列

专业轴承灯泡

公司地址：北京市朝阳区东坝汽配城 150 号
联系人：张加华
电　话：010-65425591
手机号码：18001353831/13240707883
主营业务：轴承、皮带、灯泡、雨刮器、电扇、滚针、十字轴、0 型圈、汽车离合器、分离轴承、保险片、刹车片、刹车盘

北京亚驰迪商贸有限公司

公司地址：北京市朝阳区东坝汽配城 2 区 36 号
联系人：刘超
电　话：010-65780265
主营业务：普利司通、米其林、固特异、佳通、正新、锦湖、韩泰等各大品牌、进口国产轮胎及钢圈铝圈

北京市永利发汽配连锁店

公司地址：北京市朝阳区东坝汽配城 2 区 3 号
联系人：王玉江
电　话：010-56049973
手机号码：13717591276
主营业务：金杯海狮、福田风景，各种名牌机油、电瓶、防冻液、清洗剂、刹车油

江苏华威滤清器有限公司北京办事处

公司地址：北京市朝阳区东坝汽配城 A 区 139 号
联系人：陈延俊
电　话：010-65424374
手机号码：13311293357
主营业务：华威滤清器

北京永强盛汽配经营部

公司地址：北京市朝阳区东坝汽配城 A 区 131 号
联系人：张国永
电　话：010-65418234
手机号码：13911328823
主营业务：壳牌、美孚、加德士、埃索、长城及各品牌机油、黄油、刹车油、化清剂、玻璃水、防冻液、添加剂、氟

北京富博兴业商贸有限公司

公司地址：北京市朝阳区东坝汽配城 E 区 88 号
联系人：黄勇
电　话：010-65425892
手机号码：13241703936/13501301638
主营业务：妙龙汽车漆代理，原子灰、填眼灰、枫叶胶带、纸漏斗、汽车油漆、底漆、固化剂、亮油、接口水、密封胶、琉璃胶、蜡等车用辅料

北京斌盛发三滤大全

公司地址：北京市朝阳区东坝汽配城 E 区 90 号
联系人：苏孟山
电　话：010-65419321
手机号码：18910070556/13611251799
主营业务：各种车型三滤、润滑油、电瓶、雨刮片、汽车养护用品、灯泡、工程机械滤芯，上海意奔玛滤清器

北京文兴达轮胎销售中心

公司地址：北京市朝阳区东坝汽配城东区 1 号
联系人：王增文
电　话：010-65425206
手机号码：13701193908
主营业务：德国马牌、普利司通、横滨、韩泰、固特异、米其林、锦湖、佳通、正新、朝阳、玲珑、安耐特等

北京成顺达汽车用品商行

公司地址：北京市朝阳区东坝汽配城 2 区 6 号
联系人：种桂英
电　话：010-65780287
手机号码：13718861488/15330268696
主营业务：美孚、壳牌、长城、统一、风帆、骆驼、嘉实多、瓦尔塔、护理品、防冻液、清洗剂、氟

汽保设备、维修工具系列

顺达通汽保工具

公司地址：北京市朝阳区东坝汽配城 B 区 109 号
联系人：张庆侠
电　话：010-65425901/57188416
手机号码：13520864062
主营业务：汽车修理工具及风炮、扒胎机、半轴套管拉器、马攀机、省力扳手、内外胎硫化机、合金气门座绞刀、充电机、喷油嘴校验器、风磨机、助力器、各种手摇油泵、充气装置等汽保设备

中国重型汽配汽保工具

公司地址：北京市朝阳区东坝汽配城 D 区 88 号
联系人： 王庆祥
电　话： 010-58407916
手机号码：13120153942/13716389188
主营业务：重汽斯太尔、红岩、欧曼、重卡、二汽康明斯等配件，解放十轮、转向助车泵、取力器大全、轴承、液压件、汽保工具

汽车用品系列

豪亮车饰

公司地址：北京市朝阳区东坝汽配城 2 区 12-13 号
联系人： 周强进
电　话： 010-65425963
手机号码：13366683920/13311447255
主营业务：音响、贴膜、防盗、中控、地胶、真皮、封釉、封塑、汽车精品、护理品等

焱淼车饰

公司地址：北京市朝阳区东坝汽配城 A 区 125-126B 号
联系人： 张磊
手机号码：13681571406/13716468628
主营业务：汽车贴膜、防盗、中控、地胶、改装音响、封釉、封塑、四季座垫、脚垫、座套、香水、汽车精品、护理品等

时盛精品装饰

公司地址：北京市朝阳区东坝汽配城 E 区 87 号
联系人： 李荣广
手机号码：18618468917/13691315922
主营业务：地胶、导航、防盗、音响、贴膜、座套、脚垫、毛垫、凉垫等

汽车维修保养系列

北京金麦锋汽车服务有限公司

公司地址：北京市朝阳区东坝汽配城 132 号
联系人： 马志刚
电　话： 010-65721039/64393039
手机号码：13161168135
主营业务：奥迪、红旗、帕萨特、捷达、速腾、桑塔纳、宝来、迈腾、现代、别克、中华、金杯、福田等，配件批发、专业维修、车险出单、定损理赔

北京市华芳汽车配件销售中心

公司地址：北京市朝阳区东坝汽配城 152 号
联系人： 王泽华
电　话： 010-65424402
手机号码：13146760228
主营业务：专业维修金杯、奥拓、羚羊、吉利、北斗星、五菱之光、比亚迪、上海大众、一汽大众，电脑检测、清洗喷油嘴、免费救援

大众汽配维修

公司地址：北京市朝阳区东坝汽配城 156 号
联系人： 邹建军
手机号码：13693626189/13521044839
主营业务：专修桑塔纳（2000）、捷达（王）、时代超人、奇瑞、波罗、金杯海狮、富康、夏利、中意，电路电脑检测、发动机大中小修保养

北京市华通汽配

公司地址：北京市朝阳区东坝汽配城 2 区 15 号
联系人： 向朝华
电　话： 010-65425092
手机号码：13717959416/13520422881
主营业务：专营专修富康、爱丽舍、风云、旗云、东方之子、瑞虎、QQ\QQ6\A1\A3\A5

北京里程汽车维修中心

公司地址：北京市朝阳区东坝汽配城 2 区 29 号
联系人： 李成
电　话： 010-65424609
手机号码：13691257892
主营业务：专业维修、电路、验车、保险

老胡钣金维修

公司地址：北京市朝阳区东坝汽配城 F 区 167-168 号
手机号码：13120473870
主营业务：钣金喷漆、汽车维修、划痕修复、抛光打蜡、电脑检测、代办验车、保险

金杯海狮哈飞中意

公司地址：北京市朝阳区东坝汽配城 2 区 50 号
联系人： 阮高伟
手机号码：13391665766/13661313622
主营业务：金杯、哈飞原厂配件、专业维修、电脑检测

专营专修

公司地址：北京市朝阳区东坝汽配城 2 区 51-52 号
联系人： 刘伟
手机号码：13020015553
主营业务：维修保养、电脑检测，一汽大众、金杯、福田、五菱荣光、五菱之光、长安之星、哈飞民意、昌河北斗星

北京市恒顺汽配中心

公司地址：北京市朝阳区东坝汽配城 A 区 123 号
联系人： 田帅
手机号码：13264039475/13911911284
主营业务：富康、爱丽舍、雪铁龙、标致、伊兰特

北京市人本汽配维修中心

公司地址：北京市朝阳区东坝汽配城西门第一家
联系人： 李克然
手机号码：13641297412/15711097675
主营业务：金杯、福田、中意、佳宝、微面、夏利、吉利、五菱之光、长安之星、北斗星、大众等车型

北京东坝汽配商城晨廷汽配维修

公司地址：北京市朝阳区东坝汽配城 A 区 157 号
联系人： 田红凯
手机号码：13522073998/15010173908
主营业务：金杯海狮、福田海狮、风景海狮、金程海狮、上海大众、长城赛弗、切诺基、2500、东南得利卡、瑞风等系列全车配件专营专修

北京志伟汽车服务

公司地址：北京市朝阳区东坝汽配城 C 区 9 号
联系人： 刘立志
手机号码：13426232007/15810401703
主营业务：保养、维修、配件、救援，东南汽车、菱悦 V3、菱帅、蓝瑟、得利卡、大众汽车、捷达、宝来等

北京市克旺达汽配中心

公司地址：北京市朝阳区东坝汽配城 2 区 30-31 号
联系人： 郑明文
电　话： 010-65425312
手机号码：13511060326/13436450798
主营业务：一汽大众、北京现代、中意、民意、佳宝、北斗星、爱迪尔、长安之星、五菱之光、微面大全

顺鑫大众汽车维修服务中心

公司地址：北京市朝阳区东坝汽配城东门口第一家
联系人： 孙军伟
电　话： 010-81678663/65418251
手机号码：13661101539/13521775486
主营业务：专修奥迪、红旗、帕萨特、本田、尼桑、别克、丰田，钣金喷漆、标准烤漆房、电脑控温、设备齐全

北京市峰顺达汽车维修中心

公司地址：北京市朝阳区东坝汽配城维修区 167-168 号
联系人： 王树峰
手机号码：13693655626
主营业务：维修保养、电脑检测，帕萨特、桑塔纳、捷达王、奥迪、本田、现代、三菱、奇瑞、别克

高超顺达原厂汽配

公司地址：北京市朝阳区东坝汽配城 A 区 155 号
联系人： 阮高超
电　话： 010-65424922
手机号码：13581959283
主营业务：专营哈飞汽车原车配件，专修电喷发动机、哈飞中意、民意、佳宝、长安之星、五菱之光

国产车系列

北京兴椿源汽车配件销售中心
公司地址：北京市朝阳区惠河汽配城 10 厅 63 号
联系人： 石登辉
电　话： 010-52420117
手机号码：13716572794
主营业务：金杯、中意、民意、长安、北斗星、奥拓、五菱等汽车配件

北京旭东汽配中心
公司地址：北京市朝阳区惠河汽配城东区 13-14 号
联系人： 黄玉潮
手机号码：13552667088
主营业务：夏利、吉利配件销售、机油、电瓶、防冻液

专项件系列

北京瑞胜恒达汽车服务
公司地址：北京市朝阳区惠河汽配城 11 厅 26 号
联系人： 苏国文
电　话： 010-65486290
手机号码：18601022108
主营业务：韩泰、锦湖、四轮定位、动平衡、汽车维修

耀华永兴汽车玻璃
公司地址：北京市朝阳区惠河汽配城 11 厅 35 号
联系人： 聂玉志
手机号码：13581900376
主营业务：汽车玻璃销售及安装

北京鑫经纬汽车用品批发中心
公司地址：北京市朝阳区惠河汽配城 11 厅 35 号
联系人： 王荣彪
电　话： 010-65739021
手机号码：13051234995
主营业务：机油、电瓶

北京韦真辉
公司地址：北京市朝阳区惠河汽配城东 07 号
联系人： 韦真辉
手机号码：13436506517
主营业务：刹车片、刹车盘、三滤

北京异海轮胎批发公司
公司地址：北京市朝阳区惠河汽配城 11 厅 42 号
联系人： 异海
手机号码：13521058368
主营业务：固特异、马牌、米其林、东洋、动平衡、补胎

北京路通顺汽车配件经营部
公司地址：北京市朝阳区惠河汽配城 11 厅 61 号
联系人： 苏孟山
手机号码：13611251799
主营业务：上海意奔玛滤清器、蚌埠永升滤清器、各种三滤产品

引航润滑油销售中心
公司地址：北京市朝阳区惠河汽配城 7 厅 227-228 号
联系人： 宋道军
手机号码：15110166656
主营业务：润滑油、防冻液、刹车油、汽车维修保养

北京亿诺通达商贸中心
公司地址：北京市朝阳区惠河汽配城 11 厅 41 号
联系人： 王素霞
手机号码：13611288188
主营业务：机油、壳牌、美孚、嘉实多，电瓶：风帆、三冠、骆驼

京兆信商贸公司
公司地址：北京市朝阳区惠河汽配城东 09 号
联系人： 曹灿
电　话： 010-52874546
手机号码：13581519887
主营业务：各种汽车电瓶、电动车电瓶、各品牌机油、黄油、液压油、工业用油、防冻液

北京万达盛泰汽车配件销售中心
公司地址：北京市朝阳区惠河汽配城东门 08 号
联系人： 檀丽锐
电　话： 010-65739656
手机号码：13717775027
主营业务：汽车空调配件

汽保设备、工具维修系列

北京市鑫诚汽保工具批发销售中心
公司地址：北京市朝阳区惠河汽配城东区 02-03 号
联系人： 郭文利
手机号码：15801044851
主营业务：汽保工具、举升机系列、汽车美容、成套设备

老五工具连锁八分店
公司地址：北京市朝阳区惠河汽配城东区 11 号
联系人： 田玉国
手机号码：15652423898
主营业务：汽保工具、现场压管（液压管、高压油管）

汽车用品系列

北京惠通汽车装饰中心
公司地址：北京市朝阳区惠河汽配城 10 厅 62 号
联系人： 刘晓林
手机号码：13501192300
主营业务：导航、膜

卓越车友会
公司地址：北京市朝阳区惠河汽配城 10 厅 69 号
联系人： 张怀
手机号码：13240036530
主营业务：汽车改装、快修、装饰

北京迅捷地胶脚垫大全
公司地址：北京市朝阳区惠河汽配城 10 厅 77 号
联系人： 刘硕
电　话： 010-56217697
手机号码：13321158639
主营业务：地胶、脚垫、后备箱垫

北京福路堂汽车装饰
公司地址：北京市朝阳区惠河汽配城 10 厅 79 号
联系人： 张印
手机号码：13521529783
主营业务：摄像头、倒车影像、DVD 导航一体机

北京通达汽车影音
公司地址：北京市朝阳区惠河汽配城 11 厅 33 号
联系人： 王成
手机号码：13681010643
主营业务：专业导航、贴膜、改装、音响、导航维修

汽车装饰
公司地址：北京市朝阳区惠河汽配城 11 厅 45 号
联系人： 杨彬
手机号码：13651191415
主营业务：贴膜、装 DVD 导航、脚垫、香水、改装音响

心心精品车饰
公司地址：北京市朝阳区惠河汽配城 11 厅 47 号
联系人： 郭杰
手机号码：13718713860
主营业务：座套、脚垫、导航、贴膜

北京广晟发汽车用品商行

公司地址：北京市朝阳区惠河汽配城 16 厅 128 号
联系人： 周广印
手机号码：13911560824
主营业务：座套、脚垫、清洗剂、精品、机油

北京合军达汽车装饰服务中心

公司地址：北京市朝阳区惠河汽配城 20 厅 8-9 号
联系人： 宋建军
电　话： 010-65486401
手机号码：13522326325
主营业务：贴膜、车身改色、DVD 导航、汽车精品

北京粤丰汽车装饰行

公司地址：北京市朝阳区惠河汽配城东门 20 厅 3-4 号
联系人： 黄海财
电　话： 010-65739527
手机号码：15210543783
主营业务：贴膜、导航、美容装饰

北京金企鹅兄弟汽车装饰行

公司地址：北京市朝阳区惠河汽配城东门 20 厅 A1-A2 号
联系人： 郭华
电　话： 010-65486353
手机号码：13717742368
主营业务：贴膜、导航、美容装饰

永胜汽车精品

公司地址：北京市朝阳区惠河汽配城东区 17-18 号
联系人： 尹湛军
手机号码：18210836550
主营业务：贴膜、导航、座垫、脚垫、音响

汽车维修保养系列

北京华夏汽配修理部

公司地址：北京市朝阳区惠河汽配城 10 厅 64 号
联系人： 张庆兵
手机号码：13520701238
主营业务：精修金杯、大众、别克、切诺基等车型

汽车修理店

公司地址：北京市朝阳区惠河汽配城 8 厅 172 号
联系人： 张杨明
手机号码：13264408801
主营业务：专修马自达车型

北京丰林汇汽车维修中心

公司地址：北京市朝阳区惠河汽配城 9 厅 140-141 号
手机号码：13241871567/15811141702
主营业务：专修大众车型、日本车系、免费电脑检测

北京日上行汽车用品有限公司

公司地址：北京市朝阳区惠河汽配城 12-17 号
联系人： 张好方
电　话： 010-65756059/65426061
主营业务：维修保养、钣金喷漆、大梁校正、轮胎、四轮定位、代办保险

北京佳世达汽车维修中心

公司地址：北京市朝阳区惠河汽配城 8 厅 801-802 号
联系人： 王福
手机号码：13911945222/15010057909
主营业务：专修大众车系、日本车系

北京奥捷通汽车服务中心

公司地址：北京市朝阳区惠河汽配城 16 厅 130-131 号
联系人： 李仙鹏
手机号码：13552938263/13718843379
主营业务：专修大众、奥迪、别克、空调加氟、电脑检测、钣金喷漆

北京鹏太汽配

公司地址：北京市朝阳区惠河汽配城 16 厅 157 号
联系人： 李瑞鹏
手机号码：18301096717
主营业务：专业维修大众系列车型

快佳宜汽车维修养护中心

公司地址：北京市朝阳区惠河汽配城 17 厅 814 号
电　话： 010-52496124
手机号码：13466738397/18701011767
主营业务：钣金喷漆、空调加氟、免拆清洗、代办验车

创新汽车空调

公司地址：北京市朝阳区惠河汽配城 11 厅 49 号
联系人： 时晓东
手机号码：13718295937/13718270179
主营业务：专业维修汽车空调

北京大通汽车维修中心

公司地址：北京市朝阳区惠河汽配城东区 1 号
联系人： 郝庆轩
手机号码：13552064838
主营业务：维修保养、钣金喷漆、代办保险

北京嘉诚现代汽车服务中心

公司地址：北京市朝阳区惠河汽配城 15 厅 187 号
联系人： 刘刚
手机号码：13264076891
主营业务：专业维修北京现代车型

博许汽车维修保养服务站

公司地址：北京市朝阳区惠河汽配城 8 厅 180 号
联系人： 张中
手机号码：13693503840/15652613053
主营业务：精修自动变速箱、汽车美容、钣金喷漆、空调加氟

北京合创京业汽配维修

公司地址：北京市朝阳区惠河汽配城 11 厅 27 号
联系人： 倪建涛
电　话： 010-56233325
手机号码：13031003133
主营业务：中意、五菱、长安、夏利全车配件、维修保养

北京旭升汇汽车技术服务有限公司

公司地址：北京市朝阳区惠河汽配城 7 厅 217 号
联系人： 刘庆雷
电　话： 010-82310766
手机号码：13366007966
主营业务：专修奥迪、原厂升级、电器改装

三毛汽修中心

公司地址：北京市朝阳区惠河汽配城 8 厅 182 号
联系人： 毛军龙
手机号码：13021202886/13501304027
主营业务：汽车维修保养、钣金喷漆

国产车系列

北京天博汽配

公司地址：北京市朝阳区东五环汽配城 A 排 41-42 号
手机号码：13718696492
主营业务：昌河铃木、哈飞汽车、五菱之光、长安汽车系列全车件

北京顺得汽配中心

公司地址：北京市朝阳区东五环汽配城 B 排 116 号
电　话：010-59416110
主营业务：江淮、旗铃、福田、跃进、奥铃、东风、解放、1041 全车配件

北京骏驰兴业微型汽配中心

公司地址：北京市朝阳区东五环汽配城 B 排 146-147 号
电　话：010-58042809/58042819
主营业务：昌河、哈飞、五菱、长安等纯正配件

北京五环振兴微型汽配总汇

公司地址：北京市朝阳区东五环汽配城 B 排 148-149 号
电　话：010-58042908/52438739
主营业务：哈飞、长安、五菱、夏利等全车件及各种消声器

北京春晖汽配

公司地址：北京市朝阳区东五环汽配城 B 排 55 号
电　话：010-58042727
主营业务：福田汽车、江淮汽车、骆驼电瓶

北京玉翔大众专营

公司地址：北京市朝阳区东五环汽配城 B 排 117 号
电　话：010-58042878
主营业务：桑塔纳、捷达、宝来、帕萨特系列全车配件

专项件系列

北京杰永盛汽车电器有限公司

公司地址：北京市朝阳区东五环汽配城
手机号码：15330258729
主营业务：灯泡大全，无锡齿轮、马达、发电机、铜套、铁套、电磁开关、转子、定子等

北京宏成通达汽车服务中心

公司地址：北京市朝阳区东五环汽配城 A 排 049 号
电　话：010-58475635
主营业务：风帆、骆驼、瓦尔塔等各种进口电瓶、品牌机油、刹车油、助力油、化清剂等护理精品

永发汽车配件批发销售中心

公司地址：北京市朝阳区东五环汽配城 A 排 61-62 号
手机号码：13691492313/18801387248
主营业务：金杯福田专卖，电喷件、外观件、灯具、底盘件、钣金件、发动机件、电器件大全

刹车片刹车盘批发

公司地址：北京市朝阳区东五环汽配城 B 排 53 号
手机号码：18211126591
主营业务：各种车型配套刹车片、刹车盘、高精、陶瓷纤维刹车片、火花塞、雨刷片、灯泡、喇叭

北京振兴超盛汽配商行

公司地址：北京市朝阳区东五环汽配城 B 排 56 号
手机号码：13683519417/15811130583
主营业务：各种车型三滤、空调滤、机油、电瓶、火花塞、高压线、皮带、刹车盘、喇叭、灯泡等易损件大全

三滤大全

公司地址：北京市朝阳区东五环汽配城 C 排 59 号
电　话：010-58042709
主营业务：进口、国产三滤、雨刷片大全

北京华诚佳汽配经销中心

公司地址：北京市朝阳区东五环汽配城 C 排 90 号
电　话：010-51149035
主营业务：各种车型三滤、皮带、雨刷、燃油泵、火花塞等

北京亿诺通达商贸中心

公司地址：北京市朝阳区东五环汽配城 F 排 13 号
电　话：010-58042762
主营业务：各种品牌机油、电瓶、养护用品

北京市明辉轮胎销售中心

公司地址：北京市朝阳区东五环汽配城 F 排 28-29 号
电　话：010-58042730
主营业务：倍耐力、米其林、普利司通、韩泰、锦湖等各种轮胎

北京车之路轮胎销售中心

公司地址：北京市朝阳区东五环汽配城 F 排 32 号
电　话：010-58042828
主营业务：汽车轮胎

北京市京东滤清器批发中心

公司地址：北京市朝阳区东五环汽配城 B 排 89 号
电　话：010-58042706
主营业务：三滤、机油、喇叭、雨刷片、玻璃水、刹车油

新林江汽车配件批发

公司地址：北京市朝阳区东五环汽配城 C 排 148-149 号
电　话：010-58042722/13671279308
主营业务：电喷配件总汇批发零售，专修金杯海狮、福田风景、中意等微面、轻卡

汽车用品系列

北京市霖驿达汽车养护中心

公司地址：北京市朝阳区东五环汽配城 D 排 25-26 号
手机号码：13439278182/15321619161
主营业务：机油、电瓶、防冻液、凉垫、毛垫、座套、护理品、香水、环保脚垫等

冀东旺达汽车装饰美容中心

公司地址：北京市朝阳区东五环汽配城 F 排 23 号
手机号码：15010416621/13522529183
主营业务：贴膜、音响、防盗、导航、抛光、封釉、发动机护板、座垫、座套、地胶等

汽车维修保养系列

北京宏鑫伟业汽车维修店
公司地址：北京市朝阳区东五环汽配城 B 排 115 号
手机号码：13521458763
主营业务：主修发动机大中小修、保养变速箱、清洗节气门、喷油嘴、电路、空调等

利成汽车配件
公司地址：北京市朝阳区东五环汽配城 F 排 1 号
手机号码：13552831374
主营业务：专修福田、骑仕、旗铃、帅铃、欧铃、跃进、领航、江淮、多利卡、解放等

一汽大众上海大众
公司地址：北京市朝阳区东五环汽配城 F 排 17 号
手机号码：13520073123
主营业务：专修疑难杂症、精修节气门等

亿车行汽配汽修中心
公司地址：北京市朝阳区东五环汽配城 E 排 26 号
电　话：15001003450/15210820359
主营业务：比亚迪配件、三滤大全，专业维修、保养、钣金喷漆、代办验车

北京晨廷鑫创汽配中心
公司地址：北京市朝阳区东五环汽配城 E 排 10-11 号
手机号码：13522905616/13522073998
主营业务：专修奥迪、别克、帕萨特、东南、金杯、福田、捷达等

北京君奥汇鑫汽修中心
公司地址：北京市朝阳区东五环汽配城 C 排 121-122 号
手机号码：18601016977/15910684476
主营业务：电脑检测、维修保养、原厂配件、保险理赔（奔驰、宝马、奥迪、别克、丰田、现代、大众、雪佛兰）

北京众信汽车维修中心
公司地址：北京市朝阳区东五环汽配城 C 排 139-140 号
手机号码：13520380805
主营业务：精修哈飞中意、民意、长安等微面，专业清洗喷油嘴、节气门、快修保养、大修发动机

鼎世通汽配维修中心
公司地址：北京市朝阳区东五环汽配城 F 排 3 号
电　话：010-52660030
主营业务：专业电路、机修、钣金喷漆、修马达、发电机、空调、加氟、清风道、大修发动机等

北京君利驰汽车配件有限公司
公司地址：北京市朝阳区东五环汽配城 C 排 141-145 号
电　话：010-58042796
主营业务：奥迪专修，大众、别克各种中高档轿车，钣金喷漆、高档漆房、保险出单、定损理赔

北京鑫汇峰汽配销售中心
公司地址：北京市朝阳区东五环汽配城 F 排 6 号
电　话：010-58042795
主营业务：金杯海狮、福田风景、金龙海狮、中顺世纪，配件批发、维修保养

北汽利达汽车配件修理
公司地址：北京市朝阳区东五环汽配城 F 排 8 号
电　话：010-59437597/51245748
主营业务：专修福田、时代轻卡、时代金刚、奥铃、跃进、江淮、东风多利卡、夏利、吉利等

北京旭义振兴汽配维修中心
公司地址：北京市朝阳区东五环汽配城 F 排 15 号
手机号码：13720005627/13260053229
主营业务：专修中华、骏捷、尊驰等，专业发动机大修

广泽汽车配件维修
公司地址：北京市朝阳区东五环汽配城 F 排 16 号
手机号码：13436472446
主营业务：专业维修国Ⅲ电喷发动机、各种柴油车、汽油车、电脑检测

（上接 126 页）

汽车用品系列

北京车源汇聚汽车电子产品有限公司
公司地址：北京市朝阳区五方天雅汽配城二期 65-66 号
联系人：孙海芳
电　话：010-52973503
手机号码：13718559828
主营业务：汽车改装、头枕屏、外挂屏、吸顶屏、360 全景行车记录仪、大众电动翻转标

北京亿达行汽车用品有限公司
公司地址：北京市朝阳区五方天雅汽配城汽车用品大厅 2136 号
联系人：李虹
电　话：010-83706775/83706675
主营业务：品牌座垫、脚垫、纯皮把套等各种饰品

北京岭南宏业汽车用品
公司地址：北京市朝阳区五方天雅汽配城用品大厅一层 1018-1119 号
联系人：黄焕炎
电　话：010-67293190
手机号码：13811751495
主营业务：汽车美容、护理用品、贴膜工具、耗材类

北京宏大亨利佳汽车装饰商贸中心
公司地址：北京市朝阳区五方天雅汽配城西 8 区 83 号
联系人：李秀丽
电　话：010-67297899
手机号码：18211502595
主营业务：华阳导航专营批发，专业音响改装、美容装饰、座垫脚垫，批发改色膜、防爆膜

北京唯美汽车用品商行
公司地址：北京市朝阳区五方天雅汽配城西 8-42-46 号
联系人：陈岩
手机号码：13520346655
主营业务：汽车脚垫

北京五方肯奥特商贸有限公司
公司地址：北京市朝阳区五方天雅汽配城用品大厅 2096 号
联系人：毛谦
手机号码：18310068868
主营业务：汽车脚垫

北京西玛
公司地址：北京市朝阳区五方天雅汽配城西 8-13 号
联系人：王帅
电　话：010-87151446
手机号码：13521222000
主营业务：导航、改装、头枕屏、吸顶屏安装

海淀区市场商家资讯

- 北京西郊汽车配件市场中心
- 北京西郊雅森汽车用品城
- 北京东方美都汽配城

北京西郊汽配城市场中心

北京西郊汽配城是中国北方地区规模最大、品种最全的汽车配件集散中心，经过十九年的规范管理和诚信经营，她已经成为了中国汽车后市场标志性企业，在行业中积累了厚重的人气和商脉；锤炼出了一支成熟的经营管理团队；形成了制度化、科学化和人性化相结合的管理模式；是全国汽配行业和广大消费者公认的“放心市场”，并得到国家及市区级工商局、技术监督局的好评；荣获了政府及行业主管部门评定的首都文明市场、消费者满意单位、全国重点培育市场、中国购物放心示范汽配市场、最具发展潜力的市场等系列荣誉。

西郊汽配城主要从事汽车配件及横向产品的批发零售业务，设有大众配件、日本配件、进口配件、国产配件、汽保设备、轮胎超市、汽车修理等七个专业经营大厅。

十九年成熟的市场和管理，十九年聚集的人气和商脉，是您生意兴隆、稳定发展的可靠保障。欢迎国内外各界朋友垂询、惠顾和合作！

网　址：http://www.xjqpc.com
电　话：010-88435556 88437888
地　址：北京市海淀区西四环四季青桥东北角

大众、奥迪系列

北京中德顺佳商贸有限责任公司
公司地址：北京市海淀区西郊汽配城 A 座 1015 号
联系人：曲立柱
电　话：010-88438564
手机号码：13810568660
传　真：010-88449589
经营年限：16 年
员工数量：12 人
主营业务：上海大众、一汽大众全车配件、代理鑫毅、通福钣金件、上海世佳水泵、涨紧器、涨紧轮

北京京众腾达汽配一汽大众专营店
公司地址：北京市海淀区西郊汽配城 A 座 1103 号
联系人：宋磊
电　话：010-88431618/88435070
手机号码：13520085002
传　真：010-88443067
经营年限：5 年
员工数量：10 人
主营业务：速腾、迈腾、开迪全车配件

北京大丰隆达汽车配件有限公司
公司地址：北京市海淀区西郊汽配城 B 座 1100-1102 号
联系人：林飞
电　话：010-88471292/88463017
88471293/88459787
手机号码：13501147081
传　真：010-88430779
经营年限：14 年
主营业务：奥迪大众：A6L\A8\Q7、途锐：上海大众：帕萨特、领驭、朗逸、新帕萨特、捷达王

北京龙盛奥达汽车配件有限公司
公司地址：北京市海淀区西郊汽配城 A 座 1031 号
电　话：010-88430328
主营业务：奥迪 A6\A6L\A4L\Q7\Q8

北京奥众顺通汽配有限公司
公司地址：北京市海淀区西郊汽配城 A 座 1013 号
电　话：010-88455528
手机号码：15657610283
主营业务：一汽大众、上海大众，批发大众车型底盘件、全车件、ABS 泵

北京裕泰鑫业汽车配件经营部
公司地址：北京市海淀区西郊汽配城 A 座 1006 号
联系人：李辉
电　话：010-88446888/88434832
主营业务：捷达（王）、桑塔纳、宝来、帕萨特、速腾、迈腾系列全车零部件

北京星硕杰商贸有限公司
公司地址：北京市海淀区西郊汽配城 A 座 1007 号
电　话：010-88449095/88445461
主营业务：一汽奥迪：A6、A6L，一汽大众：捷达、宝来、速腾、迈腾，上海大众：3000、B5、领驭、朗逸

北京沪众汽配销售中心
公司地址：北京市海淀区西郊汽配城 A 座 1008 号
联系人：花秀妮
电　话：010-88462990/88453661
主营业务：一汽大众、奥迪、原装配套、代订疑难配料

北京亿都腾达汽车配件经营部
公司地址：北京市海淀区西郊汽配城 A 座 1009 号
联系人：杨庆柱
电　话：010-57127578
主营业务：上海大众，一汽大众系列全车零部件，批发大众车系灯具、保险杠

北京昊达汽配有限公司
公司地址：北京市海淀区西郊汽配城 A 座 1010 号
电　话：010-88459938/88455938
主营业务：新 POLO、波罗、途安、高尔、斯柯达、朗逸，代定急件

北京博奥润达商贸有限公司
公司地址：北京市海淀区西郊汽配城 A 座 1002 号
联系人：杨居润
电　话：010-88469041/88453042
主营业务：德国大众原厂部件：C5\A6\C6\A4\A8，代订疑难急件

北京金奔粤经贸有限公司
公司地址：北京市海淀区西郊汽配城 A 座 1003 号
电　话：010-88458950/88437627
主营业务：奥迪专营

北京盛顺达通汽车配件销售有限公司
公司地址：北京市海淀区西郊汽配城 A 座 1005 号
电　话：010-88432133
主营业务：帕萨特、超越者、奥迪

北京欣欣创联商贸中心
公司地址：北京市海淀区西郊汽配城 A 座 1014 号
联系人：左超
电　话：010-88472029
主营业务：上海大众、一汽大众

北京德奥鑫缘商贸有限公司
公司地址：北京市海淀区西郊汽配城 A 座 1021-1022 号
联系人：李鑫
电　话：010-88436329/88467996
主营业务：奥迪 A6\A6L\Q7\A8、保时捷、途锐

北京南方德汽车配件销售中心
公司地址：北京市海淀区西郊汽配城 A 座 1027 号
联系人：陈延凤
电　话：010-88437500/88435553
手机号码：13701324126
主营业务：奥迪系列、大众系列

北京吉奥沪联汽车配件有限公司
公司地址：北京市海淀区西郊汽配城 A 座 1035 号
电　话：010-88468318/88451658
主营业务：高尔夫 6、GTI、奥迪 A4L\A6L\A8L\Q7

北京瑞安恒瑞汽车配件销售有限公司
公司地址：北京市海淀区西郊汽配城 A 座 1039 号
联系人：江瑞夫
电　话：010-88452623/58415811
主营业务：上海大众、一汽大众

北京德尚商贸有限公司
公司地址：北京市海淀区西郊汽配城 A 座 1011 号
联系人：黄玲
电　话：010-88435329/88442396
主营业务：奥迪、帕萨特专营

北京金鹤顺汽车配件有限公司
公司地址：北京市海淀区西郊汽配城 A 座 1013 号
电　话：010-88433531
手机号码：13601065802/18618286428
主营业务：批发奥迪 A6L\08\09 单氙、双氙大灯，奥迪 C5\A6 手动及自动半轴，帕萨特 B5 手动自动半轴，A6L\A8 及各种变速箱油管、A6L 进气支管

北京研拓联达商贸中心
公司地址：北京市海淀区西郊汽配城 A 座 1073 号
联系人：周燕
电　话：010-88430019/88430729
主营业务：尚酷、高尔夫

北京恒心奥达商贸有限公司
公司地址：北京市海淀区西郊汽配城 A 座 1032 号
联系人：王思恒
电　话：010-88455589/88447676
主营业务：奥迪

北京前途汽配商行
公司地址：北京市海淀区西郊汽配城 A 座 1045 号
电　话：010-88447761/88447781
主营业务：途观、途欢、新帕萨特全车配件、代订急件

北京天盛捷汽配销售中心

公司地址：北京市海淀区西郊汽配城 A 座 1038 号
电　话：010-88463593/88438155
手机号码：15810508476
主营业务：波罗、宝来（新）、高尔夫、奥迪、捷达（王）、帕萨特、速腾、迈腾

北京嘉合双盈商贸有限公司

公司地址：北京市海淀区西郊汽配城 A 座 1041 号
联系人：王盈盈
电　话：010-88462919
主营业务：朗逸全车纯正配件，帕萨特、途观、新迈腾、速腾、新宝来、奔腾

北京腾必信达商贸有限责任公司

公司地址：北京市海淀区西郊汽配城 A 座 1078 号
联系人：梁武
电　话：010-88452981（奥迪部）/88445513（大众部）
主营业务：奥迪 A4\A4L\A6\A6L，批发马勒、博世系列产品，宝来、奥迪 C5\A6、帕萨特 B5、领驭 3000 型、捷达王、速腾等

北京欣恒娇贸易中心

公司地址：北京市海淀区西郊汽配城 A 座 1043 号
联系人：王树伟
电　话：010-88433671/88470221
主营业务：大众奥迪原装零部件，进口波箱油、防冻液、刹车油，迈腾 3.2、R36 高尔夫、奥迪 CC3.6、TT 配件

北京宾建创业商贸有限公司

公司地址：北京市海淀区西郊汽配城 A 座 1034 号
联系人：田壮宾
电　话：010-88449437/88452717
手机号码：13611038817
主营业务：一汽大众、奥迪 A6L、捷达王、奔腾、上海大众、帕萨特 B5、桑塔纳 3000、2000 超人

北京东达商贸中心

公司地址：北京市海淀区西郊汽配城 A 座 1047 号
电　话：010-88451815/58437833
手机号码：13651160680
主营业务：桑塔纳（2000 型）、时代超人、捷达、捷达王、宝莱、帕萨特 B5、领驭、奥迪 1.8、1.8T

北京跃华源汽车零部件公司

公司地址：北京市海淀区西郊汽配城 A 座 1065 号
电　话：010-88431741/88457331
手机号码：13671139674
主营业务：迈腾 B7L、大众 CC、速腾零部件专营店

北京鹏顺达商贸有限公司

公司地址：北京市海淀区西郊汽配城 B 座 1040 号
电　话：010-88456759/52499497
主营业务：帕萨特（新）、B5、新领驭、领域、奥迪 A6、A6L

北京京港联合商贸有限公司

公司地址：北京市海淀区西郊汽配城 A 座 1050 号
联系人：陈娟
电　话：010-88452305/57102001
手机号码：13621266959
主营业务：朗逸、宝来

北京世纪丰来商贸有限公司

公司地址：北京市海淀区西郊汽配城 A 座 1057 号
联系人：林飞
电　话：010-88465696/88432498
主营业务：捷达、速腾、迈腾、开迪、奥迪、红旗、世纪星、奔腾、马自达 M6

北京路捷盛汽车配件销售中心

公司地址：北京市海淀区西郊汽配城 A 座 1058 号
联系人：刘凤朝
电　话：010-88472218/88432218
主营业务：奥迪 A3\A8\A7\A6\A6L\Q5\Q7、途锐

北京佳润达汽配有限公司

公司地址：北京市海淀区西郊汽配城 A 座 1059 号
电　话：010-88457402/88457617
主营业务：桑塔纳、2000、3000、时代超人、捷达（王）、帕萨特 B5、领驭、宝来、奥迪、高尔夫等全车配件

北京亿隆通商贸有限责任公司

公司地址：北京市海淀区西郊汽配城 A 座 1060 号
电　话：010-88440828/88444730
主营业务：一汽大众：全新捷达、全新速腾、全新迈腾，上海大众：全新桑塔纳、全新帕萨特

北京吉正奥通经贸有限责任公司

公司地址：北京市海淀区西郊汽配城 A 座 1072 号
联系人：李伯涛
电　话：010-88469981/88469982
主营业务：奥迪 C5\C6\C7\Q5\Q7\A8

北京恒星华明汽车配件有限责任公司

公司地址：北京市海淀区西郊汽配城 A 座 1071 号
电　话：010-88435565/52479708
手机号码：13681215485
主营业务：专营上海大众系列车型纯正配件，采埃孚方向机助力泵、安泰制动系统

北京连奥商贸有限公司

公司地址：北京市海淀区西郊汽配城 A 座 1087 号
联系人：韩建民
电　话：010-88451383/88439123
主营业务：奥迪纯正配件，奥迪 A4\A4L\A6L\A8\Q5\Q7

北京万众丰源汽车配件销售中心

公司地址：北京市海淀区西郊汽配城 A 座 1042 号
联系人：顾万桃
电　话：010-88462934
主营业务：奥迪、迈腾、速腾、桑塔纳、捷达王

北京世纪迪格汽车配件经营部

公司地址：北京市海淀区西郊汽配城 A 座 1061 号
联系人：石翠梅
电　话：010-88471580/88462994
主营业务：一汽奥迪、大众车型保险杠，海拉灯具、中网、亮条、东机工减振器等总经销

北京嘉源汽配

公司地址：北京市海淀区西郊汽配城 A 座 1069 号
电　话：010-88435965/88439316
主营业务：帕萨特、领驭、速腾、3000 型、波罗、宝来、捷达王、桑塔纳、04 款、奥迪

北京富迪曙光汽车配件销售有限公司

公司地址：北京市海淀区西郊汽配城 A 座 1076 号
联系人：关长富
电　话：010-88431876/88459778
主营业务：奥迪系全车原厂配件，涡轮增压器、ABS 泵、代定疑难配件

北京优选惠达商贸有限公司

公司地址：北京市海淀区西郊汽配城 A 座 1064 号
联系人：李荣国
电　话：010-88454592/88469160
手机号码：15810080938
主营业务：上海大众汽车零部件销售商，途观零部件专业供应商，迈腾、速腾、CC、明锐、昊锐发动机及底盘件

豫松腾达商贸有限公司

公司地址：北京市海淀区西郊汽配城 A 座 1084 号
电　话：010-88468983
手机号码：18910563009
主营业务：批发正时、上海大众 B5、B4 高尔夫、领驭、2000 型、时代超人、桑塔纳、3000、志俊、朗逸、一汽大众捷达、捷达王（04/05/10）、宝来、1.8T 点火线圈

北京恒元利通汽配

公司地址：北京市海淀区西郊汽配城 A 座 1127 号
联系人：聂兰
电　话：010-88457144
手机号码：13651316200
主营业务：新迈腾全车配件

北京益恒佳旺汽配有限责任公司

公司地址：北京市海淀区西郊汽配城 A 座 1051 号
电　话：010-88449699/88439987
手机号码：18645455657/13810599333
主营业务：朗逸、B5、领驭、新领驭、3000、志俊、捷达王、宝莱

北京申瑞科商贸有限公司

公司地址：北京市海淀区西郊汽配城A座1062号
电　话：010-88435322/88438228
主营业务：上海大众、一汽大众

北京宇鹏盛兴汽车配件销售中心

公司地址：北京市海淀区西郊汽配城A座1088号
联系人：钱勇
电　话：010-88460731/52297934
主营业务：（新）宝来、（新）速腾、（新）朗逸、（新）B5、（新）领驭、捷达（10），4000、3000全车保险杠、灯具等外观件

北京源宝明华汽配经营部

公司地址：北京市海淀区西郊汽配城A座1094号
联系人：葛雪源
电　话：010-88436424
手机号码：13126789678
主营业务：上海大众、一起大众

北京广丰关爱商贸有限公司

公司地址：北京市海淀区西郊汽配城A座1106号
电　话：010-88435938/57285586
主营业务：捷达、桑塔纳、帕萨特全车配件

北京博隆汽车配件销售中心

公司地址：北京市海淀区西郊汽配城A座1107号
电　话：010-88463447
手机号码：13341050667/13521053235
主营业务：奥迪A6、A6L、帕萨特、领驭、捷达王、宝来

北京明辉顺航汽配

公司地址：北京市海淀区西郊汽配城A座1109号
电　话：010-88435188
手机号码：13522030810/13381250506
主营业务：新宝来全车配件、一汽大众原厂配件

北京嘉奥汽配经营部

公司地址：北京市海淀区西郊汽配城A座1117号
联系人：陈勇平
电　话：010-88441090/88461911
主营业务：一汽大众、上海大众、德国大众

北京奥豹汽配

公司地址：北京市海淀区西郊汽配城A座1118号
联系人：陈根娣
电　话：010-88443928
主营业务：奥迪、红旗、明仕、世纪星等原厂配件

北京兴盛万隆商贸有限公司

公司地址：北京市海淀区西郊汽配城A座1124号
联系人：王爱民
电　话：010-88467984/88467684
主营业务：上海大众、一汽大众

北京兴源奥盛汽车配件有限公司

公司地址：北京市海淀区西郊汽配城A座1125-1126号
电　话：010-88460600/88460100
主营业务：奥迪A4L\A6L\A5\Q5\A8\Q7\TT全车配件及改装件

北京达诚鑫业商贸有限责任公司

公司地址：北京市海淀区西郊汽配城B座1012号
电　话：010-88430822/88445120
主营业务：雪弗兰、本田、中华骏捷、帕萨特、金杯各类车型液压转向助力泵，上海大众（B5、领驭、新领驭、超人、志俊等）、一汽大众（捷达、新捷达、宝来、新宝来、速腾等）整车配件

北京隆昌宏博汽车配件销售有限公司

公司地址：北京市海淀区西郊汽配城B座1018号
电　话：010-59429102/88435334
手机号码：13641080941
主营业务：上海大众、一汽大众

北京贤华科业汽配有限公司

公司地址：北京市海淀区西郊汽配城A座2037号
电　话：010-88433229
主营业务：上海大众、一汽大众，底盘悬挂系统、刹车制动系统、电器、电子点火系统、钣金冲压件、排气消音系统

战友汽配

公司地址：北京市海淀区西郊汽配城B座1003号
联系人：刘经理
电　话：010-88460818
手机号码：18911488715
主营业务：迈腾（B7L）全车配件

北京京翔腾达商贸有限公司

公司地址：北京市海淀区西郊汽配城B座1024号
联系人：王永京
电　话：010-88443486/88435341
主营业务：速腾、迈腾、大众、高尔夫、奥迪、C5\A6

北京爱意世纪技术开发有限公司

公司地址：北京市海淀区西郊汽配城B座1043号
电　话：010-88430187/88433688
手机号码：13911167126
主营业务：一汽大众：捷达、宝来、高尔夫6、速腾、迈腾，上海大众：帕萨特、波罗、途安、朗逸，一汽奥迪：A8、Q7

新奥旗达汽配（可融达）

公司地址：北京市海淀区西郊汽配城B座1014号
电　话：010-88430993/52903799
手机号码：13811189839
主营业务：奥迪系列、红旗系列

北京嘉乐兴达汽配有限公司

公司地址：北京市海淀区西郊汽配城B座1019号
电　话：010-88445845/51458939
主营业务：奥迪、宝来、捷达王、帕萨特、领驭

北京利国兴盛商贸有限公司

公司地址：北京市海淀区西郊汽配城B座1031号
联系人：刘强
电　话：010-88461457/88461456
主营业务：帕萨特B5、捷达王、宝来、波罗、领驭、桑塔纳、奥迪，余姚塑料小件电器件、鼓风机电子扇、防冻液壶、助力油壶、升降器开关、转向助力管路、变速箱管路、增压器管路系列等

北京佳利来商贸有限公司

公司地址：北京市海淀区西郊汽配城B座1028号
电　话：010-88446858/88445898
手机号码：13911221481
主营业务：上海大众：帕萨特B5、（新）领驭、朗逸、桑塔纳2000、3000、志俊，一汽大众：捷达（王）、04款、（新）宝来

北京新生隆盛达商贸有限公司

公司地址：北京市海淀区西郊汽配城B座1044号
电　话：010-88437141/88437140
手机号码：13511001985
主营业务：上海大众、一汽大众，途观、新帕萨特、帕萨特、领驭、奥迪原厂发动机、涡轮增压器

北京佳鑫亿通汽车配件有限公司

公司地址：北京市海淀区西郊汽配城B座1041号
联系人：赵艳玲
电　话：010-88440488/88453888
主营业务：新速腾、新宝来、新领驭、捷达王、桑塔纳、志俊、3000、迈腾、奔腾、朗逸、奥迪，纯正原厂配件

北京盛茂永昌汽车配件批发中心

公司地址：北京市海淀区西郊汽配城B座1027号
电　话：010-88435455
手机号码：13911660399
主营业务：上海大众、一汽大众

北京华谊工贸有限责任公司

公司地址：北京市海淀区西郊汽配城B座1025号
电　话：010-88435595
手机号码：13801081090
主营业务：奥迪:A6/A6L/C6，批发：上海日用电子扇、大众系列各种原厂开关

北京风顺吉商贸有限公司

公司地址：北京市海淀区西郊汽配城B座1065号
联系人：马宝龙
电　话：010-88439971/88463002
主营业务：新帕萨特、领驭、捷达、桑塔纳、大众系列等纯正原厂配件

北京汇义成汽配公司

公司地址：北京市海淀区西郊汽配城B座1029号
电　话：010-88445531/88438869
主营业务：上海大众、一汽大众全车配件，全系刹车片、雨刮片

北京迅安通汽配有限公司

公司地址：北京市海淀区西郊汽配城B座1032号
电　话：010-88440388/88432930
手机号码：18610932135/18610525350
主营业务：上海大众、一汽大众

北京诚信大众新速腾新迈腾专营

公司地址：北京市海淀区西郊汽配城B座1034号
电　话：010-88434123/88465982
手机号码：13520390896/15321383318
主营业务：速腾、迈腾、B7L、NCS

北京鑫隆奥盛汽配有限公司
公司地址：北京市海淀区西郊汽配城 B 座 1078 号
电　话：010-88462933/88462947
主营业务：新帕萨特、捷达（王）、新款捷达、柴油捷达、宝来、速腾、B5 全车配件

北京人和广达商贸有限公司
公司地址：北京市海淀区西郊汽配城 B 座 1048 号
电　话：010-88453992/88454976
主营业务：专营高尔夫 6 代纯正配件、现货批发，波罗、宝来、新领驭、领驭、帕萨特系列

北京金博利源商贸中心
公司地址：北京市海淀区西郊汽配城 B 座 1050 号
联系人：曹东亮
电　话：010-88436966/88432086
主营业务：一汽大众、上海大众、大众进口零部件供应商

北京恒发诚信汽车配件经营部
公司地址：北京市海淀区西郊汽配城 B 座 1010 号
电　话：010-88440459/88453059
手机号码：13601028771
主营业务：帕萨特、宝来、速腾、迈腾、A6L

北京四季创捷汽配经营部
公司地址：北京市海淀区西郊汽配城 B 座 1006 号
电　话：010-88465902
主营业务：波罗、高尔、途安、途观、明锐、晶锐

北京中环泉汽配贸易有限责任公司
公司地址：北京市海淀区西郊汽配城 B 座 1045 号
联系人：王美霞
电　话：010-88442769/88432190
主营业务：上海大众、一汽大众、全车配件

北京德智信汽车配件有限公司
公司地址：北京市海淀区西郊汽配城 B 座 1070 号
联系人：张石益
电　话：010-88445888/88471880
主营业务：捷达、宝来、速腾、迈腾、

北京奥泽锋商贸有限公司
公司地址：北京市海淀区西郊汽配城 B 座 1071 号
联系人：龙荣贤
电　话：010-88436886/88436881
主营业务：奥迪、帕萨特

北京诚意德祥商贸有限公司
公司地址：北京市海淀区西郊汽配城 B 座 1075 号
联系人：井继川
电　话：010-88469082/88441091
主营业务：宝来、高尔夫、迈腾、速腾、CC、帕萨特、领驭、途观、途安

北京宝盛恒通商贸有限公司
公司地址：北京市海淀区西郊汽配城 B 座 1055 号
联系人：罗美
电　话：010-88432058/88433128
主营业务：奥迪系列、大众系列

北京天成伟业汽配
公司地址：北京市海淀区西郊汽配城 B 座 1063 号
电　话：010-88445255/88449568
手机号码：13810705053
主营业务：宝来、朗逸、速腾、迈腾、奔腾、奥迪、帕萨特、途锐

北京京申润达汽配销售中心
公司地址：北京市海淀区西郊汽配城 B 座 1064 号
联系人：姜英祥
电　话：010-88464489
主营业务：一汽大众、上海大众、德国车系

北京隆万鸿达汽配
公司地址：北京市海淀区西郊汽配城 B 座 1061 号
电　话：010-88461916/88430591
主营业务：奥迪 C5\C6\A4L\Q7\A8、途锐

欧洲车系列

北京神新安达汽车配件经营部
公司地址：北京市海淀区西郊汽配城 A 座 2005 号
联系人：谢建新
电　话：010-88457025
主营业务：雪铁龙、爱丽舍、富康等，专营各种车型氧传感器

北京源学峰汽配经销部
公司地址：北京市海淀区西郊汽配城 A 座 2009 号
电　话：010-88459251
主营业务：提供原厂技术及沃尔沃原厂电脑检测，清除故障码

北京军宇鹏达汽车配件经营部
公司地址：北京市海淀区西郊汽配城 A 座 2012 号
联系人：郑瑞涛
电　话：010-88439698/88435336
主营业务：标致 206\207\307\308\408\508\3008\505

北京瑞源永兴经贸有限公司
公司地址：北京市海淀区西郊汽配城 A 座 2017 号
联系人：杨艳菁
电　话：010-88444130/88448612
主营业务：欧宝

北京意福友联汽车配件销售中心
公司地址：北京市海淀区西郊汽配城 A 座 2020 号
联系人：翟培航
电　话：010-88450044/88439660
主营业务：菲亚特纯正原厂配件、派力奥、西耶那、周末风、派朗、博悦

北京凯顿贸易有限公司
公司地址：北京市海淀区西郊汽配城 A 座 2043 号
联系人：徐万荣
电　话：010-88443989/88459617
主营业务：东风雪铁龙、东风标致系列，凯旋、C2 比加索、塞纳等

北京康鑫丰业汽车配件有限责任公司
公司地址：北京市海淀区西郊汽配城 A 座 2052 号
联系人：夏晓岳
电　话：010-88446868
主营业务：富康、爱丽舍、毕加索、赛纳、凯旋、世嘉、C2、C5 等

北京西郊洪涛汽配销售部
公司地址：北京市海淀区西郊汽配城 A 座 2057 号
联系人：盛小洁
电　话：010-88440606/88445635
主营业务：法国标致、东风标致、雪铁龙

北京大明又发商贸有限公司
公司地址：北京市海淀区西郊汽配城 A 座 2061 号
联系人：李占武
电　话：010-88432490
主营业务：东风雪铁龙

北京翼腾翔汽车配件有限公司
公司地址：北京市海淀区西郊汽配城 A 座 2091 号
联系人：陈海珊
电　话：010-88432509/88434433
主营业务：雪铁龙、标致系列

北京义信奔宝商贸有限公司
公司地址：北京市海淀区西郊汽配城 A 座 2075 号
电　话：010-88455526/59413627
主营业务：奔驰、宝马全车件

北京奔一达商贸有限公司
公司地址：北京市海淀区西郊汽配城 A 座 2086 号
电　话：010-88449986/88469778
88467220
手机号码：13910868678
主营业务：经营奔驰、宝马配件

北京中星德宝汽车配件有限公司
公司地址：北京市海淀区西郊汽配城 A 座 2066 号
电　话：010-88438823/52491900
主营业务：德国奔驰、宝马原厂零件经销商，代订劳斯莱斯、宾利、兰博基尼、捷豹、路虎

日本车系列

北京市宇航腾达汽车配件经营部
公司地址：北京市海淀区西郊汽配城 A 座 1128 号
联系人：赵彦娣
电　话：010-88446001/88433471
主营业务：马自达、M6\M3、英格尔、新雅途、一汽奔腾、B70\B50

北京卡博兴业商贸中心
公司地址：北京市海淀区西郊汽配城 A 座 2082 号
联系人：王贵明
电　话：010-88436377
主营业务：一部：红旗系列、马自达系列；二部：雷诺系列、斯巴鲁系列

北京佳兴通业汽车配件经营部

公司地址：北京市海淀区西郊汽配城 B 座 2003 号
联系人： 张继才
电　话： 010-88464667/88457530
主营业务：丰田、霸道、凯美瑞、尼桑、天籁、颐达

北京鹏兴亿达汽配经营部

公司地址：北京市海淀区西郊汽配城 B 座 2005 号
联系人： 王春鹏
电　话： 010-88470862/88470823
主营业务：进口丰田、一汽丰田、广汽丰田

北京成方兴业三菱配件专营

公司地址：北京市海淀区西郊汽配城 B 座 2006 号
联系人： 李国防
电　话： 010-88430357
主营业务：三菱 猎豹 速跑 欧蓝德 V73

北京市海淀区四季青金龙汽配经营部

公司地址：北京市海淀区西郊汽配城 B 座 2007 号
联系人： 王春涛
电　话： 010-88463014
主营业务：尼桑、金龙客车

北京云中汽车配件销售中心

公司地址：北京市海淀区西郊汽配城 B 座 2008 号
联系人： 王逸康
电　话： 010-88439330
主营业务：进口丰田、北美丰田

北京合鑫源汽车配件中心

公司地址：北京市海淀区西郊汽配城 B 座 2010 号
电　话： 010-88430282/88434481
主营业务：EX 进口欧蓝德、猎豹、V73、V97、菱悦、翼神、蓝瑟、菱绅、翼神、三菱

北京慧达汽配销售中心

公司地址：北京市海淀区西郊汽配城 B 座 2013 号
电　话： 010-88439012/88439120
主营业务：广州本田、日本本田、东风本田

北京北源通达商贸有限公司

公司地址：北京市海淀区西郊汽配城 B 座 2017 号
电　话： 010-88467501/88444085
主营业务：三菱猎豹、日产尼桑、英菲尼迪纯正部品

北京丰源盛业汽配

公司地址：北京市海淀区西郊汽配城 B 座 2021 号
电　话： 010-88483206/52492197
主营业务：丰田、本田

北京京合润业商贸有限公司

公司地址：北京市海淀区西郊汽配城 B 座 2029 号
电　话： 010-88462880/88465363
88457597
手机号码：13070168613
主营业务：三菱 V73、97、V77、速跑、EX、猎豹、东南菱悦、菱帅、蓝瑟、翼神、得利卡、菱绅

北京环欧汽车配件销售中心

公司地址：北京市海淀区西郊汽配城 B 座 2031 号
联系人： 卫继武
电　话： 010-88438416
主营业务：本田、丰田

北京健全顺达商贸有限公司

公司地址：北京市海淀区西郊汽配城 B 座 2032/2057 号
电　话： 010-88436119/88457960
主营业务：东风日产、日产尼桑，天籁等，广州本田、东风本田，昭和减震器、信义刹车片北京总代理

北京协成兴业汽车配件有限公司

公司地址：北京市海淀区西郊汽配城 B 座 2033 号
联系人： 吕腾飞
电　话： 010-88439981/88437271
主营业务：一汽丰田、广汽丰田、东风本田、广州本田

北京盛兴隆益商贸有限责任公司

公司地址：北京市海淀区西郊汽配城 B 座 2034 号
联系人： 林良树
电　话： 010-88433191/88473262
主营业务：代理直销本田系列纯正产品、雅阁、奥德赛、CRV、飞度、风范、思迪、思域、思铂睿等

北京丰弘瑞达商贸有限公司

公司地址：北京市海淀区西郊汽配城 B 座 2086 号
电　话： 010-88430991/88436208
主营业务：一汽丰田、进口丰田、丰田吉普、北美丰田

北京北展宏达汽配销售中心

公司地址：北京市海淀区西郊汽配城 B 座 2044 号
电　话： 010-88483160/88483168
主营业务：尼桑（天籁、骐达、颐达、轩逸、骊威、逍客等）、丰田（凯美瑞、汉兰达、雅力士、锐志、皇冠、卡罗拉等）

北京尚路通泰商贸有限公司

公司地址：北京市海淀区西郊汽配城 B 座 2046 号
电　话： 010-88450290/88455921
主营业务：一汽丰田：皇冠、锐志、花冠、威驰、卡罗拉等，广汽丰田：凯美瑞、汉兰达、逸致

北京鑫香山汽配公司

公司地址：北京市海淀区西郊汽配城 B 座 2054 号
联系人： 贾杰
电　话： 010-88454615/88433503
主营业务：一汽马自达 M6、一汽轿跑、一汽奔腾、长安马自达 M2、M3、海南马自达、福美来、福仕达

北京嘉诚顺达商贸中心

公司地址：北京市海淀区西郊汽配城 B 座 2058 号
联系人： 李新
电　话： 010-88452386/58413799
主营业务：日本本田、广汽本田、东风本田、广汽丰田、一汽丰田、风神全系配件、尼桑全系配件、丰田 尼桑 风神蓝鸟 阳光

金城丰来汽车商贸有限公司

公司地址：北京市海淀区西郊汽配城 B 座 2050 号
电　话： 010-88435311/88433257
主营业务：一汽马自达、海南马自达、长安马自达

北京博大百德贸易有限公司

公司地址：北京市海淀区西郊汽配城 B 座 2061 号
电　话： 010-88449585
主营业务：东风日产、郑州日产、进口尼桑、英菲尼迪全车配件

北京天华星宇汽配经营部

公司地址：北京市海淀区西郊汽配城 B 座 2063 号
联系人： 孙春生
电　话： 010-88469345
主营业务：三菱、猎豹、速跑、欧蓝德、东南系列、帕杰罗 V73、猎豹飞腾等

北京鸿图伟业汽配商行

公司地址：北京市海淀区西郊汽配城 B 座 2064/2067 号
电　话： 010-88451607/88438220
主营业务：海马汽车、一汽马自达、一汽奔腾、长安马自达，一汽丰田、广汽丰田，批发丰田纯牌机油

北京丰弘正茂商贸有限公司

公司地址：北京市海淀区西郊汽配城 B 座 2086 号
电　话： 010-88436208/88430991
主营业务：酷路泽、普拉多、埃尔法、普瑞维亚，北美丰田：塞纳、坦途、红杉

北京祥丰迪达商贸有限公司

公司地址：北京市海淀区西郊汽配城 B 座 2082 号
电　话： 010-56213390/58461512
主营业务：本田各种车型配件，代订急件

达隆郑州日产

公司地址：北京市海淀区西郊汽配城 B 座 2066 号
电　话： 010-88462927
主营业务：帕拉丁、NV200、御轩、帅客、奥丁及柴油皮卡

北京天宇汇众汽配销售中心

公司地址：北京市海淀区西郊汽配城 C 座 2314-1 号
联系人： 陈睿
电　话： 010-88483202/88483203
主营业务：一汽马自达、长安马自达、海南马自达

北京运诚兴达汽配经营部

公司地址：北京市海淀区西郊汽配城 B 座 2068 号
联系人： 周长运
电　话： 010-88436162/88446932
主营业务：主营考斯特，兼营凌志、凯美瑞、皇冠、霸道、小公主、沙漠王

北京博利通达汽配商贸中心

公司地址：北京市海淀区西郊汽配城 C 座 2207 号
电　话： 010-88483133/88483387
主营业务：广州本田：雅阁、锋范、飞度、思迪，东风本田：CRV、思域、思铂睿

北京豫京兴达汽配商行

公司地址：北京市海淀区西郊汽配城 B 座 2072 号
电　话：010-88446404/88433683
88436126
手机号码：13301208022/13683169288
主营业务：丰田霸道：2700、3400、4000、4500、4700、5700、汉兰达、RAV4、酷路泽，丰田全车彩条，专业批发

北京天成聚兴汽配公司

公司地址：北京市海淀区西郊汽配城 B 座 2069 号
电　话：010-88451618/88451615
主营业务：本田、三菱、丰田

北京佳丰新威汽配经营部

公司地址：北京市海淀区西郊汽配城 B 座 2076 号
联系人：杨玉付
电　话：010-88433397/88464993
主营业务：一汽丰田、广汽丰田

北京博友兴达汽车配件经营部

公司地址：北京市海淀区西郊汽配城 B 座 2080 号
电　话：010-88458509/88458609
主营业务：丰田纯正部件，丰田纯正机油，丰田越野车的加装件

北京新鑫尧方商贸有限公司

公司地址：北京市海淀区西郊汽配城 B 座 2065 号
电　话：010-88434837/88471499
主营业务：欧蓝德 EX、帕杰罗 V 系、翼神 EX、蓝瑟、菱悦、菱致、菱仕、君阁、广汽劲炫、劲畅

北京泰福利德贸易有限公司

公司地址：北京市海淀区西郊汽配城 B 座 2036 号
电　话：010-88452413/88444245
手机号码：13901258399
主营业务：日本 KYB 减震器北京总代理商，尼桑、丰田、三菱、本田、马自达、美国系列

北京东鹏丰田汽车配件有限责任公司

公司地址：北京市海淀区西郊汽配城 B 座 2088 号
电　话：010-88441492/88434739
主营业务：丰田纯牌、沈阳金杯

北京意腾志达商贸有限公司

公司地址：北京市海淀区西郊汽配城 C 座 2111-3 号
电　话：010-88843321/66034080
主营业务：广州本田：雅阁、飞度、思迪、锋范等，东风本田：CRV、思域、思铂睿、思铭等，代订急件

北京新意友汽配有限公司

公司地址：北京市海淀区西郊汽配城 B 座 2071 号
电　话：010-88450302/57270302
主营业务：专营本田汽车零部件

北京协力通达汽车配件销售有限公司

公司地址：北京市海淀区西郊汽配城 B 座 2067 号
电　话：010-88431604/88433855
主营业务：日产及东东风神全线系列

美国车系列

北京亿隆通商贸有限责任公司

公司地址：北京市海淀区西郊汽配城 A 座 2001 号
电　话：010-88457226/88457236
主营业务：君威、君越、凯越、商务车、景程、乐风、赛欧、科鲁兹

北京中美福通商贸有限公司

公司地址：北京市海淀区西郊汽配城 A 座 2002 号
联系人：喻建河
电　话：010-88453450/88464510
主营业务：美国汽车及美款系列汽车配件，上海通用别克、雪佛兰系列、长安福特、欧美汽车

北京天盛通达商贸有限公司

公司地址：北京市海淀区西郊汽配城 A 座 2004 号
联系人：刘强
电　话：010-88446522/88445587
主营业务：别克、雪佛兰

北京友联利达汽配经营部

公司地址：北京市海淀区西郊汽配城 A 座 2006 号
联系人：张衔
电　话：010-88457881/57270303
主营业务：别克、福克斯、蒙迪欧、嘉年华、致胜

北京美宏达汽车配件销售中心

公司地址：北京市海淀区西郊汽配城 A 座 2031 号
联系人：高宏卫
电　话：010-88437168/88434271
主营业务：福克斯、蒙迪欧、致胜、嘉年华等，长安福特配件、北美福特配件

北京威尔兴达汽配经营部

公司地址：北京市海淀区西郊汽配城 A 座 2015 号
联系人：张松平
电　话：010-88430644/88459047
主营业务：通用、福特、上海别克、赛欧、君威、凯越、道奇、蒙迪欧等原厂配件

北京福泰永恒商贸有限公司

公司地址：北京市海淀区西郊汽配城 A 座 2019 号
联系人：龚佩红
电　话：010-88432241/88432242
主营业务：蒙迪欧、嘉年华、福克斯、致胜等福特系列

北京毅瑞陆通商贸有限公司

公司地址：北京市海淀区西郊汽配城 A 座 2027 号
联系人：赵坤芳
电　话：010-88435223/88461030
主营业务：酷威、牧马人、大切、指南者、指挥官、美国原装配件

北京亦心永昌汽车配件经营部

公司地址：北京市海淀区西郊汽配城 A 座 2022 号
联系人：孙权
电　话：010-88433225
主营业务：雪佛兰全车配件，新景程、科鲁兹、景程、乐风、新乐风、新赛欧、科帕奇、乐驰、英朗、乐骋

北京京诚盛益汽配销售中心

公司地址：北京市海淀区西郊汽配城 A 座 2011 号
联系人：葛荣根
电　话：010-88466930/88468418
主营业务：雪佛兰系列、上海别克

北京增瑞福达汽车配件经营部

公司地址：北京市海淀区西郊汽配城 A 座 2021 号
联系人：方国增
电　话：010-88449368/88449369
主营业务：雪佛兰、别克、福特、美国车系

北京京美福恒商贸有限公司

公司地址：北京市海淀区西郊汽配城 A 座 2036 号
联系人：张珍
电　话：010-88445656/88448988
主营业务：雪佛兰系列、别克系列、福特系列

北京市兴航伟业汽车配件销售中心

公司地址：北京市海淀区西郊汽配城 A 座 2042 号
电　话：010-88449928/88445325
主营业务：上海别克、凯越、GL8、雪佛兰、赛欧、HRV、乐风、乐骋、景程

北京祥运昌通汽车配件销售中心

公司地址：北京市海淀区西郊汽配城 A 座 2044 号
联系人：房斌
电　话：010-88445229/88432491
主营业务：切诺基、骑士、大切诺基、北京 JEEP、2500、2700 系列、上海别克、雪佛兰系列

北京阳光美程汽车配件贸易有限公司

公司地址：北京市海淀区西郊汽配城 A 座 2045 号
电　话：010-88439593
主营业务：别克、雪佛兰、大众、奥迪系列全车件，各种车型品牌易损件

北京亿隆通商贸有限责任公司

公司地址：北京市海淀区西郊汽配城 A 座 2047 号
电　话：010-88467181/88467970
主营业务：蒙迪欧、福克斯、嘉年华、S-MAX、致胜、翼虎等零部件专营

北京成业兴汽车配件经销中心

公司地址：北京市海淀区西郊汽配城 A 座 2051 号
联系人：王海
电　话：010-88437830/88457551
主营业务：上海北泰北京总代理、雪佛兰、别克全系

北京美众嘉业商贸有限公司

公司地址：北京市海淀区西郊汽配城 A 座 2059 号
联系人：许宏
电　话：010-88436609/88452059
主营业务：上海别克、雪佛兰

北京峰顺林达汽配销售中心

公司地址：北京市海淀区西郊汽配城 A 座 2064 号
联系人：王石峰
电　话：010-88460360/88457200
主营业务：福特福克斯、蒙迪欧、嘉年华、致胜、一汽马自达、海南马自达、别克全系、全顺全系、全车正厂配件

北京鑫朝代汽车配件销售有限公司

公司地址：北京市海淀区西郊汽配城A座2055号
联系人： 杜永旺
电　话： 010-88439581/88442595
88466106/88439810
主营业务：别克、雪佛兰全系全车配件，上汽集团安帕仕特约经销商、美国凯科汽车配件特约经销商

北京半山别克配件销售有限公司

公司地址：北京市海淀区西郊汽配城A座2065号
联系人： 刘伟兴
电　话： 010-88431890/56193520
主营业务：新君威、新君越、君威、君越、英朗、凯越、GL8、陆尊、科鲁兹、景程、赛欧

北京万禾利源商贸中心

公司地址：北京市海淀区西郊汽配城A座2071号
联系人： 李丽
电　话： 010-88449523/88470736
主营业务：福克斯、蒙迪欧、致胜、嘉年华等，长安马自达、马2、马3，林肯、领航员、老款美国车系列全车配件

北京盛淞嘉业商贸有限公司

公司地址：北京市海淀区西郊汽配城A座2081号
电　话： 010-88435669/88435629
手机号码：13522381138
主营业务：别克、雪佛兰全车系纯正配件

北京亿凡兴顺商贸有限公司

公司地址：北京市海淀区西郊汽配城A座2087号
联系人： 邢岩
电　话： 010-88442109/88462930
主营业务：300C、大捷龙、太阳舞、公羊、三星道奇等克莱斯勒系列，中华、尊驰、骏捷、FRV、华晨中华全系车型

北京四季利丰商贸有限公司

公司地址：北京市海淀区西郊汽配城A座2092号
联系人： 刘小权
电　话： 010-88440778/58487656
主营业务：蒙迪欧、福克斯、嘉年华、致胜纯正配件供应中心

北京龙金圣大汽车配件商行

公司地址：北京市海淀区西郊汽配城A座2094号
联系人： 赵广新
电　话： 010-88443718/88436860
主营业务：厦门金龙、苏州金龙、中通宇通、丰田考斯特、昂克雷、新君越、新君威、林荫大道、君威、凯越、赛欧、新赛欧、科鲁兹、景程等

北京市三众发汽配经营部

公司地址：北京市海淀区西郊汽配城A座2095号
联系人： 王文锐
电　话： 010-88448465
主营业务：切诺基系列专营

韩国车系列

北京万福汽车配件销售公司

公司地址：北京市海淀区西郊汽配城A座2046号
电　话： 010-88459424/88461575
主营业务：专营北京现代：伊兰特、索纳塔、雅绅特、悦动、名驭、途胜、御翔、领御、瑞纳、圣达菲、朗动等配件

北京华晟港丽商贸有限公司

公司地址：北京市海淀区西郊汽配城A座2056号
电　话： 010-88456040/88471035
主营业务：北京现代系列、进口现代系列、东风悦达起亚系列、进口起亚系列

北京嘉和元年贸易有限公司

公司地址：北京市海淀区西郊汽配城A座2058号
联系人： 祝晓梅
电　话： 010-88457002/88436933
主营业务：现代：索纳塔、伊兰特、途胜、圣达菲、吉普、酷派、美佳等，起亚：悦达起亚、千里马、瑞欧、赛拉图、远航等

北京宏业迅达汽配汽配销售中心

公司地址：北京市海淀区西郊汽配城A座2073号
联系人： 包金凤
电　话： 010-88457746/88431043
手机号码：13120409499/13260235335
主营业务：起亚：赛拉图、福瑞迪、狮跑、千里马、瑞欧，现代：伊兰特、雅绅特、瑞纳、悦动、江淮瑞风、途胜

北京京鹏盛业商贸有限公司

公司地址：北京市海淀区西郊汽配城A座2003号
电　话： 010-88447044/88438910
主营业务：专营北京现代，伊兰特、索纳塔、途胜、圣达菲、特拉卡等

北京诚远滕汽配经营中心

公司地址：北京市海淀区西郊汽配城A座2028号
电　话： 010-88437088/88437002
主营业务：起亚全系

北京北源腾达汽车配件经营部

公司地址：北京市海淀区西郊汽配城A座2029号
电　话： 010-88431567/88436646
主营业务：圣达菲、现代、途胜、伊兰特等

北京宏丰伟盛汽配销售中心

公司地址：北京市海淀区西郊汽配城A座2032号
电　话： 010-52855264/88454436
手机号码：15110199951/13001144876
主营业务：雨刷、汽车养护，现代：伊兰特、雅绅特、途胜、索纳塔、瑞纳、悦动，起亚：千里马、赛拉图、狮跑、瑞欧，风行：景逸1.5XL/1.5LV/1.8L/1.8T、景逸SUV

北京恒达现代配件销售公司

公司地址：北京市海淀区西郊汽配城A座2033号
电　话： 010-88437076
主营业务：伊兰特、悦动、索纳塔、途胜、圣达菲、IX35

北京豫轩鸿业汽车配件经营部

公司地址：北京市海淀区西郊汽配城A座2035号
电　话： 010-88466118
主营业务：伊兰特、索纳塔、悦动、雅绅特、途胜、御翔、IX35、圣达菲、名驭

北京振东腾达汽车配件销售有限公司

公司地址：北京市海淀区西郊汽配城A座2038号
电　话： 010-58486916/52887760
主营业务：北京现代、起亚系列

北京明成达汽车配件销售有限责任公司

公司地址：北京市海淀区西郊汽配城A座2048号
电　话： 010-88434540/88435126
主营业务：北京现代、起亚系列，伊兰特、索纳塔、雅绅特、圣达菲、途胜、瑞风、悦动、御翔、切诺基

北京日鑫宏达商贸有限公司

公司地址：北京市海淀区西郊汽配城A座2049号
电　话： 010-88440888/88469103
主营业务：智跑、K2\K3\K5、千里马、赛拉图、狮跑、福瑞迪、锐欧、远舰

北京昌顺鑫达商贸有限公司

公司地址：北京市海淀区西郊汽配城A座2050号
电　话： 010-88458856
主营业务：伊兰特、索纳塔、悦动、07圣达菲、新圣达菲、05圣达菲、领翔、名驭

北京隆惠波汽车配件销售中心

公司地址：北京市海淀区西郊汽配城A座2074号
电　话： 010-88436934/88434048
主营业务：现代系列、起亚系列

北京汉海顺祥汽车配件销售中心

公司地址：北京市海淀区西郊汽配城A座2078号
电　话： 010-88452825
主营业务：现代系列、起亚系列

北京鑫恒泰商贸有限公司

公司地址：北京市海淀区西郊汽配城A座2090号
电　话： 010-88446234/52438067
主营业务：御翔、领翔、悦动、I30、IX35、雅绅特、伊兰特、索纳塔、途胜

国产车系列

北京金润达汽车配件有限公司

公司地址：北京市海淀区西郊汽配城C座2301号
联系人： 王新红
电　话： 010-88456916/88483115
手机号码：13439187766
传　真： 010-88483115
经营年限：15年
员工数量：9人
主营业务：福田风景、爱尔法、蒙派克、迷迪、金杯、海狮系列

北京豫京飞达汽车配件经营部

公司地址：北京市海淀区西郊汽配城 C 座 3101-2 号
联系人：辛瑞广
电 话：010-88468011
手机号码：13161393150
传 真：010-88431625
经营年限：15 年
员工数量：10 人
主营业务：奇瑞系列全车配件

北京天所兴达商贸中心

公司地址：北京市海淀区西郊汽配城 C 座 3110 号
联系人：陈洪山
电 话：010-88430939
手机号码：18618448812
传 真：010-88483108
经营年限：17 年
主营业务：奇瑞系列

北京鑫赛意行汽配销售中心

公司地址：北京市海淀区西郊汽配城 C 座 3215 号
联系人：董文权
电 话：010-88435520/88457268
手机号码：13070132652
传 真：010-88435520
经营年限：10 年
员工数量：10 人
主营业务：哈飞系列；中意、民意、赛马、赛豹、路宝、百利、骏意、新民意、路尊小霸王、大霸王、北汽威旺、E130\E150、东风小康系列、K07\K17\V07\V27\V29、一汽森雅 M80\S80、

北京昆南顺通汽配经营部

公司地址：北京市海淀区西郊汽配城 C 座 3224 号
联系人：王祥石
电 话：010-88462944
手机号码：13146654110
传 真：010-88448165
经营年限：13 年
员工数量：10 人
主营业务：重庆力帆、夏利系列配件

北京鑫巡洋商贸有限公司

公司地址：北京市海淀区西郊汽配城 A 座 2069 号
联系人：刘卫东
电 话：010-88462975/88462945
主营业务：依维柯、都灵 V、宝迪

北京宏达通宇汽车配件销售中心

公司地址：北京市海淀区西郊汽配城 A 座 2034 号
联系人：王建华
电 话：010-88436655/88444419
主营业务：荣威、名爵全车配件

北京名威世纪汽配销售中心

公司地址：北京市海淀区西郊汽配城 A 座 2089 号
电 话：010-88454330/88439995
主营业务：荣威系列、名爵系列、菲亚特（进口菲亚特）、派力奥、西耶那、周末风、派朗

北京建翔利达商贸中心

公司地址：北京市海淀区西郊汽配城 C 座 3309-4 号
联系人：高建利
电 话：010-88483040
手机号码：13810066584
传 真：010-88483040
经营年限：5 年
员工数量：6 人
主营业务：长安轿车、悦翔、志翔、V3\V5\CX20\MINI\ 逸动、CS35、睿骋

北京斯兴达悦商贸有限公司

公司地址：北京市海淀区西郊汽配城 A 座 2063 号
联系人：刘春花
电 话：010-88461882/88444043
主营业务：上汽荣威、名爵，专业批发：南京菲亚特（派力奥、西耶那、派朗、周末风、英格尔）

北京金福鸿盛商贸中心

公司地址：北京市海淀区西郊汽配城 B 座 2030 号
联系人：张健
电 话：010-88462915/88447519
手机号码：15810668695
主营业务：金杯海狮、中华、福田、阁瑞斯、中华尊驰、骏捷等全车系配件

北京华昆路通汽配经营部

公司地址：北京市海淀区西郊汽配城 C 座 3315 号
联系人：陈章立
电 话：010-88446542
手机号码：13801292939/13552293528
传 真：010-88483121
经营年限：13 年
员工数量：10 人
主营业务：长城系列、福田系列、中兴系列、双环系列、曙光系列、各种皮卡 SUV、代理皮卡外观钣金件

北京津鲁恒越汽车配件中心

公司地址：北京市海淀区西郊汽配城 C 座 3103-1 号
联系人：陈书玲
电 话：010-88446055/52478141
主营业务：天津一汽、一汽丰田系列

北京北方四海汽配有限责任公司

公司地址：北京市海淀区西郊汽配城 B 座 2032 号
联系人：徐滋海
电 话：010-88436564/88434019
主营业务：江铃、庆铃、五十铃、全顺、陆风、凯运、宝典、宝威、运霸、吉普各种车型零部件

北京晨阳汽配销售中心

公司地址：北京市海淀区西郊汽配城 C 座 3228 号
电 话：010-88437181/88443398
主营业务：夏利电喷、吉利配件、自由舰、金刚、华普、长安铃木、一汽佳宝、北斗星、哈飞中意、民意

北京东方佳业商贸有限公司

公司地址：北京市海淀区西郊汽配城 B 座 2026 号
电 话：010-88434006/88446410
主营业务：江铃全顺、宝典、陆风、庆铃、五十铃

北京军峰达汽车配件销售中心

公司地址：北京市海淀区西郊汽配城 B 座 2055 号
联系人：王军
电 话：010-88446789/88463429
主营业务：日本五十铃、江铃、庆铃、皮卡、全顺、陆风等全车零配件

北京祥丰迪达商贸有限公司

公司地址：北京市海淀区西郊汽配城 B 座 2081 号
电 话：010-88435700/88431017
主营业务：凯美瑞全车配件，比亚迪全系配件

北京峰顺林达汽配有限公司

公司地址：北京市海淀区西郊汽配城 C 座 3101-1
联系人：张桂君
电 话：010-88449646/88843211
主营业务：吉利、帝豪、英伦、夏利

北京雅加达汽车配件经营部

公司地址：北京市海淀区西郊汽配城 B 座 1002 号
电 话：010-88443644/88461014
主营业务：奔腾、B70\B50、红旗、世纪星、马自达 M6

北京德晨伟业商贸中心

公司地址：北京市海淀区西郊汽配城 B 座 2009 号
电 话：010-88463519/88430386
主营业务：金杯全车件、华晨中华原厂备件，中华、骏捷 FRV\H320\FSV\CROSS\H530\V5 等全车配件

北京市弘远汽车配件销售中心

公司地址：北京市海淀区西郊汽配城 B 座 2025 号
电 话：010-88440850
主营业务：金杯海狮 福田风景 阁瑞斯 沈阳中顺 金杯海星

北京安营晓明商贸中心

公司地址：北京市海淀区西郊汽配城 C 座 3105 号
电 话：010-88438579
主营业务：长安铃木：羚羊、雨燕、天语、奥拓、吉姆尼、维特拉等

北京明发盛业汽车配件经营部

公司地址：北京市海淀区西郊汽配城 C 座 3106-3 号
联系人：姚留玉
电 话：010-88449030
主营业务：北斗星、利亚纳、福瑞达、浪迪、爱迪尔

北京荣诚腾达商贸公司

公司地址：北京市海淀区西郊汽配城 C 座 3108-3 号
电 话：010-88431743/88449360
主营业务：比亚迪、吉利、华普、力帆等全车配件

北京全利发汽配商行

公司地址：北京市海淀区西郊汽配城 C 座 3109-4 号
电　话：010-88440516
主营业务：长安之星、星光二代、东风小康、五菱之光、哈飞中意、民意、夏利、吉利、奥拓、羚羊、长安奔奔等全车配件

北京市燕润达汽车配件商贸中心

公司地址：北京市海淀区西郊汽配城 C 座 3111-1 号
电　话：010-88483200
主营业务：SUV、皮卡大全，经营长城、中兴、福田、黄海系列，吉奥、天马、大迪、新凯、万丰、曙光、陆铃、宝典等

北京市爱峰发达汽车配件批发中心

公司地址：北京市海淀区西郊汽配城 C 座 3216 号
联系人：王泽峰
电　话：010-88456605
主营业务：比亚迪、重庆力帆

北京军富恒达汽配有限公司

公司地址：北京市海淀区西郊汽配城 C 座 3221 号
联系人：王涛
电　话：010-88444562
主营业务：专营奇瑞系列全车配件

北京华瑞祥通商贸中心

公司地址：北京市海淀区西郊汽配城 C 座 3222 号
联系人：杨世荣
电　话：010-88462665/88483023
主营业务：奇瑞原厂配件批零中心

北京安翔盛达商贸有限公司

公司地址：北京市海淀区西郊汽配城 C 座 3225 号
电　话：010-88483050/88483012
主营业务：长安轿车：奔奔、悦翔、V3\V5、迷你、志翔、逸动、睿骋等系列专营

北京昆鹏宏远汽车配件销售中心

公司地址：北京市海淀区西郊汽配城 C 座 3102 号
电　话：010-88454818
主营业务：哈飞系列、赛马、中意

专业批发

公司地址：北京市海淀区西郊汽配城 C 座 3307-1 号
电　话：010-59456375
主营业务：夏利、奥拓、吉利、长安之星、五菱之光

北京市康锐拓汽车配件销售部

公司地址：北京市海淀区西郊汽配城 C 座 3312 号
电　话：010-88442564
主营业务：比亚迪、奥拓、长安铃木

西源东益汽配商行

公司地址：北京市海淀区西郊汽配城 C 座 3305 号
电　话：010-88435139/88430746
主营业务：天语、长安奔奔、雨燕、悦翔、羚羊、志翔、奥拓、夏利、福莱尔、吉利，比亚迪 F3\F0\F6\S6\G6\L3\G3

北京松意行商贸有限公司

公司地址：北京市海淀区西郊汽配城 C 座 3302 号
联系人：王洪波
电　话：010-88430697
主营业务：赛马、路宝、百利、赛豹、民意、中意、路尊小霸王

北京市福缘健祥汽配销售中心

公司地址：北京市海淀区西郊汽配城 C 座 3303-1 号
电　话：010-88843481/88843511
主营业务：长城系列、中兴系列、福田系列、双环系列，纯正配件，专业批发

北京西郊雄视金商贸有限公司

公司地址：北京市海淀区西郊汽配城 C 座 3306-2 号
联系人：罗桂芳
电　话：010-88483008
主营业务：五菱宏光、五菱荣光、五菱之光、北斗星

北京财君汽配经销中心

公司地址：北京市海淀区西郊汽配城 C 座 3308-3-4 号
联系人：刘金菊
电　话：010-88442309
手机号码：15611874510
传　真：010-88442307
经营年限：13 年
员工数量：5 人
主营业务：五菱之光、荣光、宏图、宏光、长安之星、东风小康、中意、民意、佳宝、北斗星、时代、驭菱

专项件系列

北京泽平通顺汽配部

公司地址：北京市海淀区西郊汽配城 C 座 2112-3 号
联系人：李伟
电　话：010-88459196
手机号码：13693339080
传　真：010-88462771
经营年限：10 年
主营业务：汇城弹簧、成都九鼎减震器、吉信支撑杆、湘火炬火花塞

北京腾达汽配有限公司

公司地址：北京市海淀区西郊汽配城 C 座 2214-2 号
联系人：乔阳
电　话：010-88483688
手机号码：13161523628
传　真：010-88483688
经营年限：8 年
员工数量：11 人
主营业务：批发机油

北京福承安商贸有限责任公司

公司地址：北京市海淀区西郊汽配城 C 座 2205 号
联系人：吴光清
电　话：010-88458045
手机号码：13901315507
传　真：010-88443032
经营年限：17 年
员工数量：3 人
主营业务：轴承、涨紧轮、皮带、油封、O 型圈

北京永昌祥和商贸中心

公司地址：北京市海淀区西郊汽配城 C 座 2208 号
联系人：冯梅
电　话：010-88449108/88446502
手机号码：13141480888
传　真：010-88449108
经营年限：10 年
员工数量：5 人
主营业务：各种添加剂、清洗剂、机油

北京汇海腾跃商贸中心

公司地址：北京市海淀区西郊汽配城 C 座 2219 号
联系人：潘能斌
电　话：010-88462921
手机号码：13521338294
传　真：010-88462921
经营年限：10 年
员工数量：5 人
主营业务：三滤、雨刷片、机油、空调氟、火花塞

北京长信永明科贸有限公司

公司地址：北京市海淀区西郊汽配城 C 座 2303-1 号
联系人：杨军
电　话：010-88453550
手机号码：13391666185
传　真：010-88430413
经营年限：10 年
员工数量：5 人
主营业务：汽车照明、汽车灯泡、喇叭、氙气大灯

北京青玉淼涂料销售部

公司地址：北京市海淀区西郊汽配城 W1001 号
联系人：王卫平
电　话：010-88436767
手机号码：13701218851
经营年限：20 年
员工数量：5 人
主营业务：钣金喷漆、油漆辅料

北京昌事兴汽车配件有限公司分公司

公司地址：北京市海淀区西郊汽配城 W2017-2018 号
联系人：常敬
电　话：010-88463010
手机号码：13701065700
经营年限：19 年
员工数量：5 人
主营业务：轮胎

北京兴源宏图汽车配件经营部
公司地址：北京市海淀区西郊汽配城 W2006 号
联系人： 李庆江
电　话： 010-88483598/88483588
手机号码：13718994530
传　真： 010-88465708
主营业务：轮胎、轮毂

北京万鹏盛誉汽车配件经营部
公司地址：北京市海淀区西郊汽配城 W1004 号
联系人： 熊丽
电　话： 010-88432980
手机号码：13693168628
经营年限：20 年
员工数量：8 人
主营业务：轮胎、轮毂

北京超宏凯达汽配商店
公司地址：北京市海淀区西郊汽配城 A 座 1108 号
电　话： 010-88465205
主营业务：涡轮、摆臂、化油器、088L 涨紧器、飞轮、ABS 泵、助力泵、水银、球头、球笼、节气门等系列产品

上海霍山汽车电器有限公司
公司地址：北京市海淀区西郊汽配城 A 座 1030 号
联系人： 姚佩芬
电　话： 010-88437639/60720690
主营业务：代理法雷奥起动机、发电机、分电器、高压线及各种开关

北京市南平顺泰汽配经营部
公司地址：北京市海淀区西郊汽配城 A 座 1077 号
联系人： 张裕彬
电　话： 010-88443612/88434461
主营业务：一汽备品：高级陶瓷刹车片、刹车盘、离合片、压盘、雨刷片

北京俊德盛业商贸有限公司
公司地址：北京市海淀区西郊汽配城 B 座 1030 号
联系人： 梁娜
电　话： 010-88443211/57218950
主营业务：NGK、冠军、电装、博世、火炬等品牌火花塞，飞利普、欧思朗、氙灯等品牌灯泡

北京华泰鑫业商贸有限公司
公司地址：北京市海淀区西郊汽配城 A 座 1070 号
联系人： 李建海
电　话： 010-88455535/88443085
主营业务：曼牌滤清器、机油，天合刹车盘片、刹车油、控制臂、球头、制动总泵，法雷奥雨刮片，耐磨士刹车片等，主营奥迪、帕萨特、迈腾、宝来、捷达等车型

北京恋车之家汽车用品经营部
公司地址：北京市海淀区西郊汽配城 A 座 2053 号
联系人： 肖国强
电　话： 010-88436647
手机号码：13901040729/13522306340
主营业务：NGK 火花塞、博世火花塞

北京富森泰格汽车用品有限公司
公司地址：北京市海淀区西郊汽配城 A 座 1049 号
电　话： 010-88442678
主营业务：批发精品辅料、卡扣、灯泡、三滤、油管、下护板

北京耐跑商贸有限公司
公司地址：北京市海淀区西郊汽配城 A 座 1026 号
电　话： 010-88467032
主营业务：发电机、马达、空调压缩机及各种附属配件

北京永昌兴泰汽车配件经营部
公司地址：北京市海淀区西郊汽配城 A 座 2010 号
联系人： 郭永猛
电　话： 010-88452637/88432882
主营业务：刹车片、斯柯达、明锐、晶锐、昊锐

北京德众发达汽车配件经销部
公司地址：北京市海淀区西郊汽配城 A 座 2076 号
电　话： 010-88439449
主营业务：机油及各种添加剂、养护用品、灯泡、座垫等

北京奇祥盛汽车配件经销部
公司地址：北京市海淀区西郊汽配城 A 座 2083 号
电　话： 010-88456907
主营业务：各种品牌、车型三滤、雨刷片、机油、新亚电喷汽油滤清器

北京顺驰捷诚汽车配件公司
公司地址：北京市海淀区西郊汽配城 A 座 2085 号
电　话： 010-88471063
主营业务：球笼、半轴、曲轴、缸盖、涡轮增压器、机油泵

北京进口汽车传动皮带专卖店
公司地址：北京市海淀区西郊汽配城 A 座 2097-2098 号
电　话： 010-88462950/88458300
主营业务：日本三星皮带、日本阪东机带、美国特高皮带

北京智友通达商贸公司
公司地址：北京市海淀区西郊汽配城 B 座 1017 号
电　话： 010-88458180/58482565
主营业务：电瓶大全、机油大全

杭州安全玻璃有限公司
公司地址：北京市海淀区西郊汽配城 B 座 1068 号
电　话： 010-88439967/88444533
主营业务：各种车型汽车玻璃

北京汇昌汽车空调服务有限公司
公司地址：北京市海淀区西郊汽配城 B 座 1053 号
手机号码：18611381646
主营业务：汽车空调大全

北京市万芳宏圆汽配经营部
公司地址：北京市海淀区西郊汽配城 A 座 1066 号
电　话： 010-88445913
主营业务：机油、三滤、空调滤芯、无骨雨刷片、密封胶、灯泡、防冻液

北京安信通汽车配件销售中心
公司地址：北京市海淀区西郊汽配城 B 座 1035 号
电　话： 010-88433766
主营业务：雨刷全系列

北京大恒海达销售部
公司地址：北京市海淀区西郊汽配城 B 座 1036 号
电　话： 010-88437633
主营业务：专业批发：美孚、壳牌、嘉实多、长城、蓝星系列产品

北京国洲泰汽车配件经营部
公司地址：北京市海淀区西郊汽配城 B 座 1037 号
电　话： 010-88464263/88432183
主营业务：金冷、金海、光裕、电装、上海三电贝尔、中成等品牌汽车空调压缩机等

北京市威得恒祥商贸有限公司
公司地址：北京市海淀区西郊汽配城 B 座 1051 号
联系人： 赵玉群
电　话： 010-88447401/88443200
主营业务：北京现代上下水管，上海大众、一汽大众各种车型系列配套水管，红旗、世纪星、奔腾系列前后杠、中网、支架，各种车型配套冲块、减震垫、油管、电喷管、外观件

北京朝旺伟业商贸有限公司
公司地址：北京市海淀区西郊汽配城 B 座 1052 号
电　话： 010-88446363
手机号码：13701275991
主营业务：A4/A6/A8/Q7、途锐自动变速箱油、差速器油、分动箱油

北京市佳义永汽配销售有限公司
公司地址：北京市海淀区西郊汽配城 B 座 1005 号
电　话： 010-88447347/88458976
主营业务：廊坊美联、马勒、杭州轴瓦、上海瑞贝德、德科电子、天纳克

北京正奥德信自动变速箱有限公司
公司地址：北京市海淀区西郊汽配城 B 座 1054 号
联系人： 韩政
电　话： 010-88458029/88433862
主营业务：自动变速箱总成及配件

北京鑫乐福汽配中心
公司地址：北京市海淀区西郊汽配城 B 座 1082 号
联系人： 王强
电　话： 010-88445200
主营业务：壳牌、美孚、嘉实多、大众系列润滑油，长城、蓝星、大众系列防冻液

北京兴业开源汽配经营部
公司地址：北京市海淀区西郊汽配城 B 座 1097 号
联系人： 王秀凤
电　话： 010-88434387
主营业务：机油、防冻液、添加剂、车蜡、汽车冷媒等

专营各种车型减震器弹簧
公司地址：北京市海淀区西郊汽配城 B 座 2002 号
电　话： 010-88449139/88468129
主营业务：减震器、弹簧、球笼

北京鑫科绿保汽配经营部

公司地址：北京市海淀区西郊汽配城 B 座 1085 号
联系人：王军
电　话：010-88459120
主营业务：长城、嘉实多、壳牌、美孚、大众专用油、大众进口零部件供应商

北京佳亿丰汽车配件有限责任公司

公司地址：北京市海淀区西郊汽配城 B 座 1089 号
电　话：010-88449608/88464531
主营业务：骆驼电瓶、南吉钣金、上海法雷奥发电机、启动器、博士电喷件、上海大众系列产品

北京市桦建丽汽车配件经营部

公司地址：北京市海淀区西郊汽配城 B 座 1090 号
电　话：010-88446531
主营业务：上海双桦冷凝器、蒸发芯专卖，一汽大众、上海大众、上海通用、哈飞系列、奇瑞系列、江铃、全顺系列等国产进口冷凝器、蒸发芯、压缩机及空调配件

北京一诺三度（原信美龙）

公司地址：北京市海淀区西郊汽配城 B 座 1091 号
电　话：010-88466077/88455661
主营业务：汽车空调专业售后服务商，空调压缩机、制冷剂（134A）冷凝器、蒸发器、水箱、空调离合器、空调维修工具

北京盛祥永业汽配商行

公司地址：北京市海淀区西郊汽配城 C 座 2308-3 号
联系人：周兴旺
电　话：010-88458617/58469663
主营业务：各车系起动机、发电机，各种重卡车型离合器片、压盘

金联汇盛贸易有限公司

公司地址：北京市海淀区西郊汽配城 B 座 1096 号
联系人：胡开全
电　话：010-88462566
主营业务：盖茨皮带、涨紧轮，水泵、雨刷

北京东方容川汽车用品有限公司

公司地址：北京市海淀区西郊汽配城 B 座 1098 号
联系人：曹秀梅
电　话：010-88454800/88461411
主营业务：氙气灯、天使眼大灯、灯泡

北京金友顺达汽配经营中心

公司地址：北京市海淀区西郊汽配城 C 座 3308-2 号
电　话：010-88483048
主营业务：众泰汽车、永源飞碟、收购众泰、飞碟事故车、皮卡柴油增压器

北京博旺顺达汽配销售中心

公司地址：北京市海淀区西郊汽配城 C 座 3313-2 号 /A 座 2096 号
电　话：010-88430741/88447376
主营业务：进口国产各种车型消声器、三元催化剂、软网，异型可定做

北京克莱（灯王）

公司地址：北京市海淀区西郊汽配城 B 座 2043 号
联系人：唐军
电　话：010-88463019
主营业务：飞利浦、欧司朗汽车灯泡、氙气大灯、佛山鹰牌

北京西贝京益汽配公司

公司地址：北京市海淀区西郊汽配城 B 座 2073 号
电　话：010-88457174
主营业务：挺柱、导管、密封件、气油泵、线圈、皮带

北京海力威商贸公司

公司地址：北京市海淀区西郊汽配城 C 座 2104-1 号 /A 座 2007
电　话：010-88449367
主营业务：喇叭、氙灯、豹王、三滤、博世雨刷片、飞利浦灯泡、欧司朗灯泡、佛山灯泡、火花塞、无骨雨刷片

北京弘润汽车配件有限公司

公司地址：北京市海淀区西郊汽配城 C 座 2106-4 号
电　话：010-57026826
主营业务：壳牌等品牌机油，丰田、本田等专车专用机油，发动机外清、内清、化清剂、机头水等汽车养护品

北京和信利远汽车配件有限公司

公司地址：北京市海淀区西郊汽配城 C 座 2202 号
电　话：010-88483156
手机号码：18810881201
主营业务：电脑板、氧传感器、喷油嘴、点火线圈、怠速步进电机、燃油泵、泵芯

北京市伟健辉煌汽车配件经营部

公司地址：北京市海淀区西郊汽配城 C 座 3108-4 号
电　话：010-88461791
主营业务：各种汽车：离合器线、油门线、刹车线、换档换位线、硅胶管、高压耐油管、增压器管、缸线

北京渊通利达汽配

公司地址：北京市海淀区西郊汽配城 C 座 2112-1 号
联系人：张福霞
电　话：010-88444199
主营业务：各种车系皮带、改装减震弹簧（改装划线打孔刹车盘、陶瓷刹车片）

荣庆发达汽车配件经营中心

公司地址：北京市海淀区西郊汽配城 B 座 1095 号
联系人：刘双英
电　话：010-88434008
主营业务：机油、火花塞、灯泡、三滤、化清剂、防冻液等

北京仁义和汽车用品

公司地址：北京市海淀区西郊汽配城 B 座 1099 号
电　话：010-52871682
主营业务：一汽大众、壳牌、美孚、嘉实多、长城、各种防冻液、添加剂

北京万向杭峰汽配公司

公司地址：北京市海淀区西郊汽配城 C 座 2221 号
联系人：朱杭刚
电　话：010-88465757
主营业务：轴承、万向节、刹车片、皮带、油封、传动轴

北京天之虹汽车配件有限公司

公司地址：北京市海淀区西郊汽配城 C 座 2308-2 号
联系人：王波
电　话：010-88430885
主营业务：发电机，锦州汉拿北京总代理，全国批发、零售

北京三佳信汽车配件销售中心

公司地址：北京市海淀区西郊汽配城 C 座 2313-3 号
联系人：呙中立
电　话：010-88462957/58554968
主营业务：三滤、雨刷、喇叭

北京仁信福旺汽配经营

公司地址：北京市海淀区西郊汽配城 D 座 1319 号
手机号码：15801529686
主营业务：雨刷片、火花塞、灯泡，飞利浦、欧司朗等高品质氙灯，喇叭、保险片、倒车雷达等

北京：大量批发水箱、冷凝器

公司地址：北京市海淀区西郊汽配城 C 座 3307-2 号
电　话：010-88483191
主营业务：现代、奇瑞、国产、别克、大众、起亚、力帆系列等水箱冷凝器

北京金诺诚汽车自动变速箱配件销售中心

公司地址：北京市海淀区西郊汽配城 B 座 2074 号
电　话：010-88448192/88445837
主营业务：世界各国自动变速箱修理包、摩擦片、钢片、制动带、滤网、变速箱总成、变矩器及各类散件

北京卓展腾达商贸有限公司

公司地址：北京市海淀区西郊汽配城 C 座 3301 号
电　话：010-88459199/88458026
主营业务：德尔福、VDO、阿派斯、博世授权经销商，马瑞利、摩托罗拉、大陆、联合电子、日本电装、阳光泰光等电喷系统

专营减震器弹簧

公司地址：北京市海淀区西郊汽配城 C 座 3306-3 号
电　话：010-88431830
主营业务：现代系列、奇瑞系列、国产系列、大众系列、起亚系列等减震器，专营批发减震器、弹簧

车之电（北京）汽车技术发展有限公司

公司地址：北京市海淀区西郊汽配城 C 座 2201 号
联系人：宋军勇
电　话：010-88444307/88447562
主营业务：空调、电机、火花塞、马达、压缩机

北京利杰顺达汽配经营部

公司地址：北京市海淀区西郊汽配城C座3109-3号
电　话：010-88431689/52469932
主营业务：专营马达、发电机、空调泵，贵航马达、华川电装、湖北神电、襄樊电器、锦州启明、锦州汉拿、雷米电机等

北京连亚恒通汽车电器销售中心

公司地址：北京市海淀区西郊汽配城C座2209号
联系人：张亚妹
电　话：010-88448893
主营业务：起动机、马达、发电机、汽车电器

北京金安通汇汽车配件经营部

公司地址：北京市海淀区西郊汽配城C座2224号
联系人：周文学
电　话：010-88463589
手机号码：13701190148
传　真：010-88463589
经营年限：15年
员工数量：6人
主营业务：各种车型刹车片、离合器片、压盘、刹车盘鼓、雨刷片、三滤、喇叭、汽车空调、易损件大全

北京宇宙汽车配件商贸公司

公司地址：北京市海淀区西郊汽配城A座1033号
电　话：010-88462925
主营业务：外观件大全、各种汽车外观件批发及零售

汽保设备、维修工具系列

北京市润宝成机电设备有限公司

公司地址：北京市海淀区西郊汽配城C座1113号
联系人：周华明
电　话：010-88468857/52873700
手机号码：13521516548
传　真：010-88468857
经营年限：15年
员工数量：150人
主营业务：序达系列举升机、远征系列产品、火鹰系列扒胎机、平衡机、三杰宜四轮定位仪、高昌系列举升机、飞鹰系列产品、各类烤漆房、大梁校正、检测线、发动机分析仪等汽保产品、汽车教学设备、大车维修设备

北京建明景林汽保设备有限公司

公司地址：北京市海淀区西郊汽配城C座1206-1207号
联系人：王建明
电　话：010-88438073/88436873
主营业务：汽车维修、汽车检测、汽车美容系列

北京利业丰达商贸中心

公司地址：北京市海淀区西郊汽配城C座1306号
联系人：宋丰香
电　话：010-88483020/88449965
手机号码：13520072078
传　真：010-88449965
经营年限：12年
员工数量：6人
主营业务：批发零售汽保设备、修车工具

北京朗顺兴业商贸有限公司

公司地址：北京市海淀区西郊汽配城C座1310号
联系人：张威
电　话：010-88483255
手机号码：13520259092
传　真：010-88483255
经营年限：3年
主营业务：汽保工具、设备

北京江秀汽修工具批发大全

公司地址：北京市海淀区西郊汽配城C座1203号
电　话：010-88447402/88443906
主营业务：3M护理产品、车仆产品、标榜产品、汉迈克森举升机、飞鹰汽车整形机、二保焊机、美国世达工具、经销各种汽车维修工具及设备

北京京涛通达汽保设备

公司地址：北京市海淀区西郊汽配城C座1205号
电　话：010-88483138
主营业务：汽车维修设备、各种解码器、扒胎机、捷科工具、气鼓电鼓、水鼓、矫正设备、各种气动工具、手动工具仪器等

北京市明利昌汽修工具批发中心

公司地址：北京市海淀区西郊汽配城C座1213号
电　话：010-88437683
主营业务：各种千斤顶、气泵、油桶、随车工具等汽保汽修工具

博君昌达商贸有限公司

公司地址：北京市海淀区西郊汽配城C座1215号
电　话：010-88444335
主营业务：各种补胎胶片、泰克玛罗尼、中星补胎材料、四轮定位垫片

北京精海盛捷电气设备有限责任公司

公司地址：北京市海淀区西郊汽配城C座1302号
联系人：胡积良
电　话：010-88483026
手机号码：13910413265
传　真：010-88483026
经营年限：10年
员工数量：6人
主营业务：举升机、扒胎机、平衡机、四轮定位、大梁校正、烤漆房设备、举升机配件、扒胎机配件

汽车用品系列

兴昌盛业汽车用品有限公司

公司地址：北京市海淀区西郊汽配城A座1025号
电　话：010-88435481
主营业务：汽车装饰、灯具、导航

北京宏业迅达汽配销售中心

公司地址：北京市海淀区西郊汽配城B座2087号
联系人：葛光绪
电　话：010-88431044/88434183
手机号码：13910320779
主营业务：中国汽车装饰与改装件大全、各种汽车配件大全

北京西郊雅森汽车用品批发城

市场简介

西郊雅森用品城是2007年9月份成立的，是西郊汽配城全额投资兴建的一家汽车专业市场，营业面积4万平方米，入驻商户300多家，市场设有汽车装饰区、汽车美容区、电子精品区、厂家直营区和一万平方米全国最大的汽车双季产品超市。

北京西郊雅森汽车用品批发城商户主要以生产企业全国总代、地区代理、旗舰店、示范店为骨干，市场通过合理的业态配置，充分的渠道挖掘，科学地规范引导，努力将北京西郊雅森国际汽车用品批发城建成零售业务繁荣，批发业务旺盛的中国北方地区汽车用品行业的龙头市场。

地　址：北京市海淀区杏石口路55号
电　话：010-88439052　88432225
邮　箱：xijiaoyasen@163.co
网　址：www.xjqpc.com　　　邮　编：100097

琪朗
公司地址：北京市海淀区西郊雅森汽车用品城A1-205/206号
联系人：窦延河
电　话：010-60605109
主营业务：龙膜

初出日
公司地址：北京市海淀区西郊雅森汽车用品城B1-208号
联系人：邹均带
电　话：010-88437799
主营业务：车膜

广顺豪缘
公司地址：北京市海淀区西郊雅森汽车用品城C1-108号
联系人：赖丽庭
电　话：010-88461243
主营业务：加丽膜

中利科
公司地址：北京市海淀区西郊雅森汽车用品城C1-109号
联系人：陈志和
电　话：010-88468356
主营业务：强生膜、电子产品

粤达旺达
公司地址：北京市海淀区西郊雅森汽车用品城C1-114/115号
联系人：梁锦横
电　话：010-88441074
主营业务：真皮、贴膜、飞利浦音响

嘉庆伟业
公司地址：北京市海淀区西郊雅森汽车用品城C1-206/207号
联系人：骆庆明
电　话：010-88439889
主营业务：量子膜、雷朋膜

车之骄
公司地址：北京市海淀区西郊雅森汽车用品城C1-208号
联系人：陈伟光
电　话：010-88462450
主营业务：龙膜

海陆天
公司地址：北京市海淀区西郊雅森汽车用品城C3-2号
联系人：王宗旭
电　话：010-88402959
主营业务：龙膜、欧歌

四季顺通
公司地址：北京市海淀区西郊雅森汽车用品城C3-5号
联系人：李安华
电　话：010-88439558
主营业务：3A膜、图音DVD

华程威固
公司地址：北京市海淀区西郊雅森汽车用品城D101/103号
联系人：卢浩
电　话：010-88402205
主营业务：威固膜

诚志安达
公司地址：北京市海淀区西郊雅森汽车用品城A1-101/102号
联系人：石伙云
电　话：010-88402181
主营业务：JBL音响、龙膜、导航

穗广永盛
公司地址：北京市海淀区西郊雅森汽车用品城A1-210号
联系人：林贤盛
电　话：010-88469694
主营业务：欧玛膜、音响

华宁天成
公司地址：北京市海淀区西郊雅森汽车用品城B1-101号
联系人：朱银莉
电　话：010-88456008
主营业务：导航

博利恒吉
公司地址：北京市海淀区西郊雅森汽车用品城B1-204号
联系人：吉元
电　话：010-58461585
主营业务：导航

坤晖宇
公司地址：北京市海淀区西郊雅森汽车用品城B1-207号
联系人：刘辉
电　话：010-88443441
主营业务：导航

龙宜盛态
公司地址：北京市海淀区西郊雅森汽车用品城B1-214号
联系人：崔冬
电　话：010-88435398
主营业务：导航

祥宏顺达
公司地址：北京市海淀区西郊雅森汽车用品城B1-217号
联系人：高文祥
电　话：010-57117069
主营业务：导航、倒车雷达

鲁荣顺
公司地址：北京市海淀区西郊雅森汽车用品城B1-301-1号
联系人：李贵荣
电　话：010-88431430
主营业务：音响

永顺恒盛
公司地址：北京市海淀区西郊雅森汽车用品城B1-304号
联系人：薛兵
电　话：010-88444910
主营业务：导航、精品

豫川兴业
公司地址：北京市海淀区西郊雅森汽车用品城B1-308号
联系人：张志强
电　话：010-88402075
主营业务：音响、精品

正通兴达
公司地址：北京市海淀区西郊雅森汽车用品城B1-309号
联系人：李少征
电　话：010-88402365
主营业务：音响、氙灯

红经纬
公司地址：北京市海淀区西郊雅森汽车用品城B1-310-1号
联系人：许国闯
电　话：010-88433071
主营业务：导航、音响、地胶

宏润达通
公司地址：北京市海淀区西郊雅森汽车用品城 B1-318-2 号
联系人：洪伯军
电 话：010-88440219
主营业务：倒车雷达、GPS 导航

顺福伟业
公司地址：北京市海淀区西郊雅森汽车用品城 B1-320-1 号
联系人：刘丽敏
电 话：010-88435861
主营业务：音响、导航、防盗器

欣奥兴业
公司地址：北京市海淀区西郊雅森汽车用品城 B1-320-2 号
联系人：王建涛
电 话：010-88402481
主营业务：导航系统

豫龙盛世
公司地址：北京市海淀区西郊雅森汽车用品城 B1-325 号
联系人：徐德进
电 话：010-88463015
主营业务：音响改装、倒车雷达

星桐腾达
公司地址：北京市海淀区西郊雅森汽车用品城 B2-118 号
联系人：高恩博
电 话：010-88439396
主营业务：音响、双季

易行者
公司地址：北京市海淀区西郊雅森汽车用品城 B2-204 号
联系人：王爱井
电 话：010-88431370
主营业务：导航、座垫、精品

车之美
公司地址：北京市海淀区西郊雅森汽车用品城 C1-101 号
联系人：冯丽招
电 话：010-88465395
主营业务：大师膜豪客音响

吉顺祥景
公司地址：北京市海淀区西郊雅森汽车用品城 C1-105 号
联系人：吴镇鑫
电 话：010-88434364
主营业务：美国 BOSS 音响、贴膜

车美汇
公司地址：北京市海淀区西郊雅森汽车用品城 C1-116 号
联系人：江黄德
电 话：010-88401152
主营业务：帝朗膜、汽车电子产品

车旺达
公司地址：北京市海淀区西郊雅森汽车用品城 C1-117 号
联系人：蒋婧
电 话：010-88402138
主营业务：盛普汽车电子、JBL

金光阳
公司地址：北京市海淀区西郊雅森汽车用品城 C1-209 号
联系人：国永强
电 话：010-88451173
主营业务：卡仕达音响、氙气灯

精建
公司地址：北京市海淀区西郊雅森汽车用品城 C1-215 号
联系人：朱林
电 话：010-88434836
主营业务：强生制美、电子产品

忠诚鹏星
公司地址：北京市海淀区西郊雅森汽车用品城 C1-216 号
联系人：张鹏星
电 话：010-88459075
主营业务：电子产品、雷朋

车之星
公司地址：北京市海淀区西郊雅森汽车用品城 C3-1 号
联系人：潘锐金
电 话：010-88463338
主营业务：联邦膜、曼斯特、来福音响

缘祥日进
公司地址：北京市海淀区西郊雅森汽车用品城 E-5 号
联系人：黄锦城
电 话：13683329769
主营业务：音响

雅森欧华
公司地址：北京市海淀区西郊雅森汽车用品城 A1-105/106 号
联系人：杨力
电 话：010-88432189
主营业务：自有产品

华昌珍顺达
公司地址：北京市海淀区西郊雅森汽车用品城 A2-108 号
联系人：陈奋华
电 话：010-88452575
主营业务：座垫

东磊盛达
公司地址：北京市海淀区西郊雅森汽车用品城 A2-111 号
联系人：冯淑玲
电 话：010-88443797
主营业务：座垫、精品、座套

澳潍世森
公司地址：北京市海淀区西郊雅森汽车用品城 A2-112 号
联系人：孙根央
电 话：010-88401549
主营业务：脚垫

腾必信
公司地址：北京市海淀区西郊雅森汽车用品城 A2-114 号
联系人：梁武
电 话：010-88448650
主营业务：座垫、精品

嘉车宝
公司地址：北京市海淀区西郊雅森汽车用品城 A2-115 号
联系人：郑传升
电 话：010-88430953
主营业务：脚垫、后舱垫

嘉隆车鑫
公司地址：北京市海淀区西郊雅森汽车用品城 A2-120 号
联系人：连文军
电 话：010-88465477
主营业务：脚垫

歌力双琪
公司地址：北京市海淀区西郊雅森汽车用品城 A2-137/138 号
联系人：卞莉
电 话：010-88445787
主营业务：脚垫

兰东顺达
公司地址：北京市海淀区西郊雅森汽车用品城 A2-143/144 号
联系人：石小兰
电 话：010-88456181
主营业务：座垫、精品

新天拓
公司地址：北京市海淀区西郊雅森汽车用品城 A2-147/148 号
联系人：刘金枝
电 话：010-88450001
主营业务：双季座垫、精品

西郊圣奥
公司地址：北京市海淀区西郊雅森汽车用品城 A2-159 号
联系人：王庆刚
电 话：010-88449993
主营业务：脚垫

博祥龙达
公司地址：北京市海淀区西郊雅森汽车用品城 B1-209 号
联系人：郑祥
电 话：010-88464938
主营业务：地胶

鹏通顺达
公司地址：北京市海淀区西郊雅森汽车用品城 B1-218-2 号
联系人：冯晓存
电 话：010-88401031
主营业务：地胶

天晟创亿
公司地址：北京市海淀区西郊雅森汽车用品城 B2-106 号
联系人：庞希兵
电 话：010-88467315
主营业务：座垫、精品

顺达盛昌
公司地址：北京市海淀区西郊雅森汽车用品城 B2-121/122 号
联系人：宋忠琪
电 话：010-88402329
主营业务：双季、脚垫

京广亿高
公司地址：北京市海淀区西郊雅森汽车用品城 B2-202 号
联系人：赖丽彦
电 话：010-57127343
主营业务：亿高脚垫

智立仁佳
公司地址：北京市海淀区西郊雅森汽车用品城 B2-209/210 号
联系人：王丽荣
电 话：010-88464478
主营业务：座垫、精品

赐美佳轩
公司地址：北京市海淀区西郊雅森汽车用品城 B2-212 号
联系人：王美丽
电 话：010-88401327
主营业务：座垫、精品

石宝海达
公司地址：北京市海淀区西郊雅森汽车用品城 B2-213 号
联系人：宋利红
电 话：010-88434916
主营业务：座垫、精品

京福维艺
公司地址：北京市海淀区西郊雅森汽车用品城 B2-216/217 号
联系人：林武
电 话：010-88449438
主营业务：脚垫

祥宝佳达
公司地址：北京市海淀区西郊雅森汽车用品城 B2-219 号
联系人：韩银凤
电 话：010-88469140
主营业务：座垫、精品

盛亚益通
公司地址：北京市海淀区西郊雅森汽车用品城 B2-221 号
联系人：藏红忠
电 话：010-88455850
主营业务：座垫、精品

彩虹风情
公司地址：北京市海淀区西郊雅森汽车用品城 B2-226 号
联系人：张祖宇
电 话：010-88433892
主营业务：座垫、精品

创诚永益
公司地址：北京市海淀区西郊雅森汽车用品城 B2-303 号
联系人：冯晓旭
电 话：010-88430990
主营业务：座垫、精品、脚垫

俊杰芳达
公司地址：北京市海淀区西郊雅森汽车用品城 B2-306 号
联系人：付俊杰
电 话：010-88459609
主营业务：木地板脚垫

雨润佳源
公司地址：北京市海淀区西郊雅森汽车用品城 B2-307-1 号
联系人：张洪雨
电 话：010-88432108
主营业务：座套

嘉博恒远
公司地址：北京市海淀区西郊雅森汽车用品城 B2-310 号
联系人：李春生
电 话：010-88433858
主营业务：座垫、精品

石宝海达
公司地址：北京市海淀区西郊雅森汽车用品城 B2-314 号
联系人：宋利兰
电 话：010-88447569
主营业务：座垫、精品

文轩海达
公司地址：北京市海淀区西郊雅森汽车用品城 B2- 电梯口
联系人：吴海航
电 话：13120289833
主营业务：脚垫、座垫

格林奇
公司地址：北京市海淀区西郊雅森汽车用品城 T2-2 号
联系人：李祥丽
电 话：010-88401589
主营业务：座垫、精品

明豪威
公司地址：北京市海淀区西郊雅森汽车用品城 A1-117/217 号
联系人：刘新明
电 话：010-88443895
主营业务：PLC 防盗器

天凯通达
公司地址：北京市海淀区西郊雅森汽车用品城 A1-222/223 号
联系人：何传满
电 话：010-88445188
主营业务：凯振

万花之杰
公司地址：北京市海淀区西郊雅森汽车用品城 A1-225 号
联系人：花宝成
电 话：010-88433296
主营业务：冰箱、保温箱

鑫博君达
公司地址：北京市海淀区西郊雅森汽车用品城 A1-226/227 号
联系人：孙向阳
电 话：010-88460069
主营业务：用品批发

正美丰业
公司地址：北京市海淀区西郊雅森汽车用品城 A1-228/229 号
联系人：刘龙水
电 话：010-88461687
主营业务：汽车玻璃

奇雅达
公司地址：北京市海淀区西郊雅森汽车用品城 A1-231 号
联系人：沈郑浩
电 话：010-63790248
主营业务：勇士护杠

陈兴孟达
公司地址：北京市海淀区西郊雅森汽车用品城 A2-123 号
联系人：孟金敏
电 话：010-88463786
主营业务：双季、精品

轩世界
公司地址：北京市海淀区西郊雅森汽车用品城 A2-126-2 号
联系人：庞俊青
电 话：010-52884698
主营业务：快美特系列

双宇鹏
公司地址：北京市海淀区西郊雅森汽车用品城 A2-154 号
联系人：范建林
电 话：010-88433576
主营业务：双季

美日洁宝
公司地址：北京市海淀区西郊雅森汽车用品城 B1-106 号
联系人：霍淑梅
电　话：010-88401959
主营业务：工具

俊哲通达
公司地址：北京市海淀区西郊雅森汽车用品城 B1-205 号
联系人：许海军
电　话：010-88402367
主营业务：户外

博涛宏远
公司地址：北京市海淀区西郊雅森汽车用品城 B1-211-1 号
联系人：刘艳霞
电　话：010-88467746
主营业务：精品

永昌祥和
公司地址：北京市海淀区西郊雅森汽车用品城 B1-213 号
联系人：冯珞
电　话：010-88402425
主营业务：精品

豫忠兴业
公司地址：北京市海淀区西郊雅森汽车用品城 B1-218-1 号
联系人：聂建忠
电　话：010-88401263
主营业务：机油、添加剂

鲁兆贤艺
公司地址：北京市海淀区西郊雅森汽车用品城 B1-301-2 号
联系人：李祥吉
电　话：010-88402408
主营业务：音响、防盗器、中控锁

车尚车盛
公司地址：北京市海淀区西郊雅森汽车用品城 B1-302 号
联系人：张轶博
电　话：010-88402510
主营业务：户外

金科金润
公司地址：北京市海淀区西郊雅森汽车用品城 B1-303-2 号
联系人：曹富荣
电　话：010-88403778
主营业务：弹簧缓冲器、护甲板

鲁顺腾达
公司地址：北京市海淀区西郊雅森汽车用品城 B1-307 号
联系人：刘勇
电　话：010-59493617
主营业务：精品

开尔佳辉
公司地址：北京市海淀区西郊雅森汽车用品城 B1-318-1 号
联系人：邢军
电　话：010-88452250
主营业务：氙灯、灯泡、喇叭

雅森瑞成
公司地址：北京市海淀区西郊雅森汽车用品城 B1-318-3 号
联系人：罗书珍
电　话：010-88464223
主营业务：装饰件

泉城京缘
公司地址：北京市海淀区西郊雅森汽车用品城 B1-324 号
联系人：张正禄
电　话：13611285516
主营业务：大视野、车载冰箱

湘武宝塔
公司地址：北京市海淀区西郊雅森汽车用品城 B1-326 号
联系人：王征元
电　话：010-88463418
主营业务：行车记录用

金都拓展
公司地址：北京市海淀区西郊雅森汽车用品城 B2-123 号
联系人：潘伯金
电　话：010-88438531
主营业务：双季

京广锐博
公司地址：北京市海淀区西郊雅森汽车用品城 C1-103 号
联系人：赖小辉
电　话：010-88466177
主营业务：锐博保险杠

华美达
公司地址：北京市海淀区西郊雅森汽车用品城 C1-205 号
联系人：江容才
电　话：010-88437635
主营业务：真皮、PVI 车膜惠威音响

天乐通达
公司地址：北京市海淀区西郊雅森汽车用品城 C1-217 号
联系人：洪伯志
电　话：010-88435155
主营业务：美德利、阿尔派

毫端蕴临
公司地址：北京市海淀区西郊雅森汽车用品城 D111/112 号
联系人：李海平
电　话：010-88401544
主营业务：平静隔音

博涛宏远
公司地址：北京市海淀区西郊雅森汽车用品城 D115 号
联系人：王占峰
电　话：010-88467746
主营业务：平衡杆

玉信轩达
公司地址：北京市海淀区西郊雅森汽车用品城 D116 号
联系人：陶红梅
电　话：010-88401839
主营业务：马牌轮胎

鑫和易通
公司地址：北京市海淀区西郊雅森汽车用品城 D119/120 号
联系人：刘颖
电　话：010-88402087
主营业务：马牌轮胎

鑫和易通
公司地址：北京市海淀区西郊雅森汽车用品城 E-11/12 号
联系人：吴经理
电　话：010-88402087
主营业务：轮胎

车友驿站
公司地址：北京市海淀区西郊雅森汽车用品城 E-13-2 号
联系人：朱荣春
电　话：010-88403369
主营业务：美容

京瑞宝通
公司地址：北京市海淀区西郊雅森汽车用品城 E-9/10 号
联系人：侯合青
电　话：13366478201
主营业务：轮胎

北京立智仁佳汽车用品
公司地址：北京市海淀区西郊雅森汽车用品城 B2-209/210 号
电　话：010-88464478
主营业务：国内唯一椰棕垫、绿色环保无污染，真丝四季垫、全包围专车专用，纯羊毛手工脚垫、车型齐全

欧洲车系列

北京鹏展华源商贸中心

公司地址：北京市海淀区东方美都汽配城美容区10号
联系人：邓文霞
电　话：010-62934184
手机号码：13601025843
主营业务：桑塔纳、时代超人、捷达王、帕萨特B5、奥迪、红旗、速腾、迈腾、波罗等配件

东方捷龙汽配中心

公司地址：北京市海淀区东方美都汽配城美容区11号
联系人：王中喜
电　话：010-62841901
手机号码：13681166212
主营业务：东方标致、富康、爱丽舍配件

北京世纪兴吉远汽车配件经营部

公司地址：北京市海淀区东方美都汽配城美容区38号
联系人：高薪
电　话：010-62941986
手机号码：15810050899
主营业务：一汽大众、上海大众

北京市北创伟业汽配经营部

公司地址：北京市海淀区东方美都汽配城配件区27号
联系人：周小林
电　话：010-82415991
手机号码：13261919281/13121989746
主营业务：一汽大众、上海大众

韩国车系列

鲁信腾达汽配销售部

公司地址：北京市海淀区东方美都汽配城配件区72号
联系人：张胜臣
电　话：010-58547776
手机号码：13366177150
主营业务：北京现代、伊兰特、索纳塔、夏利、吉利配件，刹车片、刹车盘、灯泡、火花塞、雨刷片

北京市志勇宏达汽车配件销售有限公司

公司地址：北京市海淀区东方美都汽配城配件厅18号
联系人：田祥志
电　话：010-82712414
手机号码：13681312981
主营业务：北京现代、吉利、华普

国产车系列

北京博瑞祥麟汽车配件销售中心

公司地址：北京市海淀区东方美都汽配城配件大厅27A号
联系人：湛菲
电　话：010-62914858
手机号码：15901173919
主营业务：奇瑞配件销售

哈飞汽车配件专业维修

公司地址：北京市海淀区东方美都汽配城配件区15号
联系人：阮高增
电　话：010-62938457
手机号码：15652569562
主营业务：哈飞配件、五菱、长安配件

长江鸿达

公司地址：北京市海淀区东方美都汽配城配件区36A号
联系人：常江
电　话：010-82712192
手机号码：13021036866
主营业务：比亚迪、吉利、力帆、金杯配件

北京通达微型汽配销售有限公司

公司地址：北京市海淀区东方美都汽配城综合区36号
联系人：林茂富
电　话：010-62926789/52463117
手机号码：18801173833/13311256120
主营业务：夏利、吉利、中意、长安、五菱系列配件

国产车系列

北京润友鸿嘉汽车配件经营部

公司地址：北京市海淀区东方美都汽配城轿车区51号
联系人：黄艳苹
电　话：010-82417160
手机号码：13611281253
主营业务：加德乐润滑油、制动液、防冻液、排挡液、风帆蓄电池、德尔福蓄电池

金华利平汽车配件经营部

公司地址：北京市海淀区东方美都汽配城轿车区55-56号
联系人：李新平
电　话：010-57213569
手机号码：13261413596
主营业务：邓禄普、米其林、固特异、韩泰等轮胎销售、免费检测、四轮定位

永鑫轮胎销售中心

公司地址：北京市海淀区东方美都汽配城轿车区73-74号
联系人：李建勇
电　话：010-82416729
手机号码：13264282655
主营业务：米其林、固特异、普利司通等轮胎及铝圈、钢圈

康众汽车零件贸易（北京小营店）有限公司

公司地址：北京市海淀区东方美都汽配城配件区17号
联系人：张永宏
电　话：010-62910863
手机号码：15010313731
主营业务：博世、盖茨、泰明顿、WIX、雷贝斯托等品牌件

刹车片、刹车盘批发零售

公司地址：北京市海淀区东方美都汽配城配件大厅73号
联系人：傅旭东
电　话：010-82715381
手机号码：15652252699
主营业务：金麒麟刹车片、刹车盘、火花塞、雨刷片、灯泡、喇叭

欧司朗车灯经销店

公司地址：北京市海淀区东方美都汽配城南区48号
联系人：杨梅
电　话：010-62934266
手机号码：15010039465
主营业务：灯泡大全、喇叭、雨刷片、LED、爆闪灯、油管、水管

北京蓝天汇川商贸有限公司

公司地址：北京市海淀区东方美都汽配城美容区43-45号
联系人：王祥菊
电　话：010-82417175/82715495
手机号码：13120310390
主营业务：米其林、固特异、佳通等轮胎销售、轮胎改装升级、动平衡、四轮定位

北京坤德智祥汽配经营部

公司地址：北京市海淀区东方美都汽配城配件区47号
联系人：武先生
电　话：010-62939748
手机号码：13552637805
主营业务：皮带、刹车片、刹车盘、离合器、火花塞

北京恒腾汽车三元消声器销售公司

公司地址：北京市海淀区东方美都汽配城综合区38号
联系人：张腾
电　话：010-52569032/51452032
手机号码：13641011760/13718610975
主营业务：汽车三元催化器、消声器等

北京中宝汽车配件销售中心

公司地址：北京市海淀区东方美都汽配城配件大厅20-21号
联系人：贾晓军
电　话：010-82712232
手机号码：13911879851
主营业务：润滑油、水箱、水泵、刹车盘、刹车片、电子扇、火花塞、雨刷片

北京双其利达汽车配件经营部

公司地址：北京市海淀区东方美都汽配城综合区2号
联系人：时奎
手机号码：13683520708
主营业务：米其林轮胎、倍耐力轮胎销售

北京彩益新源商贸中心

公司地址：北京市海淀区东方美都汽配城综合区22号
联系人：丁安根
电　话：010-62938466
手机号码：13601306380
主营业务：进口、国产油漆、辅料、调漆服务

电瓶专卖

公司地址：北京市海淀区东方美都汽配城南81号
联系人：严冬伟
电　话：010-52866396
手机号码：15810389768
主营业务：火箭、风帆、三冠、骆驼、汤浅电瓶、各种润滑油

汽保设备、维修工具系列

北京龙伟达汽保工具设备销售中心

公司地址：北京市海淀区东方美都汽配城配件厅58-59号
联系人：郭伟
电　话：010-62919574
手机号码：13718331555
主营业务：汽保工具、设备、美容洗车、补胎用品

汽车用品系列

华子改车行

公司地址：北京市海淀区东方美都汽配城轿车配件区85号
联系人：王辉
手机号码：15811538058
主营业务：装饰：贴膜、DVD、美容封釉、座套座垫，改装：氙灯、排气、进气

北京昇达汽车装饰

公司地址：北京市海淀区东方美都汽配城轿车区4排4-5号
联系人：贾军民
电　话：010-82712212
手机号码：13146060152
主营业务：汽车精品、护理产品、音响、贴膜、座套、地胶

利让客汽车音响

公司地址：北京市海淀区东方美都汽配城装饰区23-24号
联系人：齐士忠
电　话：010-62937864
手机号码：13811946088
主营业务：DVD导航、电子产品、氙气灯、膜、养护品、座垫、脚垫

北京双竹汽车装饰用品商行

公司地址：北京市海淀区东方美都汽配城轿车区63-64、86号
联系人：竹桂丰
电　话：010-82416582
手　机：13717831219
主营业务：DVD导航、喇叭、汽车音响、膜、防盗器、座套脚垫、封釉、精品

鑫广升汽车精品装饰

公司地址：北京市海淀区东方美都汽配城配件区19号
联系人：付伟猛
电　话：010-82715467
手机号码：13240253532
主营业务：贴膜、美容、座套、座垫、音响、隔音、导航

北京祥龙汽车装饰美容中心

公司地址：北京市海淀区东方美都汽配城轿车区77-78号
联系人：董怀富
电　话：010-86236955
手机号码：13520929691
主营业务：贴膜、音响、封釉、底盘装甲、内室桑拿、地胶、防盗、中控、DVD导航

彩中彩汽车装饰中心

公司地址：北京市海淀区东方美都汽配城美容区12号
联系人：李广东
电　话：010-82417002
手机号码：15910831829
主营业务：贴膜、导航、隔音、内饰清洗、LED日行灯安装

一站式汽车装饰

公司地址：北京市海淀区东方美都汽配城美容区33A号
联系人：李会松
手机号码：13522628221
主营业务：汽车贴膜、导航、隔音

美德福汽车美容装饰

公司地址：北京市海淀区东方美都汽配城美容区35号
联系人：姜云宇
手机号码：13011888388/13261905777
主营业务：汽车美容装饰、DVD导航

领翔座套

公司地址：北京市海淀区东方美都汽配城美容区6号、大厅3号
手机号码：15010336135
主营业务：车膜、毛垫、凉垫、地胶、DVD\音响、氙气大灯

北京山河诚信装饰中心

公司地址：北京市海淀区东方美都汽配城美容区9号
联系人：路文龙
电　话：010-82715466
手机号码：13391500045
主营业务：音响防盗、导航、雷达测速、底盘装甲、封釉镀膜、座套、脚垫

急速改装店

公司地址：北京市海淀区东方美都汽配城南区87号
联系人：刘明亮
手机号码：13366122371
主营业务：进气排气、气动悬挂、涡轮套件、灯光升级、全车隔音

康盛兴旺汽车装饰

公司地址：北京市海淀区东方美都汽配城轿车区58号
联系人：杨希亮
手机号码：13121339518
主营业务：贴膜、导航、音响、倒车雷达、防盗、座套、脚垫、地胶

北京市大成方圆汽车装饰中心

公司地址：北京市海淀区东方美都汽配城配件区21号
联系人：于大利
电　话：010-82712205
手机号码：18910330343/13552809803
主营业务：汽车精品装饰

利鑫兴旺汽车装饰中心

公司地址：北京市海淀区东方美都汽配城轿车区65-66号
联系人：王利
电　话：010-62935272
手　机：13439915518
主营业务：贴膜、DVD导航、座垫、养护用品

德赛西威

公司地址：北京市海淀区东方美都汽配城综合区001号
联系人：刘锋
电　话：010-62935190
手　机：18611572030
主营业务：音响改装、汽车防爆膜、镀膜、汽车饰品

汽车维修保养系列

盛达汽车服务中心

公司地址：北京市海淀区东方美都汽配城轿车区54号
联系人：庙占华
电　话：010-86267729
手机号码：13693329932
主营业务：汽车维修、钣金喷漆、免费更换三滤

胖子汽车服务中心

公司地址：北京市海淀区东方美都汽配城修理区67号
手机号码：13146190046
主营业务：上海大众、一汽大众专业维修、钣金喷漆、免费救援

鲁莘汽车服务中心

公司地址：北京市海淀区东方美都汽配城综合区10号
联系人：王同报
手机号码：13520417234/15810557585
主营业务：汽车维修、钣金喷漆、保险理赔

鲁腾远汽车养护维修中心

公司地址：北京市海淀区东方美都汽配城南区52号
联系人：周占阳
手机号码：13621094595
主营业务：维修保养、钣金喷漆、汽车美容、划痕修复

天意汽车技术服务站

公司地址：北京市海淀区东方美都汽配城南区59-60号
联系人：董承先
电　话：010-62912899
手机号码：18600012935
主营业务：各种国产进口车维修保养、钣金喷漆、电脑检测

顺安汽车服务

公司地址：北京市海淀区东方美都汽配城维修区14号
联系人：童金其
电　话：010-83419250
手机号码：13661316172
主营业务：汽车大中小修及保养、事故车整形、喷漆、安装音响、防盗、中控

北京鑫利群汽车服务有限公司

公司地址：北京市海淀区东方美都汽配城美容区19号
电　话：010-82416557
手机号码：13911153997
主营业务：专业维修奥迪、别克、帕萨特、金杯、本田、大众、丰田

通海汽修

公司地址：北京市海淀区东方美都汽配城南门69-70号
联系人：王本龙
手机号码：13521033530/13311218677
主营业务：维修保养、钣金喷漆、美容装饰、四轮定位

北京鸿飞达业汽车维修

公司地址：北京市海淀区东方美都汽配城综合区4号
联系人：吴洪岩
电　话：010-62912464
手机号码：13269278027
主营业务：精修电喷发动机、自动变速箱、免拆清洗发动机、积碳

丰台区市场商家资讯

- 北京西国贸汽车汽配基地
- 北京亚联六里桥国际汽车用品批发城
- 北京草桥汇丰汽配城
- 北京恋日汽车用品一条街

欧洲车系列

北京德聚隆贸易有限公司

公司地址：北京市丰台区西国贸汽配基地 A1 区 1048 号
电　话：010-83833530/83833531
传　真：010-83833531
主营业务：奥迪、迈腾、速腾、新领驭

北京欣欣旺迪商贸有限责任公司

公司地址：北京市丰台区西国贸汽配基地 A1 区 1051 号
电　话：010-83833961/83833962
传　真：010-83833962
主营业务：奥迪原装备件专卖

北京宏诚信业汽车配件销售中心

公司地址：北京市丰台区西国贸汽配基地 A1 区 1056 号
电　话：010-83833388/83833103
主营业务：奥迪纯正零部件

北京雄盛伟业汽配

公司地址：北京市丰台区西国贸汽配基地 A3 区 1010 号
电　话：010-83833083/83832587
主营业务：东风雪铁龙、爱丽舍、毕加索、塞纳

北京宏利达丰汽车配件有限公司

公司地址：北京市丰台区西国贸汽配基地 A3 区 1011 号
电　话：010-83833969/83833739
传　真：010-83833454
主营业务：一汽奥迪、一汽大众、上海大众

爱意世纪（北京）汽车基地店

公司地址：北京市丰台区西国贸汽配基地 A3 区 1015 号
电　话：010-83833688/83833689
传　真：010-83833687
主营业务：大众、奥迪原装备件

爱意能源环保技术开发公司

公司地址：北京市丰台区西国贸汽配基地 A3 区 1018 号
电　话：010-83833936/83833937
传　真：010-83833938
主营业务：上海大众、一汽大众

北京德智兴达汽车配件经销商

公司地址：北京市丰台区西国贸汽配基地 A3 区 1016 号
电　话：010-83833346/83833347
主营业务：捷达（王）、宝来

北京市丰亿世纪汽配中心

公司地址：北京市丰台区西国贸汽配基地 A7 区 1029 号
电　话：010-83833076/88833587
主营业务：一汽大众、上海大众全车系配件

北京海翔汽车配件门市部

公司地址：北京市丰台区西国贸汽配基地 A8 区 1002B 号
电　话：010-63869991
主营业务：上海大众、一汽大众、江淮瑞风全车配件

北京益丰天顺汽配经营部

公司地址：北京市丰台区西国贸汽配基地 A8 区 1025 号
电　话：010-83833440/83833441
主营业务：德国大众奥迪车系零配件经销店

北京丰扬宝盛汽车配件维修中心

公司地址：北京市丰台区西国贸汽配基地 D 区 18 号
电　话：010-83833822
主营业务：上海大众、一汽大众系列纯正备品，信义刹车盘片汽车配件

日本车系列

北京本标顺达汽配有限公司

公司地址：北京市丰台区西国贸汽配基地 A1 区 1040 号
电　话：010-83833408/83833409
传　真：010-83833409
主营业务：本田纯正配件

北京恒益发汽配（本田部）

公司地址：北京市丰台区西国贸汽配基地 A1 区 1053 号
电　话：010-83833310
传　真：010-83833656
主营业务：广州本田、东风本田

北京博大百德贸易有限公司

公司地址：北京市丰台区西国贸汽配基地 A7 区 2030 号
电　话：010-83833491
传　真：010-83833491
主营业务：东风日产、郑州日产、进口尼桑、英菲尼迪

北京宝明腾飞汽车配件商行

公司地址：北京市丰台区西国贸汽配基地 D 区 05 号
电　话：010-83833949
主营业务：尼桑系列、本田系列、丰田系列

北京广顺汽车配件有限公司

公司地址：北京市丰台区西国贸汽配基地 D 区 31 号
电　话：010-63850108
传　真：010-63850108
主营业务：三菱、猎豹纯正部品

美国车系列

北京恒益发汽配连锁别克部

公司地址：北京市丰台区西国贸汽配基地 A1 区 1053 号
电　话：010-83833658/83833656
传　真：010-83833656
主营业务：君威、君越、凯越、英朗、GL8、科鲁兹、乐风、赛欧、景程

北京京丰天成汽车配件商行

公司地址：北京市丰台区西国贸汽配基地 D 区 16/17 号
电　话：010-83833680/83833780
主营业务：君威、君越、凯越、赛欧、GL8，纯正配件、专业维修

韩国车系列

北京恒隆兴盛科技开发有限责任公司

公司地址：北京市丰台区西国贸汽配基地 A3 区 1030A 号
电　话：010-63870137/57175478
传　真：010-63870137
主营业务：北京现代系列专营

北京腾浩博远汽配

公司地址：北京市丰台区西国贸汽配基地 A6 区 2010 号
电　话：010-83833004/83833394
主营业务：伊兰特、索纳塔、悦动、途胜全车零部件

北京韩氏鑫源汽配经贸有限公司

公司地址：北京市丰台区西国贸汽配基地 A8 区 1002 号
电　话：010-83833596/83833597
传　真：010-83833597
主营业务：北京现代系列专营

北京市精宇兴达汽配

公司地址：北京市丰台区西国贸汽配基地 D 区 53 号
电　话：010-83833879/81677939
主营业务：现代、大宇、起亚、双龙，兼营大车、代订急件、疑难配件

国产车系列

北京金俊杰龙汽配

公司地址：北京市丰台区西国贸汽配基地 A3 区 1030 号
电　话：010-63455075/63459901
主营业务：优利欧、自由舰、金刚、远景、熊猫、帝豪，绅雅、A+\N3\N3+\N5、威志

北京龙亭汽车配件销售中心

公司地址：北京市丰台区西国贸汽配基地 A3 区 1037 号
电　话：010-63870564/63870551
传　真：010-63870551
主营业务：夏利、威乐、新威乐、威志等各类车型全车件

北京市京泰瑞达汽配

公司地址：北京市丰台区西国贸汽配基地 A6 区 1006 号
电　话：010-83833128
传　真：010-83833228
主营业务：吉利、夏利系列全车件

北京凯达华通汽配销售中心

公司地址：北京市丰台区西国贸汽配基地 A6 区 1009 号
电　话：010-63870357
传　真：010-63870357
主营业务：吉利系列、上海华普、天津一汽、哈飞系列、上汽五菱、长安奔奔、昌河铃木、长安铃木

鲁明兴达汽配商行

公司地址：北京市丰台区西国贸汽配基地 A7 区 1020A 号
电　话：010-83833816
主营业务：奇瑞配件、斯柯达配件

北京市京生祥达汽车配件有限公司

公司地址：北京市丰台区西国贸汽配基地 A7 区 1033A 号
电　话：010-63870415/63870416
主营业务：金杯海狮、风景海狮、沈阳中顺、冲浪、金杯海星、爱尔法、迷迪、萨普、蒙派克、阁瑞斯全车配件

北京京鑫成达商贸有限公司

公司地址：北京市丰台区西国贸汽配基地 A7 区 2020 号
电　话：010-83833683/83833693
传　真：010-83833677
主营业务：红旗、奔腾 B70、新迈腾 B7L、新速腾 NCS

军发汽配

公司地址：北京市丰台区西国贸汽配基地 A8 区 1010 号
电　话：010-83833891/83833892
主营业务：金杯海狮、风景海狮、京城海狮、阁瑞斯、中华

北京市利鑫汽车配件批发中心

公司地址：北京市丰台区西国贸汽配基地 D 区 38 号
电　话：010-83833545/63814380
主营业务：五菱之光、五菱宏光、北斗星、长安之星、五菱荣光、中意、民意、福瑞达、佳宝、奥拓、吉利、夏利全车产品

北京兴达汽配批发部

公司地址：北京市丰台区西国贸汽配基地 D 区 43 号
电　话：010-63848775/58488697
主营业务：北斗星、五菱之光、长安之星、东风小康、中意、佳宝、爱迪尔、民意等系列全车配件

专项件系列

深圳市北星贸易有限公司（北京分公司）

公司地址：北京市丰台区西国贸汽配基地 A8 区 1012A 号
联系人：韩盛玉
电　话：010-83833848
手机号码：13426219978
传　真：010-83833318
主营业务：汤浅汽车蓄电池、美国 US 蓄电池

北京市京路路通汽车配件有限公司

公司地址：北京市丰台区西国贸汽配基地 A6 区 1007 号
电　话：010-83833922/83833955
传　真：010-83833944
主营业务：VDO 系列产品、节气门、喷油嘴、汽油泵、传感器等

北京华兴隆达商贸有限公司

公司地址：北京市丰台区西国贸汽配基地 A6 区 1016B 号
电　话：010-83833446/83346816
主营业务：广东中远冷媒、浙江正统蓄电池、广东金锐蓄电池驻京办事处

北京天顺至兴贸易有限公司

公司地址：北京市丰台区西国贸汽配基地 A7 区 1002A 号
电　话：010-83833769/52423022
传　真：010-83833377
主营业务：电瓶、机油、养护精品

北京福耀玻璃有限公司丰益桥分公司

公司地址：北京市丰台区西国贸汽配基地 A7 区 1002B 号
电　话：010-83833108/83833109
传　真：010-83833109
主营业务：汽车玻璃

北京盛泰汽配商贸中心

公司地址：北京市丰台区西国贸汽配基地 A7 区 1013 号
电　话：010-83833795
主营业务：汽车灯泡、无骨雨刷、氙气大灯、喇叭、增亮器等

北京市冀龙汽车配件销售中心

公司地址：北京市丰台区西国贸汽配基地 A7 区 1020C 号
电　话：15801061855/13810711299
主营业务：电瓶、机油、添加剂、氟、防冻液、玻璃水、清洗剂

北京诚信驰达商贸中心

公司地址：北京市丰台区西国贸汽配基地 A7 区 1023 号
电　话：010-63870871/83770388
主营业务：各种进口国产润滑油、防冻液、护理品、电瓶等

北京强兴达汽配销售中心

公司地址：北京市丰台区西国贸汽配基地 A7 区 1030 号
电　话：010-63255582/63257953
主营业务：韩迪系列配件、易迈斯、维尔顿、哈尔滨轴承系列产品等

北京永信仕和商贸有限公司

公司地址：北京市丰台区西国贸汽配基地 A7 区 2010 号
电　话：010-83833218
传　真：010-83833219
主营业务：汽车水泵大全

北京慧海兴达商贸中心

公司地址：北京市丰台区西国贸汽配基地 A3 区 1038A 号
电　话：010-83833932/83833029
传　真：010-83833247
主营业务：专业批发各种车型消声器、三元催化、软网

北京金联汇盛贸易有限公司

公司地址：北京市丰台区西国贸汽配基地 A8 区 1017 号
电　话：010-83832199/83832618
传　真：010-63870788
主营业务：盖茨系列产品北京唯一授权代理商

北京松丽雅商贸有限公司

公司地址：北京市丰台区西国贸汽配基地 D 区 39/40 号
电　话：010-63867681/63869051
主营业务：改装刹车片、划线打孔高速盘、菲罗多刹车油、冠军火花塞、雨刷、TRW 刹车盘片等

北京航菱北方科贸有限公司

公司地址：北京市丰台区西国贸汽配基地 A7 区 2016 号
电　话：010-83833830
传　真：010-83833930
主营业务：航天三菱 4G6 系列发动机配件中心

北京市康信昌泰汽配销售有限公司

公司地址：北京市丰台区西国贸汽配基地 A7 区 2017 号
电　话：010-83706120/57749758
传　真：010-83706120
主营业务：NGK 火花塞、GPC 滤清器、龙胜刹车盘、鑫升园林机械滤清器等专业易损件供应平台

北京市尧潇基业汽配经营部

公司地址：北京市丰台区西国贸汽配基地 D 区 009 号
电　话：010-63866465
主营业务：三滤大世界

北京吉安永达汽车配件经营中心

公司地址：北京市丰台区西国贸汽配基地 D 区 12 号
电　话：13521423863/13261835016
主营业务：韩迪系列配件、易迈斯、维尔顿、哈尔滨轴承系列产品等

北京恒汇通商贸有限责任公司

公司地址：北京市丰台区西国贸汽配基地 D 区 1 号
电　话：010-63806680
主营业务：风帆、AC、瓦尔塔、骆驼等品牌电池，缸线、火花塞、雨刷、氟、润滑油、防冻液

北京建昊油漆辅料商行

公司地址：北京市丰台区西国贸汽配基地 D 区 55 号
电　话：010-83833245/52666968
主营业务：油漆辅料、喷漆工具，代理经销各种进口、国产腻子、底漆、亮油固化剂、除油剂、接口水、化白水、胶、喷枪等

百汇麒祥（北京）商贸有限公司

公司地址：北京市丰台区西国贸汽配基地 D 区 68 号
电　话：010-83833303
传　真：010-63806820
主营业务：风帆电瓶、博世电瓶、火箭电瓶、三冠电瓶北京总代理

北京鑫开源汽配

公司地址：北京市丰台区西国贸汽配基地 A8 区 1010A 号
电　话：010-83833874
主营业务：灯泡、保险片、雨刷片、继电器、增光器、喇叭、扎带等

北京君汇晟汽配销售中心

公司地址：北京市丰台区西国贸汽配基地 D 区 46 号
电　话：010-83833030
主营业务：豹王滤清器、AC 德科蓄电池、车仆护理品、飞利浦汽车照明、欧司朗汽车照明等

北京宏远顺事商贸中心

公司地址：北京市丰台区西国贸汽配基地 D 区 3 号
电　话：010-63866869
主营业务：各种进口国产润滑油、防冻液、护理品、电瓶等

东豪滤清器北京总代理

公司地址：北京市丰台区西国贸汽配基地 D 区 51/52 号
电　话：010-83833913/58488610
主营业务：进口国产三滤大总汇，灯泡、灯芯、胶条、油管、车门条

春江汽配经营部

公司地址：北京市丰台区西国贸汽配基地 D 区 21 号
电　话：010-83833814
主营业务：灯泡、罗丝、卡扣、雨刷、火花塞、车标、轮帽

北京嘉润嘉杰商贸有限公司

公司地址：北京市丰台区西国贸汽配基地 D 区 60/62 号
电　话：010-83833350
传　真：010-63815658
主营业务：机油、三滤、刹车片、灯泡、雨刷片、护理用品

北京市龙胜汽配经营部

公司地址：北京市丰台区西国贸汽配基地 D 区 35/36 号
电　话：010-83833263/58547031
主营业务：三滤、机油（壳牌、美孚、嘉实多等）

汽保设备、维修工具系列

北京中通锦成科贸有限公司

公司地址：北京市丰台区西国贸汽配基地 A3 区圆厅 001 号
电　话：010-83832837
传　真：010-83832837
主营业务：烤漆房、大梁校正仪、介子机、发动机电脑分析仪、五气分析仪、各种专用检测仪表、四轮定位仪、举升机、动平衡机等

北京康特达商贸有限公司

公司地址：北京市丰台区西国贸汽配基地 A3 区圆厅 002 号
电　话：010-63810103
主营业务：冷媒加注机及系列产品、四轮定位仪、四柱举升机、扒胎平衡机、双柱液压举升机、烤漆房等

北京泉成汽保工具销售中心

公司地址：北京市丰台区西国贸汽配基地 D 区 75 号
电　话：010-57115265
主营业务：汽车维修工具（专用、通用），手动、汽动电动工具系列、量具、美容工具等

四海汽保工具设备公司

公司地址：北京市丰台区西国贸汽配基地 A6 区 1010A 号
电　话：010-83833985
主营业务：举升机、扒胎机、平衡机、四轮定位、汽车检测设备、免拆清洗机、汽车机、各种仪表、清洗剂、手动工具、电动工具、气动工具、进口工具、世达工具等

汽车用品系列

北京东友联科技有限公司

公司地址：北京市丰台区西国贸汽配基地 A1 楼 2058 号
电　话：010-83833126/83833606
传　真：010-83833126
主营业务：路特仕电子

赛通达汽车 GPS 导航专卖

公司地址：北京市丰台区西国贸汽配基地 A1 楼东 006 号
电　话：010-63870270
主营业务：各大品牌 GPS 导航

北京宏达四方科技有限公司

公司地址：北京市丰台区西国贸汽配基地 A1 楼东厅 03 号
电　话：010-63870079
主营业务：飞宏光电氙气灯直营店、倒车雷达、导航、行车记录仪

北京博雅伟业汽车服务有限公司

公司地址：北京市丰台区西国贸汽配基地 A1 区 1037/1038 号
电　话：010-83832283/83833747
传　真：010-83833747
主营业务：3M 专业汽车美容授权施工中心

北京万通弘源汽车用品有限公司

公司地址：北京市丰台区西国贸汽配基地 A1 区 1039 号
电　话：010-63870151
传　真：010-63870151
主营业务：汽车座套、汽车精品装饰，专业安装音响、贴膜、防盗、美容等

北京诚志华仕车镜

公司地址：北京市丰台区西国贸汽配基地 A1 区 1045A 号
电　话：010-83832357
主营业务：大视野蓝镜、双曲率蓝镜、大视野室内蓝镜、茶镜等

京隆汽车音响贴膜

公司地址：北京市丰台区西国贸汽配基地 A1 区 1052 号
电　话：010-83833138
主营业务：专业贴膜，欧华、飞歌专车专用 DVD、GPS 导航，汽车美容、封釉、抛光、室内清洗

北京京粤坤发膜业有限公司
公司地址：北京市丰台区西国贸汽配基地 A1 区 1055 号
电　话：010-83833019
主营业务：美国品牌：雷朋、龙膜、3M、魔光、强生等，车载电脑、DVD 导航、音响、真皮座椅、防盗器、地胶

瑞丰汽车用品商行
公司地址：北京市丰台区西国贸汽配基地 A3 区 002A 号
电　话：010-52664798
主营业务：专业批发专用座套、座垫、脚垫、掸子、纳米毛巾等

北京新天地汽车用品商行
公司地址：北京市丰台区西国贸汽配基地 A1 区 1058 号
电　话：010-63799191
传　真：010-63792727
主营业务：影音导航、专业贴膜、汽车用品

北京车路士汽车用品专营
公司地址：北京市丰台区西国贸汽配基地 A1 区 1059/1060 号
电　话：010-83832337
传　真：010-83832339
主营业务：封釉镀膜、导航氙灯、车身改色、座垫座套

北京车之影商贸有限公司
公司地址：北京市丰台区西国贸汽配基地 A1 区 1065 号
电　话：010-83832801
主营业务：路畅 DVD 导航、凯立德导航地图升级北京总代理

顺达汽车音响装饰美容
公司地址：北京市丰台区西国贸汽配基地 A1 区 1066 号
电　话：010-63870187/83833619
主营业务：量子膜、卡仕达、飞歌等品牌

北京波声汽车影音中心
公司地址：北京市丰台区西国贸汽配基地 A1 区 2053 号
电　话：010-83833286
主营业务：波声汽车影音——原车屏升级专业机构

心盈商贸有限公司
公司地址：北京市丰台区西国贸汽配基地 A1 区 2020 号
电　话：18201154110
主营业务：美国原装高流量空滤、美国 RED LINE 红线多酯类全合成机油等

天福汽车音响装饰美容
公司地址：北京市丰台区西国贸汽配基地 A1 厅 1063 号
电　话：010-83833171/83833170
主营业务：美国强生专业授权施工中心，汽车音响、真皮座椅

宝佳膜业
公司地址：北京市丰台区西国贸汽配基地 A1 区 2017 号
电　话：010-63870766
主营业务：宝佳膜业

深圳市兴日洋科技有限公司
公司地址：北京市丰台区西国贸汽配基地 A1 区 2026 号
电　话：010-83833519
主营业务：风火轮车载导航影音系统

北京悦隆丽声汽车影音商行
公司地址：北京市丰台区西国贸汽配基地 A1 厅 1062 号
电　话：010-83833805/63870398
主营业务：专业汽车影音电子产品

北京欣梦盛达汽车用品批发
公司地址：北京市丰台区西国贸汽配基地 A1 西厅 006 号
电　话：010-83833175/51243944
主营业务：批发订做各种车型座套、四季养生垫、凉垫、毛垫、脚垫、把套、掸子

宇扬汽车用品批发
公司地址：北京市丰台区西国贸汽配基地 A2 区 2015 号
电　话：010-83832815
主营业务：批发订做专车专用手工地毯脚垫、羊毛脚垫

欣欣上品车饰商行
公司地址：北京市丰台区西国贸汽配基地 A2 区 2017 号
电　话：010-83833558
传　真：010-83833558
主营业务：批发零售灯具改装、氙大灯、LED 系列、座套、凉垫、毛垫、脚垫、头枕、抱枕、香水、挂件等

超焕汽车用品批发
公司地址：北京市丰台区西国贸汽配基地 A2 区 2023B 号
电　话：010-83833255
主营业务：全车隔音材料、防盗锁、3R 品牌、后视镜、消声器、冬夏座垫、座套、脚垫、扶手箱

明源佳宣商贸有限公司
公司地址：北京市丰台区西国贸汽配基地 A2 区 2020 号
电　话：010-83832696
主营业务：脚垫、后备箱垫、座垫等

北京靓车美意商贸有限公司
公司地址：北京市丰台区西国贸汽配基地 A2 区 2022 号
电　话：010-51176038
传　真：010-63870235
主营业务：汽车养护用品、毛巾、掸子、脚垫、卡扣、雨刷、洗车液、玻璃水、车蜡等

春明盛世
公司地址：北京市丰台区西国贸汽配基地 A2 区 2019 号
电　话：010-63870809
主营业务：导航仪、电子狗批发

北京鑫瑞达汽车精品批发
公司地址：北京市丰台区西国贸汽配基地 A2 区 2026 号
电　话：010-83832756/63870218
主营业务：汽车真皮把套、手缝把套、时尚卡通座套、车内饰品、打气泵、吸尘器、座垫、脚垫、护理用品等

欧华北京办事处
公司地址：北京市丰台区西国贸汽配基地 A3 区 1003 号
电　话：010-63870693/83833568
传　真：010-83833798
主营业务：欧华电子

北京美丽祥科技有限责任公司
公司地址：北京市丰台区西国贸汽配基地 A2 区 2029/2038 号
电　话：010-88443956/83833991
主营业务：批发各种全包围后排连体脚垫、手缝把套、车衣、发动机护板、底盘装甲

北京博祥津源汽车用品有限公司
公司地址：北京市丰台区西国贸汽配基地 A2 区 2030/2012 号
电　话：010-83833295
主营业务：厂家直销皮 U 全覆盖连体大包围、热压连体大包围、手缝全覆盖、环保地胶、后仓垫、地胶卷材

北京向阳汽车用品商行
公司地址：北京市丰台区西国贸汽配基地 A2 区 2032 号
电　话：010-63870051
传　真：010-63870051
主营业务：专业批发各种高中低档凉垫、毛垫

北京永利达汽车用品批发商行
公司地址：北京市丰台区西国贸汽配基地 A2 区 2037/2013B 号
电　话：010-83833317/58482670
传　真：010-83833319
主营业务：厂家直销汽车装饰件、雨挡、门槛条、车窗、车牌架、扶手箱、挡泥板、座套、凉垫

广州光彩驻北京办事处
公司地址：北京市丰台区西国贸汽配基地 A2 区 2040 号
电　话：010-83833840/15321367282
主营业务：晴雨档、大包围脚垫、门槛条、窗饰条、隔音材料、轮眉、门碗、拉手等

广州飞歌汽车音响有限公司北京分公司
公司地址：北京市丰台区西国贸汽配基地 A3 楼 1001 号
电　话：010-83832276/63870908
主营业务：专业车载影音导航产品制造商

枫洁改装
公司地址：北京市丰台区西国贸汽配基地 A3 区 1040 号
电　话：010-83833650
主营业务：车身改色、涡轮增压、刹车套件、避震套件、包围尾翼、进气套件、排气系统等

北京大丰恒达汽车配件有限公司
公司地址：北京市丰台区西国贸汽配基地 A3 区 1031 号
电　话：010-83833101/83833104
传　真：010-83833104
主营业务：上海大众、一汽大众、一汽奥迪整车配件，横向易损件

北京市兴环球汽车用品有限公司
公司地址：北京市丰台区西国贸汽配基地 A1 区 1056A 号
电　话：010-63781066/63718869
传　真：010-63718869
主营业务：台湾、国内汽车精品，车居饰品、汽车脚垫、座垫、美容养护、汽车用具、户外用品、车内用品、汽车电子、香水除味、太阳档等

北京洪利金润汽车服务有限公司
公司地址：北京市丰台区西国贸汽配基地 A3 区 1005 号
电　话：010-83832833
传　真：010-83832833
主营业务：汽车音响

龙天车友商贸（北京）有限公司
公司地址：北京市丰台区西国贸汽配基地 A3 区 1007 号
电　话：010-57193738
传　真：010-83832350
主营业务：车友系列脚垫、牧宝车居用品、文丰工艺座垫

欧歌电子
公司地址：北京市丰台区西国贸汽配基地 A3 区 1008A 号
电　话：010-83832868
传　真：010-83832968
主营业务：汽车 DVD 导航

奥达行
公司地址：北京市丰台区西国贸汽配基地 A3 区 1027 号
电　话：010-63870189/56105994
传　真：010-63870189-807
主营业务：多个品牌北京总代理，专业批发汽车影音产品

SNM 汽车内饰改装翻新工艺
公司地址：北京市丰台区西国贸汽配基地 A5 区 3001 号
电　话：010-83833187
传　真：010-83833857
主营业务：个性化内饰改装，房车、商务舱改装，内饰翻新等

大脚印
公司地址：北京市丰台区西国贸汽配基地 A2 区 2039 号
电　话：010-83833343
传　真：010-83833343
主营业务：大脚印立体全包围丝圈脚垫

花仙子
公司地址：北京市丰台区西国贸汽配基地 A2 区 2028A 号
电　话：010-83833820
主营业务：专业汽车椅套制造商

北京胜佳素膜业有限公司
公司地址：北京市丰台区西国贸汽配基地 A3 区 3030 号
电　话：010-63870929
传　真：010-63768465
主营业务：山由帝杉（韩国 CNC）北方总代理

美国优玛膜专营店
公司地址：北京市丰台区西国贸汽配基地 A3 区 1022 号
电　话：13911014648/13466579193
主营业务：导航 DVD、汽车膜、建筑膜

北京瑞鼎丰商贸有限公司
公司地址：北京市丰台区西国贸汽配基地 A3 区 2002 号
电　话：010-63870215
主营业务：五福金牛系列脚垫、奇真倒车雷达、泰克无骨雨刷、百悦蕾丝座套、百悦三明治座套、鸿泰兴乳胶脚垫

宏祥汽车用品批发
公司地址：北京市丰台区西国贸汽配基地 A3 区 2003 号
电　话：010-59974992
主营业务：胶霸、仿皮地胶、大包围、牛筋、脚垫、PVC 牛筋、3D 后备箱垫

北京瑞达无限汽车用品有限公司
公司地址：北京市丰台区西国贸汽配基地 A3 区 2006 号
电　话：13522450002/18601960887
主营业务：专车专用脚垫、专车排气尾喉、车牌转换支架、四季通用座垫、专车专用后备箱垫

新晖高科（北京）国际贸易有限公司
公司地址：北京市丰台区西国贸汽配基地 A3 区 2013/2013 号
电　话：010-63870911/63870913
传　真：010-63870913
主营业务：杜邦隔热防爆膜、蓝帝进化型隔热量子膜代理

天诚玻璃膜
公司地址：北京市丰台区西国贸汽配基地 A3 区 2015 号
电　话：010-83833460
传　真：010-83833460
主营业务：蓝固、龙钻

中泰华兴玻璃膜有限公司
公司地址：北京市丰台区西国贸汽配基地 A3 区 2017 号
电　话：010-58438588/58438688
传　真：010-83833811
主营业务：欧玛顶级汽车窗膜

中港联创（中国）玻璃膜有限公司
公司地址：北京市丰台区西国贸汽配基地 A3 区 2018 号
电　话：010-83833001
主营业务：美国冰卡顶级原色陶瓷膜，强生金钻、威固钛金、杜邦晶锐、极速先锋、USA 量子膜、车卫仕、美克晶锐等

广东世帅电子科技有限公司
公司地址：北京市丰台区西国贸汽配基地 A3 区 2019B 号
电　话：010-56429447
主营业务：HID 氙气灯、LED 汽车大灯、专用日行灯、雷达倒车灯

北京多乐创想贸易有限公司北京总部
公司地址：北京市丰台区西国贸汽配基地 A3 区 2020 号
电　话：010-83833676
传　真：010-83833676
主营业务：专业批发汽车玻璃膜

欧特汽车用品有限公司
公司地址：北京市丰台区西国贸汽配基地 A3 区 2022 号
电　话：010-59433218/57721607
传　真：010-63720079
主营业务：防爆膜品牌：美国林肯、杜邦光谱、SK 冰钻、北极光学、金力盾隔热膜、龙牌安全膜、日本威玛隔热膜、立邦圣膜等

龙腾战友
公司地址：北京市丰台区西国贸汽配基地 A8 区 1008 号
电　话：010-63870113
主营业务：专业贴膜、DVD 导航、防盗系统、倒车雷达、隔音地胶、镀膜封釉、座套脚垫等

北京雷诺光电商贸中心
公司地址：北京市丰台区西国贸汽配基地 A8 区 1005 号
电　话：010-63870259/57218593
主营业务：探陆泽、时宇、远征车灯北京总代理，雷诺、车路行、飞利浦、雪莱特金银系列

北京世纪膜业有限公司
公司地址：北京市丰台区西国贸汽配基地 A3 区 2041 号
电　话：010-87092188/58478188
传　真：010-63870043
主营业务：公司旗下品牌：朗毅、塔尼尔、美国威派、铁甲龙膜

北京祥龙华夏科技有限公司

公司地址：北京市丰台区西国贸汽配基地 A3 区 2023 号
电　话：010-63713038
传　真：010-63805941
主营业务：高性能汽车隔热防爆膜

北京国信通诚玻璃有限公司

公司地址：北京市丰台区西国贸汽配基地 A3 区 2030 号
电　话：010-83833997/58498700
传　真：010-83833997
主营业务：山姆卡特原色防爆膜

广隆膜业

公司地址：北京市丰台区西国贸汽配基地 A3 区 2037 号
电　话：010-86549770
传　真：010-86549770
主营业务：美国膜、印度膜、韩国膜

北京旭峰佳业汽车用品商行

公司地址：北京市丰台区西国贸汽配基地 A3 区 2042 号
电　话：010-83833836
主营业务：批发各种汽车座垫、脚垫、装饰件

车福汽车美容装饰

公司地址：北京市丰台区西国贸汽配基地 A7 区 1015 号
电　话：010-83833527
主营业务：专业贴膜、DVD 导航、防盗系统、倒车雷达、隔音地胶、镀膜封釉等

北京佳程腾达汽车用品商行

公司地址：北京市丰台区西国贸汽配基地 A6 区 1010 号
电　话：010-63768177
主营业务：贴膜、防盗、地胶、雷达、座套、抛光、脚垫、封釉等

北京车酷百分百汽车服务有限公司

公司地址：北京市丰台区西国贸汽配基地 A6 区 1017 号
电　话：010-52430351
传　真：010-83833859
主营业务：车身镀膜、玻璃膜、汽车改装、性能提升、抛光打蜡、汽车护理等

盛宝利汽车精品装饰部

公司地址：北京市丰台区西国贸汽配基地 A7 区 1005 号
电　话：010-83833525/83832613
主营业务：音响、防盗器、地胶、防爆膜、把套等汽车装饰品

广东好帮手电子科技股份有限公司北京分公司

公司地址：北京市丰台区西国贸汽配基地 A7 区 1001 号
电　话：010-63839988
传　真：010-63839988
主营业务：卡仕达车载智能信息系统

北京合创汇众商贸有限公司

公司地址：北京市丰台区西国贸汽配基地 A3 区 2001 号
电　话：010-52403410/63870641
主营业务：原车屏幕升级

北京凯美诺泰商贸有限公司

公司地址：北京市丰台区西国贸汽配基地 A6 区 2001 号
电　话：010-63870797
主营业务：汽车真皮工作室

北京福安置信商贸有限责任公司

公司地址：北京市丰台区西国贸汽配基地 A6 区 2026B 号
电　话：010-63870368
主营业务：迪纳极萃：品牌专卖

酷点灯光升级

公司地址：北京市丰台区西国贸汽配基地 A7 区 1011 号
电　话：010-83833726
主营业务：大灯总成、透镜改装、氙灯批发、日行灯

北京信利汽车用品贸易有限公司

公司地址：北京市丰台区西国贸汽配基地 A7 区 2021 号
电　话：010-63870020/83833412
主营业务：3M 美容产品、劳保产品及其它产品，汽车辅料等

北京铭和京创贸易有限公司

公司地址：北京市丰台区西国贸汽配基地 A7 区 2009 号
电　话：010-87798100
传　真：010-87799005
主营业务：汽车影音导航专业服务商

北京赫拉安博科技有限公司

公司地址：北京市丰台区西国贸汽配基地 A8 区 1009 号
电　话：010-83832263
传　真：010-83833876
主营业务：汽车电子专业运营服务商，雪莱特北京总代、龙鼎大灯北方总代、天派 DVD 北京总代

北京永兆丰商贸中心

公司地址：北京市丰台区西国贸汽配基地 A7 区 1031 号
电　话：010-83833529/86983430
主营业务：各车型挡泥板专业制造、批发（越野、SUV 高档车型）

北京福顺途汽车用品店

公司地址：北京市丰台区西国贸汽配基地 A7 区 2006 号
电　话：010-83833855
传　真：010-83833855
主营业务：热压一次成型全包围连体脚垫

慧龙改装

公司地址：北京市丰台区西国贸汽配基地 A7 区 1020B 号
电　话：010-52892564
主营业务：奥迪专业改装

索立信

公司地址：北京市丰台区西国贸汽配基地 A7 区 2015 号
电　话：010-83833718
主营业务：高品质专车专用 DVD 车载导航

鄂成汽车装饰美容中心

公司地址：北京市丰台区西国贸汽配基地 F 区 10 号
电　话：010-63870334
主营业务：专贴进口品牌防爆膜、安装车载 DVD、导航影音系统、升级氙气灯、倒车雷达、防盗器

京义捷汽车漆面专家

公司地址：北京市丰台区西国贸汽配基地 E 区 37 号
手机号码：13910496099
主营业务：专业高中档车喷漆、车身改色、内室改色、车身改型

惠州凯斯达电子有限公司北京办事处

公司地址：北京市丰台区西国贸汽配基地 A7 区 2027 号
电　话：010-63870829
传　真：010-63870829
主营业务：生产销售车载影音导航

北京绿原车饰有限公司

公司地址：北京市丰台区西国贸汽配基地 D 区 56 号
电　话：010-63838798
主营业务：汽车全系统用品及装饰汽车电路专业维修及安装音响，各季节座套、座垫、脚垫、把套、地胶、贴膜、香水等

飞凯汽车运动生活馆

公司地址：北京市丰台区西国贸汽配基地 A7 区 1026 号
电　话：010-83833841/83833842
主营业务：涡轮增压、机械增压、ECU 调教、进气、排气、避震、刹车、外观、RPA 车身强化

北京奥途亮点科技有限公司

公司地址：北京市丰台区西国贸汽配基地 A8 区 3001/3002/3003 号
电　话：010-63870058
传　真：010-63870109
主营业务：龙鼎车灯、欧德专车专用 HID 等

铁成汽车用品有限公司北京直销处

公司地址：北京市丰台区西国贸汽配基地 D 区 045 号
电　话：010-63853225
主营业务：各种吉普车 \MPV\SUV\RV\ 皮卡外装饰改装

北京金旺达汽车装饰配件部

公司地址：北京市丰台区西国贸汽配基地 D 区 058 号
电　话：010-58458660
主营业务：导航、贴膜、防盗、中控、铝板、地胶

北京广华影音汽车音响装饰店

公司地址：北京市丰台区西国贸汽配基地 D 区 22 号
电　话：010-52402793
主营业务：汽车音响改装、全车隔音、DVD 导航、贴膜、改色

北京瑞达汽车装饰

公司地址：北京市丰台区西国贸汽配基地 D 区 28 号
手机号码：13810088720/13051858111
主营业务：厂家直销晴雨档、贴膜、氙气灯、底盘灯、凉垫、座套、把套、音响等

广州洪寅国际汽车用品有限公司北京分公司

公司地址：北京市丰台区西国贸汽配基地 A3 区 3017 号
手机号码：13391950091
主营业务：龙鼎车灯等

北京路美达科贸有限公司

公司地址：北京市丰台区西国贸汽配基地 D 区 71/72 号
电　话：010-53030538/63309073
主营业务：自驾装备

靓车会

公司地址：北京市丰台区西国贸汽配基地 A3 区 1028 号
电　话：010-63870912/63870512
主营业务：专业汽车美容

北京冀衡京顺汽车装饰店

公司地址：北京市丰台区西国贸汽配基地 F 区 009 号
手机号码：13683155929/13011194016
主营业务：三和卡带机、氙气灯、强生膜、雷朋膜、防盗器、DVD、GPS 导航、真皮座套、地胶等

东泽汽车用品装饰

公司地址：北京市丰台区西国贸汽配基地 F 区 11 号
电　话：010-57495070
主营业务：专业贴膜、车漆改色、DVD 导航、影音改装、倒车雷达、镀膜封釉、底盘封塑

上海增贤国际贸易有限公司北方发货仓

公司地址：北京市丰台区西国贸汽配基地 A7 区 2026 号
电　话：010-83833237
主营业务：双氙大灯总成、LED 尾灯总成等

汽车修理系列

萨博专修

公司地址：北京市丰台区西国贸汽配基地 A6 区 1015 号
电　话：010-63870679
主营业务：专业维修保养、电脑检测、正厂配件、动力升级、性能改造

北京高举汽车维修中心

公司地址：北京市丰台区西国贸汽配基地 A6 区 1025 号
电　话：010-83832915
主营业务：专修大众车系，原厂检测仪器，保险、理赔、验车、救援

亢氏汽修

公司地址：北京市丰台区西国贸汽配基地 D 区 59 号
电　话：010-63842341
主营业务：精修各种进口及国产车

东方红专业快修

公司地址：北京市丰台区西国贸汽配基地 E 区 31 号
电　话：010-63838589
主营业务：专修奥拓、羚羊、雨燕、天语、北斗星、福莱尔、夏利、吉利等

顺易达汽修

公司地址：北京市丰台区西国贸汽配基地 E 区 13/15 号
电　话：010-58406088
主营业务：快修保养、电脑检测、配件维修、代办验车、保险理赔、装饰美容、钣金喷漆

北京吉美佳业商贸有限公司

公司地址：北京市丰台区西国贸汽配基地 A7 区 1010 号
电　话：010-83833266/83833211
主营业务：专修切诺基及各种车型检修保养

北京西盛达商贸中心

公司地址：北京市丰台区西国贸汽配基地 E 区 10 号
电　话：010-83833956/81933971
主营业务：专修羚羊奥拓、雨燕、福莱尔

一层（电子类/五金附件/太阳膜）

宇健乐达

公司地址：北京市丰台区亚联六里桥国际汽车用品批发城 A113 号
联系人：雷传华
电　话：010-53030582
手机号码：13701168420
主营业务：卡机、喇叭、导航、CD、DVD、低音炮

永福膜业

公司地址：北京市丰台区亚联六里桥国际汽车用品批发城 A115 号
联系人：沈创茂
手机号码：13911817487
主营业务：太阳膜

鑫达光电

公司地址：北京市丰台区亚联六里桥国际汽车用品批发城 A155/157 号
联系人：刘若景
电　话：010-53030544
手机号码：13167363464
主营业务：大灯、氙气灯

新环球

公司地址：北京市丰台区亚联六里桥国际汽车用品批发城 A125/127/129 号
联系人：朱奕霖
手机号码：15801238495
主营业务：新环球阿尔派家族店

雷诺光电

公司地址：北京市丰台区亚联六里桥国际汽车用品批发城 A139 号
联系人：王龙
手机号码：13911171461
主营业务：氙气灯

欧司朗汽车照明

公司地址：北京市丰台区亚联六里桥国际汽车用品批发城 A163 号
联系人：陈松蜜
手机号码：15601391616
主营业务：氙气灯

联兴达

公司地址：北京市丰台区亚联六里桥国际汽车用品批发城 A173 号
联系人：朱绍铁
手机号码：13611051830
主营业务：太阳膜

澳隆车饰

公司地址：北京市丰台区亚联六里桥国际汽车用品批发城 A151 号
联系人：张腾宣
电　话：010-53030409
手机号码：15801630153
主营业务：车牌架、扶手箱、下护板、防盗锁

北京勇士

公司地址：北京市丰台区亚联六里桥国际汽车用品批发城 A153 号
联系人：詹国龙
电　话：010-53030270
手机号码：13811053944
主营业务：行李架、踏板、侧杠

初出日

公司地址：北京市丰台区亚联六里桥国际汽车用品批发城 A121/123 号
联系人：邹均带
手机号码：13910691528
主营业务：太阳膜

百瑞恒大

公司地址：北京市丰台区亚联六里桥国际汽车用品批发城 A159 号
联系人：罗钊
手机号码：15321977796
主营业务：改装件

瑞丰龙马

公司地址：北京市丰台区亚联六里桥国际汽车用品批发城 A165 号
联系人：张权
手机号码：13522447156
主营业务：装饰件

欧泰

公司地址：北京市丰台区亚联六里桥国际汽车用品批发城 A131/133/135/137 号
联系人：李滨
电　话：010-53030248/53030249
手机号码：13466666321
主营业务：欧泰，下护板、行李架、侧踏板雨挡、车牌架、防盗锁、消声器挡泥板、轮眉、车衣

北京鹏飞影音导航

公司地址：北京市丰台区亚联六里桥国际汽车用品批发城 A207 号
联系人：黄鹏
手机号码：13260080003
主营业务：电子类

欣瓓窗膜

公司地址：北京市丰台区亚联六里桥国际汽车用品批发城 A175/177 号
联系人：李玉清
手机号码：15831768988
主营业务：太阳膜

专业太阳膜批发

公司地址：北京市丰台区亚联六里桥国际汽车用品批发城 A179 号
联系人：李振开
手机号码：13920679611
主营业务：太阳膜

盛亮

公司地址：北京市丰台区亚联六里桥国际汽车用品批发城 A181 号
联系人：黄蓉
手机号码：13717936059
主营业务：装饰件

新中建汽车音响

公司地址：北京市丰台区亚联六里桥国际汽车用品批发城 A187 号
联系人：刘镇茂
电　话：010-53030371
手机号码：13826218906
主营业务：太阳膜、喇叭、低音炮、音响

铁老大

公司地址：北京市丰台区亚联六里桥国际汽车用品批发城 A189 号
联系人：吴国瑞
手机号码：13521870038
主营业务：电子类

红江山警用器材

公司地址：北京市丰台区亚联六里桥国际汽车用品批发城 A193/195 号
联系人：杜裕泉
电　话：010-53030458
手机号码：13693003183
主营业务：警灯、警报、消防器材

北京奥达行

公司地址：北京市丰台区亚联六里桥国际汽车用品批发城 A197/199/201 号
联系人：刘建辉
电　话：010-52973611/52973612
手机号码：13001130064
主营业务：音响、导航

世达工具

公司地址：北京市丰台区亚联六里桥国际汽车用品批发城 A209 号
联系人：曹培康
手机号码：13717769153
主营业务：世达工具

铁将军

公司地址：北京市丰台区亚联六里桥国际汽车用品批发城 A176 号
联系人：付琳琳
电　话：010-53030386
手机号码：13121709780
主营业务：胎压、防盗器、音响、行车录像仪

北京志起伟业商贸有限公司

公司地址：北京市丰台区亚联六里桥国际汽车用品批发城 A211 号
联系人： 赵国起
手机号码：13911270908
主营业务：清洁机吸尘器

海龙腾跃商贸有限公司

公司地址：北京市丰台区亚联六里桥国际汽车用品批发城 A229 号
联系人： 郭守庚
手机号码：13501386469
主营业务：电瓶，导航，保险理赔

奔克车饰

公司地址：北京市丰台区亚联六里桥国际汽车用品批发城 A231 号
联系人： 洪万椿
手机号码：13911234774
主营业务：装饰件

龙飞 LED

公司地址：北京市丰台区亚联六里桥国际汽车用品批发城 A110 号
联系人： 沈序泉
手机号码：18601060784
主营业务：LED 灯

智益 LED

公司地址：北京市丰台区亚联六里桥国际汽车用品批发城 A112 号
联系人： 余维智
电　话： 010-53030296
手机号码：13810060333
主营业务：LED 产品、底盘灯、车顶灯

君诺铭汽车音响

公司地址：北京市丰台区亚联六里桥国际汽车用品批发城 A116 号
联系人： 张丽涛
电　话： 010-53030209
手机号码：13552952234
主营业务：喇叭、低音炮、功放

世纪威力

公司地址：北京市丰台区亚联六里桥国际汽车用品批发城 A118/120/122 号
联系人： 杜荣香
电　话： 010-52973509
手机号码：18611129866
主营业务：警灯、警报器、脚垫后备仓垫

北极光

公司地址：北京市丰台区亚联六里桥国际汽车用品批发城 A172 号
联系人： 李涛
手机号码：13401182822
主营业务：太阳膜

欧华

公司地址：北京市丰台区亚联六里桥国际汽车用品批发城 A132/136 号
联系人： 周波
电　话： 010-53030278/53030277
手机号码：13717576076
主营业务：车载 DVD 导航

嘉胜亿嘉

公司地址：北京市丰台区亚联六里桥国际汽车用品批发城 A138 号
联系人： 王金毅
电　话： 010-53030596
手机号码：13241434119
主营业务：低音炮、太阳膜、音响、DVD、倒车雷达、喇叭

康事达

公司地址：北京市丰台区亚联六里桥国际汽车用品批发城 A150/152/156 号
联系人： 康文标
电　话： 010-53030238
手机号码：13601356398
主营业务：太阳膜、音响、LED 灯

联升膜业

公司地址：北京市丰台区亚联六里桥国际汽车用品批发城 A158 号
联系人： 朱义标
电　话： 010-53030339
手机号码：13552859525
主营业务：太阳膜

广隆膜业

公司地址：北京市丰台区亚联六里桥国际汽车用品批发城 A160 号
联系人： 刘逢升
电　话： 010-53030258
手机号码：13911418512
主营业务：太阳膜

桥峰膜业

公司地址：北京市丰台区亚联六里桥国际汽车用品批发城 A162/166 号
联系人： 沈兵乔
手机号码：13718481989
主营业务：太阳膜

莱富腾达膜业

公司地址：北京市丰台区亚联六里桥国际汽车用品批发城 A168/170 号
联系人： 李文富
电　话： 010-53030368
手机号码：13391683882
主营业务：防盗器、太阳膜、地胶、脚垫

新隆泰膜业

公司地址：北京市丰台区亚联六里桥国际汽车用品批发城 A178 号
联系人： 李盛桂
手机号码：13810643488

专业汽车用品批发

公司地址：北京市丰台区亚联六里桥国际汽车用品批发城 A180 号
联系人： 朱锦浩
手机号码：13671111439

专业汽车用品批发

公司地址：北京市丰台区亚联六里桥国际汽车用品批发城 A208/210 号
联系人： 李神林
手机号码：15210208088
主营业务：电子类

明盛发膜业

公司地址：北京市丰台区亚联六里桥国际汽车用品批发城 A182 号
联系人： 朱洪泽
电　话： 010-53030524
手机号码：13520426763
主营业务：太阳膜

顺昌军豪

公司地址：北京市丰台区亚联六里桥国际汽车用品批发城 A186 号
联系人： 陈丰军
手机号码：13810306950

蓝宝膜业

公司地址：北京市丰台区亚联六里桥国际汽车用品批发城 A188/190 号
联系人： 陈瑞玲
电　话： 010-53030516
手机号码：13801224072
主营业务：太阳膜

太阳膜超市

公司地址：北京市丰台区亚联六里桥国际汽车用品批发城 A192 号
联系人： 田勇
电　话： 010-52973526
手机号码：13811585993
主营业务：太阳膜

北方环宇

公司地址：北京市丰台区亚联六里桥国际汽车用品批发城 A126/128/130 号
联系人： 李大才
电　话： 010-52973663/52973563
手机号码：13801201414
主营业务：太阳膜

蓝色动力

公司地址：北京市丰台区亚联六里桥国际汽车用品批发城 A202/206 号
联系人： 占少飞
手机号码：13601304344
主营业务：改装件

广信腾达膜业

公司地址：北京市丰台区亚联六里桥国际汽车用品批发城 A196/198/200 号
联系人： 朱惠泳
电　话： 010-53030315/53030325
手机号码：13811193321
主营业务：太阳膜

专业汽车用品批发

公司地址：北京市丰台区亚联六里桥国际汽车用品批发城 A212 号
联系人： 李延岭
手机号码：13520341613
主营业务：货架

山姆大叔

公司地址：北京市丰台区亚联六里桥国际汽车用品批发城 A301 号
联系人： 胡景涛
手机号码：18910237089
主营业务：太阳膜

e 路航

公司地址：北京市丰台区亚联六里桥国际汽车用品批发城 A216/218/220/222 号
联系人： 姚新
电　话： 010-53030343
手机号码：18610087009
主营业务：电子狗、GPS 导航、记录仪

专业太阳膜批发

公司地址：北京市丰台区亚联六里桥国际汽车用品批发城 A226 号
联系人： 姚利剑
手机号码：15210339610
主营业务：太阳膜

北京永泰全汽车用品有限公司

公司地址：北京市丰台区亚联六里桥国际汽车用品批发城 A228/230 号
联系人： 李天菊
手机号码：18911255737
主营业务：太阳膜

专业太阳膜批发

公司地址：北京市丰台区亚联六里桥国际汽车用品批发城 A232 号
联系人： 尹彦峰
手机号码：13366738430
主营业务：太阳膜

3M

公司地址：北京市丰台区亚联六里桥国际汽车用品批发城 A302/303/305 号
联系人： 梁丽娟
手机号码：13381069569
主营业务：太阳膜

广州顶立

公司地址：北京市丰台区亚联六里桥国际汽车用品批发城 A306 号
联系人： 王天瑜
手机号码：13910598934
主营业务：太阳膜

龙威膜业

公司地址：北京市丰台区亚联六里桥国际汽车用品批发城 A326 号
联系人： 余鸿恩
电　话： 010-53030498
主营业务：太阳膜

三雄汽车护理

公司地址：北京市丰台区亚联六里桥国际汽车用品批发城 A328/330/332 号
联系人： 李春宝
电　话： 010-53030226/53030228
手机号码：13391992680
主营业务：汽车护理用品

中警威安联盾警用器材

公司地址：北京市丰台区亚联六里桥国际汽车用品批发城 A336/338 号
联系人： 康伟
电　话： 010-53030433
手机号码：13911406548
主营业务：警用器材

专业汽车用品批发

公司地址：北京市丰台区亚联六里桥国际汽车用品批发城 A308 号
联系人： 黄智坚
手机号码：13910095092
主营业务：电子类

正大膜业

公司地址：北京市丰台区亚联六里桥国际汽车用品批发城 A312 号
联系人： 林仕宾
电　话： 010-57604858
手机号码：13910222104
主营业务：太阳膜

恒音

公司地址：北京市丰台区亚联六里桥国际汽车用品批发城 A316 号
联系人： 张红
手机号码：13641126392
主营业务：喇叭

北京明森汽车音响

公司地址：北京市丰台区亚联六里桥国际汽车用品批发城 A358 号
联系人： 康湧森
电　话： 010-53030504
手机号码：15811529115
主营业务：汽车音响及用品

利安玻璃膜营销中心

公司地址：北京市丰台区亚联六里桥国际汽车用品批发城 A320 号
联系人： 李福山
电　话： 010-53030373
手机号码：13141150044
主营业务：太阳膜

铁将军

公司地址：北京市丰台区亚联六里桥国际汽车用品批发城 A322 号
联系人： 董明辉
手机号码：13718058146
主营业务：防盗器、太阳膜、地胶、脚垫

专业太阳膜批发

公司地址：北京市丰台区亚联六里桥国际汽车用品批发城 A368 号
联系人： 林仕歆
手机号码：13552103923
主营业务：太阳膜

北京天元海拉汽车钥匙

公司地址：北京市丰台区亚联六里桥国际汽车用品批发城 A370 号
联系人： 陈志刚
手机号码：13693050896
主营业务：配钥匙

宏泰灯饰

公司地址：北京市丰台区亚联六里桥国际汽车用品批发城 A372 号
联系人： 余伟川
电　话： 010-53030501
手机号码：18611905573
主营业务：警灯、警报器、LED 灯

易先云达太阳膜

公司地址：北京市丰台区亚联六里桥国际汽车用品批发城 A350 号
联系人： 刘淑云
手机号码：13693585578
主营业务：太阳膜

飞驰膜业

公司地址：北京市丰台区亚联六里桥国际汽车用品批发城 A352/356 号
联系人： 冯严
电　话： 010-53030509
手机号码：13488704818
主营业务：太阳膜

车之恋

公司地址：北京市丰台区亚联六里桥国际汽车用品批发城 A360 号
联系人： 张保林
电　话： 010-53030536
手机号码：13366158128
主营业务：电子类、电源、电热水杯

专业汽车用品批发

公司地址：北京市丰台区亚联六里桥国际汽车用品批发城 A362 号
手机号码：13671111439

盛芳顺发汽车用品

公司地址：北京市丰台区亚联六里桥国际汽车用品批发城 A325 号
联系人： 吴应芳
电　话： 010-53030576
手机号码：13439653037
主营业务：护板、挡泥板、扶手箱

广祥膜业

公司地址：北京市丰台区亚联六里桥国际汽车用品批发城 A396 号
联系人： 李秋松
电　话： 010-53030469
手机号码：13439256848
主营业务：太阳膜

惠达

公司地址：北京市丰台区亚联六里桥国际汽车用品批发城 A318 号
联系人： 汪忠华
手机号码：13601381347
主营业务：电子类

京广英姿

公司地址：北京市丰台区亚联六里桥国际汽车用品批发城 A506/508/510 号
联系人： 沈文远
电　话： 010-53030511
手机号码：13924301858
主营业务：音响、电子类、灯饰

泽成

公司地址：北京市丰台区亚联六里桥国际汽车用品批发城 A398/500/502 号
联系人： 王天豪
电　话： 010-53030266
手机号码：18801096066
主营业务：一键启动、防盗器、升窗器、雨刷

鼎峰膜业

公司地址：北京市丰台区亚联六里桥国际汽车用品批发城 A376 号
联系人：林锦福
电　话：010-52439300
手机号码：13521970213
主营业务：太阳膜

亨品汽车灯饰

公司地址：北京市丰台区亚联六里桥国际汽车用品批发城 A378 号
联系人：李华鸿
电　话：010-52973853
手机号码：13521944868
主营业务：灯饰

京安翔羽

公司地址：北京市丰台区亚联六里桥国际汽车用品批发城 A380 号
联系人：蔡恒峰
手机号码：13691390943
主营业务：LED 灯饰

三才合顺元

公司地址：北京市丰台区亚联六里桥国际汽车用品批发城 A388 号
联系人：李大友
手机号码：15810717488
主营业务：车衣，车牌扣

翔羽华威灯

公司地址：北京市丰台区亚联六里桥国际汽车用品批发城 A392 号
联系人：刘绥亮
手机号码：13371767516
主营业务：电子类

丰太昌源膜业

公司地址：北京市丰台区亚联六里桥国际汽车用品批发城 A307 号
联系人：张燕飞
手机号码：13683156064
主营业务：太阳膜

通胜

公司地址：北京市丰台区亚联六里桥国际汽车用品批发城 A366 号
联系人：陈金华
手机号码：13240257643
主营业务：喇叭、音响、低音炮

宏骏膜业

公司地址：北京市丰台区亚联六里桥国际汽车用品批发城 A327 号
联系人：闫娜
电　话：010-53030502
手机号码：13366017085
主营业务：太阳膜

凯歌影音

公司地址：北京市丰台区亚联六里桥国际汽车用品批发城 A335 号
联系人：陈献涛
电　话：010-53030466
手机号码：18611132388
主营业务：导航、原车屏幕升级

专业汽车用品批发

公司地址：北京市丰台区亚联六里桥国际汽车用品批发城 A315 号
联系人：王浙龙
电　话：010-52973661
手机号码：13718541152
主营业务：导航、定位

翔羽

公司地址：北京市丰台区亚联六里桥国际汽车用品批发城 A317 号
联系人：朱炳雄
电　话：010-53030235
手机号码：15010444603
主营业务：LED 灯、电子类

车顺发

公司地址：北京市丰台区亚联六里桥国际汽车用品批发城 A337/339 号
联系人：林祥顺
电　话：010-53030533
手机号码：13521531165
主营业务：DVD、USL 防爆膜、导航

德生

公司地址：北京市丰台区亚联六里桥国际汽车用品批发城 A319 号
联系人：及占雨
手机号码：13601079376
主营业务：太阳膜

兴达电子

公司地址：北京市丰台区亚联六里桥国际汽车用品批发城 A363 号
联系人：唐银平
手机号码：13381371731
主营业务：电脑、仪表、配件、工具

万隆影音

公司地址：北京市丰台区亚联六里桥国际汽车用品批发城 A329/331/333 号
联系人：于冲
电　话：010-53030333/53030233
手机号码：13811531488
主营业务：音响、电子类、太阳膜

本图

公司地址：北京市丰台区亚联六里桥国际汽车用品批发城 A323 号
联系人：杨饶任
手机号码：13809882858
主营业务：电子类

北京风行

公司地址：北京市丰台区亚联六里桥国际汽车用品批发城 A365 号
联系人：汪爱峰
手机号码：13501351808
主营业务：电子狗导航批发

铁老大

公司地址：北京市丰台区亚联六里桥国际汽车用品批发城 A371 号
联系人：尹重笑
手机号码：13391798312
主营业务：电子类

博尚

公司地址：北京市丰台区亚联六里桥国际汽车用品批发城 A501/503 号
联系人：沈绍君
电　话：010-53030326
手机号码：13910723168
主营业务：喇叭、车牌架、雨刷、挡泥板、灭火器、护理用品

改满庭

公司地址：北京市丰台区亚联六里桥国际汽车用品批发城 A351/353 号
联系人：周星辉
电　话：010-53030583
手机号码：13436666643
主营业务：汽车改装

专业汽车用品批发

公司地址：北京市丰台区亚联六里桥国际汽车用品批发城 A321 号
联系人：朱育山
手机号码：13581547968
主营业务：电子类

首诺窗膜

公司地址：北京市丰台区亚联六里桥国际汽车用品批发城 A311/313 号
联系人：刘敬广
手机号码：13911128450
主营业务：太阳膜

铭信饰品

公司地址：北京市丰台区亚联六里桥国际汽车用品批发城 A373/375 号
联系人：刘东煌
电　话：010-53030545
手机号码：15011049880
主营业务：灯饰

专业汽车用品批发

公司地址：北京市丰台区亚联六里桥国际汽车用品批发城 A608 号
联系人：刘飞
手机号码：13126806418
主营业务：贴膜、音响、改装、美容

博涵音响

公司地址：北京市丰台区亚联六里桥国际汽车用品批发城 A505/507/509 号
联系人：张黎明
手机号码：13701023369
主营业务：音响改装

美国 USL 太阳膜旗舰店

公司地址：北京市丰台区亚联六里桥国际汽车用品批发城 A511 号
联系人：金具双
手机号码：13911977749
主营业务：贴膜、音响、美容

正方汽车装饰

公司地址：北京市丰台区亚联六里桥国际汽车用品批发城 A513 号
联系人：王贵林
手机号码：13911596805
主营业务：贴膜、音响、美容

新天成影音

公司地址:北京市丰台区亚联六里桥国际汽车用品批发城 A377/379 号
联系人: 刘秋红
电　话: 010-52973658
手机号码:18611613298
主营业务:汽车音响及用品

浩源腾达膜业

公司地址:北京市丰台区亚联六里桥国际汽车用品批发城 A383 号
联系人: 林永强
手机号码:13401196797
主营业务:太阳膜

紫泰臻品

公司地址:北京市丰台区亚联六里桥国际汽车用品批发城 A385/387 号
联系人: 贾瑞霞
手机号码:13717539018
主营业务:户外

广通膜业

公司地址:北京市丰台区亚联六里桥国际汽车用品批发城 A389/391 号
联系人: 朱锦亮
手机号码:13560252649
主营业务:太阳膜

北京依东

公司地址:北京市丰台区亚联六里桥国际汽车用品批发城 A393/395 号
联系人: 范依娜
电　话: 010-53030288
手机号码:13910983206
主营业务:导航、电子狗

新环宇

公司地址:北京市丰台区亚联六里桥国际汽车用品批发城 A397/399 号
联系人: 刘映泉
电　话: 010-53030400
手机号码:13801246930
主营业务:太阳膜

京城明州

公司地址:北京市丰台区亚联六里桥国际汽车用品批发城 A381 号
联系人: 汪强
电　话: 010-53030440
手机号码:18901069867
主营业务:电子、安防器材

三泰世纪

公司地址:北京市丰台区亚联六里桥国际汽车用品批发城 A610 号
联系人: 高坤江
手机号码:13121293999
主营业务:太阳膜

山姆大叔

公司地址:北京市丰台区亚联六里桥国际汽车用品批发城 A611 号
联系人: 王文斌
手机号码:18701056525
主营业务:贴膜、音响、美容

北京爱尚车美容

公司地址:北京市丰台区亚联六里桥国际汽车用品批发城 A515 号
联系人: 赵晓峰
手机号码:13466354041
主营业务:贴膜、音响、美容

雷朋龙跃运通专营店

公司地址:北京市丰台区亚联六里桥国际汽车用品批发城 A517 号
联系人: 于小龙
手机号码:13241750076
主营业务:贴膜、音响、美容

车顺发

公司地址:北京市丰台区亚联六里桥国际汽车用品批发城 A606 号
联系人: 林祥顺
手机号码:13521531165
主营业务:USL 贴膜、音响、美容

开尔佳辉

公司地址:北京市丰台区亚联六里桥国际汽车用品批发城 A355/357 号
联系人: 邢军
电　话: 010-53030262
手机号码:13611186203
主营业务:氙气灯、喇叭、雨刷、灯泡、车载电源

亿升博美汽车用品装饰

公司地址:北京市丰台区亚联六里桥国际汽车用品批发城 A359/361 号
联系人: 张志强
电　话: 010-52973689/52973618
手机号码:13910227153
主营业务:大师贴膜、汽车美容、汽车用品零售

二层（脚垫 / 座垫 / 后仓垫）

车达地胶

公司地址:北京市丰台区亚联六里桥国际汽车用品批发城 B103/107 号
联系人: 林永瑜
电　话: 010-53030377/53030370
手机号码:13651260500
主营业务:地胶

雅玛脚垫

公司地址:北京市丰台区亚联六里桥国际汽车用品批发城 B109/111 号
联系人: 邱定岳
电　话: 010-52973536/52973537
手机号码:13601157731
主营业务:脚垫

天翔座垫

公司地址:北京市丰台区亚联六里桥国际汽车用品批发城 B117/119 号
联系人: 马月朦
电　话: 010-52973525
手机号码:15010092492
主营业务:座垫、脚垫

鑫博君达

公司地址:北京市丰台区亚联六里桥国际汽车用品批发城 B157/159 号
联系人: 孙智博
手机号码:13910907221
主营业务:座垫

车聚达

公司地址:北京市丰台区亚联六里桥国际汽车用品批发城 B121 号
联系人: 陈思义
电　话: 010-51141355
手机号码:15311777865
主营业务:座垫

BOSILY

公司地址:北京市丰台区亚联六里桥国际汽车用品批发城 B207 号
联系人: 赵蕾
电　话: 010-53030500
手机号码:13261872555
主营业务:座垫、脚垫

五福金牛

公司地址:北京市丰台区亚联六里桥国际汽车用品批发城 B135/137 号
联系人: 张威 / 钟志强
手机号码:13811551446
主营业务:座垫、脚垫

杰成脚垫

公司地址:北京市丰台区亚联六里桥国际汽车用品批发城 B188/190 号
联系人: 刘桂伶
电　话: 010-53030503
手机号码:13910587258
主营业务:脚垫

清风座垫

公司地址:北京市丰台区亚联六里桥国际汽车用品批发城 B161/163 号
联系人: 戴星涛
电　话: 010-53030598
手机号码:13031175558
主营业务:座垫

专业汽车用品批发

公司地址:北京市丰台区亚联六里桥国际汽车用品批发城 B515 号
联系人: 袁明飞
手机号码:13663308738
主营业务:地胶

金踏德

公司地址:北京市丰台区亚联六里桥国际汽车用品批发城 B102/106 号
联系人: 马永锋
手机号码:15830168780
主营业务:脚垫

红苹果座垫

公司地址:北京市丰台区亚联六里桥国际汽车用品批发城 B513 号
联系人: 王厚谋
手机号码:15811097190
主营业务:脚垫

金桦耀德
公司地址：北京市丰台区亚联六里桥国际汽车用品批发城 B169/171 号
联系人： 言守成
电 话： 010-53030213
手机号码：18310876061
主营业务：座垫

四海兴通
公司地址：北京市丰台区亚联六里桥国际汽车用品批发城 B602 号
联系人： 丁中辉
手机号码：15652703206
主营业务：座垫

久大久成
公司地址：北京市丰台区亚联六里桥国际汽车用品批发城 B182/186 号
联系人： 刘晓明
手机号码：13261190666
主营业务：座垫

瑞成汽车用品批发商行
公司地址：北京市丰台区亚联六里桥国际汽车用品批发城 B177/179 号
联系人： 赵朋
电 话： 010-53030532
手机号码：13001233951
主营业务：座垫

宏鹏利业汽车用品
公司地址：北京市丰台区亚联六里桥国际汽车用品批发城 B181/183 号
联系人： 梅建光
电 话： 010-53030276
手机号码：18600110155
主营业务：座垫

腾必信
公司地址：北京市丰台区亚联六里桥国际汽车用品批发城 B185/189 号
联系人： 梁武
电 话： 010-53030435
手机号码：13718118291
主营业务：座垫、脚垫

专业汽车用品批发
公司地址：北京市丰台区亚联六里桥国际汽车用品批发城 B385/389 号
联系人： 贾春雨
手机号码：18911721911
主营业务：脚垫

莹峰人和
公司地址：北京市丰台区亚联六里桥国际汽车用品批发城 B201/503 号
联系人： 杨国峰
手机号码：13261190666
主营业务：座垫

优驰脚垫
公司地址：北京市丰台区亚联六里桥国际汽车用品批发城 B321/323 号
联系人： 金守令
手机号码：13911051795
主营业务：脚垫

哈尔滨旭辉座垫商行
公司地址：北京市丰台区亚联六里桥国际汽车用品批发城 B201/203 号
联系人： 王刚
电 话： 010-53030521
手机号码：13895777183
主营业务：座垫

超盛脚垫
公司地址：北京市丰台区亚联六里桥国际汽车用品批发城 B205 号
联系人： 刘建平
电 话： 010-53030383
手机号码：13051042918
主营业务：脚垫

大腾
公司地址：北京市丰台区亚联六里桥国际汽车用品批发城 B123/127 号
联系人： 岑伟洁
电 话： 010-53030401
手机号码：13701138970
主营业务：座垫

中贸云峰
公司地址：北京市丰台区亚联六里桥国际汽车用品批发城 B108/110 号
联系人： 马宗和
电 话： 010-53030396
手机号码：13699246869
主营业务：座垫

康顺座垫
公司地址：北京市丰台区亚联六里桥国际汽车用品批发城 B226 号
联系人： 明俊莹
手机号码：18611322191
主营业务：脚垫

亦凡
公司地址：北京市丰台区亚联六里桥国际汽车用品批发城 B306 号
联系人： 卢利权
手机号码：13601339980
主营业务：座垫

天成晟途
公司地址：北京市丰台区亚联六里桥国际汽车用品批发城 B301/302 号
联系人： 李晓波
手机号码：13901255659
主营业务：座垫脚垫

小泽车饰
公司地址：北京市丰台区亚联六里桥国际汽车用品批发城 B238 号
联系人： 尤泽光
手机号码：13260173069
主营业务：座垫脚垫

专业汽车用品批发
公司地址：北京市丰台区亚联六里桥国际汽车用品批发城 B307 号
联系人： 边向阳
手机号码：13240497485
主营业务：座垫

专业汽车用品批发
公司地址：北京市丰台区亚联六里桥国际汽车用品批发城 B228 号
联系人： 吕俊斌
手机号码：13661184518
主营业务：脚垫

北京鸿福永兴
公司地址：京市丰台区亚联六里桥国际汽车用品批发城 B160 号
联系人： 范立刚
电 话： 010-53030337
手机号码：13269921356
主营业务：脚垫、地胶、后仓垫

伊尚座垫
公司地址：北京市丰台区亚联六里桥国际汽车用品批发城 B115 号
联系人： 户员占
电 话： 010-52973532
手机号码：15810127295
主营业务：座垫、脚垫

宏图脚垫
公司地址：北京市丰台区亚联六里桥国际汽车用品批发城 B170 号
联系人： 姬志伟
电 话： 010-53030316
手机号码：13146726494
主营业务：脚垫

汇栋脚垫
公司地址：北京市丰台区亚联六里桥国际汽车用品批发城 B172/176 号
联系人： 蒋国勤
电 话： 010-59483620/53030382
手机号码：13371697688
主营业务：脚垫、后仓垫

舒雅琦座垫
公司地址：北京市丰台区亚联六里桥国际汽车用品批发城 B165/167 号
联系人： 梁国琦
电 话： 010-53030586
手机号码：13615080513
主营业务：座垫

京深益佳汽车用品有限公司
公司地址：北京市丰台区亚联六里桥国际汽车用品批发城 B197/199 号
联系人： 王艳
电 话： 010-53030273
手机号码：13810751094
主营业务：地胶、脚垫

海纳海天座垫商行
公司地址：北京市丰台区亚联六里桥国际汽车用品批发城 B178/180 号
联系人： 刘井香
电 话： 010-53030525
手机号码：13910050658
主营业务：座垫

车宜家
公司地址：北京市丰台区亚联六里桥国际汽车用品批发城 B192 号
联系人：林慧勇
手机号码：13970910007
主营业务：脚垫

北京华之杰汽车用品
公司地址：北京市丰台区亚联六里桥国际汽车用品批发城 B196/202 号
联系人：余建华
电　话：010-53030252/53030352
手机号码：18601211176
主营业务：座垫

恒源祥
公司地址：北京市丰台区亚联六里桥国际汽车用品批发城 B206/208 号
联系人：孟凡霞
电　话：010-51246086
手机号码：13661175258
主营业务：座垫

北远航脚垫
公司地址：北京市丰台区亚联六里桥国际汽车用品批发城 B210/212 号
联系人：刘红艳
电　话：010-53030565
手机号码：13661016976
主营业务：脚垫

康顺座垫
公司地址：北京市丰台区亚联六里桥国际汽车用品批发城 B220/222 号
联系人：蒋建平
电　话：010-53030223
手机号码：13717782486
主营业务：座垫

北京明源汽车用品
公司地址：北京市丰台区亚联六里桥国际汽车用品批发城 B230 号
联系人：李刚
电　话：010-53030205
手机号码：13070119805
主营业务：脚垫

欣梦兴达
公司地址：北京市丰台区亚联六里桥国际汽车用品批发城 B308 号
联系人：陈治中
电　话：010-53030355
手机号码：13366751588
主营业务：座垫

嘉年华
公司地址：北京市丰台区亚联六里桥国际汽车用品批发城 B317/319 号
联系人：李政
电　话：010-53030220
手机号码：13426198355
主营业务：座垫

昊天座垫
公司地址：北京市丰台区亚联六里桥国际汽车用品批发城 B305 号
联系人：蔡益敏
电　话：010-53030448
手机号码：15810655509
主营业务：座垫

超洁
公司地址：北京市丰台区亚联六里桥国际汽车用品批发城 B310 号
联系人：张欢
电　话：010-52973695
手机号码：18811394581
主营业务：座垫

澳泰博瑞
公司地址：北京市丰台区亚联六里桥国际汽车用品批发城 B329/335 号
联系人：刘令
电　话：010-53030557/53030558
手机号码：13910303199
主营业务：座垫、脚垫

金辉华苑
公司地址：北京市丰台区亚联六里桥国际汽车用品批发城 B337/339 号
联系人：邱宝来
电　话：010-53030318
手机号码：13261701539
主营业务：座垫

兰西雪峰座垫厂
公司地址：北京市丰台区亚联六里桥国际汽车用品批发城 B351/355 号
联系人：齐凤
电　话：010-53030313
手机号码：13261190666
主营业务：座垫

北京爱车佬汽车用品商行
公司地址：北京市丰台区亚联六里桥国际汽车用品批发城 B357/359 号
联系人：徐亚萍
电　话：010-53030575
手机号码：13681267450
主营业务：座垫

翔龙安顺
公司地址：北京市丰台区亚联六里桥国际汽车用品批发城 B361/363 号
联系人：张军友
电　话：010-53030510
手机号码：13601025358
主营业务：座垫

欣荣兴
公司地址：北京市丰台区亚联六里桥国际汽车用品批发城 B365/367 号
联系人：冯卫荣
电　话：010-53030530
手机号码：13691210066
主营业务：座垫

伊丽兰雅
公司地址：北京市丰台区亚联六里桥国际汽车用品批发城 B369/373 号
联系人：赵彦波
电　话：010-63737203
手机号码：13401047155
主营业务：座垫、脚垫

顺宏莱福汽车座垫
公司地址：北京市丰台区亚联六里桥国际汽车用品批发城 B375/379 号
联系人：潘会强
电　话：010-53030589
手机号码：13693610848
主营业务：座垫

澳维宏远
公司地址：北京市丰台区亚联六里桥国际汽车用品批发城 B381/383 号
联系人：刘占军
电　话：010-53030216
手机号码：13520904336
主营业务：脚垫

博纳海川
公司地址：北京市丰台区亚联六里桥国际汽车用品批发城 B391/395 号
联系人：何国川
电　话：010-52973565
手机号码：13718833336
主营业务：脚垫、座垫

春隆豊
公司地址：北京市丰台区亚联六里桥国际汽车用品批发城 B382/386 号
联系人：王春丽
电　话：010-52973510
手机号码：13801222064
主营业务：座垫

太行山
公司地址：北京市丰台区亚联六里桥国际汽车用品批发城 B388/390 号
联系人：周召龙
电　话：010-53030618
手机号码：15611998086
主营业务：座垫

北京粤加辉汽车座垫批发
公司地址：北京市丰台区亚联六里桥国际汽车用品批发城 B360/366 号
联系人：周乾山
电　话：010-53030320/53030517
手机号码：13071125460
主营业务：座垫

帝豪
公司地址：北京市丰台区亚联六里桥国际汽车用品批发城 B368/370 号
联系人：吴国勇
电　话：010-53030390
手机号码：18301313588
主营业务：座垫

奕德宝隆
公司地址：北京市丰台区亚联六里桥国际汽车用品批发城 B372/380 号
联系人： 王福超
电　话： 010-53030550
手机号码：13501053335
主营业务：座垫

鑫源
公司地址：北京市丰台区亚联六里桥国际汽车用品批发城 B312/316 号
联系人： 李西亚
电　话： 010-53030421
手机号码：13718051775
主营业务：座垫

北京爱车坊汽车用品商行
公司地址：北京市丰台区亚联六里桥国际汽车用品批发城 B322/326 号
联系人： 徐洪安
电　话： 010-53030379
手机号码：13051875256
主营业务：座垫

华威臻美
公司地址：北京市丰台区亚联六里桥国际汽车用品批发城 B606 号
联系人： 王绍勇
电　话： 010-53030515
手机号码：18910692919
主营业务：座垫、脚垫

世纪友福汽车用品
公司地址：北京市丰台区亚联六里桥国际汽车用品批发城 B612/616 号
联系人： 张世友
电　话： 010-53030616
手机号码：18301222735
主营业务：座垫

雪博士
公司地址：北京市丰台区亚联六里桥国际汽车用品批发城 B620/622 号
联系人： 苏运旺
电　话： 010-53030204
手机号码：15716942222
主营业务：座垫

润林脚垫
公司地址：北京市丰台区亚联六里桥国际汽车用品批发城 B626/628 号
联系人： 王存刚
电　话： 010-53030527
手机号码：13269228450
主营业务：脚垫

财神庙座垫商行
公司地址：北京市丰台区亚联六里桥国际汽车用品批发城 B397/399 号
联系人： 郭广军
电　话： 010-53030577
手机号码：13910895001
主营业务：座垫

金顺源
公司地址：北京市丰台区亚联六里桥国际汽车用品批发城 B392 号
联系人： 杜鹏
电　话： 010-53030392
手机号码：18611887807
主营业务：座垫

新领航
公司地址：北京市丰台区亚联六里桥国际汽车用品批发城 B118/122 号
联系人： 游航
电　话： 010-53030376/53030378
手机号码：13693187528
主营业务：座垫

新佳座垫批发中心
公司地址：北京市丰台区亚联六里桥国际汽车用品批发城 B505/511 号
联系人： 王金柳
电　话： 010-53030595
手机号码：13146143889
主营业务：座垫

雪珊瑚座垫
公司地址：北京市丰台区亚联六里桥国际汽车用品批发城 B162/168 号
联系人： 冷永欣
电　话： 010-53030499
手机号码：13241808399
主营业务：座垫

珍顺达
公司地址：北京市丰台区亚联六里桥国际汽车用品批发城 B136/158 号
联系人： 陈秀美
电　话： 010-53030306
手机号码：13141112020
主营业务：座垫

盛大顺达座垫商行
公司地址：北京市丰台区亚联六里桥国际汽车用品批发城 B129/B133 号
联系人： 程明丽
电　话： 010-53030599/53030568
手机号码：13910050658
主营业务：座垫

恒丰瑞祥
公司地址：北京市丰台区亚联六里桥国际汽车用品批发城 B191 号
联系人： 叶金爱
电　话： 010-53030398
手机号码：13511027298
主营业务：座垫、脚垫

天时顺益汽车用品
公司地址：北京市丰台区亚联六里桥国际汽车用品批发城 B325/327 号
联系人： 李学军
电　话： 010-52973668/52973686
手机号码：13601333367
主营业务：脚垫

兄弟永平
公司地址：北京市丰台区亚联六里桥国际汽车用品批发城 B175 号
联系人： 朱保永
电　话： 010-53030580
手机号码：13717780458
主营业务：座垫

车千饰
公司地址：北京市丰台区亚联六里桥国际汽车用品批发城 B112/116 号
联系人： 范小春
电　话： 010-53973531
手机号码：13811209693
主营业务：座垫、脚垫

玲珑宝垫
公司地址：北京市丰台区亚联六里桥国际汽车用品批发城 B153/155 号
联系人： 章玲童
电　话： 010-52973557
手机号码：18610609771
主营业务：座垫

京达汽车用品批发商行
公司地址：北京市丰台区亚联六里桥国际汽车用品批发城 B193/195 号
联系人： 李长海
电　话： 010-53030312
手机号码：13701264230
主营业务：座垫

鹏程座垫
公司地址：北京市丰台区亚联六里桥国际汽车用品批发城 B173 号
联系人： 陈明盛
电　话： 010-53973512
手机号码：13931968968
主营业务：座垫

亿族世家
公司地址：北京市丰台区亚联六里桥国际汽车用品批发城 B328/332 号
联系人： 马宇
手机号码：13651269977
主营业务：座垫

三层（综合类）

非凡
公司地址：北京市丰台区亚联六里桥国际汽车用品批发城 C165 号
联系人： 沈文波
电　话： 010-53030344
手机号码：13681571479
主营业务：雨刷片

卡骐
公司地址：北京市丰台区亚联六里桥国际汽车用品批发城 C139/151 号
联系人：沈绍彬
电　话：010-53030399
手机号码：13552753008
主营业务：贴纸，精品类

博尚
公司地址：北京市丰台区亚联六里桥国际汽车用品批发城 C117/119 号
联系人：沈绍君
电　话：010-53030326
手机号码：13910723168
主营业务：精品类

胜源
公司地址：北京市丰台区亚联六里桥国际汽车用品批发城 C121/123 号
联系人：欧微
电　话：010-53030319
手机号码：13521684468
主营业务：精品

福宇顺达
公司地址：北京市丰台区亚联六里桥国际汽车用品批发城 C161/163 号
联系人：方海良
电　话：010-57100658
手机号码：13371758989
主营业务：座套

华星香水
公司地址：北京市丰台区亚联六里桥国际汽车用品批发城 C129/131 号
联系人：欧培菊
电　话：010-53030358
手机号码：13683020289
主营业务：香水挂饰

爱车创美
公司地址：北京市丰台区亚联六里桥国际汽车用品批发城 C133 号
联系人：曾令飞
电　话：010-53030438
手机号码：13381316377
主营业务：精品类

国创
公司地址：北京市丰台区亚联六里桥国际汽车用品批发城 C135/137 号
联系人：江国权
电　话：010-52030405
手机号码：13391873526
主营业务：精品类，把套

北京明达
公司地址：北京市丰台区亚联六里桥国际汽车用品批发城 C191 号
联系人：朱桂明
电　话：010-53030299
手机号码：13391900233
主营业务：电子类，精品类

车马仕
公司地址：北京市丰台区亚联六里桥国际汽车用品批发城 C113/115 号
联系人：胡建忠
手机号码：15230637676
主营业务：精品类，电子类

安达
公司地址：北京市丰台区亚联六里桥国际汽车用品批发城 C153/155 号
联系人：麦松标
手机号码：13911400388
主营业务：防滑垫，防滑链

惠达
公司地址：北京市丰台区亚联六里桥国际汽车用品批发城 C157 号
联系人：汪忠华
电　话：010-53030426
手机号码：13601381347
主营业务：精品，电子

珍顺达
公司地址：北京市丰台区亚联六里桥国际汽车用品批发城 C159 号
联系人：陈秀美
手机号码：13141112020
主营业务：精品，香水

蜡刷家园
公司地址：北京市丰台区亚联六里桥国际汽车用品批发城 C109 号
联系人：杨佳
手机号码：13070165072
主营业务：掸子

北斗星
公司地址：北京市丰台区亚联六里桥国际汽车用品批发城 C167 号
联系人：常大为
电　话：010-53030485
手机号码：15810813218
主营业务：美容养护工具

乐爱驰
公司地址：北京市丰台区亚联六里桥国际汽车用品批发城 C169 号
联系人：江金通
电　话：010-53030522
手机号码：13167390090
主营业务：座套，把套

驿路阳光
公司地址：北京市丰台区亚联六里桥国际汽车用品批发城 C125/127 号
联系人：芦瑛
手机号码：13466397518
主营业务：脚垫

思家车
公司地址：北京市丰台区亚联六里桥国际汽车用品批发城 C211/213 号
联系人：刘彬
手机号码：13910977148
主营业务：精品，座套

超越时代
公司地址：北京市丰台区亚联六里桥国际汽车用品批发城 C171 号
联系人：王晓娟
手机号码：13910636792
主营业务：座套，把套

京广鸿达
公司地址：北京市丰台区亚联六里桥国际汽车用品批发城 C173 号
联系人：郑泽鸿
手机号码：13651055290
主营业务：精品类，电子类

掸子大世界
公司地址：北京市丰台区亚联六里桥国际汽车用品批发城 C175 号
联系人：张春香
电　话：010-53030292
手机号码：13717892622
主营业务：掸子

兴益隆
公司地址：北京市丰台区亚联六里桥国际汽车用品批发城 C177/179 号
联系人：陈瑞庆
电　话：010-53030336
手机号码：13681144714
主营业务：座套，

佳喜
公司地址：北京市丰台区亚联六里桥国际汽车用品批发城 C181/183 号
联系人：朱宾福
电　话：010-53030381
手机号码：13911336325
主营业务：精品

华星把套
公司地址：北京市丰台区亚联六里桥国际汽车用品批发城 C185/189 号
联系人：欧培宏
电　话：010-53030359
手机号码：13683559523
主营业务：把套

京宝迪
公司地址：北京市丰台区亚联六里桥国际汽车用品批发城 C513/517 号
联系人：张志芳
手机号码：18911938217
主营业务：户外用品

宏升和达
公司地址：北京市丰台区亚联六里桥国际汽车用品批发城 C375 号
联系人：刘令
手机号码：13910303199
主营业务：脚垫，精品

恒晟香水

公司地址：北京市丰台区亚联六里桥国际汽车用品批发城 C197/199 号
联系人： 张学鹏
电　话： 010-53030593
手机号码：13681256720
主营业务：香水挂饰

3M

公司地址：北京市丰台区亚联六里桥国际汽车用品批发城 C201 号
联系人： 林祥旺
电　话： 010-53030592
手机号码：13911725882
主营业务：美容养护

品正

公司地址：北京市丰台区亚联六里桥国际汽车用品批发城 C323/C613 号
联系人： 欧振昭
手机号码：18911091385
主营业务：太阳膜，贴纸

安锐盛世

公司地址：北京市丰台区亚联六里桥国际汽车用品批发城 C205 号
联系人： 冯吉英
电　话： 010-56128998
手机号码：13582259060
主营业务：脚垫

三雄

公司地址：北京市丰台区亚联六里桥国际汽车用品批发城 C325/327 号
联系人： 李春宝
手机号码：13391997680
主营业务：美容养护

起点

公司地址：北京市丰台区亚联六里桥国际汽车用品批发城 C320 号
联系人： 欧楚虹
电　话： 010-51148015
主营业务：贴纸，精品类

百盛

公司地址：北京市丰台区亚联六里桥国际汽车用品批发城 C193/195 号
联系人： 朱杏飘
电　话： 010-53030385
手机号码：13661198675
主营业务：香水挂饰，太阳膜

嘉杰

公司地址：北京市丰台区亚联六里桥国际汽车用品批发城 C136/152 号
联系人： 赖彩燕
手机号码：13910058673
主营业务：汽车用品综合

隆达

公司地址：北京市丰台区亚联六里桥国际汽车用品批发城 C303 号
联系人： 库电龙
手机号码：18611251613
主营业务：座套，精品

宝时洁

公司地址：北京市丰台区亚联六里桥国际汽车用品批发城 C311/313 号
联系人： 余潮润
电　话： 010-52973626
手机号码：13520815575
主营业务：美容养护

兴池

公司地址：北京市丰台区亚联六里桥国际汽车用品批发城 C315/317 号
联系人： 池森林
电　话： 010-53030236
手机号码：13691395069
主营业务：座垫，把套

轩盛德瑞

公司地址：北京市丰台区亚联六里桥国际汽车用品批发城 C188 号
联系人： 阴建飞
手机号码：18611832800
主营业务：座套

威隆恒利

公司地址：北京市丰台区亚联六里桥国际汽车用品批发城 C190 号
联系人： 杜境
手机号码：13381035910
主营业务：脚垫

阳光车品

公司地址：北京市丰台区亚联六里桥国际汽车用品批发城 C238 号
联系人： 熊杰
手机号码：18611620607
主营业务：扶手箱，精品综合

嘉杰昊业

公司地址：北京市丰台区亚联六里桥国际汽车用品批发城 C305 号
联系人： 赵松
手机号码：13146118456
主营业务：精品

新国度

公司地址：北京市丰台区亚联六里桥国际汽车用品批发城 C209 号
联系人： 曾贵敏
电　话： 010-53030289
手机号码：13521030492
主营业务：精品

亚龙

公司地址：北京市丰台区亚联六里桥国际汽车用品批发城 C215/233 号
联系人： 冯振亚
电　话： 010-53030269
手机号码：18910521595
主营业务：电子类，精品，综合店

汇众杰晟

公司地址：北京市丰台区亚联六里桥国际汽车用品批发城 C206/210 号
联系人： 李才妹
手机号码：13801201414
主营业务：香水挂饰

达顺

公司地址：北京市丰台区亚联六里桥国际汽车用品批发城 C339/351 号
联系人： 杨国礼
电　话： 010-53030300
手机号码：13683677772
主营业务：座套，把套

万通车汇

公司地址：北京市丰台区亚联六里桥国际汽车用品批发城 C353/355 号
联系人： 刘学源
电　话： 010-53030345
手机号码：13581966949
主营业务：五金附件，精品

美兆

公司地址：北京市丰台区亚联六里桥国际汽车用品批发城 C357 号
联系人： 康孟可
电　话： 010-53030590
手机号码：13910414393
主营业务：香水挂饰

信辉

公司地址：北京市丰台区亚联六里桥国际汽车用品批发城 C359 号
联系人： 沈吉双
电　话： 010-53030255
手机号码：13718506772
主营业务：太阳膜

森秋胜发

公司地址：北京市丰台区亚联六里桥国际汽车用品批发城 C361/363 号
联系人： 洪宋兵
电　话： 010-53030587
手机号码：13220100376
主营业务：五金附件，精品

新朱精品

公司地址：北京市丰台区亚联六里桥国际汽车用品批发城 C365/367 号
联系人： 朱彬旺
电　话： 010-53030219
手机号码：13611251365
主营业务：精品类

路坤车饰

公司地址：北京市丰台区亚联六里桥国际汽车用品批发城 C369/373 号
联系人： 苏建坤
电　话： 010-53030215
手机号码：18601292823
主营业务：精品类

志成

公司地址：北京市丰台区亚联六里桥国际汽车用品批发城 C337 号
联系人： 郑焕群
电　话： 010-53030328
手机号码：13601293750
主营业务：精品

博豪丰业
公司地址：北京市丰台区亚联六里桥国际汽车用品批发城 C377/379 号
联系人：沈彦军
电　话：010-53030261
手机号码：13683284016
主营业务：精品类

昀盛佳业
公司地址：北京市丰台区亚联六里桥国际汽车用品批发城 C381 号
联系人：李大鹏
电　话：010-53030425
手机号码：13552544806
主营业务：精品

京泰博利
公司地址：北京市丰台区亚联六里桥国际汽车用品批发城 C383/385 号
联系人：陶良来
电　话：010-53030367
手机号码：13552543188
主营业务：韩国布，毛巾，精品类

华威达
公司地址：北京市丰台区亚联六里桥国际汽车用品批发城 C387 号
联系人：朱永杰
电　话：010-53030552
手机号码：13051973320
主营业务：精品类

兴隆永顺
公司地址：北京市丰台区亚联六里桥国际汽车用品批发城 C389/391 号
联系人：于瑞霞
电　话：010-53030456
手机号码：13601264965
主营业务：精品类

世纪威力
公司地址：北京市丰台区亚联六里桥国际汽车用品批发城 C329/331 号
联系人：杜荣香
电　话：010-52973509
手机号码：18611129866
主营业务：脚垫，把套

财神廟
公司地址：北京市丰台区亚联六里桥国际汽车用品批发城 C397/399 号
联系人：郭占军
电　话：010-53030307
手机号码：13901080179
主营业务：香水挂饰

北京华美
公司地址：北京市丰台区亚联六里桥国际汽车用品批发城 C501 号
联系人：刘彩霞
电　话：010-53030229
手机号码：13651061582
主营业务：座套

源信
公司地址：北京市丰台区亚联六里桥国际汽车用品批发城 C503/505 号
联系人：朱炳弟
电　话：010-53030353
手机号码：13521161539
主营业务：电子类，精品类

力品
公司地址：北京市丰台区亚联六里桥国际汽车用品批发城 C507/509 号
联系人：郑俊林
电　话：010-53030203
手机号码：13609647536
主营业务：精品

雄辉腾达
公司地址：北京市丰台区亚联六里桥国际汽车用品批发城 C511 号
联系人：欧雄辉
电　话：010-53030334
手机号码：15510329077
主营业务：精品

方向盘
公司地址：北京市丰台区亚联六里桥国际汽车用品批发城 C609 号
联系人：段腾飞
电　话：010-53030418
手机号码：18031624246
主营业务：方向盘把套

车路士
公司地址：北京市丰台区亚联六里桥国际汽车用品批发城 C207 号
联系人：朱建纯
电　话：010-53030207
手机号码：13718171813
主营业务：精品

车客来
公司地址：北京市丰台区亚联六里桥国际汽车用品批发城 C203 号
联系人：耿美美
电　话：010-53030304
手机号码：13522108615
主营业务：座套，精品

爱乐奇
公司地址：北京市丰台区亚联六里桥国际汽车用品批发城 C110 号
联系人：李博
电　话：010-53030660
手机号码：13910391678
主营业务：座套，精品综合类

佳和
公司地址：北京市丰台区亚联六里桥国际汽车用品批发城 C112 号
联系人：刘万东
电　话：010-53030609
手机号码：15712817578
主营业务：贴纸，精品类

新环球
公司地址：京市丰台区亚联六里桥国际汽车用品批发城 C116/122 号
联系人：朱秀华
电　话：010-53030601
手机号码：13260475039
主营业务：汽车用品综合

华越永烽
公司地址：北京市丰台区亚联六里桥国际汽车用品批发城 C178/180 号
联系人：刘少钗
电　话：010-53030242
手机号码：13801081917
主营业务：电子类，精品类

彬华源盛
公司地址：北京市丰台区亚联六里桥国际汽车用品批发城 C156/158 号
联系人：郑焕彬
电　话：010-53030206
手机号码：13691258327
主营业务：香水挂饰

裕隆车饰
公司地址：北京市丰台区亚联六里桥国际汽车用品批发城 C160 号
联系人：耿伶俐
电　话：010-52973506
手机号码：15101152474
主营业务：座套，综合类

恒福
公司地址：北京市丰台区亚联六里桥国际汽车用品批发城 C162/166 号
联系人：黄旭娟
电　话：010-53030239
手机号码：13717573050
主营业务：精品

我爱我车
公司地址：北京市丰台区亚联六里桥国际汽车用品批发城 C168/170 号
联系人：曹春然
电　话：010-53030200
手机号码：15910689463
主营业务：座套

华泰
公司地址：北京市丰台区亚联六里桥国际汽车用品批发城 C172 号
联系人：林戍和
电　话：010-53030348
手机号码：13810847041
主营业务：五金附件，精品，美容养护

鑫泰盛达
公司地址：北京市丰台区亚联六里桥国际汽车用品批发城 C176 号
联系人：朱显达
电　话：010-53030285
手机号码：13699270177
主营业务：五金附件，综合类

贝维斯
公司地址：北京市丰台区亚联六里桥国际汽车用品批发城 C182/186 号
联系人： 沈创茂
电 话： 010-53030225
手机号码：13911817487
主营业务：防滑垫，太阳膜，综合

车乐
公司地址：北京市丰台区亚联六里桥国际汽车用品批发城 C333/335 号
联系人： 林孟科
电 话： 010-53030241
手机号码：13601085214
主营业务：香水，座套

宏达观
公司地址：北京市丰台区亚联六里桥国际汽车用品批发城 C319/321 号
联系人： 黄国新
电 话： 010-53030453
手机号码：13901281289
主营业务：座套

宝兴行
公司地址：北京市丰台区亚联六里桥国际汽车用品批发城 C528/530 号
联系人： 吴明远
电 话： 010-53030309
手机号码：13581863677
主营业务：把套

旭峰永林
公司地址：北京市丰台区亚联六里桥国际汽车用品批发城 C196/202 号
联系人： 曹永林
电 话： 010-53030573
手机号码：13051088309
主营业务：综合类

车爱雅
公司地址：北京市丰台区亚联六里桥国际汽车用品批发城 C252 号
联系人： 林绍坤
电 话： 010-53030459
手机号码：13439776307
主营业务：护理，精品

一路美
公司地址：北京市丰台区亚联六里桥国际汽车用品批发城 C212/216 号
联系人： 朱怀杰
电 话： 010-53030408
手机号码：13718825927
主营业务：贴纸，精品类

易先云达
公司地址：北京市丰台区亚联六里桥国际汽车用品批发城 C301/302 号
联系人： 刘淑云
电 话： 010-53030389
手机号码：13693585578
主营业务：太阳膜，香水挂饰

骏驰把套
公司地址：北京市丰台区亚联六里桥国际汽车用品批发城 C518/520 号
联系人： 申小康
电 话： 010-53030268
手机号码：18811045980
主营业务：座垫，把套

金鹏发
公司地址：北京市丰台区亚联六里桥国际汽车用品批发城 C522/526 号
联系人： 刘阳福
电 话： 010-53030281
手机号码：13552621913
主营业务：精品

以诺
公司地址：北京市丰台区亚联六里桥国际汽车用品批发城 C232/236 号
联系人： 朱瑞梅
电 话： 010-53030327
手机号码：13522974746
主营业务：香水挂饰，座垫

伊迪
公司地址：北京市丰台区亚联六里桥国际汽车用品批发城 C306 号
联系人： 沈滨泉
电 话： 010-53030330
手机号码：13366660953
主营业务：电子类，美容养护

北京精通
公司地址：北京市丰台区亚联六里桥国际汽车用品批发城 C308 号
联系人： 温国威
电 话： 010-53030256
手机号码：13021181188
主营业务：座套，把套

美车秀
公司地址：北京市丰台区亚联六里桥国际汽车用品批发城 C309 号
联系人： 朱彬源
电 话： 010-53030478
手机号码：13436332321
主营业务：精品类

车行 365
公司地址：北京市丰台区亚联六里桥国际汽车用品批发城 C312/318 号
联系人： 吴磊
电 话： 010-53030578
手机号码：13811912996
主营业务：综合类

鲁顺达
公司地址：北京市丰台区亚联六里桥国际汽车用品批发城 C258 号
联系人： 葛佰京
电 话： 010-56421872
手机号码：18600972141
主营业务：护理，精品

金鹰
公司地址：北京市丰台区亚联六里桥国际汽车用品批发城 C307 号
联系人： 刘京德
电 话： 010-53030523
手机号码：18601237722
主营业务：电子类

卡莱斯
公司地址：北京市丰台区亚联六里桥国际汽车用品批发城 C362/366 号
联系人： 刘旭东
电 话： 010-53030260
手机号码：13717938345
主营业务：贴纸

北京兰翔
公司地址：北京市丰台区亚联六里桥国际汽车用品批发城 C368/370 号
联系人： 宣春翔
电 话： 010-53030585
手机号码：13910623257
主营业务：精品类

铭心汽车用品
公司地址：北京市丰台区亚联六里桥国际汽车用品批发城 C372/376 号
联系人： 朱晓英
电 话： 010-53030406
手机号码：13521892159
主营业务：精品类

廣盛车饰
公司地址：北京市丰台区亚联六里桥国际汽车用品批发城 C382/386 号
联系人： 朱旭东
电 话： 010-52430629
手机号码：13699204045
主营业务：太阳膜，精品

乐尚
公司地址：北京市丰台区亚联六里桥国际汽车用品批发城 C388 号
联系人： 姚崇峰
电 话： 010-53030562
手机号码：18600919657
主营业务：座套

爱凯达
公司地址：北京市丰台区亚联六里桥国际汽车用品批发城 C608/610 号
联系人： 杜亚显
电 话： 010-53030366
手机号码：18600995537
主营业务：精品

金美利源
公司地址：北京市丰台区亚联六里桥国际汽车用品批发城 C612/616 号
联系人： 孙璐
电 话： 010-53030508
手机号码：18710183068
主营业务：座套

（下转 199 页）

欧洲车系列

北京博远明迪汽车服务中心
公司地址：北京市丰台区草桥汇丰汽配城 3 厅 B1 号
电　话：010-51751505
主营业务：奥迪、大众

北京兴明创业汽车零部件有限公司
公司地址：北京市丰台区草桥汇丰汽配城 1 厅 10 号
电　话：010-51751915/51751916
主营业务：桑塔纳、捷达、时代超人、俊杰、志俊

北京盛世旭进配件经营部
公司地址：北京市丰台区草桥汇丰汽配城 1 厅 13 号
电　话：010-51752748
主营业务：上海大众系列

北京瑞天顺发汽车配件有限公司
公司地址：北京市丰台区草桥汇丰汽配城 1 厅 15-16 号
电　话：010-51751188/51751120
主营业务：大众系列

北京联盛鑫业汽车配件经营部
公司地址：北京市丰台区草桥汇丰汽配城 1 厅 17 号
电　话：010-51751992/51751993
主营业务：大众系列

北京旭日凯琪商贸有限公司
公司地址：北京市丰台区草桥汇丰汽配城 1 厅 22-23 号
电　话：010-51752290/51752289
主营业务：大众系列

北京汇丰德宝汽配销售
公司地址：北京市丰台区草桥汇丰汽配城 2 厅 21 号
电　话：010-51751901/51751902
主营业务：大众系列、奥迪 A6\C5

北京市中环车纳川汽配销售中心
公司地址：北京市丰台区草桥汇丰汽配城 2 厅 24-25 号
电　话：010-51751382/51751383
主营业务：上海大众、一汽大众

北京华瑞诚农机有限公司
公司地址：北京市丰台区草桥汇丰汽配城 2 厅 28 号
电　话：010-51751361
主营业务：polo、高尔、帕萨特

北京兴迪义达汽车配件经营部
公司地址：北京市丰台区草桥汇丰汽配城 2 厅 4 号
电　话：010-51751366/51751368
主营业务：捷达、宝来、超人、帕萨特

北京顺伟兴盛汽配有限公司
公司地址：北京市丰台区草桥汇丰汽配城 2 厅 7 号
电　话：010-51752086
主营业务：一汽大众、奥迪系列

北京飞龙汽配销售有限公司
公司地址：北京市丰台区草桥汇丰汽配城 3 厅 18 号
电　话：010-51751618
主营业务：桑塔纳、时代超人、捷达

北京兴通伟业汽配经营部
公司地址：北京市丰台区草桥汇丰汽配城 3 厅 24 号
电　话：010-51751318/51751328
主营业务：奥迪 C5\C6

北京瑞阳创业汽配销售中心
公司地址：北京市丰台区草桥汇丰汽配城 3 厅 27 号
电　话：010-51751128/51751129
主营业务：帕萨特 B5、领驭、A6\A6L

北京久玖顺鑫汽车配件销售中心
公司地址：北京市丰台区草桥汇丰汽配城 3 厅 30 号
电　话：010-51751090
主营业务：捷达王配件

北京胜达汽配经营部
公司地址：北京市丰台区草桥汇丰汽配城 3 厅 6、7 号
电　话：010-51751625/51751626
主营业务：大众系列

北京胜通腾达汽车配件经营部
公司地址：北京市丰台区草桥汇丰汽配城 4 厅 10 号
电　话：010-51751756/51751423
主营业务：大众系列

北京日宇舜安汽配商行
公司地址：北京市丰台区草桥汇丰汽配城 4 厅 24 号
电　话：010-51752645/51752646
主营业务：大众系列

北京雄盛伟业汽配
公司地址：北京市丰台区草桥汇丰汽配城 3 厅 8 号
电　话：010-51751687/51751686
主营业务：雪铁龙、标致

日本车系列

鸿运兴诚
公司地址：北京市丰台区草桥汇丰汽配城 2 厅 20 号
电　话：010-51751123
主营业务：丰田系列

北京瑞祥马自达汽车配件
公司地址：北京市丰台区草桥汇丰汽配城 2 厅 8 号
电　话：010-51752076/57187230
主营业务：马自达系列

北京鸿运通达汽配商贸中心
公司地址：北京市丰台区草桥汇丰汽配城 3 厅 13 号
电　话：010-51751118
主营业务：本田车系

北京鸿运嘉冠汽车配件有限公司
公司地址：北京市丰台区草桥汇丰汽配城 A 厅 9 号
电　话：010-64393499
主营业务：本田系列

美国车系列

北京鑫宏泰汽车商贸中心
公司地址：北京市丰台区草桥汇丰汽配城 2 厅 14 号
电　话：010-51751209/51751735
主营业务：君威、君悦、凯越、赛欧、乐风、景程

北京万泽峰林汽车配件经营部
公司地址：北京市丰台区草桥汇丰汽配城 2 厅 7 号
电　话：010-51751962
主营业务：别克系列、雪佛兰系列配件

北京方源兴旺汽配公司
公司地址：北京市丰台区草桥汇丰汽配城3厅15、16号
电　话：010-52529159/51751466
主营业务：长安福特

北京上航恒业汽配商行
公司地址：北京市丰台区草桥汇丰汽配城4厅25号
电　话：010-51751089
主营业务：别克、雪佛兰

北京恒大盛汽配销售中心
公司地址：北京市丰台区草桥汇丰汽配城4厅8号
电　话：010-52909685
主营业务：别克、雪佛兰、荣威

韩国车系列

北京汇丰国泰汽车零部件有限公司
公司地址：北京市丰台区草桥汇丰汽配城2厅18号
电　话：010-51751885/51751886
主营业务：北京现代系列

北京鑫鑫义达商贸有限公司
公司地址：北京市丰台区草桥汇丰汽配城2厅9A号
电　话：010-51751161/51751181
主营业务：刹车片、刹车盘、伊兰特、索纳塔、悦动等配件

北京新万达汽车配件销售中心
公司地址：北京市丰台区草桥汇丰汽配城3厅12号
电　话：010-51751017/56201755
主营业务：悦达起亚

兴万达汽配
公司地址：北京市丰台区草桥汇丰汽配城3厅19号
电　话：010-51751350
主营业务：北京现代系列

北京易驰永兴汽配
公司地址：北京市丰台区草桥汇丰汽配城3厅23号
电　话：010-51751760/51752091
主营业务：北京现代、吉普系列

北京兴瑞光汽配销售有限公司
公司地址：北京市丰台区草桥汇丰汽配城3厅4号
电　话：010-51752498/51752499
主营业务：北京现代

北京百利通汽配销售中心
公司地址：北京市丰台区草桥汇丰汽配城5厅北1号
电　话：010-51751985
主营业务：悦达起亚

国产车系列

北京隆顺昌盛汽配商行
公司地址：北京市丰台区草桥汇丰汽配城1厅11号
电　话：010-51751206/51751207
主营业务：奇瑞系列

北京先成新业汽车配件销售中心
公司地址：北京市丰台区草桥汇丰汽配城1厅12号
电　话：010-51751871/51751872
主营业务：天津一汽、海飞中意、五菱之光

北京天鸿和亿汽配有限公司
公司地址：北京市丰台区草桥汇丰汽配城2厅13号
电　话：010-51751070/51751660
主营业务：比亚迪系列、丰田花冠底盘件

沈阳业凯汽车配件有限公司（北京一分公司）
公司地址：北京市丰台区草桥汇丰汽配城2厅26号
电　话：010-51751522/51751533
主营业务：金杯海狮、锐驰、格瑞斯、中华

北京兴业凯汽车配件有限公司
公司地址：北京市丰台区草桥汇丰汽配城2厅27号
电　话：010-51751130/51751131
主营业务：中华、俊捷、金杯、格瑞斯

北京京生祥达汽车配件有限公司
公司地址：北京市丰台区草桥汇丰汽配城2厅30号
电　话：010-87500042/52432502
主营业务：金杯海狮、格瑞斯、爱尔法、中顺、风景、迷迪

北京鑫昆路通汽配经营部
公司地址：北京市丰台区草桥汇丰汽配城2厅31号
电　话：010-51752906/52465355
主营业务：长城、江铃、福田

北京市草桥兴伟达汽配经营部
公司地址：北京市丰台区草桥汇丰汽配城4厅23号
电　话：010-51751781
主营业务：金杯、福田

北京豫都兴业汽配商行
公司地址：北京市丰台区草桥汇丰汽配城2厅甲1号
电　话：010-51751652
主营业务：奇瑞系列

北京汇丰华腾汽车配件销售中心
公司地址：北京市丰台区草桥汇丰汽配城3厅11号
电　话：010-51751001/51751002
主营业务：奔腾、马自达

北京市京通福顺汽配销售中心
公司地址：北京市丰台区草桥汇丰汽配城3厅14号
电　话：010-51751056/51751437
主营业务：长城、中兴、福田、双环

北京恒伟惠山汽配经销部
公司地址：北京市丰台区草桥汇丰汽配城3厅22号
电　话：010-51752061/51752062
主营业务：五菱、哈飞、昌河、长安等系列

北京鑫达东南汽车配件
公司地址：北京市丰台区草桥汇丰汽配城3厅9号
电　话：010-51751040
主营业务：东南系列

北京安百发汽车配件销售中心
公司地址：北京市丰台区草桥汇丰汽配城4厅11号
电　话：010-51751689
主营业务：金杯、中华、福田

北京鑫汇生茂汽配商行
公司地址：北京市丰台区草桥汇丰汽配城4厅14号
电　话：010-51751485
主营业务：五菱、哈飞微面配件

北京春鹏兴达汽配
公司地址：北京市丰台区草桥汇丰汽配城4厅17号
电　话：010-51751786
主营业务：长安铃木配件

北京龙方兴业五菱配件专营
公司地址：北京市丰台区草桥汇丰汽配城4厅19号
电　话：010-51751018
主营业务：五菱系列

北京汇丰立福汽车配件商行
公司地址：北京市丰台区草桥汇丰汽配城4厅21号
电　话：010-51751414
主营业务：金杯、中华

北京京发云业汽配经营部
公司地址：北京市丰台区草桥汇丰汽配城 4 厅 26 号
电　话：010-51751013
主营业务：夏利、吉利、伊兰特

北京建博顺达汽配销售部
公司地址：北京市丰台区草桥汇丰汽配城 4 厅 29 号
电　话：010-51751360
主营业务：夏利、中意、五菱

鸿兴通达汽配
公司地址：北京市丰台区草桥汇丰汽配城 2 厅 6 号
电　话：010-51751052/51751072
主营业务：得利卡、菱帅、菱悦、风行

北京草桥恒通汽配公司
公司地址：北京市丰台区草桥汇丰汽配城 4 厅 6 号
电　话：010-51751420
主营业务：长安系列配件

北京鑫华鹏微型汽配中心
公司地址：北京市丰台区草桥汇丰汽配城 4 厅南 5 号
电　话：010-51751484
主营业务：五菱、昌河、小康微面配件

北京迦南伟业汽配批发
公司地址：北京市丰台区草桥汇丰汽配城 5 厅 17 号
电　话：010-51751312
主营业务：五菱、夏利、中意

北京汇丰同驰汽配销售中心
公司地址：北京市丰台区草桥汇丰汽配城 5 厅 18 号
电　话：010-51751081
主营业务：比亚迪

北京郭氏车业汽车配件商行
公司地址：北京市丰台区草桥汇丰汽配城 5 厅 21 号
电　话：010-51751419
主营业务：五菱

北京军善兴发汽配经营部
公司地址：北京市丰台区草桥汇丰汽配城 5 厅 23 号
电　话：010-51751009
主营业务：哈飞、长安、五菱、夏利

北京福华海达汽配商行
公司地址：北京市丰台区草桥汇丰汽配城 5 厅 24-25 号
电　话：010-51751080
主营业务：金杯、中华、福田

北京顺兴汽配批发处
公司地址：北京市丰台区草桥汇丰汽配城 5 厅 26 号
电　话：010-51751441
主营业务：金杯

北京恒发志存汽配
公司地址：北京市丰台区草桥汇丰汽配城 5 厅 28 号
电　话：010-51752097
主营业务：得利卡、菱帅、蓝瑟、金杯

北京龙亮发汽车配件销售中心
公司地址：北京市丰台区草桥汇丰汽配城 5 厅 29 号
电　话：010-51751796
主营业务：长安、哈飞微面系列

北京永利发汽配销售中心
公司地址：北京市丰台区草桥汇丰汽配城 5 厅外 1 号
电　话：010-51751098/51751086
主营业务：金杯、福田

北京中路恒业商贸有限公司
公司地址：北京市丰台区草桥汇丰汽配城 7 厅 8-9 号
电　话：010-51751751/51751752
主营业务：金杯、福田、中华

北京鑫鹏腾达汽车配件中心
公司地址：北京市丰台区草桥汇丰汽配城 A 厅 10 号
电　话：010-57416135
主营业务：江淮汽车配件

北京北星腾达汽配中心
公司地址：北京市丰台区草桥汇丰汽配城 A 厅 8 号
电　话：010-51752900
主营业务：昌河铃木北斗星全车件

商用车系列

瑞立集团北京分公司
公司地址：北京市丰台区草桥汇丰汽配城
电　话：010-51751266/51751866
主营业务：重卡、客车、轻卡、工程机械

北京福毅铃达汽车配件经营部
公司地址：北京市丰台区草桥汇丰汽配城 2 厅 10 号
电　话：010-51751553/51751780
主营业务：江铃、庆铃系列

北京宁鑫达汽车配件有限公司
公司地址：北京市丰台区草桥汇丰汽配城 2 厅 29 号
电　话：010-51752281/51752282
主营业务：康明斯、玉柴、斯太尔

福田康明斯专卖
公司地址：北京市丰台区草桥汇丰汽配城 2 厅 4 号
电　话：010-56428986/51751711
主营业务：福田康明斯 ISF3.8\ISF2.8

北京市京叶商贸有限责任公司
公司地址：北京市丰台区草桥汇丰汽配城 4 厅 15-16 号
电　话：010-51751158
主营业务：江淮、跃进、福田、格尔发

北京汇丰瑞利鑫商贸有限公司
公司地址：北京市丰台区草桥汇丰汽配城 4 厅 20 号
电　话：010-51752922/51752928
主营业务：东风、解放、康明斯

北京京亿利汽车配件有限公司
公司地址：北京市丰台区草桥汇丰汽配城 4 厅 22 号
电　话：010-51751319
主营业务：东风、解放

北京双宇伟业汽配供应站
公司地址：北京市丰台区草桥汇丰汽配城 4 厅 27 号
电　话：010-51751488/51751394
主营业务：多利卡、新跃进、新江淮、大柴、锡柴、朝柴

北京永顺海发叉车配件
公司地址：北京市丰台区草桥汇丰汽配城 5 厅西头甲 1 号
电　话：010-51751600
主营业务：叉车配件

北京特尔兴配件中心库
公司地址：北京市丰台区草桥汇丰汽配城 7 厅 3-4 号
电　话：010-51751138
主营业务：宇通客车

北京功斐兴汽配商行
公司地址：北京市丰台区草桥汇丰汽配城 7 厅 5 号
电　话：010-59465030
主营业务：东风、解放、康明斯

北京全通伟业商贸有限责任公司
公司地址：北京市丰台区草桥汇丰汽配城 7 厅 7 号
电　话：010-51751715/51751716
主营业务：东风系列、解放系列、半挂系列；富华桥、安桥

专项件系列

北京彦旭伟业商贸有限责任公司
公司地址：北京市丰台区草桥汇丰汽配城 1 厅 14 号
电　话：010-51751003/51751558
主营业务：美孚、壳牌、嘉实多、滤清器、刹车片

北京宇熙佳业商贸有限公司
公司地址：北京市丰台区草桥汇丰汽配城 1 厅 18 号
电　话：010-51752268
主营业务：德国马牌轮胎

北京宏顺启达汽车轮胎销售中心
公司地址：北京市丰台区草桥汇丰汽配城 1 厅 20-21 号
电　话：010-51751495/51751808
主营业务：轮胎、轮毂

北京子牙轮胎公司
公司地址：北京市丰台区草桥汇丰汽配城 1 厅 2-4 号
电　话：010-51751329/51751330
主营业务：各种轮胎、轮圈、机油、电瓶

诚隆达轮胎批发
公司地址：北京市丰台区草桥汇丰汽配城 1 厅 5-9 号
电　话：010-51751717/51751718
主营业务：轮胎、四轮定位、轮毂

北京欣意绿洲汽配中心
公司地址：北京市丰台区草桥汇丰汽配城 2 厅 11 号
电　话：010-51751728/51751738
主营业务：马牌皮带、依诺东升轴承、无锡永凯达、飞利浦照明

北京兴驼伟业蓄电瓶有限公司
公司地址：北京市丰台区草桥汇丰汽配城 2 厅 12 号
电　话：010-51751020/83062206
主营业务：电瓶之家

北京荣宝滤清器批发中心
公司地址：北京市丰台区草桥汇丰汽配城 2 厅 15 号
电　话：010-51751023
主营业务：三滤、机油、清洗机、火花塞

北京路源旭进有限公司
公司地址：北京市丰台区草桥汇丰汽配城 3 厅 26 号
电　话：010-51751562/51751239
主营业务：三元催化器、氧传感器、贵航产品、菲罗多刹车片

北京骆驼兴业蓄电池有限公司
公司地址：北京市丰台区草桥汇丰汽配城 2 厅 22 号
电　话：010-83833439/83833869
主营业务：骆驼电瓶

北京悦达汽车零部件商行
公司地址：北京市丰台区草桥汇丰汽配城 2 厅 23A 号
电　话：010-63870789
主营业务：点火线、火花塞、减震胶、飞利浦照明

北京军顺利达汽配商行
公司地址：北京市丰台区草桥汇丰汽配城 2 厅 2 号
电　话：010-51751262
主营业务：法雷奥电机、天合刹车盘片、博世易损件、飞利浦灯泡、火花塞

云天汽车空调
公司地址：北京市丰台区草桥汇丰汽配城 2 厅 5 号
电　话：010-51752008
主营业务：汽车空调及配件

佳木斯润通轴承北京分公司
公司地址：北京市丰台区草桥汇丰汽配城 3 厅 21 号
电　话：010-51751208
主营业务：佳木斯润通轴承、南京方通轴承等解放、东风、斯太尔系列轴承

北京优益万佳汽车配件有限公司
公司地址：北京市丰台区草桥汇丰汽配城 3 厅 17 号
电　话：010-51752003
主营业务：火花塞、刹车片、灯泡、喇叭

北京丰越泰汽车配件销售有限公司
公司地址：北京市丰台区草桥汇丰汽配城 3 厅 1 号
电　话：010-51751846/51751848
主营业务：豹王滤清器

北京金宏商贸有限公司
公司地址：北京市丰台区草桥汇丰汽配城 3 厅 1 号
电　话：010-51751438/51751458
主营业务：发动机、变速箱零部件

北京惠尔轮胎公司
公司地址：北京市丰台区草桥汇丰汽配城 2 厅 1 号
电　话：010-51751963
主营业务：轮胎大全

北京汇发球笼专营
公司地址：北京市丰台区草桥汇丰汽配城 3 厅 25 号
电　话：010-51751518
主营业务：各种车型球笼及修理包

滤之星驻京办事处
公司地址：北京市丰台区草桥汇丰汽配城 3 厅 10 号
电　话：010-51751091
主营业务：三滤大全、机油、防冻液

振华嘉业汽车玻璃
公司地址：北京市丰台区草桥汇丰汽配城 3 厅 29 号
电　话：010-51751032/51149803
主营业务：信義玻璃

北京明越三滤大全
公司地址：北京市丰台区草桥汇丰汽配城 3 厅 5 号
电　话：010-51751695
主营业务：蚌埠滤清器

圣元天和
公司地址：北京市丰台区草桥汇丰汽配城 3 厅北 1 号
电　话：010-51752926
主营业务：各种电瓶

北京煌城达汽车齿轮销售中心
公司地址：北京市丰台区草桥汇丰汽配城 4 厅 12 号
电　话：010-51751820
主营业务：各种货车、客车、变速箱总成及配件

飞达汽配商行
公司地址：北京市丰台区草桥汇丰汽配城 4 厅 18 号
电　话：010-51751178/51751179
主营业务：机油、三滤、防冻液

北京宏达永成汽配商行
公司地址：北京市丰台区草桥汇丰汽配城 4 厅 1 号
电　话：010-51751795
主营业务：起动机、发电机

北京风帆草桥销售分公司
公司地址：北京市丰台区草桥汇丰汽配城 4 厅 2-3 号
电　话：010-51751377
主营业务：风帆电瓶

北京华泰鸿盛汽配商行
公司地址：北京市丰台区草桥汇丰汽配城 4 厅 28 号
电　话：010-51751448
主营业务：各种机油、三滤、电瓶

东豪滤清器北京总代理
公司地址：北京市丰台区草桥汇丰汽配城 4 厅 4 号
电　话：010-51751708
主营业务：三滤大全

北京市聚鑫汽车玻璃专营
公司地址：北京市丰台区草桥汇丰汽配城 4 厅 7 号
电　话：010-51752057
主营业务：汽车玻璃

北京华业东方商贸有限责任公司
公司地址：北京市丰台区草桥汇丰汽配城 4 厅 9 号
电　话：010-51751501
主营业务：汽车空调

北京京祥通泰汽配商行
公司地址：北京市丰台区草桥汇丰汽配城 4 厅甲 1 号
电　话：010-51751386
主营业务：公主岭气门芯、空调气门芯

北京实惠汽配商行
公司地址：北京市丰台区草桥汇丰汽配城 4 厅甲 2 号
电　话：010-51751908/51751744
主营业务：灯泡、氙灯、火花塞、喇叭、座套、打气泵

北京中润成达汽车用品商行
公司地址：北京市丰台区草桥汇丰汽配城 5 厅 15 号
电　话：010-51751669/51751670
主营业务：电瓶、防冻液、润滑油

北京博宇汽车空调配件有限公司
公司地址：北京市丰台区草桥汇丰汽配城 5 厅 22 号
电　话：010-51752005
主营业务：汽车空调

平原滤清器有限公司（北京经营部）
公司地址：北京市丰台区草桥汇丰汽配城 A 厅 11 号
电　话：010-67501843
主营业务：各种滤清器

北京星恒日月商贸有限公司
公司地址：北京市丰台区草桥汇丰汽配城 A 厅 2 号
电　话：010-87501831
主营业务：汽车漆、油漆辅料

德萨离合器北京办事处
公司地址：北京市丰台区草桥汇丰汽配城 A 厅 5 号
电　话：010-51752001/51752866
主营业务：德萨离合器、刹车片系列

亮途照明电器
公司地址：北京市丰台区草桥汇丰汽配城 A 厅 6 号
电　话：010-51751011
主营业务：汽车照明、专业氙灯

北京汇丰利发科技发展有限公司
公司地址：北京市丰台区草桥汇丰汽配城 5 厅外 1 号
电　话：010-51751336/51751337
主营业务：壳牌、美孚机油、各种电瓶

北京华杰电喷（电子）批发中心
公司地址：北京市丰台区草桥汇丰汽配城 6 厅 21-23 号
电　话：010-52403004
主营业务：电喷配件、氧传感器

北京润八方商贸有限公司
公司地址：北京市丰台区草桥汇丰汽配城 6 厅 30 号
电　话：010-51751920/51751810
主营业务：机油、齿轮油、防冻液

电瓶超市
公司地址：北京市丰台区草桥汇丰汽配城 7 厅 6 号
电　话：010-51751507/83022762
主营业务：风帆、瓦尔塔、统一等电瓶

北京鸿昌汽车玻璃有限公司
公司地址：北京市丰台区草桥汇丰汽配城 A 厅 10 号
电　话：010-51751198
主营业务：汽车玻璃

北京则良佳力蓄电池有限公司
公司地址：北京市丰台区草桥汇丰汽配城 5 厅 30-31 号
电　话：010-51751682
主营业务：奥克莱蓄电池

北京永兴陆达汽车配件商行
公司地址：北京市丰台区草桥汇丰汽配城 5 厅 2 号
电　话：010-51751698
主营业务：机油、三滤

汽保设备、维修工具系列

北京旺潮盛达汽保工具
公司地址：北京市丰台区草桥汇丰汽配城 2 厅 9 号
电　话：010-51751041
主营业务：特斯工具、美容工具、扒胎机、平衡机、电动工具

北京市华建海宏汽保设备商行
公司地址：北京市丰台区草桥汇丰汽配城 5 厅 8 号
电　话：010-51751743
主营业务：1. 专业批发洗车机、桑拿机、封釉机、抛光机、吸尘器等美容用品；2. 专业批发解码仪、四轮定位仪、尾气分析仪、电喷嘴清洗检测仪等检测仪器；3. 专业批发烤漆房、举升机、大梁校正仪、免拆清洗机等各种机械设备

北京正业丰达汽保设备商行
公司地址：北京市丰台区草桥汇丰汽配城 5 厅 10 号
电　话：010-51751066/51751067
主营业务：扒胎机、气泵、举升机、世达工具

北京吉多天地商贸有限责任公司
公司地址：北京市丰台区草桥汇丰汽配城 5 厅 12 号
电　话：010-51751048
主营业务：汽保设备、东良、华茂工具

北京志成汽保设备工具销售公司
公司地址：北京市丰台区草桥汇丰汽配城 5 厅 16 号
电　话：010-51751015/51751016
主营业务：进口工具、举升设备

北京庆安福利春汽保工具设备公司
公司地址：北京市丰台区草桥汇丰汽配城 5 厅 2 号
电　话：010-51751876
主营业务：汽保设备、维修工具

车田汽保工具经营部
公司地址：北京市丰台区草桥汇丰汽配城 5 厅 3 号
电　话：010-51751668
主营业务：汽保工具、美容用品

北京可耐力汽保设备商行
公司地址：北京市丰台区草桥汇丰汽配城 6 厅 26 号
电　话：010-52881635/51751453
主营业务：樱田清洗机、吉象吸尘器

汽车用品系列

汇洋汽车养护用品
公司地址：北京市丰台区草桥汇丰汽配城 2 厅 19 号
电　话：010-51752119
主营业务：釉、镀膜、底盘装甲、美容耗材

小伟汽车装饰美容
公司地址：北京市丰台区草桥汇丰汽配城 2 厅 20 号
电　话：010-52466176
主营业务：贴膜、DVD 导航、封釉、封塑、镀膜、LED 灯

北京湘贵兴汽车装饰
公司地址：北京市丰台区草桥汇丰汽配城 2 厅 23 号
电　话：010-51751676/51751677
主营业务：DVD 导航、脚垫、贴膜、防盗、地胶

北京双信启达汽车装饰商行

公司地址：北京市丰台区草桥汇丰汽配城 4 厅 1 号大门头
电　话：010-51751948
主营业务：DVD 导航升级

北京路畅汽车装饰用品

公司地址：北京市丰台区草桥汇丰汽配城 5 厅 11 号
电　话：010-51751566/51752496
主营业务：各种品牌美容护理用品、添加剂、海绵制品

乐发汽车装饰用品

公司地址：北京市丰台区草桥汇丰汽配城 5 厅 13 号
电　话：010-51751365
主营业务：座套、装饰、贴膜、封釉

梁博士汽车用品有限公司

公司地址：北京市丰台区草桥汇丰汽配城 5 厅 14 号
电　话：010-51751036
主营业务：车亮除油剂

文腾缘汽车精品装饰

公司地址：北京市丰台区草桥汇丰汽配城 5 厅 20 号
电　话：010-51751167
主营业务：装饰

北京鸣川德利工贸有限公司

公司地址：北京市丰台区草桥汇丰汽配城 5 厅 4 号
电　话：010-51751565
主营业务：长城润滑油

威海汽车精品装饰

公司地址：北京市丰台区草桥汇丰汽配城 5 厅 5 号
电　话：010-51751387
主营业务：座套、地胶、防盗器

天诚百惠

公司地址：北京市丰台区草桥汇丰汽配城 5 厅 7 号
电　话：010-51751320
主营业务：各种清洗剂、养护品

名利达汽车用品批发商行

公司地址：北京市丰台区草桥汇丰汽配城 6 厅 24 号
电　话：010-52439014/51751322
主营业务：车视杰导航、脚垫、座套、座垫、音响贴膜、防盗器

北京车知音汽车影音中心

公司地址：北京市丰台区草桥汇丰汽配城 6 厅 17 号
电　话：010-51751910
主营业务：汽车音响

北京雄兵汽车装饰服务部

公司地址：北京市丰台区草桥汇丰汽配城 6 厅 18-19 号
电　话：010-51751968
主营业务：威固贴膜、3M 釉、卡仕达影音导航

北京富华汽车用品有限公司

公司地址：北京市丰台区草桥汇丰汽配城 6 厅 21-23 号
电　话：010-51751568/51751685
主营业务：DVD 导航维修升级

小郭解灯坊

公司地址：北京市丰台区草桥汇丰汽配城 5 厅甲 10 号
手机号码：18810008875
主营业务：氙灯、LED 日行灯

北京圣奥汽车地毯有限公司

公司地址：北京市丰台区草桥汇丰汽配城 6 厅 20 号
电　话：010-51751655
主营业务：极品羊毛车毯

北京通盛通汽车用品商行

公司地址：北京市丰台区草桥汇丰汽配城 6 厅 25 号
电　话：010-51752004/51751355
主营业务：贴膜、DVD 导航、封釉、封塑

北京九洲通汽车装饰

公司地址：北京市丰台区草桥汇丰汽配城 5 厅 A1 号
电　话：010-51751006
主营业务：贴膜、DVD

杰杰汽车装饰部

公司地址：北京市丰台区草桥汇丰汽配城 6 厅 27-28 号
电　话：010-51751331
主营业务：贴膜、音响、中控锁、地胶

北京云成汽车装饰用品商行

公司地址：北京市丰台区草桥汇丰汽配城 6 厅 31 号
电　话：010-51751190
主营业务：贴膜、DVD、GPS 导航

车时尚精品屋

公司地址：北京市丰台区草桥汇丰汽配城 5 厅 9 号
电　话：010-57106450
主营业务：座套定做、个性贴画、精品大全

汽车维修保养系列

北京口天汽车电子

公司地址：北京市丰台区草桥汇丰汽配城 4 厅北 32 号
电　话：010-51752288
主营业务：开换锁、各种遥控器、钥匙大全

专配汽车钥匙

公司地址：北京市丰台区草桥汇丰汽配城 5 厅 6 号
电　话：010-52885051
主营业务：配汽车钥匙、遥控器

博通冠达奔驰、宝马、保时捷专业维修

公司地址：北京市丰台区草桥汇丰汽配城 6 厅 1 号
电　话：010-51751988/51751880
主营业务：奔驰、宝马、保时捷专业维修

汽车用品系列

北京粤港秀丽汽车装饰有限公司

公司地址：北京市丰台区恋日用品一条街 01-08 号
电　话：010-67572269/67523702
主营业务：专业设计、改装中巴车、旅行车、首长高级接待车

北京华夏汽车服务公司

公司地址：北京市丰台区恋日用品一条街 93-100 号
电　话：010-67588735/67588736
主营业务：集国内外名牌汽车用品、专业音响、防盗空调安装维修中心、贴膜、美容服务等

北京鑫泰汽车装饰店

公司地址：北京市丰台区恋日用品一条街 A 区 25 号
电　话：010-67589475
主营业务：3M 专业汽车贴膜、卡仕达、科骏达汽车导航影音

华夏泰和汽车服务

公司地址：北京市丰台区恋日用品一条街四环边 021-027 号
电　话：010-67589692/67527501
主营业务：专业贴膜、商务车改装、导航、防盗器、座套、镀膜、封釉

海达名宇贴膜专家

公司地址：北京市丰台区恋日用品一条街最南侧 010-011 号
电　话：010-67586902
主营业务：汽车美容、装饰、精品、座垫、漆面贴膜、导航

北京车心意汽车服务有限公司

公司地址：北京市丰台区恋日用品一条街东北角第一家 1400 平实体店
电　话：010-67589393
主营业务：3M、雷朋、量子膜、飞歌、卡仕达、路畅、奔瑞、钻石之盟、冰峰、恒源祥等品牌

北京平静汽车隔音用品厂

公司地址：北京市丰台区恋日用品一条街 A 区 6 号
电　话：010-67524588
主营业务：平静隔音

广东欧华电子有限公司

公司地址：北京市丰台区恋日用品一条街 B 区 41 号
电　话：010-67527436/67524556
主营业务：导航

北京佳车丽影汽车精品装饰

公司地址：北京市丰台区恋日用品一条街 B 区 49-50 号
电　话：010-67588191/67585255
主营业务：音响、美容、太阳膜等

汽车维修保养系列

北京凯德顺汽车服务有限公司

公司地址：北京市丰台区恋日用品一条街 A 区 10 号
电　话：010-67522202
主营业务：广汽本田维修保养

乐百顺汽修公司

公司地址：北京市丰台区恋日用品一条街 A 区 16-17 号
电　话：010-67523335/67523325
主营业务：专修各种中高档轿车、维修保养、钣金喷漆、轮胎、保险、定损理赔

北京金灿洪汽车修理有限公司

公司地址：北京市丰台区恋日用品一条街 A 区 23-25 号
电　话：010-67524122
主营业务：中高档纯正汽车配件、汽车用品、进口轮胎销售，维修保养、钣金喷漆、发动机大修等

兴隆汽车服务中心

公司地址：北京市丰台区恋日用品一条街 A 厅 2 号
电　话：010-67585535
主营业务：维修保养、钣金喷漆、保险理赔

北京顺平利华汽车维修服务中心

公司地址：北京市丰台区恋日用品一条街 B 区 38-39 号
电　话：010-67527854/67529236
主营业务：3D 四轮定位、动平衡、补胎、轮胎、轮圈改装升级

北京冀昌达汽车配件销售服务中心

公司地址：北京市丰台区恋日用品一条街 B 区 40 号
电　话：010-67522243
主营业务：精修奥迪、别克、本田、丰田、日产、现代等维修保养、钣金喷漆

北京杰轮兴业汽车销售中心

公司地址：北京市丰台区恋日用品一条街 B 区 42-43 号
电　话：13001222918
主营业务：米其林、邓禄普、普利司通、固特异、马牌等，各种轮圈、专业四轮定位

北京力宏汽车维修有限公司

公司地址：北京市丰台区恋日用品一条街 C 厅 51-52 号
电　话：010-67532064
主营业务：专修各种中高档轿车、维修保养、钣金喷漆、发动机大修

北京众海众达汽车配件销售中心

公司地址：北京市丰台区恋日用品一条街 D 区 88 号
电　话：010-67520158
主营业务：精修各种车型、喷漆、钣金、定损理赔、保险

北京天奇汽车修理中心

公司地址：北京市丰台区恋日用品一条街 A 区 19-20 号
电　话：010-67522581
主营业务：专修一汽大众、上海大众

北京钢力丰汽车配件销售中心

公司地址：北京市丰台区恋日用品一条街 A 区 1 号
电　话：010-67578048
主营业务：专修捷达王、捷达、奥迪、帕萨特、宝来等大众车型系列

房山区市场商家资讯

- 北京大南郊汽配城

北京大南郊汽车配件市场

北京大南郊汽车配件市场是京城较大规模的汽配市场之一，填补了北京西南地区无大型汽配市场的空白。

北京大南郊汽车配件市场自 2004 年 3 月 28 日正式开业以来，深得周边地区消费者的厚爱，并得到了较快发展。2004 年底，北京大南郊汽车配件市场荣获房山区汽车行业类“龙头企业”的称号。并获得房山区区政府授予的企业“创新奖”。2005 年被房山区防火委员会评为“防火工作先进单位”。2009 年、2010 年两年均被房山区工商局评为“文明诚信单位”，并于 2004 年 10 月份正式加入全国工商联汽摩配商会、全国汽车配件市场联合会，成为正式会员单位，2005 年底成为常务理事单位。

北京大南郊汽车配件市场拥有成熟的、现代的汽车配件市场运作思路，自创建以来通过招商引资，吸引了全国众多知名产品落户于大南郊汽配市场，经营全球范围内的整车销售及汽车发动机、汽车零部件、工程车零部件销售、维修保养设备、汽车轮胎、汽车工具、各种油品销售、汽车装饰以及汽车维修厂家、经销商、代理商等。

市场占地面积 6.6 万平方米，根据地区性质，通过前期详细市场考查，对汽配市场进行合理布局，市场分区明确，道路四通八达，停车位充足，经营区规划明确，客户购物一目了然，满足客户一站式购物的要求。

欧洲车系列

北京华盛鑫业汽车配件经销部

公司地址：北京市房山区大南郊汽配城国产厅4厅北侧1号
联系人： 潘志华
电　话： 010-61351980/61351981
手机号码：18210702150
主营业务：奥迪全系、帕萨特（领驭）全系、捷达（王）全系、宝来、桑塔纳全系

北京市胖子汽配中心

公司地址：北京市房山区大南郊汽配城8厅门面5号
联系人： 胖子
电　话： 010-61351379
手机号码：13341038820/15611019235
主营业务：一汽大众、上海大众、迈腾、朗逸、速腾、奥迪全系、帕萨特、捷达王、桑塔纳、2000、3000全车配件

北京胜利天晨汽车配件经销中心

公司地址：北京市房山区大南郊汽配城2厅北侧1-2号
电　话： 010-61351196/61351596
手机号码：15300030912
主营业务：专业批发上海大众、一汽大众汽车配件，特约经销上海隆丰系列产品（零部件、润滑油、蓄电池、防冻液）

京渝永通销售中心

公司地址：北京市房山区大南郊汽配城
联系人： 谢刚福
电　话： 010-61351632/61351012
手机号码：13910084145/13240179198
主营业务：上海大众、一汽大众、奥迪A6\A6L、迈腾、速腾、高尔夫、高尔、帕萨特、宝来、马自达、桑塔纳、捷达王等全车配件

北京红丰汽车配件销售有限公司

公司地址：北京市房山区大南郊汽配城大众厅南里1号
联系人： 林建丰
电　话： 010-61351985
手机号码：13161785855
主营业务：捷达王、捷达、帕萨特、桑塔纳、2000型、超人3000、宝来、捷达王04款、05款

北京海坤英汽配销售中心

公司地址：北京市房山区大南郊汽配城3厅南3号
联系人： 胡兰英
电　话： 010-61351538
手机号码：13810555792/13651002332
主营业务：雪铁龙、凯旋、世嘉、C5富康系列，标致307\207\206\408，批发奥拓、富康、福莱尔配件大全

北京晟盛宏达汽车配件经营部

公司地址：北京市房山区大南郊汽配城2厅南3号
联系人： 吴辉存
电　话： 010-61351808/61351318
手机号码：13716014889
主营业务：桑塔纳、2000型、3000型、帕萨特、捷达、捷达王、奥迪A6、红旗

日本车系列

北京宏达配件销售中心

公司地址：北京市房山区大南郊汽配城进口厅北5号
联系人： 李洪发
电　话： 010-61351362
手机号码：13051536286
主营业务：本田：雅阁2.0\2.3\2.4\3.0、思域、飞度、CR-V、奥德赛，尼桑：风度、蓝鸟、阳光、颐达、天籁、骥达、骊威

北京市泰丰汽车配件经营部

公司地址：北京市房山区大南郊汽配城2厅南5号
联系人： 小燕
电　话： 010-60307527/56242945
手机号码：13718082202
主营业务：尼桑、本田、丰田，配件齐全

美国车系列

瑞通汽配

公司地址：北京市房山区大南郊汽配城进口厅南3号
联系人： 张蕊
手机号码：13716765329/18911586399
主营业务：蒙迪欧、嘉年华、福克斯、福特、B5、桑塔纳、捷达

北京腾飞汽车配件销售公司

公司地址：北京市房山区大南郊汽配城6号厅门面房6号
联系人： 顾金彪
电　话： 010-56241610
手机号码：15001077329
主营业务：别克：君威、君越、GL8、英朗、凯越、赛欧，雪佛兰：科帕奇、科鲁兹、景程、乐风、赛欧，经营全车件，维修：音响、ABS泵、气囊电脑修复、仪表调校

北京恒兴汽车配件销售中心

公司地址：北京市房山区大南郊汽配城进口厅北6号
联系人： 薛松平
电　话： 010-61351566
手机号码：13910667839
主营业务：专营别克君威、GL8、赛欧、凯越、雪佛兰

韩国车系列

北京市荣鑫达汽配销售中心

公司地址：北京市房山区大南郊汽配城进口厅南7号
联系人： 尹丽
电　话： 010-61351338/58407391
手机号码：13521894905/13581775226
主营业务：主营伊兰特、悦动、索纳塔、领翔、御翔、名驭、IX35、途胜、雅绅特、瑞纳、圣达菲、新胜达、I30等纯正配件

北京星凯汽车配件销售中心

公司地址：北京市房山区大南郊汽配城进口厅北7号
联系人： 程军旗
电　话： 010-61351008
手机号码：13693018777/13691020022
传　真： 010-61351968
主营业务：专营起亚系列：福瑞迪、K5、K2、锐欧、千里马、智跑、狮跑、赛拉图、远舰全车零部件，比亚迪系列：F3、F3R、G3、F6、F0全车零部件

北京万鑫达汽配经销部

公司地址：北京市房山区大南郊汽配城4厅北4号
联系人： 单朋敬
电　话： 010-61351716/61351573
手机号码：13717688631
主营业务：专营索纳塔、伊兰特、悦动、途胜、圣达菲、千里马、赛拉图、福瑞迪、锐欧、狮跑全车配件

国产车系列

北京市金马汽车销售中心

公司地址：北京市房山区大南郊汽配城 3 厅北 5 号
联系人： 王荣廷
电 话： 010-61351969/52879015
手机号码：13439966321/13241972551
主营业务：奇瑞系列：QQ、风云、旗云、A5、Q6、东方之子、瑞虎全车配件，长安铃木：羚羊 7130\7100\7135、奥拓王子、都市贝贝

北京永利发汽配连锁公司

公司地址：北京市房山区大南郊汽配城头一排东侧 2 号（主楼 10 号）
联系人： 李宝俊
电 话： 010-61351236/61351238
手机号码：18910130052
主营业务：金杯海狮、福田海狮、爱尔法、锐驰、夏利、吉利豪情、美日、自由舰、哈飞中意、民意、长安之星、五菱之光、一汽佳宝、东风小康、奥拓、昌河、北斗星、昌河福瑞达、福田驭菱、赛铃全车配件大全，代理品牌机油；金象、统一、长城、壳牌、美孚、风帆电瓶、骆驼电瓶、补液、原液、刹车油、清洗剂、养护剂

北京市和顺达微型汽配商行

公司地址：北京市房山区大南郊汽配城进口厅南 8 号
联系人： 刘东杰
电 话： 010-58482279
手机号码：13240387177/18911602668
主营业务：五菱之光、荣光、宏光、五菱兴旺；哈飞中意、哈飞民意、路尊小霸王；长安之星、长安星光、S460\4500、东风小康、昌河北斗星、一汽佳宝；天津夏利、一汽威志、夏利 N5；吉利美日、自由舰、优利欧；吉利豪情、金刚、金鹰、吉利远景；福瑞达、福仕达、时代驭菱全车配件及钣金件、各种机油、电瓶、防冻液及各种添加剂

北京十三汽配中心

公司地址：北京市房山区大南郊汽配城国产厅 3 厅南 7 号
联系人： 胡文杰
电 话： 010-61351970
手机号码：13701102832
主营业务：长安、松花江、昌河、吉利、五菱、夏利、东风小康、佳宝、中意、长安之星、北斗星等全车配件，风帆电瓶，钣金件、外观件大全

北京润泽永盛汽配经销中心

公司地址：北京市房山区大南郊汽配城 4 厅南 3 号
联系人： 李刚毅
电 话： 010-61351345/57272618
手机号码：13701380522/13381163963
主营业务：长安铃木：羚羊、新奥拓、天语、雨燕，长安汽车：奔奔、奔奔 mini、悦翔、悦翔 V3、悦翔 V5、志翔 CX30\CX20\CS35、逸动

北京市顺吉永发汽配

公司地址：北京市房山区大南郊汽配城 3 厅北 3 号
联系人： 付志海 / 贾海芮
电 话： 010-61351533
手机号码：13641111010/15601007437
主营业务：原厂配件：夏利、北斗星、长安星光、吉利、美日、福瑞达、长安金牛星、中意、民意、路尊小霸王、东风小康、佳宝、路宝、五菱之光、五菱宏光等，批发各种车型电瓶及微型车座子

北京市和顺达微型汽配商行

公司地址：北京市房山区大南郊汽配城 3 厅南 1 号
联系人： 刘东生
电 话： 010-61351107
手机号码：18911601668
主营业务：昌河福瑞达、一汽佳宝、东风小康、长安星光、长安之星、五菱荣光、五菱之光、哈飞民意、哈飞中意、天津夏利、AU\N3\N3+、天津一汽威志、威乐、夏利 2000、一汽 N5 等全车原厂配件

鑫海福达汽配

公司地址：北京市房山区大南郊汽配城 4 厅北侧 8 号
联系人： 李海坤
电 话： 010-61351665
手机号码：15699917626/13811027555
主营业务：专营奇瑞：风云、旗云、东方之子、瑞虎、QQ\QQ6\A1\A3\A5\E5\G5、优优、M1\X1、风云 2、旗云 1、旗云 2，全车配件

北京市祥发汽配

公司地址：北京市房山区大南郊汽配城 3 厅北 4 号
联系人： 王俊祥
电 话： 010-61351696
手机号码：13521502477
主营业务：吉利系列（帝豪系列、全球鹰系列、自由舰、美日），夏利系列（AU\A+\N3\N5、威志），华普系列（杰士达、华普 203\303、英伦），比亚迪系列（F3\F6）

伟业汽配

公司地址：北京市房山区大南郊汽配城 3 厅北 6 号
联系人： 孙新伟
电 话： 010-61351965
手机号码：18911309606/13141297450
主营业务：新到：哈飞小霸王、新民意、佳宝 V70、昌河福瑞达、海马福仕达、北汽威旺、金杯海星、东南希旺、长安金牛星、欧诺、东风小康 V27\V07\V29，另有：中意、民意、路宝、长安之星、二代、星光、4500、S460、北斗星、爱迪尔、夏利 N3\N5、威志、吉利、美日、自由舰等全车配件及钣金件

北京普利鑫旺汽配经营部

公司地址：北京市房山区大南郊汽配城 4 厅南 2 号
电 话： 010-61351526
手机号码：13522171702
主营业务：代理涡轮导向节油器（效果极佳），专营奔腾 B50\B70、一汽马自达、勇士、战旗、猛士、骑士、一汽小解放、红旗明仕、世纪星、切诺基、猎豹

北京鸿盛源汽配公司

公司地址：北京市房山区大南郊汽配城 4 厅南 4 号
联系人： 翟洪帅
电 话： 010-61351051/57722319
手机号码：13439182928/13488853928
主营业务：主营比亚迪系列全车配件，批发各种车型无骨雨刷，各种车型大华陶瓷刹车片

北京荣鑫汽配销售中心

公司地址：北京市房山区大南郊汽配城 3 厅北 2 号
联系人： 于志泽
电 话： 010-61351659
手机号码：13601057689/13720039811
主营业务：夏利系列：AU\A+\N3，哈飞系列：中意、新意、民意，长安系列：长安之星、长安新星、长安星光、长安二代，柳州系列：五菱之光、五菱阳光、五菱荣光

大有汽配

公司地址：北京市房山区大南郊汽配城 3 厅南 5 号
联系人： 杨友振
电 话： 010-61351996
手机号码：13241878961
主营业务：金杯海狮、福田海狮、中华、尊驰、骏捷、FRV、力帆、520、620、320

江苏腾达汽配中心

公司地址：北京市房山区大南郊汽配城 4 厅南 8 号
联系人： 潘久贵
电 话： 010-61351321
手机号码：13161180872
主营业务：江淮：同悦、和悦、和悦 RS、瑞风、瑞鹰配件，比亚迪：F0\F3\F3R\F6\S6\G3 等配件，钣金件、灯具、底盘件、内外饰件等

北京盛岩汽配商行

公司地址：北京市房山区大南郊汽配城 3 厅南 5 号 /3 厅北 1 号
联系人： 贾振普
电 话： 010-61351920
手机号码：13240419732
主营业务：长安系列：长安之星、长安星光、长安 CM8、长安二代、长安星韵、都市彩虹，哈飞系列：中意、民意，一汽佳宝，五菱之光：荣光、宏光、鸿途，东风小康

北京双喆伟业汽配销售中心

公司地址：北京市房山区大南郊汽配城大众厅北 2 号
联系人： 胡玉杰
电 话： 010-61351986
手机号码：15801289116/13381163969
主营业务：依维柯、都灵 V、宝迪、新宝来、朗逸全车系列配件

北京市宏泰汽车配件销售中心

公司地址：北京市房山区大南郊汽配城 3 厅南 4 号
联系人： 翟宏泰
电 话： 010-61351550
手机号码：13120464453
主营业务：金杯海狮、东南得利卡、菱帅、蓝瑟、菱悦 V3、凌致 V5

商用车系列

北京金鑫汽车配件销售中心

公司地址：北京市房山区大南郊汽配城进口厅 3 号
联系人：王金鑫
电　话：010-61351759
手机号码：13683637787/13910219148
主营业务：依维柯、都灵 V、宝迪、德意、跃进、菲亚特、派力奥、周末风、西耶那

北京飞欧科技有限公司

公司地址：北京市房山区大南郊汽配城主楼一层 5-8 号
电　话：010-61351070/61351086
手机号码：13718136070/13716033171
主营业务：东风、解放、重汽、欧曼系列，双后桥、中、重、轻卡原厂配件大全

北京良乡力宇通重汽配件供应部

公司地址：北京市房山区大南郊汽配城 7 号大车厅内 5-6 号
联系人：李立彪
电　话：010-61351486
手机号码：13716754279/13552039468
主营业务：重汽斯太尔、豪沃、陕汽、红岩、上柴、欧曼、装载机配件、各种半挂车配件

北京鸿达隆鑫汽车配件批发中心

公司地址：北京市房山区大南郊汽配城 4 厅北 7 号
联系人：徐亮
电　话：010-61351223/57195126
手机号码：13366289263/15011475680
主营业务：时代金刚、大柴、朝柴、扬柴、潍柴、锡柴、常柴、云内、长齿、赣齿、临工、哈齿、17H 变速箱总成及配件，大柴 498、4DC2、锡柴 4DW-93、4DF3，专业批发全车配件大全，国 III、欧 III 大全

北京博源通达汽车零部件有限公司

公司地址：北京市房山区大南郊汽配城 5 厅门面 3-4 号
联系人：王典伟
电　话：010-61351202
手机号码：18901323168
主营业务：哈齿、长齿、汤齿、益阳、南汽、六齿、赣齿、临沂罗塔特等变速箱配件；重卡、轻卡、农用车变速箱、各种前副箱、后副箱总成及配件、轴承、滚针、油封、取力器、液压泵等 130\140\145\153 等差减总成等

北京冀威达汽配

公司地址：北京市房山区大南郊汽配城 3 厅南 6 号
联系人：王英科
电　话：010-61351539
手机号码：13716321678/18910222180
主营业务：主营：东风多利卡、金霸、小霸王、东风天锦、江淮威铃、帅铃、格尔发、新款跃进、北京旗铃、1041、电喷 1045、战旗系列、福田奥铃、骑士、欧马可、奥铃捷运、唐骏欧铃、轻骑、凯马等全车配件，批发轻卡、重卡水箱、中冷器

京百顺汽配

公司地址：北京市房山区大南郊汽配城 8 厅外南 1 号
联系人：蒋永祥
电　话：010-61351946
手机号码：13910502556/15201150375
主营业务：专营金杯 491、1RZ、2RZ 发动机配件、一汽小解放 488、4G22、4G25E、发动机配件、一汽大柴 498 发动机配件、哈轻三吨（1.99）；金杯海狮、风景海狮、福田爱尔法；北京福田：阳光轿卡、奥铃皮卡、风景冲浪 SUV、萨普、陆铃；长城皮卡：赛弗、迪尔、赛铃、赛影、哈弗；中兴田野：期舰、驰野；一汽皮卡、天汽奇兵、双环、郑州皮卡等

江南汽车配件直销处

公司地址：北京市房山区大南郊汽配城 7 厅大车厅北 5 号
联系人：王凤良
电　话：010-61351608
手机号码：13241089878
主营业务：厂家直销：东风、解放、斯太尔各种刹车总泵、分泵、助力缸、离合器助力器、转向助力泵、刹车调正臂、离合器片、压盘、刹车片、刹车大王等底盘系列

北京亚泰东方机械配件有限公司

公司地址：北京市房山区大南郊汽配城专项街 10 号
联系人：于朋九
电　话：010-61351035
手机号码：18911526008/15801101548
主营业务：专业销售：厦工、临工、柳工、龙工等系列装载机配件，潍柴 WD615、上柴 6135、D6114、玉柴 6108 发动机配件，专业生产空气滤芯、液压滤芯、刹车片、消声器、操纵软轴、水管、密封垫、油缸密封件、皮带、轴承、耐油胶管、骨架油封

北京腾运汽车配件

公司地址：北京市房山区大南郊汽配城 4 厅北 6 号
联系人：姜得海
电　话：010-60349082
手机号码：18600373762/18610252883
主营业务：主营东风朝柴：CY4100Q\CY4102Q\CY4105Q\CY4102BQ\CY4102BZ\CY4102BZLQ\CY4102EZLQ\CY4102-C3 系列 \CYQD32 系列 \CY4D 系列及其它国 II 国 III 发动机配件、整机，东风专用养护机油

北京龙翔达汽配件经销中心

公司地址：北京市房山区大南郊汽配城进口厅北 8 号
联系人：王春洋
电　话：010-61351281
手机号码：15801102238
主营业务：专营批发江铃 NHR、TFR、宝典、江铃全顺、江铃凯运、顺达、庆铃 4K600P、庆铃 NKR4JB1、天皇 100P

江苏永进汽配经销中心

公司地址：北京市房山区大南郊汽配城 7 厅门面 1 号
联系人：张荣军
电　话：010-61351026
手机号码：13141025746/13520597488
主营业务：解放、东风、斯太尔、欧曼、豪沃、德龙、新大康、格尔发、驾驶室总成、壳体、钣金件、灯具、内饰件、玻璃钢制品等

汽车配件专营

公司地址：北京市房山区大南郊汽配城进口西侧门面 4 号
联系人：邢艳萍
电　话：010-61351813
手机号码：13051294767
主营业务：金杯、小解放、福田奥铃、长安、华西、五十铃、大柴 498，批发杭州各种车型铁流离合器、压盘、钢片、刹车片

北京龙乡大有汽配商贸有限公司

公司地址：北京市房山区大南郊汽配城 4 厅南 1 号
电　话：010-61351032
手机号码：18611393572/13241975054
主营业务：玉柴机器专卖

北京富华重汽汽车配件总汇

公司地址：北京市房山区大南郊汽配城 7 厅门面 4 号
联系人：邱海鑫
电　话：010-61351796
手机号码：15330293525/15210497284
主营业务：主营陕汽德龙·奥龙、欧曼、豪沃、红岩、北方奔驰、斯太尔·王等重型卡车的整车配件

银海汽配

公司地址：北京市房山区大南郊汽配城大车厅门面 5 号
电　话：010-61351478
手机号码：13701023577/18610255910
主营业务：东风、解放、斯太尔（王）、豪沃、新大康、德龙、欧曼、金王子、红岩系列、驾驶室总成、壳体、车架及内饰件、钣金件、灯具、电器等

北京欧重源重型汽车配件公司

公司地址：北京市房山区大南郊汽配城 7 厅门面 6 号
联系人：鲁士锋
电　话：010-61351203/57128766
手机号码：13911815369/13691065439
主营业务：斯太尔（王）、豪沃、奥龙、德龙、F2000\F3000、欧曼、ETX、红岩、新大康、金刚全车配件，潍柴动力、滨州活塞、安庆活塞环、大丰工业、汇九齿轮、綦江齿轮、法士特齿轮、陕西军魂、重汽桥箱、汉德车桥、安凯车桥特约经销商，方向机、助力泵大全、润滑油、空滤、柴滤厂家直销

北京天顺达汽配

公司地址：北京市房山区大南郊汽配城 4 厅北 5 号
联系人：崔小平
电　话：010-61351967
手机号码：13146631616/13120463987
主营业务：东风多利卡、东风天锦、东风金霸、北京旗铃 1041\1045 全车配件

北京超越小型装载机配件专卖

公司地址：北京市房山区大南郊汽配城 3 厅南 2 号
联系人：苏越峰
电　话：010-61351915
手机号码：13051835519/13366127080
主营业务：主营：ZL06\ZL08\ZL10\ZL12\ZL16\ZL20\ZL25\ZL30 小型装载机变速箱、变矩器及全车配件，各大厂家泵阀及优质油缸、前后车桥配件，经销现代、合力、杭叉、合肥、汉拿、夏叉、江淮、大连、北京老式 3 吨、依格曼、台励福、锦州叉车配件大全

油品、轮胎、电瓶系列

北京顺风行汽车配件有限公司二分公司

公司地址：北京市房山区大南郊汽配城机油三滤一条街 9 号 /13 号
联系人：司红亮
手机号码：18910633886/13001123187
主营业务：专营风帆蓄电池系列、长城机油、统一机油、壳牌机油、美孚机油、蓝星防冻液、长城防冻液，各种工业用油、黄油、刹车油、防冻液

北京市博飞达汽配

公司地址：北京市房山区大南郊汽配城三滤机油一条街 16-17 号
联系人：王娜
电　话：010-61351592
手机号码：13911839268/13683142638
主营业务：批发零售平原、蚌埠、永升、华威滤清器，博大空滤、雨刷片，新大康、斯太尔、豪沃、铲车、德龙、现代、大众、三菱、丰田、尼桑、本田三滤，壳牌、美孚、长城、统一、嘉士多、道达尔润滑油，蓝星、长城、壳牌、大众、庆丰、一汽防冻液

北京良乡瑞信商贸中心

公司地址：北京市房山区大南郊汽配城主楼一层 4 号
联系人：马玉麟
电　话：010-61351623
手机号码：13611221605
主营业务：专业批发风帆、日立、金保航、起动型蓄电池，电动车蓄电池、壳牌、统一、长城等名牌润滑油，电解液补充液、充电机、测量表、比重计、电瓶卡头、大线、连接线、打铁线等蓄电池的相关产品，车用滤清器、养护用品等

轮胎 / 蓄电池销售中心

公司地址：北京市房山区大南郊汽配城专项街 8 号
联系人：程丽华
电　话：010-60349181
手机号码：13611280489/15611272930
主营业务：轮胎：米其林、普利司通、双钱回力、雅度、正新、佳通、银宝、固耐特、三角、风神、前进、桂林等，蓄电池：三冠、斯能达、骆驼、风帆、电解液，机油：壳牌、美孚、长城等各类品牌机油、防冻液、回天红胶

京城实在仁商贸中心

公司地址：北京市房山区大南郊汽配城专项街 27 号
联系人：姜玉海
手机号码：13911516824/13716799787
主营业务：批发各种轿车、货车、工程机械：机油、三滤、防冻液及养护品（包装 1 升 -200 升）

北京东宏泰昌商贸有限公司

公司地址：北京市房山区大南郊汽配城 7 厅 1-3 号
联系人：明章文
电　话：010-60349974
手机号码：18010105597
主营业务：各种轮胎、轮圈、内胎、垫带、轮圈改装、轮胎升级、四轮定位、氮气服务、轮胎养护、信息咨询

北京壹陆捌汽车油品总汇

公司地址：北京市房山区大南郊汽配城专项街 28 号
联系人：续祝鹏
手机号码：15300173676
主营业务：一汽大众、长城、壳牌、美孚、嘉实多、统一、昆仑等各品牌机油（4L、16L、170KG 及工业油）、各品牌护理系列产品（化清剂、清洗剂等）、各品牌机油添加剂、汽油添加剂、黑烟杀手、灯泡、雨刷片、火花塞、防冻液、玻璃水

鑫阳鸿福润滑油销售中心

公司地址：北京市房山区大南郊汽配城专项街 1-2 号
联系人：李志福
电　话：010-61351595/69379357（夜）
手机号码：13681167498/15811495615
主营业务：风帆蓄电池、博士蓄电池，统一、长城、昆仑、壳牌、美孚、加德士、嘉实多等各种进口国产润滑油、黄油、蓝星防冻液、安耐驰、金鹰系列保护剂、电解液、补充液

北京通聚鑫工贸有限公司

公司地址：北京市房山区大南郊汽配城机油一条街 21 号
联系人：代启进
电　话：010-61351325
手机号码：13240162430/13439740520
主营业务：长城、美孚、矫马、日石、壳牌、统一、蓝至尊各种车用油、各种工业用油、工程机械用油及特种润滑油、脂，各种防冻液、风帆蓄电池

北京峰峰通达商贸中心

公司地址：北京市房山区大南郊汽配城专项街 25 号
联系人：王文峰
电　话：010-61351148
手机号码：13522077088/15801089976
主营业务：现货批发：风帆、骆驼、统一、瓦尔塔等各种品牌蓄电池，长城、壳牌、美孚、嘉实多、加德士、埃索等各种品牌机油、防冻液、黄油、刹车油，安耐驰、ER、21 世纪、豪特等各种汽车护理品添加剂、空调氟

北京京润通商贸有限公司

公司地址：北京市房山区大南郊汽配城专项街 30-31 号
联系人：李银光
电　话：010-61351149
手机号码：13021012966
主营业务：壳牌、长城、美孚、埃索、嘉实多、统一等各种机油（4L\18L\170KG 及工业油）、化清、防冻液、雨刷片、火花塞、灯泡、氙灯，各种添加剂、大洲刹车片、箭牌滤清器、三滤大全

北京诚信商贸中心

公司地址：北京市房山区大南郊汽配城专项街 33 号
联系人：王大宽
手机号码：18201622301/13391818023
主营业务：机油：长城、壳牌、美孚、加德士、埃索、嘉实多、道达尔等各种进口国产润滑油、各种工业润滑油、润滑脂，电瓶：风帆、骆驼、瓦尔塔、统一等各种蓄电池、各种品牌汽车护理品

茗珂电瓶商行 / 金葫蓄电池驻京办事处

公司地址：北京市房山区大南郊汽配城专项街 15 号
联系人：刘丽华
手机号码：13716766980/13521364858
主营业务：风帆电瓶、金葫电瓶、博尔特免维护系列、补充液、电解液、充电机、订购异型号蓄电池

北京大洋多邦商贸有限公司

公司地址：北京市房山区大南郊汽配城专项街 11 号
联系人：陈录锁
手机号码：13269316610
主营业务：长城、美孚、壳牌、统一、工程机械专用油、大众系列专用油、黄油、电瓶、三滤、刹车油、防冻液等

北京鸿开汽配商行

公司地址：北京市房山区大南郊汽配城专项街 12 号
联系人：褚双同
电　话：010-57027095
手机号码：13683182833
主营业务：空气滤芯、机油滤芯、柴油滤芯、空气总成、定做各种异型滤芯，各种机油、润滑脂、刹车油，上海滤清器、蚌埠滤清器北京总经销

北京朝新方圆轮胎公司

公司地址：北京市房山区大南郊汽配城轮胎区8-11号
联系人：王亚洲
电　话：010-61351929
手机号码：13911255392
主营业务：正新玛吉斯轮胎，正兴钢圈、正新叉车胎、大车动平衡、工程机械胎、卡客车全钢及真空胎

北京爱车斯特轮胎轮圈销售中心

公司地址：北京市房山区大南郊汽配城轮胎区南侧7-9号
联系人：王国红
电　话：010-61351027
手机号码：13641003353
主营业务：邓禄普、普利司通、米其林、固特异、正新、韩泰、锦湖、佳通、京轮及各种进口、国产、载重胎、轻卡胎、工程轮胎、轮圈，四轮定位、动平衡、充氮气

北京永兴达旺润滑油销售中心

公司地址：北京市房山区大南郊汽配城专项街18-19号/1厅北4号
联系人：宋乐
电　话：010-58482616
手机号码：13718844122/13693150076
主营业务：机油、三滤、防冻液、刹车片大全，火花塞、专用雨刷、灯泡、添加剂、清洗剂、刹车油及空调氟等护理用品，汽车装饰大全

北京利宝晟隆润滑油商贸中心

公司地址：北京市房山区大南郊汽配城专项区6号
联系人：刘艳丽
电　话：010-61351332
手机号码：13716060749
主营业务：壳牌、美孚、加德士、长城、统一、利迪等各种品牌机油、黄油、刹车油、防冻液、玻璃水、清洗剂、添加剂、抗摩剂、氙气、电瓶

北京东方汇达轮胎销售中心

公司地址：北京市房山区大南郊汽配城轮胎区北侧12-15号
联系人：胡向东
电　话：010-61351285/60349081
手机号码：13611383810/18610732683
主营业务：批发零售各种钢丝胎、斜胶胎、丁基内胎、垫胎、真空胎以及各种轮胎，朝阳、横滨、普利司通、玲珑、韩泰、三角、京轮、银轮、双钱回力成山、无三包、钢丝胎、落地胎、专业四轮定位、轮毂升级、补胎、平衡、充氮气

北京宏雁兴盛汽配

公司地址：北京市房山区大南郊汽配城专项街14号
联系人：李艳中
手机号码：13241333627/18610837919
主营业务：电瓶批发、陶瓷刹车片、意奔玛皮带、三滤、机油大全、压盘、离合器片

电瓶超市

公司地址：北京市房山区大南郊汽配城专项街29号
联系人：郭晓峰
手机号码：13311514661/15910750098
主营业务：电瓶大全、原液、补液、充电机、卡子、大线等，电瓶以旧换新

北京和兴顺通商贸中心

公司地址：北京市房山区大南郊汽配城轮胎区1-2号
联系人：杨鹏
电　话：010-61351096
手机号码：13331117411/13371762969
主营业务：三角威力斯通北京总代理，专营马牌、固铂、米其林、倍耐力、普利司通、佳通、韩泰、邓禄普、朝阳等卡客车轮胎，专业修理真空胎、四轮定位

专项件系列

北京伟华永胜汽车电器销售中心

公司地址：北京市房山区大南郊汽配城专项街20号
联系人：郭伟华
电　话：010-61351168
手机号码：13621032996/13121618889
主营业务：专业批发马达、发电机、暖风扇、充电机、压缩机、配件，批发电瓶

滤芯大全

公司地址：北京市房山区大南郊汽配城专项街7号
联系人：张龙
电　话：010-61351812
手机号码：13120463789/13240971881
主营业务：空气滤清器、机油滤清器、柴油滤清器、空气总成、定做各种异形滤芯、铝座大全，蚌埠朝阳厂北京总代理，蚌埠申原厂北京总代理，上海法西欧京冀总代理

北京市飞腾达汽配

公司地址：北京市房山区大南郊汽配城机油三滤电瓶一条街3号
联系人：李飞
电　话：010-61351686
手机号码：13911467332/13426469946
主营业务：蚌埠三滤大全，专营大中小各种国产进口汽车及工程机械三滤，工程机械类：小松、日立、卡特、神钢、大宇、现代等，各种汽车类：东风、解放、欧曼、大众、福田、斯太尔、五十铃、丰田、尼桑、别克、奇瑞等各种国产、进口车型

庞贝捷漆油贸易（上海）有限公司番禺分公司

公司地址：北京市房山区大南郊汽配城专项街32号
联系人：冯士俊
电　话：010-60349046
手机号码：13071136807/13552578608
主营业务：汽车漆、工业漆、雕塑漆，喷漆辅料一级批发商

荣源电脑调漆

公司地址：北京市房山区大南郊汽配城专项街34号
联系人：刘春青
手机号码：13552198463/13522106873
主营业务：城市猎人高级汽车油漆及辅料产品，3M车蜡及美容抛光护理系列，醇酸漆、工业漆、五金烤漆、氟碳漆

上海国森涡轮增压器有限公司驻北京办事处

公司地址：北京市房山区大南郊汽配城装饰街14号
联系人：郝玉松
电　话：010-61351303
手机号码：13911084818/13521525432
主营业务：上海国森、上海博域各种涡轮增压器，适用豪沃、德龙、奥龙、潍柴、新大康、大柴、上柴、康明斯、玉柴、朝柴、锡柴、扬动、扬柴、江铃、五十铃、依维柯、小松、帕萨特、奥迪、大宇、厦工、徐工、龙工等各种车型涡轮增压器，专业销售、精修柴油车涡轮增压器、加装3.0L以下汽油车电动涡轮增压器

北京硕泰克汽车漆营销中心

公司地址：北京市房山区大南郊汽配城专项街38号
联系人：张二伟
电　话：010-61351377
手机号码：15601288702/18610255931
主营业务：硕泰克品牌：汽车漆、卡车漆、环氧底漆、家具漆、工程漆、醇酸漆，辅料系列：原子灰、砂纸、美纹纸、3M蜡、喷枪、面具等，承接各类喷漆工程

双柱汽车电器

公司地址：北京市房山区大南郊汽配城专项街23号
联系人：刘双柱
手机号码：13436630774/13436630764
主营业务：马达、发电机、灯具、风扇、大暖风、空调配件大全，音响、收音机、氙气大灯、导航、组合开关大全，充电机、逆变器、车充、碳刷、齿轮、铜套大全，电线、马达线、电瓶卡子、二级管及各种汽车电器大全，继电器、闪光器、喇叭、油管、皮带及各种泵、阀，雨刷臂、片、连动杆、雨刷电机及各种汽车零部件

北京万顺金韦汽车配件经销部

公司地址：北京市房山区大南郊汽配城专项街36号
联系人：田金伟
手机号码：13716095937/15201590160
主营业务：用于各种气动、液压设备及工程机械的高低压、超高压胶管总成（现场加工），夹布耐油胶管及喉箍，O型圈、油封、组合垫等密封件，英、美公制接头、对丝、三通、液压快速接头，加工制作空调管、气路管、清洗机管风炮管、高压水管、高压气管、柴油管

恒欣汽配

公司地址：北京市房山区大南郊汽配城 5 厅门面 2 号
联系人：陈晓艳
电　话：010-61351179
手机号码：13126576707
主营业务：桑塔纳、捷达的各种螺丝管件；解放、东风、微面、夏利、大发、462 型车各种螺丝、胶管件

北京杰森发汽配批发中心

公司地址：北京市房山区大南郊汽配城专项街 37 号
联系人：朱俊杰
手机号码：15810283256/15811072916
主营业务：批发各种三滤大全、氙气灯，NGK、电装、博士、火炬等铂金、铱金专用车型火花塞，高中低档雨刷及各种品牌机油、添加剂、抗磨机、清洗剂、空调氟、骆驼、风帆等品牌电瓶

专业扣压各种高压油管

公司地址：北京市房山区大南郊汽配城 6 厅门面 8 号
联系人：闫庆余
电　话：010-61351035
手机号码：18701254699
主营业务：可根据客户需要订做各种液压油管

上海好司机离合器有限公司北京市总代理

公司地址：北京市房山区大南郊汽配城 6 厅门面 5 号
联系人：老李
手机号码：15901393240/13041137838
主营业务：各种汽车、工程车、农用车、进口车、压盘、离合器片、分离轴承、欧三飞轮齿圈、反向机、增压器，电瓶线连接线、电瓶卡头、充电夹子、线尾、保险片、管，充电机、大灯座

北京华杰电喷（电子）批发中心

公司地址：北京市房山区大南郊汽配城 6 厅门面 7 号
联系人：骆凤媚
电　话：010-60349077
手机号码：18610738750
主营业务：电脑板、喷油嘴、怠速马达、氧传感器、点火线圈、汽油泵、节气门阀体、曲轴位置传感器、进气压力传感器、节气门位置传感器、水温塞、燃油压力阀、爆震传感器、线束插头、各种密封圈、各种车型汽车电喷配件

蚌埠滤清器北京代理

公司地址：北京市房山区大南郊汽配城机油三滤一条街 22 号
联系人：崔立强
手机号码：13260015015/18311430314
主营业务：工程机械类：小松、日立、卡特、神钢、大宇、现代、五十铃、日野、沃尔沃，各种汽车类：东风、解放、欧曼、大众、福田、斯太尔、五十铃、丰田、尼桑、别克、奇瑞等各种国产、进口车型，订做各种异形三滤

北京博宇旭光汽车水箱专卖店

公司地址：北京市房山区大南郊汽配城 3 厅南 6 号
联系人：王英科
手机号码：18910222180/13716321678
主营业务：经营水箱范围：重卡：一汽、二汽、重汽系列、欧曼重卡、北奔系列、华菱重卡等，中卡：解放赛龙、东风天锦、东风乘龙、江淮格尔发、亮剑、小欧曼等，轻卡：福田系列、江淮轻卡、东风轻卡、北京旗铃、南汽跃进以及凯马、奥峰、轻骑、欧铃、英田、五征等农用系列

北京富博兴业商贸有限公司（良乡电脑调色中心）

公司地址：北京市房山区大南郊汽配城专项街 26 号
联系人：张成国
手机号码：13366891198
主营业务：汽车油漆、喷漆辅料、醇酸漆、工程漆

北京军昌盛轴承销售中心

公司地址：北京市房山区大南郊汽配城 6 厅门面 4 号
联系人：马庆军
电　话：010-61351189
手机号码：13552302299
主营业务：轴承、刹车片、刹车盘、陶瓷片

北京良乡侠义汽车配件有限公司

公司地址：北京市房山区大南郊汽配城 5 厅门面 7 号
联系人：李永会
电　话：010-61351648
手机号码：13520872212/13716703549
主营业务：金路泰高端陶瓷（轿车）刹车片、甘陵耐磨王、绿龙（重型车）刹车片，各种轿车配套刹车盘，各种国产重汽、半挂、客车、福田、凯马及装载机制动片

京通旭日汽配中心（轴承大全）

公司地址：北京市房山区大南郊汽配城 7 厅门面 6 号
联系人：鲁士杰
电　话：010-61351349
手机号码：15910834466/13521231159
主营业务：各种汽车轴承、工矿业轴承、常州滚针、万向节、十字轴，订做各种异型轴承、批发零售瓦房店、哈尔滨、海虹、洛阳等各大厂家名牌产品，直销 NSK、SKF、NTN、FAG 进口轴承，兼营油封、离合器片、压盘

浙江万安科技股份有限公司北京办事处

公司地址：北京市房山区大南郊汽配城 2 厅门面 7-8 号
联系人：季浩辉
电　话：010-61351801
手机号码：13426366487/13758582908
传　真：010-61351093
主营业务：汽车电子控制系统、汽车制动系统、离合器操纵系统、汽车工程塑料等

方天平目汽配

公司地址：北京市房山区大南郊汽配城专项街 24 号
手机号码：13501032906/13439597008
主营业务：国产进口皮带大全、刹车片大全，代理盖茨皮带、涨紧轮装车配套、金麒麟陶瓷刹车片、信义刹车片盘、缸线、汽油泵、火花塞、东洋、盖达皮带，北京现代、起亚专用机油，飞利普灯泡

北京市良乡华德汽车配件经销部

公司地址：北京市房山区大南郊汽配城 4 厅南侧 6-7 号
联系人：陈积东
电　话：010-61351990
手机号码：13717504444
传　真：010-61351387
主营业务：起动机、发电机、调节器、继电器、闪光器、汽喇叭、电喇叭、直感表、机油塞等

北京威路驰汽车零部件有限公司

公司地址：北京市房山区大南郊汽配城 5 厅门面 5 号
联系人：杨斌
电　话：010-61351733
手机号码：15810259869
主营业务：涡轮增压系统专业服务良乡店，涡轮增压系统：整机、配件、维修，无锡豪力特增压器全国总代理，无锡惠尔特增压器有限公司北京办事处

北京盛华汽车玻璃有限公司房山分公司

公司地址：北京市房山区大南郊汽配城装饰街 28 号
联系人：霍玉国
手机号码：13581603938/18701115147
主营业务：各种国产进口汽车玻璃，铲车、挖掘机、工程机械挡风玻璃，农用车、三轮车玻璃，保险、理赔

北京耀华汽车玻璃

公司地址：北京市房山区大南郊汽配城装饰街 17 号
联系人：陈凤燕
电　话：010-61351956
手机号码：18600605048/13366579682
主营业务：专业各种型号原厂配套汽车玻璃，加工订做、批发零售、厂价直销、专业安装

冠良刹车片 / 离合器片

公司地址：北京市房山区大南郊汽配城 6 厅门面 1 号
电　话：010-61351153
手机号码：13671346645
主营业务：刹车片、离合器片

球笼 · 马达 · 减震器 · 发电机

公司地址：北京市房山区大南郊汽配城 6 厅门面 2 号
联系人：金长俊
手机号码：13121916072
主营业务：球笼、减震器、马达、发电机

北京翼威达汽配

公司地址：北京市房山区大南郊汽配城 4 厅南 5 号
联系人：王英科
电　话：010-61351305
手机号码：15300090591/15910209106
主营业务：批发各种车型消声器、三元催化器，江淮瑞风、同悦、和悦全车配件，轻卡、重卡水箱、中冷器大全

北京燕明利商贸中心

公司地址：北京市房山区大南郊汽配城专项街 5 号
联系人：马明尧 / 胡荣亮
电　话：010-61351009
手机号码：13621341989/13810051619
主营业务：博世三滤、空调滤芯、火花塞、雨刷、刹车片、刹车盘、电瓶、空调系统、喇叭、刹车油、自动变速箱配件及维修

汽保设备、维修工具系列

凯达气泵 / 风炮 / 洗车机专业销售中心

公司地址：北京市房山区大南郊汽配城汽保厅南侧 1-2 号
联系人：于文凯
电　话：010-58469276/61351959
手机号码：13716673223/15010260836
主营业务：四轮定位仪、电脑洗车房、烤漆房、解码器，二柱、四柱、以及剪式举升机，气泵、扒胎机、平衡机、大型扒胎机、大小洗车机等，免拆及可拆清洗机、钣金机及整型设备等，马攀机、半轴机、台湾及国产大小风炮、补胎工具及其用品等

北京耐力驰汽车维修设备经销中心

公司地址：北京市房山区大南郊汽配城汽保厅南 4-5 号
联系人：张永东
电　话：010-61351535
手机号码：13051311871
主营业务：世达工具特约经销商、金奔腾解码仪特约经销商、小松定位仪特约经销商、汉麦克森举升机特约经销商、勃普特大梁校正仪特约经销商、宝中宝烤房系列特约经销商，各种汽保工具、设备

忠诚汽保工具批发

公司地址：北京市房山区大南郊汽配城 8 厅北 4 号
联系人：于文涛
电　话：010-61351680
手机号码：18611094310/13717943964
主营业务：专业维修各种气动工具、马攀机、气泵、洗车机，主营：举升机、扒胎机、平衡机、电焊机、高压洗车机、国产进口五金工具、电动工具、气泵、风炮、各种补胎工具、胶片、半轴机、马攀机、气门座绞刀、多功能电动大型扒胎机、气动黄油机等

北京泉成汽保设备有限公司

公司地址：北京市房山区大南郊汽配城 8 厅北 1 号
联系人：邵红胜
电　话：010-61351536
手机号码：13683084634
主营业务：销售各种国产、进口设备、五金工具，专业维修：烤漆房、举升机、扒胎机、气泵、洗车机、风炮、千斤顶等各种汽修工具

北京亨事伟业气动工具批发商行

公司地址：北京市房山区大南郊汽配城汽保厅北 5-7 号
联系人：张一
电　话：010-61351175
手机号码：13716012983
主营业务：专业批发金刚王、日空、王牌、川岛、樱田、SAP、可耐力风炮，上海鹰飞、保定恒信气动千斤顶人，意大利飞鹰、上海宝得宝气动黄油机，营口良易扒胎机等北京总代理，马攀机、光鼓机、扒半轴机、全自动钢板顶机及世达工具、维修工具大全

北京伟达汽车维修设备经销中心

公司地址：北京市房山区大南郊汽配城汽保厅 8 厅南 5-6 号
联系人：郝凤文
电　话：010-61351098
手机号码：13051871274
主营业务：上海铁鹰气动千斤顶、SP 王牌气动黄油机、营口澳维轮胎拆装设备等北京总代理；台湾如意空压机、河北龙海机械设备、苏州鲸鱼清洗机械、北京东泰逆变直流焊机、浙江硫化机·补胎材料、杭州苹果热补设备·钣金修补设备、南方漳州气动风炮等特约经销商

汽车用品系列

三阳汽车装饰

公司地址：北京市房山区大南郊汽配城装饰街新楼 5-6 号
联系人：赵国光
手机号码：13439250226/13718136029
主营业务：美国杜邦高隔热防爆膜、强生 99 防爆膜、3M 蓝钻防爆膜、汽车音响专业升级，座套、座垫、地胶、中控、防盗器、GPS 卫星定位、封釉、镀膜、汽车改色

北京丽车港装饰美容

公司地址：北京市房山区大南郊汽配城新装饰街 9-14 号
联系人：胡涛
电　话：010-61351039
手机号码：13901056758
主营业务：美国美鹰、汽车封釉镀膜、底盘装甲、3M 汽车防爆膜、水晶镀膜专业施工店、美国强生汽车贴膜授权施工店、飞歌专车专用 DVD 导航授权安装店

平安座套

公司地址：北京市房山区大南郊汽配城装饰街 9 号
联系人：杨平
手机号码：13466798645/13161861465
主营业务：汽车座套、座垫、贴膜、导航、地胶、精品等

旺旺之星汽车装饰行

公司地址：北京市房山区大南郊汽配城装饰街 10 号
联系人：冯满园 / 冯满旺
手机号码：13146071365/13911104566
主营业务：贴膜、导航、音响、地胶、座套、防盗器、座垫、脚垫、清洗内饰、桑拿、汽车精品等

北京丰安捷顺汽车装饰美容中心

公司地址：北京市房山区大南郊汽配城装饰街 20-21 号
联系人：张玉刚
手机号码：13269476141/13161564688
主营业务：专业贴膜、音响、地胶、封釉隔音、中控防盗、座套脚垫、倒车雷达、封塑镀膜、室内桑拿

北京良乡鑫源汽车装饰美容中心

公司地址：北京市房山区大南郊汽配城 18-19 号
联系人：陶帅
手机号码：13521662523/13041229940
主营业务：汽车音响、DVD 导航、无尘贴膜、封釉镀膜、防盗中控、铺地胶、室内翻新、小型修理、座套脚垫、凉垫羊绒垫、多种装饰品、汽车冰箱

北京众品航汽车装饰公司

公司地址：北京市房山区大南郊汽配城主楼一层 9 号
联系人：汪燕芹
电　话：010-61351178/61351078
手机号码：13488826788
主营业务：专业贴膜、美容封釉、镀膜打蜡、底盘封塑、安装各种音响、导航 DVD、防盗器、喇叭、扶手箱、挡泥板、雨刷片、把套、座套、脚垫、地胶

北京良乡舒新汽车装饰

公司地址：北京市房山区大南郊汽配城主楼 7-8 号
联系人：杨晴
电　话：010-61351685
手机号码：13552358933
主营业务：贴膜、音响、防盗器、中控、倒车雷达、封釉镀膜，专业批发订做汽车座套、精品等

深圳市京深欧歌电子有限公司

公司地址：北京市房山区大南郊汽配城主楼一层北侧
联系人：田艳春
电　话：0755-89536379
手机号码：13552790221/18612371921
主营业务：汽车 DVD 导航

德众汽车装饰 · 玻璃

公司地址：北京市房山区大南郊汽配城装饰街 5 号
联系人： 王福君
手机号码：13811738658/13717833664
主营业务：各种汽车玻璃、贴膜、CD 喇叭、高中档音响、座套、脚垫、掸子、封塑、封釉、电子狗、防盗器、中控锁、香水等

乘辉汽车装饰行

公司地址：北京市房山区大南郊汽配城装饰街 3 号
联系人： 于小波
手机号码：13683520474
主营业务：专业贴膜、音响、专车专用一体机、批发各种 CD 等音响

北京车友商贸有限公司

公司地址：北京市房山区大南郊汽配城装饰街 7 号
联系人： 佟建军
电　话： 010-61351015
手机号码：13552084999
主营业务：贴膜、封釉、封塑、座套、座垫、地胶、隔音、氙灯、DVD、座垫清洗、室内清洗、GPS 导航、防盗器、倒车雷达、发动机护板

北京石中全汽车装饰

公司地址：北京市房山区大南郊汽配城 4 厅北 2 号
联系人： 石中全 / 王帆
电　话： 010-58482276/61351194
手机号码：13718588444/13020060589
主营业务：汽车贴膜、地胶、封釉、导航、全车装饰、全车车窗饰条、后护板、后饰条、注塑雨搭，批发汽车灯泡、火花塞、发动机护板、汽车外观饰件

专业汽车用品销售中心

公司地址：北京市房山区大南郊汽配城精品厅 5 厅北 4-5 号
联系人： 唐倩
手机号码：15901555976
主营业务：批发各种精品：脚垫、座垫、座套、防盗器、香水、手扶箱、封釉、打蜡、贴膜、地胶

车宝汽车装饰

公司地址：北京市房山区大南郊汽配城装饰街 11 号
联系人： 温树山 / 高洋
手机号码：13911816299/15810976653
主营业务：贴膜、地胶、脚垫、封釉、镀膜、座套、座垫、精品、氙灯、隔音、音响、导航

北京顺达行汽车装饰中心

公司地址：北京市房山区大南郊汽配城装饰街 1-2 号
联系人： 陈小力
电　话： 010-61351557
手机号码：15601285364/13910793285
主营业务：贴膜、封釉、封塑、座套、座垫、地胶、隔音、氙灯、DVD、导航、防盗器、倒车雷达

车饰发汽车装饰

公司地址：北京市房山区大南郊汽配城装饰街 37-38 号
联系人： 程灿东
电　话： 010-61351398
手机号码：18610256713/13240115679
主营业务：无尘贴膜、专车专用导航、E 路航、倒车雷达、防盗中控、显示屏、音箱、真皮座椅，各种车身改色膜、大灯改色膜、护杠、踏板、地胶、镀膜、封釉、抛光、底盘封塑、室内清洗、桑拿、凉垫、毛垫、座套、脚垫

北京京鑫业达汽车配件销售部

公司地址：北京市房山区大南郊汽配城 5 厅 6 号 /8 厅 3 号
联系人： 李杰
电　话： 010-61351197
手机号码：13501236394
主营业务：汽车配件、汽车装饰

通州区市场商家资讯

- 北京通州北关汽配城
- 北京通州梨园京通汽配城

欧洲车系列

东风雪铁龙标致全车配件

公司地址：北京市通州区北关汽配城南区 23 号
电　话：010-58433202
主营业务：东风雪铁龙、富康、爱丽舍、毕加索、凯旋等

北京市华通汽配

公司地址：北京市通州区北关汽配城南区 39 号
电　话：010-80543756
主营业务：一汽大众、上海大众

北关宏兴大众微型汽配批发

公司地址：北京市通州区北关汽配城西二区 39 号
电　话：010-51675672
主营业务：桑塔纳、捷达、帕萨特

北京北关盛达商贸中心

公司地址：北京市通州区北关汽配城西三区 21 号
电　话：010-81902698
主营业务：上海大众、一汽大众全车件

北京永朋恒业商贸中心

公司地址：北京市通州区北关汽配城西三区 7 号
电　话：010-80543508
主营业务：上海大众、一汽大众全车件，依诺东升、德国马牌、义乌凯吉、山东信义、捷豹等品牌

北京恒昌伟业大众汽配批发中心

公司地址：北京市通州区北关汽配城西一区 13 号
电　话：010-80543395/80543396
主营业务：桑塔纳、时代超人、波罗、帕萨特、奥迪、捷达

美国车系列

北京瑞达顺兴汽配商行

公司地址：北京市通州区北关汽配城东一区 13 号
电　话：010-56049582
主营业务：别克、雪佛兰系列全车配件大全

北京奥德宝汽配

公司地址：北京市通州区北关汽配城东一区 15 号
电　话：010-51675913/80543536
主营业务：上海通用系列全车配件

国产车系列

北京市永利发汽配连锁店

公司地址：北京市通州区北关汽配城西二区 10-11 号
电　话：010-51675652/51675653
主营业务：金杯海狮、福田风景、长安之星、五菱之光、民意、中意、佳宝、夏利等全车配件

上海海顺通达汽配总汇

公司地址：北京市通州区北关汽配城西二区 15 号
电　话：010-51675691/57451505
主营业务：奇瑞、比亚迪、现代、起亚全车配件

鑫意佳汽配商行

公司地址：北京市通州区北关汽配城西三区 11 号 / 西七区 7 号
电　话：010-51675693
主营业务：北斗星、东风小康、长安之星、五菱之光等微型车配件大全

北京鑫毅铮业汽配中心

公司地址：北京市通州区北关汽配城西三区 15 号
电　话：010-56230337
主营业务：奇瑞、东南、比亚迪全车系列

北京华迅汽配中心

公司地址：北京市通州区北关汽配城西三区 5 号
电　话：010-51675663
主营业务：长安铃木、长安汽车系列全车件

北京市亚捷汽车配件公司

公司地址：北京市通州区北关汽配城西五区 2 号
电　话：010-57102310
主营业务：长安铃木、长安汽车系列，批发各种车型刹车盘

北京市和盛源微型汽车配件中心

公司地址：北京市通州区北关汽配城西五区 7 号
电　话：010-52470203
主营业务：松花江、中意、昌河、北斗星、长安之星、长安二代、五菱之光、五菱阳光、奥拓等

北京双海汽配销售中心

公司地址：北京市通州区北关汽配城西三厅 19 号
电　话：010-51675635
主营业务：跃进钻卡、帅虎、江淮威铃、帅铃、东风多利卡、福田、大柴、朝柴等

专项件系列

北京泽林华中管业北关分店

公司地址：北京市通州区北关汽配城东一区 5 号
手机号码：18611157586/13426367575
主营业务：各种高压管、耐油管、气管、夹子、组合垫、O 型圈等密封件

北京诚信通达商贸中心

公司地址：北京市通州区北关汽配城三区 20 号
电　话：010-51675651/80543439
主营业务：各种进口国产润滑油、蓄电池、汽车护理品

上海意奔玛三滤、刹车片大全

公司地址：北京市通州区北关汽配城西三区 17 号
电　话：010-57194929
主营业务：冠良刹车片、意奔玛皮带、三滤大全、空调滤、机油、防冻液、雨刷、火花塞、灯泡

荣众实业（北京）办事处

公司地址：北京市通州区北关汽配城西一区 36 号
电　话：010-51675511
主营业务：活塞环、缸套、气门、轴瓦、减震器等，发动机件、底盘件、电器件系列

汽车维修系列

北关东盛汽配销售中心

公司地址：北京市通州区北关汽配城东一区 1 号
手机号码：13146187639
主营业务：专修东风雪铁龙、东风标致

北京兄弟合众汽配维修中心

公司地址：北京市通州区北关汽配城东一区 2 号
手机号码：13366302253/13120246448
主营业务：东南、比亚迪、北京现代汽配维修

北京奥瑞杰诺汽配中心

公司地址：北京市通州区北关汽配城东一区 3 号
电　话：010-51675958/81606957
主营业务：专营专修宝来、奥迪、红旗、桑塔纳、捷达王全车配件

北京市祥涛爱车汽车服务中心

公司地址：北京市通州区北关汽配城南区 20 号
手机号码：13717944187
主营业务：专修奥迪、帕萨特、宝来、捷达等大众系列及中高档轿车

北京鹏盛达汽车配件维修中心

公司地址：北京市通州区北关汽配城南区 21 号
电　话：010-51675682
主营业务：比亚迪整车配件及专业维修

北京福奥通达汽车维修站

公司地址：北京市通州区北关汽配城南区 25 号
手机号码：13910976164/15901428300
主营业务：专修大众、福特、别克、雪佛兰等系列中高档车

永航大众专修

公司地址：北京市通州区北关汽配城南区 29 号
电　话：010-80543398
主营业务：专修大众、奥迪、丰田、本田、尼桑、马自达等车型

北京世纪腾达汽配商行

公司地址：北京市通州区北关汽配城西四区 15 号
手机号码：13621066283/13436649094
主营业务：专修一汽大众、华晨中华、北京现代、日产尼桑等系列车型

华联和汽配销售中心

公司地址：北京市通州区北关汽配城西五区 21 号
电　话：010-80543736
主营业务：伊兰特、索纳塔、捷达王、桑塔纳纯正配件，钣金喷漆

北京凌云汽车维修

公司地址：北京市通州区北关汽配城西七区 2 号
手机号码：13241176289/13552311699
主营业务：上海通用专业维修、保养、检测

北京军域通达汽车服务中心

公司地址：北京市通州区北关汽配城西七区 11 号
手机号码：13811591580/13693585180
主营业务：一汽大众原厂配件专营，专修奥迪、红旗、宝来、捷达王等

北京鑫旭汽车维修养护中心

公司地址：北京市通州区北关汽配城南区 31 号
电　话：15201505375
主营业务：维修保养、钣金喷漆、电脑检测、电路维修

北京佳惠龙汽车养护服务中心

公司地址：北京市通州区北关汽配城南区 32-33 号
电　话：010-51675577
主营业务：钣金喷漆、四轮定位、维修保养、电脑检测、美容装饰

洪吉中外汽车修理

公司地址：北京市通州区北关汽配城西六区 9 号
手机号码：15249852333/15901529340
主营业务：精修各款汽油发动机、电喷、电控、柴油发动机、手自一体自动变速箱、维修空调、加氟等

北京运祥汽配汽修

公司地址：北京市通州区北关汽配城西五区 3 号
电　话：010-52857100
主营业务：北京现代全车配件及维修保养

（上接 177 页）

洁美狮

公司地址：北京市丰台区亚联六里桥国际汽车用品批发城 C192 号
联系人：于红哲
手机号码：13121658199
主营业务：美容养护

北京金邦

公司地址：北京市丰台区亚联六里桥国际汽车用品批发城 C102/108 号
联系人：丘志献
手机号码：13701247138
主营业务：座套，精品综合

UKK 户外装备

公司地址：北京市丰台区亚联六里桥国际汽车用品批发城 C393 号
联系人：蒋慈君
手机号码：13811397618
主营业务：户外用品

姊妹香品汇

公司地址：北京市丰台区亚联六里桥国际汽车用品批发城 C356/360 号
联系人：赵建华
手机号码：13241167670
主营业务：香水挂饰

北京上腾

公司地址：北京市丰台区亚联六里桥国际汽车用品批发城 C532/536 号
联系人：孙凯志
手机号码：18001329588
主营业务：挂饰

冠品汇

公司地址：北京市丰台区亚联六里桥国际汽车用品批发城 C606 号
联系人：许方叶
手机号码：13020087793
主营业务：精品

深红车饰

公司地址：北京市丰台区亚联六里桥国际汽车用品批发城 C378/380 号
联系人：曹丙梁
手机号码：13401108867
主营业务：精品类

聚尚车品

公司地址：北京市丰台区亚联六里桥国际汽车用品批发城 C390/392 号
联系人：张艳秋
手机号码：13521577834
主营业务：精品，挂饰

金勇达

公司地址：北京市丰台区亚联六里桥国际汽车用品批发城 C618 号
联系人：朱杰勇
电　话：010-52973568
手机号码：13794346968
主营业务：精品类

鸿发汽车用品

公司地址：北京市丰台区亚联六里桥国际汽车用品批发城 C622/628 号
联系人：李娜
电　话：010-53030202
手机号码：15501099881
主营业务：精品综合

四层（综合类）

北京翼兆通科技有限公司

公司地址：北京市丰台区亚联六里桥国际汽车用品批发城 D301/D302 号
联系人：张诗利
电　话：010-52835155
手机号码：13801329226
主营业务：北京六里桥国际汽车用品网上商城（www.llqcar.com）

欧洲车系列

北京市桑海汽车配件总汇

公司地址：北京市通州区梨园京通汽配城 A 厅 15 号
联系人： 叶林锋
电　话： 010-81530380/57023981
主营业务：批发零售桑塔纳、捷达、帕萨特系列全车配件

北京众鑫汽配商贸有限公司

公司地址：北京市通州区梨园京通汽配城 A 厅 2 号
联系人： 路洪源
电　话： 010-81510758/58469336
主营业务：一汽大众、上海大众系列产品

北京鑫法泰汽配批发

公司地址：北京市通州区梨园京通汽配城 A 厅 31 号
联系人： 贾挺法
电　话： 010-81543820
主营业务：厂家直销大众配件，桑塔纳、捷达、帕萨特系列车型

北京市佰利发汽配中心

公司地址：北京市通州区梨园京通汽配城 A 厅 37 号 / 修理区 10 号
联系人： 白丽
电　话： 010-80818012
主营业务：大众系列配件专营、专修，承接各种国产、进口汽车的大中小修理及保养

北京世纪兴汽配销售中心

公司地址：北京市通州区梨园京通汽配城 A 厅 4 号
联系人： 周铁峰
电　话： 010-81510814
主营业务：桑塔纳、奥迪、2000 超人、红旗、帕萨特、宝莱、捷达（王）、速腾，风帆、电瓶、防冻液

北京汇鑫源大众汽配批发中心

公司地址：北京市通州区梨园京通汽配城 A 厅 5 号
联系人： 焦胜凯
电　话： 010-81515422/81959482
主营业务：桑塔纳、时代超人、帕萨特、奥迪等

德国大众配件专营

公司地址：北京市通州区梨园京通汽配城 B 区 39 号
联系人： 袁永坤
电　话： 13651045421
主营业务：捷达（王）、桑塔纳、2000、超人、帕萨特、奥迪、红旗、宝来

百顺汽配责任有限公司

公司地址：北京市通州区梨园京通汽配城 B 厅 4 号
联系人： 彭文富
电　话： 010-81510180
主营业务：红旗、奥迪、桑塔纳、超人、捷达，德国大众、纯正配件

北京众诚大众汽车配件中心

公司地址：北京市通州区梨园京通汽配城 B 厅 6 号
联系人： 殷秀永
电　话： 010-57237563
主营业务：桑塔纳、捷达王、帕萨特、速腾、红旗、超人等

韩国车系列

北京德强顺兴汽配中心

公司地址：北京市通州区梨园京通汽配城 A 厅 22 号
联系人： 赵建德
电　话： 010-81540954
主营业务：北京现代、索纳塔、伊兰特、悦动全车配件

北京健鸿伟业汽配中心

公司地址：北京市通州区梨园京通汽配城 A 厅 7 号
联系人： 孙晓曦
电　话： 15811539583/15330004885
主营业务：伊兰特、索纳塔、悦动等北京现代纯正配件

国产车系列

北京市中顺达汽车配件批发中心

公司地址：北京市通州区梨园京通汽配城 A 厅 12 号
联系人： 郭廷权
电　话： 010-81542458
主营业务：佳宝、中意、民意、夏利、吉利、北斗星、福瑞达等免费送货

北京诚顺微型汽配中心

公司地址：北京市通州区梨园京通汽配城 A 厅 1 号
联系人： 翁财斌
电　话： 010-60522112
主营业务：夏利、吉利、中意、民意、东风小康、佳宝等全车配件，电瓶、机油、防冻液

北京军兴达汽配中心

公司地址：北京市通州区梨园京通汽配城 A 厅 9 号
联系人： 王立洲
电　话： 010-81544928
主营业务：奥拓、羚羊、富康、爱丽舍、悦翔、长安奔奔、雨燕等全车配件

北京市海瑞达汽配总汇

公司地址：北京市通州区梨园京通汽配城 A 厅 21 号
联系人： 张长遂
电　话： 010-81515428
主营业务：奇瑞、比亚迪、起亚系列全车配件

北京通达微型车配件批发

公司地址：北京市通州区梨园京通汽配城 B 区 62 号
联系人： 张书磊
电　话： 010-81510837/59449302
主营业务：夏利、中意、民意、佳宝、五菱之光、长安之星、昌河福瑞达等原厂配件

北京市餍盛隆业汽配销售中心

公司地址：北京市通州区梨园京通汽配城 A 厅 27 号
联系人： 徐明臣
电　话： 010-81538244
主营业务：夏利、东风小康、福瑞达、中意、佳宝、长安之星等配件，免费送货，专营减震器

北京新凯汽配批发中心

公司地址：北京市通州区梨园京通汽配城 B 厅 12-13 号
联系人： 李昂
电　话： 010-81544265
主营业务：金杯海狮、福田风景纯正配件，各种车型刹车片大全

北京市众鑫源业汽配中心

公司地址：北京市通州区梨园京通汽配城 A 厅 38 号
联系人： 徐明生
电　话： 010-52857280
主营业务：长安之星、长安新星、五菱之光、五菱荣光、中意、民意、夏利、吉利等系列全车配件

北京市驰宇盛微型汽配经销部

公司地址：北京市通州区梨园京通汽配城 A 厅 39 号
联系人： 刘宁
电　话： 010-81571687
主营业务：长安之星、五菱之光、民意、中意、佳宝、昌河、松花江、夏利等全车配件

北京市恒泰信业汽配中心

公司地址：北京市通州区梨园京通汽配城 A 厅 20 号
联系人： 郭玉冬
电　话： 010-81515244
主营业务：夏利、吉利、美日等车型全车配件，长城化油器清洗液、三和自喷漆、ATM 表板蜡等

北京鑫毅恒商贸中心
公司地址：北京市通州区梨园京通汽配城 A 厅 25-26 号
联系人：刘凤丹
电　话：010-81515753
主营业务：金杯、福田系列全车配件销售及维修

北京津京汽配
公司地址：北京市通州区梨园京通汽配城 B 厅 32 号
电　话：010-59142956
主营业务：专业批发夏利、AU\A+\N3+\N5、威志、威乐、V2 全车配件

北京勇通汽配中心
公司地址：北京市通州区梨园京通汽配城 B 厅 3 号
联系人：董晏良
电　话：010-58469323
主营业务：金杯、海狮、福田、一汽马自达等全车配件

北京奇胜汽配商行
公司地址：北京市通州区梨园京通汽配城 A 厅 33 号
联系人：王宇
电　话：010-60522770
主营业务：奇瑞、比亚迪系列轿车全车配件

北京腾达吉利汽车配件
公司地址：北京市通州区梨园京通汽配城 B 厅 7 号
联系人：王月彩
电　话：010-81533748
主营业务：吉利系列纯正原厂全车配件

北京鑫法泰汽配商行
公司地址：北京市通州区梨园京通汽配城 A 厅 6 号
联系人：史东帅
电　话：010-60529147
主营业务：Jeep、切诺基、富康、东风雪铁龙、爱丽舍、标志、东南菱帅等汽车配件

商用车系列

北京鸿达隆鑫汽车配件批发中心
公司地址：北京市通州区梨园京通汽配城 A 厅 13 号
联系人：杜培元
电　话：010-60525135/58416202
主营业务：福田、东风、江淮、解放等系列全车配件及钣金件大全，铁流压盘片、增压器、变速箱、差速器、轴承及底盘

北京月光腾达汽车配件有限公司
公司地址：北京市通州区梨园京通汽配城 A 厅 3 号 /B 厅 38 号
联系人：翟洪月
电　话：010-59449275/57020515
主营业务：北汽福田、江淮轻卡、南京跃进、北京轻卡、二汽东风、一汽解放等系列，欧Ⅲ电喷、批发三滤

北京顺发汽车配件经销商
公司地址：北京市通州区梨园京通汽配城 B 厅 48 号
联系人：钟军平
电　话：010-60529079
主营业务：东风、解放、重汽、福田、微面系列等汽车电器，开关、调节器、喇叭、雨刮器、发电机、滤清器、灯泡等

商用车配件专营
公司地址：北京市通州区梨园京通汽配城 B 厅 41 号
联系人：陈晓春
电　话：010-81515642
主营业务：江淮 JAC、威铃、北京旗铃、东风金霸、东风多利卡、新解放、福田、跃进等

北京市鑫通汽配有限公司
公司地址：北京市通州区梨园京通汽配城 B 厅 43-44 号
联系人：梁铁柱
电　话：010-81510807
主营业务：解放、东风、斯太尔、欧曼发动机底盘大全、轴承、增压器、灯具及变速箱总成。

北京市常发汽配销售处
公司地址：北京市通州区梨园京通汽配城 B 厅 2 号
联系人：马常发
电　话：010-81544627
主营业务：东风、解放、跃进、福田、斯太尔、玉柴、锡柴、朝柴等变速箱总成

专项件系列

北京鑫宸汽配有限公司
公司地址：北京市通州区梨园京通汽配城 B 厅 31 号
联系人：周庆
电　话：010-57412976
主营业务：专业汽车皮带

晨晨汽配
公司地址：北京市通州区梨园京通汽配城 B 厅 36 号
电　话：010-81515412
主营业务：批发各车型火花塞、加强高压线、雨刷片

（上接215页）

天诚汽配维修
公司地址：北京市大兴区黄村镇诚天诚汽配城 B 区 60 号
联系人：时生俊
手机号码：13391878072
主营业务：大众、金杯、别克、丰田、现代、中华

北京市人和宝达维修中心
公司地址：北京市大兴区黄村镇诚天诚汽配城 B 区 81 号
联系人：朱全
手机号码：13681353584
主营业务：专营奇瑞配件，专修各种车型

大鹏汽修
公司地址：北京市大兴区黄村镇诚天诚汽配城 B 区 73 号
联系人：郭金庚
电　话：010-61295472
手机号码：15510146352
主营业务：一汽大众、上海大众、北京现代、夏利、吉利、韩系车型

顺义区市场商家资讯

○ 北京南法信众合汽配市场

北京南法信众合汽配市场

北京南法信众合汽配市场位于顺义城区的西大门，顺平路由市场门前向东延伸，公交车站设立在汽配市场外，915、918、924、970路公交在此停靠经过。其西距101国道2公里，东距六环出入口0.5公里，周边东临平谷；南临朝阳、通州；西接昌平；北接怀柔、密云。周边还辐射到：河北丰宁、承德、燕郊、三河、大厂、廊坊等市县。市场总面积22033平方米，出租率达100%。

市场自2003年10月8日正式成立至今，格局不断规划，经营项目不断增加，现有各种大、中、小型货车、客车、轿车、农用车等全车配件，机油、电瓶、轮胎、汽车玻璃、油漆、汽保工具、设备、汽车装饰美容、改装、装饰精品、电子产品、养护用品等一应俱全。随着国际、国内资本的纷纷进入，使顺义区成为北京最大的国际空港物流园区、汽车园区。随着北京现代、北京吉普、北京轻汽等众多汽车制造商建厂，更多的配件制造商也落户顺义，使顺义经济实力跃居全国500强第三名，作为发展中的中等城市，城市人口也在不断增长，汽车后市场的潜力巨大，南法信众合汽配市场成立十年来，商品销售已辐射周边18个区县，机动车市场份额约占500多万辆，长期以来，市场主打品牌效应，在社会上赢得了良好的口碑。

如此优越的地理位置，优越的投资环境，深厚的经济资源，成为越来越多的商家必争之地，进入顺义，进驻众合汽配市场是众多汽配精英的梦想。

欧洲车系列

北京福瑞亨通汽配商贸中心

公司地址：北京市顺义区南法信众合汽配市场精品楼东厅一层 13 号
联系人：张福瑞
电　话：010-69478782
手机号码：13522250982
主营业务：帕萨特、3000 型、普桑、宝来、捷达王，出租车易损件、南吉钣金件大全

北京鑫奥威晨汽配商店

公司地址：北京市顺义区南法信众合汽配市场精品楼东厅一层 17 号
联系人：倪飞
电　话：010-69478797
手机号码：13611137333
主营业务：奥迪、帕萨特、新领驭、新宝来

北京硕辉顺达（原众合顺兴）汽配中心

公司地址：北京市顺义区南法信众合汽配市场精品楼东厅一层 20 号
联系人：许文生
电　话：010-69476630
手机号码：15011321038
主营业务：帕萨特、宝来、捷达、桑塔纳、富康、爱丽舍全车件

北京泳飞翔汽车配件有限公司

公司地址：北京市顺义区南法信众合汽配市场精品楼一层 2 号
联系人：于刚
电　话：010-69473310
手机号码：15811113039
主营业务：大众备代总代理

北京荣光渝达汽配销售中心

公司地址：北京市顺义区南法信众合汽配市场精品楼西厅一层 1 号
联系人：刘振其
电　话：010-69476118/69472578
手机号码：13381380908
主营业务：一汽大众、上海大众

北京京诚源顺汽配销售中心

公司地址：北京市顺义区南法信众合汽配市场精品楼东厅一层 14-16 号
联系人：乔中原
电　话：010-69476685
手机号码：13520017395
主营业务：奥迪、宝来、帕萨特、桑塔纳、超人、捷达王、富康、爱丽舍全车件

北京嘉润腾达汽配（顺义店）

公司地址：北京市顺义区南法信众合汽配市场精品楼一层 4-1 号
联系人：苏志甲
电　话：010-69472195
手机号码：13141199838
主营业务：东风标致、东风雪铁龙

北京飞翔源汽配销售中心（一店）

公司地址：北京市顺义区南法信众合汽配市场精品楼一层 8 号
联系人：马林池
电　话：010-69472082
手机号码：13370177596
主营业务：一店桑塔纳、捷达、帕萨特等

北京天正达汽配销售中心

公司地址：北京市顺义区南法信众合汽配市场精品楼一层 5 号
联系人：李博
电　话：010-69472358
手机号码：13691101355
主营业务：上海大众、一汽大众

北京顺鑫国发汽车配件销售部

公司地址：北京市顺义区南法信众合汽配市场精品楼东厅一层 21 号
联系人：范文可
电　话：010-69478723
手机号码：13001298598
主营业务：上海大众朗逸全车件

日本车系列

北京国达腾飞汽配中心

公司地址：北京市顺义区南法信众合汽配市场精品楼东厅一层 18 号
联系人：王祥国
电　话：010-69471728
手机号码：15910237594
主营业务：广州本田、东风本田、广汽丰田、一汽丰田、日产尼桑、比亚迪全车件

北京叶鑫泰汽车配件销售中心

公司地址：北京市顺义区南法信众合汽配市场精品楼一层 6-1 号
联系人：李金叶
电　话：010-57153799
手机号码：13611047716
主营业务：本田、尼桑、丰田、博世系列

北京明阳顺达汽配销售中心

公司地址：北京市顺义区南法信众合汽配市场精品楼西厅一层 9-1 号
联系人：周志强
电　话：010-69471619
手机号码：15311666516
主营业务：三菱全车件，法雷奥各种车型，离合器、刹车片大全

美国车系列

北京鹏洋恒发汽车配件商店

公司地址：北京市顺义区南法信众合汽配市场 B 厅 76 号
联系人：刘鹏
手机号码：15313126218/13120016585
主营业务：长安福特纯正配件，福克斯、致胜、蒙迪欧、嘉年华全车件

北京铸鼎一方汽配商行

公司地址：北京市顺义区南法信众合汽配市场精品楼东厅一层 18-1 号
联系人：马桂珠
电　话：010-57215663
手机号码：15810324454
主营业务：凯越配件专营

北京月洋顺达汽配批发中心

公司地址：北京市顺义区南法信众合汽配市场精品楼东厅一层 19 号
联系人：王俊玲
电　话：010-69476558
手机号码：13621350555
主营业务：切诺基全车件，别克、雪佛兰全车件

万鑫汽配

公司地址：北京市顺义区南法信众合汽配市场精品楼西停车场处
联系人：林晗
电　话：010-69471216
手机号码：13521564977
主营业务：别克、凯越、君威，雪佛兰、乐风、景程，现代全车件

北京阳光美程汽车配件贸易有限公司

公司地址：北京市顺义区南法信众合汽配市场精品楼一层 3 号
联系人：白航飞
电　话：010-69473219/69473229
主营业务：别克、雪佛兰、大众、奥迪系列全车件，各种品牌易损件

国产车系列

北京瑞达顺兴汽车配件商行

公司地址：北京市顺义区南法信众合汽配市场 B 厅 20-23 号
联系人：冯宗梁
电　话：010-69476326
手机号码：13120153941
主营业务：中华系列、奇瑞系列、东南系列全车配件

顺志杰微型汽车配件

公司地址：北京市顺义区南法信众合汽配市场 B 厅 63-65 号
联系人： 王元景
电　话： 010-69478494
手机号码：13520003761
主营业务：松花江、中意、民意、路尊、小霸王、佳宝、东风小康、北斗星、奥拓等全车件

北京冉旭汽车配件商店

公司地址：北京市顺义区南法信众合汽配市场 B 厅 38 号
联系人： 王丙生
电　话： 010-58493871
手机号码：13167562530
主营业务：福美莱、海福星、普力马、一汽 M6、长安 M3

北京鑫众诚信汽车配件销售部

公司地址：北京市顺义区南法信众合汽配市场 B 厅 43-45 号
联系人： 陈长强
电　话： 010-69476601
手机号码：13691501649
主营业务：桑塔纳、捷达、夏利原厂配件，火花塞、油管、雨刷片、密封条厂家直销

北京隆顺达兴商贸中心

公司地址：北京市顺义区南法信众合汽配市场 B 厅 59-61 号
联系人： 徐延雷
电　话： 010-69471601
手机号码：13391666589
主营业务：吉利、哈飞、天津一汽、五菱、长安、时代驭菱、东风等全车件

北京朝艺顺汽车配件销售中心

公司地址：北京市顺义区南法信众合汽配市场 B 厅 58 号
联系人： 顾瑞朝
电　话： 010-69478703
手机号码：13691466156
主营业务：夏利、中意、民意、长安之星、星光、美日、金刚、之光、荣光等全车配件

北京金顺汇通汽配销售中心

公司地址：北京市顺义区南法信众合汽配市场 B 厅 73 号
联系人： 李金柱
电　话： 010-57118794
手机号码：13439516414
主营业务：比亚迪、东南菱帅、长城炫丽、江淮同悦、和悦等全车配件

北京隆顺达汽配专营

公司地址：北京市顺义区南法信众合汽配市场精品楼一层 7-1 号
联系人： 徐文博
电　话： 010-69476560
手机号码：13522958812
主营业务：天津一汽、长安、五菱、哈飞

北京兴运恒通汽车配件销售部

公司地址：北京市顺义区南法信众合汽配市场 B 厅 76 号
联系人： 常志荣
电　话： 010-69478085
手机号码：13121267324
主营业务：昌河铃木、利亚纳、北斗星、爱迪尔、浪迪原厂配件、专业维修

北京祥诚连鑫汽车配件商店

公司地址：北京市顺义区南法信众合汽配市场 B 厅 60 号
联系人： 李延祥
电　话： 010-69478810
手机号码：13521745665
主营业务：天津一汽：夏利、N3 等，吉利：自由舰、远景、金刚等，奇瑞：旗云、风云、东方之子等全车配件、钣金件

北京明亮恒信汽车配件商店

公司地址：北京市顺义区南法信众合汽配市场 B 厅 34 号
联系人： 宋纯亮
手机号码：15811124656/13693699280
主营业务：中华、骏捷、FRV、尊驰、马自达、福美莱、比亚迪 F3、东南、菱帅、菱悦、V3

北京八方信达汽配

公司地址：北京市顺义区南法信众合汽配市场 B 厅 72 号
联系人： 郝成方
电　话： 010-69478003
手机号码：13240286319
主营业务：长安星光、中意、佳宝、长安之星、东风小康、五菱之光、昌河福瑞达等全车件

北京众发兴业汽配

公司地址：北京市顺义区南法信众合汽配市场 B 厅 74 号
联系人： 邱福渠
电　话： 010-69472069
手机号码：15330006716
主营业务：吉利：帝豪、英伦、全球鹰等，天津一汽：威志、威乐、夏利等，华普：海迅、海域等，长安：悦翔、奔奔及北斗星、微面全系列，全车配件

北京京润丰华汽配

公司地址：北京市顺义区南法信众合汽配市场 B 厅 56 号
联系人： 刘志伟
电　话： 010-69478151
手机号码：13366593579
主营业务：长安汽车、东风微车全车系配件

北京互利通达汽车配件批发中心

公司地址：北京市顺义区南法信众合汽配市场 B 厅 75 号
联系人： 董印猛
电　话： 010-69476578
手机号码：15330057098
主营业务：比亚迪、奥拓、羚羊、雨燕、奔奔等全车配件

北京恒诚鑫丰汽车配件销售部

公司地址：北京市顺义区南法信众合汽配市场 B 厅 68 号
联系人： 徐召全
电　话： 010-69478262
手机号码：13810784540
主营业务：上海通用五菱、哈飞中意、长安之星系列、天津夏利、吉利美日

商用车系列

北京冀东盛源汽配批发中心

公司地址：北京市顺义区南法信众合汽配市场 A 厅 23-25 号
联系人： 马延树
电　话： 010-69471786
手机号码：15910209903
主营业务：福田、江淮、东风、解放系列欧三电喷，轻卡全车配件专卖，各种增压器、水箱、前后桥

北京灿烂伟业汽车配件经营部

公司地址：北京市顺义区南法信众合汽配市场 A 厅 27 号
联系人： 祝其灿
电　话： 010-69478205
手机号码：13651093338
主营业务：大柴、道依茨、锡柴、潍柴、发动机件、法士特、哈齿、一汽伊顿、大同变速箱件、底盘件等

北京八方亚捷汽配销售

公司地址：北京市顺义区南法信众合汽配市场 A 厅 31 号
联系人： 王海亚
电　话： 010-69478206
手机号码：13910503215
主营业务：重汽、解放、三一，重汽豪沃自卸车、水泥车搅拌车、陕汽德龙、奥龙、新大威、J6、悍威等全车件，各车型驾驶室

北京飞翔源汽配销售中心（二店）

公司地址：北京市顺义区南法信众合汽配市场 A 厅 24 号
联系人： 马林池
电　话： 010-69472082
手机号码：13370177596
主营业务：二店大柴、道依茨、锡柴、潍柴、发动机件

北京鸿祥瑞通汽车配件销售部

公司地址：北京市顺义区南法信众合汽配市场 B 厅 30 号
联系人：李占涛
电　话：010-69472081
手机号码：13810265865
主营业务：专营金杯海狮、福田风景全车配件、疑难配件

北京天成顺源汽配中心

公司地址：北京市顺义区南法信众合汽配市场 A 厅 39 号
联系人：王铭跃
电　话：010-69476135
手机号码：13120488131
主营业务：斯太尔、豪沃、欧曼、陕汽、奥龙、德龙、红岩全车配件

北京利兴盛达汽车配件销售中心

公司地址：北京市顺义区南法信众合汽配市场 A 厅 28-30
联系人：王跃
电　话：010-69471389
手机号码：13522299988
主营业务：一汽解放配件专卖店，大柴、锡柴、道依茨发动机件，法士特、哈齿、一汽变速箱总代理

北京建只通达汽配中心

公司地址：北京市顺义区南法信众合汽配市场 A 厅 35 号
联系人：王国霞
电　话：010-69477918
手机号码：13391866809
主营业务：斯太尔、潍柴、上柴、解放、欧曼、豪沃、金王子、德龙、奥龙、发动机件、底盘件、变速箱件、轴承等

北京群益通达汽车配件经销部

公司地址：北京市顺义区南法信众合汽配市场 A 厅 36 号
联系人：张经理
电　话：010-69478365
手机号码：13621321349
主营业务：合肥江淮 JAC 客货系列全车配件，东风多利卡、乘龙、天锦、解放三吨、华凯、凯奥、福田奥铃、捷运、欧曼、金龙、牡丹、宇通、朝柴、锡柴等电喷发动机配件

北京昂宇正阳商贸中心

公司地址：北京市顺义区南法信众合汽配市场 A 厅 45 号
联系人：陈大伟
电　话：010-69478115
主营业务：批发零售北汽旗铃全车配件

北京圣益广进汽车配件经销商

公司地址：北京市顺义区南法信众合汽配市场 A 厅 32 号
联系人：张庆刚
电　话：010-69471163
手机号码：13381453605
主营业务：东风康明斯、天锦、天龙系列全车配件

北京威盛通汽车配件销售部

公司地址：北京市顺义区南法信众合汽配市场 A 厅 41 号
联系人：杨豪
电　话：010-69471428
手机号码：13716331096
主营业务：法士特变速箱、重汽变速箱、解放奥威、悍威、新大威、J6 全车件及各种轴承、油封。

北京翟利鹏汽车配件门市部

公司地址：北京市顺义区南法信众合汽配市场 B 厅 19 号
联系人：翟利鹏
电　话：010-69478041
手机号码：15910993475
主营业务：福田、轻骑、欧马可、捷运、奥铃、金刚王系列全车配件（电喷系列）

北京宁永旺汽车配件经销中心

公司地址：北京市顺义区南法信众合汽配市场 A 厅 50 号
联系人：华庆
电　话：010-69472052
手机号码：13911615120
主营业务：东风、解放系列全车配件，140、141 汽油车配件，原厂灯具、电器、马达、发电机、离合器等

北京世纪鼎华汽配销售部

公司地址：北京市顺义区南法信众合汽配市场 B 厅 11-13 号
联系人：郑厚峰
电　话：010-69478399
手机号码：13681589119/13621113145
主营业务：哈弗 H3、萨普、菱悦 V3、欧马可、江铃、顺达、庆铃 600P 等全车配件

北京金鑫达发汽配经销部

公司地址：北京市顺义区南法信众合汽配市场 A 厅 47 号
联系人：王海山
电　话：010-69471613
手机号码：13126675832
主营业务：北方奔驰、华凌、奥威、悍威、奥龙、德龙、豪骏、底盘、增压机，各种轴承、钣金件，首钢弓字板总代理

北京朝达顺兴汽配销售中心

公司地址：北京市顺义区南法信众合汽配市场 B 厅 24 号
联系人：范庆朝
电　话：010-69476050
手机号码：13146329299
主营业务：东风、跃进、江淮等全车件，湖北新桥盆角齿、差速器壳、减速器总成及配件，变速箱总成及配件

北京适宜东康汽配销售中心

公司地址：北京市顺义区南法信众合汽配市场 A 厅 40 号
联系人：杨斌
电　话：010-69475052
手机号码：13910129746
主营业务：各种增压器、压盘、离合器片，东风 EQ145、153、天龙、天锦、大力神全车配件，康明斯 4BT、6BT 系列等全电控柴油发动机零部件

顺海通达汽配中心

公司地址：北京市顺义区南法信众合汽配市场 B 厅 22 号
联系人：王太祯
电　话：010-69471580
手机号码：13341076769
主营业务：福田、轻骑、捷运、骑士、欧马可、奥峰、凯马等，全柴、锡柴、新昌、朝柴、扬柴、玉柴、大柴，轴承、后桥总成、变速箱总成

北京舒心大超汽车配件销售部

公司地址：北京市顺义区南法信众合汽配市场 B 厅 4 号
联系人：张超
电　话：010-69478375
手机号码：13811759468
主营业务：依维柯、都灵 V、宝迪、全顺全车配件批发

北京跃佳盛源汽车配件店

公司地址：北京市顺义区南法信众合汽配市场 B 厅 2 号
联系人：马全亮
电　话：010-69478825
手机号码：13716812920
主营业务：福田骑仕、奥铃、捷运、新东风多利卡、江淮威铃、解放三吨、赛龙、小解放、轻骑、凯马、旗铃、金杯货车；金刚王 588、598、608、欧马可、欧三电喷、大柴、锡柴、玉柴、朝柴、杨柴、云内、全柴、6T46、5T35、5T30、5T88、520、525、532、542、548、变速箱配件及总成、各种型号增压器

明永发汽车配件销售中心

公司地址：北京市顺义区南法信众合汽配市场B厅26-28号、D区6号
联系人：庞明
电　话：010-69476010
手机号码：13161725427
主营业务：华晨中华、金杯海狮、中华骏捷、福田风景、中华尊驰、风景爱尔法全车配件

北京顺超盛达汽配中心

公司地址：北京市顺义区南法信众合汽配市场B厅6号
联系人：许志超
电　话：010-69476038
手机号码：18911156818/15001079639
主营业务：奥铃、超越、捷运、欧马可、骑仕、江铃、顺达、凯运、五十铃、600P；福田时代驭菱小货车全车件

北京市振威盛汽车配件商店

公司地址：北京市顺义区南法信众合汽配市场B厅1-3-5号
联系人：王建振
电　话：010-69471905
手机号码：13501285297
主营业务：东风多利卡、金霸、乘龙、天锦、三吨解放、华凯、赛龙、骏威、J6、北京旗铃、江淮、跃进、变速箱、差速器总成及配件、增压器、朝柴（欧三）、杨柴、锡柴、大柴、玉柴、云内 全车配件

北京泓利丰通商贸有限公司

公司地址：北京市顺义区南法信众合汽配市场B厅27号
联系人：范生辉
电　话：010-69477099
手机号码：13651189631
主营业务：东风、江淮、跃进、福田、解放全车件，大柴、朝柴、锡柴、玉柴等电喷发动机件增压器大全，发动机、变速箱总成及配件

北京双慧兴汽车配件有限公司

公司地址：北京市顺义区南法信众合汽配市场B厅37号
联系人：刘振怀
电　话：010-69471769
主营业务：北京旗铃、旗龙、1041、1045；全柴4026、大柴498、朝柴4102、云内4100；生产：北京旗铃、旗龙、驾驶室、车门壳等钣金件

北京永丰同鑫汽车配件商店

公司地址：北京市顺义区南法信众合汽配市场B厅7-9号
联系人：郭洞华
电　话：010-69478779
手机号码：13581705998/13501282008
主营业务：东风多利卡、康霸、金霸、东风乘龙、北京旗铃全车配件批发兼零售

北京京叶顺畅汽车配件有限公司顺义分公司

公司地址：北京市顺义区南法信众合汽配市场B厅55号
联系人：李德奎
电　话：010-69470738
手机号码：13801128617
主营业务：江淮、跃进汽车备件中心库，福田汽车配件经销商、格尔发汽车配件中心库

北京长发宏远液压配件销售中心

公司地址：北京市顺义区南法信众合汽配市场A厅46号
联系人：肖剑
电　话：010-69478040
手机号码：18601286644
主营业务：各种自卸车全套液压件、工程机械全套液压系统

北京市永利发汽配销售中心

公司地址：北京市顺义区南法信众合汽配市场B厅32号
联系人：李洪山
电　话：010-69471146
手机号码：13520002056
主营业务：金杯海狮、福田、中华、东南、瑞风、风行系列等全车配件、疑难件

北京远豪聚财汽配商贸中心

公司地址：北京市顺义区南法信众合汽配市场B厅33号
联系人：祝记全
电　话：010-69471160
手机号码：13716614556/18201342557
主营业务：金杯海狮、福田风景、沈阳中顺、阁瑞斯、蒙派克、爱尔法

北京京杰润汽车配件商店

公司地址：北京市顺义区南法信众合汽配市场B厅8号
联系人：范生杰
电　话：010-69478086
手机号码：13683151987
主营业务：金杯海狮、瑞驰、六代、丰田海狮、阁瑞斯、福田海狮、爱尔法、中顺蒙派克 全车配件批发兼零售

北京金能达汽配商贸有限责任公司

公司地址：北京市顺义区南法信众合汽配市场A厅43号
联系人：李冠超
电　话：010-58482575
手机号码：13651386223
主营业务：东风多利卡、天龙、天锦、大力神、雷诺、康明斯电喷系列、朝柴电喷系列、玉柴、大柴等，江山变速箱大全

北京龙业腾达汽车配件销售中心

公司地址：北京市顺义区南法信众合汽配市场B厅25号
联系人：陶龙
电　话：010-69471372
手机号码：13146669358
主营业务：长安客车：6601、6720C、6853、江淮、信腾、合客、亚星、星王、金龙、牡丹、胜利、各种客车全车件

中函永发汽配中心

公司地址：北京市顺义区南法信众合汽配市场B厅36号
联系人：刘洪远
电　话：010-69475125
手机号码：13520221659
主营业务：金杯海狮、福田风景、格瑞斯、爱尔法、金程海狮、皮卡系列等全车配件

专项件系列

北京盛隆豪达商贸中心

公司地址：北京市顺义区南法信众合汽配市场A厅14-16号
联系人：刘银生
电　话：010-58493591
手机号码：15330287591
主营业务：长城、壳牌等各种进口、国产润滑油，风帆、瓦尔塔蓄电池、防冻液、AC德科等各种蓄电池

北京实耐腾飞汽配汽保销售中心

公司地址：北京市顺义区南法信众合汽配市场精品楼一层6-2号
联系人：杨灵犀
电　话：010-69472268
手机号码：13811556049
主营业务：氙气灯、警报器、缸线、火花塞

北京栋梁达汽车配件销售部

公司地址：北京市顺义区南法信众合汽配市场 A 厅 17 号
联系人：魏勤璞
电　话：010-69471291
手机号码：13611099351
主营业务：长城、壳牌等品牌油品，风帆、骆驼、德尔福、电动车电瓶，银帆蓄电池北京总代理

北京永顺腾达润滑油经营部

公司地址：北京市顺义区南法信众合汽配市场 A 厅 20 号
联系人：侯志荣
电　话：010-69473361
手机号码：15910383341
主营业务：批发零售机油、电瓶、防冻液、添加剂

北京展通鸿达汽车配件商店

公司地址：北京市顺义区南法信众合汽配市场 A 厅 21 号
联系人：田书俊
电　话：010-69471016
手机号码：13718751642
主营业务：壳牌、美孚、加德士、埃索等各品牌机油、黄油、刹车油、防冻液，瓦尔塔电瓶

北京永联顺汽车配件销售部

公司地址：北京市顺义区南法信众合汽配市场 A 厅 60 号
联系人：张永生
电　话：010-69478212
手机号码：13121153279
主营业务：各种汽车油漆、电脑调漆、原子灰、底漆、天哪水、砂纸、胶带、车底胶、自喷漆、汽车蜡、各种喷漆辅料

北京众合忠诚汽配中心

公司地址：北京市顺义区南法信众合汽配市场 A 厅 33 号
联系人：王建忠
电　话：010-69471896
手机号码：13520298538
主营业务：江苏华威、海业、三义合、重汽滤清器顺义区代理，雨刷片、机油、火花塞、三滤、轴承

北京京顺妙龙汽配商行

公司地址：北京市顺义区南法信众合汽配市场 A 厅 34 号
联系人：陈艳龙
电　话：010-69475110
手机号码：13366121378
主营业务：专营汽车油漆、喷漆辅料、护理产品，新劲妙龙汽车辅料顺义总代理，金冠漆辅料、神马原子灰总经销

北京顺清源旺汽配门市部

公司地址：北京市顺义区南法信众合汽配市场 A 厅 61 号
联系人：戈中侠
手机号码：13641046408
主营业务：批发零售各型汽车及工程机械操纵拉索、换档线，订做液压油管

耀华汽车玻璃专营

公司地址：北京市顺义区南法信众合汽配市场 A 厅 62 号
联系人：张磊
电　话：010-69477030
手机号码：13683001460
主营业务：各种国产进口汽车玻璃及前后风挡饰条

北京弘盛汽车玻璃销售部

公司地址：北京市顺义区南法信众合汽配市场 A 厅 63 号
联系人：张巨洋
电　话：010-69476611
手机号码：13811152949
主营业务：专营各种高中低档汽车玻璃、工程机械玻璃

北京京浙北方物资公司

公司地址：北京市顺义区南法信众合汽配市场 B 甲 3 号
联系人：王大海
电　话：010-69478770
主营业务：各种规格进口国产轮胎

北京祥武中兴汽车配件经营部

公司地址：北京市顺义区南法信众合汽配市场 A 厅 44 号
联系人：潘金波
电　话：010-58482512
手机号码：13911600046
主营业务：各种汽车、工程机械液压油管、拉线、空调管、水管、铁管、电喷油管等

北京伟健铭崎汽车配件经销部

公司地址：北京市顺义区南法信众合汽配市场 A 厅 7 号
联系人：王怀珍
电　话：010-69472186
手机号码：13683219838
主营业务：美孚、加德士、长城润滑油指定经销商，各种进口、国产工业油、电瓶、添加剂

北京隆鑫顺业汽车配件销售中心

公司地址：北京市顺义区南法信众合汽配市场精品楼一层 9-2 号
联系人：张庆达
手机号码：15810342356/13651345960
主营业务：氙气灯、电瓶、雨刷片、机油、喇叭

北京金润丰盛汽车易损配件批发

公司地址：北京市顺义区南法信众合汽配市场 B 厅 29-31 号
联系人：杜俊山
电　话：010-69478870
手机号码：13261008930
主营业务：飞利浦等品牌灯泡，NGK、电装等品牌火花塞，雨刷、喇叭、迪光、增光器、继电器、万向节、灯具、汽车电器等

北京京君顺冲汽车配件经销商

公司地址：北京市顺义区南法信众合汽配市场 A 厅 9 号
联系人：张泽君
电　话：010-56109465
手机号码：13366778356
主营业务：长城、壳牌等各种进口、国产润滑油、液压油、传动油、齿轮油，风帆蓄电池、长城、蓝星防冻液、玻璃水

北京泽林华中汽车配件中心

公司地址：北京市顺义区南法信众合汽配市场 A 厅特 1 号
联系人：张泽林
电　话：010-69478569
手机号码：18611039921
主营业务：轻型轿车液压、载重汽车气压制动软管和总成，各种输油软管、拉线、液压油、机油

北京东洪瑞兴汽车配件经销部

公司地址：北京市顺义区南法信众合汽配市场 A 厅 2 号
联系人：王琳
电　话：010-69472240
手机号码：15011069729
主营业务：机油、电瓶

北京鑫田恒力汽车配件商行

公司地址：北京市顺义区南法信众合汽配市场 A 厅 8-1 号
联系人：王国松
电　话：010-69475001
手机号码：13261528166
主营业务：铜铝水箱、冷凝器、电子扇、仪表、全车线、传感器、发电机、雨刷机、组合开关、滤清器等

北京众合汇丰汽车配件销售部

公司地址：北京市顺义区南法信众合汽配市场 B 厅 16 号
联系人：田香芳
电　话：010-69478162
手机号码：13501015491
主营业务：专业制造批发各种车型减震器，电脑板、喷油嘴、氧传感器、点火线圈、汽油泵、节气门阀体、各种车型电喷配件

北京源发胜达汽配商店

公司地址：北京市顺义区南法信众合汽配市场A厅10-12号
联系人：王铁林
电　话：010-69471120
手机号码：13126923894
主营业务：骆驼蓄电池，各种机油、防冻液和汽车养护用品

北京亚安达润滑油经营部

公司地址：北京市顺义区南法信众合汽配市场A厅1-3-5号
联系人：范化军
电　话：010-69478208
手机号码：13718098767
主营业务：各种国产进口机油、电瓶、添加剂、液压油、齿轮油、制动液、黄油、防冻液等

北京天赐百信电气机械经销部

公司地址：北京市顺义区南法信众合汽配市场A厅13号
联系人：商吉堂
电　话：010-69476139
手机号码：15300392827
主营业务：马达、发电机、压缩机

北京奥伟顺利汽车配件销售部

公司地址：北京市顺义区南法信众合汽配市场B厅10-12号
联系人：魏贵洋
电　话：010-69478202
手机号码：13683036586
主营业务：豹王、箭冠滤清器，各种大车蚌埠滤清器、山多力雨刷片、火花塞、喇叭

北京易龙军合汽车配件经销部

公司地址：北京市顺义区南法信众合汽配市场A厅6-8号
联系人：邱亚军
手机号码：13810551061/13260180626
主营业务：三滤、刹车片、灯泡、火花塞，豹王、嘉润滤清器、AOV刹车片、飞利浦灯泡、NGK火花塞、无骨雨刷片，皮带、保险片、防冻液

北京信义恒通汽车配件商店

公司地址：北京市顺义区南法信众合汽配市场B厅42号
联系人：刘洋
电　话：010-58482509
手机号码：13261538869
主营业务：信义刹车片、刹车盘，金麒麟刹车片大全，上海大众、通用、克莱斯勒、长春一汽、天津一汽等五十余种车型主机配套

北京万年腾飞汽配销售中心

公司地址：北京市顺义区南法信众合汽配市场B厅18号
联系人：郝静粉
电　话：010-69471386
手机号码：13718850401
主营业务：三滤大全、NGK火花塞、BOSCH火花塞、德佳斯火花塞、雨刷片

北京中梁众信汽车配件销售中心

公司地址：北京市顺义区南法信众合汽配市场B厅28号
联系人：刘武响
电　话：010-52299177
手机号码：13601004676
主营业务：各种车型刹车片、三滤、润滑油、防冻液

北京飞马顺通汽车配件经销商

公司地址：北京市顺义区南法信众合汽配市场A厅8-3号
联系人：王家强
电　话：010-69477783
手机号码：13011896998
主营业务：批发各种国产、进口减振器、氙气灯、火花塞、雨刷片、喇叭、灯炮

北京富顺全达汽车配件经销部

公司地址：北京市顺义区南法信众合汽配市场B厅34-1号
联系人：仁付全
电　话：010-87523630/51149818
手机号码：13146183277
主营业务：各种品牌火花塞、各种品牌高压线、各种品牌点火线圈

北京金鹰腾达汽车配件销售中心

公司地址：北京市顺义区南法信众合汽配市场精品楼东厅一层12号
联系人：王育山
电　话：010-69471230
手机号码：13501170791
主营业务：电瓶、机油、工业油，AC、三冠蓄电池北京总代理

北京精益福达汽车配件销售中心

公司地址：北京市顺义区南法信众合汽配市场B厅39号
联系人：刘明亮
电　话：010-69472085
手机号码：13693516030
主营业务：哈尔滨、洛阳、佳木斯等汽车轴承，油封、O型圈、电机、工业轴承。日本进口和德国FAG品牌轴承，东风、解放等汽车配件

北京华众聚业汽配中心

公司地址：北京市顺义区南法信众合汽配市场B厅40号
联系人：任振东
电　话：010-69474660
手机号码：13716105716
主营业务：盖茨皮带、涨紧轮、皮带、灯泡、缸线、火花塞、雨刷片、博世系列产品

北京顺利真汽车配件商店

公司地址：北京市顺义区南法信众合汽配市场B厅41号
联系人：袁磊
电　话：010-69472653
手机号码：13521929483/13716172104
主营业务：金麒麟陶瓷刹车片顺义销售处

北京鸿宇婧天汽车配件商店

公司地址：北京市顺义区南法信众合汽配市场B厅35号
联系人：赵静
手机号码：13552832039
主营业务：批发零售各种汽车、工程机械压缩机、马达、发电机

北京顺旺发达汽配中心

公司地址：北京市顺义区南法信众合汽配市场B厅47号
联系人：周永胜
电　话：010-69471009
手机号码：15901429756
主营业务：各种车型消声器、三元催化、不锈钢消声器、氧传感器

北京树豹达汽车配件销售部

公司地址：北京市顺义区南法信众合汽配市场D区10-11号
联系人：张长树
手机号码：13120154108
主营业务：轮胎专营、批发电瓶、专业四轮定位

北京鄂京胜行汽车配件、轮胎销售中心

公司地址：北京市顺义区南法信众合汽配市场D区20号
联系人：李忠华
手机号码：13611136891
主营业务：轮胎专营，四轮定位、动平衡、热补真空胎

北京梦晴发汽车配件商店

公司地址：北京市顺义区南法信众合汽配市场精品楼一层4-2号
联系人：孟德士
手机号码：15810302842/15300390130
主营业务：瑞光中国十大HID品牌北京总代理

北京格林天翼汽车配件商店

公司地址：北京市顺义区南法信众合汽配市场 B 厅 17 号
联系人：李国军
电　话：010-57273924
手机号码：18811358678
主营业务：汽车风扇带、空调带、发电机带、德国马牌正时皮带、涨紧轮、水泵、氙灯、喇叭、火花塞

汽保设备、维修工具系列

北京龙腾源达汽保工具设备销售中心

公司地址：北京市顺义区南法信众合汽配市场 A 厅 51-53 号
联系人：张国兴
电　话：010-69450248
手机号码：13671083136
主营业务：世达工具指定经销商，烤漆房、大梁校正、举升机、扒胎机、平衡机、四轮定位仪、汽车解码器等，汽修进口、国产工具、检测仪器及整厂配套

北京京峰源汽车配件销售部

公司地址：北京市顺义区南法信众合汽配市场 A 厅 52 号
联系人：范文峰
电　话：010-69475080
手机号码：13381056396
主营业务：检修工具、仪器仪表、电工、五金工具、量具、随车工具，扒胎机、补胎机、动平衡、清洗机、举升机

北京辉煌远达配件经营部

公司地址：北京市顺义区南法信众合汽配市场 A 厅 57-59 号
联系人：周雅辉
电　话：010-69478130
手机号码：13718346011
主营业务：各种举升机、烤漆房、扒胎机、动平衡、空压机、四轮定位仪、电脑解码仪、检测设备等

北京老五忠江汽保工具销售中心

公司地址：北京市顺义区南法信众合汽配市场 A 厅 56-58 号
联系人：李忠江
电　话：010-69471430
手机号码：13381359136
主营业务：各种专用工具、扒胎机、动平衡、压力机、举升机，各种大型设备

汽车用品系列

御车达汽车装饰用品店

公司地址：北京市顺义区南法信众合汽配市场 A 甲 -10 号
联系人：徐振法
手机号码：13651297394/13011230806
主营业务：威固、3M、杜邦品牌防爆膜，欧华导航顺义代理商，地胶、封釉、座套座垫、防盗器

北京车旺达汽车美容装饰

公司地址：北京市顺义区南法信众合汽配市场 A 甲 -12-1
联系人：王伟
手机号码：13520584699/13521216911
主营业务：专业贴膜、导航、音响、防盗，车上灯光、倒车雷达、座套座垫、地胶等汽车精品、美容

北京合志隆兴汽车配件门市部

公司地址：北京市顺义区南法信众合汽配市场 B 甲 13 号
联系人：黄志坚
手机号码：13436559385/13520869531
主营业务：美国威固光谱纳米陶瓷隔热膜顺义区代理，飞利浦、新飞 DVD 导航、科维满天星 DVD 导航顺义区代理

顺源汽车装饰

公司地址：北京市顺义区南法信众合汽配市场 A 厅 4-6 号、精品三层 17 号
联系人：龚绍华
手机号码：13269313086
主营业务：美国强生汽车膜，音响、导航、影音系统、氙气灯、真皮座椅、防盗、地胶、座垫座套等

北京子喻锁具维修中心

公司地址：北京市顺义区南法信众合汽配市场精品楼东大厅入口
联系人：时光杰
电　话：010-52436643
手机号码：13439023317
主营业务：开锁、配芯片钥匙、汽车摇控器、音响解码

顺义荔城汽车装饰

公司地址：北京市顺义区南法信众合汽配市场 B 甲 11 号、精品楼二层 6 号
联系人：黄文晋
电　话：010-69472876
手机号码：13552445950
主营业务：音响、贴膜、地胶、防盗等汽车用品、护理用品、座垫批发

北京生涛行汽车美容装饰中心顺义店

公司地址：北京市顺义区南法信众合汽配市场 A 甲 -12-2
联系人：陈生根
手机号码：15811390718/13601391128
主营业务：专业贴膜、导航、音响、防盗，车上灯光、倒车雷达、座套座垫、地胶

广州广惠龙汽车精品装饰

公司地址：北京市顺义区南法信众合汽配市场 B 甲 5 号
联系人：骆伟锋
手机号码：13716104691/13436810791
主营业务：专业贴膜、DVD 导航、防盗、封釉、座垫、座套、脚垫等

北京德顺利源汽车装饰用品商店

公司地址：北京市顺义区南法信众合汽配市场 C 区 8 号、二层 4 号
联系人：孙国明
手机号码：13910857306
主营业务：贴膜、音响、防盗、中控、导航、地胶、脚垫、座套、香水等

北京天久恒胜汽车用品批发中心

公司地址：北京市顺义区南法信众合汽配市场精品楼二层 7 号
联系人：陈统满
手机号码：15101042474/18310660217
主营业务：专业批发座垫、座套、把套、贴膜、地胶、脚垫、腰靠及各种精品

北京金钱雨汽车装饰中心

公司地址：北京市顺义区南法信众合汽配市场精品楼东二层 10 号
联系人：庞勇
手机号码：15910369191/13241707071
主营业务：GPS 导航、一体机、电子狗、行车记录仪、音响改装、贴膜、防盗、中控、座套等

华丰运达精品装饰用品批发中心

公司地址：北京市顺义区南法信众合汽配市场精品楼二层 11-12 号
联系人：王书堂
电　话：010-69472481
手机号码：13366682803
主营业务：批发座套、凉垫、毛垫、防盗器、贴膜、脚垫，各种车载电器、喇叭、倒车雷达等

北京车之旺汽车配件商店

公司地址：北京市顺义区南法信众合汽配市场 B 甲 7 号
联系人： 潘世杰
手机号码：13811271889/18626869281
主营业务：专业汽车装饰、贴膜、音响、DVD 导航、倒车影视、倒车雷达、地胶、防盗器、封釉、地盘封塑、汽车精品

龙成通达汽车装饰用品

公司地址：北京市顺义区南法信众合汽配市场精品楼二层 18 号
联系人： 曾坤城
手机号码：13901199010/15321530985
主营业务：汽车装饰用品、座垫、座套、贴膜、地胶、防盗器、DVD 等

君正福晨汽车装饰

公司地址：北京市顺义区南法信众合汽配市场精品楼二层 1 号、A 甲 -8 号
联系人： 张俊梅
手机号码：13311362654/13716257048
主营业务：专营飞歌 DVD 导航、便携式导航、电子狗、记录仪

海通八达汽车用品

公司地址：北京市顺义区南法信众合汽配市场精品楼二层 20-1 号
联系人： 张雪岭
手机号码：13269511210/13167577891
主营业务：订做各种座套，贴膜、防盗等精品装饰，抛光、打蜡、封釉、音响改装等

车随我动汽车装饰

公司地址：北京市顺义区南法信众合汽配市场精品楼三层 15 号
联系人： 王春雨
手机号码：18911138678
主营业务：贴膜、导航、音响、隔音、防盗、地胶、低音炮、封釉、座套、座垫、脚垫等

北京恒诚金麒麟汽车装饰用品店

公司地址：北京市顺义区南法信众合汽配市场精品楼三层 16 号
联系人： 侯龙龙
手机号码：13141359741/13120326147
主营业务：个性汽车音响、车载数码影音、专业后视系统

北京尚英勇装饰用品销售中心

公司地址：北京市顺义区南法信众合汽配市场精品楼三层 3 号
联系人： 尚英勇
手机号码：13552194060/13520729433
主营业务：贴膜、防盗、地胶、香水、座套、把套、座垫、脚垫及各种精品

北京贸森隆源汽车装饰用品店

公司地址：北京市顺义区南法信众合汽配市场精品楼三层 10 号
联系人： 牛春强
手机号码：18201684489/13641332547
主营业务：贴膜、地胶、座套、座垫、脚垫、把套、香水、防盗及各种精品

北京捷宝时尚汽车装饰用品商店

公司地址：北京市顺义区南法信众合汽配市场精品楼三层 11 号
联系人： 王丽红
手机号码：15011565001/13810001511
主营业务：专业批发地胶、后厢垫、大包围脚垫

凤朝汽车装饰销售中心

公司地址：北京市顺义区南法信众合汽配市场精品楼三层 12 号
联系人： 魏凤朝
手机号码：15510362728/15652916498
主营业务：专业贴膜、地胶、封釉、座套、座垫、脚垫、防盗器、音响、GPS 导航等

北京日日华鑫汽车用品

公司地址：北京市顺义区南法信众合汽配市场精品楼三层 13 号
联系人： 张鹏
手机号码：18910700518/13522830518
主营业务：专做汽车全包围脚垫

北京车美佳宾汽车装饰中心

公司地址：北京市顺义区南法信众合汽配市场精品楼三层 14 号
联系人： 刘斌
手机号码：15910544492
主营业务：专业贴膜、音响、防盗、DVD、VCD、座套、座垫、脚垫、地胶、香水等

北京胜杰磊汽车装饰中心

公司地址：北京市顺义区南法信众合汽配市场精品楼二层 2 号
联系人： 王忠磊
电 话： 010-69478222
手机号码：13810262660
主营业务：专营音响、CD、座套、防盗器、防爆膜、地胶等各种装饰品

北京佳诚信友汽车装饰公司

公司地址：北京市顺义区南法信众合汽配市场精品楼二层 3 号、B 甲 9 号
联系人： 王卫东
电 话： 010-69478152
手机号码：13901393140
主营业务：CD、VCD、收录机、喇叭、中控锁、排档锁、防盗器、贴膜、地胶、座套、车蜡等

北京圣华奥汽车地毯有限公司

公司地址：北京市顺义区南法信众合汽配市场精品楼三层 18 号
联系人： 樊桂华
手机号码：15101073591/13683304571
主营业务：订做各种脚垫、贴膜、防盗、座套、封釉、底盘装甲、导航、音响改装等

北京风云安驰汽车装饰用品销售中心

公司地址：北京市顺义区南法信众合汽配市场精品楼三层 19 号
联系人： 刘德安
手机号码：18710003908/18701042188
主营业务：贴膜、导航一体机、真皮座套、座垫、脚垫、镀膜、封釉、底盘装甲、音响升级等

北京君胜缘精品销售中心

公司地址：北京市顺义区南法信众合汽配市场精品楼三层 1 号
联系人： 王书军
手机号码：13671161891/13552181666
主营业务：DVD 导航、座套、座垫、贴膜；地胶、脚垫、防盗、中控、音响等

北京俊杰伟业汽车用品商行

公司地址：北京市顺义区南法信众合汽配市场精品楼三层 20 号
联系人： 王俊
手机号码：13683299563/13611167610
主营业务：专业改装尾翼、进排器、方向盘、行李架等，外观装饰件及各种精品

北京京深畅隆汽车装饰用品中心

公司地址：北京市顺义区南法信众合汽配市场精品楼三层 22 号
联系人： 孙宏志
手机号码：13552055029
主营业务：厂家直销汽车地胶、脚垫、后仓垫大全

汽车装饰用品店

公司地址：北京市顺义区南法信众合汽配市场精品楼三层 23 号、C 区 13 号
联系人： 陈兴燕
手机号码：13161890553/13126778452
主营业务：汽车装饰用品、扶手箱、座垫、座套、贴膜、防盗器等，维修、保养

北京润发海世博汽车装饰商店

公司地址：北京市顺义区南法信众合汽配市场精品楼三层 4 号
联系人： 王海宽
电 话： 010-58406201
手机号码：15810732986/13240452594
主营业务：防爆膜、GPS 导航、一体机、防盗器、地胶、座套、脚垫等汽车护理用品

阿霞汽车装饰用品批发

公司地址：北京市顺义区南法信众合汽配市场精品楼三层 5 号
联系人： 黄红霞
手机号码：13718357602
主营业务：专业贴膜、导航、封釉，冬夏座垫、脚垫、护理用品

北京志成广源汽车装饰用品

公司地址：北京市顺义区南法信众合汽配市场精品楼三层 6 号
联系人： 刘志彪
手机号码：13466507198
主营业务：汽车装饰用品、座垫、座套、贴膜、地胶、防盗器、DVD 等

北京振国建荣汽车配件销售中心

公司地址：北京市顺义区南法信众合汽配市场精品楼西厅一层 11 号
联系人： 刘振国
手机号码：18210601428
主营业务：开锁、配汽车摇控器、芯片钥匙、智能钥匙

梦想华菲汽车装饰用品店

公司地址：北京市顺义区南法信众合汽配市场精品楼三层 8 号
联系人： 牛春军
手机号码：13269632586/13366950598
主营业务：贴膜、防盗、地胶、香水、把套、座套、座垫、脚垫及各种精品

北京范生春汽车用品商行

公司地址：北京市顺义区南法信众合汽配市场精品楼三层西厅 21 号
联系人： 范生春
手机号码：13718582209/13552673570
主营业务：专业贴膜、音响、防盗、导航、地胶、座套、抛光、打蜡、封釉等

北京缘顺利发汽车装饰店

公司地址：北京市顺义区南法信众合汽配市场精品楼三层 9 号
联系人： 李国章
手机号码：13910313355/13011113325
主营业务：音响、防盗、贴膜、DVD、座套、座垫、脚垫、地胶、香水等汽车用品

北京亿车超缘汽车装饰用品销售中心

公司地址：北京市顺义区南法信众合汽配市场精品楼三层西厅 2 号
联系人： 王海超
电 话： 010-58428398
手机号码：13552873588/15330238398
主营业务：GPS 导航、一体机、防盗、中控、音响、品牌毛垫及凉垫等汽车护理用品

北京广达海世博汽车装饰商店

公司地址：北京市顺义区南法信众合汽配市场精品楼三层 7-1 号
联系人： 祝青世
手机号码：13488889282/13641336596
主营业务：专业贴膜、地胶、导航、封釉、座垫、座套、GPS 导航、防盗器、音响等

北京天宇捷兴汽车装饰

公司地址：北京市顺义区南法信众合汽配市场精品楼三层 17 号
联系人： 姜超
手机号码：15811108166/15117979748
主营业务：批零各种喇叭、DVD、功放机，专贴进口防爆膜、前风档膜、中控锁、防盗器、座套、座垫等

汽车维修保养系列

北京齐鲁钟氏汽车配件中心

公司地址：北京市顺义区南法信众合汽配市场 C 区 37 号
联系人： 钟慎文
手机号码：13366610877
主营业务：专修桑塔纳 2000、捷达王、宝来、奥迪、帕萨特

北京仁和志远汽车配件中心

公司地址：北京市顺义区南法信众合汽配市场精品楼三层 7-2 号、C 区 12 号
联系人： 陈光滔
手机号码：13811022451/15811307276
主营业务：精修汽车空调、加氟、贴膜、防爆膜、改装音响、氙灯、防盗器、地胶等精品

大兴区市场商家资讯

○ 北京诚天诚汽配城

欧洲车系列

北京佳凯惠汽配商贸中心

公司地址：北京市大兴区黄村镇诚天诚汽配城 B 区 17 号
联系人： 陈德军
电　话： 010-56918650
手机号码：13439570333
主营业务：桑塔纳、宝莱、捷达、帕萨特、时代超人

北京兴宇汇众汽车零部件销售公司

公司地址：北京市大兴区黄村镇诚天诚汽配城 B 区 39-40 号
联系人： 于凤媛
电　话： 010-56286839/15311987139
手机号码：18301012943/15604540044
主营业务：上海大众、一汽大众、电瓶、机油、防冻液、雨刷片、灯泡

国产车系列

超盛发汽车配件大全

公司地址：北京市大兴区黄村镇诚天诚汽配城 A 区 67-68 号
联系人： 赵迎环
电　话： 010-56243786
手机号码：15699831291/13522066169
主营业务：哈飞中意、民意、小霸王，长安之星、之星二代、长安 S460、长安 4500，五菱之光、荣光、宏光、兴旺，东风小康、小康二代、K07\K17\V27，福田驭菱、北汽威旺、唐骏赛菱

北京大兴红日配件

公司地址：北京市大兴区黄村镇诚天诚汽配城 B 区 50 号
联系人： 刘存双
电　话： 010-56918626
手机号码：13810117398
主营业务：奇瑞、比亚迪全车系配件

北京聚金源汽配批发

公司地址：北京市大兴区黄村镇诚天诚汽配城 B 区 30-31 号
联系人： 刘子华
电　话： 010-56918685
手机号码：13611341946
主营业务：长安铃木、昌河铃木等全车配件

北京龙亮发汽配商行

公司地址：北京市大兴区黄村镇诚天诚汽配城 B 区 65-66 号
联系人： 李朝亮
电　话： 010-56918396
手机号码：18600262045
主营业务：长安、哈飞、五菱、小康系列

北京鹏晟通达汽配商行

公司地址：北京市大兴区黄村镇诚天诚汽配城 A 区 50 号
联系人： 张引明
手机号码：18911024928/13121561529
主营业务：比亚迪全车件、各种车型减震器

北京市诚信汽车配件服务中心

公司地址：北京市大兴区黄村镇诚天诚汽配城 B 区 76-77 号
联系人： 赵浩宽
手机号码：13011056656/18201564989
主营业务：金杯海狮、福田海狮专卖

专项件系列

北京恒昌龙翔汽车轮胎销售中心

公司地址：北京市大兴区黄村镇诚天诚汽配城 B 区 2-3-5 号
联系人： 黄海龙
经营年限：10 年
员工数量：9 人
电　话： 010-56918369
手机号码：15910769628/15910761545
主营业务：批发零售多种国内外车型配套轮胎、轮毂，代理品牌：TOP、玲珑、盾轮、普利司通、米其林、邓禄普

北京京友世纪轮胎商行

公司地址：北京市大兴区黄村镇诚天诚汽配城 B 区 21-22-23 号
联系人： 陈涛
经营年限： 10 年
员工数量： 8 人
电　话： 010-56918585
手机号码： 13260185775
主营业务： 轮胎、轮圈批发零售、改装升级、胎压监控

北京国宇行轮胎公司

公司地址：北京市大兴区黄村镇诚天诚汽配城北门 1 排
联系人： 赵洪生
手机号码：13161878021
主营业务：各种品牌轮胎

北京益景轩油品批发

公司地址：北京市大兴区黄村镇诚天诚汽配城 B 区 78 号
联系人： 武亚利
经营年限：6 年
手机号码：13911348367　13718132198
主营业务：各种进口、国产名牌润滑油、润滑脂、工业用油等，各种防冻液、玻璃水、添加剂、清洗剂，主营车仆润滑油、车仆养护用品

北京诚信顺达商贸中心

公司地址：北京市大兴区黄村镇诚天诚汽配城 B 区 59 号
联系人： 朱先平
电　话： 010-56918558
手机号码：13381139685/13391830017
主营业务：进口、国产电瓶、润滑油、防冻液等

北京鑫润华润滑油销售中心

公司地址：北京市大兴区黄村镇诚天诚汽配城 A 区 81 号
联系人： 吴风超
电　话： 010-56918484
手机号码：13681572705
主营业务：各种机油、电瓶、防冻液、刹车油、汽车用品

中德合众汽车零配件（北京）销售中心

公司地址：北京市大兴区黄村镇诚天诚汽配城 B 区 88 号
联系人： 孙自强
手机号码：13120230888/15128429077
主营业务：机油、电瓶、防冻液、抗磨剂、氟

北京金博保鑫电瓶销售处

公司地址：北京市大兴区黄村镇诚天诚汽配城 A 区 40 号
联系人： 钱冬松
电　话： 010-57754969
手机号码：13240015036/15101023253
主营业务：各种电瓶、电解液、补充液、电瓶配件、大线、充电机、防冻液等

北京市恒泰宏利汽配经营部

公司地址：北京市大兴区黄村镇诚天诚汽配城 A 区 58 号
联系人： 王宏利
手机号码：13811448692
主营业务：灯泡、火花塞、无骨雨刷、喇叭、继电器等

北京市胜达轮胎店

公司地址:北京市大兴区黄村镇诚天诚汽配城区85-86号
联系人: 孙有开
电　话: 010-56918586
手机号码:13031179957
主营业务:轮胎专营

电瓶超市

公司地址:北京市大兴区黄村镇诚天诚汽配城1门新房
联系人: 钱扬华
手机号码:13051869481
主营业务:风帆、三冠、AC电瓶

北京市汽车配件商行

公司地址:北京市大兴区黄村镇诚天诚汽配城A区56号
联系人: 刘晓菲
电　话: 010-52661990
手机号码:18611265323/18610116360
主营业务:各种齿轮油、液压油、蓄电池、汽车用品、添加剂

北京万达步阳轮胎商贸公司

公司地址:北京市大兴区黄村镇诚天诚汽配城A区6号
联系人: 步全伟
电　话: 010-60281781
手机号码:13051900006/13120108865
主营业务:全世通、银钱、金鑫、平安通轮胎

北京红发汽配销售中心

公司地址:北京市大兴区黄村镇诚天诚汽配城B区11号
联系人: 田红冲
手机号码:18210653753
主营业务:专营机油、三滤、防冻液、添加剂、滤清器等

北京豫昊京兴轮胎有限公司

公司地址:北京市大兴区黄村镇诚天诚汽配城A区8号
联系人: 杨廷
电　话: 010-56918426
手机号码:18612392751/13611170122
主营业务:各种线胎、钢丝胎、卡客车钢丝胎、叉车胎、工程胎

北京京鲁兴商贸中心

公司地址:北京市大兴区黄村镇诚天诚汽配城A区48号
联系人: 罗建刚
电　话: 010-52741321
手机号码:13120353338
主营业务:各种品牌机油、电瓶、防冻液等

电瓶批发中心

公司地址:北京市大兴区黄村镇诚天诚汽配城A区16号
联系人: 马丁博
手机号码:13718724954/13120128316
主营业务:各种轿车、货车、客车、叉车等蓄电池、充电机、电瓶线、电瓶液

汽车用品系列

中港汽车装饰

公司地址:北京市大兴区黄村镇诚天诚汽配城B区26-27号
联系人: 王培红
手机号码:13466585295
主营业务:导航、音响喇叭、防盗、封釉镀膜、座套座垫、装饰美容用品

北京市晨凯汽车座套厂

公司地址:北京市大兴区黄村镇诚天诚汽配城A区39号
联系人: 李清晨
手机号码:13661338160
主营业务:专业生产汽车通用座套、专车专用座套、四季垫等,可提供图案定做各种车型座套

百盛汽车装饰

公司地址:北京市大兴区黄村镇诚天诚汽配城B区77号
联系人: 杨东
手机号码:13161520333/18201578658
主营业务:导航、音响喇叭、防盗、封釉镀膜、座套座垫、装饰美容用品

闫祥汽车装饰生活馆

公司地址:北京市大兴区黄村镇诚天诚汽配城B区61号
联系人: 王维
手机号码:13261257238/13641060755
主营业务:导航、音响喇叭、防盗、封釉镀膜、座套座垫、装饰美容用品

北京榕飞驰汽车装饰美容店

公司地址:北京市大兴区黄村镇诚天诚汽配城B区6-7号
联系人: 王春生
手机号码:18500280013
主营业务:贴膜、音响、防盗器、中控锁、隔音、脚垫、导航、封釉等

海车居汽车装饰中心

公司地址:北京市大兴区黄村镇诚天诚汽配城B区56-57号
联系人: 袁帅
手机号码:13911253217/18301015604
主营业务:导航、音响喇叭、防盗、封釉镀膜、座套座垫、装饰美容用品

鸿运世辉汽车装饰美容中心

公司地址:北京市大兴区黄村镇诚天诚汽配城A区76-77号
联系人: 辛鸿海
电　话: 010-56918393
手机号码:18618187377
主营业务:导航、行驶记录仪、音响喇叭、防盗、封釉镀膜、座套座垫、装饰美容用品

长辉汽车美容装饰

公司地址:北京市大兴区黄村镇诚天诚汽配城B区67-68号
联系人: 张长华
电　话: 010-56918569
手机号码:15901304626/15120038528
主营业务:贴膜、音响、防盗器、中控锁、隔音、脚垫、导航、封釉等

聚缘汽车装饰中心

公司地址:北京市大兴区黄村镇诚天诚汽配城A区79-80号
联系人: 甘玉林
手机号码:15510399056/13581825315
主营业务:导航、音响喇叭、防盗、封釉镀膜、座套座垫、装饰美容用品

北京凯耀达商贸有限公司

公司地址:北京市大兴区黄村镇诚天诚汽配城B区49号
联系人: 马绍英
电　话: 010-52837824
手机号码:13070128929
主营业务:贴膜、音响、防盗器、中控锁、隔音、脚垫、导航、封釉等

北京四季完颜批发商行

公司地址:北京市大兴区黄村镇诚天诚汽配城B区1号
联系人: 董召
手机号码:13261063660/13439807757
主营业务:贴膜、音响、防盗器、中控锁、隔音、脚垫、导航、封釉等

汽车维修保养系列

北京恒信汽车维修保养中心

公司地址:北京市大兴区黄村镇诚天诚汽配城B区48号
联系人: 袁华赛
手机号码:18600332843/18611122823
主营业务:一汽大众、别克、上汽奇瑞、现代等

北京金达众汽车维修中心

公司地址:北京市大兴区黄村镇诚天诚汽配城B区92-93号
联系人: 吴金猛
电　话: 010-61264776
手机号码:13366321609/13716462804
主营业务:精修各种大中小型柴油、汽油车,钣金喷漆

北京升力汽车配件销售中心

公司地址:北京市大兴区黄村镇诚天诚汽配城B区90-91号
联系人: 温敬升
电　话: 010-56918686
手机号码:15101538153/13683266646
主营业务:一汽大众、上海大众、上汽奇瑞、北京现代

(下转201页)

昌平区市场商家资讯

- 北京北辰亚运村汽车交易市场中心
- 北京市回龙观北郊汽配城
- 北京燕丹顺天通汽配城

北京北辰亚运村汽车交易市场中心简介

北京北辰亚运村汽车交易市场（以下简称“亚市”）是根据中国汽车进入家庭的市场需求，于 1995 年 12 月 18 日经北京市政府批准成立，是北辰集团所属的全资子公司，注册资金 11000 万元。

亚市始建于亚运村，是国内外各汽车品牌进行展示、销售、宣传和服务的平台，架起了汽车厂家、商家与广大消费者之间的桥梁，为广大消费者提供了一个方便的汽车消费场所。2006 年因奥运会占地搬迁到昌平区北七家镇东三旗现址。更名为北京北辰亚运村汽车交易市场中心。

新车交易：亚市现有新车经销商 180 家，其中 4S 店 12 家，分别经营奔驰、大众、东风、标致、三菱、奇瑞等进口、合资及自主品牌。一级经销商 40 余家。其余为二级经销商。亚市经营的车辆品种达到 128 个品牌，394 个车系，3963 个车型。在全国 700 余家有形市场中，销售的车辆和品牌是最多的。亚市市场繁荣，交易活跃，日均客流 5000 余人，新车销售占北京销售总量的 22% 以上，进口汽车销售占北京市进口车销量的 68%。

二手车交易：二手车是亚市经营的两个重点之一。二手车经营主要从 2006 年起步，自营过户从 2010 年开始。但依托新车市场的影响，发展较快。2012 年底已经发展商户 130 家，位列北京二手车市场的第二位。具有过户、拍卖（现场、网络）、寄售和新旧车置换功能。

“一站式”办公服务：市场内设立“一站式”办公服务大厅，政府相关部门现场办公，办理购车上牌、二手车过户等全套车务手续。政府相关部门主要包括工商、购置税、车船使用税、车管所、保险、银行等现场管理办公，实现了从购车到验车上牌手续完备的“一条龙”服务 。

配套服务：现场提供消费信贷、保险等金融服务，以及写字楼、检测场、加油站、试乘试驾等多功能配套服务，成为一个现代化的汽车消费服务平台。

亚市在 17 年的发展过程中积累了较强的汽车文化底蕴。北亚车市网站是业内有较强影响力的汽车专业网站。亚市通过了 ISO 质量、环境、安全三大体系认证工作，成为全国有形市场第一家通过三项认证的企业。

地　　址：北京市昌平区立汤路 70 号天通苑北 2 公里
邮　　编：102209
咨询电话：010-61766614/96285363/61766699（二手车交易过户）
地　　铁：5 号线天通苑北站往北 500 米，立汤路东侧
快速公交：3 号线东三旗站亚市南侧 50 米（过街天桥）
公　　交：985/984/966/643/850/537/426/430/ 小 22 路 /533 等
东三旗下车北行 200 米
网　　址：www.beiyacheshi.com

整车销售类

北京盛世晨星汽车销售有限公司

公司地址：北京市昌平区北辰亚运村汽车交易市场综合楼 308-309 室
联系人：尹建新
职　务：经理
电　话：010-80786958
手机号码：13693337203
经营年限：4 年
主营业务：尼桑碧莲整车销售

北京北亚中冀汽车销售有限公司

公司地址：北京市昌平区北辰亚运村汽车交易市场内（斯巴鲁 4S 店）
联系人：于婷
职　务：市场部
电　话：010-61762815
手机号码：13601187757
传　真：010-61762179
经营年限：15 年
员工人数：55 人
维修资质：一类
主营业务：斯巴鲁整车销售及维修

北京龙泽九州商贸有限公司

公司地址：北京市昌平区北辰亚运村汽车交易市场名车苑 2102 号
联系人：孙尧
职　务：销售经理
电　话：010-81777066
手机号码：13701176602
传　真：010-80787667
员工人数：20 人
主营业务：保时捷、路虎、进口丰田整车销售

华诚首信（北京）汽车贸易有限公司

公司地址：北京市昌平区北辰亚运村汽车交易市场 A- 区 403 号
联系人：王永梁
电　话：010-81776414
手机号码：18612868663
主营业务：海马汽车、东风裕隆（纳智杰大 7）整车销售

北京鑫铭众达汽车销售有限公司

公司地址：北京市昌平区北辰亚运村汽车交易市场 A- 区 303 号
联系人：李慧
电　话：010-81773178
手机号码：13911893755
主营业务：一汽丰田、广汽丰田整车销售

北京北方长福汽车销售有限责任公司

公司地址：北京市昌平区北辰亚运村汽车交易市场 A- 区 101 号
联系人：杨桂明
电　话：010-81771606
手机号码：13691524000
主营业务：长安福特、锐界、ST、进口探险者、整车销售

北京远枫鑫业汽车销售有限公司

公司地址：北京市昌平区北辰亚运村汽车交易市场 A- 区 108 号
联系人：李志禹
电　话：010-81775166
手机号码：13911724167
主营业务：奔驰全系列整车销售

北京中宏龙华汽车销售有限公司

公司地址：北京市昌平区北辰亚运村汽车交易市场 A- 区 207 号
联系人：周士昀
电　话：010-81776708
手机号码：13801368300
主营业务：上海大众斯柯达整车销售

北京慧中通汽车销售有限公司

公司地址：北京市昌平区北辰亚运村汽车交易市场 A- 区 209 号
联系人：李刚
电　话：010-81776952
手机号码：18911332101
主营业务：东风日产、雷诺整车销售

北京拓佳诚商贸有限责任公司

公司地址：北京市昌平区北辰亚运村汽车交易市场 A- 区 215 号
联系人：贺涛
电　话：010-81777112
手机号码：18618363777
主营业务：一汽丰田、广汽丰田整车销售

北京广顺锦隆汽车销售服务有限责任公司

公司地址：北京市朝阳区来广营乡新北路甲 6 号院内
联系人：路华
职　务：经理
手机号码：13381225676
经营年限：2 年
员工人数：90 人
维修资质：一类
主营业务：东风本田整车销售及维修

北京源流东南贸易有限公司

公司地址：北京市昌平区北辰亚运村汽车交易市场 A- 区 304 号
联系人：张以杰
电　话：010-81773521
手机号码：13911862500
主营业务：东风风行、东南汽车整车销售

北京盈达建业汽车贸易有限公司

公司地址：北京市昌平区北辰亚运村汽车交易市场 A- 区 307 号
联系人：张健
电　话：010-81776040/61757170
手机号码：13910852100/13366221158
主营业务：起亚全系列整车销售

北京金腾伟业汽车贸易有限公司

公司地址：北京市昌平区北辰亚运村汽车交易市场 A- 区 309 号
联系人：王钰然
电　话：010-81776672
手机号码：13301082588
主营业务：上海大众整车销售

北京京北永昌汽车贸易有限公司

公司地址：北京市昌平区北辰亚运村汽车交易市场 A- 区 310 号
联系人：施红兵
电　话：010-57311102
手机号码：18910610018
主营业务：东风日产尼桑整车销售

北京亚北创业商贸有限公司

公司地址：北京市昌平区北辰亚运村汽车交易市场 A- 区 312 号
联系人：赵宝君
电　话：010-61751718
手机号码：18911176696
主营业务：一汽丰田、广汽丰田整车销售

北京鑫冀衡汽车贸易有限公司

公司地址：北京市昌平区北辰亚运村汽车交易市场 A- 区 313 号
联系人：谭振奇
电　话：010-81776879
手机号码：13911359121
主营业务：广汽本田、东风本田整车销售

北京全泰凯盛汽车销售服务有限公司

公司地址：北京市昌平区北辰亚运村汽车交易市场 A 三区 03 号
联系人：王明晓
电　话：010-61751818
手机号码：13701223230
经营年限：4 年
主营业务：雪铁龙汽车整车销售

北京鑫山贸易中心

公司地址：北京市昌平区北辰亚运村汽车交易市场 A- 区 404 号
联系人：刘策
电　话：010-81776718
手机号码：13301029886
主营业务：东风日产系列、雷克萨斯整车销售

北京恒茂泰汽车销售有限公司
公司地址：北京市昌平区北辰亚运村汽车交易市场A-区402号
联系人：李爱民
电 话：010-81776994
手机号码：13811617966
主营业务：上海大众斯柯达整车销售

北京恒茂泰汽车销售有限公司
公司地址：北京市昌平区北辰亚运村汽车交易市场A-区408号
联系人：池立强
电 话：010-81773945
手机号码：15611913639
主营业务：一汽丰田、广汽丰田整车销售

北京中实远洋汽车销售有限公司
公司地址：北京市昌平区北辰亚运村汽车交易市场A-区405号
联系人：张云波
电 话：010-81771696
手机号码：13911298789
主营业务：奥迪、一汽大众整车销售

北京吉达伟业商贸有限公司
公司地址：北京市昌平区北辰亚运村汽车交易市场A-区406号
联系人：杨杰
电 话：010-81771149
手机号码：18911302020
主营业务：美规奔驰、美规宝马整车销售

北京联拓机电集团有限公司
公司地址：北京市昌平区北辰亚运村汽车交易市场A-区314号
联系人：杨成
电 话：010-81771276
手机号码：13911185813
主营业务：一汽大众、上海大众、一汽马自达整车销售

北京连成鹏汽车配件有限责任公司
公司地址：北京市昌平区北辰亚运村汽车交易市场A-区401号
联系人：陈超
电 话：010-81776891
手机号码：13811212128
主营业务：长城汽车整车销售

北京中兴奥通汽车销售有限公司
公司地址：北京市昌平区北辰亚运村汽车交易市场A-区609号
联系人：宫岩
电 话：010-81777355
手机号码：18911198088
主营业务：一汽奥迪整车销售

北京大汽丰达盛维汽车销售服务有限公司
公司地址：北京市昌平区北辰亚运村汽车交易市场A-区602号
联系人：任宝国
电 话：010-81775105
手机号码：13121838888
主营业务：一汽大众、起亚整车销售

北京承乾驭家汽车销售有限公司
公司地址：北京市昌平区北辰亚运村汽车交易市场A-区414号
联系人：雷长泉
电 话：010-80783936
手机号码：13917366781
主营业务：沃尔沃、雷克萨斯整车销售

北京龙泽伟业商贸有限公司
公司地址：北京市昌平区北辰亚运村汽车交易市场A-区501号
联系人：张栋
电 话：010-61757870
手机号码：13011141241
主营业务：斯柯达、别克、现代整车销售

北京旭阳恒兴经贸有限公司
公司地址：北京市昌平区北辰亚运村汽车交易市场A-区503号
联系人：王林
电 话：010-61741799
手机号码：18618309777
主营业务：广汽丰田、一汽丰田

北京燕长风商贸有限公司
公司地址：北京市昌平区北辰亚运村汽车交易市场A-区504号
联系人：周新春
电 话：010-81770359
手机号码：13693317637
主营业务：长安汽车

北京建业博发汽车贸易有限公司
公司地址：北京市昌平区北辰亚运村汽车交易市场A-区511号
联系人：鲁锐
电 话：010-61756458
手机号码：13911313900
主营业务：东风日产、雪佛兰整车销售

北京方正利成汽车销售服务有限公司
公司地址：北京市昌平区北辰亚运村汽车交易市场A-区513号
联系人：王林
电 话：010-61741799
手机号码：18618309777
主营业务：一汽丰田、广汽丰田、一汽马自达整车销售

北京恒源九兴汽车销售服务有限公司
公司地址：北京市昌平区北辰亚运村汽车交易市场A-区514号
联系人：刘亚东
电 话：010-61745303
手机号码：13521934789
主营业务：北京现代、东风悦达起亚整车销售

北京海通兴业汽车销售有限公司
公司地址：北京市昌平区北辰亚运村汽车交易市场A-区413号
联系人：张国明
电 话：010-81777577
手机号码：18600655666
主营业务：东风本田、广州本田、广州丰田、日本丰田整车销售

北京兵润恒通汽车销售有限公司
公司地址：北京市昌平区北辰亚运村汽车交易市场综合办公楼210室
联系人：高森
职 务：总经理
电 话：010-80786321
手机号码：13070128888
传 真：010-80782577
经营年限：4年
主营业务：一汽丰田全系列车型批发、零售

北京中北亚汽车贸易有限公司
公司地址：北京市昌平区北辰亚运村汽车交易市场综合办公楼318室
联系人：范旭东
职 务：总经理
电 话：010-81771567
手机号码：18610137373
传 真：010-81779596
经营年限：3年
主营业务：一汽丰田全系列车型批发、零售

北京路丰汇通汽车销售服务有限公司
公司地址：北京市朝阳区高碑店乡半壁店村388号
联系人：赵晓娇
职 务：销售经理
手机号码：13718302091
经营年限：1年
员工人数：70人
维修资质：一类
主营业务：广汽丰田整车销售及维修

北京宏都昌运汽车销售有限公司
公司地址：北京市昌平区北辰亚运村汽车交易市场综合楼301室
联系人：薛昌泉
职 务：经理
电 话：010-61762389/52908297
经营年限：8年
员工人数：20人
主营业务：汽车分期贷款

北京如意伟业商贸有限责任公司
公司地址：北京市昌平区北辰亚运村汽车交易市场名车苑2207号
联系人：唐光海
职 务：经理
电 话：010-61756288
手机号码：13641095165
传 真：010-61756388
主营业务：保时捷整车销售

北京金御恒星贸易有限公司
公司地址：北京市昌平区北辰亚运村汽车交易市场名车苑2305号
联系人：李京
电 话：010-61757539
手机号码：13901242480
传 真：010-81777120
经营年限：20年
主营业务：美规宝马、美规奔驰、美规保时捷整车销售

北京金泰凯迪汽车销售服务有限公司

公司地址：北京市昌平区北辰亚运村汽车交易市场 A 三区 08 号
联系人：余跃钢
电　话：010-81776166
手机号码：18911819266
主营业务：标致汽车整车销售

北京可鑫奥通汽车有限公司

公司地址：北京市昌平区北辰亚运村汽车交易市场 A6 区 12 号
联系人：孙树振
职　务：经理
电　话：010-81778766
手机号码：13391713979
员工人数：30 人
主营业务：奥迪、保时捷整车销售

北京中星创业汽车销售有限公司

公司地址：北京市昌平区北辰亚运村汽车交易市场名车苑 2301 号
联系人：陈守刚
职　务：经理
电　话：010-61753197
手机号码：13051377177
主营业务：路虎整车销售

北京市鹏杰伟业商贸有限公司

公司地址：北京市昌平区北辰亚运村汽车交易市场名车苑 2203 号
联系人：史红民
职　务：总经理
电　话：010-80780038
手机号码：13911395544
经营年限：5 年
主营业务：保时捷整车销售

北京宝汇通汽车销售有限公司

公司地址：北京市昌平区北辰亚运村汽车交易市场 A 一区 2302 号
联系人：李嘉
电　话：010-81778533
手机号码：15801599666
主营业务：中东丰田、福特 F150、美规奔驰、美规宝马、美规保时捷、林肯 MKT\MKX 整车销售

北京中银汽车服务有限公司

公司地址：北京市昌平区北辰亚运村汽车交易市场 A 三区 06 号
联系人：李建伟
电　话：010-81756001
手机号码：13910900933
经营年限：16 年
主营业务：上海大众汽车整车销售

北京陆誉通达商贸有限公司

公司地址：北京市昌平区北辰亚运村汽车交易市场 A5 区 06 号
联系人：姜子
职　务：经理
电　话：010-81776188
手机号码：13011248888
主营业务：保时捷整车销售

北京宝日汽车销售有限公司

公司地址：北京市昌平区北辰亚运村汽车交易市场 A6 区 05 号
联系人：张业鹏
职　务：经理
电　话：010-81776277
手机号码：18911806177
传　真：010-81776983
主营业务：奔驰、宝马整车销售

北京方正利成汽车销售服务有限公司

公司地址：北京市昌平区北辰亚运村汽车交易市场 A5 区 34 号
联系人：刘文亮
职　务：经理
电　话：010-81779380
手机号码：18910782571
员工人数：5 人
主营业务：一汽马自达、一汽丰田整车销售

北京华瀚日晟经贸有限公司

公司地址：北京市昌平区北辰亚运村汽车交易市场 A5 区 04 号
联系人：王会敏
职　务：经理
电　话：010-81776914
手机号码：13810382798
员工人数：7 人
主营业务：宝马、路虎整车销售

北京山卡汽车贸易有限责任公司

公司地址：北京市昌平区北辰亚运村汽车交易市场 A6 区 16 号
联系人：宋福龙
职　务：经理
电　话：010-81776146
手机号码：13910863708
传　真：010-81776145
员工人数：10 人
主营业务：丰田、碧莲整车销售

北京兴兴龙达经贸发展有限公司

公司地址：北京市昌平区北辰亚运村汽车交易市场 A6 区 9 号
联系人：傅发伟
电　话：010-81776244
手机号码：13031073328
传　真：010-81773728
员工人数：10 人
主营业务：奔驰全系列整车销售

北京天安瑞驰商贸有限公司

公司地址：北京市昌平区北辰亚运村汽车交易市场 A5 区 02 号
联系人：胡笛
职　务：经理
电　话：010-87693339
手机号码：13701289013
传　真::010-81771216
主营业务：GMC 豪华商务车、路虎全系列整车销售

二手车类

北京北亚易通旧机动车经纪有限公司

公司地址：北京北辰亚运村汽车交易市场中心北六区 47 号
联系人：王维
电　话：010-83638278
手机号码：13901393109
主营业务：2012 年度全国文明诚信经营示范商户，国产及进口各品牌二手轿车、客车、SUV 越野车。价格合理，守信誉

北京中航连驰北方旧机动车经纪有限公司

公司地址：北京北辰亚运村汽车交易市场中心北六区 58 号
联系人：张杰、田志春
手机号码：18600885625/15010591888
主营业务：各种高中低档二手小客车，价格合理，守信誉

北京众义恒通旧机动车经纪有限公司

公司地址：北京北辰亚运村汽车交易市场中心北六区 14 号
联系人：李增河
手机号码：13811037323/13911456123
主营业务：2012 年度全国文明诚信经营示范商户，各种高中档二手车小客车，价格合理，守信誉

北京福顺宇旧机动车经纪有限公司

公司地址：北京北辰亚运村汽车交易市场中心北六区 71 号
联系人：李卫军
电　话：010-61757008
手机号码：13501225953
主营业务：中高档二手车，大型客车

北京阳光佳轩旧机动车经纪有限公司

公司地址：北京北辰亚运村汽车交易市场中心北六区 133 号
联系人：隽军、孙志强
手机号码：13901374768/18911180113
主营业务：各种高中档二手小客车，价格合理，守信誉

北京泊浩然旧机动车经纪有限公司

公司地址：北京北辰亚运村汽车交易市场中心北六区 131-132 号
联系人：赵翔
手机号码：18911607770/13911163835
主营业务：2012 年度全国文明诚信经营示范商户，各种高中档二手车小客车，价格合理，守信誉

欧洲车系列

北京福伦达汽车配件销售经营部

公司地址：北京市昌平区回龙观北郊汽配城二厅C06-08号
联系人：谢刚伦
电　话：010-81795184/80776113
手机号码：13521529205
经营年限：10年
员工数量：8人
主营业务：一汽大众：捷达、宝来、速腾、奥迪A6\A6L全车配件；上海大众：帕萨特、领驭、新领驭全车配件

北京回龙观京顺发汽车配件经营部

公司地址：北京市昌平区回龙观北郊汽配城三厅F12号
联系人：张成亮
电　话：010-81795131
手机号码：13910669787
传　真：010-81795131
经营年限：8年
主营业务：上海大众：桑塔纳、时代超人、帕萨特、领驭、朗逸、志俊；一汽大众：捷达、宝来、速腾、高尔夫、奥迪

北京回龙观明达涌泉汽车配件经营部

公司地址：北京市昌平区回龙观北郊汽配城一厅B20号
联系人：汪泉
电　话：010-81795155
手机号码：13718718789
经营年限：8年
员工数量：8人
主营业务：奥迪全系、一汽大众、上海大众；美途雨刷片、LUK离合器、纳铁福球笼、I INA A正时、BOSCH电器、SKF轴承、VDO汽油泵、德尔福高压线、TRW刹车盘

北京回龙观万福佳业汽车配件销售中心

公司地址：北京市昌平区回龙观北郊汽配城一厅A14号
联系人：吴明娟
电　话：010-80779165
手机号码：13552095415
经营年限：10年
主营业务：朗逸、新宝来、速腾、一汽M6、长安M3\M5、海南马自达系列、奔腾B50\B70\B90、帕萨特、捷达王系列、桑塔纳3000\4000全车配件、现货批发

北京回龙观郑鑫运博汽车配件经营部

公司地址：北京市昌平区回龙观北郊汽配城二厅26号
联系人：郑新
电　话：010-81795279
手机号码：18910070580
经营年限：8年
主营业务：上海大众：桑塔纳、2000\3000、帕萨特、B5、新领驭、新B5、朗逸；一汽大众：捷达、速腾、迈腾、宝来；奇瑞：风云、旗云、QQ\A3\A5、东方之子

北京嘉润腾达汽车配件销售中心

公司地址：北京市昌平区回龙观北郊汽配城三厅F16号
联系人：魏德润
电　话：010-80773083
手机号码：13522640229
经营年限：4年
主营业务：主营东风雪铁龙：世嘉、爱丽舍、C5、C2、富康、凯旋、毕加索；东风标致：206\207\307\308\408\508全车配件

北京润博江翔汽车配件销售中心

公司地址：北京市昌平区回龙观北郊汽配城一厅B24号
联系人：邹恒
电　话：010-81795209
手机号码：13810384226
传　真：010-81795209
经营年限：8年
主营业务：上海大众、一汽大众、奥迪、宝来、速腾、迈腾、帕萨特B5、领驭、捷达、桑塔纳、2000\3000、（代订奔驰、宝马、路虎汽车配件）

北京市回龙观林兴汽车配件销售中心

公司地址：北京市昌平区回龙观北郊汽配城一厅B08号
联系人：王芳
电　话：010-81795179/80775215
86545467
手机号码：18911660130
经营年限：10年
员工数量：5人
主营业务：主营一汽大众：捷达（王）、宝来、速腾、迈腾；上海大众：帕萨特、领驭、桑塔纳2000\3000；江淮系列：江淮瑞风、瑞鹰等全车纯正配件

北京市京瑞伟业汽车配件经营部

公司地址：北京市昌平区回龙观北郊汽配城一厅B22号
联系人：蔡定彩
电　话：010-80778213
手机号码：13611057787
传　真：010-80778213
经营年限：8年
主营业务：上海大众：波罗、高尔、朗逸、帕萨特、桑塔纳；一汽大众：宝来、迈腾、高尔夫、捷达王、速腾全车配件；代理上海华洛汽车轴承有限公司生产的各种车型的轴承；批发上海原厂法雷奥各种车型的发电机和马达

北京永达汽配商贸中心

公司地址：北京市昌平区回龙观北郊汽配城一厅B10号
联系人：纪林广
电　话：010-80775012
手机号码：15300390976/13581911651
经营年限：8年
员工数量：8人
主营业务：上海大众、一汽大众、金杯、福田

日本车系列

北京博域翔龙汽配商行

公司地址：北京市昌平区回龙观北郊汽配城二厅D24号
联系人：白洲龙
电　话：010-59147975
手机号码：15810891662
经营年限：3年
员工数量：2人
主营业务：日本尼桑全车型：骊威、骐达、颐达、奇俊、逍客、天籁、蓝鸟、郑州日产全车配件

北京永越鸿图商贸汽配经营部

公司地址：北京市昌平区回龙观北郊汽配城一厅B06号
联系人：童文好
电　话：010-80779063
手机号码：13661109190/15321229449
传　真：010-81795197
经营年限：4年
主营业务：主营马自达6、长安马自达3、奔腾B70\B50、马自达323、马自达2；奇瑞风云、旗云、QQ、东方之子、瑞虎

北京华隆顺昌商贸中心

公司地址：北京市昌平区回龙观北郊汽配城三厅F24号
联系人：陈积平
电　话：010-58409691
手机号码：13693639241
经营年限：8年
主营业务：尼桑系列：骐达、颐达、骊威、天籁、蓝鸟、阳光；中华系列：中华、尊驰、骏捷、FRV、H530；东南系列：菱帅、菱悦、得利卡、富利卡配件

北京芳博通汽配

公司地址：北京市昌平区回龙观北郊汽配城一厅北门
联系人：张芳芳
电　话：010-80798309/88434837
手机号码：13381076800
经营年限：10 年
主营业务：三菱系列、东南系列全车配件

北京京昌获丰汽车配件经营部

公司地址：北京市昌平区回龙观北郊汽配城二厅C24 号
联系人：李小林
电　话：010-58409589
手机号码：13520468522
主营业务：丰田：凯美瑞、卡罗拉、威驰、花冠；依维柯：都灵 V、宝迪；菲亚特：派力奥、西耶那、周末风等全车配件

美国车系列

北京和源恒通汽车配件销售中心

公司地址：北京市昌平区回龙观北郊汽配城二厅C22 号
联系人：和建勋
电　话：010-81796681
手机号码：13391829388
主营业务：别克、雪佛兰全车配件

北京万福佳业汽车商贸中心

公司地址：北京市昌平区回龙观北郊汽配城三厅E 区 14 号
联系人：唐伯刚
电　话：010-81795142
手机号码：13521957090
传　真：010-81795142
经营年限：6 年
员工数量：3 人
主营业务：别克系列、雪佛兰系列

韩国车系列

北京嘉宏业建发汽配销售中心

公司地址：北京市昌平区回龙观北郊汽配城三厅F06 号
联系人：李路景
电　话：010-81795025
手机号码：18910070268
经营年限：10 年
主营业务：北京现代系列、东风悦达起亚全系车型配件

北京市回龙观赛君兴达汽车配件经营部

公司地址：北京市昌平区回龙观北郊汽配城一厅A20 号
联系人：张自强
电　话：010-81795117
手机号码：13366299077
经营年限：10 年
主营业务：主营：伊兰特、索纳塔、悦动、瑞纳、雅绅特、途胜、赛拉图、千里马、狮跑、锐欧、福瑞迪、IX35、索纳塔八代

北京鑫捷驰达汽车配件销售中心

公司地址：北京市昌平区回龙观北郊汽配城一厅A12 号
联系人：王东飞
电　话：010-80778992
手机号码：18911221275
经营年限：3 年
主营业务：北京现代系列、东风悦达起亚系列

国产车系列

北京海天旺达汽配批发中心

公司地址：北京市昌平区回龙观北郊汽配城五厅J20 号
联系人：王海峰
电　话：010-59436232
手机号码：13366298629
经营年限：5 年
主营业务：长安轿车系列、昌河铃木系列、上汽通用五菱；经营车型：长安悦翔、逸动、志翔、奔奔 MINI\CX20\CX30、昌河北斗星、北斗星 E+、福瑞达、利亚纳、五菱宏光、荣光、之光、宏图、宝骏 630；经典车型：长安之星、东风小康、中意、民意、雨燕、天语；大量批发：事故车件、电喷车、发动机件、底盘类配件

北京市恒丰伟业汽车配件销售中心

公司地址：北京市昌平区回龙观北郊汽配城三厅F14 号
联系人：孙增彦
电　话：010-57121838/81836538
手机号码：13691205272/13269012228
经营年限：8 年
主营业务：皮卡、SUV 全车配件；长城哈弗、H3\H5\H6\M1\M2\M4、腾翼C30\C50、嘉誉 V80、炫丽、风骏、迪尔、赛弗、赛影；福田皮卡：奥铃、萨普、征服者、冲浪；黄海：曙光、大柴神、傲俊、旗胜、傲龙；中兴皮卡、郑州日产皮卡、陆铃皮卡、众泰、宝典、双环

北京乐翔汽车配件经营部

公司地址：北京市昌平区回龙观北郊汽配城一厅B26 号
联系人：刘孝虎
电　话：010-58438231
手机号码：18910070358
主营业务：江淮瑞风、同悦、和悦、瑞鹰、祥和配件；批发：雨刷片、三滤、刹车片、各种车型缓冲器、各种汽车护理品

北京市振兴宇达商贸中心

公司地址：北京市昌平区回龙观北郊汽配城三厅F22 号
联系人：董兴宇
电　话：010-81795193
手机号码：18901155386
经营年限：10 年
主营业务：比亚迪 F3、F6、FO、G3、吉利、天语、羚羊、奥拓、悦翔、雨燕、奔奔全车配件

北京金润达汽车配件有限公司

公司地址：北京市昌平区回龙观北郊汽配城一厅北门
联系人：祁洪宽
电　话：010-81795112/81795113
手机号码：13601013524
主营业务：金杯海狮、第六代、阁瑞斯、福田风景、蒙派克、迷迪、沈阳中顺、爱尔法、福田皮卡；捷达、捷达王、宝来、桑塔纳、超人、3000、志俊、帕萨特、B5、领驭

北京市广发腾达配件经营部

公司地址：北京市昌平区回龙观北郊汽配城三厅E 区 24 号
联系人：王西维
电　话：010-81795286
手机号码：13521248116
经营年限：10 年
主营业务：夏利系列、吉利系列、微面系列全车配件

北京华盈腾达汽配批发

公司地址：北京市昌平区回龙观北郊汽配城二厅D06 号
联系人：王西广
电　话：010-67439935
手机号码：13641268496
经营年限：10 年
主营业务：夏利、吉利、哈飞、佳宝、五菱、威志、威姿、威乐、长安之星、长安悦翔、长安嘉年华、微型全车配件

北京闽发微型汽配批发中心

公司地址：北京市昌平区回龙观北郊汽配城北门6 厅 28-32 号
联系人：翁忠钦
电　话：010-81795330
手机号码：13801016257
传　真：010-80778215
经营年限：16 年
主营业务：夏利、中意、民意、佳宝、长安之星、五菱之光、东风小康、奥拓、北斗星配件、钣金件大全

北京回龙观冀京隆盛达汽车配件经营部

公司地址：北京市昌平区回龙观北郊汽配城三厅E10 号
联系人：霍志金
电　话：010-81795037
手机号码：13801288691
经营年限：10 年
主营业务：长安、小康、五菱、奔奔、夏利、中意等全车配件

北京军帅畅通汽配有限公司

公司地址：北京市昌平区回龙观北郊汽配城二厅D08号
联系人：包超军
电　话：010-80779112
手机号码：13261281816
员工数量：3人
主营业务：长安铃木：奥拓、羚羊、天语、雨燕；昌河铃木：北斗星、利亚纳；长安轿车：奔奔、奔奔迷你、悦翔、志翔、CX20\CX30

北京市回龙观仁和永达汽配销售中心

公司地址：北京市昌平区回龙观北郊汽配城三厅E14号
联系人：牟永利
电　话：010-81795142
手机号码：13811456615
传　真：010-80772501
经营年限：6年
员工数量：3人
主营业务：长城系列：长城哈弗、风骏汽车、炫丽汽车、腾翼汽车配件

北京市仁和永达汽车配件销售中心

公司地址：北京市昌平区回龙观北郊汽配城三厅F16号
联系人：贾正广
电　话：010-80779113
手机号码：13439396543
传　真：010-80779113
经营年限：5年
主营业务：三菱系列、东南系列、中华系列、比亚迪系列、猎豹系列全车配件

北京市世举兴业汽车配件经营部

公司地址：北京市昌平区回龙观北郊汽配城四厅H24号
联系人：徐召军
电　话：010-81795098
手机号码：18600222558
传　真：010-81795098
经营年限：5年
主营业务：五菱之光、长安之星、夏利、福田时代驭菱、东风小康、五菱荣光、宏光配件

北京市越发腾达汽配

公司地址：北京市昌平区回龙观北郊汽配城三厅E20号
联系人：王西坤
电　话：010-81795085
手机号码：13366289010
传　真：010-81795085
员工数量：5人
主营业务：吉利系列：自由舰、金刚、远景、熊猫、帝豪、熊猫、英伦；夏利系列：AU\A+\N3\N3+\N5、威志、威驰；比亚迪系列：F3\F3R\F6\FO\G3\L3；五菱之光、长安之星、中意、小康全车配件

商用车系列

北京宇顺永盛汽车配件销售中心

公司地址：北京市昌平区回龙观北郊汽配城六厅L20号
联系人：陈宝宇
电　话：010-80778680
手机号码：13611165450
经营年限：10年
主营业务：东风康明斯、天龙、天锦大力神、玉柴、朝柴、解放、捍威、奥威、锡柴4110\4113、赛龙、骏威、EQ140\145\153、新多利卡、瑞沃140、批发各种车型增压器

北京回龙观盛源达汽车配件经营部

公司地址：北京市昌平区回龙观北郊汽配城三厅F08号
联系人：许印凯
电　话：010-81795211
手机号码：13520450518
经营年限：11年
主营业务：金杯海狮、福田风景、福田萨普、爱尔法、沈阳中顺、阁瑞斯、皮卡系列、北京旗铃、欧玛克、北京1041等车型配件

北京回龙观汇龙腾达汽车配件经营部

公司地址：北京市昌平区回龙观北郊汽配城三厅F20号
联系人：张忠江
电　话：010-81795083
手机号码：13691453209
传　真：010-81795083
经营年限：10年
主营业务：福田系列、江淮系列、东风系列汽车配件

北京盛世鸿伟汽车配件总汇

公司地址：北京市昌平区回龙观北郊汽配城五厅K28号
联系人：王福兴
电　话：010-57112561
手机号码：13366273200
经营年限：7年
主营业务：新江淮、威领、威领 II、帅领、康领、骏领、骏领 II、新东风多利卡、康霸、金霸、解放；变速箱：5T35\5T30\5T97\6T46\6S46；发动机：锡柴\玉柴\朝柴；各种车型刹车鼓大全、轴头、刹车片大全

北京回龙观鑫鹏汽车配件经营部

公司地址：北京市昌平区回龙观北郊汽配城六厅M14-16号
联系人：王科
电　话：010-81795228
手机号码：18910070298/13693254292
经营年限：10年
主营业务：陕汽德龙、奥龙、斯太尔、重汽红岩、豪沃、新大康、北汽、欧曼、ETX、潍柴重汽发动机配件；金龙、宇通、衡山、太湖大客车配件；徐工、中联、浦远、工程车配件；军车：SX2190\CH1122J\EQ2082\EQ2100；特约代理：福建华泰刹车片、廊坊飞宙滤清器

北京京平建玲汽车配件经营部

公司地址：北京市昌平区回龙观北郊汽配城四厅北门G28号
联系人：汤燕舞
电　话：010-81795152
手机号码：13552099308
经营年限：11年
主营业务：一汽小解放、金杯海狮三滤大全；旗铃2吨3吨、BJ1041、BJ1061、金杯货车、长安胜利

北京京源福润汽车配件经营部

公司地址：北京市昌平区回龙观北郊汽配城四厅G24号
联系人：马希路
电　话：010-81795135
手机号码：18610212962
主营业务：江淮、旗铃、新东风、新解放、福田、欧马克、奥铃捷运、领航、骑仕、长安胜利、江淮客车、华西中巴、金龙面包

北京凯顺达汽配公司

公司地址：北京市昌平区回龙观北郊汽配城四厅G8号
联系人：张继凯
电　话：010-80779506
手机号码：15510322227/13366232096
经营年限：7年
主营业务：旗铃、奥铃、欧马可、骑士、捷顺、江淮、小解放、金杯领旗、大柴498、电喷488、电喷491、天安刹车轱总代理

北京鸿利丰通商贸有限公司

公司地址：北京市昌平区回龙观北郊汽配城四厅H14-16号
联系人：范生浩
电　话：010-81795212
手机号码：13691441171/18901145280
传　真：010-81795280
主营业务：福田、东风、江淮、旗铃、跃进全车配件

北京市飞欧盛达汽车配件经营部

公司地址：北京市昌平区回龙观北郊汽配城四厅H26-28号
联系人：戴晓隆
电　话：010-81795151
手机号码：13716566602
经营年限：8年
主营业务：东风、解放、斯太尔、欧曼、康明斯、朝柴、玉柴、大柴、锡柴、多利卡、小霸王、东风天锦、东风天龙、勇士、金龙、奥威、悍威、骏威、赛龙等全车配件；压盘、离合器片大全

北京红苹果园汽车配件公司

公司地址：北京市昌平区回龙观北郊汽配城二厅北门面
联系人：乔文
电　话：010-81795125
手机号码：13911757409
主营业务：跃进、凯马、江淮、捷运、福田、小金宝、朝柴、扬动、叉车配件；五十铃变速箱配件

专项件系列

北京安详基业配件销售中心

公司地址：北京市昌平区回龙观北郊汽配城五厅J26号
联系人：崔延安
电　话：010-80773389
手机号码：13264030338
经营年限：8年
主营业务：刹车片批发、零售业务；主营金麒麟、星月等品牌刹车片、刹车盘

北京鸿运昌盛商贸中心

公司地址：北京市昌平区回龙观北郊汽配城油品区8号
联系人：张泽运
电　话：010-80779533
手机号码：13241692288
主营业务：长城、美孚、壳牌、矫马、天津日石等各种进口、国产润滑油、工业用油；风帆、银帆、骆驼免维护蓄电池、各种电动车电瓶；诚信经营、杜绝假货

北京昌龙鑫汽配销售中心

公司地址：北京市昌平区回龙观北郊汽配城四厅H26-28号
联系人：杨志林
电　话：010-59423787
手机号码：18910070362
经营年限：4年
主营业务：刹车片、火花塞、灯泡、喇叭、三滤、雨刷、油漆辅料

北京昌盛国发汽车蓄电池经营部

公司地址：北京市昌平区回龙观北郊汽配城一厅A20号
联系人：赫瑞兴
电　话：010-57213708
手机号码：15311230223
经营年限：10年
主营业务：风帆、骆驼、博士、瓦尔塔等各种品牌蓄电池，飞利浦灯泡、欧司朗区域代理，冷媒、防冻液、汽车养护用品

北京创业辉煌减震器有限公司

公司地址：北京市昌平区回龙观北郊汽配城三厅E12号
联系人：高小江
电　话：010-57100695
手机号码：13621322221
经营年限：8年
主营业务：韩系、日系各种车型减震器、弹簧、缓冲器、刹车片等底盘件

北京回龙观万顺发汽车配件销售中心

公司地址：北京市昌平区回龙观北郊汽配城五厅K08号
联系人：万武其
电　话：010-81795261
手机号码：13391950675/18601953180
经营年限：16年
主营业务：各种品牌油漆辅料、原子灰、日本NGK、电装、博士、火炬火花塞、飞利浦、德国利华、佛山照明代理、湖北回天胶业、南昌有成密封胶北京总代理、雨刷片、空调氟、汽车护理用品

北京丹磊汽车配件销售中心

公司地址：北京市昌平区回龙观北郊汽配城五厅J10号
联系人：董鹏
电　话：010-80779290
手机号码：18601032161
主营业务：专业批发零售：发电机、起动机、调节器及各种发电机、马达配件

北京天佑百信汽车配件经营部

公司地址：北京市昌平区回龙观北郊汽配城二厅D22号
联系人：王卫菊
电　话：010-81795260/57155935
手机号码：13718436875
经营年限：8年
主营业务：各种车型起动机、电瓶、各种电子狗、后尾灯、小电器

北京浩天呈祥商贸有限公司

公司地址：北京市昌平区回龙观北郊汽配城油品区13号
联系人：孟庆涛
电　话：010-81795009
手机号码：18910070139
主营业务：壳牌、美孚、长城、矫马、日石、嘉实多、道达尔、机油、工业油、电瓶、三滤及车辆保养

北京鸿远升腾汽车有限公司

公司地址：北京市昌平区回龙观北郊汽配城四厅H06\08号
联系人：薛德臣
电　话：18901358579
手机号码：13209766199
主营业务：批发三元催化、消声器、订做改装三元包、京字扣、3M胶、台湾胶

北京驰骋顺通汽车配件销售中心

公司地址：北京市昌平区回龙观北郊汽配城四厅G14号
联系人：马长峰
电　话：010-81796758
手机号码：18910070288
主营业务：中国双宇集团振宇滤清器北京总代理；欧三、欧四电喷车、各种汽车、工程车三滤大全

北京华德汽车配件经营部

公司地址：北京市昌平区回龙观北郊汽配城五厅J16号
联系人：陈积武
电　话：010-80772208
手机号码：13552676999
经营年限：6年
主营业务：发电机、起动机、空调压缩机、冷凝器、各种车型电器大全

北京博众汇成商贸有限公司

公司地址：北京市昌平区回龙观北郊汽配城油品区12号
联系人：吕士成
电　话：010-52290146
手机号码：13311263008
主营业务：壳牌、美孚、长城、统一、嘉实多、道达尔等工业油及各种三滤

北京回龙观富兰汽车配件销售中心

公司地址：北京市昌平区回龙观北郊汽配城四厅H12号
联系人：张红兰
电　话：010-58467539
手机号码：13601197376
经营年限：10年
主营业务：各种三滤、卡箍、万能泡沫自喷漆、精品装饰

北京回龙观广亮汽配件商店

公司地址：北京市昌平区回龙观北郊汽配城油品区16号
联系人：郑亮
手机号码：13911169693/15011320195
主营业务：批发空调配件及维修安装，安装冷藏车空调；汽车真皮座椅、贴膜、音响、导航

北京回龙观桂鑫汽车配件经营部

公司地址：北京市昌平区回龙观北郊汽配城四厅G12号
联系人：桂安成
电　话：010-81795017
手机号码：13718451820
经营年限：10年
主营业务：汽车灯泡、灯芯大全，喇叭、易损小电器

北京回龙观瑞成蓄润商贸中心（风帆蓄电池销售中心）

公司地址：北京市昌平区回龙观北郊汽配城油品区1号
联系人：马玉鹏
电　话：010-81795079
手机号码：13801307939
主营业务：各种汽车、摩托车、电动车用蓄电池、电瓶用电解液、补充液、线卡、充电机、批发零售、充电加液

北京回龙观昌顺通达油品销售中心

公司地址：北京市昌平区回龙观北郊汽配城油品区5号
联系人：范化伟
电　话：010-81795012
手机号码：13910623102
主营业务：长城、美孚、壳牌润滑油；GPS\北斗汽车维修定位、监控系统

北京三合展业汽车配件销售部

公司地址：北京市昌平区回龙观北郊汽配城三厅E12号
联系人：李晓江
电　话：010-81795054
手机号码：18910070202
经营年限：10年
主营业务：汽车皮带、油封

北京晟润汇丰汽车轮胎销售中心

公司地址：北京市昌平区回龙观北郊汽配城北门洗车房6号
联系人：王俊辉
电　话：010-80798448
手机号码：15810983872
主营业务：马牌、优科豪马、米其林、普利司通、邓禄普、固特异、倍耐力、农业车胎、叉车轮胎

北京蓝海洁天汽车配件经营部

公司地址：北京市昌平区回龙观北郊汽配城二厅D12号
联系人：雒阳
电　话：010-81795124
手机号码：13911128617
经营年限：10年
主营业务：菲罗多刹车片、索菲玛滤清器、美途雨刷、NGK、冠军火花塞

北京润丰恒通商贸中心

公司地址：北京市昌平区回龙观北郊汽配城五厅J10号
联系人：倪文礼
电　话：010-80779290
手机号码：18601026271
经营年限：6年
主营业务：本公司经营汽车、矿山、纺织、印刷等各种轴承、经销日本、人本、瑞典、德国、哈尔滨、瓦房店、洛阳轴承、油封、万向节十字轴、订做生产各种非标准轴承、卡簧、O型圈、涨紧轮

北京市昌平区宾朋汽车配件经营部

公司地址：北京市昌平区回龙观北郊汽配城二厅C10号
联系人：魏金全
电　话：010-81795092
手机号码：13552063806
主营业务：各种汽车滤清器、机油、防冻液、雨刷片、三滤大全

北京市海达汽车配件销售中心

公司地址：北京市昌平区回龙观北郊汽配城五厅K24号
联系人：董海
手机号码：13366127077/13910406443
主营业务：汽车氙气灯、LED月行灯、透镜、灯泡、雨刷片、火花塞及各种汽车用品批发零售

北京回龙观自强汽车配件经营部（宇华减震器有限公司）

公司地址：北京市昌平区回龙观北郊汽配城二厅C20号
联系人：高胜杰
电　话：010-58485952
手机号码：13426388797/13718456857
传　真：010-58485957
经营年限：11年
主营业务：汽车减震器（国产、日系、韩系）、弹簧、缓冲胶

北京鑫满晟达

公司地址：北京市昌平区回龙观北郊汽配城二厅D14号
联系人：杜丹丹
电　话：010-59472162
手机号码：13552573781/13520847958
经营年限：5年
主营业务：电脑板、喷油嘴、怠速马达（步进电机）、氧传感器、点火线圈、汽油泵芯、节气门阀体、曲轴位置传感器、燃油压力阀、水温塞、爆震传感器、进气压力传感器

北京市天琪骏达汽车配件销售中心

公司地址：北京市昌平区回龙观北郊汽配城油品区3号
联系人：刘欢
电　话：010-81795075
手机号码：18910070336
经营年限：3年
主营业务：各种品牌润滑油、长城、美孚、壳牌；蓝星、防冻液、添加剂等汽车养护用品

北京市增强豹王汽配批发中心

公司地址：北京市昌平区回龙观北郊汽配城油品区14-15号
联系人：刘福增
电　话：010-81795276
手机号码：13718685166
传　真：010-81795276
主营业务：意奔马滤清器、豹王滤清器、博士火花塞；风帆蓄电池、骆驼蓄电池；美孚、壳牌、长城、嘉实多机油

北京威琨恒发汽车配件销售中心

公司地址：北京市昌平区回龙观北郊汽配城三厅E16号
联系人：翟洪庆
电　话：010-80779832
手机号码：13391802168
经营年限：4年
主营业务：三元催化器、排气管、软连节、雨刷片

北京鑫旺祥和汽车配件销售中心

公司地址：北京市昌平区回龙观北郊汽配城五厅J08号
联系人：范业明
电　话：010-80770236
手机号码：13693606788/13366300107
主营业务：批发兼零售：美国摩擦一号陶瓷刹车片、山东美丰磐石刹车盘

回龙观国运通汽车商贸有限公司

公司地址：北京市昌平区回龙观北郊汽配城一厅A10号
联系人：姚明
电　话：010-58469725
手机号码：18600709665
主营业务：火花塞、铜线、灯泡、喇叭；装饰精品、汽车座垫、内饰

上海汇重汽车配件有限公司北京办事处

公司地址：北京市昌平区回龙观北郊汽配城四厅G22号
联系人：周国生
电　话：010-56242011
手机号码：13391665498/13311205973
主营业务：三滤大全

兴达密封条销售处（河北星源汽配集团有限公司驻京总代理）

公司地址：北京市昌平区回龙观北郊汽配城四厅H22号
联系人：李志豹
手机号码：13552464731
主营业务：密封条、改装胶条、增压器、油管、装饰扣、大箱胶条、挡风胶条、PU管、两条、3M胶、扎带

汽保设备、维修工具系列

北京宏杰运达汽车配件经营部

公司地址：北京市昌平区回龙观北郊汽配城九厅V14-16号
联系人：姜海涛
电　话：010-81798498
手机号码：13391688557
经营年限：10年
主营业务：T8370/T8376系列大型立式制动鼓镗床、C65/C60/C45/C9335卧式制动鼓（盘）车床、T8360A/B系列立式制动鼓镗床、T8358A/B系列立式制动鼓镗床、MTJ-A气动铆蹄机、DCT-50电动车蹄机、各种专用工具、扒胎机动平衡、压力机举升机烤漆房

北京回龙观老五汽车配件销售中心

公司地址：北京市昌平区回龙观北郊汽配城九厅V20-24号东
联系人：胡国春
电　话：010-81795134
手机号码：13321191831
传　真：010-80776787
经营年限：11年
主营业务：汽保工具、汽保设备、辅料、五金机电

北京回龙观雅泽鑫宇汽车配件经营部

公司地址：北京市昌平区回龙观北郊汽配城九厅V20-24号西
联系人：周雅肖
电　话：010-81795064
手机号码：13321113630
传　真：010-81795064
经营年限：11年
员工数量：5人
主营业务：本公司总代理泰克胶片和迈克胶片；主营汽修工具、美容产品、补胎耗材、批发兼零售

北京瑞发圣通贸易有限公司

公司地址：北京市昌平区回龙观北郊汽配城九厅内R6-R8号
联系人：杜新征
电　话：010-80799761
手机号码：18910070311
传　真：010-81795175
经营年限：12年
主营业务：汽保工具、汽车用品、汽车停车位、洗车用品、设备、各种耗材、棉丝布块

汽车用品系列

北京市龙江通达汽车配件销售

公司地址：北京市昌平区回龙观北郊汽配城八厅T20号、T12号
联系人：王立君
电　话：010-58476302
手机号码：18910070356
经营年限：7年
主营业务：全包围脚垫、后箱垫、扶手箱、凉垫、毛垫、四季垫、精品等

北京志海宏达汽车配件销售中心

公司地址：北京市昌平区回龙观北郊汽配城八厅T14-16号
联系人：朱社志
手机号码：15330266300/18910266185
经营年限：10年
员工数量：3人
主营业务：汽车精品装饰、音响、防盗器、DVD导航、倒车影像；批发各种香水、饰品、车衣、脚垫、座垫、座套、高档雨搭、越野车高档雨搭等。

北京市和瑞通汽车配件经销处

公司地址：北京市昌平区回龙观北郊汽配城N14-16号
联系人：马品
电　话：010-81795038
手机号码：13621113075
经营年限：10年
员工数量：5人
主营业务：批发零售各种汽车装饰精品，经销牧宝、文丰、名牌汽车座垫、各种羊毛座垫、包围脚垫

北京昊昌汽车用品批发商行

公司地址：北京市昌平区回龙观北郊汽配城D区25-26号
联系人：张雪
电　话：010-83884022
手机号码：15901555521
传　真：010-83884022
经营年限：10年
员工数量：8人
主营业务：诚益全包围脚垫、中品方向锁、车衣、掸子、厂家直销。

北京鑫嘉晋瑞汽车配件经营部

公司地址：北京市昌平区回龙观北郊汽配城七厅N10号
联系人：虞小宝
电　话：010-81795186
手机号码：13366143606
经营年限：5年
员工数量：3人
主营业务：汽车座垫、座套、脚垫、香水、把套、地胶、注塑雨挡、车窗亮条、发动机下护板、车门迎宾板、汽车挡泥板、洗护用品

北京市丽涛通源汽车配件经营部

公司地址：北京市昌平区回龙观北郊汽配城八厅R20号
联系人：王小平
电　话：010-81795072
手机号码：18910070285
经营年限：10年
员工数量：6人
主营业务：汽车座垫、座套、音响、导航、汽车脚垫、香水、各种装饰件

北京市昌平区回龙观思丰通达汽车配件经营部

公司地址：北京市昌平区回龙观北郊汽配城五厅南门西
联系人：刘永成
电　话：010-81795058
手机号码：13521849870
经营年限：8年
员工数量：8人
主营业务：前后杠、踏板、行李架、DVD导航升级、电子狗、真皮座椅、贴膜、地胶、座套、座垫、儿童安全座椅、高档香水、挂件、防盗器、音响升级、桑拿清洗内饰

欧洲车系列

北京世纪缘汽配中心

公司地址：北京市昌平区燕丹汽配城 B 区 1-2 号
联系人： 李先生
手机号码：13661020089
主营业务：奥迪、大众、斯柯达全车配件、专业维修

北京顺天富阳汽配销售中心

公司地址：北京市昌平区燕丹汽配城 C 区 22 号
联系人： 温庆章
电　话： 010-52562966
手机号码：13501305418
主营业务：东风雪铁龙系列、东风标致系列、上海华普系列、北京现代系列配件

北京天宇鑫浩汽配有限公司

公司地址：北京市昌平区燕丹汽配城 E9-10 号
联系人： 王贵双
电　话： 010-57100693
手机号码：18611246608/13240995499
主营业务：帕萨特、宝来、领域、速腾、迈腾、捷运、桑塔纳、超人配件销售

北京鑫瑞明汽车配件销售有限公司

公司地址：北京市昌平区燕丹汽配城 E 区 08 号
联系人： 林黎明
电　话： 010-57162835
手机号码：13552498874
主营业务：上海大众、一汽大众配件销售

北京超林汽配有限公司

公司地址：北京市昌平区燕丹汽配城 F 区 03 号
联系人： 张雪林
电　话： 010-52562933
手机号码：13691455062
主营业务：一汽大众、上海大众全车配件批发

北京喜丽汽车配件批发中心

公司地址：北京市昌平区燕丹汽配城 C32-33 号
联系人： 杨喜山
电　话： 010-52562858/58417567
手机号码：13520088489/13601133248
主营业务：奥迪系列、一汽大众、上海大众、上海通用别克

北京金诺汽车配件

公司地址：北京市昌平区燕丹汽配城 C 区 27 号
联系人： 王旭光
电　话： 010-52290129
手机号码：15010585395
主营业务：东风雪铁龙、荣威、北京现代

北京朝源旺达汽配销售中心

公司地址：北京市昌平区燕丹汽配城 E 区 03 号
联系人： 谭香朝
电　话： 010-56224852
手机号码：13671200093
主营业务：一汽大众、上海大众

日本车系列

北京市上大汽配公司

公司地址：北京市昌平区燕丹汽配城 D 区 16 号
联系人： 马国山
电　话： 010-52569127
手机号码：18210495068
主营业务：马自达全车配件

北京聚丰成业汽车配件有限公司

公司地址：北京市昌平区燕丹汽配城 E 区 04 号
联系人： 白江东
电　话： 010-57223060
手机号码：18610039118
主营业务：丰田汽车配件、本田汽车配件

美国车系列

北京鑫艺顺汽车配件销售公司

公司地址：北京市昌平区燕丹汽配城
联系人： 常哲
电　话： 010-56287692
手机号码：13520770860
主营业务：别克、雪佛兰车系全车配件

北京银帆汽配销售中心

公司地址：北京市昌平区燕丹汽配城 C 区 23 号
联系人： 高雪
电　话： 010-52569049
手机号码：13552478876
主营业务：别克、雪佛兰、广州本田、东风本田

韩国车系列

北京世红汽配销售中心

公司地址：北京市昌平区燕丹汽配城 C 区 24 号
联系人： 王世红
电　话： 010-52569056
手机号码：13552648172
主营业务：起亚全车配件、汽车皮带、刹车片、刹车盘

北京市燕山汽配

公司地址：北京市昌平区燕丹汽配城 D 区 22 号
联系人： 马刚山
电　话： 010-57020831
手机号码：13161382670
主营业务：北京现代、韩系代理

国产车系列

北京市畅顺达汽配中心

公司地址：北京市昌平区燕丹汽配城 C 区 28 号
联系人： 高女士
电　话： 010-51452977/52562919
手机号码：13426309153
主营业务：中华、骏捷、FRV、尊驰全车配件、批发零售螺丝、车用油管（高低压水管）各种轴承

北京海信达汽配中心

公司地址：北京市昌平区燕丹汽配城 C 区 30 号
联系人： 马方振
电　话： 010-52562992
手机号码：13718966835/15901408688
主营业务：奇瑞系列 QQ、风云、旗云、A5、东方之子、瑞虎、优优等配件

北京通达汽车配件销售

公司地址：北京市昌平区燕丹汽配城 C 区 31 号
联系人： 董印智
电　话： 010-52562950
手机号码：13261305598
主营业务：比亚迪、长安铃木

北京致诚汽配销售中心

公司地址：北京市昌平区燕丹汽配城 C 区 34 号
联系人： 牛晓武
电　话： 010-52873347/53661236
手机号码：13522567811
主营业务：沈阳华晨金杯、北京福田、北京汽车 E 系列

北京松江微型汽配

公司地址：北京市昌平区燕丹汽配城 D 区 03 号
联系人： 任光印
电　话： 010-52562908
手机号码：15201198281
主营业务：微型车配件

北京鑫鸿汽配服务中心

公司地址：北京市昌平区燕丹汽配城西区 1-3 号
联系人： 姬永彬
电　话： 010-52562935
手机号码：15801462181/13522853090
主营业务：奇瑞系列全车配件

北京永兴汽配销售中心

公司地址：北京市昌平区燕丹汽配城 D 区 09 号
联系人：赵建强
电　话：010-56237215
手机号码：13121418500
主营业务：奇瑞配件专营 QQ\Q6、风云旗云等

新晨运达

公司地址：北京市昌平区燕丹汽配城 D 区 21 号
联系人：郑凯雄
电　话：010-52835664
手机号码：13693378013
主营业务：金杯配件

北京恒忠腾汽配销售中心

公司地址：北京市昌平区燕丹汽配城 D 区 6 号
联系人：张腾
电　话：010-52569032
手机号码：13718610975/13641011760
主营业务：金杯、福田全车配件，各种车型消声器、三元催化器

北京荣发微型车汽配销售中心

公司地址：北京市昌平区燕丹汽配城 E11-12 号
联系人：张振兵
电　话：010-52562837/53663389
手机号码：13366307735
主营业务：哈飞、五菱、长安、夏利全车配件

北京宏顺汽车配件销售部

公司地址：北京市昌平区燕丹汽配城 D 区 08 号
联系人：阮俊常
电　话：010-52562884
手机号码：13661370443
主营业务：五菱之光、五菱荣光、五菱宏光全车配件、空调件、钣金件

专项件系列

北京顺天嘉润商贸中心

公司地址：北京市昌平区燕丹汽配城 C 区 1-2 号
联系人：和庆好
电　话：010-52562798
手机号码：13051431256
主营业务：机油、电瓶

北京圆梦缘汽车用品公司

公司地址：北京市昌平区燕丹汽配城 C 区 34-36 号
联系人：杨航
手机号码：15001156610
主营业务：机油、电瓶、防冻液

北京盛达旺通润滑油批发中心

公司地址：北京市昌平区燕丹汽配城 D 区 04 号
联系人：要爱杰
电　话：010-52562722
手机号码：13910286126
主营业务：机油、三滤、汽车护理用品、134a 氟

北京顺天恒宇汽配销售中心

公司地址：北京市昌平区燕丹汽配城中区 8 号
联系人：赵同强
电　话：010-52562928
手机号码：13910875525
主营业务：三滤大全、灯泡、火花塞、雨刷片、喇叭

广源盛世汽车玻璃专营店

公司地址：北京市昌平区燕丹汽配城西 17 号
联系人：高志广
电　话：010-84933028
手机号码：13811931329
主营业务：国产、进口车型玻璃销售及安装

北京德茂福盛轮胎销售中心

公司地址：北京市昌平区燕丹汽配城东区 1-3 号
联系人：王海建
电　话：010-52562953
手机号码：13164234837
主营业务：轮胎、轮毂、装饰

北京华泽汽配有限公司

公司地址：北京市昌平区燕丹汽配城 D 区 7 号、D 区 18 号
联系人：王春礼
电　话：010-51458911
手机号码：13701321416
主营业务：豹王滤清器、NGK、冠军、博世火花塞，飞利浦、欧司朗灯泡，金麒麟刹车片、盖茨皮带、氙气灯、LED 灯

北京顺天麒麟汽配中心

公司地址：北京市昌平区燕丹汽配城中区 7 号
联系人：赵彦刚
电　话：010-58547758
手机号码：13466763188
主营业务：刹车片、刹车盘

汽车用品系列

冀辉健汽车装饰中心

公司地址：北京市昌平区燕丹汽配城
联系人：魏英华
手机号码：13366950596
主营业务：贴膜、导航、音响、座套、座垫

专业贴膜中心

公司地址：北京市昌平区燕丹汽配城中区 17 号
联系人：庞尔晶
手机号码：13521452013/13681202411
主营业务：汽车精品、原车升级、DVD 导航、倒车影像、座套、地胶、封釉封塑

汽车维修保养系列

郭师傅欧亚汽修

公司地址：北京市昌平区燕丹汽配城
联系人：郭晓宇
电　话：010-52569010
手机号码：13520937134
主营业务：主修别克、大众、雪铁龙、福特、马自达、本田

北京燕丹顺天双龙腾达汽配商行

公司地址：北京市昌平区燕丹汽配城 D 区 11-12 号
联系人：王小刚
手机号码：15201211862
主营业务：汽车维修、宝马、奥迪、刹车片、刹车盘

北京兴旺达顺汽修

公司地址：北京市昌平区燕丹汽配城 D 区 13 号
联系人：刘会山
手机号码：15911025056
主营业务：专修奔驰、宝马、奥迪、大众

北京鑫焱汽车服务中心

公司地址：北京市昌平区燕丹汽配城 A 区 01-02 号
联系人：魏金强
电　话：010-52569088
手机号码：15811413210
主营业务：汽车修理及配件、大众、丰田、本田、别克、马自达

车康汽车服务中心

公司地址：北京市昌平区燕丹汽配城北区 34 号
联系人：许加礼
手机号码：18910949739
主营业务：主修奥迪、宝来、帕萨特、别克、捷达等车型

博益源汽修中心

公司地址：北京市昌平区燕丹汽配城北区 9-10 号
联系人：王国玉
手机号码：13552523473
主营业务：维修、保养各种车型

鑫德汽车服务

公司地址：北京市昌平区燕丹汽配城西区 15-16 号
联系人：赵振华
电　话：010-52562618
手机号码：13552538953
主营业务：维修保养、钣金喷漆、保险理赔、美容装饰

北京傲宇汽车服务

公司地址：北京市昌平区燕丹汽配城西区 4 号
联系人：周勇
电　话：010-52569009
手机号码：13466376865
主营业务：钣金喷漆

北京燕丹京通汽车配件销售中心

公司地址：北京市昌平区燕丹汽配城 A 区 17-18 号
联系人：郑伟
电　话：010-52562864
手机号码：13651373707
主营业务：汽车维修、五菱、长安配件

第四部分

北京汽车后市场——各区县汽车4S店、配件店和修理厂

根据汽车后市场的行业特点，由于一部分企业的经营业务呈现跨越和多样性，在第四版块北京各个区县的数据中，我们只是相对有所侧重地作了类别划分，以方便用户查阅和使用，具体分为三类。

分类说明

- 汽车4S店类 ------------------- 含4S店、展厅、综合店等整车销售
- 汽车配件商、汽车用品商类 ------- 含配件店、轮胎店、贸易商、用品商等
- 汽车修理厂、快修连锁店、装饰美容店类

东城区概况

东城区是首都功能核心区之一。经首都功能核心区区划调整后，东城区辖区面积为 41.84 平方公里，北部、东部与朝阳区相连，南部同丰台区接壤，西部与西城区相接。

■ 交通与人口

截至 2011 年年底，东城区户籍人口达到 96.1 万人，暂住人口达到 18.1 万人，常住人口 91 万人，常住外来人口 21.4 万人，人口密度为 22974 人 / 平方公里。

■ 文化底蕴

东城区位于首都北京中轴线的东侧，作为元、明、清三朝古都的中心地区，有长达 700 多年的历史，以皇室文化为代表的中华民族文化精华在东城得以充分体现。旧城仅有的两处世界文化遗产——故宫、天坛都位于东城区，从永定门到钟鼓楼 7.8 公里的传统中轴线纵贯全区，天坛、地坛交相辉映，特别是旧城 33 片历史文化保护区中有 18.5 片位于新东城区，是全市历史文化遗存和胡同四合院最为密集的地区。同时融合了以故宫、天坛、雍和宫、孔庙、国子监、地坛、明城墙、前门箭楼、永定门城楼等为代表的皇室、佛教、儒家、国学、会馆等多元文化，以及景泰蓝技艺、雕漆技艺等众多非物质文化遗产，集中体现了古都皇城文化与民俗文化的魅力，可以说东城区是名副其实的“首都文化中心区”。

■ 发展定位

未来二十年，东城区明确了“首都文化中心区、世界城市窗口区”的总体定位，确定了“首都政务服务重要承载区、历史文化传承发展示范区、世界著名文化旅游城区、国际知名商业中心、北京高端服务业重要集聚区、宜居宜业文明城区”的职能定位。

东城区商家资讯

汽车 4S 店类

北京东风日产东风南方鼓楼店

公司地址：北京市东城区安德里北街 19 号
电　话：010-67143728/84122045
84135850
传　真：010-84121185
主营业务：东风日产品牌整车销售及售后维修保养等

东风本田汽车典盛特约销售服务店

公司地址：北京市东城区安德里北街 19 号
电　话：010-84111111/84115314
传　真：010-84134115
主营业务：东风本田品牌整车销售及售后维修保养等

北京金星众捷汽车销售服务有限公司

公司地址：北京市东城区永定门东滨河路 11-8 号
电　话：010-87266001/87270908
传　真：010-87298858
主营业务：迈腾、速腾、新宝来、捷达等车型的整车销售和售后服务工作

东风日产东风南方邦诚－酷车行店

公司地址：北京市崇文区东花市南里富贵园小区一区 3 号楼
电　话：010-67112557
传　真：010-67128235
主营业务：汽车销售、售后服务、备件销售、信息咨询、二手车经纪、汽车租赁

北京通源汽车服务有限公司

公司地址：北京市东城区永定门外桃园东里 1 号（原巴士旅游院内）
电　话：010-68488304
主营业务：南京依维柯汽车一级经销商，依维柯全系车型 6-24 座，特种车、工程车、四驱越野车及改装

东风日产浩洋正业专营店

公司地址：北京市崇文区左安门外关厢东里 22 号
电　话：010-87675777-879
传　真：010-87679868
主营业务：东风日产整车销售及售后维修保养等

汽车配件商、汽车用品商类

北京卡芙瑞德科技有限公司

公司地址：北京市东城区金鱼池中街 2 号院 4 号楼 2 门 908
联系人：赵历梅
电　话：010-84310762
手　机：13811922086
传　真：010-84310762
主营业务：汽车玻璃水、防冻液、除冰剂、玻璃防雾剂、除胶剂、除味剂等汽车美容产品

富城轮胎专卖

公司地址：北京市东城区天坛南门景泰桥向南 500 米
联系人：杨林义
职　务：业务经理
手　机：13041109788/13718912236
主营业务：经销各种进口国产名优轮胎，米其林、固特异、普利司通、邓禄普、佳通、韩泰、锦湖等

北京福耀玻璃有限公司南二环分公司

公司地址：北京市东城区永定门外桃园东里 15 号
电　话：010-67271499/67269915
传　真：010-67218164
主营业务：汽车玻璃

汽车修理厂、快修连锁店、装饰美容店类

达世行快修

公司地址：北京市东城区安德里北街 20 号首层
电　话：010-84121360
传　真：010-84121315
主营业务：为国内各大汽车厂生产的别克、雪佛兰、本田、丰田、大众系列、北京现代、奥迪等轿车提供快速保养、养护和常见故障的维修

北京龙昊翔汽车维修中心

公司地址：北京市东城区永外东滨河路 11 号（南二环外辅路景泰桥南加油站旁）
联系人：乔广全
电　话：010-87298688/87273068
手　机：13264008331
维修资质：二类
主营业务：专修国产及日、美、韩、欧各车型，发动机、变速箱、ABS 防抱死安全气囊的检测与维修、电气电路维修、空调加氟等

北京金驰达汽车维修有限公司

公司地址：北京市东城区安德里北街 24 号
联系人：赵萍
职　务：总经理
电　话：010-84113910
手　机：13701374123
传　真：010-62389094
主营业务：多家保险公司指定修理厂，以机修，钣金，喷漆为主，是多个大中型企业和事业单位的合作单位

北京东城航天汽车修理部

公司地址：北京市东城区和平里东街 15 号院
联系人：张经理
电　话：010-84223001
主营业务：汽车修理

北京富贵园昆仑汽车养护分公司

公司地址：北京市东城区东花市南里富贵园 1 区 2 号楼 102 底商（本家润园与富贵园交界处）
电　话：010-67160767
主营业务：更换润滑油、更换四滤类、更换油液类、清洗保养、轮胎服务、汽车精品及配件销售

永丰盛汽车修理服务中心

公司地址：北京市东城区永外大街 130 号沙子口斜街（永外医院旁）
联系人：刘伟
电　话：010-67253457
手　机：13520917172/13552474328
主营业务：专修各种轿车、维修保养、车内美容、洗喷油嘴、电脑检测、空调电路、车辆年检、代办保险

北京东花市贵仁车汽车服务部

公司地址：北京市东城区东花市南里富贵园 1 区 2 号楼底商
联系人：廖明善
职　务：总经理
电　话：010-67143899
手　机：13661344404
主营业务：新车装饰、汽车修理、美容、漆面镀膜、抛光封釉、内室桑拿、定损维修、钣金喷漆、风帆电瓶、轮胎大全、脚垫订做、代办验车

利京都汽修

公司地址：北京市东城区永定门外东滨河路 11 号
电　话：010-87885959/87885656
手　机：18910795633
主营业务：精修各类进口国产汽车

车友桥汽修

公司地址：北京市东城区桃园东里 4 号
联系人：刘八意
手　机：13671303481
主营业务：快修保养、钣金喷漆、新旧轮胎、划痕修复、专业补胎、保险出单、电脑检测、收事故车

太阳富豪汽车服务中心

公司地址：北京市东城区中轴路总政西院
联系人：史勇
职　务：客户服务部经理
电　话：010-84110085/84110086
手　机：13701223371
传　真：010-84110087
维修资质：一类
主营业务：北京市一类综合性汽车维修企业，提供维修、保养、钣金、喷漆、保险承保、定损、理赔及 24 小时救援等全面专业化的服务

东方永信汽车服务有限公司

公司地址：北京市东城区永外大街 60 号
联系人：候国龙
手　机：13466511378
主营业务：代办验车、保险理赔、保险出单、钣金喷漆、汽车维修、轮胎大全

西城区概况

西城区是首都功能核心区之一，辖区面积 50.70 平方公里。东与东城区相连；西与海淀区、丰台区接壤；北与海淀区、朝阳区毗邻；南与丰台区相连。

■ 人口

根据 2010 年 11 月第六次全国人口普查结果，西城区全区常住人口为 124.33 万人，其中，外省市来京人员为 32.71 万人，占常住人口的 26.31%。

■ 中央单位

西城区是党中央、全国人大、国务院、全国政协等党和国家首脑机关的办公所在地，是国家最高层次对外交往活动的主要发生地，是首都“四个服务”体现最直接、最集中的地区。

西城区商家资讯

汽车 4S 店类

北京中汽力发汽车销售服务有限公司

公司地址：北京市西城区三里河东路 A7 号
电　话：010-68529681/68572710
传　真：010-68532892
网　址：www.bjzqlf.com
主营业务：一汽大众整车销售及维修

汽车修理厂、快修连锁店、装饰美容店类

首丰达汽配

公司地址：北京市西城区月坛北小街 4 号
联系人：蔡林
电　话：010-68040169
主营业务：机油、轮胎销售及安装、保养服务

北京康德源电脑汽车行

公司地址：北京市西城区广安门外广花轩小区北门
联系人：吴晓强
电　话：010-63313930
手　机：18600900079
主营业务：电脑水蜡洗车、保养、救援、搭电、补胎、销售轮胎

车美行（北京）汽车服务有限公司

公司地址：北京市西城区广安门外大街乙 8 号
电　话：010-63301910
主营业务：汽车清洗、美容装饰、维修保养、精品销售、车险服务

毕得福

公司地址：北京市西城区复兴门大街西匠胡同
联系人：张红祺
手　机：13520594467
主营业务：汽车维修、洗车美容

德国马牌轮胎店

公司地址：北京市西城区百万庄大街 17 号（阜外医院北楼西门对面）
电　话：010-68348350
手　机：15910797321
主营业务：维修保养、机油电瓶、各种配件、抛光打蜡、钣金喷漆、内饰清洗、汽车救援、补胎换胎

北京市星火汽车维修服务部

公司地址：北京市西城区南线里 56 号西门
电　话：010-63513474/18310435880
传　真：010-63513448
维修资质：二类
主营业务：汽车维修保养等

安华世通汽车服务有限公司

公司地址：北京市西城区滨河路甘雨桥 28 号（天宁寺加油站旁）
联系人：邱培生
电　话：010-63280372/63456639
手　机：13701033705
主营业务：快修养护、钣金喷漆、美容装饰

北京前驰汽车养护维修中心

公司地址：北京市西城区白云路 4 号
联系人：麻振东
职　务：经理
电　话：010-63260871
主营业务：汽车修理、保养、电脑检测、钣金喷漆、洗车打蜡、封釉镀膜、清洗内饰、代办保险、验车

北京松川奔宝汽车服务有限公司

公司地址：北京市西城区月坛北街乙 5 号
电　话：010-68028868
维修资质：一类
主营业务：精修奔驰、宝马、全车大修、整形烤漆、电脑检测、清洗电喷、检修空调、四轮定位、代办保险

顺达汽修配件

公司地址：北京市西城区百万庄大街 2 号（马尾沟）
联系人：赵先生
电　话：010-68308202
手　机：13522830310/13661378516
主营业务：大众、富康、金杯、小面系列配件、维修保养

新旧轮胎

公司地址：北京市西城区菜户营桥往西 200 米丽泽路北
联系人：夏双江
手　机：15001068293/15010666936
主营业务：米其林、固特异、韩泰、锦湖、三角等轮胎，专业修补侧面划伤、鼓包、电瓶充电、动平衡、充氮气、热补轮胎

北京靓砖行汽车服务有限公司

公司地址：北京市西城区太平桥大街 8 号院 3 号楼 8-8 号
电　话：010-59352851
手　机：13321102851
主营业务：快修保养、汽车美容、内饰清洗、轮胎保养

北京市华暖汽修厂

公司地址：北京市西城区百万庄大街丙 23 号
联系人：刘江涛
职　务：负责人
电　话：010-68365765
手　机：13651085359
维修资质：二类
主营业务：承接进口丰田系列、国产大众奥迪系列的大修、维修及事故车辆、代办保险、理赔一条龙服务

北京旭鑫汽车修理站

公司地址：北京市西城区二七剧场路交通银行旁
联系人：王端有
职　务：主管
电　话：010-68034799
手　机：13701207388/15601255878
主营业务：汽车维修保养、汽车美容装饰、汽车救援、代办年检

宏云翔轮胎汽配修理

公司地址：北京市西城区广外手帕口南街 40 号
联系人：李先生
手　机：15718842970/13021271075
主营业务：捷达、富康、夏利、金杯、桑塔纳、中意等各种配件及轮胎、修理

北京友福汽车装饰有限公司－西直门店

公司地址：北京市西城区西直门北大街 47 号迈豪时代小区 1 号楼 1 层
电　话：010-62272929/81695575
主营业务：汽车装饰美容

朝阳区概况及汽车行业情况介绍

朝阳区是中国北京最大的城近郊区。她是京城最先迎接太阳的地方，是古都新貌的缩影。优越的地理位置，良好的人文环境，飞速发展的经济，使她成为首都东部一颗璀璨明珠。

朝阳区位于北京城区东部，东与通州接壤，西同海淀、东城、西城毗邻；南连丰台、大兴；北接顺义、昌平。全区面积共 470.8 平方公里，是北京市近郊区中面积最大的一个区。

今日的朝阳大地，是一片生机勃勃的热土，正以昂扬的精神风貌，向着建设一个“对外交往窗口区、首都经济发达区、功能完善新城区、社会进步文明区”的既定目标迈进。

■ 交通

朝阳区自古以来就是北京的东行门户，现已构成公路、铁路、航空、地铁立体交通网络。区内公路四通八达，总计 700 多公里，除十几条市内线路外，还有京津塘高速公路、首都机场高速公路、京通快速路、京石公路、京张公路、京密公路、京山公路和二环、三环等十几条干道。

■ 重点产业

朝阳区坚持以发展为第一要务，坚持规划引导发展、环境促进发展、管理规范发展，坚持发展的速度、结构、质量、效益相统一，实现全面协调可持续发展。朝阳区经济呈现发展快、结构好、贡献大的突出特点。目前，已经形成了高技术产业、现代服务业、文化创意产业、金融业等四大重点产业，CBD 功能区、奥运功能区等几大版块步入加速发展轨道，现代商务服务功能突出，产业聚集能力增强。

■ 汽车行业有形市场分布

朝阳区市场繁荣，大型商场众多，汽车及汽配用品行业的有形市场也不例外，分布数量多、辐射范围广，如北京城环城国际汽配城、四元桥汽配城、盛华汽配城、五方天雅汽配城、十八里店汽配城、东坝汽配城等，市场格局基本稳定，以辐射北方乃至全国为主的大型批发市场和服务周边维修为主的中小型零售市场互为补充，为推动和促进汽车后市场的繁荣发展发挥重要的作用。此外朝阳区还形成了如姚家园、来广营、花虎沟等以整车、二手车服务为主的聚集地，在行业发展和消费者服务方面都发挥着积极的作用。

朝阳区商家资讯

汽车 4S 店类

北京捷亚泰汽贸有限公司
公司地址：北京市朝阳区京顺路孙河和平农场
联系人：孙经理
电　话：010-84701909
手　机：13910131659
传　真：010-84701895
邮　箱：jyt_zs@sohu.com
经营年限：10 年
员工人数：700 人
维修资质：一类
主营业务：一汽大众销售、售后服务

北京澳林通田汽车销售服务有限公司（广汽丰田北京澳林奥运村店）
公司地址：北京市朝阳区德外花虎沟 20-1 号
电　话：010-62928866
传　真：010-62916621
主营业务：广汽丰田整车销售及售后服务等

北京泊士联汽车销售中心
公司地址：北京市朝阳区南四环东路 95 号
电　话：010-67609069/87680075
传　真：010-87680810
主营业务：长城汽车整车销售、维修

北京博瑞祥恒汽车销售有限公司
公司地址：北京市朝阳区东直门外左家庄路 2 号
电　话：010-84541836/84482405
传　真：010-64612060
主营业务：一汽大众整车销售及售后维修保养等

北京博瑞祥悦汽车销售服务有限公司
公司地址：北京市朝阳区西大望路 20 号
电　话：010-67760202
传　真：010-67761991
网　址：www.cbdhonda.com
主营业务：广汽本田整车销售及维修

北京博瑞祥致汽车销售服务有限公司
公司地址：北京市朝阳区花虎沟 2 号（八达岭清河收费站南 50 米路东）
电　话：010-82818990/62957677
传　真：010-82818968
主营业务：标致旗舰店之一，整车销售及售后服务等

北京奥嘉世茂汽车销售服务有限公司
公司地址：北京市朝阳区金盏乡东苇路金港汽车公园 C 区 19 号
电　话：010-68365557/68360000
传　真：010-68363330
主营业务：一汽大众奥迪整车销售及维修

北京保利星徽汽车销售服务有限公司
公司地址：北京市朝阳区王四营乡马房寺路 333 号
电　话：010-87391111
传　真：010-87393039
主营业务：奔驰整车销售及售后维修服务等

北京北苑福瑞汽车销售服务有限公司
公司地址：北京市朝阳区来广营新北路 8 号
电　话：010-84900101/84905556
传　真：010-84900101-688
主营业务：英菲尼迪整车销售及售后维修保养等

北京博瑞祥驰汽车销售服务有限公司
公司地址：北京市朝阳区德外双泉堡花虎沟 2 号
电　话：010-82818765/62924433
传　真：010-82818773
主营业务：梅赛德斯－奔驰整车销售及售后服务等

北京博瑞祥弘汽车销售服务有限公司
公司地址：北京市朝阳区花虎沟 2 号
电　话：010-82818668/82818669
主营业务：一汽大众整车销售及维修

北京博瑞祥云汽车销售服务有限公司
公司地址：北京市朝阳区德胜门外双泉堡
电　话：010-82818899
传　真：010-82818876
网　址：www.boruixiangyun.audi-online.cn
主营业务：一汽大众奥迪整车销售及维修

北京宏和通达汽车销售服务有限公司
公司地址：北京市朝阳区王四营乡桥南盛华东路 809 号
电　话：010-57385699
传　真：010-57385681
网　址：www.hhtdauo.com
主营业务：通用别克整车销售、维修

北京奥润得汽车有限公司
公司地址：北京市朝阳区南四环东路 89 号
救援电话：010-51317663/51317686
主营业务：英伦北京总代理、维修

北京标龙京津汽车销售服务有限责任公司
公司地址：北京市朝阳区朝阳公园东 3 公里东方基业国际汽车城 5 号店
电　话：010-85577833-600
主营业务：东风标致整车销售及售后维修保养等

北京博瑞祥和汽车销售服务有限公司
公司地址：北京市朝阳区德胜门外双泉堡花虎沟 2 号
电　话：010-82818701/82818686
网　址：www.bjbrxh.com
主营业务：一汽轿车奔腾、红旗品牌系列轿车整车销售及售后服务等

北京博瑞祥宇汽车销售服务有限公司
公司地址：北京市朝阳区花虎沟 2 号
电　话：010-82818880
主营业务：长安标致雪铁龙汽车有限公司在北京的指定特许经销商，整车销售及售后服务等

北京联拓汇通汽车销售服务有限公司
公司地址：北京市朝阳区东四环南路 56 号
电　话：010-67480056/67480050
传　真：010-67480062
主营业务：上海大众汽车特许销售商

北京三江慧达汽车销售服务有限公司
公司地址：北京市朝阳区东辛店 333 号京顺路五元桥外 50 米路西
电　话：010-64339966-8012
传　真：010-64367400
主营业务：上海大众汽车斯柯达整车销售及售后维修保养等

北京德奥达汽车进出口有限公司

公司地址：北京市朝阳区太阳宫十字口甲 1 号
电　话：010-64335666
传　真：010-64351556
网　址：www.deaoda.com
主营业务：奔驰整车销售、维修

北京达世行华威汽车销售有限公司

公司地址：北京市朝阳区东三环南路 76 号
电　话：010-87383600
传　真：010-87383700
主营业务：凯迪拉克等整车销售及售后维修保养等

北京东风南方亮马汽车销售服务有限公司

公司地址：北京市朝阳区亮马桥路 25 号
电　话：010-64329583/63363667
网　址：www.bjnissan.com.cn
主营业务：日产汽车整车销售及维修

北京东仁庆开汽车销售服务有限公司

公司地址：北京市朝阳区来广营西路 18 号
电　话：010-84918886
传　真：010-84919991
主营业务：马自达整车销售及售后维修保养等

北京广汽航天汽车销售服务有限公司

公司地址：北京市朝阳区北四环东路 9 号
电　话：010-64754253
传　真：010-84711921
主营业务：广汽本田整车销售、维修

北京广益发汽车贸易有限公司－昌河铃木特许销售服务中心

公司地址：北京市朝阳区南四环东路 93 号
电　话：010-67656210
传　真：010-67656190
网　址：www.gyfcar.com
主营业务：昌河铃木汽车整车销售、维修

北京海派奥特经贸有限公司

公司地址：北京市朝阳区姚家园路甲 1-4 号东方基业汽车城 1 区 7 号
电　话：010-85577955
传　真：010-85577855
主营业务：现代汽车整车销售及售后维修保养等

北京合兴金港汽车贸易有限公司

公司地址：北京市朝阳区金盏乡东苇路金港汽车公园
救援电话：010-84349998/13910674593
传　真：010-84349556
主营业务：东风本田整车销售及维修

北京和裕丰田汽车销售服务有限公司

公司地址：北京市朝阳区小红门肖村北里 1 号
救援电话：010-87607952/13910119825
传　真：010-87606164
主营业务：一汽丰田整车销售、维修

北京德奥达一众汽车销售有限公司

公司地址：北京市朝阳区太阳宫十字口甲 1 号
电　话：010-64315888-850
传　真：010-64350998
网　址：www.deaoda.com
主营业务：一汽大众汽车整车销售、维修

北京德奥达汽车销售有限公司

公司地址：北京市朝阳区北四环东路太阳宫十字口甲 1 号
电　话：010-84563338
网　址：www.deaoda.com
主营业务：一汽大众奥迪整车销售、维修

北京东南得利卡汽车贸易有限公司

公司地址：北京市朝阳区姚家园路甲 1-4 号东方基业汽车城
电　话：010-96096266/96096366
传　真：010-85577749
主营业务：东南牌系列和三菱进口车系列整车销售及售后维修保养等

北京飞翔顺达汽车销售有限公司

公司地址：北京市朝阳区姚家园东口甲 1 号东方基业汽车城东区 E08 号
电　话：010-51193750
传　真：010-51193750
主营业务：北京现代整车销售及售后维修保养等

北京广通丰田

公司地址：北京市朝阳区德外花虎沟 20 号
电　话：010-62916666 转 815/816/861/862/863/864
救援电话：13331110198
传　真：010-62843548
主营业务：一汽丰田整车销售及售后服务等

北京广益发汽车贸易有限公司－昌河铃木特许销售服务中心

公司地址：北京市朝阳区管庄重兴寺 6 号（京通快速南辅路杨闸东 1000 米）
电　话：010-65730326/65730650
传　真：010-65730979
主营业务：一汽佳宝、森雅汽车，昌河铃木汽车整车销售、维修

北京超远腾达汽车贸易有限公司东方基业专营店

公司地址：北京市朝阳区姚家园路甲 1 号东方基业汽车城东区 E02 号
电　话：010-51193786
主营业务：比亚迪整车销售及售后维修保养等

北京华泰元田汽车销售有限公司

公司地址：北京市朝阳区北四环东路望京桥东 200 米
电　话：010-64310886-850
传　真：010-64313951
网　址：www.hawtaimotor.com
主营业务：华泰汽车整车销售、维修

北京城翰汽车服务有限公司

公司地址：北京市朝阳区王四营乡白鹿司村南（东五环五方桥下东南角）
电　话：010-87391898/87392988
传　真：010-87391383
主营业务：福特、江铃汽车等，一类维修企业、质量信誉 AAA 级维修企业。

北京德万隆经贸有限公司

公司地址：北京市朝阳区来广营西路 8 号
电　话：010-84913366
传　真：010-84916067
主营业务：路虎整车销售及售后维修保养，捷豹路虎中国授权经销商

北京东仁隆达汽车销售服务有限公司

公司地址：北京市朝阳区姚家园路甲 1-4 号东方基业汽车城 1 区 19 号
电　话：010-51193331/51193339
传　真：010-51193330
主营业务：马自达整车销售及售后维修保养等

北京车豪销售服务店

公司地址：北京市朝阳区朝阳北路 45 号
电　话：010-65762011/65759828
传　真：010-65762421
主营业务：一汽马自达授权特许经销商，整车销售及售后服务等

北京广大行雪铁龙汽车服务有限责任公司

公司地址：北京市朝阳区东三环南路十里河桥西南侧 2282 信箱
电　话：010-67672288-203
传　真：010-67641979
主营业务：东风雪铁龙整车销售及售后维修保养等

北京合力华通汽车服务有限公司

公司地址：北京市朝阳区十八里店乡十八里店村 876 号
电　话：010-67479800-810 400-668-0888
传　真：010-67479880
主营业务：东风标致整车销售及售后维修保养等

北京鸿都瑞通汽车销售服务有限公司

公司地址：北京市朝阳区来广营西路甲 9 号
电　话：010-65686666/65686625 65686626
传　真：010-84910166
主营业务：现代汽车整车销售及售后维修保养等

北京勤华瑞达汽车销售服务有限公司

公司地址：北京市朝阳区姚家园东口甲 1 号东方基业汽车城 18 号店
电　话：010-85577806/85577558
传　真：010-85576919
主营业务：东风悦亚·起亚整车销售及售后维修保养等

北京冀富捷来广营专营店

公司地址：北京市朝阳区来广营西路 308 号
电　话：010-84919920
传　真：010-84919920
主营业务：奇瑞汽车整车销售及售后维修保养等

北京嘉华京顺汽车销售服务有限公司

公司地址：北京市朝阳区崔各庄乡东辛店 339 号
电　话：010-64328787
传　真：010-64325767
主营业务：广汽本田整车销售及售后维修保养等

北京嘉瑞雅汽车销售服务有限公司

公司地址：北京市朝阳区十八里店大羊坊路 6 号
电　话：010-57550966/57550988
传　真：010-57550930
主营业务：东风标致整车销售及售后维修保养等

北京捷奥泰汽车销售有限公司

公司地址：北京市朝阳区东四环外姚家园路 88 号（东方基业国际汽车城）
电　话：010-85564683
传　真：010-85577232
主营业务：现代圣达菲、JEEP 系列、BJ2020 系列、克莱斯勒 300C、北汽福田，兼营帕拉丁、金杯、骏捷、F3 及面包车的批发零售业务

北京捷奥泰汽车销售有限公司

公司地址：北京市朝阳区东四环外姚家园路 88 号（东方基业国际汽车城）
电　话：010-85577627/85577527
传　真：010-85577232
主营业务：华泰汽车整车销售及售后维修保养等

北京捷亚泰汽贸有限公司（管庄店）

公司地址：北京市朝阳区管庄杨闸（双会桥路口向东 300 米路南）
电　话：010-65457980
传　真：010-65457980
主营业务：一汽大众整车销售及维修

北京奥吉通汽车销售有限公司

公司地址：北京市朝阳区朝阳北路甲 45 号
电　话：010-65718787 转 620
传　真：010-65715839
主营业务：奥迪整车销售及售后服务等

北京联通鼎盛汽车销售服务有限公司

公司地址：北京市朝阳区来广营西路甲 8 号
电　话：010-84919518 转 603
传　真：010-84918768
主营业务：别克整车销售及售后维修保养等

北京金驰之星商贸有限公司

公司地址：北京市朝阳区金盏乡东苇路金港汽车公园 A 区 1 号
电　话：010-64795818
传　真：010-64795819
主营业务：GS 汽车整车销售及维修

北京金港保时捷中心

公司地址：北京市朝阳区金盏乡东苇路金港汽车公园 C 区 8 号甲 1 号
电　话：010-64309926
传　真：010-64309912
网　址：www.porsche-beijing-central.com
主营业务：保时捷整车销售及维修

北京金佳景之东汽车销售服务有限公司

公司地址：北京市朝阳区朝阳北路 57 号（朝阳区大悦城向东 2000 米路北）
电　话：010-65770606
传　真：010-65775878
主营业务：进口起亚的整车销售及售后服务，全球白金经销商

北京京申宝汽车销售服务有限公司

公司地址：北京市朝阳区双会桥东路 8 号
电　话：010-65486929/65486930
传　真：010-65486917
网　址：www.jsbcar.com
主营业务：上海大众整车销售及维修

北京惠通四惠丰田汽车销售服务有限公司

公司地址：北京市朝阳区崔各庄东辛店 330 号
电　话：010-64361188
主营业务：一汽丰田整车销售及售后维修保养等

北京凯瑞翔通汽车销售服务有限公司

公司地址：北京市朝阳区朝阳北路东五环白家楼桥东 150 米路北
电　话：010-65770901/65770902
传　真：010-65770906
主营业务：华晨汽车（金杯、中华）4S 销售服务店

北京来广营中冀汽车销售有限公司

公司地址：北京市朝阳区来广营西路 316 号 -101
电　话：010-84912289
传　真：010-84913672
主营业务：中冀斯巴鲁整车销售及售后维修保养等

北京乐驰经贸有限公司

公司地址：北京市朝阳区安外北苑路立水桥南（地铁 5 号线立水桥南站西出口即到）
电　话：400-687-5551
传　真：010-84923678
主营业务：广汽本田整车销售及售后维修保养等

北京捷亚泰中实汽车销售有限公司

公司地址：北京市朝阳区管庄乡杨闸（双会桥路口向东 300 米路南）
电　话：010-65457980
传　真：010-65457980
主营业务：一汽大众整车销售及售后服务等

北京海之沃汽车服务有限公司

公司地址：北京市朝阳区北四环东路 11 号
电　话：010-84727771-833
传　真：010-64700717
主营业务：沃尔沃整车销售、维修

北京博瑞祥云汽车销售服务有限公司

公司地址：北京市朝阳区花虎沟 2 号
电　话：010-82818789
主营业务：奇瑞汽车整车销售及维修

北京联拓通达汽车销售服务有限公司

公司地址：北京市朝阳区广渠门外化工路甲 18 号
电　话：010-67762888/67715959
网　址：www.lentuo.net
主营业务：一汽大众整车销售及维修

北京陆鼎汽车销售服务有限公司

公司地址：北京市朝阳区姚家园路甲 1-4 号东方基业汽车城 2 号展厅
电　话：010-85577158/85577159
传　真：010-85577336
主营业务：福特整车销售及售后维修保养等

北京路通威汽车销售服务有限公司

公司地址：北京市朝阳区金盏乡东苇路金港汽车公园 C 区 3 号
电　话：010-84333328
主营业务：雪佛兰整车销售及维修

北京鹏龙星徽汽车销售服务有限公司潘家园汽车维修中心

公司地址：北京市朝阳区十八里店乡白墙子村 271 号（东三环南路分钟寺桥西北侧）
电　话：010-67693383
传　真：010-67693383
主营业务：北京奔驰整车销售及售后维修保养等

北京汽车贸易中心有限公司

公司地址：北京市朝阳区姚家园路东口甲 1 号（东方基业汽车城内 13 号店）
电　话：010-85576668 转 606/607
传　真：010-85577928
主营业务：一汽大众整车销售及售后维修保养等

北京广通雷克萨斯

公司地址：北京市朝阳区德外花虎沟 20 号
电　话：010-62918866 转 629/630/631
传　真：010-82411028
主营业务：雷克萨斯整车销售及售后服务等

北京日银汽车贸易有限公司

公司地址：北京市朝阳区德外花虎沟 26 号
电　话：010-62951131/62928506
传　真：010-62920575
网　址：www.riyinauto.com
主营业务：广汽本田整车销售及维修

北京三江华晨汽车销售服务有限公司

公司地址：北京市朝阳区广渠路 29 号甲 5
电　话：010-87781291/87791290
传　真：010-87769882
主营业务：华晨汽车全品牌整车销售及售后维修保养等

北京京都奥杰汽车贸易有限公司

公司地址：北京市朝阳区小红门姚家村 358 号
救援电话：010-87607447/87607577
主营业务：东风雪铁龙整车销售、维修

北京三元桥丰田汽车销售服务有限公司

公司地址：北京市朝阳区左家庄路 2 号
电　话：010-84541072
传　真：010-64650013
主营业务：丰田系列整车销售及售后维修保养等

北京骏宝威汽车贸易有限公司

公司地址：北京市朝阳区来广营西路 12 号
电　话：010-84917171
传　真：010-84911899
主营业务：一汽－大众整车销售及售后维修保养等

北京胜鸿都汽车销售服务有限公司－北京现代 4S 店

公司地址：北京市朝阳区望京新兴产业园区利泽东园 306 号
电　话：010-64392288-1150
救援电话：13911462288
主营业务：北京现代销售、售后服务

北京盛基创业汽车销售有限公司

公司地址：北京市朝阳区王四营 339 号
电　话：010-87399753
传　真：010-87393880
主营业务：一汽马自达整车销售、维修

北京世辉汽车服务公司

公司地址：北京市朝阳区来广营西路 16 号
电　话：010-84925088/84925066
传　真：010-84933329
主营业务：长安汽车整车销售及售后维修保养等

北京市艾潇商贸有限公司

公司地址：北京市朝阳区姚家园路甲 1-4 号东方基业汽车城
电　话：010-51193188/51193288
传　真：010-51193278
主营业务：上海大众斯柯达整车销售及售后维修保养等

北京市东方万泉汽车销售有限公司

公司地址：北京市朝阳区姚家园东口甲 1 号东方基业汽车城内
电　话：010-85577858/85577868
传　真：010-85577772
主营业务：东风雪铁龙整车销售及售后维修保养等

北京市冀东通汽车有限责任公司

公司地址：北京市朝阳区姚家园路甲 1-4 号东方基业国际汽车城
电　话：010-85576166
传　真：010-85577186
主营业务：克莱斯勒、吉普、道奇授权经销商

北京市庞大弘盛汽车销售有限公司

公司地址：北京市朝阳区来广营西路 316 号
电　话：400-868-6094
传　真：010-51615624
主营业务：东风乘用车整车销售及售后维修保养等

北京市勤和汽车销售服务有限公司

公司地址：北京市朝阳区百子湾路 18 号
电　话：010-65816687
主营业务：上海通用汽车整车销售及维修

北京上汽安吉斯鸿汽车销售有限公司

公司地址：北京市朝阳区来广营西路 18 号
电　话：010-84915066
传　真：010-84916835
主营业务：斯柯达整车销售及售后维修保养等

北京市腾远兴业汽车服务有限公司第五销售分公司

公司地址：北京市朝阳区姚家园路甲 1-4 号东方基业汽车城 9 号
电　话：010-85577750
传　真：010-85577770
主营业务：奇瑞汽车整车销售及售后维修保养等

北京首汽丰田汽车销售服务有限公司

公司地址：北京市朝阳区亮马桥路 9 号
电　话：010-64374008
主营业务：丰田汽车整车销售及维修

北京现代通铭伟业特约销售服务店

公司地址：北京市朝阳区德外花虎沟 99 号
电　话：010-82410697/62915559
传　真：010-62923131
网　址：www.tmwy.com.cn
主营业务：北京现代整车销售及维修

北京天利翔源汽车销售服务有限公司

公司地址：北京市朝阳区来广营西路（北五环 47 号北苑东路出口右转）
电　话：010-84911800
传　真：010-84917560
主营业务：韩国起亚整车销售及售后维修保养等

北京天之龙汽车销售服务有限公司

公司地址：北京市朝阳区来广营西路东风标致 4S 店
电　话：010-52020777 转 802/807
传　真：010-52020772
主营业务：东风标致整车销售及售后维修保养等

北京祥龙博瑞汽车服务有限公司一分公司

公司地址：北京市朝阳区花虎沟 2 号
电　话：010-82818789
主营业务：奇瑞汽车整车销售及售后服务等

北京拓展工贸发展有限公司

公司地址：北京市朝阳区十八里店乡张家店 292 号
电　话：010-87302401/87302906
传　真：010-87302687
主营业务：一汽－大众特许经销商

北京祥路来汽车销售服务有限公司

公司地址：北京市朝阳区南四环东路 99 号
电　话：010-87676518/87676538
主营业务：长安铃木汽车整车销售、维修

北京五方桥丰田汽车销售服务有限公司

公司地址：北京市朝阳区京沈高速五方桥西南侧
电　话：010-87390099
传　真：010-87393797
主营业务：一汽丰田整车销售、维修

北京现代汽车博伟恒业特约销售服务店

公司地址：北京市丰台区东南三环分钟寺桥西北侧
电　话：010-67605012/67605001
传　真：010-67605012
主营业务：北京现代整车销售及售后维修保养等

北京现代汽车瑞通特约销售服务店

公司地址：北京市朝阳区北四环望京桥北 200 米路西
电　话：010-64393200
网　址：www.ruitong4s.com
主营业务：北京现代汽车整车销售、维修

北京现代汽车瑞通特约销售服务店

公司地址：北京市朝阳区工体北路 6 号凯富大厦院内
电　话：010-65046995/65046993
主营业务：北京现代汽车整车销售、维修

北京现代汽车燕盛隆特约销售服务店

公司地址：北京市朝阳区十八里店 876 号
电　话：010-67477997/67477998
传　真：010-67477264
主营业务：北京现代整车销售及售后维修保养等

北京祥龙博瑞汽车服务（集团）有限公司一分公司

公司地址：北京市朝阳区花虎沟 2 号
电　话：010-82818966
传　真：010-62938881
网　址：www.bjbiaozhi.com
主营业务：标致汽车整车销售及维修

北京祥龙博瑞汽车服务（集团）有限公司一分公司

公司地址：北京市朝阳区花虎沟 2 号
电　话：010-82818797/82818828
传　真：010-62945141
网　址：www.ycxfl.com
主营业务：东风雪铁龙整车销售及维修

北京拓佳诚商贸有限责任公司

公司地址：北京市朝阳区东四环南路 56 号
电　话：010-87369559-8099
传　真：010-87360938
主营业务：长安马自达整车销售及售后维修保养等

北京市勤和祥龙汽车销售服务有限公司

公司地址：北京市朝阳区李家坟 5 号（汽修二厂院内）
电　话：010-85577796/800-610-1889
传　真：010-85577821
主营业务：上海通用汽车授权销售服务及售后服务中心

北京鑫鹏世纪汽车销售服务有限公司
公司地址：北京市朝阳区朝阳北路白家楼桥东1000 米路北
电　话：010-65761180
传　真：010-65765831
主营业务：广汽长丰整车销售及售后服务等

北京鑫鹏世纪汽车销售服务有限公司
公司地址：北京市朝阳区朝阳北路白家楼村 29 号
电　话：010-65751055
传　真：010-65776959
主营业务：郑州日产整车销售及售后服务等

北京亚辰伟业联创汽车销售服务有限公司
公司地址：北京市朝阳区来广营西路甲 8 号
电　话：010-84910505/84919636
传　真：010-84910982
主营业务：上海大众整车销售及售后维修保养等

北京亚之杰合众汽车销售服务有限公司
公司地址：北京市朝阳区王四营乡马房寺 339 号
电　话：010-87667676-500
传　真：010-87665501
网　址：www.abest-vico-vw.com.cn
主营业务：大众进口汽车整车销售、维修

北京中汇通合汽车销售服务有限公司
公司地址：北京市朝阳区王四营乡王四营 368 号
电　话：010-87390066/87393772
传　真：010-87393985
网　址：www.buyhonda.com.cn
主营业务：广汽本田整车销售、维修

北京燕长风商贸有限公司东方基业店
公司地址：北京市朝阳区姚家园东口甲 1 号东方基业汽车城东区 E20 号
电　话：010-51193785
主营业务：长安汽车整车销售及售后维修保养等

北京燕豪汽车销售服务有限公司
公司地址：北京市朝阳区金盏乡东苇路金港汽车公园 C 区 8 号甲 2 号
电　话：010-84795557
传　真：010-84349006
网　址：www.yanhaoauto.com.cn
主营业务：沃尔沃整车销售及维修

庞大集团－北京五方中冀汽车销售有限公司
公司地址：北京市朝阳区王四营乡李罗营乡李罗营村北一街 1 号
电　话：010-87393009/51352888
传　真：010-51354588
网　址：www.subaru-bj.com
主营业务：斯巴鲁汽车整车销售、维修

广汽丰田森华望京店，北京森华通达汽车销售服务有限公司
公司地址：北京市朝阳区望京新兴产业园区利泽东园 309 号
电　话：010-64392266
救援电话：13699164541
主营业务：广汽丰田销售、售后服务

北京页川上海大众汽车销售维修中心
公司地址：北京市朝阳区成寿寺路 133 号
电　话：010-67676766/67669090
救援电话：010-67666650
网　址：www.svwbj.com.cn
主营业务：上海大众汽车整车销售、维修

北京元之沃汽车服务有限公司
公司地址：北京市朝阳区王四营乡桥南盛华东路818 号
电　话：010-87337771-833
传　真：010-87393331
主营业务：沃尔沃整车销售、维修

北京中德汽车销售有限公司
公司地址：北京市朝阳区来广营西路
电　话：010-84918118 转 703/705/777
传　真：010-84918118-500
主营业务：东风悦亚 · 起亚整车销售及售后维修保养等

北京燕宝金港店 / 北京晨德宝
公司地址：北京市朝阳区金盏乡东苇路金港汽车公园 C 区 10 号
电　话：010-84795318
传　真：010-84795299
网　址：www.yanbao.bmw.com.cn
主营业务：宝马、mini 整车销售及维修

北京中冀安信汽车销售服务有限公司（长安汽车小红门 4S 店）
公司地址：北京市朝阳区南四环小红门桥辅路东行 400 米路南
电　话：010-87625284/87625936
救援电话：010-87625976
主营业务：长安汽车整车销售及售后维修保养等

东风日产汇京世纪专营店
公司地址：北京市朝阳区来广营西路 18 号（北五环顾家庄桥东北侧、新北路向北100 米）
电　话：010-84918616 转 831
主营业务：东风日产整车销售及售后服务等

北京中美仕家汽车贸易有限公司
公司地址：北京市朝阳区金盏乡东苇路金港汽车公园 A 区 1-3 号
电　话：010-84349908/84349800
传　真：010-84349907
网　址：www.gmc-bj.cn
主营业务：GMC 整车销售及维修

北京中新兴达丰田汽车销售服务有限公司
公司地址：北京市朝阳区姚家园东口甲 1 号东方基业汽车城 J 区 16 号
电　话：010-85577900 转 888
传　真：010-85577069
主营业务：一汽丰田整车销售及售后维修保养等

北京腾远兴顺汽车服务有限公司三分公司
公司地址：北京市朝阳区三间房南里甲 4 号
电　话：010-65768325/65716303
主营业务：奇瑞汽车整车销售及售后服务等

长安轿车北京燕长风肖村桥 4S 店
公司地址：北京市朝阳区南四环东路 91 号
电　话：010-67667119
传　真：010-67655199
网　址：www.changan4s.com
主营业务：长安轿车整车销售、维修

东风本田汽车东航世纪特约销售服务店
公司地址：北京市朝阳区王四营 339 号
电　话：010-51663989
传　真：010-87393879
网　址：www.dhsj-honda.com
主营业务：东风本田整车销售、维修

北京超远腾达汽车贸易有限公司
公司地址：北京市朝阳区姚家园路甲 1 号汽车城明爵店南邻质检局西侧
电　话：010-85576149
主营业务：全系比亚迪汽车、长城汽车、长安汽车，汽车维修保养、贴膜、地胶、封釉等

东风本田汽车鸿粤田特约销售服务店
公司地址：北京市朝阳区南四环东路 87 号
电　话：010-67613533
救援电话：13681567878
传　真：010-67606833
主营业务：本田汽车销售、维修

中鑫之宝汽车销售服务有限公司
公司地址：北京市朝阳区姚家园东方基业汽车城甲 1 号中区 11 号店
电　话：010-52060088/15810008100
主营业务：集汽车维修、整车销售、汽车改装、保险销售、二手车业务为一体的独立的豪华汽车专业服务企业

北京中林达汽车销售服务有限责任公司
公司地址：北京市朝阳区来广营西路 18 号
电　话：010-51738851/51738852
传　真：010-84910124
主营业务：东风雪铁龙整车销售及售后维修保养等

东风日产森华佳运专营店
公司地址：北京市朝阳区德胜门外花虎沟 18 号
电　话：010-62936530/62936531
传　真：010-62950500
网　址：www.bjshjy.com
主营业务：东风日产整车销售及维修

中农通（北京）汽车销售有限公司
公司地址：北京市朝阳区王四营乡五方桥西
手　机：15300070536
传　真：010-67364391
主营业务：北汽威旺整车销售及售后维修服务等

广汽丰田奥吉通丰瑞店（北京奥吉通丰瑞汽车销售有限公司）
公司地址：北京市朝阳区三间房乡白家楼村 1 号
电　话：010-65755588
传　真：010-65793931
主营业务：广汽丰田整车销售及售后服务等

东风本田汽车广顺锦隆特约销售服务店

公司地址：北京市朝阳区来广营新北路甲六号（亚奥开源酒店用品市场对面）
电　话：010-84918566/64528299
主营业务：东风本田整车销售及售后维修保养等

哈松联东四环小武基专营店

公司地址：北京市朝阳区东四环小武基出口小武基村东行 300 米（原彩云花卉市场后院）
电　话：010-67472089
主营业务：哈飞汽车整车销售及售后维修保养等

华晨汽车销售服务中心

公司地址：北京市朝阳区金盏乡东苇路金港汽车公园 C 区 22 号
电　话：010-84334871/80718930
传　真：010-84334851
主营业务：华晨汽车整车销售及维修

利星行平治（北京）汽车有限公司 – 奔驰 4S 店

公司地址：北京市朝阳区来广营东路临乙 2 号
电　话：010-56982160
主营业务：奔驰销售、特约维修经销商

名尊奥翔汽车销售有限公司

公司地址：北京市朝阳区王四营乡马房寺路 331 号
电　话：010-57096666
传　真：010-57096609
主营业务：奥迪整车销售及售后维修服务等

纳智捷北京金港汽车生活馆

公司地址：北京市朝阳区金盏乡东苇路金港汽车公园北门东路
电　话：010-84349890
传　真：010-84349556
主营业务：纳智捷整车销售及维修

北京翼翔行汽车销售服务有限公司

公司地址：北京市朝阳区王四营乡马房寺村 334 号
电　证：010-87390088
传　真：010-87393366
主营业务：MINI 授权经销商，整车销售及售后维修服务等

北京英华雷克萨斯

公司地址：北京市朝阳区王四营乡马房寺路 332 号
电　话：010-87399999
传　真：010-87390800
主营业务：雷克萨斯整车销售及售后维修服务等

南京依维柯汽车北京销售服务中心

公司地址：北京市朝阳区花虎沟 2 号
电　话：010-82818857
传　真：010-82818851
主营业务：南京依维柯整车销售及售后服务等

广汽本田汽车来广营特约销售服务店

公司地址：北京市朝阳区来广营西路甲 8 号
电　话：010-84918491 转 398/84913300
传　真：010-84912667
主营业务：广汽本田整车销售及售后维修保养等

一汽（奔腾）轿车腾远兴顺汽车服务有限公司

公司地址：北京市朝阳区姚家园路 72 号
电　话：010-85575476/85575040
传　真：010-85575640
主营业务：一汽奔腾整车销售及售后维修保养等

哈飞汽车冀东专营店

公司地址：北京市朝阳区南四环东路 40 号哈飞汽车专营店（小红门桥东 300 米路南）
电　话：010-87625213
传　真：010-87625212
主营业务：哈飞汽车专营店

北京市庞大弘轩汽车销售有限公司

公司地址：北京市朝阳区来广营西路 316 号 102 室
电　话：010-51315678/51315611
传　真：010-51315544
主营业务：广汽菲亚特整车销售及售后维修保养等

东风日产福源专营店

公司地址：北京市朝阳区姚家园路东口甲 1 号
电　话：010-85576688
传　真：010-85577800
主营业务：东风日产整车销售及售后服务等，全国水晶级乘用车经销商

北京联拓奥通汽车贸易有限责任公司

公司地址：北京市朝阳区姚家园路甲 1-4 号东方基业汽车城 1 号展厅
电　话：010-85577878
传　真：010-85577660
主营业务：奥迪整车销售及售后维修保养等

东风日产宏远信诚专营店

公司地址：北京市朝阳区五方桥西南侧
电　话：010-87393396
传　真：010-87390846
主营业务：东风日产整车销售、维修

北京万车行汽车维修有限责任公司

公司地址：北京市朝阳区金港南路 2 号
电　话：010-84349502
主营业务：维修保养、钣金喷漆、道路救援、保险理赔、内饰清洗

北京九九隆汽车贸易有限公司（东风小康小红门分公司）

公司地址：北京市朝阳区南四环东路小红门桥东 400 米南
电　话：010-87625313
传　真：010-87625313
主营业务：东风小康专营店

北京亿海永盛汽车贸易有限公司

公司地址：北京市朝阳区姚家园东口甲 1 号东方基业汽车城中区 C6 号
电　话：010-81842622
传　真：010-81842622
主营业务：销售各款国产轿车、分期付款、旧车置换

东风本田汽车泛旅特约销售服务店

公司地址：北京市朝阳区姚家园东口甲 1 号东方基业汽车城 J 区 17 号
电　话：010-85576661 转 916/918
传　真：010-85577176
主营业务：东风本田整车销售及售后维修保养等

北京汇杰伟业汽车销售服务有限责任公司

公司地址：北京市朝阳区来广营西路 55 号
电　话：010-84911116/84916522
传　真：010-84916523
主营业务：克莱斯勒、吉普等品牌的整车销售及售后维修保养等

北京燕英捷汽车销售服务有限公司

公司地址：北京市朝阳区金盏乡东苇路金港汽车公园 C 区 9 号
电　话：010-64306201/64306169
传　真：010-64306255
主营业务：捷豹、路虎整车销售及维修

北京国生汽车销售服务有限公司

公司地址：北京市朝阳区来广营西路（汽车大道）8 号
电　话：010-84915566
传　真：010-84912558
主营业务：雪佛兰整车销售及售后维修保养等

北京北汽鹏元汽车销售服务有限公司

公司地址：北京市朝阳区朝阳北路 57 号（东五环白家楼桥东 200 米路北）
电　话：010-65753808
传　真：010-65751399
主营业务：北京汽车整车销售及售后服务等

汽车配件商、汽车用品商类

中化金冷北京服务中心（北京和诚必拓商贸有限公司）

公司地址：北京市朝阳区肖村桥小红门汽车用品批发城 B-65 号
联系人：何经理
电　话：010-87609886
手　机：13070131233
邮　箱：79344465@qq.com
主营业务：金冷冷媒

北京公益达汽车滤清器销售中心

公司地址：北京市朝阳区五方天雅汽配城外区 26 号
联系人：李国恒
手　机：13371683019/13311003019
主营业务：各种空调滤清器（异型可定做），奔驰、宝马、路虎、沃尔沃及各种国产车型

北京福耀玻璃有限公司十八里店分公司

公司地址：北京市朝阳区十八里店北桥向北 50 米
电　话：010-67341269/67341294
传　真：010-67341294
主营业务：汽车玻璃

北京恒运基业轮胎服务中心

公司地址：北京市朝阳区朝阳北路 57 号东白家楼红绿灯北侧
联系人：张健
电　话：010-65793646
手　机：15699815056
主营业务：批零米其林、固特异、普利司通、邓禄普、倍耐力、韩泰、金宇及各种进口国产轮胎，专业四轮定位、内补真空胎、充氮气

北京佳源盛业商贸有限责任公司

公司地址：北京市朝阳区姚家园路甲 1 号东方基业汽车城西区 X03 号
联系人：张秀凤
电　话：010-51193663/51193693
手　机：13521938966
传　真：010-51193693
主营业务：进口四轮定位、各种进口国产轮胎

北京嘉诚达轮胎店

公司地址：北京市朝阳区将台路东驼房营路口横滨轮胎
联系人：刘亚涛
手　机：13683589681
主营业务：轮胎大全（子午线、斜交轮胎）进口、国产轮胎销售、四轮定位

北京康慨信达汽配商贸中心

公司地址：北京市朝阳区东方基业汽车城西区 18 号
联系人：刘一铭
电　话：010-51193789/51193798
手　机：13436685999/13301194739
传　真：010-51193798
主营业务：上海大众、一汽大众全系配件

北京诚信惠山汽车配件经销批发部

公司地址：北京市朝阳区朝阳路大黄庄红绿灯向北 300 米
联系人：孙永才
电　话：010-52742088
手　机：13260172900
主营业务：奥迪、大众、本田、丰田、小面等

北京飞越腾达轮胎服务中心北京特约经销商

公司地址：北京市朝阳区朝阳北路白家楼桥东红绿灯南侧
联系人：李飞
电　话：010-51242866
手　机：13910783307
主营业务：专营名车原配轮胎，轮胎大全、专业补胎、代办验车、保险理赔、机油保养、电瓶雨刷、动平衡、充氮气

北京友福汽车装饰有限公司 – 北四环店

公司地址：北京市朝阳区北四环望京桥北侧
电　话：010-64393938/64393477
网　址：www.yourfrieng2002.com
主营业务：汽车装饰美容

北京杰晨华宝汽车服务有限公司

公司地址：北京市朝阳区广渠路东 6 号（速 8 酒店底商）
联系人：王帆
职　务：服务经理
电　话：010-67759898
手　机：13810176689
主营业务：奔驰宝马原厂配件销售及奔驰宝马专业维修，是集进出口、贸易、专修厂于一体的大型企业

北京鑫桥嘉业汽车美容中心

公司地址：北京市朝阳区三台山路 6 号汽车用品城内
电　话：010-87605510
主营业务：机修保养、镀膜封釉、3M 精品贴膜、内饰清洁、汽车装饰

北京立宏行商贸有限公司

公司地址：北京市朝阳区朝阳北路白家楼桥东康达商业广场 A2 楼一层
联系人：胡明
职　务：销售经理
电　话：010-51309000
手　机：13801217405
传　真：010-51309182
主营业务：奔驰宝马原厂零配件，奔驰专业改装

北京正美丰业 – 来广营汽车玻璃服务分公司

公司地址：北京市朝阳区北五环顾家庄桥向北勇士营
联系人：冯爱国
职　务：主管经理
电　话：010-84918921/84918536
手　机：13801372144
传　真：010-84918365
主营业务：汽车玻璃

月福汽车装饰有限公司 – 大屯店

公司地址：北京市朝阳区安立路嘉和超市对面（六塔小区底商）
电　话：010-84806726
主营业务：汽车美容、汽车音响、汽车保养、贴膜、安装防盗器、汽车改装、喷漆、装饰用品

北京鼎富国际贸易有限公司

公司地址：北京市朝阳区大屯路东金泉时代 3 单元 2115 室
联系人：李春苗
职　务：总经理
电　话：010-84855289
传　真：010-88500550
网　址：www.NFYO.com
主营业务：球笼，转向杆

北京亮泽

公司地址：北京市朝阳区王四营粮油市场南区 9 号
联系人：王双双
电　话：010-87399317
手　机：13051995236/18211029576
传　真：010-87399776
主营业务：北京亮泽销售总代理，经销亮泽系列汽车专用油漆、自动喷漆、喷枪工具，丽牌多种汽车原色漆及辅料，美国杜邦汽车油漆、电脑调色

北京天艺祥鸿汽车配件销售公司

公司地址：北京市朝阳区朝阳北路朝东汽配 8 号
联系人：刘永锋
职　务：经理
电　话：010-65756199
手　机：13520461250
主营业务：大众系列（帕萨特、领驭、波罗等）、现代系列（伊兰特、索纳塔等）全车配件

北京瑞鹏商贸中心

公司地址：北京市朝阳区姚家园路甲 1 号 XQ17A
联系人：常振朋
电　话：010-51193708
手　机：13366382021/13366382265
主营业务：壳牌、美孚、加德士、嘉实多、埃索、长城、统一等各品牌机油、刹车油、助力油、化清剂、内外清洗剂、安耐驰抗摩剂、玻璃水、表板蜡、氟、自喷漆等各种护理精品

北京华杰电喷（电子）批发中心

公司地址：北京市朝阳区南四环东路 69 号
电　话：010-56261998/87601801
手　机：13167548485
主营业务：电脑板、喷油嘴、怠速马达、氧传感器、点火线圈、汽油泵、节气门阀体、曲轴位置传感器、进气压力传感器、节气门位置传感器、水温塞、燃油压力阀、爆震传感器、线束插头、各种密封圈、各种车型汽车电喷配件

北京中通必得商贸有限公司

公司地址：北京市朝阳区东五环五方天雅汽配城西侧 600 米
联系人：王九明
电　话：010-59684547
手　机：13391697219
传　真：010-67861788
主营业务：喷枪、3M 口罩、汽车漆、原子灰、喷漆辅料一级批发商

易车堂

公司地址：北京市朝阳区广渠路 28 号珠江帝景 C 区底商
联系人：赵文广
职　务：总经理
手　机：13811192506
主营业务：高端汽车精洗、高端汽车美容、汽车装潢、汽车改装

北京仙妮韦伯国际贸易有限公司

公司地址：北京市朝阳区东三环南路 19 号十里河联合国际大厦乙段 10 层 B1017
联系人：蒋同艳
电　话：010-87873817
手　机：18010019263
传　真：010-87872342
主营业务：高压冷水清洗机、高压热水清洗机、超高压清洗机、蒸汽机、管道清洗机、洗地机、汽车维修设备

北京奥码维科技有限公司

公司地址：北京市朝阳区三台山路甲 6 号 B225 号
联系人：李伟
职　务：市场部
电　话：010-63607496
手　机：15611956788
主营业务：多功能定速巡航、TPMS 无线外置胎压监测、防眩目内后视镜、OBD 落锁器、OBD 防盗器

德国马牌轮胎店

公司地址：北京市朝阳区大亮马桥路甲 1 号（枫花园汽车电影院往东 100 米）
联系人：骆国辉
手　机：13683243332/13521941894
15311878380
主营业务：德国马牌、米其林、固特异等各种轮胎销售及安装

北京众智先导科技有限公司

公司地址：北京市朝阳区农展馆南路 13 号瑞辰国际中心 1002 室
电　话：010-51263100
传　真：010-65856196
网　址：www.willbox.cn
主营业务 Willbox 车行助手，汽车 4S 店主动式售后管理解决方案

北京车龙汽车装饰有限公司

公司地址：北京市朝阳区大鲁店北路郎各庄商业街
联系人：王芳军
职　务：经理
电　话：010-51240970
手　机：13466632536
主营业务：汽车美容护理、快修保养、音像改造、影音导航

北京利达通轮胎销售中心

公司地址：北京市朝阳区东四环东风北桥东 200 米（亮马水晶旁）
联系人：宋金光
手　机：18910197198/15810112569
主营业务：轮胎专营

北京市月福汽车装饰有限公司

公司地址：北京市朝阳区亮马桥路 5 号
联系人：张国强
电　话：010-84562994
手　机：13520649057
主营业务：汽车装饰、美容快修

佳通轮胎

公司地址：北京市朝阳区将台路驼房营正东集团对面
电　话：张瑞昌
手　机：13439307084
主营业务：轮胎大全、四轮定位

北京车百能汽车装饰有限公司

公司地址：北京市朝阳区东三环北路戊 2 号国际港 A 座 190D 室
联系人：陈伟男
职　务：店长
电　话：010-84470355/13718884665
主营业务：汽车美容装饰

北京友福汽车装饰有限公司 – 东三环店

公司地址：北京市朝阳区东三环甲 11 号劲松桥南 300 米路西
电　话：010-87716686/87716696
传　真：010-87716696
主营业务：汽车装饰美容

北京博世汽车服务有限公司（滨河壹号店）

公司地址：北京市朝阳区驼房营南路滨河一号 202 号楼南侧底商（京客隆对面）
手　机：13001227717
主营业务：3M 封釉、3M 钻石水晶蜡、全车内饰清洁、轮毂翻新、划痕处理、汽车美容

月福汽车装饰有限公司 – 民族园店

公司地址：北京市朝阳区亚运村熊猫环岛以东北 200 米路西（紧邻中华民族园）
电　话：010-62005086
主营业务：汽车美容、汽车音响、汽车保养、贴膜、安装防盗器、汽车改装、喷漆、装饰用品

北京友昵客汽车装饰有限公司

公司地址：北京市朝阳区王四营乡盛华东路 808 号
联系人：姚龙
职　务：销售主管
电　话：010-87330001
手　机：15611926758
网　址：www.unique-corp.com
主营业务：汽车美容、电脑洗车、封釉镀膜、打蜡抛光、汽车装饰、全车贴膜、汽车精品、维修保养、原车升级、DVD 导航

月福汽车装饰有限公司 – 燕莎店

公司地址：北京市朝阳区亮马桥路 5 号
电　话：010-84562995
传　真：010-84562996
主营业务：汽车美容、汽车音响、汽车保养、贴膜、安装防盗器、汽车改装、喷漆、装饰用品

月福汽车装饰有限公司 – 太阳宫店

公司地址：北京市朝阳区京顺路四元桥 1 号（四元桥西北角）
电　话：010-64732395
主营业务：汽车美容、汽车音响、汽车保养、贴膜、安装防盗器、汽车改装、喷漆、装饰用品

潇洒车专业汽车贴膜服务有限公司 – 北苑店

公司地址：北京市朝阳区北苑家园红军营南路广华居 15 号楼
电　话：010-84946812
网　址：www.bzbcar.com
主营业务：专业贴膜、美容装饰、用品

北京奔宝之家德国马牌轮胎专营店

公司地址：北京市朝阳区青年路 807 号
电　话：010-85529598/85526778
主营业务：轮胎专营

月福汽车装饰有限公司 – 甘露园店

公司地址：北京市朝阳区甘露园南里三区底商 3-4 号
电　话：010-51316600
主营业务：汽车美容、汽车音响、汽车保养、贴膜、安装防盗器、汽车改装、喷漆、装饰用品

国飞汽车轮胎服务中心

公司地址：北京市朝阳区青年路国美第一城对面
电　话：010-85576263
手　机：13146474126
主营业务：进口国产名牌轮胎、四轮定位、充氮气、机油保养、空调加氟

月福汽车装饰有限公司 – 潘家园店

公司地址：北京市朝阳区潘家园东里甲 30 号（潘家园桥西 200 米）
电　话：010-67702778
主营业务：汽车美容、汽车音响、汽车保养、贴膜、安装防盗器、汽车改装、喷漆、装饰用品

车之翼－北京粤海店／北京粤海汽车装饰服务中心

公司地址：北京市朝阳区望京西桥甲 39 号（加油站后）
电　话：010-64754762/64395757
传　真：010-64709911
网　址：www.bj-yuehai.com.cn
主营业务：汽车美容、专业贴膜、轮胎销售、四轮定位、快修保养、汽车装饰、镀膜封釉、划痕修复、底盘装甲

北京立易焕科技有限公司

公司地址：北京市朝阳区将台西路 18 号皮革大厦 812 室
联系人：刘新民
职　务：销售总监
电　话：010-57191873
手　机：18611977432/15321521873
主营业务：风挡镀膜系列：水晶（纳米）防护涂膜、风挡玻璃防雾涂膜等

北京兴达发商贸中心

公司地址：北京市朝阳区姚家园路甲 1 号东方基业汽车城汽配区西区 X22 号
联系人：刘明东
职　务：业务主管
电　话：010-51193692
手　机：13520740428
主营业务：电瓶、机油、添加剂大全

北京嘉和雷柏特科技有限公司

公司地址：北京市朝阳区建国路 98 号盛世嘉园 A 座 1709 室
联系人：唐晓平
电　话：010-85897674/85890434
手　机：15810682266
传　真：010-85895032
主营业务：宝福龙汽车净化节油器具

北京杰晨华宝汽车服务有限公司

公司地址：北京市丰台区南三环东路 2-5 号
联系人：崔宝清
职　务：服务经理
电　话：010-67647878
手　机：13911555697
主营业务：奔驰宝马原厂配件销售及奔驰宝马专业维修，是集进出口、贸易、专修厂于一体的大型企业

佳通轮胎经营店

公司地址：北京市朝阳区朝阳路杨闸环岛东 50 米路南
联系人：牛保平
电　话：010-85707695
手　机：18611824123
主营业务：米其林轮胎、普利司通轮胎、佳通轮胎、三角轮胎、邓禄普轮胎、正新轮胎销售及安装

北京大陆丰华汽车零部件有限公司

公司地址：北京市朝阳区姚家园路甲 1 号东方基业汽车城西区 16 号
电　话：010-51193770/51193771
手　机：13301368427
传　真：010-51193771
主营业务：一汽大众、上海大众原装零件供应商，奥迪、帕萨特、领驭、宝来、捷达各款全车件系列

星工场改装－北京宝刚汽修合作店

公司地址：北京市朝阳区小红门牌坊村路甲 7 号星工场改装
联系人：王明松
电　话：010-87609032
手　机：13910991619
传　真：010-87609032
主营业务：星工场改装

北京京齿桥工贸有限公司

公司地址：北京市朝阳区十八里店村高标站 261 号
联系人：李玉朴
职　务：总经理
电　话：010-67478969
手　机：13901120503
传　真：010-67478968
主营业务：汽车配件

北京东周旺商贸发展有限公司

公司地址：北京市朝阳区大柳树路振兴纸箱厂 110 号
联系人：刘冬伟
职　务：销售经理
电　话：010-87356921
手　机：13811972513
传　真：010-87356921
主营业务：东周旺全系列汽车用品，千里冰车载冰箱

北京奔宝之家德国马牌轮胎专营店

公司地址：北京市朝阳区姚家园路甲 1 号东方基业汽车城汽配区西区 20 号
联系人：李明春
职　务：总经理
电　话：010-51193721
手　机：13911225922/13681362611
传　真：010-51193720
主营业务：轮胎专营

汽车修理厂、快修连锁店、装饰美容店类

北京大容汽车技术服务有限公司－北皋店

公司地址：北京市朝阳区京顺路东郊农场院内（机场高速北皋出口沿京顺路向北 550 米路东）
联系人：栗经理
电　话：010-84703119-1032/84701727
手　机：13581651568
传　真：010-84701350
维修资质：一类
主营业务：精修奔驰、宝马及各种国产、进口轿车。代办保险、验车服务，救援服务

北京活力汽车服务连锁有限公司（总店）

公司地址：北京市朝阳区大柳树化工路 303 号（东四环窑洼湖桥东一公里）
电　话：010-67362832
手　机：13141314511
主营业务：东风日产、郑州日产、进口日产、一汽丰田、广汽丰田、东风本田、广州本田、三菱系列的维修保养、装饰改装、钣金喷漆、保险业务、免费救援、二手车收售

北京傲途汽车维修有限责任公司

公司地址：北京市朝阳区吕家营七队四环里京津高速东侧
联系人：孙雷云
职　务：总监
电　话：010-67482358
手　机：13911105909
传　真：010-67482357
主营业务：大众系列、奥迪系列、宝马系列，保养、维修、改装、保险

北京海德奔宝商贸有限公司

公司地址：北京市朝阳区十八里店北桥汽服东区21-22号
联系人：李海国
职　务：经理
电　话：010-51102693/52237512
　　　　67295081/67295082
手　机：15601230883/13693149771
传　真：010-52237512
主营业务：奔驰宝马原厂配件及改装件

北京宝盛驰汽车维修服务有限公司

公司地址：北京市朝阳区十八里店乡小武基村口甲1号
联系人：杨兵
职　务：经理
电　话：010-87358433
手　机：13552576002
主营业务：维修保养、配件销售、钣金喷漆、保险理赔、车辆编程、技术咨询

北京奥顺鑫汽车维修中心

公司地址：北京市朝阳区东四环窑洼湖桥东和众运输集团对面
联系人：薛冬
职　务：经理
电　话：010-87355250
手　机：13520748121
主营业务：免费诊断汽车故障、汽车维修钣金喷漆、代办保险、汽车年检业务

北京北方远征汽车修理厂有限公司

公司地址：北京市朝阳区北四环东路甲39号
电　话：010-64393808/64393708
传　真：010-64393318
维修资质：一类
主营业务：汽车修理

北京东风日产维修中心

公司地址：北京市朝阳区朝阳北路白家楼桥临55号
联系人：王建琪
救援电话：010-65779949/13681555069
手　机：13911905375
主营业务：定期保养、保险出单、理赔维修、车辆年检

北京车颜时代商贸有限公司

公司地址：北京市朝阳区来广营西路中德广场26-4号
联系人：刘强
职　务：总经理
手　机：18600115588
传　真：010-84916360
主营业务：德国DEL、美国XPEL、美国GTF等汽车保护膜、车膜

北京白云金洲汽车配件有限公司（优车工场）

公司地址：北京市朝阳区广渠路6号
电　话：010-51286009
主营业务：车辆快修保养、保险代理、道路救援、3M授权施工店、威固太阳膜、飞歌DVD导航

北京爱义行汽车服务有限责任公司（窑洼湖店）

公司地址：北京市朝阳区东四环南路1号（中石油加油站内）
联系人：徐胜男
职　务：销售经理
电　话：010-67336670/67336680
手　机：13466734832
主营业务：汽车美容装饰、机修保养

3M专业美容中心授权施工中心－北京望桥汽车美容中心

公司地址：北京市朝阳区北四环东路望京桥北200米鹿港嘉苑B1底商
联系人：倪晓娟
职　务：销售顾问
电　话：010-64795398
手　机：18001361379
网　址：www.bjwqcar.com
主营业务：汽车美容装潢、维修保养装饰

北京奥吉通汽车装饰美容中心

公司地址：北京市朝阳区朝阳北路甲45号
联系人：刘盈盈
职　务：精品开发经理
电　话：010-65718589
手　机：15801019388
主营业务：军用防爆太阳膜、漆面镀膜、奥迪全系列车型个性化改装、广汽丰田全系车型个性化改装

北京爱车汽车修理有限公司

公司地址：北京市朝阳区德外双泉堡甲2号（北沙滩桥往北500米路东）
联系人：李加明
职　务：厂长
电　话：010-64857558/64858681
手　机：13552905383
传　真：010-64857558
主营业务：精修一汽大众奥迪

柏利德汽配

公司地址：北京市朝阳区京顺路北皋加油站院内
联系人：李庆旺
电　话：010-64359570
手　机：13146213369/13146213363
主营业务：专修捷达、伊兰特，钣金喷漆、划痕（烤漆房）、机修电路、电脑检测

北京大昌汽车服务有限公司

公司地址：北京市朝阳区来广营西路甲9号
电　话：010-84919009
传　真：010-84911089
维修资质：一类
主营业务：高档汽车专业维修，保养维护为一体的一类维修企业

北京安惠汽车服务有限公司来广营店

公司地址：北京市朝阳区来广营西路新北路（朝来农艺园向南800米路东）
电　话：010-84917899
传　真：010-84917278
主营业务：保养为主、快修为辅的专业汽车养护连锁店

北京宝德伟业维修有限公司

公司地址：北京市朝阳区北四环东路39号
联系人：催中朴
职　务：技术顾问
电　话：010-64395002/64393581
手　机：13311398602/13910836355
传　真：010-64718400
维修资质：二类
主营业务：奔驰、宝马、保时捷等高档车专修

北京奥德宝德系汽车专修

公司地址：北京市朝阳区东四环十八里店北桥（北桥北50米外辅路）
联系人：刘晓东
手　机：13810851627
主营业务：奔驰、宝马、奥迪、大众等德系车型，自动变速箱指定维修店，保险、定损、理赔一条龙服务

北京奔宝之家汽车服务有限公司

公司地址：北京市朝阳区姚家园路甲1号东方基业汽车城西区20号
联系人：纪秀锋
手　机：13810685812
主营业务：奔驰、宝马、奥迪、大众维修保养

北京朝政汽车修理厂

公司地址：北京市朝阳区金盏大街
电　话：010-84334344/84333377
手　机：18901119757
维修资质：一类
主营业务：江铃、全顺维修、各种车辆修理服务

北京车世通汽车维修服务中心

公司地址：北京市朝阳区双桥东路50号
联系人：台元奇
电　话：010-65486090
手　机：13601295914
主营业务：汽车修理、钣金喷漆、保险出单、定损理赔

北京大宝汽车维修中心

公司地址：北京市朝阳区京顺路进京方向北皋路口右转壳牌加油站后停车场内
电　话：010-64371603
手　机：13910724621/15611996664
主营业务：大众、韩国、国产系列车辆的全车服务

北京车之美汽车修理中心

公司地址：北京市朝阳区黑户庄乡四合庄京沈高速桥西
联系人：饶祥
手　机：13466659667
主营业务：汽车维修保养、钣金喷漆、保险验车

北京百福汽车服务有限公司

公司地址：北京市朝阳区十八里店北桥汽服东3号（家和家美南侧）
联系人：李刚
电　话：010-87360960
手　机：18901281154
主营业务：百福汽修

北京大容汽车技术服务有限公司 – 国贸店

公司地址：北京市朝阳区国贸桥南 300 路西
电　话：010-67702542
主营业务：精修各种国产、进口轿车。代办保险、验车服务，救援服务

北京道和源昌汽车服务

公司地址：北京市朝阳区
联系人：王海峰
手　机：13161391444/13811455736
主营业务：各种事故车维修、钣金、喷漆、保险理赔等业务

北京德奥顺通汽车服务中心

公司地址：北京市朝阳区平乐园小区外
联系人：梅洪领
电　话：010-60105367
手　机：13811607363
主营业务：汽车修理、美容保养

北京鼎成行汽车服务有限公司（奥迪专修）

公司地址：北京市朝阳区朝阳北路（白家楼桥东南角）大黄庄 35 号
电　话：010-65767017/65760713
传　真：010-65760713
维修资质：二类
主营业务：专修奥迪

北京东方华辉汽车服务有限公司

公司地址：北京市朝阳区安家楼大亮马桥甲 87 号
电　话：010-85523266/85513266
手　机：13601258848
主营业务：汽车修理

北京东方天宇汽车服务有限公司

公司地址：北京市朝阳区来广营西路 1 号院后院
电　话：010-84571008
手　机：13911675322
传　真：010-84571002
维修资质：二类
主营业务：北京现代汽车特约维修站

北京爱车行汽车装饰养护中心

公司地址：北京市朝阳区立水桥南北苑路 5 号院 2 号楼办公楼首层
电　话：010-84924523/84925762
手　机：13126626381
主营业务：汽车装饰美容、配件、养护、车险出单、定损理赔

北京东海哼旭汽车维修中心

公司地址：北京市朝阳区王四营桥南粮油市场南区 6-7 号
救援电话：13366600118
手　机：13366692223/13321126073
主营业务：各种车型维修保养、代办验车、保险理赔、轮胎、四轮定位

北京红运双兴汽修店

公司地址：北京市朝阳区东风桥东 200 米路北
联系人：冯超
手　机：13693398764
主营业务：汽车维修保养

北京福特工厂汽车服务中心

公司地址：北京市朝阳区十八里店北桥向北 100 米路东（北桥汽服东 10 号）
联系人：武志雷
职　务：维修顾问
电　话：010-87358547
手　机：13261557717
主营业务：专业维修、保养、改装

北京富鑫商贸有限公司

公司地址：北京市朝阳区十八里店横街子 168 号
联系人：谭晓宁
电　话：010-87302783
手　机：13241955172
传　真：010-87302783
主营业务：壳牌、美孚、长城等润滑油、防冻液、刹车油、添加剂、漆面保养、汽车内饰、美容精品等

北京广进汽车装饰

公司地址：北京市朝阳区十里河白墙子 265 号（奔驰现代 4S 店对面）
联系人：孙学军
职　务：经理
电　话：010-67676617
手　机：13801320749
主营业务：3M 专业汽车美容授权施工中心

北京广顺星汽车服务中心

公司地址：北京市朝阳区来广营广顺桥外爱家家居北侧
联系人：王金刚
电　话：010-57180182
手　机：13810207153
主营业务：主修奔驰、宝马、奥迪等高档轿车，专业技术、专业服务

北京海林汽车服务中心

公司地址：北京市朝阳区十八里店北桥汽服东区 9 号
联系人：王吉瀚
手　机：15810767487
主营业务：大众全系、奥迪全系、别克通用、本田、丰田，维护保养、机电维修、电脑检测、尾气治理

北京华众信业汽配公司

公司地址：北京市朝阳区京顺路旁东辛店路口 259 号
联系人：郑克华
职　务：经理
电　话：010-64317980
主营业务：北京现代、伊兰特、索纳塔、捷达王、04 捷达

奈斯威克汽配专业维修

公司地址：北京市朝阳区朝阳北路东五环白家楼桥东 200 米路南康达广场 58 号
联系人：贾立勇
手　机：15711166588/13381395520
主营业务：汽车配件、维修保养、钣金喷漆、代办验车、免费救援、汽车轮胎、保险、补胎

北京维科特汽车服务中心

公司地址：北京市朝阳区窑洼湖桥东北角 200 米
联系人：郭建光
手　机：13911099723
主营业务：专业维修大众、切诺基等车型

北京市鸿易通达汽车服务有限公司

公司地址：北京市朝阳区北四环东路 39 号（望京桥西 100 米）
联系人：苗永
电　话：010-64395553
手　机：13911558257/13391561236
维修资质：二类
主营业务：汽车修理、钣金喷漆、保险出单、保险理赔、代办验车、收购二手车

路路嘉运汽车维修站

公司地址：北京市朝阳区将台乡小陈各庄 208 号
联系人：胡文杰
电　话：010-64381293
手　机：13671072006
维修资质：二类
主营业务：大众、现代、奥迪等维修保养、钣金喷漆、汽车电路、电脑检测、汽车装饰

新旧轮胎大全

公司地址：北京市朝阳区十里河内环走辅路海记饭店旁边
联系人：范刚顺
手　机：15010378486
主营业务：批发各种品牌、型号轮胎、专业补胎

普利司通顶级美车会所

公司地址：北京市朝阳区朝阳北路白家楼村 29 号
联系人：张静
职　务：经理
电　话：010-65777272/65773289
手　机：15210401039
传　真：010-65776959
主营业务：隶属于北京鑫鹏世纪汽车销售服务有限公司

鑫达汽车维修中心

公司地址：北京市朝阳区将台路小陈各庄
联系人：靖红增
手　机：13661337604
主营业务：维修保养、钣金喷漆、补胎、空调、保险理赔

合诚汽车服务中心

公司地址：北京市朝阳区京密路北皋路口壳牌加油站停车场院内
手　机：18701117372
主营业务：专修一汽大众、上海大众、东风雪铁龙、北京现代、奇瑞、别克

宏达汽配

公司地址：北京市朝阳区京密路北皋路口（壳牌加油站旁停车场院内）
手　机：13691285372/13691285387
主营业务：现代专修，钣金喷漆、维修各种疑难杂症

北京恒达伟业汽车音响装饰中心

公司地址：北京市朝阳区青年路北口 118 号
联系人： 刘世全
电　话： 010-51193849
手　机： 13241799030
主营业务：3M 汽车美容、打腊、封釉镀膜、底盘装甲

北京技友汽车维修中心

公司地址：北京市朝阳区崔各庄乡东辛店 259 号
联系人： 郑宏全
电　话： 010-64385597
手　机： 18601052025
维修资质：二类
主营业务：韩国车变速箱维修，长城、华晨、海马、现代、起亚

北京三四零一客车维修服务有限公司

公司地址：北京市朝阳区南四环东路 92 号
电　话： 010-87884115/87882871
救援电话 13301046158
维修资质 二类
主营业务 金龙客车特约服务站，大众全车系专修

北京建顺通达汽车轮胎销售中心

公司地址 北京市朝阳区十八里店乡横街子村 168 号 -6
联系人： 李山孝
电　话： 010-87304380
手　机： 13681010496/15300175792
主营业务 各种大中小型汽车轮胎、四轮定位、换油保养

北京捷奥通汽车维修服务中心

公司地址：北京市朝阳区黑庄户乡四合庄
联系人： 朱涛
电　话： 010-51459500/85380240
手　机： 13466300778
主营业务：维修保养、电脑烤漆、一条龙服务、保险理赔、大梁校正、24 小时救援

北京欧华汽车修理有限公司

公司地址：北京市朝阳区大亮马桥村甲 89 号
联系人： 马永树
电　话： 010-64364898
手　机： 13901323653
主营业务：汽车小修、低级维护保养、零售汽车配件

北京金祥通汽车维修服务有限公司

公司地址：北京市朝阳区东四环南路十八里店北桥东北角
联系人： 马晓东
电　话： 010-87358786
手　机： 13031001597
主营业务：专业汽车维修、保养

北京凯驰汽车服务中心

公司地址：北京市朝阳区朝阳北路白家楼桥东
联系人： 李之凯
电　话： 15330065687
手　机： 13161193373/13683161979
主营业务：专业维修上海别克、雪佛兰系列，原厂电脑检测

北京连首博新汽车修理有限责任公司

公司地址：北京市朝阳区南四环东路 97 号
联系人： 李继兰
职　务： 业务经理
电　话： 010-87689957
手　机： 13681006553
维修资质：一类
主营业务：汽车修理，代理保险、事故车辆维修

北京巨丰永业汽车配件有限公司

公司地址：北京市朝阳区黑庄户乡大鲁店北路郎各庄村复兴商业街 14 号
联系人： 孙建勇
电　话： 010-85388005/87716587
手　机： 13801296059
主营业务：维修保养各种高中低档轿车，提供大众、金杯、长安、夏利等配件

北京巨丰永业汽车配件有限公司（第一分公司）

公司地址：北京市朝阳区东四环窑洼湖桥东外 50 米
联系人： 孙建军
电　话： 010-81421193
手　机： 13717718589
主营业务：上海大众、沈阳金杯、哈飞中意、天津夏利、重庆长安等配件，修理保养各种高中低档汽车

北京君立达汽车服务中心

公司地址：北京市朝阳区姚家园路甲 1 号东方基业汽车城西区 8 号
电　话： 010-51193599/51193598
手　机： 13520998695
主营业务：专业维修德系、美系各种车型

北京利来顺汽车装饰中心

公司地址：北京市朝阳区望京西路 50 号院 12-7 鹿港底商
联系人： 陈伟斌
电　话： 010-84784008
手　机： 13693113187
传　真： 010-84784009
网　址： www.lilaishun.com
主营业务：普利司通、米其林、固特异、韩泰、马牌轮胎；专业汽车美容、保养、贴膜、装饰等

北京捷德汽车维修服务有限公司

公司地址：北京市朝阳区成寿寺路 66 号
电　话： 010-67660788
手　机： 13621201050
传　真： 010-67606126
网　址： www.bjjiede.net
维修资质：一类
主营业务：奔驰、宝马、奥迪专修

北京建岭伟业汽车配件中心

公司地址：北京市朝阳区王四营粮油市场
联系人： 王建岭
电　话： 010-67475790
手　机： 13910809203
主营业务：维修保养、美容装饰、电脑检测、钣金喷漆、外出抢修、电路检修、保险理赔、24 小时汽车救援

北京京缘爱车服务中心

公司地址：北京市朝阳区朝阳北路白家楼桥东行 500 米路北铁塔下
联系人： 封俨
手　机： 18612454881
主营业务：主修一汽大众、上海大众、一汽奥迪，维修快速保养、电脑免费检测、空调专业维修、电脑匹配钥匙、疑难故障专修

北京鲁蒙汽车服务中心

公司地址：北京市朝阳区管庄乡重兴寺甲 1 号
联系人： 公磊
电　话： 010-65486549
手　机： 13910107038
主营业务：专业汽车机电一体维修、钣金喷漆、保险定损、理赔、技术咨询

北京鲁豫通达汽车修理服务部

公司地址：北京市朝阳区管庄京通高速会村出口前行 50 米路北
手　机： 13691588558/13693038563
主营业务：汽车修理、钣金喷漆、各种轮胎

北京蒙信汽车专业维修

公司地址：北京市朝阳区十八里店环岛往南 1000 米
联系人： 高乐
手　机： 13911604366
主营业务：维修保养、钣金喷漆

北京润佳通达汽车维护有限公司

公司地址：北京市朝阳区大鲁店北路扬州水乡南门外
联系人： 王世坛
职　务： 总工程师
电　话： 010-85385203
手　机： 13501124862
主营业务：主修上汽系列、一汽系列

北京利旺同鑫汽车服务中心

公司地址：北京市朝阳区姚家园路甲 1 号东方基业汽车城西区 10 号
联系人： 周胜国
电　话： 010-51193918
手　机： 15001225588/13910788294
主营业务：维修保养、钣金喷漆、电脑检测、验车、保险、定损理赔、救援

北京青洋宏途汽车俱乐部有限公司

公司地址：北京市朝阳区南四环东路 90 号院
联系人： 王长青
电　话： 010-87606498
手　机： 13051342237/15601202237
维修资质：二类
主营业务：精修各种车辆、专业钣金喷漆、保险定损理赔、保险公司指定事故车维修

北京三菱东南汽车养护中心

公司地址：北京市朝阳区姚家园东口甲 14 号
联系人： 魏国辉
手　机： 13718704259
主营业务：专修丰田、本田、三菱、日产，维修保养、钣金喷漆、验车保险、疑难故障维修

北京人和车合汽车技术服务有限公司博世维修中心

公司地址：北京市朝阳区十八里店北桥 866 号
联系人： 秦志东
电　话： 010-67480390-813
手　机： 13911295503
传　真： 010-67477949
维修资质：一类
主营业务：汽车修理、美容保养

北京瑞朋新汽车装饰公司

公司地址：北京市朝阳区姚家园路甲 1 号东方基业汽车城西区 X06 号奥迪 4S 店南侧
联系人： 刘思涛 / 齐淑云
电　话： 010-51193707
手　机： 13366009423/13264060325
主营业务：导航、影像、原车屏幕升级、防盗、地胶、隔音降噪、座椅、封釉等

北京市广顺驰星汽车服务有限责任公司

公司地址：北京市朝阳区朝阳北路 45 号
电　话： 010-65790817/65795926
手　机： 18810355802
传　真： 010-65790817
主营业务：为奔驰、宝马等汽车提供专业维修、配件及改装服务

北京欧逸行汽车养护中心

公司地址：北京市朝阳区双会桥东 300 米
电　话： 010-65459411
传　真： 010-65457088
主营业务：汽车美容装饰、保养、机修、轮胎

北京市凯迪捷汽车技术服务中心

公司地址：北京市朝阳区朝阳北路白家楼桥东
联系人： 李树楷
电　话： 010-65766327
手　机： 13601338263
主营业务：专修宝来、速腾、迈腾、奥迪、帕萨特、本田、丰田、马自达、上海别克、北京现代、日产、奔驰、宝马，维修保养、钣金喷漆

北京市京都神龙汽车贸易有限责任公司（佳宝服务站）

公司地址：北京市朝阳区南四环东路小红门桥东 400 米南
电　话： 010-87625242/87625245
手　机： 15811168203
主营业务：保险理赔、原厂配件、24 小时救援、26 项免费检测、二手车置换

北京鹏展汽配

公司地址：北京市朝阳区朝阳北路五环桥交叉口东南角（白家楼桥东南角、东五环辅路）
联系人： 李运鹏
职　务： 业务经理
手　机： 13466554341/15810767553
维修资质：二类
主营业务：北京现代、一汽大众、上海别克、起亚、东风雪铁龙、夏利、金杯、各种微型车，原厂配件、维修保养、钣金喷漆、承接保险业务、验车过户

北京市保捷汽车服务有限公司

公司地址：北京市朝阳区东南四环小红门桥东 400 米南
联系人： 宋晔
电　话： 010-87625986
手　机： 13501126999
传　真： 010-87625988
主营业务：汽车小修、低级维护保养、汽车装饰、汽车配件等

北京市大鹏汽修

公司地址：北京市朝阳区崔各庄乡东辛店红绿灯路口
联系人： 陈经理
电　话： 010-64336380
维修资质：三类
主营业务：专修北京现代、大众等中高档车

北京润宏迪汽车服务有限公司

公司地址：北京市朝阳区南四环东路小红门桥东 400 米
电　话： 010-87625762
手　机： 18911037872/13911890081
传　真： 010-87625964
维修资质：二类
主营业务：奥迪汽车专业售后服务

北京市国凯基业汽车维修中心一分厂

公司地址：北京市朝阳区大黄庄 35 号
联系人： 李海华
职　务： 厂长
电　话： 010-65752002
手　机： 13311395147
传　真： 010-65751809
维修资质：二类
主营业务：精修各类高中低档车辆，保养快修、钣金喷漆等

北京四方万众汽车维修装饰有限公司

公司地址：北京市朝阳区管庄桥杨闸环岛东 50 米北辅路边
联系人： 秦云
电　话： 010-65767920
手　机： 13301311725/15611957185
主营业务：汽车修理、钣金喷漆、汽车装饰、救援服务、保险出单、定损理赔

北京市奥捷汽车修理部

公司地址：北京市朝阳区京顺路东辛店市政三公司汽车队院内
联系人： 罗明军
职　务： 经理
电　话： 010-64353085
手　机： 13621153475
主营业务：汽车大修、小修、快修、钣金喷漆、空调加氟、保养、验车

北京泰达行汽车技术服务有限公司

公司地址：北京市朝阳区珠江帝景 E 区外底商 113 号
联系人： 凡小国
手　机： 13522227593
主营业务：汽车保养、钣金喷漆、汽车美容、封釉镀膜、抛光打蜡、汽车装饰

北京市思源行汽车配件门市部

公司地址：北京市朝阳区东坝西北门滨河路北
联系人： 王英蔚
电　话： 010-84319838
手　机： 13051069456
主营业务：汽配、汽修、改装

北京市伟顺利兴汽配销售部

公司地址：北京市朝阳区百子湾路 29 号
联系人： 杨来利
职　务： 经理
电　话： 010-87779957
手　机： 13661214058
主营业务：金杯、大众、现代汽车配件、各种车用轮胎、电瓶、原厂配件，免费更换

北京市新洋自动变速箱维修站

公司地址：北京市朝阳区小武基出口向右 300 米
联系人： 孙立国
电　话： 010-52213801
手　机： 15801013703/13241718739
主营业务：精修高中档轿车自动变速箱

北京守信昌达汽车服务中心

公司地址：北京市朝阳区十八里店医院对面
电　话： 010-67477933
手　机： 13621335648
主营业务：钣金喷漆、保险理赔、轮胎电瓶、汽车精修、换油保养

北京双合佳卉汽车维修服务有限公司

公司地址：北京市朝阳区京通辅路双会桥往东 500 米加油站出口
联系人： 武军民
职　务： 厂长
电　话： 010-65457735
手　机： 18911336189
主营业务：各种车辆险、定损、理赔，现场拖车救援，各种车辆的大、中、小修、事故车修理

北京部青汽车服务有限公司

公司地址：北京市朝阳区十八里店北桥 866 号
电　话： 010-67475858
手　机： 13911040226
传　真： 010-67476968
主营业务：奥迪汽车专业维修服务

北京太建众成商贸有限责任公司

公司地址：北京市朝阳区东四环中路 16 号
联系人： 曹晓东
电　话： 010-67295185
手　机： 13601167627
维修资质：二类
主营业务：精修大众、奥迪等中高档车型

北京坦途汽修

公司地址：北京市朝阳区亮马桥南 1 号
联系人： 师绍平
电　话： 010-58428875
手　机： 13381257378/15910835188
主营业务：专业机修、钣金喷漆、代办验车、保险理赔

北京泰格尔汽车装饰有限公司

公司地址：北京市朝阳区青年路 119 号（大悦城商场往北第三个红绿灯掉头 300 米）
联系人：张玉林
职　务：主管
电　话：010-85517900
手　机：13552665078
传　真：010-85517900
主营业务：汽车装饰美容、底盘装甲、汽车音响、贴膜、快修、保险、精品

北京泰赫雅特汽车销售服务有限公司

公司地址：北京市朝阳区金盏乡东苇路金港汽车公园内
联系人：张国军
职　务：售后部副经理
电　话：010-84333939
手　机：18901106911/13552176605
传　真：010-84333232
网　址：www.techart-china.com
主营业务：保时捷定损维修中心、保时捷专业改装中心

北京新京福星现代专修

公司地址：北京市朝阳区东四环十八里店北桥
联系人：邹伟宏
电　话：010-87360023
手　机：13381366843
主营业务：现代专修

北京天力元汽车服务公司

公司地址：北京市朝阳区朝阳北路 45 号
联系人：李春旺
职　务：总经理
电　话：010-65756809/65715655
手　机：13901028387
传　真：010-65743615、65722950
维修资质：一类
主营业务：北京市朝阳区行政事业单位公务车指定修理厂

北京天艺祥鸿汽车配件销售公司

公司地址：北京市朝阳区姚家园路东口北街 132 号天艺汽修
联系人：刘永锋
职　务：经理
救援电话：010-65469200/13910621639
手　机：13910621639
主营业务：电脑检测、维修、保养、空调加氟、钣金喷漆并代理保险业务

北京壹捷宏图汽车服务有限公司十里河店

公司地址：北京市朝阳区大羊坊路 168 号（东南四环十八里店北桥北 300 米）
电　话：010-51280858
传　真：010-67486966
主营业务：一站式便捷汽车服务连锁

北京盈嘉奥达汽车维修有限公司

公司地址：北京市朝阳区来广营新北路 19 号
电　话：010-84919786/84919985
手　机：13701054442/13601389135
传　真：010-84919970
主营业务：专修路虎、奔驰、捷豹、宝马

北京万车行汽车维修有限责任公司

公司地址：北京市朝阳区大鲁店北路富力又一城 A 区建行斜对面
联系人：赵林锋
职　务：经理
电　话：010-87332198
手　机：13911062123
主营业务：汽车精品、汽车打蜡、装饰美容、维修保养、钣金喷漆、保险理赔

北京伟利达汽车修理有限公司

公司地址：北京市朝阳区管庄京通快速路北辅路
电　话：010-65773996
手　机：13801155646
维修资质：二类
主营业务：汽车修理

北京腾途汽车装饰服务有限公司

公司地址：北京市朝阳区酒仙桥 11 街坊 16 号楼东侧
联系人：陈继伟
电　话：010-57286615
手　机：13522101310/18910372852
主营业务：维修保养、钣金喷漆、美容装饰、保险理赔

北京亚慧特汽配轮胎有限公司

公司地址：北京市朝阳区酒仙桥 11 街坊甲 22-2 号（亮马水晶后）
联系人：李东亮
电　话：010-85820014
手　机：15712887031/13520240972
主营业务：专业维修大众、丰田、本田、尼桑、别克、现代、换油保养、轮胎定位补胎充气

北京永达汽车技术服务中心

公司地址：北京市朝阳区姚家园路平房西口（东方基业汽车城后侧）
联系人：温鹏波
职　务：经理
电　话：010-85577521
手　机：13910721717
主营业务：专修别克、雪佛兰、大众奥迪，兼修欧美日进口车型

北京新城子昂科技有限公司

公司地址：北京市朝阳区十八里店北桥陈家村 261 号
联系人：潘建华
职　务：销售主管
电　话：010-51661039-4
手　机：13928923382
主营业务：专业汽车音响改装服务

北京翔驰永发商贸中心

公司地址：北京市朝阳区亮马桥 59 号
联系人：崔佳伟
职　务：经理
电　话：010-64688008/84486362
手　机：13701264531
主营业务：轮胎销售、四轮定位、补胎平衡、汽车美容、打蜡封釉、汽车精品、快修喷漆、保险定损

北京鑫豪汽车维修服务中心

公司地址：北京市朝阳区王四营乡孛罗营村北
联系人：张廷豪
职　务：经理
电　话：010-87390997/87390221
手　机：13701312962
传　真：010-87390221
主营业务：代理人保、平安、人寿等多家保险公司出单、定损、理赔业务，专业汽车养护维修、钣金喷漆、装饰美容

北京文咖思吧汽车装饰有限公司

公司地址：北京市朝阳区广顺北大街 5 号
联系人：赵洪涛
职　务：技术总监
电　话：010-84903660
手　机：13366875693
传　真：010-84903670
主营业务：京城首家 24 小时汽车美容装饰，免费检测、维修保养、蒂龙防爆胎装置、爱温无水冷却液、杜邦底盘装甲

北京兄弟联鑫汽车配件中心

公司地址：北京市朝阳区十八里店大洋路海鲜市场门口
联系人：潘金艳
电　话：010-67471389
手　机：13811753388
主营业务：金杯海狮、福田风景、风景冲浪、爱尔法、锐驰、大众、瑞风、五菱之光

北京亚腾汽车维修服务有限责任公司

公司地址：北京市朝阳区望京桥东北角
联系人：赵宝玉
职　务：厂长
电　话：010-64393378/64393220
手　机：13701288465
传　真：010-64393220-15
维修资质：二类
主营业务：汽车修理

北京中机依维柯特约维修站

公司地址：北京市朝阳区十八里店乡陈家村 261 号
联系人：孙晓军
职　务：经理
电　话：010-67478808/67470113
手　机：13810562670
传　真：010-67470115
主营业务：依维柯：都灵 V 系列、得意系列

北京沃之杰汽车配件维修中心

公司地址：北京市朝阳区王四营乡孛罗营北 2 号
联系人：余修行
电　话：010-87394300/59374385
手　机：13717999912/15321271385
主营业务：专修沃尔沃

北京中港轩星经贸有限公司汽车修理厂

公司地址：北京市朝阳区十八里店 876 号
联系人：高青华
手　机：13391586885/13466544638
主营业务：电脑检测、汽车维修、钣金烤漆、保险理赔

诚信汽配商行

公司地址：北京市朝阳区窑洼湖桥东30米和众集团对面
联系人： 刘刚
手　机： 15001188153
主营业务：大众、现代专业维修、钣金喷漆

北京永兴爱车汽车服务中心

公司地址：北京市朝阳区东五环白家楼桥东南侧
联系人： 陈健
职　务： 经理
手　机： 13501092857
主营业务：大众配件、韩泰轮胎、汽车维修保养、轮胎护理、美容装饰、室内翻新、座套脚垫、打蜡、封釉、出保险单

北京宇亚汽车维修有限公司

公司地址：北京市朝阳区
手　机： 13910611670
维修资质：二类
主营业务：美孚合作店，代理太平洋、中保汽车保险出单定损、维修、理赔一站式服务

奔宝星辉汽车服务公司

公司地址：北京市朝阳区北四环东路39号
联系人： 李磊
职　务： 经理
电　话： 010-58482217
手　机： 13070191332
传　真： 010-51907106
主营业务：奔驰、宝马、路虎、保时捷专业维修

北京正诚利捷汽车服务有限公司

公司地址：北京市朝阳区来广营新北路顾家庄88号
联系人： 陈立
电　话： 010-52291517
手　机： 13911801989
主营业务：华晨中华、金杯、大众汽车、北京现代

博塬京驰汽车服务中心

公司地址：北京市朝阳区北五环望京科技园614总站旁
联系人： 张玉坤
电　话： 010-64391673
手　机： 13810625295
传　真： 010-84701350
主营业务：汽车维修保养、美容装饰、钣金喷漆

晨阳的士快修店

公司地址：北京市朝阳区东四环小武基215号院（家和家美B5座对面）
联系人： 张杨/宛艳华
手　机： 13811285782/15210750591
主营业务：现代、大众等车型专修

大个汽修

公司地址：北京市朝阳区将台路消防队往东首信大厦斜对面
手　机： 13167525393
主营业务：现代、大众、爱丽舍专业维修保养、钣金喷漆

北京中冀兴旺汽车销售有限公司

公司地址：北京市朝阳区南四环小红门桥东300米路南
联系人： 张铁源
职　务： 销售顾问
电　话： 010-87625961
手　机： 13031010266
传　真： 010-87625841
主营业务：供应五菱原厂配件、五菱售后保养维修、保险理赔、钣金喷漆

诚信汽修

公司地址：北京市朝阳区京顺路东辛店路口
手　机： 13520212269
主营业务：专修伊兰特、捷达、大索，专业钣金、喷漆，修马达、发电机、换水箱盖、空调加氟

北京裕丰汽车技术服务中心

公司地址：北京市朝阳区北四环望京桥39号
联系人： 王玉峰
电　话： 010-64383517
手　机： 13683341147
维修资质：二类
主营业务：汽车修理、钣金喷漆

车友汽车服务中心

公司地址：北京市朝阳区十八里店北桥汽服东2号
联系人： 潘飞
电　话： 010-87358533
手　机： 13260337566
主营业务：配件安装、换油保养、大中小修、钣金喷漆、空调加氟、救援服务等

达世行快修－望京店

公司地址：北京市朝阳区望京西路50号院12-4（鹿港嘉苑底商）
电　话： 010-64795708
手　机： 010-64795807
网　址： www.dshauto.com.cn
主营业务：汽车修理

大众现代汽配

公司地址：北京市朝阳区青年路
手　机： 13521327203
主营业务：大众、现代、机修、钣金

大众专业修理厂

公司地址：北京市朝阳区德胜门外双泉堡八达岭高速5出口向北100米路东
电　话： 010-64871879/64875458
手　机： 13001136133
主营业务：大众系列修理、四轮定位、电脑检测

北京中联汽车专修服务中心

公司地址：北京市朝阳区东四环十八里店北桥北行50米北桥汽服西区14号（外环辅路）
联系人： 梁赵磊
手　机： 13439545388/15811573255
主营业务：专业维修、保养各种车型、电路救援、空调加氟、电瓶轮胎、钣金喷漆、洗车美容、装饰大全、保险验车

德骏汽车技术服务有限公司

公司地址：北京市朝阳区东四环十八里店北桥21号西19-20
联系人： 耿闯
职　务： 经理
电　话： 010-52867286
手　机： 15810051883/18611160845
主营业务：专业维修奔驰、宝马、陆虎

大朝东名车汽服中心

公司地址：北京市朝阳区姚家园路甲1号东方基业汽车城西区01号
联系人： 王立君
职　务： 经理
电　话： 010-51193537
手　机： 18611120351/15001227069
主营业务：专修奔驰、宝马、奥迪、别克、本田、丰田、上海大众，保险理赔

北京鑫鑫旺轮胎轮圈经销部

公司地址：北京市朝阳区十八里店乡横街子村168号
联系人： 王新芳
职　务： 经理
手　机： 13691499120
主营业务：各种车型配套及改装升级轮毂，四轮定位、校正大梁、动平衡、补胎

德技奔宝汽配维修服务中心

公司地址：北京市朝阳区东四环十八里店北桥北桥汽配东08号
联系人： 张战北
电　话： 010-52481398/400-665-7660
手　机： 13520103509
主营业务：专修奔驰、宝马、保时捷，维修、车辆年检、保险出单服务

北京鑫迈隆汽配综合服务中心

公司地址：北京市朝阳区肖村桥往南150米路东
电　话： 010-67470767/67470768
手　机： 13381368898
主营业务：汽车修理

德意奥迪服务中心

公司地址：北京市朝阳区青年路806号
电　话： 010-85577229/85576907
手　机： 18600518034
传　真： 010-85576808
主营业务：人保协作网点、政府采购车辆定点维修单位

东城汽修

公司地址：北京市朝阳区崔各庄乡北皋村西288号（费家村东门灰色楼下）
手　机： 13371611691
主营业务：空调加氟、钣金喷漆、补胎洗车、清洗水箱

九洲浩运汽修

公司地址：北京市朝阳区将台路消防队向东300米（大胖子饭馆旁）
手　机： 13601221354
主营业务：精修伊兰特、捷达、雪铁龙

峰玲汽修
公司地址：北京市朝阳区南四环小红门桥北 500 米路东
联系人：张峰
电　话：010-87699591
手　机：13601152890/13552106220
主营业务：维修、保养、电瓶、轮胎、救援

福强振兴汽配
公司地址：北京市朝阳区窑洼湖桥东城养路费对面
联系人：张强
电　话：010-81921526/87772538
手　机：13522907939
主营业务：金杯、福田专修、中意、夏利、桑塔纳、捷达配件、维修保养、钣金喷漆、补胎打气

懂车行汽车服务连锁来广营店
公司地址：北京市朝阳区来广营新北路 88 号
联系人：仇海
职　务：店长
电　话：010-52020758/52020760
网　址：www.dongche.com
主营业务：别克、雪佛兰、福特装修服务

迟子汽配
公司地址：北京市朝阳区将台路小陈各庄 123 号将台路口（国宾大厦）向东 500 米路南
联系人：迟广雨
电　话：010-64356569
手　机：13693683511
主营业务：捷达、伊兰特、雪铁龙配件销售及维修保养

国锐啸琦汽车服务行
公司地址：北京市朝阳区十八里店北桥汽配城西区 07 号
联系人：姜海啸
电　话：010-87358504
手　机：13651353918/18610821450
主营业务：大陆（马牌）、米其林、普利司通、固特异、倍耐力、优科豪马、加德士

诚信汽修
公司地址：北京市朝阳区将台路驼房营正东集团对面
联系人：刘凯
手　机：13691459462/13671180831
主营业务：精修马达、发电机各种电机、桑塔纳、捷达、红旗、奥迪、富康、伊兰特、索纳塔、夏利等维修保养

东昊汽车连锁养护中心来广营店
公司地址：北京市朝阳区来广营顾家庄新北路甲 6 号
电　话：010-84912281
手　机：18600145070
传　真：010-84912281
主营业务：专注于换油、轮胎与制动的快修服务，并为保障车辆的安全行驶，提供专业维修保养服务

富强汽车快修中心
公司地址：北京市朝阳区京顺路北皋路口迪仕嘉停车场院内
联系人：李保强
电　话：010-57120408
手　机：15810715068/15321590408
主营业务：专业二氧化碳保护焊、大事故整形、全车喷漆、专业补漆、维修保养

飞华汽车专修
公司地址：北京市朝阳区将台路国宾大厦往东过第一个红绿灯 200 米路南
联系人：樊卫华
职　务：经理
手　机：13366879080/13366968555
主营业务：维修保养、钣金喷漆，专修现代、捷达、雪铁龙车型

东方翔达汽车服务有限公司
公司地址：北京市朝阳区小武基家和家美国际酒店用品后街北头（东方翔达）
联系人：胡乃龙
电　话：010-87696976
手　机：18311099798
主营业务：专业钣金喷漆、定损理赔、维修保养、事故修复、代办保险、验车

汇通别克汽车维修中心
公司地址：北京市朝阳区小红门桥东 300 米路南南四环东路 40 号
联系人：傅万锋
电　话：010-87625737
手　机：13701208316/13263250952
主营业务：专修别克、雪佛兰、原厂电脑、检测、编程

吉业成上海大众专修
公司地址：北京市朝阳区王四营乡盛华汽配城西门向南 200 米路西
联系人：张振业
电　话：010-58462523
手　机：13717919775/13439502695
主营业务：精修上海一汽大众全车系列，4S 店的维修标准、低廉的价格

江友汽车装饰服务中心
公司地址：北京市朝阳区望京利泽西园底商（叶青大厦西门对面）
联系人：邓学会
电　话：010-64742980
手　机：13901255946/13071171884
主营业务：轮胎改装修补、钣金喷漆、维修保养、保险验车、封釉镀膜、蒸汽桑拿、二手车收购咨询

慧通轩汽配汽修
公司地址：北京市朝阳区朝阳北路 57 号（羊满金火锅旁边）
联系人：范中余
手　机：13911729703/13651325132
主营业务：专修一汽奔腾、北京现代、悦达起亚、一汽大众、上海大众等，钣金喷漆、空调加氟、电脑检测

合诚瑞达汽修
公司地址：北京市朝阳区将台路首信大厦对面
联系人：王瑞雪
手　机：13718103726
主营业务：主修北京现代、大众、爱丽舍

飞鸿名车俱乐部
公司地址：北京市朝阳区广渠路东 6 号（东四环大郊亭西 300 米速 8 酒店一层）
电　话：010-57804332
主营业务：发动机仓清洗、打蜡、内饰清洗、封釉、镀膜、抛光、贴膜、车身改色等

京南顺通汽配
公司地址：北京市朝阳区崔各庄乡东辛店村口
联系人：郑贤忠
电　话：010-64316625/52435755
手　机：13691581825
主营业务：捷达王、伊兰特

华洋方圆汽车修理厂
公司地址：北京市朝阳区百子湾路 16 号（后现代城对面）
电　话：010-67785987/67738815
手　机：1880133318
维修资质：二类
主营业务：维修保养、钣金喷漆、汽车美容、四轮定位、外出救援、保险理赔

广州赛旗汽车用品有限公司北京分公司
公司地址：北京市朝阳区王四营五方天雅汽配城大厅后 30 路公交总站对面
联系人：刘艳明
电　话：010-63753713
手　机：13269971589
主营业务：车身改色、数码彩绘，赛旗汽车贴纸

军峰汽修
公司地址：北京市朝阳区王四营乡孛罗村北
联系人：杨虎军
职　务：经理
手　机：13683685419
主营业务：喷漆、钣金、机修、改装、外观、排气

京豫平水箱缸盖焊接机加工部
公司地址：北京市朝阳区万杰医院北门（东方基业汽车城奥迪 4S 店后）
联系人：张海军
职　务：经理
电　话：010-85576961
手　机：13911578891
主营业务：精修水箱、缸盖全活、特种焊接、车床加工、镗缸磨轴、激光、配瓦、焊镗凸轮轴孔、瓦孔

京伟祥保养维修服务站
公司地址：北京市朝阳区十八里店横街子盛禾居旁
手　机：13681390392
主营业务：一汽大众、北京现代、别克、丰田、长安系列、金杯、微面、夏利

金国源汽车服务中心

公司地址：北京市朝阳区十八里店横街子
联系人：王先生
手 机：13701251806/18301162034
主营业务：汽车维修、保养、验车、保险、酒后代驾

金源维修中心

公司地址：北京市朝阳区东四环窑洼湖桥东北角 7-8 号门
联系人：常东斋
手 机：13691379226
主营业务：一汽大众、北京现代、上海通用、比亚迪、奇瑞、金杯、五菱、民意等专业维修保养

卡戈拉司（北京）机动车玻璃维修有限公司

公司地址：北京市朝阳区将府家园北里 202 号楼 104 号
电 话：010-53619908
手 机：18600777896
主营业务：专业玻璃维修

老大汽修

公司地址：北京市朝阳区京密路北皋加油站西 1000 米
联系人：李占国
手 机：15910797091
维修资质：三类
主营业务：专业维修疑难杂症、空调故障

康建宏泰汽车养护中心

公司地址：北京市朝阳区京通快速双会桥东 500 米
联系人：武金鹏
职 务：经理
电 话：010-65458419
手 机：13911088811
主营业务：大众、奥迪、奔驰、宝马各种进口车辆原厂配件，保险出单、定损理赔

京奥众合汽配

公司地址：北京市朝阳区王四营盛华粮油西门外 8 号
联系人：程亮
电 话：010-87390991
手 机：13522106855
主营业务：专业维修中意、民意、路宝、赛马、佳宝、北斗星、五菱之光、夏利、金杯等

老姜平谷密云汽修

公司地址：北京市朝阳区京顺路北皋路口加油站旁边
联系人：姜小波
电 话：010-84562575
手 机：13141355823
主营业务：专修伊兰特、捷达，钣金喷漆

懂车行汽车服务连锁姚家园店

公司地址：北京市朝阳区姚家园路东口甲一号西区 12 号
电 话：010-51193858/400-610-0558
传 真：010-51193859
主营业务：别克、雪佛兰、福特专修

卡尔捷德汽车服务

公司地址：北京市朝阳区观音堂文化大道 138 号（京沈高速王四营桥东北角）
联系人：任翔
职 务：经理
电 话：010-51286307/87393006
手 机：13520520388
主营业务：奔驰、宝马、保时捷、奥迪、路虎、捷豹、法拉利、宾利，专业维修、保养服务

卡戈拉司（北京）机动车玻璃维修有限公司

公司地址：北京市朝阳区朝阳北路青年公社底商 112-07 号
电 话：010-53619908
手 机：18600777896
主营业务：专业玻璃维修

康驰汽车维修站

公司地址：北京市朝阳区东风桥向西见红绿灯右拐 100 米
联系人：孙华勇
电 话：010-64345150
手 机：13581662101
主营业务：维修保养、钣金喷漆、电脑检测、免费救援

江苏钣金

公司地址：北京市朝阳区将台路小陈各庄
联系人：王正荣
手 机：13717523646
主营业务：专业钣金喷漆

京京汽修

公司地址：北京市朝阳区将台路小陈各庄
手 机：13522164676
主营业务：专修现代、大众、爱丽舍、钣金喷漆

老李汽修

公司地址：北京市朝阳区北皋加油站旁
电 话：010-80681619
手 机：13264038007
主营业务：专修伊兰特、捷达、四轮定位

隆海广利轮胎中心

公司地址：北京市朝阳区十里河雅园国际西门
联系人：赵海
手 机：13552208555
主营业务：马牌轮胎直销、专业补胎修轮毂、风帆电瓶、机油

路达汽修

公司地址：北京市朝阳区将台路首信大厦对面
联系人：余先生
手 机：13381425170
主营业务：钣金喷漆、空调加氟、机修保养、电脑检测

龙达汽车美容装饰中心

公司地址：北京市朝阳区十里河桥西 100 米
联系人：李根喜
手 机：13601008225
主营业务：维修保养、钣金喷漆、汽车打蜡、镀膜封釉、室内桑拿、底盘封塑等

利发汽配

公司地址：北京市朝阳区将台路 9 号
联系人：王金合
电 话：010-64327162
手 机：13661012080
主营业务：专修伊兰特、捷达、富康、金杯、雪铁龙

亮洁洗车店

公司地址：北京市朝阳区十里河桥南北京现代 4S 店前方 30 米
联系人：王子亮
电 话：010-57101555
手 机：13683336215
主营业务：抛光、封釉、打蜡

林伟汽车技术服务有限公司

公司地址：北京市朝阳区五方天雅汽配城西 30 路、34 路公交车站对面
联系人：张林
电 话：010-67476291
手 机：13911814543
主营业务：疑难故障排除、二手车置换、公司车务代理、汽车保险与理赔、免费救援

龙福汽修

公司地址：北京市朝阳区东三环十里河出口走辅路北京现代南 30 米即到
电 话：010-59494699/15321374699
手 机：15811068182/13718955974
主营业务：捷达、伊兰特、爱丽舍

祥晖汽车服务中心

公司地址：北京市朝阳区望京花家地西里 117 楼一层
联系人：潘伯焕
电 话：010-64722191
手 机：13051317849
传 真：010-64717024
主营业务：出单、定损、理赔、代办年检；维修保养、装饰美容、钣金喷漆

密云不老屯汽修

公司地址：北京市朝阳区京顺路东辛店路口
联系人：苏泽义
手 机：13260358661
主营业务：汽车修理、钣金喷漆、空调加氟、昼夜救援

明飞汽车服务

公司地址：北京市朝阳区机场辅路北皋加油站口内 50 米（明飞汽配）
联系人：王长明
手 机：13621324456/13681543468
主营业务：电脑检测、四轮定位、专业钣金喷漆、各种配件齐全

龙桥汽车美容

公司地址：北京市朝阳区广渠路 29 号
电 话：010-87716121/87717096
手 机：13521338808
主营业务：3M 专业汽车美容授权施工中心（隔热防爆膜、底盘装甲、漆面美容养护、隔音降噪等）

鹏程汽修

公司地址：北京市朝阳区将台路消防队往东首信大厦斜对面
联系人：张斌
电　话：010-59415387
手　机：13693282044/13671272044
主营业务：主修现代、大众、精修各种疑难杂症、电路、空调暖风、机修、变速箱、发动机异响、水温高等

平缘达汽车维修中心

公司地址：北京市朝阳区青年路北口 118-15 号
联系人：许超
电　话：010-85577539
手　机：13621394629
主营业务：维修保养、钣金喷漆、电脑检测、验车、保险、定损理赔、救援

三联汽车技术服务有限公司

公司地址：北京市朝阳区北四环东路甲 39 号
联系人：杜宏
电　话：010-64393388-601/602
手　机：13901041764
传　真：010-64393763
维修资质：一类
主营业务：专修奔驰、宝马、奥迪等高档车

任尔行汽车维修有限公司

公司地址：北京市朝阳区十里河桥往西 200 米（白墙子 266 号）
联系人：李国庆
职　务：主管
电　话：010-67671720/67866410
手　机：13391606221
主营业务：航天三菱发动机专修、东风日产平价专修

神舟车养护中心

公司地址：北京市朝阳区大鲁店北路红军公园对面
联系人：李开放
手　机：15652250040/15311620176
主营业务：专修大众奥迪、现代别克、金杯长安

世纪缘事故车维修中心

公司地址：北京市朝阳区来广营广顺桥北爱家家居旁边
联系人：文新四
电　话：010-84903383
手　机：13621370022
主营业务：丰田、奔驰、宝马、本田，保险理赔、钣金喷漆、全车翻新、划痕快修

双赢汽配

公司地址：北京市朝阳区将台路口东 500 米玉林歌舞厅东 20 米
联系人：张明星
手　机：13520287832/13439124924
主营业务：专修北京现代、大众、发电机、助力泵、转向机、钣金喷漆

洪昌汽配

公司地址：北京市朝阳区将台路小陈各庄
手　机：010-64350588
主营业务：专修现代、大众、爱丽舍、钣金喷漆

瑞派尔汽修

公司地址：北京市朝阳区崔各庄乡东辛店村东 500 米
联系人：秦志伟
手　机：13621281647/13661117896
主营业务：大众配件、现代配件、钣金喷漆、空调加氟

瑞平汽车服务中心

公司地址：北京市朝阳区北皋路口京顺路壳牌加油站后面停车场院内
联系人：许平
手　机：13161363386/13521328649
主营业务：专业维修保养马达、发电机、补胎、空调加氟，现代专修

顺鑫汽车服务中心

公司地址：北京市朝阳区京顺路北皋壳牌加油站停车场大院内
手　机：15117990747/13522388648
主营业务：精修发动机、变速箱、底盘、专业钣金喷漆、焊接前后杠、划痕修复

三原汽修

公司地址：北京市朝阳区十八里店横街子村 168 号
联系人：姚云双
手　机：13717762776
主营业务：一汽大众、上海大众、金杯、奇瑞、比亚迪、伊兰特、微面等

瑞丰汽修

公司地址：北京市朝阳区京密路北皋路口
电　话：010-64382336
手　机：13521888158/13910742063
主营业务：专业改伊兰特油箱

通达华顺汽配

公司地址：北京市朝阳区京顺路（五元桥外东辛店）
手　机：13681452225/13811506940
主营业务：维修保养、钣金喷漆、汽车玻璃、新旧轮胎、机油、防冻液

通顺鑫达汽修服务中心

公司地址：北京市朝阳区窑洼湖桥东北角
联系人：吴栋
职　务：经理
手　机：13241401339
主营业务：汽车修理

文杰汽修

公司地址：北京市朝阳区十里河桥内环辅路
联系人：赵会龙
手　机：13521220181
主营业务：维修、保养、钣金、喷漆

顺百洁维修中心

公司地址：北京市朝阳区管庄双桥东路 50 米
联系人：张永伟
手　机：15510339990
主营业务：大众、本田、丰田、现代、日产、比亚迪、各种中高档车维修保养

顺达汽车维修

公司地址：北京市朝阳区十八里店乡横街子 168 号
联系人：徐世华
手　机：13552892767
主营业务：金杯、中华、北京现代、别克、丰田、一汽大众、小面等各种国产进口车型

兄弟汽修

公司地址：北京市朝阳区十里河桥内环走辅路海记饭店旁边
手　机：15901519827/13263150728
主营业务：24 小时专车抢修、救援服务，专修捷达、现代、爱丽舍，专修马达、发电机

汽车配件专营

公司地址：北京市朝阳区京顺路北皋加油站大院内
手　机：13661101688/13466773570
主营业务：汽车玻璃、新旧轮胎、汽车电瓶

腾翔汽修

公司地址：北京市朝阳区北皋加油站往里
联系人：翟方敏
手　机：15210270817
主营业务：维修保养、空调加氟、各种配件、汽车电路

新时代修车王

公司地址：北京市朝阳区将台路小陈各庄（首信大厦往东 100 米）
联系人：相喜强
手　机：13041188150/13261678154
主营业务：电脑检测、汽修电路、治理尾气、清洗节气门、喷油嘴

新世纪汽车服务

公司地址：北京市朝阳区京密路北皋路口停车场处
手　机：13910811615/13811004973
主营业务：机修电路、电脑检测、四轮定位、钣金喷漆、专业维修大小事故车

鑫池北京现代专修

公司地址：北京市朝阳区大羊坊向北 1500 米横街子村委会路对面
联系人：刘彦龙
职　务：服务总监
电　话：010-58484855
手　机：13261240186
主营业务：伊兰特、索纳塔、途胜、雅绅特、悦动、御翔

天佑明智汽车装饰公司

公司地址：北京市朝阳区大鲁店七星路南口红军公园对面
联系人：高明智
手　机：13311199922
主营业务：电脑洗车、汽车装饰、抛光封釉、贴膜音响、维修保养、钣金喷漆、保险理赔、地盘封塑、各种轮胎、补胎打气

小崔汽配

公司地址：北京市朝阳区十八里店横街子
联系人：崔林
手　机：13261155735
主营业务：东风、解放

小卢汽修

公司地址：北京市朝阳区十八里店北桥大洋坊路横街子村委会路对面
联系人：卢顺
手　机：13681597831
主营业务：现代、捷达、金杯、夏利、中意、切诺基

小面专修

公司地址：北京市朝阳区十八里店北桥北行300 米家和家美国际用品大楼后
手　机：15210269534/13001025317
主营业务：快修、保养

小秦汽配

公司地址：北京市朝阳区将台路小陈各庄
手　机：13146207866
主营业务：汽车修理

燕鑫兆元加油站维修店

公司地址：北京市朝阳区百子湾路 27 号
联系人：凡国文
手　机：13240718869
主营业务：美容、洗车、轮胎

永达汽修厂

公司地址：北京市朝阳区京密路北皋路口左转往西 500 米新天天换座套旁
联系人：吕师傅
手　机：18710134581
主营业务：北京现代、捷达，钣金喷漆

一修哥汽车服务中心

公司地址：北京市朝阳区窑洼湖桥东
联系人：张刚
手　机：13466560730/15811035710
主营业务：维修保养、钣金喷漆、划痕处理、电脑检测、代办保险验车

友福之家汽车修理

公司地址：北京市朝阳区黑庄户乡四合庄商业街1 号
联系人：张先生
电　话：010-85382338
手　机：13716910809
主营业务：专业维修福特车型

轩强汽修

公司地址：北京市朝阳区百子湾路桥西
联系人：王继公
手　机：13522368577
主营业务：汽车修理

珍意汽配

公司地址：北京市朝阳区将台路大陈各庄 180 号
电　话：010-64389654
主营业务：精修现代、大众车型

鑫龙汽车维修中心

公司地址：北京市朝阳区东四环窑洼湖桥东
联系人：孙韬
电　话：010-56225437
手　机：13683386538
主营业务：汽车修理、钣金喷漆

顺达汽修

公司地址：北京市朝阳区京顺路北皋加油站迪仕嘉停车场南侧
手　机：13488751972
主营业务：捷达、伊兰特、爱利舍，专业钣金喷漆

裕弘全国连锁快修店北京“北桥汽服”分店

公司地址：北京市朝阳区十八里店北桥 100 米路东北桥汽服东 24-25 号
联系人：李裕弘
手　机：18611435176/15321825230
主营业务：精修德系、美系、日系、韩系，专业快修、处理划痕、轮胎直销、轮毂升级

展鸿汽修

公司地址：北京市朝阳区北皋的士停车场大院外
联系人：王国栋
手　机：18611695767
主营业务：电脑检测、解故障码、专修发电机、发动机异响等

振山伟业轮胎服务中心

公司地址：北京市朝阳区盛华宏林粮油市场南区6 号
电　话：010-87399365
手　机：13910835986
主营业务：快修、汽车保养、四轮定位、轮胎升级、轮圈改装，经营各种轮胎轮圈

志鑫源汽配

公司地址：北京市朝阳区将台路消防队（往东过第一个红绿灯向前 200 米路南）
联系人：郑雄斌
电　话：010-64317347/64316398
手　机：13811767791
主营业务：捷达、伊兰特、富康、爱丽舍专修

中车汽修（集团）总公司北京连锁公司－连锁 2 号店

公司地址：北京市朝阳区西大望路 27 号东四环窑洼湖西北角
联系人：齐世钦
职　务：机修主管
电　话：010-87782484/87713537
手　机：13488804167
主营业务：汽车修理、钣金喷漆、代办保险理赔、外修救援

优车工场（北京白云金洲汽车配件有限公司）

公司地址：北京市朝阳区广渠路 6 号
电　话：010-87716369
手　机：18601909826
网　址：www.auto-loft.com.cn
主营业务：快修保养改装、精致洗车、汽车贴膜、美容装饰、道路救援

友盛达汽车维修

公司地址：北京市朝阳区大鲁店北路郎各庄村
联系人：汤勇
职　务：经理
手　机：13161598562
主营业务：汽车修理

远宏顺汽配

公司地址：北京市朝阳区朝阳路大黄庄红绿灯向北 300 米
联系人：小聂
手　机：13436715960
主营业务：中意、民意、长安之星、五菱之光、北斗星、夏利、吉利、一汽大众、上汽大众、金杯福田

中车汽修来广营分公司

公司地址：北京市朝阳区来广营新北路
联系人：胡鑫
职　务：经理
电　话：010-84933804
手　机：13901298445
传　真：010-84953926
主营业务：精修各类高中低档车辆，保养快修、美容装饰、钣金喷漆、保险理赔等

中车汽修连锁有限公司 66 号

公司地址：北京市朝阳区大鲁店北路扬州水乡南门对面
联系人：王建岭
电　话：010-85380242
手　机：13051884909/13621014162
维修资质：三类
主营业务：汽车维修、洗车、美容、洗喷油嘴、四轮定位 i、轮胎修补

中信信通汽车服务连锁

公司地址：北京市朝阳区来广营西路 20 号
联系人：于海生
职　务：配件部经理 / 业务主管
电　话：010-52567801
手　机：18710071959
传　真：010-52567801
主营业务：主修斯柯达、奥迪、大众，维修保养、改装、钣金、喷漆、保险、美容装饰、贴膜、轮胎轮毂

专业补胎

公司地址：北京市朝阳区京顺路草场地加油站
联系人：刘君亮
职　务：负责人
手　机：13681462937/13120011533
主营业务：风炮补胎、内补热补真空胎，修马达、发电机、水箱，焊铝件、铜件、油箱、各种散热器

一马当先汽车快速服务连锁总店

公司地址：北京市朝阳区大鲁店北路郎各庄商业街
电　话：010-85384540/85387450
网　址：www.yimadangxian.net
主营业务：快修保养、钣金喷漆、汽车美容、四轮定位、精品超市、轮胎平衡、保险理赔、保险出单

众达汽修

公司地址：北京市朝阳区京密路北皋大院南排第三家
联系人：王雷
手　机：13021913079/13693067724
主营业务：专业钣金喷漆、空调加氟、焊接前后杠、划痕等，捷达、伊兰特、爱丽舍专修

专业钣金喷漆

公司地址：北京市朝阳区京顺路北皋路口壳牌加油站后停车场外
联系人：张天易
手　机：13910724621/13146213366
主营业务：汽车维修保养、钣金喷漆

顺利汽车服务

公司地址：北京市朝阳区王四营桥下向南第一个路口左转向东 200 米路左（固特异轮胎对面）
手　机：15011528033
主营业务：专业尾气测量、调修、换三元、修理刹车、手刹、收购二手车、代办验车

专业轮胎

公司地址：北京市朝阳区十八里店乡横街子一汽大众对面
联系人：赵玉龙
手　机：13161239623/13691549516
主营业务：修马达电机、销售轮胎、补胎

专业汽车维修养护

公司地址：北京市朝阳区来广营乡勇士营（朝来农艺园往北 800 米）
手　机：13717753690
主营业务：发动机清洗、全车抛光、封釉、内室清洗桑拿、轮胎轮毂养护、人工洗车等

爱车团

公司地址：北京市朝阳区北苑家园红军营南路广华居 15 号楼
联系人：史秀英
电　话：010-84946811
手　机：13581535012
主营业务：专业的汽车用品、美容、维修服务的 B2C 团购网站

北京恒远顺通旧机动车经纪公司

公司地址：北京市朝阳区朝阳北路 57 号（东五环白家楼桥东 500 米）
联系人：梁德志
电　话：010-65728991/59445930
手　机：13910179208/13683069402
主营业务：收购高中低档进口车、国产小轿车、中小型面包车、代办过户及一切手续、验车、保险等

专业钣金喷漆

公司地址：北京市朝阳区窑洼湖桥东
联系人：徐淑娜
手　机：13126999698
主营业务：汽车钣金喷漆

梅赛德斯－奔驰驾驶学院

公司地址：北京市朝阳区望京街 8 号院戴姆勒大厦 9 楼
电　话：400-818-1188
手　机：18600274517

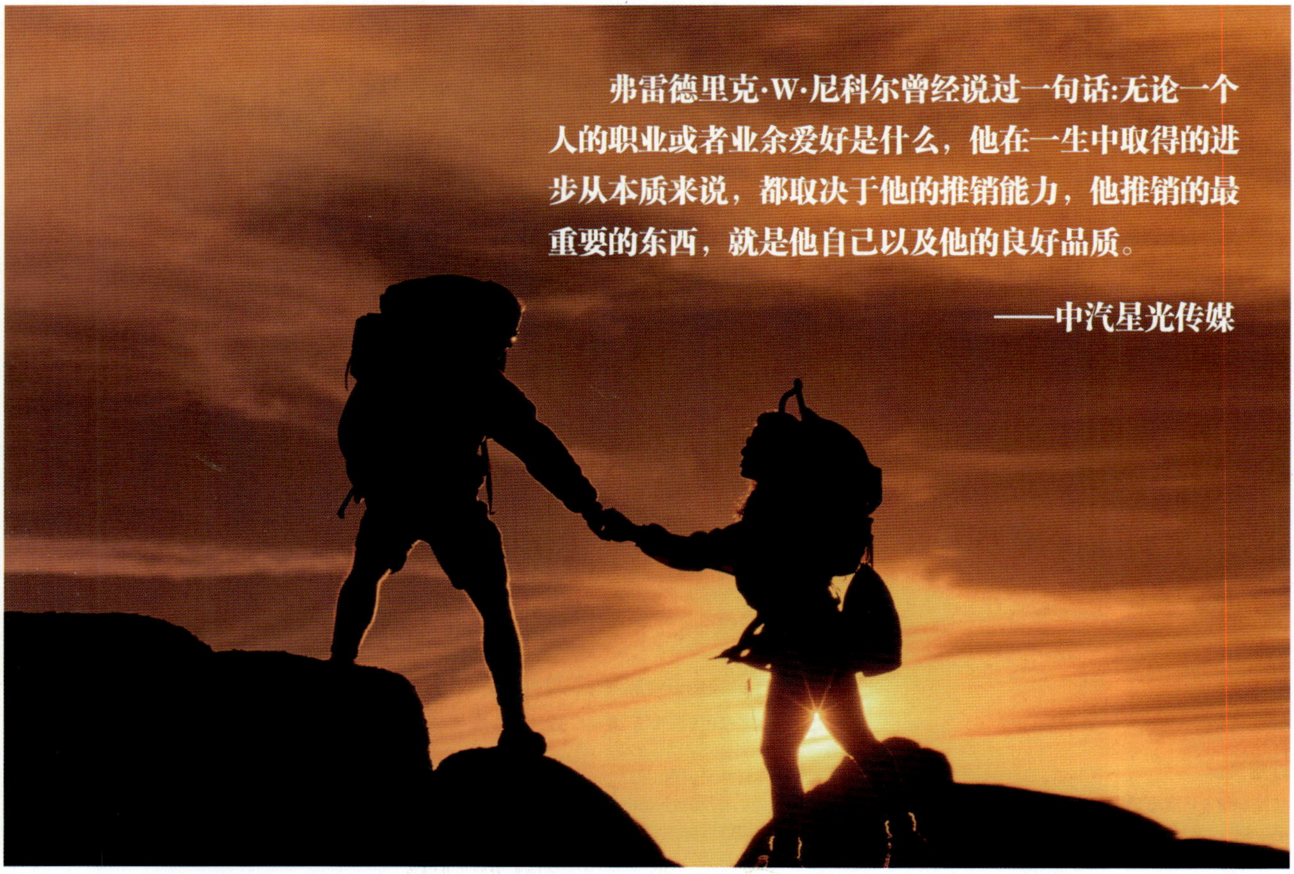

海淀区概况及汽车行业情况介绍

海淀，物华天宝，人杰地灵。在这片美丽而富有魅力的土地上，历史文化与现代文明相互融合，山水风光与城市景观交相辉映。21 世纪的海淀，以其独特的自然风光、浓厚的文化氛围、密集的高素质人才、发达的现代科技产业、田园式的生态环境，成为当今中国最富魅力、最具活力与创新精神的地区之一。

海淀区位于北京市区西北部，东与西城、朝阳区相邻，南与丰台区毗连，西与石景山、门头沟区交界，北与昌平区接壤，区域面积 430.77 平方公里。到 2012 年底，全区户籍人口 230.7 万人，常住人口 348.4 万人。

■ 科技园区

丰富的科技、教育、文化资源，为海淀经济的腾飞奠定了基础。自 20 世纪 80 年代以来，中关村奇迹般的崛起，完成了由“电子一条街”到“新技术开发试验区”，再到如今“科技创新中心”的深刻转型，一大批拥有核心技术的民族品牌正在中关村发展壮大，“中关村”已经成为中国高新技术产业的代名词，聚集着全国重要科技战略资源，蕴涵着技术创新的强大动力，是我国规模最大、自主创新能力最强的高新技术及企业的聚集地，始终引领着我国高新技术产业的发展方向。

■ 科教文化

全面发展教育文体事业。海淀是全国著名的科教文化区，区内科研力量、科学仪器设备、图书情报信息、科研成果等均高度密集。海淀区高校在校大学生人数占全市的一半以上，是全国最大的高校群体。

青山秀水，孕育了海淀丰厚的历史文化；政策机遇，开创了海淀崭新的发展空间。未来的海淀，将是一个更加充满活力、充满希望的新海淀。

■ 汽车后市场情况介绍

依托海淀区优越的地理位置和深厚的经济实力，汽车后市场的发展欣欣向荣。海淀区有北京市最早的第一家有形汽配市场——西郊汽配城，在北京乃至全国都有广泛的影响力和品牌美誉度。随着汽车保有量的快速增长，依托西郊的品牌效应，为了满足越来越多的汽车用品消费需求，西郊雅森用品城应运而生。

此外，海淀区拥有相当数量的 4S 店和维修服务企业，分布区域广又相对有些集中，还有位于清河小营的东方美都汽配城，这些规模不等、经营形态多样化的销售和服务企业，为海淀区汽车后市场的消费需求提供了充足的便利和空间。

海淀区商家资讯

汽车 4S 店类

北京金冠兴业丰田汽车销售服务有限公司

公司地址：北京市海淀区闵庄路 6 号
联系人：焦悦
职　务：配件经理
电　话：010-88890606
主营业务：丰田汽车新车销售，售后丰田纯牌零件保养及维修，汽车精品装饰，二手车置换一条龙

北京北方福瑞汽车销售服务有限公司

公司地址：北京市海淀区闵庄路甲 20 号
电　话：010-88469009
传　真：010-88469009-6002
主营业务：长安福特整车销售及售后维修保养等

北京北方联华汽车销售服务有限公司

公司地址：北京市海淀区四季青常润路 7 号
电　话：010-88435152
传　真：010-88433287
网　址：www.bflhauto.com
主营业务：华晨汽车整车销售及维修

北京达世行通合汽车维修服务有限公司

公司地址：北京市海淀区闵庄路 8 号平房
电　话：010-88470686/58459957
传　真：010-88433726
主营业务：雪佛兰整车销售及售后维修保养等

北京广恒信丰达汽车销售服务有限公司

公司地址：北京市海淀区闵庄路 20 号
电　话：010-88451155/88453317
传　真：010-88452016
主营业务：上海大众汽车特许销售商

北京花园桥丰田汽车销售服务有限公司

公司地址：北京市海淀区车公庄西路 38 号
电　话：010-68728888/68713131
主营业务：一汽丰田整车销售及维修

北京上汽安福汽车销售服务有限公司

公司地址：北京市海淀区闵庄路 12 号
电　话：010-88446699 转 8008/13552036999
传　真：010-88453689
主营业务：上汽集团在京的首家上汽荣威直营 4S 店，荣威整车销售及售后维修保养等

北京花园桥雷克萨斯汽车销售服务有限公司

公司地址：北京市海淀区车公庄西路 38 号
电　话：010-68478899/88588888
传　真：010-88420707
主营业务：凌志汽车整车销售及维修

北京寰宇恒通汽车有限公司

公司地址：北京市海淀区闵庄路 11 号
电　话：010-88856788 转 605
传　真：010-88856388
维修资质：一类
主营业务：一汽－大众奥迪品牌的特许经销商，北京市一类维修企业

北京加达永盛汽车服务有限公司（上海通用汽车 4S 服务中心）

公司地址：北京市海淀区阜石路阜玉路口东 300 米
电　话：010-68171242-201
传　真：010-68231079
主营业务：上海通用别克系列整车销售、售后服务、配件供应、信息反馈等

北京连成鹏长城汽车 4S 店

公司地址：北京市海淀区八达岭高速清河小营桥北 300 米路西
电　话：010-60605167/60605168
传　真：010-60605183
主营业务：长城汽车整车销售、维修

北京广联汽车服务有限公司（长安汽车 4S 店）

公司地址：北京市海淀区马连洼北路 128 号（新北门门诊旁边）
电　话：010-62893529
传　真：010-51638744
主营业务：整车销售及售后服务

北京鹏奥顺铃汽车服务中心

公司地址：北京市海淀区佟家坟西平房（西四环四季青立交桥西 1000 米）
电　话：010-88460624
传　真：010-88460622
主营业务：汽车销售维修、抢修、保养、电脑检测、代办车辆年检，办理车辆保险、定损、维修、理赔事宜

北京京宝行汽车销售服务有限公司

公司地址：北京市海淀区闵庄路 19 号
电　话：010-58728899
传　真：010-58728999
主营业务：宝马整车销售及售后维修保养等

北京军鹏伟业汽车销售有限公司

公司地址：北京市海淀区四季青常润路 1 号院
电　话：010-88431136/88431115
主营业务：比亚迪汽车整车销售及维修

北京金冠汽车服务有限公司

公司地址：北京市海淀区闵庄路 6 号
电　话：010-88440151/88890672
主营业务：梅赛德斯－奔驰汽车整车销售及售后维修保养等

北京鹏翰汽车服务有限公司

公司地址：北京市海淀区杏石口路 49 号
救援电话：010-8458741/88442521
主营业务：东风标致整车销售、维修

北京首汽（东风雪铁龙）

公司地址：北京市海淀区紫竹院南路 7 号
电　话：010-68719657-1
传　真：010-68425867
主营业务：整车销售及售后服务

北京海联力捷汽车销售服务有限公司

公司地址：北京市海淀区西三旗桥南 600 米路西
电　话：010-62841166-620
网　址：www.hailianlitong.com
主营业务：一汽大众整车销售、维修

北京森华创业丰田汽车销售服务有限公司

公司地址：北京市海淀区阜石路 63 号
电　话：010-88208080 转 604
传　真：010-68179798
主营业务：丰田汽车整车销售及售后服务等，24 小时救援

东风日产华盛昌专营店

公司地址：北京市海淀区闵庄路 2 号
电　话：010-88460505
传　真：010-88445123
主营业务：东风日产整车销售及售后维修保养等

北京神龙京津汽车销售有限公司

公司地址：北京市海淀区西三旗桥南 500 米路西
电　话：010-82714653
传　真：010-82412118
网　址：www.citroen.com.cn
主营业务：东风雪铁龙整车销售、维修

北京中企恒源汽车销售服务有限公司（现代汽车全球示范旗舰店）

公司地址：北京市海淀区阜石路 59 号
电　话：010-64896957/64896975 68152766
传　真：010-68150300
主营业务：现代汽车整车销售及售后服务等

东风日产启辰华盛昌辰和专营店

公司地址：北京市海淀区闵庄路 2 号（西北四环香山出口向西 1000 米）
电　话：010-88437575/88447575
主营业务：东风日产授权经营东风日产旗下全新自主品牌——“启辰”全系车型的整车销售及售后维修保养等

北京首汽腾迪汽车销售服务有限公司

公司地址：北京市海淀区紫竹院南路甲 5 号
电　话：010-68488853-665
传　真：010-68710767
主营业务：一汽—大众奥迪品牌轿车整车销售及售后维修保养等

北京首汽腾鹏汽车销售服务有限公司

公司地址：北京市海淀区紫竹院南路丙 5 号（西三环紫竹桥东 800 米路南）
电　话：010-68488028/68488029
传　真：010-68488028-666
主营业务：一汽 - 大众特许经销商，整车销售及售后服务

奇瑞汽车北京诚信达惠海特许销售服务店

公司地址：北京市海淀区杏石口路 53 号（西四环四季青桥向西第五个红绿灯右转 300 米路西）
电　话：010-88442611/88442612
传　真：010-88442612
主营业务：整车销售及售后服务

北京页川瑞德汽车销售服务有限公司

公司地址：北京市海淀区安宁庄东路 15 号
电　话：010-62959090 转 1/2
传　真：010-62956569
主营业务：上海大众汽车特许销售商

北京市博瑞勤和汽车销售服务有限公司

公司地址：北京市海淀区安宁庄东路 15 号
电　话：010-62958969
主营业务：雪佛兰整车销售及售后服务等

北京元丰正通汽车销售服务有限公司

公司地址：北京市海淀区阜石路 61 号
电　话：010-88206290
传　真：010-88208820-215
主营业务：东风雪铁龙整车销售及售后服务等

北京万通和兴汽车销售服务有限公司

公司地址：北京市海淀区八达岭高速路西（西三旗桥向南 1200 米
电　话：010-82714003/82714005
传　真：010-82714123
网　址：www.wthxauto.com
主营业务：上海大众汽车整车销售、维修

北京万通恒泰汽车销售服务有限公司

公司地址：北京市海淀区八达岭高速小营桥西北侧
电　话：010-83603077/83606078
传　真：010-82713110
网　址：www.bjwtrw.com.cn
主营业务：荣威、名爵整车销售、维修

北京首汽汽车修理有限公司

公司地址：北京市海淀区紫竹院南路 5 号
电　话：010-68432266/68485488
传　真：010-68486868
主营业务：上海大众汽车特许销售商

北京市火星科技汽车城商贸中心

公司地址：北京市海淀区安宁庄路甲 1 号（西三旗西北角）
电　话：010-62076939/62319112-8018
传　真：010-62347188
主营业务：东南汽车整车销售及售后服务等

北京中伟汽车维修服务有限公司（雪佛兰售后服务中心）

公司地址：北京市海淀区阜石路甲 59 号
电　话：010-88216806/68226255
传　真：010-88216950
主营业务：上海通用授权，整车销售、维修等

长安汽车北京新兴快马海淀 4S 店

公司地址：北京市海淀区四季青乡常润路 15 号
电　话：010-88434905/88434537
网　址：www.changan.com.cn
主营业务：长安汽车整车销售及维修

东风日产航天正通专营店

公司地址：北京市海淀区阜石路 61 号
电　话：010-68230303 转 12/22/33
传　真：010-68284322
主营业务：东风日产整车销售及售后服务，救援、保险

北京金佳景 4S 专营店(嘉华 MPV 总代理)

公司地址：北京市海淀区闵庄路 16 号
电　话：010-88452266 转 882/815
传　真：010-88433843
主营业务：东风悦达起亚整车销售及售后维修保养等

北京四季和通汽车销售服务有限公司

公司地址：北京市海淀区四季青常润路 5 号
电　话：010-52785599/52785366
传　真：010-52784008
主营业务：东风本田整车销售及维修

北京永驰长铃商贸有限责任公司

公司地址：北京市海淀区清河小营长安铃木 4S 店
电　话：010-82712921/61753800
传　真：010-62957927/81776965
主营业务：长安铃木整车销售及售后服务等

北京页川斯达汽车销售服务有限公司

公司地址：北京市海淀区安宁庄东路 15 号
电　话：010-62958998
传　真：010-62922208
主营业务：上海大众斯柯达整车销售及售后服务等

汽车配件商、汽车用品商类

北京中恒讯视科技发展有限公司

公司地址：北京市海淀区上地信息路 22 号实创科技综合楼 B 座 8 层
联系人：王富财
职　务：高级经理
电　话：010-87280078-8126
手　机：13381198007
传　真：010-82780009
主营业务：行车记录仪、GPS 卫星导航仪、电子狗

北京福耀玻璃有限公司（西三旗分公司）

公司地址：北京市海淀区清河小营（东方美都汽车配件市场东大门永兴宾馆旁）
联系人：张铁山
职　务：经理
电　话：010-82416062
手　机：18911817858
传　真：010-82416063
网　址：www.fuyao.com.cn
主营业务：汽车玻璃销售安装

三和北京商务处

公司地址：北京市海淀区四季青乡玉泉大队四汇八公司
联系人：徐日东
电　话：010-88855528/400-103-0301
手　机：13511010985
传　真：010-88855528
主营业务：涂料、油漆、气雾剂、胶粘剂、润滑油等化工产品的研究、开发、生产与销售

北京惠尔轮胎公司（原海华轮胎公司）

公司地址：北京市海淀区阜石路 59 号
联系人： 王芳
职　务： 店长
电　话： 010-68180681
主营业务：汽车轮胎、四轮定位、机油三滤、大梁校正、美容装饰、新车封釉、底盘封塑、全车隔音

北京仁信德众汽车服务公司

公司地址：北京市海淀区昆明湖南路 47-51 号
联系人： 王凯
电　话： 010-88437112/88438313
手　机： 13001138887
主营业务：奥迪、帕萨特、宝来、领域、途安等系列，装饰贴膜、音响、防盗器、倒车雷达、GPS、卫星导航、测速雷达、氙气大灯、地胶、座套、座垫、脚垫等系列精品销售安装，快修保养、大众专用电脑检测、免拆清洗换油养护等

深圳市欣万禾科技有限公司

公司地址：北京市海淀区中关村科贸大厦 11 层 1116 室
联系人： 纪月伟
职　务： 大区经理
电　话： 010-82698263
手　机： 13466307537
传　真： 010-62604563
主营业务：汽车导航

北京智通永诚汽车配件有限公司

公司地址：北京市海淀区紫竹院路 14 号
联系人： 王驰
电　话： 010-68412499
手　机： 13146789172
传　真： 010-68472269
主营业务：奥迪、大众配件

福源爱固特异店

公司地址：北京市海淀区四季青桥往东第一个红绿灯路南轮胎街内
联系人： 刘建功
职　务： 主任
电　话： 010-88500968
维修资质：二类
主营业务：各种轮胎、四轮定位、机油三滤、大梁校正、快速小修

惠尔旗舰店

公司地址：北京市海淀区杏石口路 53 号
联系人： 包玉强
职　务： 主任
电　话： 010-88401925
传　真： 010-88402219
主营业务：轮胎专营、专修

北京福耀玻璃有限公司

公司地址：北京市海淀区玉泉路 2 号南区平房
电　话： 010-88129290/88142529
　　　　 88132398
传　真： 010-88132398
主营业务：汽车玻璃

北京佳易华美汽车技术服务有限公司

公司地址：北京市海淀区清河四拨子 66 号
联系人： 田青
职　务： 总经理
电　话： 010-62527499
手　机： 13366836670
主营业务：研究开发奥迪及大众车系的原厂配置升级工作

北京拓之坤科技有限公司

公司地址：北京市海淀区太阳园 3 号楼 1906 号
联系人： 吴学超
电　话： 010-56206976/88921336
手　机： 18901358099
传　真： 010-88926621
主营业务：行驶记录仪、流动 + 固定电子狗、派克三滤总代理、正版黑胶 CD\DVD、福诺磁浮机油北京总代理、e 路航 GPS 北京总代理

上海共同汽车配件公司北京销售公司

公司地址：北京市海淀区车公庄路 21 号
联系人： 丁振平
电　话： 010-68472399
手　机： 13501200565
主营业务：专营桑塔纳、2000 型、捷达原厂配件，大众维修、快捷服务、免费救援，代理年审各种小轿车、上险、理赔，收购二手车

北京宝路兴汽配公司

公司地址：北京市海淀区西郊汽配城外围北幸庄 19 号
联系人： 甘伟
手　机： 18911138177
主营业务：翔宇滤清器

中国石化润滑油公司

公司地址：北京市海淀区安宁庄西路 6 号
电　话： 400-810-9886/800-810-9886
主营业务：长城养护品（美容店专供）、车窗净（加油站专供）等，航天级润滑保护

北京军凯祥国际贸易有限公司（河北凯翔汽车配件有限公司）

公司地址：北京市海淀区阜成路 115 号丰裕写字楼 C 座 116 室
联系人： 刘难难
电　话： 010-88110791
手　机： 13717510778
传　真： 010-88110791
网　址： www.jkxbj.com
主营业务：汽车配件

北京弈达众帮科技发展公司

公司地址：北京市海淀区阜石路 57 号
联系人： 谭道畅
职　务： 市场部经理 / 技术总监
电　话： 010-68233340
手　机： 13810205611
传　真： 010-68233340
主营业务：技术开发、技术转让、技术咨询、技术服务、汽车零配件销售、汽车服务

北京路顺达汽车美容专业店（固特异轮胎专卖店）

公司地址：北京市海淀区营慧寺 75 号（四季青桥南 200 米）
电　话： 010-88437911
维修资质：二类
主营业务：汽车美容、专业贴膜、水蜡洗车、专业四轮定位、批发零售各种轮胎、专业改装升级

汽配专营店

公司地址：北京市海淀区马连洼菊园东站
联系人： 高扬
手　机： 13426208931
主营业务：金杯、福田、奇瑞、大众

北京惠尔轮胎公司（原海华轮胎公司）

公司地址：北京市海淀区阜石路沙石厂路口东侧
联系人： 张洪池
职　务： 经理
电　话： 010-68181117
主营业务：汽车轮胎、四轮定位、机油三滤、大梁校正、美容装饰、新车封釉、底盘封塑、全车隔音

北京畅易行科技有限公司

公司地址：北京市海淀区上地三街 9 号嘉华大厦 B 座 603 室
联系人： 穆佳
职　务： 市场部市场主管
电　话： 010-62575352-8007
手　机： 13522151242
传　真： 010-62975352-8002
主营业务：畅 e 行（实时路况、手持电视、生活资讯、信息服务）

北京一鼎天下华杰科技有限公司

公司地址：北京市海淀区中关村善缘街 1 号立方庭 2-32B
联系人： 李建华
电　话： 010-82483481
手　机： 13621249227
传　真： 010-62416284
主营业务：行车记录仪、汽车安全、监控、多功能摄录影机

北京宽洋科技有限公司宙 S 盾北京分公司

公司地址：北京市海淀区中关村大街 18 号科贸写字楼 19 层 1906A 室
联系人： 郭伟
电　话： 010-82538091/82539383
手　机： 18611819793
主营业务：宙 S 盾、惠斯勒、现代 E 陆航、华创 E 路航、新科、现代

北京盛世昊亮汽车配件有限公司

公司地址：北京市海淀区西郊汽配城西北门小木屋
联系人： 仲崇浩
电　话： 010-88467188
手　机： 13718608304
主营业务：统一、博世、风帆、瓦尔塔、摩托车、SPS 等品牌电瓶，原装进口蓄电瓶

北京壹陆捌汽车油品总汇

公司地址：北京市海淀区西四环西郊汽配城往西 2 公里巨山农场远大储运院内
联系人：续祝鹏
手　机：15300173676
主营业务：一汽大众、长城、壳牌、美孚、嘉实多、统一、昆仑等各品牌机油（4L、16L、170KG 及工业油）、各品牌护理系列产品（化清剂、清洗剂等）、各品牌机油添加剂、汽油添加剂、黑烟杀手、灯泡、雨刷片、火花塞、防冻液、玻璃水

北京瞰天下信息技术有限公司

公司地址：北京市海淀区上地三街 9 号嘉华大厦 B 座 603 室
联系人：孙向鹏
职　务：渠道经理
电　话：010-62975352
手　机：18630189301
传　真：010-62977198
主营业务：淘路客（路况导航、实时路况、数字电视、行车宝典）

北京博奥美德科贸有限责任公司

公司地址：北京市海淀区文慧园路 6 号
联系人：杜然
职　务：总经理
电　话：010-62241461/62257955
手　机：13301138999/13601201171
传　真：010-62241461-1007
主营业务：尼尔森化工产品中国发展总部

汽车修理厂、快修连锁店、装饰美容店类

爱车港汽车养护服务中心

公司地址：北京市海淀区马连洼北路东北旺中路 10-11 号
联系人：王庆国
职　务：经理
电　话：010-82709599
手　机：15210058068
主营业务：汽车美容、汽车装饰、装饰用品、划痕处理、空调充氟、维修保养、免费救援、免费检测、钣金喷漆、定损理赔、代办保险、代办验车、二手车咨询评估

八一汽车服务站

公司地址：北京市海淀区阜石路与沙石厂路东南角
联系人：张宏伟
职　务：经理
电　话：010-57107679
手　机：13910501021
主营业务：大众、奥迪、别克、东风雪铁龙、北京现代等维修保养、钣金喷漆、保险出单、装饰美容、定损理赔、道路救援

北京爱德汽车维修中心

公司地址：北京市海淀区健翔桥西北角（首汽租赁院内）
联系人：槐雨雷
电　话：010-62318404/62313051
手　机：13810285889
维修资质：二类
主营业务：汽车大、中、小型汽车机修、钣金、喷漆、大修保养、24 小时救援服务

北京爱福之家福特汽车专业维修店

公司地址：北京市海淀区阜石路 6 号
联系人：牛高飞
职　务：维修经理
电　话：010-69841039
手　机：13552421889/15901191701
主营业务：进口福特品牌专营维修、长安福特品牌专营维修

北京奔宝丰润汽车技术服务有限公司

公司地址：北京市海淀区四季青常润路 19 号
电　话：010-88463388/88467878
维修资质：一类
主营业务：精修奔驰、宝马等中高档汽车

北京变色龙汽车维修有限公司

公司地址：北京市海淀区北沙滩桥往南 600 米京藏辅路西侧
联系人：贾昌镇
职　务：总经理
电　话：010-82376099/82376098
手　机：13311333789
主营业务：汽车维修保养、钣金喷漆、车体美容、镀膜封釉、代办保险、验车

北京泊菲特汽车服务公司

公司地址：北京市海淀区香山路林业学院正门西侧 100 米
联系人：赵扬
职　务：经理
电　话：010-62873696
手　机：13911227549
主营业务：汽车维修保养、装饰美容、钣金喷漆、保险服务、外出救援、汽车租赁

北京博雅汽车修理有限公司

公司地址：北京市海淀区玉泉路 2 号
电　话：010-88635991/88636382
　　　　88636557
手　机：15011105771
主营业务：比亚迪、三菱猎豹、双环汽车，保险出单、24 小时救援、人保定损中心、汽车销售、汽车维修、汽车精品装饰

北京昌海汽车修理有限公司

公司地址：北京市海淀区常润路 3 号
电　话：010-88469798/88436262
手　机：13522542781
维修资质：一类
主营业务：福特、江铃汽车修理、各种国产、进口中高档汽车修理

北京诚义达汽车修理有限公司

公司地址：北京市海淀区金庄路 2 号（运通 104 总站对面）
手　机：13911720426/13126683778
主营业务：大众、奥迪、奔驰等专业维修，代理保险、24 小时救援

北京达世行汽车维修服务有限公司

公司地址：北京市海淀区闵庄路甲 16 号
电　话：010-88479888/88479888 转 903
手　机：13601200826/13910539029
主营业务：专业汽车维修

北京海枫兴顺汽车服务有限责任公司

公司地址：北京市海淀区双泉堡（清河主收费站西侧）中石化加油站南
电　话：010-62923267/62936161
手　机：13366562760
维修资质：二类
主营业务：专业修理奥迪、大众、别克、马自达、丰田、尼桑、本田、现代等车型、钣金喷漆、代理保险、汽车精品装饰、汽车美容

北京爱义行汽车服务有限责任公司（四季青店）

公司地址：北京市海淀区杏石口路 8 号
电　话：010-88444055/400-885-6600
手　机：13811783876
主营业务：环保洗车、汽车装饰、汽车美容、维修保养、划痕快修、汽车百货于一体的综合性汽车服务企业

北京季清永洁汽车服务中心

公司地址：北京市海淀区杏石口路 40 号（南平庄车站路南）
联系人：舒祥晶
电　话：010-88452633
手　机：13911568254
主营业务：汽车维修、汽车美容、钣金喷漆、代办保险、划痕修复、代办验车、汽车打蜡、补胎、动平衡

北京海华惠尔汽车修理商行

公司地址：北京市海淀区杏石口路 53 号
联系人：石广鲁
职　务：厂长
电　话：010-88402559/88402219
网　址：www.huierluntai.com
维修资质：二类
主营业务：汽车修理

北京海旺运达丰田汽车维修中心

公司地址：北京市海淀区阜石路玉海园小区北侧
联系人：宋有海
职　务：经理
电　话：010-68283876
手　机：13001288718/13810362527
主营业务：一汽、广汽系列车型专修

北京好车福汽车养护服务行

公司地址：北京市海淀区东北旺中路 1 号－上地信息环岛向西第四个红绿灯右拐
电　话：010-82708316
手　机：18310131398
主营业务：普利司通公司官方认证轮胎专业店，专业换油、保养

北京恒运盛达汽车服务站（金力达汽车救援二分站）

公司地址：北京市海淀区太平路 46 号院北门东侧 30 米
联系人：李小平
电　话：010-68214922
手　机：15601064125/13641258433
维修资质：三类
主营业务：上海大众、一汽大众、金杯、别克、夏利、中意、机油三滤、轮胎、电瓶、防盗器、导航、DVD、倒车影像

北京红福汽车修理服务有限公司

公司地址：北京市海淀区北沙滩桥南 300 米（京昌高速辅路西侧）
联系人：司宝奇
电　话：010-82373468/57175961
手　机：13331118501
主营业务：维修保养、钣金喷漆、美容装饰、保险理赔

北京宏兴佛汽车维修中心

公司地址：北京市海淀区双泉堡 127 号（京昌高速清河收费站西侧）
联系人：于恒海
职　务：厂长
电　话：010-62926715/62945709
手　机：13070118557
主营业务：各种车辆维修保养、钣金喷漆、保险理赔

北京金路宝汽车维修服务有限公司

公司地址：北京市海淀区东冉村 597 号临 4 号
联系人：黄振树
电　话：010-88466379
手　机：13311389485
维修资质：二类
主营业务：专业修理德系车、日系车

北京加美汽车维修有限公司

公司地址：北京市海淀区常润路 24 号
电　话：010-88437788/88432785
维修资质：一类
主营业务：汽车修理

北京佳易华美汽车技术服务有限公司

公司地址：北京市海淀区清河四拨子 66 号
联系人：田青
职　务：总经理
电　话：010-62527499
手　机：13366836670
网　址：www.jyats.com
主营业务：奥迪改装、升级

北京嘉海汽车维修厂

公司地址：北京市海淀区上地环岛往西 1 公里路北
联系人：张学文
职　务：门店经理
电　话：010-62967105
手　机：15910885183
主营业务：Mobil1 车养护

北京市海淀区万府汽车修理厂

公司地址：北京市海淀区杏石口路乙 41 号
联系人：王先生
电　话：010-88440056
手　机：13911027788
维修资质：二类
主营业务：承修各种汽车机修钣金喷漆业务

北京采能自动变速器技术服务有限公司

公司地址：北京市海淀区常润路 7 号（北方联华西车间）
联系人：陈荣
职　务：经理
电　话：010-88439951/88437658
手　机：13621109222
主营业务：ZF 自动变速器授权服务站

北京世纪奥丰汽车维修中心

公司地址：北京市海淀区四季青桥东杏石大道汽车装饰市场
联系人：刘军
电　话：010-52835345
手　机：13520288332/13051290863
主营业务：汽车维修保养、钣金喷漆

北京金利新龙汽车配件经营部

公司地址：北京市海淀区万丰路 15-7 号
联系人：王俊平
电　话：010-88253375
手　机：13910981839
主营业务：主营；上海大众、一汽大众纯正配件，维修、保养、救援、验车、保险

北京勤川奥达汽修

公司地址：北京市海淀区田村西村
联系人：王志豪
手　机：15810766286
主营业务：奥迪、帕萨特、金杯、现代、捷达、桑塔纳等，电瓶马达、发电机、维修保养、电脑检测

北京金尚宝林汽车配件维修

公司地址：北京市海淀区阜石路 68 号（尼桑 4S 店对面）
联系人：张宝林
职　务：经理
电　话：010-68162085
手　机：13301220205
主营业务：汽车维修、汽车救援、钣金喷漆、定损理赔、保险出单

北京中天瑞祥合和汽车维修中心

公司地址：北京市海淀区太平路 50 号
联系人：姜秀水
电　话：010-88278441
手　机：13011103172/15901364766
主营业务：专修桑塔纳、奥迪、捷达、富康、丰田、尼桑、本田等各种进口车，承修汽车空调、电器、钣金喷漆及自动变速箱、免拆清洗喷油嘴、电脑检测等

北京金胤汽车修理厂有限公司

公司地址：北京市海淀区阜石路 68 号
联系人：金晏西
职　务：总经理
电　话：010-68156041/68228110
手　机：13501209906
传　真：010-68162149
主营业务：精修各种进口、国产汽车、检测设备齐全、钣金、烤漆、全车整形

北京金运伟业汽车专业修理厂

公司地址：北京市海淀区阜石路阜玉路口东 350 米
电　话：010-68580302/68588555
主营业务：免费清洗空调散热系统、全车系电脑解码、全车检查、臭氧杀菌除异味、排查疑难故障，24 小时免费救援、保险出单、定损理赔、修车、钣金喷漆

北京龙兴行汽车修理厂

公司地址：北京市海淀区西三旗建材城西路（西三旗桥向东过第一个红绿灯 50 米院内）
联系人：李良杰
职　务：技术总监
电　话：010-82908747
手　机：13522165872
主营业务：龙兴行汽修，专家品质、专业服务

北京喜美汽车维修服务有限公司

公司地址：北京市海淀区西四环北路 11 号南门
联系人：潘会峰
电　话：010-82510465
主营业务：汽车快修、汽车美容

北京金泰汇民出租车有限公司汽车服务部

公司地址：北京市海淀区
联系人：董先生
电　话：010-88451598
手　机：13718753492
维修资质：二类
主营业务：汽车美容、汽车维修、汽车保养、免费检查、轮胎修补

北京路通远汽车维修中心

公司地址：北京市海淀区上地环岛西500米（加油站走辅路西行200米）
联系人：冯保路
电　话：010-62962204
手　机：13701229627
主营业务：壳牌公司授权爱车养护中心，各种车型、维修保养、钣金喷漆、电脑检测、四轮定位、抛光打蜡、汽车美容、代办保险、定损理赔、修补各种升级轮胎、精修ABS安全气囊、汽车电脑

北京美德宝汽车修理厂

公司地址：北京市海淀区东冉村597号
联系人：张之义
电　话：010-88466058
维修资质：一类
主营业务：汽车修理、代办保险出单、定损理赔

北京鹏兴扬京晟昊汽车技术服务有限公司

公司地址：北京市海淀区四季青常润路1号
电　话：010-88854670
手　机：13501351544/18001335519
维修资质：二类
主营业务：各种国产、进口中高档轿车维修保养、钣金喷漆、事故救援、代办保险理赔业务、代办车辆年检、二手车评估

北京普昊汽车服务有限公司

公司地址：北京市海淀区昆明湖南路80-11号（板井路）
联系人：叶宁
电　话：010-88463194转15/17
手　机：13911933220
传　真：010-88440059-13
维修资质：二类
主营业务：美国汽车专科医生

北京路笛汽车维修中心

公司地址：北京市海淀区双泉堡29号（北沙滩桥北200米高速路西侧）
联系人：唐建路
职　务：经理
电　话：010-62318886
手　机：13901176008
传　真：010-62318880
主营业务：汽车修理、代办保险出单、定损理赔

北京金迪亚汽车专业维修保养中心

公司地址：北京市海淀区四季青桥东杏石大道汽车装饰市场
联系人：葛胜利
手　机：13391860817/13121113239
主营业务：汽车维修保养、钣金喷漆、空调加氟、电脑检测

北京大容汽车技术服务有限公司－四季青店

公司地址：北京市海淀区四季青桥向西杏石口路巨山路3号
电　话：010-82592409
主营业务：精修各种国产、进口轿车，代办保险、验车服务，救援服务

北京市驰野汽车修理有限公司

公司地址：北京市海淀区清华东路甲1号
联系人：李振宏
职　务：经理
电　话：010-62393682/62310512
手　机：13801103329
传　真：010-62310512
主营业务：汽车修理、保险、理赔、会员救援

北京鼎观汽修（阜石路1店）

公司地址：北京市海淀区阜石路砂石厂十字路口东50米路南
联系人：丁志勇
手　机：13810288801/13051383285
主营业务：汽车大中小保养、维修、补胎、汽车救援、钣金喷漆、电脑检测、原厂配件、代办保险、理赔验车、专业电路、疑难杂症、检修空调

北京市福达汽配维修中心

公司地址：北京市海淀区定慧桥西200米路南
联系人：刘建明
手　机：13391591916/13691425163
主营业务：大众、金杯、奇瑞、夏利、奥拓、中意、长安等微型，承接大小修、外出修理、补胎打气、代办验车、保险、钣金喷漆

北京市海淀区兴业汽车修理厂

公司地址：北京市海淀区四季青桥西杏石口路兴业加油站路口向北路东
联系人：高国梁
电　话：010-88442911
手　机：13801373452
传　真：010-88441129
维修资质：二类
主营业务：一汽大众、上海大众及其它车型修理、钣金、喷漆

北京市东北旺汽车修理厂

公司地址：北京市海淀区上地七街环岛西600米
联系人：杨东潮
电　话：010-62966083
手　机：13910661575
主营业务：精修中高档汽车、美容装饰、保险一站式服务、代办验车、24小时救援、收售二手车

北京现代鹏龙汽车维修中心

公司地址：北京市海淀区阜石路沙石场路口东100米路南
手　机：15010491071/13521403021
主营业务：专业维修各种疑难故障车、检修汽车电路、事故车、变速箱、空调系统等

北京欣中农油泵油嘴维修有限公司

公司地址：北京市海淀区学清路28号
联系人：王慧菁
职　务：总经理
电　话：010-61288020/61281460
网　址：www.bjxzn.com
主营业务：隶属于中国农业大学，是国内最早专业从事喷油泵维修、零配件销售、技术培训、技术咨询服务的企业之一。

北京市奇天侯汽车修理厂

公司地址：北京市海淀区西三旗桥东1000米路南
联系人：郭炳德
电　话：010-82958898/62929007
手　机：13911923958
主营业务：汽车维修保养、二手车评估买卖、保险出单定损理赔

北京市盛仕汽车服务有限责任公司

公司地址：北京市海淀区太平路52号
电　话：010-66702946/88279825
手　机：13911833557/13601091093
维修资质：二类
主营业务：二类汽车维修企业

北京市银福天商贸有限责任公司

公司地址：北京市海淀区阜石路采石北路北口
联系人：王轲
职　务：经理
电　话：010-68246806
手　机：13611156376
主营业务：美容装饰、无尘贴膜、划痕修复、精品洗车、汽车维修、检测保养、钣金喷漆、保险验车

北京市有民汽车维修有限公司

公司地址：北京市海淀区杏石口路乙45号
联系人：崔旭
电　话：010-88421933
手　机：13701197003
维修资质：二类
主营业务：修理各种国产、进口汽车、维修保养、换件、钣金、烤漆

北京顺祥通达汽修

公司地址：北京市海淀区四季青东冉村789号
联系人：徐以武
手　机：13301121828/13501072237
主营业务：精修电路、钣金喷漆、电脑检测、洗车美容、补胎打气

北京信合汽修

公司地址：北京市海淀区营慧寺64号（西四环北路四季青桥南500米路东）
联系人：冯凯
手　机：15910700429/15321399108
维修资质：三类
主营业务：汽车维修保养、电脑检测、代办验车保险等服务

北京市龙兴汽车修理厂

公司地址：北京市海淀区西三旗环岛西北角
联系人：邹桐柏
职　务：厂长
电　话：010-62914499/62936072
手　机：13910002717
主营业务：主修大众系列、兼修各种进口车、保险公司定点厂一条龙服务、钣金、烤漆

北京智勤汽车维修站

公司地址：北京市海淀区四季青桥东杏石大道汽车装饰市场
联系人：李福斌
电　话：010-88445335
手　机：13910250708
主营业务：汽车维修保养、钣金喷漆

北京亚奥迈迪汽车技术服务有限公司

公司地址：北京市海淀区西三旗桥南花卉市场南500米
联系人：辛少勇
职　务：经理
电　话：010-62934233
手　机：13699100911/13521220282
主营业务：汽车维修、钣金喷漆、补胎洗车、代办保险

北京圆明园东路汽车维修有限公司

公司地址：北京市海淀区常润路1号（机场东路）
联系人：田福
职　务：厂长
电　话：010-88440278/88440678
手　机：13321190698
维修资质：一类
主营业务：修理国产、进口各种汽车、维修保养、车辆救援、电脑检测、保险出单、送单、定损、理赔一条龙服务

北京远驰进口汽车修理厂

公司地址：北京市海淀区香山南路红旗村甲2-5号
联系人：高浩
职　务：厂长
电　话：010-62595325
手　机：13520511186
主营业务：保险专业代理、代办汽车保险理赔、保险、修车一站式服务、24小时救援

北京悦达汽车维修中心

公司地址：北京市海淀区四季青佟家坟296号
联系人：刘智
职　务：经理
电　话：010-88437962
手　机：13801020918
传　真：010-88469242
维修资质：二类
主营业务：保险、理赔、定损、修理、24小时救援一条龙服务

鸿运通达汽服中心

公司地址：北京市海淀区八达岭高速清河收费站西中化加油站出口处
联系人：李雪林
电　话：010-86592809
手　机：13521189946/13051522215
主营业务：专修金杯、夏利、大众、奥拓、微型车系列

北京福天汽车维修有限公司

公司地址：北京市海淀区阜石路阜玉路口东200米路南（玉阜嘉园东侧）
电　话：010-68227566
主营业务：大众、奥迪、帕萨特、宝来系列、富康、现代、夏利，钣金喷漆、保险验车

北京众和伟业汽车维修服务中心

公司地址：北京市海淀区昆明湖南路80-11号（板井路）
联系人：何江
电　话：010-88148107/88140377
手　机：13801243808
维修资质：二类
主营业务：承修大中小型各种车辆

北京竹林听祥汽车服务中心

公司地址：北京市海淀区四季青桥东杏石大道汽车装饰市场甲1号
联系人：王宝祥
手　机：13381080723/13511013810
主营业务：汽车维修、电脑检测、钣金喷漆、内饰翻新

伯乐汽车维修有限责任公司

公司地址：北京市海淀区西三旗桥东1公里路南加油站
联系人：周灿
电　话：010-82957203
手　机：13331122957
传　真：010-82957203
主营业务：保险、定损、理赔、汽车维修、24小时救援、收二手车、收事故车

大众配件

公司地址：北京市海淀区紫竹院南路114号
联系人：史师傅
手　机：13621112307/13121506989
主营业务：配件、维修、24小时救援

北京志胜汽车服务有限公司

公司地址：北京市海淀区金庄路2号院
电　话：010-88473358/88473398
　　　　88456959
主营业务：专业汽车维修、保养、理赔、保险

大李修车

公司地址：北京市海淀区西四环北路定慧桥北500米
联系人：武海军
职　务：经理
电　话：010-58410605
手　机：15611350005/15011345562
主营业务：现代、大众、福特、丰田汽车修理、外修求援，机修、空调、钣金、喷漆、代办验车、代理保险

方鸿圣轩私家车维护中心

公司地址：北京市海淀区昆明湖南路80-8号
电　话：010-88436665
手　机：13717906565
主营业务：汽车维修、保险、验车、定损、理赔及私家车相关业务一站式服务

诚信汽修

公司地址：北京市海淀区五孔桥
手　机：13522656772/13691409888
主营业务：钣金喷漆、空调加氟、保险理赔、代办验车

北京江洪汽车服务有限公司

公司地址：北京市海淀区小营桥北300米路西
联系人：崔江
职　务：总经理
电　话：010-60605161
手　机：13901191683/13366899930
主营业务：美孚养护中心、汽车改装、汽车养护、钣金喷漆、各种顶架、轮胎轮毂、影像音响

达世行快修－上地店

公司地址：北京市海淀区上地信息路38号上地数码大厦首层
电　话：010-82072781/82702782
主营业务：汽车修理

达世行快修－五道口店

公司地址：北京市海淀区东升园公寓一号楼首层
电　话：010-62520570
主营业务：汽车修理

昌龙汽车服务

公司地址：北京市海淀区四季青桥东第二个路口右转500米金庄路金沙娱乐南20米
联系人：吴鑫宇
手　机：13381437522/13146955655
主营业务：专业维修捷达、伊兰特、爱丽舍、富康

北京众大诚信汽车修理有限公司

公司地址：北京市海淀区金庄路2号（运通104总站对面）
联系人：刘涛
职　务：董事长
电　话：010-68453100
手　机：18901329811
维修资质：二类
主营业务：大众、奥迪、奔驰、宝马汽车维修，代理保险、24小时救援

懂车行汽车服务连锁（四季青店）

公司地址：北京市海淀区四季青东冉村597号
联系人：闫敬府
职　务：店长
电　话：010-88431268/88436168
手　机：18611724408
主营业务：精修别克、雪佛兰、福特汽车

北京捷奥达汽车修理有限责任公司

公司地址：北京市海淀区阜石路沙石厂路口东100米路南
联系人：白强强
电　话：010-68186882
手　机：13681083478/13910840725
主营业务：奔驰、宝马、奥迪、大众、帕萨特、宝来、雪铁龙、现代，钣金喷漆、保险验车

福林汽配维修

公司地址：北京市海淀区
联系人： 周家福
手 机： 15011323708
主营业务：维修保养、电脑检测、空调加氟、补胎打气

海昌汽修

公司地址：北京市海淀区北沙滩桥西南角手机大世界北边
联系人： 冯强
手 机： 13691354500
主营业务：维修保养、钣金喷漆、大修发动机、专修金杯微面、配件供应

海淀区四季青永恒达汽配

公司地址：北京市海淀区香山红旗村闵庄路五环闵西桥右转 1000 米（香山清琴北）
联系人： 李兆伟
手 机： 13311578476/13311579492
主营业务：一汽大众、上汽大众、伊兰特、富康、金杯等各种车型大中小修业务

海军汽配

公司地址：北京市海淀区八达岭高速清河收费站西中化加油站南
联系人： 奚海军
手 机： 13520695521
主营业务：专修爱丽舍、捷达、北京现代

好师傅专业汽车维修技术服务

公司地址：北京市海淀区阜石路 38 号
联系人： 张文库
电 话： 010-68171679
手 机： 13718036528
主营业务：各种汽车专业维修保养、钣金喷漆、音响防盗、汽车美容、贴膜装饰

宏达进口汽修

公司地址：北京市海淀区常青路 220 号
联系人： 刘汉令
电 话： 010-52468067
手 机： 13811216725
主营业务：专业维修别克系列、雪佛兰系列、福特系列、奔驰系列、宝马系列、大众系列、奥迪系列、现代、本田、日产

洪宇大众专修

公司地址：北京市海淀区西四环四季青桥南彰化路向东 500 米路北（美丽园小区北门斜对面）
联系人： 张洪雷
手 机： 13691300414/13671391409
主营业务：电脑检测、钣金喷漆、轮胎修补、维修保养、代上保险、免费救援

路宝莱汽车服务中心

公司地址：北京市海淀区四季青桥东第二个路口金庄路上坡路东
联系人： 黄永杰
手 机： 13552939973
主营业务：专业钣金喷漆、划痕修复、汽车美容、抛光打蜡、验车、保险、理赔、室内清洗等

护你车汽车维修中心

公司地址：北京市海淀区四季青桥西杏石口路兴业加油站向北路东
联系人： 王宝路
手 机： 15611571027
主营业务：维修、钣金、喷漆

利得利汽车维修中心

公司地址：北京市海淀区四季青桥东杏石口大道南 100 米
联系人： 杨华
手 机： 13641141750/15510539323
维修资质：二类
主营业务：钣金喷漆、汽车美容、维修保养、保险验车

惠民汽车修理有限公司

公司地址：北京市海淀区双泉堡科荟桥向南 100 米
救援电话：18600136268
手 机： 13811877854
主营业务：维修保养、电脑检测、精致洗车、车室护理、汽车装饰、钣金喷漆、免拆清洗、抛光打蜡、底盘装甲

冀东汽修（原航天 4S 店技工）

公司地址：北京市海淀区阜石路南侧沙石厂路口东 150 米
联系人： 王茂奇
手 机： 13522072871
主营业务：东风雪铁龙、标致、凯旋、世嘉系列专修，保险理赔、代办验车，免费胎压检测、全车检查、电脑检测

江苏钣金喷漆

公司地址：北京市海淀区菊园东站对面（上地环岛向西 1000 米）
联系人： 李虎春
手 机： 13681270484
主营业务：电焊、气焊、划痕修复、维修保养、焊塑料杠、钣金喷漆、旧车翻新、事故车整形、收售二手车、代办车险

捷达现代专修

公司地址：北京市海淀区阜永路口向西 50 米路南
联系人： 老晏
手 机： 13366043520/13552439336
主营业务：捷达、现代专修

京沪宏翔汽车修理中心

公司地址：北京市海淀区四季青桥东 300 米路南杏石大道汽车装饰市场
联系人： 张建党
电 话： 010-86539469
手 机： 13691280260
主营业务：汽车修理

飞腾汽修

公司地址：北京市海淀区四季青桥东 300 米路南杏石大道汽车装饰市场
联系人： 陈志
手 机： 13522668395
主营业务：四轮定位、钣金喷漆、机修电路

京鲁达汽车维修站

公司地址：北京市海淀区太平路 46 号院东侧五一小学南门对面
联系人： 郑红军
电 话： 010-66702958
手 机： 13681396716
维修资质：三类
主营业务：精修各种进口、国产车辆，专修疑难车、事故车，保险、定损理赔、年审一管到底，专业钣金喷漆、装饰美容、故障检测、原厂配件

凯瑞达汽修

公司地址：北京市海淀区厢红旗娘娘府车站东 50 米路北（中国林业科学研究院往西 300 米路北）
联系人： 何亚军
电 话： 010-62886121/62872939
手 机： 13691190609/13811139827
主营业务：专门承修各类进口、国产中高档车辆

华威汽修

公司地址：北京市海淀区四季青镇东冉村 709 号
联系人： 王华均
手 机： 13621088304
主营业务：专业维修中高档汽车油、电、气路故障、提供救援服务

马师傅汽修

公司地址：北京市海淀区阜石路东风尼桑 4S 店对面
联系人： 马海潮
手 机： 13683042966
主营业务：维修各种柴油、汽油车、各种配件、机油三滤

玛吉斯轮胎

公司地址：北京市海淀区阜石路育强中学对面
联系人： 张鹏飞
手 机： 13683294155/13661219051
主营业务：轮胎批发、四轮定位、补胎平衡、快修保养

鸿运达汽车服务中心

公司地址：北京市海淀区东冉北街
联系人： 杜青民
手 机： 13581594858
主营业务：汽车修理

汽车修理

公司地址：北京市海淀区东冉村
联系人： 潘江
手 机： 13146518627
主营业务：汽车修理、专业清洗喷油嘴、汽车救援、代办验车

平安汽修

公司地址：北京市海淀区定慧桥西阜永路口往东 500 米路南
联系人： 张涛
电 话： 010-68185729
手 机： 13911360296
主营业务：汽车修理、钣金喷漆、代理保险、代办验车、24 小时救援

汽车修理

公司地址：北京市海淀区四季青桥西行 1000 米右转 1000 米即到
联系人： 曹成刚
手 机： 15301372157/15321885382
主营业务：斯柯达、菲亚特、大众专修、代办验车、保险、理赔

清泉汽修

公司地址：北京市海淀区万丰路 15-16 号
联系人： 姚海瑞 / 姚海军
手 机： 15201244070/13521364640
主营业务：大众专修，修理各类进口车、国产车、专业钣金喷漆、划痕修复、24 小时救援

诚信汽修

公司地址：北京市海淀区南平庄斜路口向里 100 米
手 机： 15801458598/15201661903
主营业务：大众、现代、别克、比亚迪、奇瑞、富康、哈飞、金杯、夏利等各类车型，精修发动机、底盘、线路，保养、空调加氟、电脑检测，钣金喷漆、快速补漆、24 小时救援

任一行汽车服务中心

公司地址：北京市海淀区彰化路加油站西 100 米路北
联系人： 任涛
电 话： 010-88457376
手 机： 13522161006/15911186418
主营业务：一汽大众、上海大众、及修保养、电脑检测、钣金喷漆、抛光打蜡、代办验车、保险理赔、补胎打气、外出救援

顺益通 - 京水众友汽车修理

公司地址：北京市海淀区紫竹院南路 18 号
联系人： 王昭专
职 务： 业务主管
电 话： 010-68471305/51454917
手 机： 18610197134
主营业务：专换米其林轮胎，精修、维护、保养各类小轿车，代办保险、验车、24 小时救援

王飙堂

公司地址：北京市海淀区苏家坨北安河草厂路甲 1 号院
联系人： 郑文龙
职 务： 董事长
电 话： 010-51636577
主营业务：集专业汽车改装和自驾游为一体的国内综合型大型汽车改装俱乐部之一

专业钣金喷漆

公司地址：北京市海淀区田村西口车站往东 100 米路北
联系人： 王飞
手 机： 18701229970
主营业务：钣金喷漆、补胎洗车、维修保养、汽车玻璃、代办保险、验车

四环汽修

公司地址：北京市海淀区阜石路 6 号（定慧桥西南角）
联系人： 郑奎江
电 话： 010-52863262
手 机： 13910293373
主营业务：专修大众系列、各种微型车，钣金喷漆、大小事故车、验车、工况尾气治理、保险，特设机器扒胎、补胎、动平衡、免拆清洗点喷嘴、空调加氟、电脑检测，销售各种轮胎、电瓶等

腾达汽修钣金喷漆

公司地址：北京市海淀区五孔桥
联系人： 丁相证
电 话： 010-88637412
手 机： 18611022939/13552089665
主营业务：各种车型修理、保养、大小事故车、整型、钣金喷漆、保险出单、定损理赔、汽车救援、电脑解码检测、喷油嘴、进排气道及油路清洗等，销售各种车型配件、轮胎、电瓶

天时前程汽车维修有限公司

公司地址：北京市海淀区北四环西路 89 号
联系人： 翟作全
职 务： 业务经理
电 话： 010-88449839/88442645
手 机： 18910947920
传 真： 010-88430983
主营业务：中高档汽车维修保养、保险、验车、钣金喷漆、美容、收售二手车、保险、定损、理赔、维修一条龙服务

潇洒车汽车维修服务有限公司

公司地址：北京市海淀区西北旺马连洼北路北侧 7-6 号
电 话： 010-82708683/82708795
手 机： 15011264771
主营业务：一站式直赔、全市通赔、异地出险全国通赔，免费全国范围保险责任事故救援，免费全国范围车辆故障救援 50 公里（非营运、家庭自用车）、免费车主秘书短信提醒服务

悦达维修

公司地址：北京市海淀区四季青佟家坟优力美食对面
联系人： 丁凤超
手 机： 13124711788/13611110936
主营业务：室内清洗、抛光打蜡、封釉、汽车装饰、钣金喷漆、修车保养、补胎换胎、道路救援

北京盛天龙汽车修理有限公司

公司地址：北京市海淀区定慧桥向西走辅路第二个红绿灯左转 50 米路东
联系人： 韩雪冬
职 务： 总经理
电 话： 010-68225690
手 机： 13601007005
传 真： 010-68225689
主营业务：一站式全程保险理赔服务、精修事故车、代办验车、验本、大修进口、国产发动机

小顾汽配

公司地址：北京市海淀区北沙滩西南角（八达岭高速辅路西侧）
联系人： 顾先生
手 机： 13488862984/13810628729
主营业务：汽车修理

小王汽修

公司地址：北京市海淀区常青路与东冉北街交叉口
联系人： 王敬亚
手 机： 13552991704
主营业务：汽车修理

杨子汽车维修中心

公司地址：北京市海淀区四季青桥东杏石大道汽车装饰市场
联系人： 杨建同
手 机： 13522282171
主营业务：汽车维修保养、钣金喷漆

中园汽修

公司地址：北京市海淀区南辛庄路 20 号
联系人： 乔经理
手 机： 13001298966
维修资质：二类
主营业务：精修各类车型

中车汽修（集团）北京连锁分公司

公司地址：北京市海淀区东北旺中路 1 号（菊园小区对面）
联系人： 张勇
职 务： 经理
电 话： 010-52899222
手 机： 13331027768
传 真： 010-62899619
主营业务：电脑检测、四轮定位、维修保养、钣金喷漆、美容装饰、音响防盗、汽车空调

北京海桥世纪汽车装饰有限公司

公司地址：北京市海淀区板井路 69 号
电 话： 010-88598300
手 机： 13520073550
主营业务：3M 专业汽车美容授权施工中心

北京友福汽车装饰有限公司

公司地址：北京市海淀区清河清上园东路 1 号院 1 号楼
电 话： 010-51661981
主营业务：汽车装饰美容

泽天昊汽配

公司地址：北京市海淀区五孔桥西 50 米路北
联系人： 徐明华
电 话： 010-88629658
手 机： 13910552091
主营业务：专修大众系列、各种微型车

振兴汽修

公司地址：北京市海淀区东冉村 790 号
联系人： 邵志坤
手 机： 13717735113
主营业务：切诺基、别克、雪铁龙专修

中车汽修（集团）总公司北京连锁公司

公司地址：北京市海淀区板井村路西郊灌瓶厂院内
联系人：谭凯
职　务：经理
电　话：010-88470118
手　机：15801401158/15611127428
维修资质：三类
主营业务：车辆保养、美容快修、大修、改装，销售轮胎、润滑油、不冻液等，保险代理、车检代理、救援等

小房汽修

公司地址：北京市海淀区上地菊园东站路南
联系人：房文升
手　机：13261661933
主营业务：专业维修大众、现代、富康、夏利、金杯、中意，代办车辆车检、保险、理赔、电脑检测，24 小时救援、补胎充气、收售二手胎，年检车辆验前维修、保养、钣金、喷漆

专业汽修

公司地址：北京市海淀区科荟桥西南角八达岭高速辅路
联系人：小闵
救援电话：15711104118
手　机：13810519138
主营业务：专修现代、大众、东风雪铁龙，钣金喷漆、划痕、刮蹭处理、保险理赔

专业汽车修理补胎

公司地址：北京市海淀区阜永路口往东 100 米
联系人：高俊
电　话：010-68184510
手　机：13681093658
主营业务：汽车修理、补胎

北京军路达汽车服务有限公司

公司地址：北京市海淀区杏石口路 55 号 1 号院
联系人：雷学友
职　务：店长
电　话：010-88451811
手　机：13811805740
主营业务：3M 汽车防爆隔热膜、3M 漆面美容、3M 底盘装甲、3M 晶湛至尊漆面水晶膜、3M 隔音降噪工程、3M 漆面保护膜，专业汽车清洁、专车专用 DVD 导航、原车屏升级

月福汽车装饰有限公司 – 百旺店

公司地址：北京市海淀区永丰路 269 号（茉莉园小区南侧路西）
电　话：010-62628970
主营业务：汽车美容、汽车音响、汽车保养、贴膜、安装防盗器、汽车改装、喷漆、装饰用品

金瑞汽车服务维修中心

公司地址：北京市海淀区四季青常润路
联系人：贾金锋
手　机：13683037305
主营业务：汽车美容清洗、抛光打蜡、钣金喷漆、封釉镀膜、贴膜铺地胶

车友汽车装饰用品店

公司地址：北京市海淀区四季青桥东杏石大道汽车装饰市场
联系人：何灿辉
职　务：业务主管
手　机：13141021113/13020021780
主营业务：汽车导航、音箱、防盗器安装，汽车座套、地胶安装，专业贴膜

潇洒车专业汽车贴膜服务有限公司 – 上地店

公司地址：北京市海淀区马连洼北路中段菊园小区对面
电　话：010-82708683
网　址：www.bzbcar.com
主营业务：专业贴膜、美容装饰、用品

月福汽车装饰有限公司 – 奥运村店

公司地址：北京市海淀区京昌高速清河收费站辅路向北 200 米路东
电　话：010-62840810
主营业务：汽车美容、汽车音响、汽车保养、贴膜、安装防盗器、汽车改装、喷漆、装饰用品

安泊汽车美容

公司地址：北京市海淀区化肥路田村西口
电　话：13661131022
主营业务：汽车美容、抛光打蜡、玻璃贴膜、室内清洗

美国龙膜授权施工连锁店北沙滩店

公司地址：北京市海淀区科荟桥西南角北沙滩桥北 1 公里路西
联系人：王红星
职　务：经理
手　机：18001378006/13601051856
传　真：010-80778789
主营业务：美国龙膜、美光

月福汽车装饰有限公司 – 定慧寺店

公司地址：北京市海淀区西四环定慧寺桥西阜石路北侧
电　话：010-88635883
主营业务：汽车美容、汽车音响、汽车保养、贴膜、安装防盗器、汽车改装、喷漆、装饰用品

现代 / 大众 / 东风雪铁龙专业维修

公司地址：北京市海淀区科荟桥西南角八达岭高速辅路
联系人：闵先生
手　机：13810519138/15711104118
主营业务：专业汽车修理、钣金喷漆

京成汽车服务中心

公司地址：北京市海淀区上地马连洼北路
联系人：黄京
职　务：经理
手　机：18210497793
主营业务：各保险公司的出单、车险咨询、定损、理赔、维修全程服务，各类汽车钣金、烤漆、发动机维修、汽车美容等，3M 专业装饰用品、汽车坐垫、脚垫大全

仁俊汽修

公司地址：北京市海淀区上地环岛西 500 米路北
联系人：张洪彬
职　务：经理
电　话：010-62960159
手　机：13910381123
主营业务：专修各种进口、国产轿车、免费电脑检测、解码、专业维修保养、清洗喷油嘴、节气门、进气道，代办年检、代上保险、理赔、救援一条龙服务、专业事故车整形、钣金、喷漆

车中宝

公司地址：北京市海淀区四季青桥向北 150 米路口右转 50 米即到
联系人：程日强
职　务：经理
电　话：010-88463228/88463128
手　机：13910089138
主营业务：专业汽车装饰、室内无尘贴膜、现场制作真皮座椅、原车 DVD 导航升级

精典汽车美容

公司地址：北京市海淀区常润路
联系人：王站峰
手　机：13621305748
主营业务：汽车美容装饰精品

月福汽车装饰有限公司 – 北洼店

公司地址：北京市海淀区北洼东里 5 号
电　话：010-68464425
主营业务：汽车美容、汽车音响、汽车保养、贴膜、安装防盗器、汽车改装、喷漆、装饰用品

爱车团

公司地址：北京市海淀区上地马连洼北路菊园小区对面
联系人：史秀英
电　话：010-84946811
手　机：13581535012
主营业务：专业的汽车用品、美容、维修服务的 B2C 团购网站

月福汽车装饰有限公司 – 西苑店

公司地址：北京市海淀区万泉路 30 号西苑加油站
电　话：010-62628970
主营业务：汽车美容、汽车音响、汽车保养、贴膜、安装防盗器、汽车改装、喷漆、装饰用品

达川江汽车车俱乐部

公司地址：北京市海淀区金庄路
联系人：余忠华
电　话：010-88452673
手　机：18610509211

专业代办验车

公司地址：北京市海淀区西四环北路四季青桥南 200 米路东
联系人：李先生
手　机：13601183609
主营业务：代办验车、汽车保险、车船税

北京国华泰安科技有限公司

公司地址：北京市海淀区安宁庄西三旗 9 号宜品上层 6 单元 611
联系人：梁松
职　务：副总经理
电　话：010-82435960
手　机：13910224192
传　真：010-82435960-816
主营业务：摩安代理（产品简介：无机油安全行驶、节油、10 万公里无大修、解决车辆烧机油问题、车辆保值）

专业汽车维修

公司地址：北京市海淀区清河朱房路 68 号（原毛纺厂南门）
联系人：赵炳祥
电　话：010-62923649
手　机：13621170776/13501142588
主营业务：主修夏利、吉利、各种微面、发动机大中小修、电路、电脑检测、代理保险、验车、钣金喷漆、清洗喷油嘴、节气门、进气道、三元包、补胎、平衡、空调加氟

诚敬达汽车装饰

公司地址：北京市海淀区清河小营桥西北角 200 米通厦汽配城 115-116 号
联系人：程建刚
电　话：010-60605116
手　机：13601063593/13520720521
主营业务：道道通、凯立德地图升级站，3M、雷朋、美国帝朗防爆膜，车视杰、科维、科骏达 DVD 导航，杜邦圣膜专贴店、日本富士光学膜、座垫凉垫、真皮座椅、美容保养、龟牌封釉镀膜

青泉汽车城装饰中心

公司地址：北京市海淀区闵航路青泉汽车城丰田与启辰店之间
联系人：蒋文华
电　话：010-88431159
手　机：13911036910/13121311818
主营业务：批零各种高中低档车型 DVD 导航、原车屏升级、专业代理卡仕达、科骏达飞歌等各大品牌、精贴各种车型膜、封釉、音响改装等一系列服务

北京活力汽车服务连锁有限公司（分店）

公司地址：北京市海淀区阜石路 61 号（定慧桥往西第 6 个红绿灯路南）
电　话：010-68162586
手　机：13241435293
主营业务：东风日产、郑州日产、进口日产、一汽丰田、广汽丰田、东风本田、广州本田、三菱系列的维修保养、装饰改装、钣金喷漆、保险业务、免费救援、二手车收售

北京御驾汇汽车美容会所

公司地址：北京市海淀区板井路 59 号商铺首层
电　话：010-51988500
手　机：18301436656
主营业务：美国美光专业美容护理、漆面抛光镀膜、封釉、上蜡养护，专业改装品牌、硅胶雨刮、卤素灯泡、氙气灯 LED、轮圈、天使眼，日本快美特汽车用品、精品系列

丰台区概况及汽车行业情况介绍

丰台区位于北京市西南部，所辖面积 305.87 平方公里，在城六区居第三位，周边相邻 8 个区。东临朝阳区，北接东城区、西城区、海淀区和石景山区，西北为门头沟区，西南和东南为房山区和大兴区。

2010 年第六次全国人口普查数据显示，全区常住人口为 211.2 万人，其中外省市来京人员为 81.3 万人，占常住人口的 38.5%。

■ 商贸物流业

丰台区现有各类商品交易市场 155 家，形成了以农副产品批发市场、旧机动车市场、纺织品服装鞋帽市场、家具建材市场和花卉市场为主流的市场集聚群。

新发地农副产品批发市场是以蔬菜、果品和肉类批发为龙头的国家级农产品中心批发市场，现已成为北京市交易规模最大的农产品专业批发市场，蔬菜和果品两大项的供应量已占到全市总需求量的 70% 以上，是北京名副其实的“大菜篮子”和“大果盘子”。

大红门地区有大型服装服饰、布艺面料、鞋帽批发市场近 40 家，汇集了大批江、浙、福、广、港澳服装业巨商的资金和货源，年交易额占全市同类商品交易额的近 50%。

丰台区现有 5000 平方米以上的专业花卉交易批发市场 9 家，营业面积 15 万平方米，形成了玉泉营环岛及其周边地区、南四环路黄土岗段、樊羊路白盆窑地区三个集中的花卉市场群，已成为首都乃至北方地区最大的花卉集中销售地。

■ 汽车后市场情况介绍

2012 年，丰台区全年销售机动车 52.8 万辆，其中新车 17.7 万辆，旧车 35.1 万辆。

北京旧机动车交易市场座落在丰台区，是以旧车为主，新车为辅，兼做配件、监测、修理、装饰等汽车服务的大型综合性汽车市场，年交易量达到 10 万辆以上，在全国旧车行业率先实现了交易网络化管理。

此外，丰台区还有西国贸汽配基地、亚联六里桥汽车用品城、草桥汽配城、恋日汽车用品一条街等汽配及用品集散市场，依托发达的物流体系，在满足南城区域消费的同时，辐射北方多个城市。

丰台还分布和聚集了数量可观的大量路边修理厂、快修店、美容店，作为汽车后市场很重要的组成部分，这些商家的大量存在，丰富和满足了区域内大量消费者的维修、养护需求。

丰台区商家资讯

汽车 4S 店类

北京奥德行丰田汽车销售服务有限公司

公司地址：北京市丰台区南三环西路 39 号
电　话：010-83520100-139
传　真：010-83523178
网　址：www.adh-toyota.com
主营业务：一汽丰田整车销售及维修

北京宝辰伯乐汽车销售服务有限公司

公司地址：北京市丰台区南四环中路 20 号
电　话：010-87815552
网　址：www.baochenbole.com
主营业务：海马汽车整车销售，维修

北京宝辰博雅汽车销售服务有限公司

公司地址：北京市丰台区南四环中路 18 号
电　话：010-87884566
救援电话：13691223436
传　真：010-87884767
主营业务：福特汽车整车销售，维修

北京宝辰欧雅汽车销售服务有限公司

公司地址：北京市丰台区南四环中路 18 号
电　话：010-87882555
传　真：010-87882555
主营业务：沃尔沃汽车整车销售，维修

北京宝辰致雅汽车销售服务有限公司

公司地址：北京市丰台区南四环中路 18-20 号
救援电话：010-87880666/87812727
传　真：010-87812121
主营业务：广汽本田汽车整车销售，维修

北京北方伟业汽车销售服务有限公司

公司地址：北京市丰台区丰益桥西 200 米路南
电　话：010-63832494/63859480
传　真：010-63860564
主营业务：一汽奔腾整车销售及售后服务

郑州日产中汽雷日专营店

公司地址：北京市丰台区南四环西路 73 号
电　话：010-83608618
传　真：010-83608618
主营业务：NV200、帅客、帕拉丁、皮卡、ZN6494 轻型商务车、御轩 7 座 MPV、特装车系列、凯普斯达轻卡

北京博瑞凌志汽车销售有限公司 – 雷克萨斯

公司地址：北京市丰台区南四环中路 161 号（24 号出口）
电　话：010-87582110
传　真：010-87582097
网　址：www.brlexus.com
主营业务：凌志汽车整车销售，维修

北京长京行汽车销售服务有限公司

公司地址：北京市丰台区南三环西路 35 号
电　话：010-83518889
传　真：010-83519393
网　址：www.guangzhoutoyota-cjhcq.com.cn
主营业务：广汽丰田整车销售及维修

北京长久世达汽车销售有限公司

公司地址：北京市丰台区南四环东路榴乡桥东 200 米路北
电　话：400-868-6650
救援电话：18611012759
传　真：010-87880125
网　址：www.cjsd-jlr.com
主营业务：捷豹、路虎汽车整车销售、维修

北京长怡汽车销售服务有限公司

公司地址：北京市丰台区南三环西路 31 号
电　话：010-83557399/83551889
传　真：010-63059999-602
网　址：www.cyhonda.com
主营业务：广汽本田整车销售及维修

北京诚信达汽车销售有限公司奇瑞 4S 店

公司地址：北京市丰台区丰管路 26 号
电　话：010-63823018/51297997 转 866/850
救援电话：010-63833082
主营业务：整车销售、特约维修经销商

北京东风裕隆汇京嘉和汽车生活馆纳智捷 4S 店

公司地址：北京市丰台区丰管路 16 号 11 号楼
电　话：010-83802181 转 503
主营业务：整车销售、特约维修经销商

北京聚百丰汽车销售服务有限公司

公司地址：北京市丰台区南四环辅路马家楼桥与花乡桥之间
电　话：010-83605050 转 500
传　真：010-63712980
主营业务：上海通用五菱整车销售及售后服务等

北京海文捷汽车销售服务有限公司 – 上海大众汽车特许销售商

公司地址：北京市丰台区六里桥南里 10 号
电　话：010-63430931/63490733
传　真：010-63442050
网　址：www.gjsvw.com
主营业务：上海大众整车销售、维修

北京恒业伟达汽车销售有限公司 – 奇瑞汽车威麟品牌授权经销商

公司地址：北京市丰台区南四环中路 260 号
电　话：010-87500678
传　真：010-87502982
主营业务：奇瑞汽车威麟整车销售，维修

北京鸿都汽车集团有限公司

公司地址：北京市丰台区南三环西路 33 号
电　话：010-63526666/63549066
传　真：010-63541066
网　址：www.hmc-hongdu.com
主营业务：北京现代整车销售及维修

北京捷快迅汽车服务中心

公司地址：北京市丰台区夏家胡同路南加油站东北角
救援电话：13811837206
主营业务：钣金喷漆、发动机大小修、底盘维护、汽车保养、配件、轮胎、专修汽车空调、汽车电路、风帆电瓶、电脑检测、保险出单、定损理赔、收购二手车、代办验车

北京汇京嘉悦汽车贸易有限公司东风悦达起亚4S店

公司地址：北京市丰台区丰管路46号（丰益桥向西1500米路南）
电　话：010-63897220
主营业务：整车销售、特约维修经销商

北京东南得利卡汽车贸易有限公司万泉所4S店

公司地址：北京市丰台区梆子井甲18号
电　话：010-63332890
主营业务：整车销售、特约维修经销商

北京金泰开元汽车销售服务有限公司

公司地址：北京市丰台区南四环公益桥往北200米路东（三星庄34号）
电　话：010-67581188
传　真：010-67537393
网　址：www.jt-car.com
主营业务：东风雪铁龙汽车整车销售、维修

北京市天达汽车修理有限公司

公司地址：北京市丰台区西四环中路92-7号
电　话：010-68171699/68174446
传　真：010-68234987-8092
主营业务：一汽－大众特许经销商，整车销售及售后维修保养等

北京加达博通汽车销售有限公司

公司地址：北京市丰台区西四环中路83号
电　话：010-68233380
传　真：010-68169421
主营业务：上汽荣威整车销售及售后服务等，上海汽车授权五星销售服务中心、五星售后服务中心

北京加达永通汽车销售有限公司

公司地址：北京市丰台区西四环中路83号
电　话：010-88213366 转 6295
传　真：010-88211175
主营业务：别克品牌整车销售及售后服务等，上海通用汽车双五星服务中心

哈飞货车专营店

公司地址：北京市丰台区花乡桥东500米（内环花乡汽车园）
电　话：010-63810027
传　真：010-63819478
主营业务：长安、福田、跃进、金杯、松花江各种厢式小货车

北京宝通嘉靖商贸有限公司

公司地址：北京市丰台区丰益桥丰管路16号A1-1005
电　话：010-52430213
主营业务：通用别克、上海大众、广汽丰田等整车销售

北京九九隆汽车贸易有限公司（东风小康丰台花乡专营店）

公司地址：北京市丰台区花乡桥东500米四环内
电　话：400-606-2360
主营业务：东风风行全系列、东风小康系列整车销售及售后服务等

北京君发腾达汽车销售有限公司

公司地址：北京市丰台区南四环西路73号（花乡汽车园8号展厅）
电　话：010-63707326
主营业务：本田、丰田、马自达、别克等，新车销售、精品装饰、保险定损、新车售后保养和二手车置换等业务

北京雷昂汽车贸易有限公司

公司地址：北京市丰台区南三环西路28号
电　话：010-63307007/63308688
传　真：010-63308763
网　址：www.bjleiang.com
主营业务：华泰汽车整车销售及维修

北京猎豹商贸有限责任公司

公司地址：北京市丰台区南四环西路73号
电　话：010-83600005/83600202 转 812
主营业务：整车销售及售后服务等一体化服务

北京庆洋汽车服务有限公司

公司地址：北京市丰台区南四环西路98号
电　话：010-63751488/63710050-1
传　真：010-63750488
主营业务：一汽－大众整车销售及售后维修保养等

北京全福源汽车投资管理有限公司

公司地址：北京市丰台区南四环西路73号花乡汽车园内
电　话：010-83609259
主营业务：北京汽车的整车销售及售后服务等

北京上汽丰华汽车销售服务有限公司

公司地址：北京市丰台区青塔西路46号
电　话：010-68156868/68159199
传　真：010-68157560
主营业务：上海大众汽车特许销售商，整车销售及售后维修保养等

北京盛隆安达商贸有限公司

公司地址：北京市丰台区青塔西路甲一号
电　话：010-56221566/56121766
传　真：010-63810440
主营业务：五菱品牌整车销售及售后维修保养等

北京世纪群飞商贸有限责任公司

公司地址：北京市丰台区郑王坟226号
电　话：010-83616285/63710003
传　真：010-63793809-802
主营业务：长安铃木整车销售及售后服务

北京世联中融汽车贸易有限公司

公司地址：北京市丰台区南四环西路66号（花乡桥东1000米路南）
电　话：010-83509630
传　真：010-63303306
主营业务：原装进口三菱汽车的北京独家旗舰店，整车销售及售后服务等

北京市北奔汽车修理厂

公司地址：北京市丰台区成寿寺路17号
电　话：010-67601580
传　真：010-67661936
主营业务：奔驰销售、特约维修经销商

北京首创森美汽车贸易有限公司－上海通用汽车授权别克销售及售后维修

公司地址：北京市丰台区南四环中路142号公益西桥东南角
电　话：010-63466221/63435811
传　真：010-63425681
主营业务：别克、克鲁兹整车销售，维修

北京首创实利贸易有限公司

公司地址：北京市丰台区南四环中路142号公益西桥东南角
电　话：010-63359898
主营业务：别克整车销售及售后维修保养等

北京万通国发汽车销售服务有限公司－上海大众汽车斯柯达特许经销商

公司地址：北京市丰台区南四环中路260号
救援电话：010-87504791/87504790
传　真：010-87504719
主营业务：斯柯达整车销售，维修

北京卫宇行汽车服务有限公司

公司地址：北京市丰台区万丰路288号
电　话：010-63818811-1809
传　真：010-63869718
主营业务：上海通用雪佛兰整车销售及售后维修保养等

北京现代润士通特约服务站北京现代4S店

公司地址：北京市丰台区菜户营东街甲232号
电　话：010-63058566/63058661
救援电话：13911705811
主营业务：整车销售、特约维修经销商

北京鑫利宝经贸有限公司（华晨汽车销售服务中心）

公司地址：北京市丰台区南四环西路73号
电　话：010-83600525/83600526
传　真：010-83609889
主营业务：中华、金杯整车销售及售后服务等

北京亚之杰汽车贸易有限公司奥迪4S店

公司地址：北京市丰台区南三环西路99号
电　话：010-6422800
救援电话：13910300999
主营业务：奥迪销售、售后维修

北京亚之杰汽车贸易有限公司一汽大众4S 店

公司地址：北京市丰台区南三环玉泉营桥西 1.5 公里路北
电　话：010-63439999
救援电话：13910981324
主营业务：一汽大众销售、售后服务

北京燕宏智翔销售有限公司

公司地址：北京市丰台区长辛店南关东里 100 号
电　话：010-88430256
传　真：010-88432511
网　址：www.bjyanhongzhixiang.com
主营业务：长安商用、长安轿车整车销售及维修

北京一汽轿车销售服务有限公司

公司地址：北京市丰台区南四环中路 20 号
电　话：010-87813535
传　真：010-87813337
主营业务：马自达汽车整车销售，维修

北京运通祥云汽车销售第一分公司（别克展厅）

公司地址：北京市丰台区丰益桥西国贸汽配基地 A1-1006A 展厅
电　话：010-56180797
主营业务：上海通用汽车双五星服务中心，代理各种车型验车、保险、定损、理一站式服务

北京中冀安信销售服务有限公司（第二分公司）

公司地址：北京市丰台区南苑路 106 号（和义五金城院内）
电　话：010-67003055
救援电话：15652308518
主营业务：长安商用车销售、维修

北京中进道达汽车有限公司（克莱斯勒授权经销商）

公司地址：北京市丰台区南四环西路 123 号旧机动车交易市场 G 区 106 号
电　话：010-83638877/83638310/83638995
主营业务：克莱斯勒品牌等整车销售及售后服务等

北京中企欣源汽车销售服务有限公司

公司地址：北京市丰台区南三环西路 43 号
电　话：010-63529627/63513466 转 33
传　真：010-63517433
网　址：www.xykia.com
主营业务：东风悦达起亚整车销售及维修

北京中汽雷日汽车有限公司

公司地址：北京市丰台区南四环中路 20 号
救援电话：010-87817377/87817770
传　真：010-87817070
主营业务：雷诺汽车整车销售，维修

北京中润发汽车销售有限公司

公司地址：北京市丰台区西三环丽泽桥路 99 号
电　话：010-63263377
传　真：010-63255123
主营业务：整车销售及售后服务

北京中业丰田汽车销售服务有限公司

公司地址：北京市丰台区南四环中路 260 号
电　话：010-87504020
传　真：010-87500029
主营业务：丰田整车销售，维修

北京佳业恒达经贸有限公司

公司地址：北京市丰台区马家楼桥西 800 米神天龙艺园西东风小康专营店
手　机：13311085280/13522583200
主营业务：东风小康北京总代理

大众汽车（北京）中心

公司地址：北京市丰台区南四环中路 161 号（24 号出口）
电　话：010-67549988-826
救援电话：13911969699
主营业务：进口大众、一汽大众整车销售，维修

东风日产汇京鸿运专营店

公司地址：北京市丰台区丰益桥丰管路 46 号（丰益桥西 800 米路南）
电　话：010-52859560/63891577
救援电话：010-63855887
主营业务：东风日产整车销售及售后服务，救援、保险

东风日产中汽雷日专营店

公司地址：北京市丰台区南四环中路 20 号
救援电话：010-87817771/87817770
网　址：www.reniauto.com
主营业务：东风日产整车销售，维修

风行汽车京华直营店

公司地址：北京市丰台区郑常庄 105 号（西四环中路家得宝向北 50 米）
电　话：010-68182212
传　真：010-68215917
主营业务：风行汽车整车销售及售后服务等，二手车置换、分期付款代办一条龙

广汽本田汽车花乡特约销售服务店北京森翔汽车销售服务有限公司

公司地址：北京市丰台区花乡马家楼 215 号
电　话：010-83714668
救援电话：15801229266
主营业务：整车销售、特约维修经销商

北京博瑞鼎盛汽车专营店

公司地址：北京市丰台区西三环丰益桥西国贸汽车交易广场 A1-1006
电　话：010-63870850
主营业务：长城汽车、海马汽车，旧车置换、分期付款、保险理赔

上海大众汽车销售有限公司

公司地址：北京市丰台区花乡桥东花乡汽车园 A-06 展厅
电　话：010-83677508
主营业务：上海大众五星级销售商

哈飞汽车哈松联专营店哈飞汽车 4S 店

公司地址：北京市丰台区马家楼桥西南角
电　话：010-63307686/83727598
主营业务：整车销售、特约维修经销商

中翼斯巴鲁北京凯腾店 – 北京中翼凯腾汽车销售有限公司

公司地址：北京市丰台区望园东路北口 8 号
电　话：010-63306320
传　真：010-63306321
主营业务：斯巴鲁整车销售，维修

北京现代汽车青塔特约销售店（北京博瑞新达汽车销售有限公司）

公司地址：北京市丰台区西四环中路 76 号
电　话：010-68170592/58499678
传　真：010-68170592
主营业务：具备小轿车合法经营权以及保险兼业资格的综合性汽车销售服务企业，北京现代整车销售及售后服务等

北京中通润达汽车销售服务有限公司

公司地址：北京市丰台区青塔西路甲一号
电　话：010-51769808
主营业务：综合性汽车销售服务企业，各种车型、二手车置换

北京金太平汽车销售有限公司长安汽车4S 店

公司地址：北京市丰台区菜户营东街 305 号
电　话：010-63295758
主营业务：整车销售、特约维修经销商

北京汇京柯曼汽车贸易发展有限公司东风标致 4S 店

公司地址：北京市丰台区丰管路 46 号
电　话：010-63865357/63856307
主营业务：整车销售、特约维修经销商

风行汽车北京大正通产 5A 级 4S 店（花乡直营店）

公司地址：北京市丰台区花乡桥东 700 米路北
电　话：010-83687212
传　真：010-83687212
主营业务：旧车置换、新车上牌、维修、保险理赔一条龙服务

利星行（北京）汽车有限公司

公司地址：北京市丰台区南四环西路 123 号旧机动车交易市场 G118 号
电　话：010-57986688
传　真：010-57986770
主营业务：梅赛德斯 – 奔驰整车销售及售后服务等

汽车配件商、汽车用品商类

北京兵顺路达轮胎 / 内胎经营部

公司地址：北京市丰台区南岗洼红绿灯往北 150 米路东
联系人：李玉兵
手　机：13681015786/13716604706
主营业务：各种型号轮胎、内胎、电气焊加工、修水箱、出车救援

北京创联商贸有限公司创联汽配

公司地址：北京市丰台区期颐百年底商 108 室
联系人：李平军
电　话：010-88444814/51175887
手　机：15711139499/13371788095
主营业务：长春一汽、青岛一汽、全系车型配件，欧曼、重汽、豪沃、潍柴、整车配件

北京东风万里达汽配销售中心

公司地址：北京市丰台区长辛店公路街 32 号
联系人：高爱武
电　话：010-83876956
手　机：13718828836
主营业务：二汽轻卡系列、商用车发动机系列、东风、解放、欧曼、斯太尔系列配件

北京方圆轮胎四轮定位

公司地址：北京市丰台区分钟寺 140 号（方庄桥东 500 米辅路）
联系人：张冬梅
手　机：13661361477/13911192158
主营业务：正新轮胎、米其林、普利司通、德国马牌、固特异轮胎销售及服务

北京市常氏兴达汽车配件商行

公司地址：北京市丰台区南岗洼 452 号（107 国道京良环岛往北 2 公里路东）
联系人：常贺永
电　话：010-83882646/83878049
手　机：13910276858
主营业务：一汽解放、CA142、六九平柴、解放十轮、五吨王，重汽斯太尔、陕汽奥龙、欧曼重卡

北京赣京前进轮胎经营部

公司地址：北京市丰台区长辛店朱家坟 109 号
联系人：罗小云
电　话：010-83848236
手　机：13552556233
主营业务：米其林、邓禄普、固特异、普利司通、锦湖、韩泰轮胎批发零售

北京星城顺达轮胎销售中心

公司地址：北京市丰台区长辛店北关外 2 号第二水泵厂门口
联系人：谢永锋
电　话：010-83841571
手　机：15811523246
主营业务：三角、邓禄普、韩泰、佳通、锦湖、双星、玲珑等轮胎销售、免费安装、动平衡

北京市京顺达润滑油经销中心

公司地址：北京市丰台区长辛店合成公口 26 号（长辛店医院对面）
联系人：董长珠
电　话：010-83842129
手　机：13552167250
主营业务：美孚、壳牌、长城、统一、燕山润滑油脂等各种油品

北京合力兴光润滑油销售中心

公司地址：北京市丰台区长辛店公路街 5 号
电　话：010-83849885
手　机：13701167106/18910652396
主营业务：长城、壳牌、美孚等系列各种润滑油、养护产品、多效防冻液、合成制动液

北京宏东明业汽车配件经营部

公司地址：北京市丰台区杜家坎环岛南 1000 米路东（水泵厂）
联系人：候生锋
电　话：010-51156408
手　机：13301302529/15901401193
主营业务：大众、长安铃木、比亚迪配件

北京惠达利轮胎销售中心

公司地址：北京市丰台区朱家坟 102 号
联系人：梅利鹏
手　机：13552428058
主营业务：各种轮胎销售、安装及充氮气服务

北京极驰之星汽车服务有限公司

公司地址：北京市丰台区南四环西路 67 号
联系人：王骁勇
职　务：总经理
电　话：010-67089666/67089777
手　机：18610185555
传　真：010-67089555
主营业务：奔驰、宝马、路虎、保时捷高端车辆配件进出口，车辆技术咨询培训，车辆售后服务维修

北京金瑞润滑油脂有限责任公司

公司地址：北京市丰台区杜家坎南路 33-21 号
联系人：王慧生
电　话：010-51153156
手　机：13911923238
主营业务：各种润滑油、润滑脂、刹车油、防冻液

北京欧圣达经贸有限公司

公司地址：北京市丰台区丰管路乙 4 号中龙商务楼 101 室
联系人：赵伟国
职　务：经理
电　话：010-83813376/83812306
手　机：13601399158
传　真：010-83812306
主营业务：沃尔沃、奔驰、曼、斯堪尼亚、雷诺、日野、康明斯、搅拌车、泵车及卡车配件

北京市长辛店祥瑞五金轴承经营部

公司地址：北京市丰台区杜家坎建材城三区外 2 号
联系人：孟祥增
电　话：010-51156028
手　机：13141286270
主营业务：批发：日本 NTN\NSK、德国 FAG、瑞典 SKF、哈瓦洛轴承

北京万亿兆京商贸有限公司

公司地址：北京市丰台区看丹南路 28 号
联系人：张建伟
电　话：010-60200192
手　机：15510703905
主营业务：清洗剂、玻璃水、雪种、漆面养护、美容精品、防冻液、免拆深度养护、刹车油、免垫胶、添加剂等，

北京远程轮胎服务中心

公司地址：北京市丰台区分钟寺 197 号（方庄桥东 600 米辅路）
联系人：张春萍
手　机：13521271236/13601358292
主营业务：固铂、米其林、普利司通、邓禄普、德国马牌、固特异、韩泰、万力等轮胎销售及服务

北京正美丰业汽车服务有限公司（丽泽汽车玻璃服务公司总部）

公司地址：北京市丰台区丰北路 6 号（丽泽桥下西南角东方家园北侧）
联系人：裴文站
职　务：服务经理
电　话：010-63272474/63272473/63833182
手　机：13910623729
传　真：010-63820470
主营业务：汽车玻璃

东风 - 派恩汽车空调公司（北京办事处）

公司地址：北京市房山区长阳镇
联系人：陈和平
电　话：010-80366218
手　机：13910854719
主营业务：汽车空调配件经营，主营：东风、德龙、三一重工、华菱等

东祥新旧轮胎服务中心

公司地址：北京市丰台区赵辛店铁道南侧
联系人：曾祥宝
手　机：18701055260
主营业务：伊兰特、捷达、奥迪、夏利、金杯等一切轿车轮胎

北京福耀玻璃有限公司丰台分公司

公司地址：北京市丰台区马家楼潘家庙 518 号
联系人：郭小敏
电　话：010-67527811/67527831
手　机：13051248321/18911817701
主营业务：汽车玻璃销售

恩瀚思科技（北京）有限公司

公司地址：北京市丰台区小屯西路 66 号
联系人：白雄
职　务：市场推广部总经理
电　话：010-88395044/88395844
手　机：18618363098
传　真：010-88395461
主营业务：三威迪棒－恩瀚思系列，节能减排省油加速器

花乡轮胎店

公司地址：北京市丰台区丰台南路四环花木中心西门旁边
联系人：马松峰
电　话：010-56232080
手　机：13522369235
主营业务：普利司通、米其林、玲珑、佳通、固特异、三角、好运轮胎、南港、耐克森轮胎销售

金鑫和金杯福田汽车配件

公司地址：北京市丰台区北岗洼村人和居斜对面
联系人：秦涛
电　话：010-83860896
手　机：13811121415
主营业务：金杯、福田、金刚、跃进、多利卡原车配件

轮胎专营

公司地址：北京市丰台区首都经贸大学东门南 1 公里
联系人：黄振青
手　机：13552454613
主营业务：米其林、普利司通、固特异、轮胎、轮毂等各种型号轮胎、轮圈、改装圈批发

米奇林轮胎销售中心

公司地址：北京市丰台区长辛店杜家坎南路 23 号台金加油站南 100 米路西
联系人：王震宇
电　话：010-83881920
手　机：13552169699
主营业务：米其林、回力、固特异、双钱、石桥等轮胎、各种型号铝合金、钢圈

尧舜国际贸易有限公司

公司地址：北京市丰台区丰管路 16 号西国贸永同昌科技孵化广场 2012 室
联系人：张灿
职　务：经理
电　话：010-63870408
主营业务：玻璃贴膜，玻璃膜，防爆膜

新旧轮胎销售

公司地址：北京市丰台区长辛店公路街 18 号
联系人：夏双江
手　机：15001068293/15010666936
主营业务：米其林、固特异、韩泰、锦湖、三角等轮胎销售及专业修补、动平衡、充氮气

北京永华升科技有限公司

公司地址：北京市丰台区角门东里 79 号楼四层
联系人：冯广磊
职　务：销售总监
电　话：010-67575422/67184862-807
手　机：18611192374
传　真：010-67047008
主营业务：汽、柴油清净剂、车用尿素溶液、汽油机积碳清洁剂、柴油机喷嘴清洁剂、发动机润滑系清洗油、发动机抗磨剂、汽油机进排气系统清洁剂、汽油节油精等

易达轮胎专卖

公司地址：北京市丰台区光彩路南头路西（南四环大红门东桥北 40 米路西）
联系人：毕俊龙
手　机：13681452750/13269766845
主营业务：米其林、普利司通、固特异、马牌、韩泰、三角、正新、回力各种品牌轮胎销售

中国石化润滑油公司北京润升通达贸易有限公司长城润滑油专卖店

公司地址：北京市丰台区东大街 66 号
电　话：010-63867576/51452930
手　机：13501299205/15010806254
主营业务：车用润滑油、工业润滑油、长城汽车养护品、多效防冻液、合成制动液等销售

北京东方汇达轮胎销售中心

公司地址：北京市丰台区杜家坎南路 1 号
电　话：010-83884360
手　机：15711059644
主营业务：批发零售各种钢丝胎、斜胶胎、丁基内胎、垫胎、真空胎以及各种轮胎，朝阳、横滨、普利司通、玲珑、韩泰、三角、京轮、银轮、双钱回力成山、无三包、钢丝胎、落地胎、专业四轮定位、轮毂升级、补胎、平衡、充氮气

北京格罗波尔汽车配件有限公司

公司地址：北京市丰台区恒富中街 7 号院 3-5-402
联系人：闫峰
职　务：总经理
电　话：010-63789175
手　机：13601316767
传　真：010-63787167
网　址：www.bjglobaltrade.com
主营业务：汽车配件

车爵仕汽车服务连锁（万柳桥店）

公司地址：北京市丰台区万柳桥夏家胡同 117 号加油站对面
联系人：李丰
职　务：店长
电　话：010-63799342
手　机：18801090696
主营业务：汽车美容、装饰、养护、快修、改色

北京恒元金宏科技有限公司

公司地址：北京市丰台区丰管路 16 号 A3 栋 3012 室
联系人：王革
职　务：销售总监
电　话：010-63870350-807
手　机：13141433666
传　真：010-63870350-808
主营业务：汽车智能钥匙、一键启动系统

北京彗鑫盛世国际贸易发展有限公司

公司地址：北京市丰台区新宫中福丽宫品牌基地 2 号楼 318 室
联系人：杨彦昌
职　务：销售总监
手　机：13816525589/15304014333
主营业务：大师贴膜

北京金奔腾汽车科技有限公司

公司地址：北京市丰台区南四环西路 188 号总部基地 11 区 32 号楼
联系人：聂恒众
职　务：北京区域经理
电　话：010-52220888
手　机：13911616530
传　真：010-52220889
主营业务：金奔腾汽车电脑解码器

北京京衡照阳科技发展有限公司

公司地址：北京市丰台区丰管路 16 号 6 栋 2005 室
联系人：及占雨
电　话：010-59894169/63870695
手　机：13601079376
传　真：010-63870695
主营业务：美国德生环保贴膜

北京润宝捷科贸有限公司

公司地址：北京市丰台区成寿寺路鑫源国际 5 号楼 1714 室
联系人：刘建
职　务：市场总监
电　话：010-83833212
手　机：13901122954/13903124739
传　真：010-83833212
主营业务：汽车深化保养与服务专家

北京腾昊兴业商贸有限公司

公司地址：北京市丰台区金海明珠 9 号楼
联系人：赵廷柱
手　机：15010106965/13731266795
主营业务：代理韩国布，各种尺寸、克重，进口、国产南韩巾（擦车布）、汽车座套、座垫、把套、纳米毛巾等

信德轮胎经营部

公司地址：北京市丰台区
联系人：胡效鹤
手　机：13146770077/13311518009/13146655752
主营业务：专业汽车轮圈升级、各种车型新旧轮胎、轮圈，主营奔驰、宝马、奥迪、帕萨特

中福瑞达（北京）安全防护技术有限公司

公司地址：北京市丰台区枫竹苑北路未来假日花园别墅 1910 座
联系人：张天帆
职　务：销售部
电　话：010-65186680/400-676-2500
手　机：15810540382
传　真：010-83730166
主营业务：福瑞达玻璃安全膜、超级前挡玻璃

汽车装饰

公司地址：北京市丰台区
联系人：康智勇
手　机：13681496396
主营业务：专车专用 DVD、导航、音箱、防盗器、倒车雷达、专业安装 GPS、日行灯、贴防爆膜、铺地胶、汽车空调维修、加氟

三角轮胎销售中心洪敏新旧轮胎总店

公司地址：北京市丰台区丰台西路 275 号丰台医院西 2 公里过下坡红绿灯加油站西侧 390 公交总站东侧银建出租汽车公司向东 500 米
联系人：鹿传伟
手　机：13681392216/13601382723
主营业务：批发零售各种品牌、型号新旧轮胎，各种型号进口、国产旧轮胎，专业四轮定位、汽车轮胎补修

北京开元智信通软件有限公司

公司地址：北京市丰台区南四环中段天安街 329 号智信通大厦 A 座
联系人：胡开金
职务：销售经理
电　话：010-68283131
手　机：13810529588
传　真：010-68280148
网　址：www.wiselink.net.cn
主营业务：远程汽车体检系统

富凯汽车美容装饰

公司地址：北京市丰台区分钟寺桥西南角
联系人：高永富
手　机：13683132899/13161392686
主营业务：专业安装 DVD 导航、改装透镜、氙气灯、车身贴彩、贴膜、抛光封釉、底盘装甲、防盗器、座套座垫、地胶

汽车修理厂、快修连锁店、装饰美容店类

365 温馨车行

公司地址：北京市丰台区南四环宜兰园 G3-110 号一层
联系人：陈赞
手　机：15330267952/13911301497
主营业务：快修、保养、钣金、喷漆

爱车行汽车养护

公司地址：北京市丰台区育芳园北路与三环路交口路东
联系人：刘先生
手　机：18311465657/13146192173
主营业务：洗车、内饰清洗、抛光贴膜、封釉打蜡、钣金喷漆、补胎打气

安驰汽配维修中心

公司地址：北京市丰台区朱家坟红绿灯西行 300 米路右侧
联系人：张世勇
手　机：13371780759/13161565399
主营业务：专业进口、国产车配件及精修保养、大众、奇瑞系列配件及维修保养、电喷清洗、免费检测、钣金喷漆

安达爱车俱乐部

公司地址：北京市丰台区丰管路金沙洗浴东侧
联系人：董永康
手　机：15801491039/13261058081
主营业务：维修保养、钣金喷漆、美容装饰、保险理赔、轮胎验车、代驾救援，机油、电瓶、轮胎、防冻液、保险出单理赔、轮胎平衡定位、空调清洗加氟、封釉贴膜桑拿

北京奥之峰汽车服务有限公司

公司地址：北京市丰台区丰台东路 99 号（加油站斜对面）
联系人：于俊峰
电　话：010-63325526
手　机：13701384495/13366863919
维修资质：一类
主营业务：奥迪 A4\A6\A8\A7 专修

北京爱义行汽车服务有限责任公司万柳桥店

公司地址：北京市丰台区夏家胡同 128 号
联系人：冯华斌
职　务：店长
电　话：010-63725800/63723266
手　机：13522888000
主营业务：汽车装饰、钣金、维修、轮胎、洗车、销售、保险、理赔

北京爱马社汽车销售有限公司

公司地址：北京市丰台区南四环东路 10 号
电　话：010-87884088
网　址：www.aid-max.com
维修资质：一类
主营业务：林肯整车销售，各种车辆维修保养、代办车险定损、理赔

北京京勇轮胎经营部

公司地址：北京市丰台区南三环西路 125 号
联系人：王勇刚
手　机：13141259724
主营业务：轮胎销售、回收、维修

北京金德汽车修理有限责任公司

公司地址：北京市丰台区分钟寺桥西路北 150 米
电　话：010-67621146/67620612
手　机：13910258957
传　真：010-67670612
维修资质：三类
主营业务：专修奔驰、宝马、奥迪，代办保险、理赔定损、维修，专业维修自动变速箱

北京博派顺通汽车技术服务有限公司

公司地址：北京市丰台区朱家坟红绿灯路南 108 号
联系人：张志超
电　话：010-83882310
手　机：13811571326
主营业务：精修大众、别克、本田、奔驰、三菱、奥迪、丰田、现代等各类进口国产轿车、钣金喷漆、代办保险业务

保誉成祥汽车维修服务

公司地址：北京市丰台区南苑民族文化商业街东 53 号
电　话：010-67997509
手　机：13693538257
主营业务：维修保养、钣金喷漆、保险理赔、代理验车、救援服务

宝瑞通达汽车维修中心

公司地址：北京市丰台区分钟寺桥西 150 米
联系人：王彬丞
手　机：18910123958/13241809938
主营业务：钣金喷漆、划痕修复、事故救援、代理保险、定损、理赔

北京驰顺汽车服务有限责任公司（北京康恒汽车维修中心）

公司地址：北京市丰台区刘庄子 126 号
联系人：康汉会
电　话：010-63739152
手　机：13901235125
主营业务：代理多家保险理赔、新车上牌、二手车信息咨询、代办验车、汽车大中小维修、24 小时救援

友顺达汽车维修有限公司

公司地址：北京市丰台区团河路口
联系人：李先生
电　话：010-67981228
手　机：13051393702
维修资质：二类
主营业务：维修保养、钣金喷漆、保险理赔、代理验车

北京百顺嘉汽车维修有限公司帮尔福汽车维修中心

公司地址：北京市丰台区丰台南路四环花木中心西门向南 800 米
联系人：王飞
电　话：010-52210455
手　机：13146890066/13146890099
维修资质：二类
主营业务：专修金杯、福田、东南、大众等车型、代办保险验车

北京平安汽修

公司地址：北京市丰台区分钟寺南三环辅路外
联系人：李锋
电　话：010-67620863
手　机：15611218458
维修资质：三类
主营业务：钣金、喷漆、机修电路，专修现代、上海－一汽大众

北京博宇运通汽修中心

公司地址：北京市丰台区南苑新宫二街盛泰朝龙建材城 6-08 号
电　话：010-67901788
手　机：13911106855
主营业务：汽车维修、钣金喷漆

北京昌炎德美汽车服务中心

公司地址：北京市丰台区樊羊路 69 号亿城天筑底商 2-104
联系人：商金川
电　话：010-59717971
手　机：13911585799
主营业务：别克、奥迪专修

北京车圣行汽车服务有限公司

公司地址：北京市丰台区大红门西路
联系人：朱春喜
职　务：总经理
电　话：010-67259258
手　机：13621054500
主营业务：汽车美容、轮胎轮毂、钣金喷漆、维修保养、用品百货、代办保险理赔

北方旺通汽修

公司地址：北京市丰台区大红门西路 4 号
联系人：赵经理
手　机：13439778393
主营业务：汽车维修保养、钣金喷漆

北京吉普正业汽车维修服务中心分钟寺店

公司地址：北京市丰台区南三环分钟寺桥西南角
联系人：张学强
手　机：13611229077
主营业务：原北京 Jeep 特约维修服务站 89 号站，专修 Jeep、吉普 2500、2700、大切诺基、三菱速跑、欧蓝德等疑难故障排除

北京大龙汽车修理厂

公司地址：北京市丰台区五爱屯东街加油站对面
联系人：赵保忠
手　机：15801341697
主营业务：维修保养、钣金喷漆、代办保险

北京冬华汽配维修

公司地址：北京市丰台区南五里店 390 总站往西红绿灯左转过桥洞路西
联系人：张得勤
手　机：13371689756/13261169758
主营业务：专营金杯、海狮、福田海狮全车纯正配件、专业油品，专业维修发动机、底盘、电路、代办保险

北京方圆轮胎四轮定位

公司地址：北京市丰台区分钟寺 140 号（方庄桥东 500 米辅路）
联系人：张冬梅
手　机：13661361477/13911192158
主营业务：正新、米其林、普利司通、德国马牌、固特异轮胎及各种车型轮毂

北京丰南顺航汽车修理厂

公司地址：北京市丰台区南苑北马路 361 号
联系人：李洋
电　话：010-67977808
手　机：13910580986/13381107419
传　真：010-67958223
维修资质：二类
主营业务：博世电喷燃油系统维修、专业机修、钣金喷漆、外出抢修、保险、验车、理赔定损

北京丰顺汽车服务中心

公司地址：北京市丰台区青塔西路甲一号（珠江峰景西门）
联系人：刘建强
电　话：010-56039289/63835501/63855501
手　机：13521776445
主营业务：3M 专业汽车美容授权施工中心（汽车美容贴膜、汽车机修养护）、法国道达尔润滑油，汽车维修保养、装饰美容、保险验车、救援

北京宏军汽车维修服务中心

公司地址：北京市丰台区五爱屯西街德力发加油站对面
联系人：汪宏军
手　机：13718376480/18610662658
主营业务：汽车维修保养、钣金喷漆、保险理赔

北京丰兆杰盈汽车修理部

公司地址：北京市丰台区刘庄子路 86 号
联系人：宋艳军
电　话：010-83614993
手　机：15712919131
主营业务：专修中意、民意、金杯、奇瑞、长安之星、大众系列、中华轿车、广本、现代，代办保险、验车、收购二手车

北京海众德汽车维修服务有限公司

公司地址：北京市丰台区升荣和花圃夏家胡同 45 号
电　话：010-63820853/63820859
维修资质：一类
主营业务：精修各种中高档国产、进口车型

北京金正祥汽车维修中心

公司地址：北京市丰台区青塔西路 15 号
联系人：陈大飞
电　话：010-63834005
手　机：15810610626
主营业务：维修保养、四轮定位、钣金喷漆、代办保险理赔、验车，专修上海大众、一汽大众，专业空调加氟、补胎、动平衡

北京和春汽车维修服务中心

公司地址：北京市丰台区马家楼桥西 100 米
联系人：许明
电　话：010-83690959
手　机：13901144648/13501227059/13910503843
主营业务：精修各种国产进口汽车、钣金喷漆

北京恒创顺通汽车维修中心

公司地址：北京市丰台区青塔西路双泉农贸市场南
救援电话：010-51913078
手　机：13366102286
主营业务：专修帕萨特、波罗、高尔、斯柯达、奥迪、速腾、宝来、迈腾，专修疑难杂症

北京红鹏汽车修理有限公司

公司地址：北京市丰台区南四环中路 136 号
联系人：赵经理
电　话：010-67587683
维修资质：二类
主营业务：汽车修理、钣金喷漆、代办保险

北京红云生福汽修中心

公司地址：北京市丰台区青塔西路甲 1 号
联系人：李忠
手　机：13366063599/15011248534
主营业务：钣金喷漆、汽车维修、代上保险、验车、抛光打蜡、内室清洗

北京丰源商贸有限公司

公司地址：北京市丰台区长辛店北关外 2 号
联系人： 刘荣峰
电　话： 010-83846950
手　机： 13522554535
主营业务：米其林、普利司通、倍耐力、双钱等卡客车轮胎销售及安装、平衡

北京鸿源汽车维修中心

公司地址：北京市丰台区新发地往东过铁路 500 米路北
联系人： 张占北
电　话： 010-67908069
手　机： 13121875523/15210635617
主营业务：汽车修理、电脑检测、维修各种汽油及柴油车、保险验车

北京鸿舟汽车修理厂

公司地址：北京市丰台区花乡新房子村 72 号
联系人： 楚克立
电　话： 010-63743266/83445333
手　机： 13910232402
主营业务：汽车维修、保养、钣金喷漆、事故车整形及回收，代办保险验车、救援服务

北京华顺达汽车维修有限公司

公司地址：北京市丰台区南苑新华北里 6 号（光大宏源出租汽车公司院内）
联系人： 郑华
职　务： 经理
电　话： 010-67956231
手　机： 13911785934
维修资质：二类
主营业务：专业钣金、喷漆、划痕修复、专业烤漆房、承接各种车辆大中小修及保养、电脑检测、解码、技术咨询、保险现场出单、定损、理赔

北京华夏汽车技术服务有限公司

公司地址：北京市丰台区长辛店
联系人： 杜青华
手　机： 13391891030/13521975039
主营业务：大众、别克、本田、三菱、奥迪、丰田、现代、微型系列维修保养、钣金喷漆

北京江铃全顺维修中心

公司地址：北京市丰台区马家楼桥西 100 米
联系人： 张立华
手　机： 13641025291
主营业务：专修江铃、全顺、路风、五十铃、凯运、凯锐、顺达、V348

北京杰晨华宝汽车服务有限公司

公司地址：北京市丰台区南三环东路 2-5 号
联系人： 崔宝清
职　务： 服务经理
电　话： 010-67647878
手　机： 13911555697
网　址： www.jiezhong360.com
主营业务：奔驰、宝马专修、原厂配件供应

北京捷奥顺达汽车维修中心

公司地址：北京市丰台区潘家庙北街 200 号
联系人： 苗君
电　话： 010-63336767
手　机： 15810127262
传　真： 010-63338039
维修资质：二类
主营业务：汽车维修、钣金喷漆、代办保险验车、

北京金世纪汽车维修服务有限公司北京新华进口汽车维修站

公司地址：北京市丰台区潘家庙北街 200 号
联系人： 高振胜
电　话： 010-63332003
手　机： 13701128326
主营业务：汽车维修、钣金喷漆、代办保险验车、

北京京丰泰克汽车服务中心

公司地址：北京市丰台区南苑槐房刘队南边 300 号
电　话： 010-67914906
维修资质：三类
主营业务：汽车保养、四轮定位、修补轮胎、新旧轮胎

北京路普汽车销售服务有限责任公司

公司地址：北京市丰台区南四环内花乡桥东路 126 号（花乡桥东 500 米）
电　话： 010-83603846/83603845/83603847
手　机： 15810154519/13263171198
主营业务：福田蒙派克、迷迪、风景等车辆的保养、检测、维修、精品装饰、保险理赔、配件供应、救援等服务

北京京湘顺汽车修理厂

公司地址：北京市丰台区赵辛店 475 号
联系人： 彭静文
职　务： 经理
电　话： 010-83860987
手　机： 13321190083
主营业务：各种汽车大中小修、二级维护及保险业务

北京精业鑫发汽修

公司地址：北京市丰台区樊羊路樊羊村派出所旁
联系人： 李刚
电　话： 010-63309063
手　机： 13911558961/13146661582
主营业务：维修保养、钣金喷漆、电脑检测、保险理赔

北京巨祥佳业汽车技术服务有限公司

公司地址：北京市丰台区小井桥南 50 米路东（新国线集团对面）
联系人： 陈涛
电　话： 010-63896899
手　机： 13341156789
主营业务：各种车型钣金喷漆、修车轮胎、代办验车、代办保险、出单定损、汽车美容、贴膜封釉

北京开心海涛汽配门市部

公司地址：北京市丰台区六里桥小井村 294 号
联系人： 黄经理
电　话： 010-63768568
主营业务：专业汽车维修

北京开元宇龙汽车维修服务中心

公司地址：北京市丰台区南苑路大红门桥北西侧
联系人： 姜雷
电　话： 010-87296514
手　机： 15011133909
维修资质：三类
主营业务：汽车配件、维修保养、补胎

北京科鑫汽车维修服务中心

公司地址：北京市丰台区分钟寺桥西（三环内）辅路 200 米
联系人： 王永科
手　机： 18910127196/13366727487
主营业务：专业维修进口、国产中高级轿车、自动变速箱、底盘、发动机、空调、机电一体化维修、救援服务

北京快行线汽车技术服务中心

公司地址：北京市丰台区青塔西路田各庄村北商业房 11-14 号
联系人： 闫国保
职　务： 总经理
电　话： 010-63809567
手　机： 13701199772
传　真： 010-63852587
主营业务：汽车维修、保养、服务等

北京利祥腾达汽车服务中心

公司地址：北京市丰台区五爱屯东街 29 号
联系人： 宋怀祥
电　话： 010-67988795
手　机： 13331002281/13488735513
主营业务：大众、现代、金杯、小面、奇瑞、比亚迪、奥拓、维修保养、钣金喷漆、保险验车

北京京南米河汽配门市部

公司地址：北京市丰台区菜户营桥南 150 米
联系人： 米河
手　机： 13601395233
维修资质：三类
主营业务：汽车修理

北京明静雅汽车服务有限公司

公司地址：北京市丰台区正阳大街 65 号
联系人： 高行星
电　话： 010-63731919/63720006
手　机： 13910087266
传　真： 010-63720006
主营业务：集电脑洗车、汽车装饰美容、维修保养、轮胎轮毂、保险出单理赔、汽车精品百货为一体的全方位、超快捷的汽车服务终端零售商

北京内贸汽车维修中心

公司地址：北京市丰台区南三环万柳桥西广济医院东院
联系人：黄顺
电　话：010-83619016/83618148
手　机：13331168812/13601389170
维修资质：三类
主营业务：专修奔驰、奥迪、丰田、尼桑、大众、别克，钣金喷漆、保险理赔

北京启丰御泽汽车技术服务有限公司

公司地址：北京市丰台区潘家庙北街200号
联系人：张英亮
电　话：010-87500048/87500049
手　机：13331175329
传　真：010-87500348
维修资质：二类
主营业务：汽车维修、钣金喷漆、代办保险验车、救援服务

北京求美汽车修理厂

公司地址：北京市丰台区分钟寺桥（桥西路北）
联系人：何超
职　务：厂长
电　话：010-67659382
手　机：13910696466
维修资质：二类
主营业务：保险公司事故车修理厂、救援服务、钣金喷漆

北京荣华美国汽车维修中心

公司地址：北京市丰台区西四环中路76号（岳各庄北桥往北第三个人行天桥车站旁边）
联系人：洪正勇
职　务：技术总监
电　话：010-88210920/68153628
手　机：13911577792/13701381039
维修资质：一类
主营业务：美国通用凯迪拉克、别克、雪佛兰、庞迪克、悍马、福特、荣威、绅宝、欧宝、克莱斯勒GMC汽车的整车售后服务、零配件供应、于一体的专业汽车维修企业

北京永发汽配批发修理部

公司地址：北京市丰台区南苑槐房路加油站对面
联系人：宋军
电　话：010-67915783
手　机：13683202986
主营业务：小面配件批发、维修保养

李子汽修

公司地址：北京市丰台区南三环分钟寺196号
手　机：13681241836
主营业务：大众

北京瑞鑫达汽车维修服务有限公司

公司地址：北京市丰台区南苑东路四营门对面
联系人：孙宝程
电　话：010-68750916
手　机：13810626598/13901175548
主营业务：汽车维修保养、钣金喷漆、轮胎电瓶、美容装饰

北京瑞斯达（锐虎天翼）汽车修理有限公司

公司地址：北京市丰台区西三环南路146号
联系人：关巍
电　话：010-83689920
手　机：13601052717
传　真：010-83689921
维修资质：二类
主营业务：汽车维修保养、现场出单、定损理赔、救援服务

北京瑞鑫恒博汽车维修中心

公司地址：北京市丰台区南苑路久敬庄（和义五金城院内）
联系人：李峰
职　务：经理
电　话：010-67968436
手　机：13391882759/15699728727
主营业务：瑞风维修服务站

北京三四零一江鸿汽修厂

公司地址：北京市丰台区公益东桥往南20米路东
手　机：13601185583
维修资质：二类
主营业务：汽车修理、钣金喷漆

北京盛奥通汽车服务有限公司

公司地址：北京市丰台区花乡黄土岗555号
电　话：010-83730098
手　机：13811149231
主营业务：精修奥迪车系

北京世纪腾达汽车维修中心

公司地址：北京市丰台区青塔西路珠江峰景小区西门底商
联系人：辛培亮
职　务：经理
电　话：010-83698171/58435538
手　机：13641360722
主营业务：现代、起亚、大众、丰田、本田、别克、日产、东风，换油保养、轮胎修补、动平衡、空调维修、电脑检测、电瓶、抢修救援服务

北京市北奔汽车修理厂角门分厂

公司地址：北京市丰台区马家堡路61号
电　话：010-67587776/67587615
救援电话：13001219107
维修资质：一类
主营业务：精修进口国产各车型，美容装饰

北京市渤洋汽车修理站

公司地址：北京市丰台区和义加油站红绿灯辅路往南50米路西
联系人：王洪友
电　话：010-67991825
手　机：13911528121
维修资质：三类
主营业务：精修德系、日系、韩系车型

北京市朝阳区燕松汽车修理厂

公司地址：北京市丰台区肖村桥向西300米路北
电　话：010-67689666/67617126
手　机：13910017186
维修资质：二类
主营业务：汽车修理，代理保险、事故车辆维修

北京市德世行汽车服务有限公司

公司地址：北京市丰台区嘉园路城南嘉园西门对面
联系人：陈广云
电　话：010-87587853
手　机：13366355639
维修资质：二类
主营业务：专业汽车维修、钣金喷漆、承接大事故车、代办保险理赔、验车

北京市东顺鑫汽车配件经营部

公司地址：北京市丰台区小屯路加油站北侧
联系人：杨西平
职　务：经理
电　话：010-68240762
手　机：15810777805
主营业务：汽车配件、维修保养、电脑平衡、轮胎修补、钣金喷漆、划痕修复、洗车打蜡、清洗内室

北京市丰台京城汽车修理站

公司地址：北京市丰台区菜户营桥西南角丰台工商局南侧
电　话：010-63274441
维修资质：二类
主营业务：汽车修理

北京市瀚莎汽车修理厂

公司地址：北京市丰台区万柳桥南10米路东（三环外）
联系人：刘利俊
电　话：010-57225050/63308222
手　机：13910848208
维修资质：三类
主营业务：各种车辆维修保养、钣金喷漆、电脑检测、美容装饰、影音改装服务、救援服务、代办保险

北京市恒达瑞盛汽车修理厂

公司地址：北京市丰台区南苑西路76号B区1号
联系人：万迎彬
电　话：010-67913285
手　机：13426387998
传　真：010-67912386
维修资质：三类
主营业务：专修金杯、大众

北京市汇友汽车修理厂

公司地址：北京市丰台区菜户营东街甲173号
联系人：季如春
电　话：010-63451171/63464134
手　机：13701139033/13391753262
维修资质：二类
主营业务：汽车修理

北京市凯捷利达汽车维修有限公司

公司地址：北京市丰台区青塔西路甲1号4-2（青塔综合市场院内）
电　话：010-51769527/51769528
手　机：18910912851/18910912417
传　真：010-51769527
主营业务：汽车维修、钣金喷漆、电脑检测、保险理赔、定损出单、免费救援、汽车装饰、无尘贴膜、抛光封釉

北京市盛林益达汽车修理站

公司地址：北京市丰台区西道口 30-1 号
电　话：010-63792920/63752398
手　机：13901218016
主营业务：专业汽车维修、保养

北京市佳联汽车维修站

公司地址：北京市丰台区小屯路 11 号
联系人：邹晓东
职　务：经理
电　话：010-81970638/68681378
手　机：13611001822
主营业务：主修奔驰、宝马、奥迪、沃尔沃，精修各类进口、国产轿车，承接各大单位维修业务

北京市军峰诚信汽车维修服务中心

公司地址：北京市丰台区赵辛店加油站南边
联系人：刘颜冲
电　话：010-83862794
手　机：13436495633/13691495590
主营业务：维修保养、四轮定位、补胎平衡、免拆清洗

北京市隆昌弘达汽车服务中心

公司地址：北京市丰台区南三环西路万柳桥西捷快达加油站南侧
联系人：周艳敏
电　话：010-51179869
手　机：13801371165
维修资质：一类
主营业务：精修各种中高档国产、进口车型

北京市神康汽车修理厂

公司地址：北京市丰台区长辛店杜家坎南路 25 号
联系人：陈迪华
电　话：010-83876134/83871258
手　机：13071111052
维修资质：二类
主营业务：修理国产、进口各种汽车、自动变速箱维修、四轮定位、代办保险、验车

北京市万利汽修中修

公司地址：北京市丰台区首经贸中街 30 号
联系人：梁富成
手　机：18201521943/13552723842
主营业务：专业维修天津一汽、上海大众、长安、五菱、金杯，钣金喷漆、补胎打气、保养、电脑检测

昌盛汽修

公司地址：北京市丰台区分钟寺西侧 197 号
联系人：张衡
手　机：13521873923
主营业务：汽车修理

北京思锐源汽车维修服务中心

公司地址：北京市丰台区南苑槐房路加油站南 200 米路西
联系人：臧经理
电　话：010-67914968
手　机：13269283187/13126583690
主营业务：汽车维修保养、钣金喷漆、洗车美容、补胎动平衡

北京泰通拓达汽车维修中心

公司地址：北京市丰台区长辛店十中对面
联系人：陈希民
手　机：13910980917
维修资质：三类
主营业务：汽车修理

北京腾辉汽配专营

公司地址：北京市丰台区长辛店镇北岗洼村正丰饲料厂对过
联系人：于吉辉
电　话：010-83840521
手　机：13691346053
主营业务：承接大中小修、电脑清洗喷油嘴、代办验车、保险

北京天辰汽车服务有限责任公司

公司地址：北京市丰台区菜户营西街 305 号院（布朗幼儿园斜对面）
联系人：李猛
职　务：业务经理
电　话：010-63389889/63279099/63276616
手　机：13601008844
传　真：010-63260429
主营业务：修理奥迪、大众、别克、斯柯达全系列车型，维修保养、钣金烤漆

北京天聚汽车修理站

公司地址：北京市丰台区光彩路贾家花园 1 号院 2 号楼底商
联系人：杨树春
电　话：010-67257137
手　机：13801160941
维修资质：三类
主营业务：维修保养、划痕修复、钣金喷漆、四轮定位、动平衡、代办保险、理赔

北京天宇勇达汽车服务中心

公司地址：北京市丰台区长辛店北口车站路东
联系人：候勇
电　话：010-51158544
手　机：13611218996
主营业务：汽车配件、汽车修理、汽车救援、汽车美容、钣金喷漆、理赔修复、代办年检、代办保险

北京市天地和汽配

公司地址：北京市丰台区长辛店十中 48 号
联系人：尹成保
电　话：010-83866542
主营业务：捷达、富康、现代、爱丽舍、夏利配件销售及维修

北京通宝行商贸有限公司

公司地址：北京市丰台区大井东里南平房（丰体北门）
联系人：许志勇
电　话：010-63809975
手　机：15901078700
传　真：010-63809975
主营业务：各顶级品牌轮胎、原厂轮毂、专业汽车美容装饰、博世汽车配件专营

北京万车行汽车维修有限责任公司

公司地址：北京市丰台区右安门外大街 88 号协和加油站内
联系人：王富强
电　话：010-63515239
手　机：15611316925/13001208298/
主营业务：维修保养、钣金喷漆、美容装饰、保险、定损、理赔

北京现代大众专修

公司地址：北京市丰台区万柳桥向西 800 米三环内
联系人：梁伟
电　话：010-52299290
手　机：15210800296
主营业务：专修疑难故障车、检修汽车电路、空调系统、钣金喷漆

北京小蓝鸟汽车维修有限责任公司

公司地址：北京市丰台区长辛店杜家坎南路 26 号
电　话：010-83851388
手　机：13331032523/13381128572
主营业务：承修各种中小型进口国产汽车、钣、喷漆、机修

北京小李汽车服务中心

公司地址：北京市丰台区丰裕路北口往南 20 米路东（银建出租公司东门往北 50 米路东）
手　机：18600807971
主营业务：汽车维修保养、电瓶、空调加氟、代办验车、免费电脑检测，大众、北京现代、东风雪铁龙

北京宴鑫汽车维修站

公司地址：北京市丰台区新发地潘家庙 56 号
联系人：李庆成
电　话：010-87501706
手　机：13552890426
维修资质：二类
主营业务：汽车维修保养、钣金喷漆

北京鑫合力顺达汽修厂

公司地址：北京市丰台区菜户营南路 305 号
联系人：张新良
电　话：010-63482102
手　机：13031037885/15699721053
维修资质：三类
主营业务：汽车大修、小修、钣金喷漆、代办保险理赔

北京旭龙汽车维修部

公司地址：北京市丰台区花乡郑王坟 160 号
联系人：郑增荣
电　话：010-83686206
手　机：13671120509
维修资质：三类
主营业务：主修普桑、捷达、金杯、奥迪等大众系列车型

北京宜兰路安汽车服务中心

公司地址：北京市丰台区南四环宜兰园邮局旁
联系人：王先生
手　机：13552724612/13261417121
主营业务：专业汽车维修保养、美容装饰

北京鑫浩宇汽车维修中心

公司地址：北京市丰台区南苑团河路 44 号
联系人： 刘松
手　机： 13124703980/18610821876
主营业务：维修保养、钣金喷漆、汽车美容、保险理赔

北京益鸿汽车维修有限责任公司

公司地址：北京市丰台区南苑乡团河路 9 号
联系人： 刘利宏
电　话： 010-67953906/67985706
手　机： 13521212500
传　真： 010-67968805
维修资质：二类
主营业务：精修进口国产中高档轿车、救援服务、保险理赔

北京宇众汽车修理行

公司地址：北京市丰台区青塔西路（珠江－峰景小区 18 号楼底商）
联系人： 刘宇
职　务： 经理
电　话： 010-63623566
手　机： 18601027787
主营业务：机修保养、美容内清、地胶地垫、保险出单、事故直赔、定点定损

北京远程轮胎服务中心

公司地址：北京市丰台区分钟寺 197 号（方庄桥东 600 米辅路）
联系人： 张春萍
手　机： 13521271236/13601358292
主营业务：固铂、米其林、普利司通、邓禄普、德国马牌、固特异等各种品牌轮胎

北京云冠汽车修理有限公司

公司地址：北京市丰台区王佐镇南岗洼 275 号
联系人： 付金宇
电　话： 010-83876065
手　机： 18611893463
维修资质：二类
主营业务：汽车修理、维修保养

广源汽车维修

公司地址：北京市丰台区马家堡西路北甲地综合市场门口南 10 米
联系人： 程经理
手　机： 13641189211
主营业务：汽车修理、钣金喷漆

北京兆安汽车维修中心

公司地址：北京市丰台区丽泽路 22 号（菜户营桥西第一个红绿灯路南）
电　话： 010-63279436/63276871
手　机： 15910575200/18001306109
传　真： 010-63339806
网　址： www.zacar.net
维修资质：二类
主营业务：精修奥迪、大众、现代车型

北京缘友德利汽车维修服务中心

公司地址：北京市丰台区梆子井 168 号万泉寺出租汽车公司西
电　话： 010-63332737
手　机： 13621050183
主营业务：专业维修、钣金喷漆

北京中车汽修连锁有限公司（第六分公司）

公司地址：北京市丰台区马家堡路角门南站向南 300 米路东
联系人： 邵忠峰
职　务： 经理助理
电　话： 010-87591987/87594266
维修资质：二类
主营业务：保养快修、四轮定位、代办保险、定损理赔

北京中凯众友汽车服务有限公司

公司地址：北京市丰台区大红门西路 4 号
联系人： 吴硕鹏
电　话： 010-67281125
手　机： 13621090506
主营业务：汽车保养维修、美容装饰、汽车配件、代理保险理赔

北京众奥行汽车修理有限公司

公司地址：北京市丰台区万柳桥纪家庙 30 号（万柳桥广济医院东侧向南 50 米院内）
联系人： 全桂明
电　话： 010-63332338
手　机： 13681570172
维修资质：二类
主营业务：精修奥迪、帕萨特、钣金喷漆、保险理赔

北京紫航顺达汽修厂

公司地址：北京市丰台区万柳桥西 500 米路北（三环内）
联系人： 刘井涛
电　话： 010-63350268
手　机： 13311514317/18911738210
维修资质：二类
主营业务：专业汽车维修、保养、钣金喷漆、救援服务

奔宝诚源

公司地址：北京市丰台区马家楼桥西 100 米
联系人： 陈聚山
职　务： 董事长
电　话： 010-83687976
手　机： 13311366348
维修资质：二类
主营业务：精修奔驰、宝马、钣金喷漆

博锐德汽车装饰

公司地址：北京市丰台区光彩路彩虹城五区 1 号楼 1 层
联系人： 徐国
职　务： 维修部经理
电　话： 010-87866928
手　机： 13439996261
主营业务：汽车美容、汽车装饰、快修、保养

刚强汽车服务中心

公司地址：北京市丰台区首经贸东门东 200 米万年花城 2 区对面
联系人： 白立强
手　机： 15910271407/15710035345/13146227794
主营业务：水蜡洗车、钣金喷漆、24 小时救援、清洗内饰、补胎动平衡、代办验车、电脑检测、保险出单定损

博通冠达－奔驰 / 宝马 / 保时捷专业维修

公司地址：北京市丰台区草桥东路汇丰汽配城 6 厅 1 号
电　话： 010-51751988/51751880
网　址： www.btgd.cn
主营业务：精修高档车

财运修理

公司地址：北京市丰台区新发地桥东 800 米路北
联系人： 刘师傅
手　机： 13683694450
主营业务：专业钣金喷漆、划痕修复

长城润滑油汽车养护中心－光彩路店

公司地址：北京市丰台区石榴庄光彩路 70 号院西区 3 号楼一层
联系人： 方萌
职　务： 店长
电　话： 010-67282820/67284541
手　机： 13718602786
传　真： 010-67282820
主营业务：汽车养护、汽车维修、汽车美容、汽车清洗、保险理赔

车美豪车尊荣会所

公司地址：北京市丰台区洋桥西马厂临泓路鑫宝苑 1 号楼底商 5 号
电　话： 010-87879892
主营业务：精致洗车、车漆镀膜、车漆修复、内室清洗、车窗贴膜、全车护理

车之缘修配美饰行

公司地址：北京市丰台区南苑派出所向北 800 米向东 30 米
联系人： 郭立
手　机： 13810197523/13263436966
主营业务：维修保养、美容、改装

诚信汽车服务中心

公司地址：北京市丰台区云岗路朱家坟 82 号（锡盟涮肉斜对面）
联系人： 赵超
手　机： 15901351868/15810664416
主营业务：专业维修北京现代、上海大众、金杯、奇瑞、夏利、哈飞等

福田农用汽车修配中心

公司地址：北京市丰台区北京十中新长周路大宁山庄往南 500 米路西
联系人： 马金聚
手　机： 13522431531
主营业务：福田、奥铃、唐骏、欧玲、解放、凯马、时风、五征、欧克马等专业维修、钣金喷漆

达川达汽修中心

公司地址：北京市丰台区田各庄村北商业房 A 排 16 号
联系人：陈显川
职　务：经理
电　话：010-51753337
手　机：13811978967
主营业务：高级技师，专业汽车修理

城信维修中心

公司地址：北京市房山区长阳镇大宁二路温庄子村
联系人：赵洪海
手　机：13366457892
主营业务：维修保养、洗车、轮胎

大井汽车服务中心

公司地址：北京市丰台区卢沟桥路大井加油站内丰台路口西 800 米
联系人：郭茂盛
电　话：010-87441850/63898624
手　机：13522488308
主营业务：专修各类高中低档轿车、出租车、大众全系列、精修全车电路马达、发电机、疑难空调、暖气、修节气门、发动机大中小维修及底盘保修维修、代办保险理赔、汽车年检、收售二手汽车、钣金喷漆

大众中意维修

公司地址：北京市丰台区丰益桥南 501 米路南（三环外）
联系人：倪师傅
手　机：13366325231
主营业务：汽车维修

德慧世家汽车服务北京有限公司德慧世家汽车俱乐部

公司地址：北京市丰台区玉泉营桥北棒子井 148 号
联系人：刘盛武
电　话：010-63328680/63328681/63328682
手　机：13910849760
传　真：010-63332656
维修资质：二类
主营业务：汽车修理

调色中心

公司地址：北京市丰台区万柳桥走辅路向西 1000 米路北
联系人：王昊
手　机：13552277907/13264056676
主营业务：国产漆、进口漆、原子灰、固化剂等各种喷漆用品，钣金喷漆、维修

东风商用车服务中心北京环境卫生工程集团有限公司二清分公司

公司地址：北京市丰台区草桥赵村店 420 号
电　话：010-87503279
主营业务：汽车修理

东升汽修

公司地址：北京市丰台区分钟寺 176 号
联系人：李东升
手　机：13681241836
主营业务：汽车修理

国利爱车养护修理之家

公司地址：北京市丰台区东大街 53 号 335 路 395 路终点站西 20 米
手　机：13366237831
主营业务：清洗保养、代办验车、保险代理、美容养护、汽车装潢、钣金喷漆、故障检修、电脑检测、原厂配件

懂车行汽车服务连锁

公司地址：北京市丰台区南三环西路 11 号院
电　话：010-51332808
网　址：www.dongche.com
主营业务：专修别克、雪佛兰、福特

丰顺清江永泰汽车服务有限公司

公司地址：北京市丰台区郑常庄天安街甲 8 号（五棵松桥南 3 公里、302 医院对面）
电　话：010-51189151
手　机：13521776445/13810982704
主营业务：汽车维修、保险理赔、验车、救援

风云汽车服务中心

公司地址：北京市丰台区大红门西路 4 号（木材厂对面吴裕隆酒店前）
联系人：王豪
职　务：经理
电　话：010-67263890
手　机：13911323659/13691367121
维修资质：三类
主营业务：洗车美容、机修保养、钣金喷漆、免费救援

福瑞汽车维修中心

公司地址：北京市丰台区丽泽桥丽泽路路北辅路（京蒙大厦南 100 米）
联系人：杨占伟
职　务：经理
电　话：010-83062261
手　机：13693355331
主营业务：各种进口、国产汽车维修、钣金喷漆、代理保险、验车

福旺佳汽修

公司地址：北京市丰台区南三环草桥 300 公交总站亚源加油站东侧
联系人：薛枫
手　机：18911089335/13522308762
主营业务：快修保养、电脑检测、空调加氟、钣金喷漆、保险理赔、代办验车、装饰贴膜

刚强汽车服务中心

公司地址：北京市丰台区玉泉营西南三环辅路铁路桥下
联系人：白润垚
手　机：18910338276/15330059662
主营业务：汽车修理、钣金喷漆、保险定损、拉车救援

刚强汽车技术有限公司

公司地址：北京市丰台区南苑西路李家庄甲 5 号
联系人：石家幸
电　话：010-67914956
手　机：13718870352
主营业务：快速维修、保养、专修电路、钣金喷漆、美容装饰

刚强汽车技术有限公司

公司地址：北京市丰台区南四环宜兰园小区二区 117 号
电　话：010-83726506
手　机：13241269531
主营业务：快修、保养、钣金、喷漆、美容装饰、轮胎服务、保险出单、定损理赔

广合瑞汽车服务中心

公司地址：北京市丰台区南苑路大红门桥向南第三个红绿灯掉头 100 米路东
联系人：左春芳
电　话：010-67003025
手　机：13910051076
主营业务：快修保养、美容装饰、钣金喷漆

北京云翔鹏汽车贴膜服务中心

公司地址：北京市丰台区南三环方庄桥往南 800 米
电　话：400-068-6256
手　机：13552796818
主营业务：专业汽车服务，龙膜北京专营店

国超钧恒汽车维保专家

公司地址：北京市丰台区丰台大桥桥头
联系人：高伟
电　话：010-63896383
手　机：13910440038
主营业务：环保洗车、专业美容、钣金喷漆、快修保养、汽车饰品、代办验车、免费救援

国林汽修

公司地址：北京市丰台区长辛店十中北侧路东
电　话：010-83865714
手　机：13801330487
主营业务：北京现代、一汽大众专业修理

汉龙汽修

公司地址：北京市丰台区新发地水产区南 50 米
电　话：010-58050055
维修资质：二类
主营业务：汽车修理

航天万源汽车服务

公司地址：北京市丰台区大红门路 19 号院
电　话：010-68381760
手　机：13811327985
主营业务：汽车美容服务、轮胎服务

昊顺汽车综合服务中心

公司地址：北京市丰台区南苑红房子加油站东站
联系人：木玉正
手　机：13661115972/13521832172
主营业务：维修保养、钣金喷漆、空调加氟、代办验车

宏源兴达汽车维修中心

公司地址：北京市丰台区青塔西路大成红绿灯向南 300 米路西（4S 店对面）
联系人：陈勇
电　话：010-63839680
手　机：13391771206
主营业务：专修大众系列、钣金喷漆、各种电喷、汽车玻璃、化油器车、抛光打蜡

浩天汽修

公司地址：北京市丰台区南岗洼车站北 300 米路西
联系人：孙磊
手　机：13661166035
主营业务：配件大全、快修保养、电瓶、轮胎、动平衡

合诚兴达汽车维修

公司地址：北京市丰台区万柳桥走辅路向西 1001 米路北
联系人：闫先生
手　机：13811765373
主营业务：奇瑞专修、补胎

恒必达汽车服务中心

公司地址：北京市丰台区南苑警备西路 48 号（南苑机场北门 400 米路南）
联系人：刘碧涛
手　机：13641186222/13146722153
主营业务：维修保养、钣金喷漆、美容装饰、保险、定损、理赔

恒通汽车维修服务中心

公司地址：北京市丰台区杜家坎环岛向南 800 米路西
联系人：周玉东
手　机：15010860140/13381166587
主营业务：专修现代、捷达、尼桑、丰田、金杯、福田、五菱、长安、中意、中顺、奇瑞

红卫汽修

公司地址：北京市丰台区马家楼桥西马家楼村建友超市旁
联系人：蒋红卫
手　机：18701136951
主营业务：精修金杯、微面

宏超汽修

公司地址：北京市丰台区岳各庄批发市场西门玉明珠楼下南侧
联系人：刁宏超
手　机：15011239023/13261333827
主营业务：主修现代、长安、中意、民意、五菱等系列微型车

宏鑫盛通汽车服务中心

公司地址：北京市丰台区五爱屯西路 1 号（煤气站旁）
联系人：蔡杰
电　话：010-67981597
手　机：15001020109/13691120921
主营业务：精修大众、钣金喷漆、汽车装饰、电脑检测代办验车、车险

鸿隆汽修

公司地址：北京市丰台区分钟寺 112 号方庄桥往东 500 米
联系人：吴军
手　机：15910294776/13522764549
主营业务：免费电脑检测、专业钣金喷漆、救援服务、汽车维修

立业金安汽车服务

公司地址：北京市丰台区洋桥 71 号立业大厦内
联系人：王景成
职　务：厂长
电　话：010-51165128
手　机：13601187808
传　真：010-67585847
主营业务：代上保险、代客理赔、喷漆修车、代办验车、轮胎电瓶、汽车精品、提供救援服务

老姚汽配维修

公司地址：北京市丰台区丰益桥往西 2000 米路南
联系人：姚增奎
救援电话：13911654381/13146300149
主营业务：专业钣金喷漆、划痕快修，专修马达、发电机、ABS 泵、变速箱，发动机中小修、专治各种疑难杂症，伊兰特、捷达零部件批发

金杯中意民意原厂配件维修中心

公司地址：北京市丰台区杜家坎南 500 米路东光电设备厂旁
联系人：贾永涛
手　机：13161395711
主营业务：专业维修、保养各种电喷车及其他车型

浩达汽修公司

公司地址：北京市丰台区分钟寺 197 号
联系人：李怀超
手　机：13691539147
主营业务：维修、保养、批发电瓶

鸿鑫福运一汽大众专修

公司地址：北京市丰台区临泓路 35 号楼西侧
联系人：马立红
职　务：经理
电　话：010-67211134
手　机：18911660553
主营业务：汽车维修、钣金喷漆、代办保险验车、汽车美容装饰

鸿宇汽车服务中心

公司地址：北京市丰台区纪家庙南里（天恒半轴厂旁）
联系人：张鸿宇
电　话：010-83600601
手　机：13718708163
主营业务：汽车美容、预约大修、钣金喷漆、上门急修、专业洗车、汽车救援、轮胎修理、各种车型专业服务

华通顺达汽车连锁服务中心

公司地址：北京市丰台区西四环郑常庄出口
联系人：刘永兵
电　话：010-63868458
手　机：15010080055
传　真：010-63868458
主营业务：代办保险、验车、定损、理赔、修车一条龙服务

嘉博润轩（北京）汽车用品有限公司

公司地址：北京市丰台区草桥东路 27 号
联系人：王晓明
电　话：010-51751029
手　机：18611921545
传　真：010-51751125
主营业务：内饰改装、音响改装、维修保养、装饰美容

金杯福田汽车技术服务

公司地址：北京市丰台区青塔西路甲 1 号
手　机：13693011647
主营业务：专营专修金杯、福田，免费检测、救援、昼夜服务

金杯依维柯都灵 V 全顺配件销售维修

公司地址：北京市丰台区南三环西路 129 号（万柳桥向西 500 米内环）
联系人：宋科福
电　话：010-63359623
手　机：13681136547
主营业务：配件维修、电脑检测、空调电路

鸿升源汽修

公司地址：北京市丰台区公益东桥往南 30 米路东
联系人：靳凤刚
手　机：13391656751
主营业务：承修国产、进口高低档轿车，专业钣金喷漆

金杯中意专修

公司地址：北京市丰台区花乡纪家庙半轴厂南 100 米
联系人：潘江
手　机：18210400094/13552650840
主营业务：金杯、福田、中意、五菱、长安、捷达、奥迪、富康，空调加氟、修马达、发电机、钣金喷漆

金金汽修

公司地址：北京市丰台区五爱屯东街红房子路口南
联系人：王金光
手　机：13552945684/15652357790
主营业务：维修保养、钣金喷漆、保险、补胎动平衡

金日洪成修理厂

公司地址：北京市丰台区菜户营桥南 200 米
联系人：刘洪海
电　话：010-63058116
手　机：13901102906
主营业务：专修大众、金杯

京驰锐派汽车维修中心

公司地址：北京市丰台区光彩路贾家花园 3 号院 18 号楼 101（网球体育馆对面）
电　话：010-87822098
手　机：18201500018
维修资质：三类
主营业务：精修奔驰、宝马、路虎、奥迪

京都汽修

公司地址：北京市丰台区银建公司斜对面加油站旁
联系人：郭胜
手　机：13552437458/13671332546
主营业务：专修北京现代、捷达、爱丽舍，免费救援，免费更换各种小灯泡、清洗节气门、怠速阀、电脑检测、故障清除

小王汽配服务

公司地址：北京市丰台区分钟寺辅路过街天桥向东 50 米
联系人：王传波
电　话：010-87673490
手　机：13683269811
主营业务：富康、爱丽舍、现代、捷达、桑塔纳、别克、本田、比亚迪、丰田、北斗星、电脑检测

京福汽配

公司地址：北京市丰台区南苑新宫盛泰朝龙建材城对面
联系人：张先生
手　机：13911022778
主营业务：福特、大众、切诺基维修

京衡发现代捷达专修

公司地址：北京市丰台区万柳桥西南角加油站对面（广济医院西侧）
电　话：010-52452638
手　机：13146636468
主营业务：专修现代、捷达、救援服务

九州天汽车维修有限公司

公司地址：北京市丰台区青塔西路甲 1 号
联系人：董涛
职　务：经理
电　话：010-51913812
手　机：13693200546
主营业务：维修保养、美容清洗、配件、保险、验车

老刘汽修

公司地址：北京市丰台区光彩路南头路西（南四环大红门东桥北 40 米路西）
联系人：刘树周
手　机：13391867290
主营业务：维修保养、机修电路、钣金喷漆、保险理赔

卡尔汽修

公司地址：北京市丰台区分钟寺
联系人：李先生
手　机：15966676236
维修资质：三类
主营业务：汽车维修保养、钣金喷漆

卡戈拉司（北京）机动车玻璃维修有限公司

公司地址：北京市丰台区纪家庙 1 号首层 103、104 号
联系人：荆思杰
职　务：门店经理
电　话：010-53619908
手　机：18600777896
主营业务：专业玻璃维修

开阳里世纪兴业汽车服务中心

公司地址：北京市丰台区右外开阳里东街 1 号
联系人：樊超
电　话：010-52493565
手　机：13146172378
主营业务：机修电工、钣金喷漆、保养快修、平衡定位、疑难杂症、保险理赔、汽车救援、轮胎大全

快修店 / 专业钣金喷漆

公司地址：北京市丰台区方庄桥东辅路往东 300 米路南
联系人：王左
手　机：18601388638/13011050021
主营业务：专业补漆、全车翻新、打蜡、抛光、各种车型、外观配件

来宝汽车维修有限公司

公司地址：北京市丰台区公益桥槐房西路 1 号
联系人：刘志强
职　务：董事长
电　话：010-67921699/67921688/67921788
手　机：13701073969
主营业务：汽车维修保养、美容装饰、服务连锁

老邓钣金喷漆店

公司地址：北京市丰台区和义农场站（长安铃木 4S 店院内）
联系人：邓峰
手　机：13121081655
主营业务：专业钣金、喷漆、划痕修复

中国石化润滑油公司

公司地址：北京市丰台区田各庄青塔西路商业房 B 排 01-08 号
联系人：王旭伟
职　务：洗美主管
电　话：010-63856780
手　机：13121025225
传　真：010-63858950
主营业务：汽车养护、汽车维护、汽车美容、汽车清洗

聚宝来汽车维修中心

公司地址：北京市丰台区新发地北桥向东 1.5 公里外路北（过铁路 100 米路北）
联系人：田丰
电　话：010-67914226/67914220
手　机：13466667907
维修资质：二类
主营业务：精修别克、雪佛兰、奥迪、大众，钣金喷漆、保险理赔

老赫专业钣金喷漆

公司地址：北京市丰台区万泉寺出租汽车公司西边第一家
联系人：赫奇峰
手　机：13371676470
主营业务：钣金喷漆

鲁和汽车服务中心

公司地址：北京市丰台区槐房路加油站斜对面
联系人：赵国红
手　机：13436538586/13466689379
主营业务：维修保养、救援服务、代办保险验车

老潘汽修

公司地址：北京市丰台区南三环东路 2 号分钟寺桥南 99 旅馆楼下
联系人：潘江伟
手　机：13552607921/13520697800
主营业务：汽车维修、加氟、钣金喷漆、打蜡、补胎换胎，内设进口扒胎机、平胎机等

老任汽配

公司地址：北京市丰台区红房子加油站西面路西
联系人：任强
手　机：13521051237/18610405146
主营业务：大众、现代、夏利、金杯、吉利、中意配件、维修保养、汽车电路防盗器安装与维修。

老赵金杯专修

公司地址：北京市丰台区新发地银地家园往西 1200 米
联系人：赵先生
手　机：13911894835/13521333762
主营业务：专修金杯、微面

李子汽车维修服务中心

公司地址：北京市丰台区万泉寺出租汽车公司西边
电　话：010-58424513
手　机：13651271478
主营业务：汽车修理

利鑫汽车修理

公司地址：北京市丰台区纪家庙鸭厂天恒汽车半轴厂对面
联系人：周俊锋
手　机：13521183469
主营业务：主修哈飞、金杯、夏利、北斗星、捷达、桑塔纳、铃木、24 小时救援

联合汽车维修中心

公司地址：北京市丰台区马家堡东路 5-1 号
联系人：杨新胜
电　话：010-67276066/87277487
手　机：13051279134/13701225316
传　真：010-67229525
维修资质：二类
主营业务：专修各种中高档车、专业保养、电脑检测、轮胎修补、四轮定位、平衡、钣金喷漆、名牌机油、轮胎、电瓶、音响、GPS、各种雨刷、防冻液、飞利浦灯泡、机油添加剂、氙气灯、原厂配件

老梅汽配

公司地址：北京市丰台区分钟寺桥进主路口处
电　话：010-67678606
手　机：13522300628
主营业务：专业维修现代、大众、富康、钣金喷漆、电脑检测、救援

路安信达汽车维修中心

公司地址：北京市丰台区丰台南路四环花木中心西门附近
联系人：石永升
电　话：010-52208952
手　机：13240413505
主营业务：汽车修理、电脑检测、地盘维修、四轮定位

路凯汽修

公司地址：北京市丰台区五爱屯东街 18 号
联系人：卫立峰
电　话：010-67942900
手　机：13811637187/13611288717
维修资质：二类
主营业务：汽车大型维修、钣金喷漆、保险定损、道路救援

罗锅汽车电器修理

公司地址：北京市丰台区杜家坎环岛向南 1000 米路西
联系人：樊政军
电　话：010-83864995
手　机：13693550162/15010269219
主营业务：汽车换大线、销售电瓶、发电机、充电器、安装空调、加氟、风扇、换机油、马达、发电机

美轮美尚名车精品店

公司地址：北京市丰台区青塔西路珠江峰景小区西门一层底商
联系人：许晓明
职　务：经理
电　话：010-63877388
手　机：13718530997
主营业务：轮毂、锻造轮毂、弹簧系列、减振器，专业改装、维修保养

美通汽车专业维修中心

公司地址：北京市丰台区西四环中路 75 号
电　话：010-68177709/68176990/68177315
手　机：13701031922
传　真：010-68176990
主营业务：别克等专业维修，专业电脑检测，免费拖车及厂外救援

汽车配件服务中心

公司地址：北京市丰台区槐房路加油站斜对面（门面北 6 号）
联系人：赫龙
电　话：010-67914925
手　机：13552236743/13126534522
主营业务：维修保养、电脑检测、汽车电路、补胎平衡、代办保险验车服务

民新昌达汽车修理厂

公司地址：北京市丰台区菜户营东街
电　话：010-63057778/83106612
手　机：13601077589
维修资质：一类
主营业务：汽车修理

鹏翔汽配修理店

公司地址：北京市丰台区菜户营桥下东南侧
联系人：杨先生
电　话：010-63050362
手　机：13520733095
主营业务：专修捷达、现代、富康

汽车调漆 / 钣金喷漆

公司地址：北京市丰台区万丰路小井桥南 200 米
联系人：牛岗
手　机：13522209868
主营业务：汽车维修、电脑调漆，售汽车油漆辅料、代办验车保险

汽车维修

公司地址：北京市丰台区长辛店办事处往北 5 米
联系人：杨帆
电　话：010-83843665
手　机：13621196918
主营业务：汽车维修、钣金喷漆、汽车保险、代办验车、补胎打气

汽配门市部

公司地址：北京市丰台区右安路中央戏剧学院对面
联系人：王石生
电　话：010-83726513
主营业务：金杯、中意、五菱、大众、长安、各种汽车配件，维修保养，补胎、电瓶

汽车用品汽车修理中心

公司地址：北京市丰台区长辛店
联系人：刘建忠
手　机：15321281210
主营业务：专业汽车维修、用品装饰

车之翼 – 北京石榴园店 / 北京广源聚商贸有限公司

公司地址：北京市丰台区石榴园南里 7 号楼底商
联系人：孙先生
电　话：010-87254566/87244944
主营业务：汽车美容、专业贴膜、轮胎销售、四轮定位、快修保养、汽车装饰、镀膜封釉、划痕修复、底盘装甲

桑塔纳 / 捷达专修

公司地址：北京市丰台区长辛店公路街 29 号十中北 150 米医院南 150 米路东
联系人：赫东
电　话：010-83847960
手　机：13426114048
主营业务：普桑、2000、3000、帕萨特、捷达、奥迪、红旗汽车修理、钣金喷漆

盛源汽配

公司地址：北京市丰台区方庄桥向东第二个过街天桥向东 100 米路南
联系人：刘康阳
电　话：010-67614418
手　机：13439899786
主营业务：专修伊兰特、捷达、金杯、夏利、中意、钣金喷漆、救援服务

三义汽修

公司地址：北京市丰台区花乡新房子村 75 号
联系人：毛经理
手　机：13810655382
主营业务：各种汽车维修保养

首汽开元汽车修理厂

公司地址：北京市丰台区西南三环丰益桥东侧路北
联系人：王玖
电　话：010-63359610
手　机：13910819863
维修资质：二类
主营业务：专修自动变速箱、电喷发动机及各种进口车型的整形、喷漆、大中小修

顺达汽修

公司地址：北京市丰台区南苑东路四营门对面
联系人：崔克胜
电　话：010-67966711
手　机：13801369817
维修资质：三类
主营业务：汽车修理、美容装饰、代办保险验车

小海汽配

公司地址：北京市丰台区红房子加油站红绿灯东侧
联系人：薛小海
手　机：13693616493
主营业务：大众、现代、夏利、金杯、吉利、中意配件、维修保养、钣金喷漆、汽车电路防盗器安装与维修。验车、代办保险

泰安顺达汽修中心

公司地址：北京市丰台区南苑警备东路铁道路南
联系人：小曾
手　机：13161101235/18001160015
维修资质：二类
主营业务：维修保养、钣金喷漆、代理验车、保险理赔

荣峰汽修

公司地址：北京市丰台区长辛店医院南 100 米路西
手　机：13641253645
主营业务：汽车修理

万丰博达汽车修理厂

公司地址：北京市丰台区新发地桥东 400 米路北
联系人：张建国
手　机：15910942790/15810980665
主营业务：东风、解放、江淮、旗铃、奥铃、1041、大众、金杯、维修保养、钣金喷漆

天德汽修

公司地址：北京市丰台区槐房路南苑公园西门南20 米路西
联系人：牛经理
手 机：13146912974
主营业务：汽车维修保养、钣金喷漆

永鑫汽配

公司地址：北京市丰台区方庄桥东 1000 米路北
联系人：李佳明
手 机：13801095533
主营业务：专业汽车维修，免费电脑检测

天意缘汽修

公司地址：北京市丰台区东大街东货场路 42 号
联系人：潘小刚
电 话：010-63811151
手 机：13366028732
主营业务：底盘修理、维修保养、免拆清洗、钣金喷漆、代办验车保险，大众、奥迪、金杯

王超中意专修

公司地址：北京市丰台区南三环万柳桥南（沿辅路向西 80 米）
联系人：王超
电 话：010-58482792
手 机：13391521802
主营业务：中意、新意、民意、金杯等维修服务

现代大众钣金喷漆

公司地址：北京市丰台区万柳桥向西 810 米三环内
联系人：高先生
手 机：15901356462
主营业务：专业钣金喷漆、维修保养

祥奕汽车保养中心

公司地址：北京市丰台区南苑五爱屯东街 20 号
联系人：张祥奕
手 机：13240066823
主营业务：维修各种轿车、面包车、钣金喷漆

小李汽修

公司地址：北京市丰台区三路居河边路东
联系人：李海超
电 话：010-51241781
手 机：15011560641
主营业务：汽车维修、钣金喷漆

阳光汽修

公司地址：北京市丰台区南三环分钟寺桥头
联系人：马胜
电 话：010-67624851
手 机：13381075558/13651105312
主营业务：汽车维修保养、专业钣金喷漆、保险代理

新猛泉汽车技术服务

公司地址：北京市丰台区青塔西路甲 1 号（珠江峰景小区对面）
联系人：罗海泉
电 话：010-51769158/51769159
手 机：13501205116
主营业务：奔驰、奥迪、大众、别克

晓宋汽修

公司地址：北京市丰台区育芳园北路与三环路交口路东
联系人：宋明
手 机：13521036265
主营业务：汽车修理、钣金喷漆

鑫发专业快捷钣金喷漆

公司地址：北京市丰台区花乡新房子村 70 号
手 机：13001249599
主营业务：钣金喷漆、抛光打蜡、保险理赔、代办验车

鑫三环汽车修理部

公司地址：北京市丰台区丰益桥南 500 米路南（三环外）
联系人：栗月岭
电 话：010-63780110
手 机：13601332580
主营业务：专修大众、夏利、金杯、中意、救援服务

信永达汽修

公司地址：北京市丰台区新发地南苑西路 57 号
联系人：马伟
电 话：010-67910870
手 机：13811334675
维修资质：三类
主营业务：金杯、福田、依维柯、维修专家

兄弟汽车维修护理中心

公司地址：北京市丰台区长辛店镇朱家坟 82 号
联系人：聂亮
手 机：18310192927
主营业务：维修保养、钣金喷漆、汽车美容装饰、封釉护理、车身改色

天津夏利汽车配件维修中心

公司地址：北京市丰台区马家楼桥西 101 米
联系人：顾云龙
电 话：010-51175540
手 机：13391767500
主营业务：维修保养、空调加氟、自动变速箱维修

兄弟汽修

公司地址：北京市丰台区南岗洼
联系人：崔兆良
手 机：13146388351
主营业务：金杯、哈飞、民意、现代、旗铃、东风多利卡、各种柴油车等维修保养

一汽大众 / 北京现代专修

公司地址：北京市丰台区郑王坟 226 号
联系人：冯利民
手 机：13269092966/13520380668
主营业务：维修捷达王、桑塔纳 2000、3000、超人、帕萨特、宝莱、奥迪、北京现代及各种电喷车等，汽车音响、防盗贴膜、地胶、座套、脚垫、氙气大灯、各种 LED 彩灯、底盘灯

亚通汽车维修服务部

公司地址：北京市丰台区大红门西路 4 号
联系人：赵彬
电 话：010-87267814
手 机：13681006802
主营业务：汽车修理、钣金喷漆、代办保险、救援服务

杨志汽修

公司地址：北京市丰台区岳各庄北桥梅市口（青塔西路）珠江峰景对过
手 机：13520709714/13436498096
主营业务：专修各种疑难故障车、检修汽车电路、事故车、变速箱、空调系统等

杨子汽修

公司地址：北京市丰台区分钟寺 249 号
手 机：13341106039/13269968788
主营业务：主修一汽大众、奥迪、上海大众、伊兰特、东风雪铁龙、金杯系列、别克等

伊车缘汽车维修服务中心

公司地址：北京市丰台区南苑路久敬庄（和义五金城院内）
联系人：樊明涛
手 机：13366005765/15699982750
主营业务：北京现代全部系列维修、保养、钣金、喷漆

英普特汽车服务有限公司

公司地址：北京市丰台区菜户营桥西南角丰台工商局南 300 米路西
联系人：冯正国
电 话：010-63288185
手 机：13051277432
维修资质：二类
主营业务：汽车修理

北京爱义行汽车服务有限公司 - 成寿寺店

公司地址：北京市丰台区成寿寺中路 12 号
联系人：穆晓梅
职 务：店长
电 话：010-67613393/87613393
手 机：13717559457
网 址：www.aiyihang.com.cn
主营业务：汽车、美容、装饰、维修、轮胎、代办保险

永顺汽车服务

公司地址：北京市丰台区槐房路加油站北侧
联系人：杨云
手 机：13520361643
主营业务：钣金喷漆、机修线路、空调加氟

珍瑞博汽配

公司地址：北京市丰台区长辛店医院南 200 米路西
联系人：张国龙
电 话：010-83861919
手 机：13366972086
主营业务：金杯等各种车型配件销售、维修保养

智博汽车服务中心

公司地址：北京市丰台区红房子路口东（南苑中学）往西 300 米
联系人：任建新
手　机：13521528606
主营业务：维修保养、钣金喷漆、汽车装饰、美容封釉、保险理赔

中联顺汽车维修养护中心

公司地址：北京市丰台区西马小区 23 号楼
联系人：邵杰
职　务：经理
电　话：010-87590092/51756078
手　机：13901253523
维修资质：二类
主营业务：汽车修理、音响装饰、轮胎大全、美容修复、保险理赔

中兴和汽修

公司地址：北京市丰台区北岗洼 54 号
联系人：王小杰
电　话：010-83885822
手　机：13552314962
主营业务：汽车各类大小维修、各种养护、钣金喷漆、保险理赔、外出救援

忠海汽车服务中心

公司地址：北京市丰台区马家楼桥西马家楼村建友超市旁
联系人：王培元
手　机：13264360488
主营业务：专业钣金喷漆

忠信汽配

公司地址：北京市丰台区分钟寺南三环辅路过街天桥向东 150 米
联系人：陈东旭
手　机：13146858713
主营业务：钣金喷漆、维修保养、代理保险、理赔

车爵仕汽车服务连锁 /MAC 麦卡车身贴膜改色（万柳桥店）

公司地址：北京市丰台区万柳桥夏家胡同 117 号（加油站旁）
联系人：李丰
职　务：店长
电　话：010-63799342
手　机：18801090696
主营业务：汽车美容装饰、汽车用品销售、贴膜改色

专业钣金

公司地址：北京市丰台区花乡新房子村 72 号
联系人：徐海安
手　机：13439636093
主营业务：汽车维修、保养、钣金喷漆、事故车整形及回收，代办保险验车、救援服务

补胎汽车

公司地址：北京市丰台区长阳环岛西北角景江物流院内
手　机：18311200678
主营业务：汽车美容、装饰、修补轮胎

专业焊接丝扣加工中心

公司地址：北京市丰台区分钟寺桥往西 100 米（东南三环辅路边上）
联系人：王量
手　机：13520085878
主营业务：专焊各种车型的发动机、缸体、缸盖、变速箱、大梁、排气管、铸铁件、水箱、冷清器、铝活

专业汽车调漆 / 钣金喷漆

公司地址：北京市丰台区万丰路小井桥南 200 米
联系人：牛岗
手　机：13522209868
主营业务：汽车维修、电脑调漆、批发兼零、售汽车油漆辅料、代办验车保险

3K 北京我爱你车汽车装饰服务有限公司

公司地址：北京市丰台区石榴园南里 15 号（1-3）
联系人：詹经理
电　话：010-87204857
主营业务：汽车美容、装饰用品、洗车服务

北京（羊城）宏光汽车装饰

公司地址：北京市丰台区丰管路 28 号（丰益桥往西 80 米路南）
联系人：钟远高
电　话：010-63834429
手　机：13681586563/13601095768
主营业务：专业汽车美容、DVD 导航、地胶、防盗、音响、封釉、隔音、贴膜，专业汽车空调

补胎救援

公司地址：北京市丰台区长阳环岛北黄管屯车站对面
联系人：刘建光
手　机：15075916899
主营业务：补胎、动平衡、洗车、打蜡、封釉、清洗内饰、抛光、脚垫、雨刷

天能汽车装饰

公司地址：北京市丰台区长辛店办事处正对面育英里 16 号
联系人：曹永鸿
手　机：13121022008
主营业务：洗车美容、装饰精品、音响、防盗、贴膜

月福汽车装饰有限公司－成寿寺店

公司地址：北京市丰台区成寿寺路 37 号
电　话：010-87628729
主营业务：汽车美容、汽车音响、汽车保养、贴膜、安装防盗器、汽车改装、喷漆、装饰用品

石景山概况及汽车行业情况介绍

石景山因“燕都第一仙山——石经山”而得名，石景山区地处北京的西部，是海淀、丰台、门头沟三区的重要连接点，位于一轴（长安街沿线）一带（西部发展带）交汇处，为京西板块的支撑点，依山傍水。石景山距市中心仅 14 公里，是外城四区中距市中心最近的城区，利于吸纳人气，聚集商气，为促进区域经济的发展提供了有利条件。

■ 交通

石景山区内拥有长安街西延长线、阜石路两条东西走向城市主干道，其中，长安街被誉为城市景观大道，尽览现代化大都市风情；长安街延长线、莲石路、阜石路三条东西走向的主干道与五环路、四环路构成了四通八达的交通网络，驱车到中关村核心区 20 分钟，到 CBD 商务区 30 分钟，到国际机场 40 分钟。

■ 产业基础

文化创意产业积聚效应明显，高新技术产业稳步发展。以中国动漫游戏城、搜狐畅游为龙头的文化创意类企业，及“国家网络游戏动漫产业发展基地”、“北京数字娱乐产业示范基地”、“北京市文化创意产业集聚区”等在石景山区的挂牌，积极推进了文化创意产业的快速发展。以中关村科技园区石景山园为依托，重点发展电子信息、新能源、新材料、节能环保、光机电一体化的高新技术产业，促进了区域产业升级和经济增长方式的快速转变。

■ 汽车行业情况

2012 年，石景山区汽车零售市场保持较快增长，车市销售红火，成为拉动石景山区零售额增长的主要力量。近年来，在全市汽车消费不断高涨的促进下，随着石景山区招商引资的不断推进，成长起来一批具有一定规模的汽车零售企业，成为商业经济中重要的组成部分，更成为石景山区消费品市场增长的主要力量。

位于石景山区古城西路的国际汽车贸易服务园区成立于 2000 年，发展至今经营面积 5.5 万平方米，园内商户 82 家，年成交额过十亿元。依托汽车园区，周边 4S 店林立，已逐渐形成以国际汽车园区为中心的汽车交易市场，在支撑石景山区消费品市场各大板块中，汽车市场渐成规模，汽车零售稳居第一位。

石景山区汽车消费市场的发展主要以中低端品牌为主，随着市场的不断发展成熟，原有的中低端定位已无法完全满足消费者的购买需求，近年来逐步引入了奥迪、宝马、英菲尼迪等高端品牌汽车零售企业的入驻，拉动汽车消费增长。

2013 年，“限购政策”影响依旧，各家汽车零售企业面对困境积极开展新业务，提升业务空间，除了汽车维修、装饰装潢以外，部分车企开展了二手车置换、代办验车、汽车租赁、代理车险等新业务。

石景山区商家资讯

汽车 4S 店类

北京北方程远汽车销售服务有限公司
公司地址：北京市石景山区古城大街（特钢东门院内）
电　话：010-88925721/88927921
传　真：010-88921929
网　址：www.bfcy-hyundai.com
主营业务：北京现代整车销售及维修

北京大昌联丰汽车销售服务有限公司
公司地址：北京市石景山区古城大街北京国际汽车贸易园区内
电　话：010-68889888
传　真：010-68880883
网　址：www.toyotadclf.com
主营业务：广汽丰田整车销售及维修

北京国服信奥兴汽车有限公司
公司地址：北京市石景山区古城大街北京国际汽车贸易园区 F 区 9 号
电　话：010-68867373/68867070
网　址：www.gfxax.audi-online.cn
主营业务：一汽大众奥迪整车销售及维修

北京海马世纪汽车销售有限公司
公司地址：北京市石景山区鲁谷路 61 号
电　话：010-68602800/68602600
传　真：010-68602020
网　址：www.haimashiji.com
主营业务：海马汽车整车销售及维修

北京欢驰经贸有限公司
公司地址：北京市石景山区古城大街北京国际汽车贸易园区内 F 区 20 号
电　话：010-68888328
传　真：010-68883353
网　址：www.sjshonda.com
主营业务：广汽本田整车销售及维修

北京汇逞大通汽车销售服务有限公司
公司地址：北京市石景山区古城大街北京国际汽车贸易园区内 F 区 26 号
电　话：010-88930808
传　真：010-88777206
主营业务：上海大通汽车整车销售

北京吉鑫隆丰汽车销售有限公司
公司地址：北京市石景山区古城大街北京国际汽车贸易园区内 B 厅 1 号
电　话：010-88926282
主营业务：东风雪铁龙整车销售

北京冀东丰汽车销售服务有限公司
公司地址：北京市石景山区古城西路 99 号
电　话：010-68888181
网　址：www.jidf.com
主营业务：一汽大众整车销售及维修

北京冀东兴汽车销售有限公司
公司地址：北京市石景山区老古城西街中段 3 号
电　话：010-68818828
传　真：010-68818918
主营业务：东风日产整车销售及维修

北京冀发贵汽车贸易有限公司
公司地址：北京市石景山区古城大街北京国际汽车贸易园区内 F 区 4 号
电　话：010-68876621/68876625
传　真：010-68821911
网　址：www.subaru-bj.com
主营业务：斯巴鲁整车销售及维修

北京津丰华北汽车贸易有限公司
公司地址：北京市石景山区古城西路 63 号北京国际汽车贸易园区内
电　话：010-68818118/68817935
传　真：010-68818630
网　址：www.dyk.com.cn
主营业务：东风悦达起亚整车销售及维修

北京中汽福瑞汽车销售服务有限公司
公司地址：北京市石景山区古城大街北京国际汽车贸易园区 F 区 7 号
电　话：010-68868800
传　真：010-68867117
网　址：www.zhongqifurui-ford.com
主营业务：福特汽车整车销售及维修

北京君奥达汽车销售服务有限公司
公司地址：北京市石景山区古城大街北京国际汽车贸易园区内 F 区 5 号
电　话：010-88915588/68888133
传　真：010-68873099
主营业务：上海大众斯柯达整车销售及维修

北京骏宝捷汽车贸易有限公司
公司地址：北京市石景山区时代花园南路 36 号
电　话：010-68871911
传　真：010-88921911
网　址：www.porsche-beijing-shijingshan.com
主营业务：保时捷整车销售及维修

北京骏宝捷汽车维修有限公司
公司地址：北京市石景山区时代花园南路 30 号
电　话：010-68865528
传　真：010-68865538
主营业务：大众进口汽车整车销售及维修

北京真浩泰汽车销售有限公司
公司地址：北京市石景山区古城大街北京国际汽车贸易园区 F 区 8 号
电　话：010-68866688
网　址：www.trulyauto.com
主营业务：上海大众整车销售及维修

北京联航长铃汽车销售有限公司
公司地址：北京市石景山区古城西路北京国际汽车贸易园区西侧
电　话：010-68862701/68862702
传　真：010-68880180
主营业务：昌河铃木、长安铃木、铃木进口车

北京龙泽百旺销售服务有限公司
公司地址：北京市石景山区古城大街北京国际汽车贸易园区 F 区 15 号
电　话：010-57795399/57795366
传　真：010-57795377
主营业务：一汽奔腾整车销售及维修

北京鹏翰汽车服务有限公司
公司地址：北京市石景山区古城大街特钢公司厂内北京国际汽车贸易服务园区 F 区 17 号
电　话：010-68820788
主营业务：东风标致整车销售、维修

北京瑞鼎经贸有限公司
公司地址：北京市石景山区西长安街延长线古城西街南口
电　话：010-68880909
传　真：010-68867108
网　址：http://dealer.bitauto.com/100017766
主营业务：东风本田整车销售及维修

北京腾润恒通商贸有限公司
公司地址：北京市石景山区古城西路 63 号北京国际汽车贸易园区内东侧
电　话：010-68817464
传　真：010-68817464
主营业务：东风小康、东风风神、风行菱智、景逸等整车销售及维修

北京市庞大豪庭汽车销售服务有限公司

公司地址：北京市石景山区古城西路北京国际汽车贸易园区内 A 区 63 号
电　话：010-68874496/87399729
网　址：www.bjpddh.com
主营业务：帝豪汽车整车销售及维修

北京凯翔风汽车服务有限公司

公司地址：北京市石景山区双峪路 24 号
电　话：010-69853060/69852009-10
传　真：010-69866317
主营业务：北京现代整车销售及售后维修保养等

北京神风宝华汽车销售有限公司

公司地址：北京市石景山区石景山路 67 号
电　话：010-68816660
主营业务：双龙汽车整车销售及维修

北京中汽华世田五菱汽车 4S 店

公司地址：北京市石景山区古城大街北京国际汽车贸易园区奥迪 4S 店北侧 20 米
电　话：010-68889939
主营业务：五菱汽车整车销售及维修

和信顺通马自达

公司地址：北京市石景山区古城大街北京国际汽车贸易园区 A 区 65 号
电　话：010-68873336/68871116
主营业务：一汽马自达整车销售及维修

北京京哈顺达汽车销售有限公司

公司地址：北京市石景山区古城西路北京国际汽车贸易园区东展厅 1 号
电　话：010-68864131
主营业务：北京现代整车销售

北京希杰通汽车贸易有限公司（石景山分公司）

公司地址：北京市石景山区古城西路北京国际汽车贸易园区
电　话：010-68874507
传　真：010-68876020
主营业务：昌河铃木、长安铃木、铃木进口车

北京联通景隆汽车销售服务有限公司

公司地址：北京市石景山区古城大街北京国际汽车贸易园区内 F 区 14 号
电　话：010-88916698
传　真：010-88916625
主营业务：荣威整车销售及维修

汽车配件商、汽车用品商类

北京超腾飞汽车配件商店

公司地址：北京市石景山区古城西路国际汽车园区 31 号
联系人：曲洪越
电　话：010-68876067
手　机：13261246072
主营业务：金杯海狮、福田海狮、风景海狮、金杯格瑞斯、爱尔法、中顺、皮卡、小解放、旗铃

北京宏实鑫业汽车配件经营部

公司地址：北京市石景山区古城西路国际汽车园区 23 号
联系人：张敏
电　话：010-68876062
手　机：15601387752
主营业务：桑塔纳、超人、捷达、帕萨特、别克、切诺基配件、各种车型刹车片、三滤、电瓶、雨刷

北京市吉春发汽车配件经营部

公司地址：北京市石景山区国际汽车贸易服务园区大门东 13 号
联系人：王瑞德
电　话：010-68873261
手　机：13691285977
主营业务：一汽大众、上海大众、美国康菲机油、风帆电瓶

北京鑫泰安祥轮胎经营部

公司地址：北京市石景山区古城西路国际汽车园区 20 号
联系人：汪用超
电　话：010-68860991
手　机：13693558203
主营业务：南港、速耐、米其林、马牌、倍耐力、韩泰、固特异、锦湖、三角、佳通、邓禄普、普利司通、卡客车胎、工程胎销售

北京市英隆达科技发展有限公司

公司地址：北京市石景山区古城西路（塑料八厂）
联系人：房思彬
电　话：010-68879581
手　机：13621085426
主营业务：批发零售：太脱拉、斯太尔全车配件

北京顺方达汽车轮胎公司

公司地址：北京市石景山区古城西路 129 号（上海大众右侧）
联系人：何建芳
手　机：13520469826
主营业务：马牌、米其林、固特异、普利司通轮胎批发零售

北京万盛发蓄电瓶机油专营店

公司地址：北京市石景山区古城西路 63 号北京国际汽车贸易园区配件 9 号
手　机：13691168237
主营业务：瓦尔塔、风帆、骆驼、统一、博士等电瓶销售

北京市石景山金荣强汽配经营部

公司地址：北京市石景山区古城西路名门会娱乐休闲会所对面
联系人：王平
电　话：010-68876065
手　机：13691280643
主营业务：比亚迪、自由舰、吉利、夏利、威志、五菱荣光、三滤、刹车片、电瓶

北京鑫行诚信汽车配件商店

公司地址：北京市石景山区古城西路国际汽车园区 A39 号
联系人：王宪彬
电　话：010-68887839
手　机：13911074542
主营业务：专业批发风帆电瓶、各种机油；羚羊、奥拓、天语、雨燕等汽车配件

北京永鑫恒发轮胎销售服务中心

公司地址：北京市石景山区古城西路国际汽车园区 10 号
联系人：张志勇
电　话：010-68871359
手　机：13910179545
主营业务：米其林、普利司通、横滨、马牌、倍耐力、韩泰轮胎销售；四轮定位、电脑动平衡、专业修补

阿迪科润滑科技有限公司

公司地址：北京市石景山区古城西街 19 号
联系人：郝赫
职　务：市场部经理
手　机：13466563914
网　址：www.arddeca.com
主营业务：研发销售系列高低温润滑脂、高速润滑脂、低噪润滑脂、抗辐射润滑脂、耐腐蚀润滑脂等特殊性能的润滑脂

大众汽车配件经营部

公司地址：北京市石景山区古城西路国际汽车园区 A29 号
联系人：张凤来
电　话：010-68876272
手　机：13366452900
主营业务：桑塔纳、时代超人、奇瑞、捷达、捷达王全车配件

杭州安全玻璃有限公司（北京销售处）

公司地址：北京市石景山区古城西路天池泉商务会馆对面 024 号
联系人： 高峰
电　话： 010-68876147
手　机： 13681434657
主营业务：专营各种车型汽车玻璃及安装

华飞腾轮胎超市

公司地址：北京市石景山区古城西路 162 号
联系人： 李祖华
职　务： 经理
电　话： 010-88707985
手　机： 13161717909
主营业务：经营各品牌轿车轮胎、货车轮胎、轮毂轮胎改装

军凯峰汽车装饰部

公司地址：北京市石景山区古城西路国际汽车园区 18 号
联系人： 高永军
电　话： 010-88927885
手　机： 13161859986
主营业务：雷朋高级防爆膜、欧华专车专用 DVD 导航倒车影像、3M 封釉、龟博士镀膜、座套、座垫、地胶、脚垫、防盗中控、音响

专业汽车配件

公司地址：北京市石景山区麻峪汽车园东排 12 号（侯庄子车站旁）
联系人： 苏文倩
手　机： 13641326965/13240775988
主营业务：中意、民意、佳宝、金杯、五菱之光、荣光、东风小康、长安二代、奇瑞等车型原厂配件

北京欣阳永业汽车装饰中心

公司地址：北京市石景山区古城西路国际汽车贸易服务园区 63-2 号
联系人： 时国祥
手　机： 13031013959/15010631246
主营业务：专业贴膜、封釉、美容、卡仕达、科骏奇系列专车专用 DVD 导航专营

宏立鑫座套行

公司地址：北京市石景山区古城西路园区东门口内
联系人： 陈庆金
电　话： 010-68866759
手　机： 13051365422
主营业务：各种车型座套、地胶、真皮座椅

强达丰汽车装饰部

公司地址：北京市石景山区古城西路国际汽车园区外围 14 号
联系人： 张海峰
电　话： 010-88925142
手　机： 13718015789
主营业务：专业贴膜、音响、GPS 导航、地胶、防盗器、座套、座垫、车内清洗、抛光封釉、装饰精品

北京明杰润达科贸有限公司

公司地址：北京市石景山区古城南路 7-35 号
联系人： 倪道明
职　务： 业务主管经理
电　话： 010-88806616
手　机： 13261856750
主营业务：各种重型汽车：三滤、螺丝、电器件，各种工程机械：三滤及其液压滤芯等，各种进口国产轿车：三滤大全

北京正美丰业汽车服务有限公司（石景山店）

公司地址：北京市石景山区古城大街特钢东门院内
电　话： 010-68814828/68886473
手　机： 15810902140
主营业务：专营汽车玻璃及安装

北京利莲升汽车装饰部

公司地址：北京市石景山区古城西路国际汽车园区 27 号
联系人： 樊长恩
电　话： 010-68876064
手　机： 18601215243
主营业务：汽车音响、贴膜、防盗中控、座套、座垫、内饰清洁、导航汽车精品

北京联众通达汽车装饰

公司地址：北京市石景山区古城西路国际汽车园区 63-3 号
联系人： 王来虎
手　机： 15001005448
主营业务：汽车装饰装潢

汽车修理厂、快修连锁店、装饰美容店类

宝石顺鑫汽车服务

公司地址：北京市石景山区古城大街特钢汽车园区 11 号
联系人： 康伟立
电　话： 010-88925201
手　机： 13691089031
主营业务：精修各种国产进口汽车、发动机底盘、电路、空调、钣金喷漆、救援、保险出单、理赔

北京大众汽车维修中心

公司地址：北京市石景山区麻峪北口加油站对面第一家
联系人： 王磊
手　机： 18611926386/13241788346
主营业务：奥迪、帕萨特、宝莱、捷达、桑塔纳、本田、丰田，大中小修、电脑检测、机油保养、空调加氟、防冻液、电瓶等，专业钣金喷漆

北京新华兴旺汽车配件经营部

公司地址：北京市石景山区古城西路国际汽车园区 37 号（63-33）号
联系人： 田新华
电　话： 010-68875927
手　机： 13911762185
主营业务：伊兰特、富康、夏利、羚羊、奥拓、索纳塔、中意、民意、北斗星等微型车配件及维修

北京东方琛威汽车维修有限公司

公司地址：北京市石景山区化肥路烟草专卖局向北 200 米路东院内
联系人： 任艳
电　话： 010-68823588
手　机： 13691124918
传　真： 010-88722049
维修资质：二类
主营业务：汽车修理、保险理赔、救援

北京北方鑫鑫祥宇汽车配件经营部

公司地址：北京市石景山区古城西路国际汽车园区 25 号
联系人： 王林昌
电　话： 010-68876362
手　机： 18701266602
主营业务：金杯海狮、金龙海狮、福田海狮、风景海狮配件及维修

北京亚美航汽车技术服务有限公司（上海通用汽车维修服务中心）

公司地址：北京市石景山区时代花园南路（28 号景公阁 7-116 底商）
联系人： 孙明贺
职　务： 经理
电　话： 010-63878699
手　机： 13911561720
主营业务：专修高档品牌车辆，主修美国汽车、上海通用

北京东瑞兴汽配经营部
公司地址：北京市石景山区古城西路国际汽车园区西门 36 号
联系人： 王东雨
电　话： 010-68875861
手　机： 15101196165
主营业务：专修各种疑难杂症、精修节气门

北京公交新风科技服务有限公司（第六汽车修理分公司）
公司地址：北京市石景山区鲁谷路 55 号
电　话： 010-68668312/68636994
主营业务：玉柴机器、宇通客车、苏州金龙、金旅客车、亚星客车、江淮客车、松芝空调、江淮底盘、朝柴特约维修、汽车大修、总成大修、维修保养

北京互帮互惠汽配部
公司地址：北京市石景山区古城西路国际汽车园区 32 号 63-28 号
联系人： 王建川
电　话： 010-68876069
手　机： 13811815514
主营业务：一汽大众、上海大众、现代、起亚、奇瑞等配件及汽车修理、钣金喷漆

北京慧宝汽车专业维修
公司地址：北京市石景山区麻峪汽车园
联系人： 宋乃慧
电　话： 010-59684649
手　机： 13691212400/15301091727
主营业务：专修切诺基、大切、大捷龙、欧蓝德、牧马人、三菱帕杰罗、克莱斯勒 300C 等

北京家乐通达汽车配件销售中心
公司地址：北京市石景山区古城西路国际汽车园区 11 号
联系人： 李伟
电　话： 010-68866212
手　机： 18611198907
主营业务：桑塔纳、超人、捷达、夏利、中意、奇瑞等配件销售及修理

北京捷讯旺汽配经营中心
公司地址：北京市石景山区古城大街北京国际汽车贸易园区 19 号 63-14 号
联系人： 王建国
电　话： 010-68876365
手　机： 13641188313
主营业务：索纳塔、伊兰特、千里马、夏利、奥拓等配件及修理

北京师顺发清洗中心
公司地址：北京市石景山区高井 144 号
联系人： 师新民
手　机： 13121588641
主营业务：汽车维修、保养

北京德尔跃汽配商行
公司地址：北京市石景山区麻峪北口车站路南
电　话： 010-88993960
手　机： 13520190711
主营业务：专业维修、保养、救援

北京市京门特汽修部
公司地址：北京市石景山区双峪路 25 号
联系人： 田经理
电　话： 010-88992886
手　机： 13911009883
主营业务：汽车维修、保养

北京市逸浓商贸公司（汽车维修）
公司地址：北京市石景山区杨庄 39 栋
联系人： 回志强
电　话： 010-68842543
手　机： 13801112605
主营业务：维修、保养各种车辆

北京快速洁汽车装饰中心
公司地址：北京市石景山区机动车检测厂斜对面
联系人： 刘彦杰
职　务： 经理
电　话： 010-68601196
手　机： 15116917287
主营业务：钣金喷漆、划痕修复、抛光封釉、清洗内饰、冷热补胎、保险验车、维修保养、配件销售、轮胎动平衡

北京石天利和汽车配件经营部
公司地址：北京市石景山区古城西路塑料八厂门面房
联系人： 钟光平
电　话： 010-68860340
手　机： 13522009191
主营业务：夏利、自由舰、电瓶、奥拓、羚羊配件及维修，补胎、轮胎动平衡

北京市宝时达汽车空调修理厂
公司地址：北京市石景山区古城西街 21 号（格林豪泰酒店旁）
联系人： 程贵滨
电　话： 010-68875404
手　机： 13901101701
主营业务：汽车修理、空调安装、改造、各种轮胎销售

北京市昌辉鑫达汽配
公司地址：北京市石景山区古城西路国际汽车园区 40 号
联系人： 王宝昌
手　机： 13011011032
主营业务：奥拓、羚羊、荣光、北斗星、夏利、N5 配件及修理

北京金车汽车修理有限责任公司
公司地址：北京市石景山区古城西街 27 号
联系人： 田茂东
电　话： 010-88921336
手　机： 13910850975
主营业务：钣金喷漆、快修保养、保险理赔、精品装饰

北京小三汽配汽修
公司地址：北京市石景山区侯庄子汽车园
联系人： 吴小三
手　机： 13241975819
主营业务：奥迪、帕萨特、宝来、高尔夫、捷达（王）、桑塔纳、羚羊、奥拓、夏利

北京市兴云松汽配汽修
公司地址：北京市石景山区双峪路 24 号汽修汽配城
手　机： 13366117976
主营业务：一汽大众、上海大众、奥迪、别克、金杯等车系列品牌配件，钣金喷漆、自变箱维修

北京精兵义达汽车服务中心
公司地址：北京市石景山区石门路 36 号
联系人： 李兵
手　机： 13552126763
主营业务：专修各种电喷车、自动变速箱、汽车电器电路、钣金喷漆、美容装饰

北京顺德兴汽车服务中心
公司地址：北京市石景山区麻峪汽车园 5 号
联系人： 谭志营
手　机： 13661375541
主营业务：专营专修大众、奇瑞、金杯系列

北京京西燕川上海大众汽车特约维修站
公司地址：北京市石景山区古城西路（化肥路）
电　话： 010-68873896
主营业务：上海大众汽车特约维修站

北京微连汽配汽修部
公司地址：北京市石景山区双峪路 10-5 号（麻峪北口红绿灯往东 60 米路南农村商业银行东邻）
手　机： 13146072886/13269114922
主营业务：专业电脑检测、钣金喷漆、清洗喷油嘴、空调加氟，帕萨特、宝来、桑塔纳、羚羊、捷达、富康、现代等

北京金钥匙汽车维修服务中心
公司地址：北京市石景山区古城大街北京国际汽车贸易园区 F 区 11 号
联系人： 张海东
职　务： 经理
电　话： 010-52293559
手　机： 15711160157
主营业务：别克、雪佛兰专修

北京大昌汽车装饰
公司地址：北京市石景山区麻峪北口
联系人： 张民昌
手　机： 18310888909/13260499530
主营业务：美国 NB 量子膜、安装音响、防盗器、导航、地胶座垫等，汽车镀膜、钣金喷漆、抛光封釉、底盘装甲、玻璃修复等

北京市崇立富汽车修理中心
公司地址：北京市石景山区广宁麻峪北口路南公共汽车站
联系人： 崇立富
电　话： 010-51946289
手　机： 13691056197/18910821691
主营业务：批发零售各种轮胎、电瓶、机油三滤、汽车玻璃、电瓶充电、空调加氟、快修保养、清洗喷油嘴、进气道、三元催化

北京鑫盛永隆汽车配件装饰中心

公司地址：北京市石景山区古城西路 162 号（烟草局东侧路南）
联系人：刘庆尊
手　机：13366403152
主营业务：维修保养、钣金喷漆、贴膜、美容、精品、座套座垫、音响改装

北京兴创鑫业汽配经营部

公司地址：北京市石景山区古城西路国际汽车园区 38 号
联系人：刘淑清
电　话：010-88925176
手　机：13521189829
主营业务：一汽大众、上海大众、别克等各种车型配件及维修

北京铜利汽车服务中心

公司地址：北京市石景山区古城西路国际汽车贸易园区 41 号
联系人：贾国军
手　机：13522563923
主营业务：专修雪铁龙系列、标致系列、北京现代系列

北京永利发汽配连锁公司（石景山分店）

公司地址：北京市石景山区古城大街北京国际汽车贸易园区 16 号
联系人：闫志强
电　话：010-68876313
手　机：13269467686
主营业务：金杯海狮、福田海狮、风景海狮、金杯格瑞斯、奇瑞、捷达、桑塔纳配件及修理

北京翔云钣金喷漆维修中心

公司地址：北京市石景山区北辛安斜马路菜地大门往里走到头右转 100 院内
联系人：王卫东
手　机：13810282116
主营业务：汽车钣金喷漆

北京遇成鑫达汽车服务中心

公司地址：北京市石景山区古城西路金色海滩东侧
联系人：回永强
电　话：010-68832158
手　机：18910065576
主营业务：切诺基、大众系列维修保养钣金喷漆

北京志成顺达汽车维修中心

公司地址：北京市石景山区古城西路 166 号
联系人：刘建
电　话：010-68868360
手　机：13811053893/15600120417
主营业务：汽车钣金喷漆、烤漆房、汽车美容、抛光、封釉

汽车专业维修

公司地址：北京市石景山区高井北街 54 号
联系人：张文明
手　机：13240314203/13261103987
主营业务：专修奥迪、大众、现代、富康、夏利系列，车内装饰、补胎、动平衡

北京中车汽修连锁有限公司（105 店）

公司地址：北京市石景山区老古城西街 8 号
联系人：李永军
职　务：经理
电　话：010-88927874
手　机：15611508829/13121620658
维修资质：二类
主营业务：快修保养、美容装饰、钣金喷漆、四轮定位

祥云汽修

公司地址：北京市石景山区古城西路 162 号
联系人：田洪峰
手　机：18910132716
主营业务：专修帕萨特、宝来、捷达、现代、奇瑞等车型

别克奥迪大众专修

公司地址：北京市石景山区麻峪汽车园东排 6 号
联系人：付井峰
手　机：13141208823
主营业务：钣金喷漆、四轮定位、电脑检测、机电维修、内补轮胎及动平衡、轮胎大全

东斌兴汽配商行

公司地址：北京市石景山区麻峪汽车园 29 号
联系人：王祥东
手　机：15300325272/13220160676
主营业务：比亚迪、长安、夏利、大众、现代、奇瑞及各种国产车系，专业大中小修保养、汽车配件、钣金喷漆

飞翔汽配

公司地址：北京市石景山区古城西路国际汽车园区 26 号
电　话：010-68824800
手　机：13264180897
主营业务：中意、民意、一汽佳宝、昌河北斗星配件销售及维修

好丽洁汽车装饰美容中心

公司地址：北京市石景山区麻峪汽车园 6 号
联系人：刘克方
职　务：店长
手　机：13621018091
主营业务：汽车维修、导航、清洗、玻璃，汽车装饰美容、音响、用品等

艳兆丰服务中心

公司地址：北京市石景山区古城西路 168 号
联系人：赵建水
电　话：010-88707153
手　机：18310237207
主营业务：专修各种汽车发动机、马达、发电机、清洗节气门、喷油嘴

华祥汽修

公司地址：北京市石景山区古城西路 162 号
联系人：郭相斌
电　话：010-68846220
手　机：13801262300
主营业务：汽车修理、钣金喷漆、四轮定位、代办保险验车

月福汽车装饰有限公司 – 石景山店

公司地址：北京市石景山区上庄大街东石景山路北（八宝山地铁站东北角）
电　话：010-88259266
主营业务：汽车美容、汽车音响、汽车保养、贴膜、安装防盗器、汽车改装、喷漆、装饰用品

兰宇汽车美容装饰中心

公司地址：北京市石景山区双峪路侯庄子二排 1-2 号
联系人：张安全
手　机：13911132886/13810893141
主营业务：洗车贴膜、音响、地胶、防盗器、座套、桑拿、打蜡、抛光、封釉、底盘封塑、导航、氙气灯

老周专业钣金喷漆

公司地址：北京市石景山区侯庄子汽车园 22 号
联系人：周书海 / 周书理
手　机：13021183367/13718460148
主营业务：钣金喷漆、电焊气焊、专修事故车、内有烤漆房

汽车维修专营

公司地址：北京市石景山区古城西街附近
联系人：晏海彬
手　机：13641259963
主营业务：专修夏利、奇瑞、捷达、桑塔纳、羚羊、伊兰特、QQ、别克、比亚迪、雪佛兰

申岳汽车修理厂

公司地址：北京市石景山区麻峪汽车园 19 号
联系人：申岳
电　话：010-58475123
手　机：13240721309
主营业务：桑塔纳、捷达、夏利、吉利、现代、电脑检测、洗喷油嘴、清进气系统、清三元

新月金星汽车修理厂

公司地址：北京市石景山区高井北街 4 号
联系人：杨文平
职　务：总经理
手　机：13681095753/13671381963
主营业务：事故救援、旧车翻新、洗车美容、抛光打蜡、电焊汽焊、专业钣金喷漆

顺百洁维修中心

公司地址：北京市石景山区麻峪北口向东 150 米
联系人：杨子
职　务：经理
手　机：15699950158
主营业务：伊兰特、索纳塔、一汽大众、上海大众、宝马、奔驰、奥迪、夏利、奥拓等各种国产进口车维修保养

金宝豪汽车行

公司地址：北京市石景山区双峪路麻峪北口加油站对面
电　话：010-88991209
手　机：13141377124/13021229220
主营业务：专修金杯、福田，各种轿车保养

四轮定位

公司地址：北京市石景山区麻峪北口（回力子午线轮胎店）
联系人：贾云雷
电　话：010-88991857
手　机：13911517949
主营业务：轮胎大全（米其林、普利司通、韩泰、固特异等）、进口轮胎、国产轮胎、农用胎

北京永泰奥福羚汽配销售服务处

公司地址：北京市石景山区古城西路国际汽车园区配件房 28 号
联系人：路国成
电　话：010-68876063
手　机：13366121127
主营业务：奥拓、羚羊、雨燕、天语、比亚迪、长安、悦翔、志翔配件及维修

兴达汽修电脑调色中心

公司地址：北京市石景山区麻峪汽车园 20 号
联系人：周占军
职　务：业务经理
手　机：13241536097
主营业务：事故车专修、汽车调色，各种高中低档车钣金喷漆、美容以及汽车漆辅料批发等

北京中车杨庄汽车修理有限公司

公司地址：北京市石景山区杨庄大街 85 号
联系人：闫红建
电　话：010-88921972
传　真：010-68811572
网　址：www.zcqx126.com
维修资质：二类
主营业务：快修保养、专业美容

专业汽车配件

公司地址：北京市石景山区麻峪汽车园东排 4 号（保庄子车站旁）
联系人：曹伟
手　机：13911373739
主营业务：哈飞中意、民意、长安之星、二代佳宝、北斗星、五菱之光、荣光、金杯，原厂配件、大中小维修

德顺兴汽车服务会所

公司地址：北京市石景山区银河大街双锦园 15 号
联系人：孙金水
电　话：010-68680708
手　机：13311229739
主营业务：德国马牌 CCS 店、摩圣授权服务商、美容装饰

中国石化润滑油公司（长城润滑油鲁谷店）

公司地址：北京市石景山区银河南街双锦园 16 号楼 161-1
联系人：刘鸿斌
职　务：经理
电　话：010-68654589/68636891
手　机：13366735392
主营业务：汽车维修保养、美容清洗

恒源汽车装饰

公司地址：北京市石景山区双峪环岛东行 200 米麻峪汽车园
联系人：陈根立
手　机：13439683368/13683547782
主营业务：贴膜、音响、地胶、防盗器、中控门锁、抛光封釉、座套、座垫、精口及工具等汽车用品，机修、钣金喷漆

亚东伟业汽车装饰中心

公司地址：北京市石景山区葡萄嘴环岛往南 100 米路西
联系人：艾润仓
职　务：业务经理
电　话：010-60800506
手　机：13501371883
主营业务：汽车座套、沙发、椅套、贴膜、美容打蜡、封釉镀膜、音响、中控锁、防盗器、天线、刹车灯、护杠等，维修、保养各种国产进口轿车

京西进忠汽配

公司地址：北京市石景山区麻峪东街 123 号麻峪北口红绿灯向东 150 米铁道桥旁路南
联系人：刘进忠
手　机：18611758215/13683382609
主营业务：北京现代、捷达、大中小修、补胎、超声波清洗喷油嘴，各种电瓶、刹车片

门头沟区概况和汽车行业情况介绍

门头沟区位于北京城区正西偏南，总面积 1455 平方公里。山地面积占 98.5%, 是北京市唯一的纯山区，其东部与海淀区、石景山区为邻，南部与房山区、丰台区相连，西部与河北省琢鹿县、涞水县交界，北部与昌平区、河北省怀来县接壤。

■ 人口状况

2011 年末，全区有常住人口 29.4 万人。

■ 汽车后市场

由于规划拆迁，再加上距离石景山区较近，门头沟区只有数量很少的修理厂为当地的客户提供专业产品和服务。

门头沟商家资讯

汽车修理厂、快修连锁店、装饰美容店类

北京佳吉利达汽车维修中心

公司地址：北京市门头沟区滨河路蓝龙家园阁外山水小区北门外
电　话：010-69865368
主营业务：专修奥迪、一汽大众、上汽大众等系列小轿车，维护保养各种进口、国产汽车，维修保养各种手动档、自动档变速箱

北京鑫三通汽车维修服务中心

公司地址：北京市门头沟区三家店水闸路 15 号
联系人：朱元龙
职　务：业务经理
电　话：010-69846324
手　机：13718032356
传　真：010-69827118
维修资质：一类
主营业务：精修各类进口、国产汽车

久久永昌汽车服务中心

公司地址：北京市门头沟区侯庄子车站路南 16 号
联系人：徐树金
电　话：010-69849839
手　机：13522843639
主营业务：机油、电瓶、轮胎、配件，承接各种车大中小修业务

北京万通达汽车维修有限公司

公司地址：北京市门头沟区石龙北路 23 号 18 室（体育场对面）
电　话：010-88623737
手　机：15210669785
传　真：010-60804986
维修资质：二类
主营业务：洗车美容、钣金喷漆、保险理赔、维修保养、代办验车、免费救援

北京金潮汽车修理厂

公司地址：北京市门头沟区石龙北路 23 号（原八五三汽修）
联系人：白元新
职　务：经理
电　话：010-69804769
手　机：13366737678
传　真：010-69808866
主营业务：各种车辆大中小修、事故车救援、美容装饰、保险、定损、理赔等一条龙服务

北京永爱晨汽修

公司地址：北京市门头沟区永定镇何各庄
电　话：010-60803014/69806610
手　机：15300158942/13910236719
主营业务：专修大众等汽车

广友汽修

公司地址：北京市门头沟区
手　机：13401065376
主营业务：各种黄标车、绿标车、化油器车、绿无星车，代办验车

北京市显博通达蓄电池门市部

公司地址：北京市门头沟区双峪路东双峪汽车园汽配厅 28 号（亨美东边）
联系人：陈志显
职　务：经理
电　话：010-69844397
手　机：13021002694
主营业务：桑塔纳、夏利、富康、小面等车型大中小修，保险、验车等

房山区概况和汽车行业情况介绍

房山区地处北京西南，是首都西南枢纽、友好产业新区、山水文化名城。全区总面积 2019 平方公里，常住人口 94.5 万，户籍人口 76.8 万人。

■ 发展战略

按照建设“三个北京”的要求，房山区确定了“坚持科学发展，坚定不移地走新型城市化道路，加快城市化、工业化、现代化进程，建设产业友好、生态宜居新房山”的新思路和构建“两轴、三带、五园区”的区域发展新格局。如今，随着北京市发展城市南部地区步伐的加快，房山区通过城市化带动与功能区支撑的“双轮驱动”和改善民生与加快发展的良性互动，加速“三化两区”建设进程，更加紧密地同北京城区连成一体。

■ 汽车后市场情况

依托便利的交通和精准的市场定位，大南郊汽配城在房山地区汽车后市场的影响力几乎家喻户晓，作为北京地区汽配市场的储存批发中转站，大宗成批的汽配及用品发往北京及周边省市县。多年来，汽配城以服务周边地区及县市的用户需求为目标，不断规范和发展，在北京汽车后市场的体系中占有非常重要的一席之地。

此外，房山城区有西潞园、月华、长虹、九州家园等诸多大型社区，以及良乡卫星城、燕化星城，良乡地区的飞速发展，给本地区汽车汽配及用品市场带来了巨大的活力，汽车修理厂、汽车服务商广泛分布在城区和几个交通便利的主干道，这些路边店和大南郊汽配城一起，代表了房山区的汽车后市场，并为服务地方及周边客户、消费者，发挥着越来越重要的作用。

房山区商家资讯

汽车 4S 店类

北京奥之旅汽车销售服务有限公司

公司地址：北京市房山区阎村镇前沿村委会南200 米
电　话：010-61378886/61378889
传　真：010-61378088
网　址：www.jt-audi.com
主营业务：一汽大众奥迪整车销售及维修

北京乾元通达汽车维修有限公司

公司地址：北京市房山区阎村镇炒米店一街甲 1 号院内
电　话：010-89362727/89362626
主营业务：哈飞路宝整车销售及维修

北京东南得利卡汽车贸易有限公司(房山店)

公司地址：北京市房山区阎村镇澎湃汽车城市场A-1 号
电　话：010-81307113
传　真：010-81306103
主营业务：三菱蓝瑟、东南汽车整车销售及维修

北京合时利瑞通汽车销售有限公司

公司地址：北京市房山区良乡凯旋大街 18 号
电　话：010-69379399/69379166
传　真：010-69382813
主营业务：奇瑞汽车整车销售及维修

北京凯威富榴汽车销售服务有限公司

公司地址：北京市房山区良乡凯旋大街 50 号
电　话：010-69372588/69378663
传　真：010-69365345
主营业务：上海大众整车销售及维修

北京东富车友汽车销售服务有限公司

公司地址：北京市房山区阎村镇阎村桥向东 50 米
电　话：010-61378118/61378108
主营业务：东风日产整车销售及维修

北京凌迈汽车销售有限公司(房山一分公司)

公司地址：北京市房山区阎村镇炒米店一街甲 1 号院内
电　话：010-80308358/89319400
主营业务：长安汽车整车销售及维修

北京润城销售服务店

公司地址：北京市房山区阎村镇炒米店一街甲 1 号
电　话：010-89317680/89317692
传　真：010-89317680
网　址：www.bydrc.com
主营业务：比亚迪整车销售及维修

北京澎湃中冀汽车销售有限公司

公司地址：北京市房山区阎村镇澎湃汽车城院内
电　话：010-61378778/61378558
传　真：010-61377887
网　址：www.subaru-china.cn
主营业务：斯巴鲁整车销售及维修

北京津峰旺达汽车销售有限公司

公司地址：北京市房山区阎村桥京周路南侧（房山保安公司对面）
电　话：010-89313989/89313991
网　址：www.tjfaw.com
主营业务：天津一汽整车销售及维修

北京市良乡万达工贸有限公司

公司地址：北京市房山区良乡拱辰北大街 29 号
电　话：010-89360080
传　真：010-89360070
主营业务：一汽大众整车销售及维修

北京速邦御风汽车销售服务有限公司

公司地址：北京市房山区良乡凯旋大街 52 号
电　话：010-56151678
网　址：www.bjyufeng.net
主营业务：东风御风整车销售及维修

长安汽车新兴快马房山 4S 店

公司地址：北京市房山区阎村镇炒米店村北
电　话：010-80308868
网　址：www.changan.com.cn
主营业务：长安汽车整车销售及维修

北京北方新兴长安铃木汽车销售服务有限公司（房山店）

公司地址：北京市房山区阎村镇炒米店村北
电　话：010-80308900/80308988
网　址：www.2000nxx.com
主营业务：长安铃木整车销售及维修

北京隆晟骏业汽车销售服务有限公司

公司地址：北京市房山区阎村镇炒米店一街甲 1 号院内
电　话：010-80308200/80308300
网　址：www.bj-baojun.com
主营业务：宝骏汽车整车销售及维修

宏博嘉星（北京）汽车销售服务有限公司

公司地址：北京市房山区良乡镇东沿村（京石高速阎村出口往西 100 米路北）
电　话：010-61351258/61351358
传　真：010-61351307
网　址：www.jiaxingchehang.com
主营业务：各种车型整车销售、分期付款、抵押贷款、保险理赔、二手车置换

汽车配件商、汽车用品商类

北京长阳景鑫汽车配件经销中心
公司地址：北京市房山区京良路长阳镇政府东红绿灯路南
联系人：孙景武
电　话：010-80366310
手　机：13691169070
主营业务：重汽、新大康、欧曼、奥威、奥龙、格尔发、东风、解放全车配件及汽车维修

北京长阳西营鑫宇汽配汽修
公司地址：北京市房山区京良路西营红绿灯西南300米
电　话：010-80366565
手　机：13681585667
主营业务：STR/STR王、豪沃、新大康、欧曼、东风、解放等全车配件、重汽专业维修、光钴铆片

北京春华轩轮胎批发公司
公司地址：北京市房山区长阳镇京良路西营
联系人：周清春
手　机：18910885992
主营业务：各种轿车、卡客车、叉车、工程车轮胎销售

北京福耀汽车玻璃有限公司（房山分公司）
公司地址：北京市房山区良乡拱辰大街34号
联系人：娇德清
职　务：经理
电　话：010-89362827
手　机：13910390053
主营业务：汽车玻璃销售安装

北京吕氏伟业商贸中心
公司地址：北京市房山区农业职业学院对面
联系人：吕占统
电　话：010-80365026
手　机：18600039180
主营业务：三角、韩泰、米其林、固特异、横滨、普利司通等品牌轮胎销售

北京平安汽车玻璃有限公司
公司地址：北京市房山区京周路京良路环岛往北1000米加油站对面
联系人：冯涛
手　机：13263198789/13120160696
主营业务：销售各种车型汽车玻璃及安装服务

北京圣鹏轮胎有限公司
公司地址：北京市房山区良乡西潞南大街27号
电　话：010-69363488
传　真：010-69363477
主营业务：各种轮胎、轮圈，改装升级、四轮定位等

北京市天顺达轮胎有限公司
公司地址：北京市房山区京良路西营加油站往西30米路南
联系人：张其坡
电　话：010-80366639
手　机：13911567172
主营业务：各种卡客车轮胎销售

北京燕达盛欣商贸有限公司
公司地址：北京市房山区饶乐府路南
联系人：郝闯
电　话：010-89330109
手　机：13683121606
主营业务：壳牌公司授权经销商，专营壳牌润滑油

北京永兴秋硕轮胎公司
公司地址：北京市房山区京良路长阳镇政府往东300米路南
联系人：刘俊涛
电　话：010-80366731
手　机：13601001327
主营业务：雅度轮胎、佳通轮胎等轮胎销售

好兄弟汽车配件
公司地址：北京市房山区西营红绿灯西行200米路南
联系人：何先生
手　机：18201395866/13220138222
主营业务：陕汽德龙、北汽欧曼、重汽豪沃配件销售及维修

亲人配件北京鼎兴宏业销售中心
公司地址：北京市房山区长阳镇京良路西营113号
联系人：张永
电　话：010-52315217/52315218
手　机：13810184899
主营业务：中国重汽亲人配件销售

玉平顺汽车配件
公司地址：北京市房山区长阳镇高佃村
联系人：刘振玉
电　话：010-80350676
手　机：13701102186
主营业务：斯太尔、豪沃、金王子、红岩、欧曼、全车配件

北京家人行汽车装饰中心
公司地址：北京市房山区良乡北潞园东门向北高速跨线桥北100米路西
联系人：樊华
手　机：13120495660
主营业务：快速钣金喷漆、划痕处理、抛光打蜡、封釉镀膜

北京美车汽车装饰中心
公司地址：北京市房山区良乡良坨北路38号北潞园东门北50米
联系人：宋向东
电　话：010-89363836
手　机：18601287882/13301187882
主营业务：汽车用品、美容装饰、维修养护、保险出单、定损理赔

北京振洲汽车装饰服务公司
公司地址：北京市房山区良乡北潞园东门对面
联系人：吴栋梁
手　机：13161540718
主营业务：汽车精品装饰、水蜡洗车、贴膜、封釉、镀膜、打蜡、抛光、地胶、内饰清洗

变色龙汽车养护中心
公司地址：北京市房山区良乡良坨北路38号北潞园东门向北高速路跨线桥北200米
联系人：王长山
电　话：010-89364079/89365539
手　机：13381036116
主营业务：汽车养护、精品装饰、汽车美容、摩圣系列深度养护产品

北京华凯商贸有限责任公司
公司地址：北京市房山区良乡文科龙苑4号楼5-304
联系人：张学忠
职　务：经理
电　话：010-69387186
手　机：13501254521
主营业务：卡车、轿车汽车配件，皮带涨紧轮、惰轮、离合器配件

专业量车定做汽车座套
公司地址：北京市房山区良乡西潞南大街
联系人：陈浩
职　务：经理
手　机：15210612899
主营业务：专业制作汽车座套

宏凯汽车美容养护中心
公司地址：北京市房山区良乡良坨路安庄
联系人：常春柳
手　机：15901460276
主营业务：汽车美容装饰

江海鑫盛汽车美容装饰
公司地址：北京市房山区北潞园东门北侧50米
联系人：王选财
手　机：13733221517
主营业务：贴膜、抛光、打蜡、桑拿、封釉、发动机清洗

天福汽车装饰

公司地址：北京市房山区良乡地税大楼向西400米路西
联系人：郝春丽
电　话：010-89355446
手　机：13716619888
主营业务：无尘贴膜、美容镀膜、真皮座椅、GPS导航、汽车精品

北京正通建大轮胎经销中心

公司地址：北京市房山区长阳镇马厂村133号
联系人：吕占猛
电　话：010-80366289
手　机：13691090934
主营业务：三角、朝阳、风神等轮胎销售

广鸿汽车装饰中心

公司地址：北京市房山区良乡北潞园东门往北100米
联系人：付伯爱
手　机：13716193425/13521893088
主营业务：新车装饰、贴膜、铺地胶、安装音响、防盗器、座套封釉、氙气大灯、维修汽车空调

时尚汽车装饰中心

公司地址：北京市房山区安庄菜市场对面
联系人：邓玉赞
手　机：13911567188
主营业务：新车装饰、旧车翻新、封釉镀膜、贴膜地胶、防盗器、音响DVD

圆点汽车装饰

公司地址：北京市房山区良乡安庄天乐对面
联系人：张立彤
手　机：13911375898
主营业务：汽车内外清洗、美容装饰保养、钣金喷漆、改装

北京市良乡大地轮胎门市部

公司地址：北京市房山区昊天大街114号4号楼1-101号
电　话：010-69355330
主营业务：普利司通轮胎、米其林、正新轮胎、倍耐力、锦湖、好运轮胎销售

汽车修理厂、快修连锁店、装饰美容店类

北京安然发汽车配件经营部

公司地址：北京市房山区良乡西潞南大街18号
联系人：赵新刚
电　话：010-69378132
手　机：13801045671
主营业务：长安、昌河、吉利、夏利、羚羊、中意、捷达等配件销售及修理、钣金喷漆

北京安通顺捷汽车修理有限责任公司

公司地址：北京市房山区良乡凯旋大街46号
联系人：宋秀平
职　务：经理
电　话：010-69375598
手　机：13611019136/13311503210
维修资质：二类
主营业务：维修保养、钣金喷漆、汽车装饰美容、汽车配件、代办保险验车

北京博佳利友汽车维修有限公司

公司地址：北京市房山区良乡镇詹庄村口（向北100米）
联系人：张玮秀
职　务：业务主管
电　话：010-80355300/80355900
手　机：13001192902
主营业务：汽车修理

北京昊兴正民汽车修理厂

公司地址：北京市房山区良乡安庄村市场侧对面
联系人：郑经理
电　话：010-69379096/89359673
主营业务：汽车修理、保险理赔

北京马上赢汽修厂

公司地址：北京市房山区良乡凯旋大街5号（轻轨往南100米）
联系人：候继东
电　话：010-69351083/81622880
手　机：13910831906
维修资质：二类
主营业务：汽车快修养护

北京华安众信汽车修理有限公司

公司地址：北京市房山区良乡安庄村南
电　话：010-89368900/89357200
维修资质：一类
主营业务：汽车维修保养、检测、救援、代办保险验车

景龙轿车养护中心

公司地址：北京市房山区长阳镇大宁山庄向南1000米路西
电　话：010-53616957
手　机：13601343111
主营业务：机修保养、钣金喷漆、电脑检测、洗车美容、抛光打蜡

北京怀隆技术开发有限公司

公司地址：北京市房山区良乡西潞大街道
联系人：杨秀丽
电　话：010-69378362
手　机：13716261828
传　真：010-69379113
主营业务：车辆维修保养、钣金喷漆、装饰美容、桑拿封釉、代办保险

北京京保凯德顺汽车服务有限公司

公司地址：北京市房山区良乡拱辰街道凯旋大街52号
联系人：任建新
职　务：经理
电　话：010-69377522/69377533
手　机：13810982118
主营业务：维修保养、钣金喷漆、装饰美容、验车上牌、保险出单、定损理赔

北京恒安乐业汽车养护中心

公司地址：北京市房山区长阳镇黄管屯村（加油站）
联系人：陈洪浦
手　机：15611203335/13261767557
主营业务：专业江苏钣金喷漆、汽车维修、保养、美容烤漆、事故车整形、车辆救援

北京明顺鑫达汽修

公司地址：北京市房山区良乡凯旋大街16号
联系人：张工明
手　机：13401099019
主营业务：汽车维修保养

北京胜义杰汽车修理厂

公司地址：北京市房山区黄辛庄村北路4号
联系人：候建华
电　话：010-60315148
手　机：13683353452
维修资质：二类
主营业务：各种大中型货车维修及各类小型汽车的维修保养，提供24销售救援服务；销售汽车配件、装饰材料、汽车装饰

北京世纪永良科技开发中心

公司地址：北京市房山区良乡南关（城铁南关站向南200米）
联系人：王永
电　话：010-69353767
手　机：13311305631
维修资质：二类
主营业务：汽车修理、事故车整形喷漆、电脑检测、免拆清洗、救援抢修

小军汽修

公司地址：北京市房山区良乡长虹南大街汽配城内
联系人：郭小军
手　机：13146369346
主营业务：专修现代、羚羊、奥拓、千里马、大众、北斗星、奇瑞

北京永利发汽配汽修厂

公司地址：北京市房山区大宁山庄往南1000米路西
联系人：宋士宽
手　机：13120470686/13381333052
主营业务：大众、金杯、中意、长安、五菱等配件销售及专业维修

北京宏日汽车修理有限责任公司

公司地址：北京市房山区良乡黄辛庄松林路 2 号
联系人：刘增科
电　话：010-89362521
手　机：13911639648
主营业务：一汽马自达良乡售后服务店

北京民安飞翔汽车修理有限公司

公司地址：北京市房山区良乡凯旋大街 10 号
电　话：010-89803668
手　机：13701052929/13381209292
传　真：010-69365576
主营业务：汽车修理

车乐汽车修理站

公司地址：北京市房山区良乡拱辰北大街 34 号
电　话：010-89362459
手　机：13511004889
主营业务：汽车快修、保养

哈飞汽车特约技术服务站

公司地址：北京市房山区阎村镇澎湃汽车城院内
手　机：15710082110
主营业务：哈飞系列汽车修理

京豫永盛汽配美容中心

公司地址：北京市房山区长阳镇长韩路靠山居西门
联系人：田排芳
电　话：010-58405682
手　机：13146213484
主营业务：维修保养、钣金喷漆、洗车美容、轮胎平衡、救援服务

兰雄汽配汽修

公司地址：北京市房山区良乡西潞大街 18 号汽配城院内北房 5 号大厅中间
电　话：010-69378135
手　机：13811240140
主营业务：汽车修理、钣金喷漆

北京华艺盛隆汽车电器维修站

公司地址：北京市房山区良乡固村
联系人：张华
电　话：010-89350884
手　机：13910251239
主营业务：汽车修理

延源汽车电器配件

公司地址：北京市房山区良乡纸房村 922 车站东北角 50 米
联系人：王岩
电　话：010-69367587
手　机：15901219122
主营业务：电喷电脑检测、马达、发电机、电路、空调、充电机

小辛汽修

公司地址：北京市房山区长阳镇西营
联系人：辛召岩
手　机：13439144744
主营业务：重汽维修

卓越汽车养护中心

公司地址：北京市房山区良乡固村小学对面
联系人：韩志国
手　机：13121850662
主营业务：专修上海大众、一汽大众、各种微型轿车、金杯、汽车电路

重汽修理部

公司地址：北京市房山区长阳镇高店二村
联系人：邱慧
手　机：13436618908
主营业务：发动机大修、中修、变速箱维修、各种底板打黄油

北京中誉行汽车维修服务有限公司

公司地址：北京市房山区良乡政通路北侧
电　话：010-89355680
手　机：13611362807
主营业务：汽车修理

专业补胎动平衡

公司地址：北京市房山区良乡凯旋大街 5 号
联系人：刘帅
手　机：13718999416
主营业务：各种品牌轮胎销售、补胎、动平衡、电瓶、雨刷、防冻液

北京正美丰业汽车服务有限公司（房山店）

公司地址：北京市房山区良乡南关嘉瑞通小区 3-6 号
电　话：010-89355335
手　机：15010002083
传　真：010-89355334
网　址：www.zmfy.com.cn
主营业务：汽车玻璃销售安装

通达汽车修理厂

公司地址：北京市房山区拱辰北大街 33 号区政府往北 200 米路西
联系人：姜润勇
电　话：010-89368931
手　机：13641223440
主营业务：精修各种进口、国产轿车、电脑检测、动平衡、美容养护

北京市新奥汽车修理厂

公司地址：北京市房山区良乡东关铁路东侧
电　话：010-69382800/69382600
主营业务：汽车修理

专业汽车修理

公司地址：北京市房山区良乡固村
联系人：刘华
手　机：13552070413
主营业务：汽车修理

专业汽车修理

公司地址：北京市房山区良乡北潞园
联系人：杨思嘉
手　机：13269528761
主营业务：汽车修理

通州区概况

北京市通州区位于北京市东南部，京杭大运河北端，面积 906 平方公里。西临朝阳区、大兴区，北与顺义区接壤，东隔潮白河与河北省三河市、大厂回族自治县、香河县相连，南和天津市武清区、河北省廊坊市交界。紧邻北京中央商务区（CBD），西距国贸中心 13 公里，北距首都机场 16 公里，东距塘沽港 100 公里，素有“一京二卫三通州”之称。

通州地域辽阔、资源丰富、历史悠久。古老的文化渊源，优越的地理位置，优美的自然风光，丰富的自然资源，良好的经济环境，为社会经济发展提供了有利的条件。2010 年全区常住人口 118.4 万人，户籍人口为 663303 人。

■ 首都新区

通州，依运河塑性，以运河闻名，是首都北京“两轴两带多中心”新城市发展格局的重点规划新城之一。未来，通州将被打造成为现代文化资源聚集、运河文化彰显的文化产业基地，成为 CBD 的补充配套区，而其中又以运河核心区作为重点发展区域。优越的自然景观、深厚的文化底蕴、成熟的生活圈、便捷的交通网，运河城市板块将成为又一价值热区。通州将打造成为中心城功能疏解的重要承接地、世界城市新功能的核心承载区、首都经济新的增长极和滨水低碳宜居新典范。

■ 特色通州

以新城核心区和五大区域构成的“一核五区”是未来通州现代化国际新城的主框架，“一核五区”，就是以运河核心区为龙头，以文化创意产业集聚区、文化旅游区、环渤海高端总部基地集聚区、国际医疗服务区、国际组织集聚区为支撑，立足高端和国际化，构建现代化国际新城的整体布局。

通州现有北京环渤海高端总部基地、北京市光机电一体化产业基地、北京通州物流基地、北京国家环保产业园区、中关村科技团通州园、北京通州商务园—国家电子商务示范基地、北京通州经济开发区东区、北京通州经济开发区西区、北京通州经济开发区南区、北京市宋庄文化创意产业聚集区等产业园区。

通州区商家资讯

汽车 4S 店类

北京北方华鹏物资销售有限公司
公司地址：北京市通州区梨园镇政府南十字路口东侧 200 米路南
电 话：010-52115353/51263666
主营业务：比亚迪汽车整车销售及维修

北京标龙京津汽车销售服务有限公司（通州店）
公司地址：北京市通州区八里桥南街 91 号
电 话：010-89504026/85577837
网 址：www.bjbljj.com
主营业务：标致汽车整车销售及维修

北京东方华奥汽车销售服务有限公司
公司地址：北京市通州区梨园南街 99 号
电 话：010-81519999
传 真：010-81593302
主营业务：奥迪整车销售及售后维修保养等

北京金进通汽车销售服务有限公司
公司地址：北京市通州区利园南街与滨河路交汇处（运乔建材城南门向东 100 米）
电 话：010-56621988/56621999
主营业务：东风悦达起亚整车销售及售后维修保养等

北京嘉华京通汽车销售服务有限公司
公司地址：北京市通州区京津公路土桥城铁站向东 1000 米路北
电 话：010-69577788
传 真：010-61517855
主营业务：东风本田整车销售及维修

北京华中鸿基贸易有限公司
公司地址：北京市通州区梨园镇政府南 500 米
电 话：010-60526875/81524258
主营业务：奇瑞汽车整车销售及维修

北京市东方华晟汽车销售服务有限公司
公司地址：北京市通州区梨园云景东路 88 号
电 话：010-81535588/69548888
网 址：www.svwtz.com
主营业务：上海大众整车销售及维修

东风日产北京东方华中汽车销售服务有限公司
公司地址：北京市通州区梨园云景东路 88 号
电 话：010-81579999/81579988
传 真：010-81579916
主营业务：日产汽车整车销售、维修

汽车配件商、汽车用品商类

北京福耀玻璃有限公司（通州店）
公司地址：北京市通州区大马庄云景东路 488 号
联系人：王保志
职 务：经理
电 话：010-56281210
手 机：18911817998
网 址：www.fuyao.com.cn
主营业务：汽车玻璃销售及安装

八通达汽车美容服务中心
公司地址：北京市通州区梨园育才分校 50 米处
联系人：单先生
手 机：13121706513
主营业务：洗车美容、装饰精品

沈阳荣源皮革工艺品有限公司北京办事处
公司地址：北京市通州区杨庄南里长城国际 A3-502 室
联系人：崔云鹤
职 务：总经理
电 话：010-52997807
手 机：13011182626
主营业务：韩国洁踏双层高档汽车脚垫

腾飞高速救援
公司地址：北京市通州区六环土桥出口东 500 米
手 机：13488865195
主营业务：佳通轮胎、固特异轮胎、普利司通、米其林轮胎等各种轮胎销售

北京通晟行汽车配件店
公司地址：北京市通州区大马庄门口
联系人：刘先生
手 机：13301101960
主营业务：经营普利司通轮胎、四轮定位

北京市兴远润滑油有限责任公司
公司地址：北京市通州区滨河中路 126 号
联系人：王江 / 张朝莉
电 话：010-81548661
手 机：15611139258/13701313818
主营业务：汽车油、柴机油、齿轮油、液压油、黄油、刹车油等润滑油

北京敦得洁美科技发展有限公司

公司地址：北京市通州区怡乐北街商 11 号
联系人： 王洪茹
职 务： 销售经理
电 话： 010-58429132
手 机： 18601223555/18601375198
传 真： 010-81557010
主营业务：无划痕免擦拭洗车液、真皮养护剂、洗车液、钢圈轮毂清洗剂、轮胎光亮养护剂等

智皓新宇科技有限责任公司中国代表处

公司地址：北京市通州区梨园新通国际花园 31-2-503
联系人： 李超
职 务： 副总监
电 话： 010-57472330
手 机： 18618271872
传 真： 010-60553463
主营业务：智能护车宝

汽车修理厂、快修连锁店、装饰美容店类

北京市漷县天顺汽车修理厂

公司地址：北京市通州区漷县镇苏庄村
联系人： 李清涛
电 话： 010-80588077
手 机： 13651358311
维修资质：二类
主营业务：汽车修理、钣金喷漆、代办保险、救援服务

佰军汽修

公司地址：北京市通州区六环土桥出口处
联系人： 田硕
电 话： 010-61566975
主营业务：维修保养、钣金喷漆

保时龙酷车行有限公司

公司地址：北京市通州区滨河南路小圣庙六环桥南 300 米路左边
手 机： 15510727117
主营业务：专业维修汽车空调、车身漆面，机油、滤芯、变速器油、助力油、后桥油、防冻液等

北京金龟子汽车服务有限公司

公司地址：北京市通州区八里桥收费站旁京贸公寓楼对面
联系人： 曹先生
手 机： 13683636030/13366553290
主营业务：维修保养、钣金喷漆、汽车美容、电脑检测、空调加氟、精品装饰、补胎平衡

北京风车天车汽车服务有限公司

公司地址：北京市通州区通朝大街怡乐中路北口
电 话： 010-81563588
手 机： 13811868371
网 址： www.tc1039.com
主营业务：汽车修理、美容装饰

北京昊阳轩汽车维修中心

公司地址：北京市通州区梨园镇大马庄底商 4-5 号
联系人： 欧阳
手 机： 13691537668/15810600071
主营业务：维修保养、钣金喷漆、轮胎电瓶、空调加氟

北京鸿达运汽车修理厂

公司地址：北京市通州区梨园东小马村北
联系人： 杜沛
电 话： 010-51457532
手 机： 13366957013/13439911545
主营业务：汽车大、中、小型汽车机修、钣金、喷漆、大修保养、24 小时救援服务

北京日上行汽车用品有限公司

公司地址：北京市通州区新华联家园北区东门对面
电 话： 010-81562150
手 机： 13070128723
传 真： 010-81561551
主营业务：米其林轮胎、四轮定位、钣金喷漆、维修保养

北京精诚联合汽修厂

公司地址：北京市通州区张菜路南 300 米
联系人： 郭玉龙
电 话： 010-61505106
主营业务：汽车修理

北京老福汽车修理厂

公司地址：北京市通州区东方化工厂北门红绿灯往北 50 米路西（小圣庙村南口）
联系人： 福立春
职 务： 厂长
手 机： 13716552570
主营业务：专业钣金、喷漆、划痕修复、精修各种轿车、维修保养、汽车保险、理赔一条龙服务

北京润阳汽车养护中心

公司地址：北京市通州区张家湾镇土桥村西
联系人： 安海
电 话： 010-57126927
手 机： 13391800948
主营业务：维修保养、汽车装饰、电脑检测、钣金喷漆、四轮定位、汽车精品、代办验车、保险理赔

北京合盛元汽车修理部

公司地址：北京市通州区梨园地区加州小镇北侧
联系人： 刘永岐
电 话： 010-81526636
手 机： 13911580960
主营业务：汽车修理

北京欧爱汽车服务有限公司（通州店）

公司地址：北京市通州区玉带河西街 29 号
联系人： 李江
职 务： 店长
电 话： 010-69518219
手 机： 18001282923
网 址： www.ooiauto.com
主营业务：快修保养、钣金喷漆、汽车美容、精品百货、车险理赔

保时龙汽车服务（北京）有限公司

公司地址：北京市通州区滨河路 126 号
手 机： 13683213086/18610737316
主营业务：钣金、喷漆、汽车美容、抛光、打蜡、封釉、车内清洁、保险理赔、代办验车

北京日月兴达汽配中心

公司地址：北京市通州区小圣庙
联系人： 庞磊
手 机： 13651049367/18210667675
主营业务：金杯、福田、长安客车、小面、大众

北京梨园富世豪汽车养护中心

公司地址：北京市通州区通马路京沈高速太湖出口右转 500 米路东
联系人： 武飞同
手 机： 13911557978
传 真： 010-80849630
维修资质：二类
主营业务：汽车维修保养、钣金烤漆、美容装饰、保险理赔

北京市大和汽车修理厂

公司地址：北京市通州区京津公路小街路口红绿灯向南 200 米路南院内
联系人： 王帅
电 话： 010-81513126/81529737
手 机： 13910552562
主营业务：汽车修理、保险咨询

北京市复兴源汽车维修服务站

公司地址：北京市通州区玉带河西街 47 号（旅游新村旁
联系人： 张建山
手 机： 13651296059
主营业务：专业修理一汽大众、上海大众

北京市宏图苑汽车修理厂

公司地址：北京市通州区通马路铺头村京沈路桥东
联系人：李学江
职　务：经理
电　话：010-61537266
手　机：13801169004/13601282693
传　真：010-61538817
维修资质：二类
主营业务：专修事故车、代办理赔保险手续、救援、收购二手车

北京市胜歌汽修厂

公司地址：北京市通州区滨河路 126 号北京造纸七厂南门
联系人：孔德胜
职　务：经理
电　话：010-61569082
手　机：13520012577/13522698333
维修资质：二类
主营业务：精修大众、金杯、各种客车及货车的大中小修、专业钣金喷漆、空调检修加氟

北京市晟轩行轮胎公司

公司地址：北京市通州区滨河路 104 号对面
联系人：刘永轩
手　机：13301101960
主营业务：汽车轮胎、四轮定位、轮胎改装升级

北京市通汇龙永春汽车修理厂

公司地址：北京市通州区运乔建材城或 728、848 车站东出口
联系人：臧景春
职　务：厂长
电　话：010-81582638
手　机：13501251019
维修资质：三类
主营业务：各种车辆维修及配件、代办保险、验车

北京市兄弟行汽车服务有限公司

公司地址：北京市通州区怡乐中路世纪星城往南 50 米
联系人：孙颖
电　话：010-81562345
手　机：13701006606
网　址：www.xiongdihang.com
主营业务：快修保养、美容装饰

北京王禹进口汽车修理厂

公司地址：北京市通州区永顺镇乔庄村南
电　话：010-81556658/81556638
传　真：010-81556678
主营业务：精修各种进口汽车

浒洁汽车服务中心

公司地址：北京市朝阳区杨庄路口加油站东侧
联系人：李虎
电　话：010-51144248
手　机：13439684826
主营业务：汽车精洗、内室桑拿、四轮定位、机修钣金、快速保养、汽车精品

北京喜天乐汽车行

公司地址：北京市通州区翠屏西路 88 号
联系人：刘先生
手　机：13910765207
主营业务：汽车美容装饰、保养

北京鑫鑫汽车装饰中心

公司地址：北京市通州区小圣庙（东方化工厂北门）
联系人：吴军委
手　机：13241804909
主营业务：贴膜、打蜡、抛光、封釉、各种音响导航

北京怡丽正达汽车服务中心

公司地址：北京市通州区怡乐北街甲 94 号
联系人：张明辉
电　话：010-57211469
手　机：15810560181
主营业务：维修保养、钣金喷漆、美容装饰、轮胎更换

北京玉老六汽配销售部

公司地址：北京市通州区梨园交通运输学院旁
电　话：010-81571895
主营业务：汽车配件销售及维修

北京悦车汇汽车服务有限公司

公司地址：北京市通州区梨园镇大马庄
电　话：010-52859600
主营业务：维修保养、四轮定位

朝通汽车服务中心

公司地址：北京市通州区八里桥收费站北侧
联系人：凡国辉
手　机：13522762131
主营业务：汽车修理、洗车美容

诚信专业钣金喷漆中心

公司地址：北京市通州区小圣庙东方化工厂兆门路东 50 米
联系人：梁兆国
手　机：13264021707
主营业务：钣金喷漆

鼎盛汽车养护

公司地址：北京市通州区大马庄门口店铺 18 号
联系人：王本辉
手　机：13716831075
主营业务：汽车修理、钣金喷漆、全车检车、修理起动机、发电机

中国石化润滑油公司－长城润滑油汽车服务中心西马庄店

公司地址：北京市通州区物资学院路口东侧
联系人：蔺志杰
职　务：经理
电　话：010-80544028/80544038
手　机：13910685758
传　真：010-80544028
主营业务：汽车养护、汽车维护、汽车美容、汽车清洗

京豫通汽车装饰美容中心

公司地址：北京市通州区滨河路 126 号
联系人：胡贵凡
电　话：010-61565373
手　机：13552188493
主营业务：DVD 导航、改装音响、贴膜、防盗器、封釉、镀膜、座套、抛光打蜡、脚垫

老兵汽车修理厂

公司地址：北京市通州区东方化工厂北门往北 150 米路西
联系人：张培福
手　机：13810089995/18911639087
主营业务：精修各种高中低档轿车

路发汽车电器维修

公司地址：北京市通州区杨富店 12 号
联系人：李古银
手　机：13021061508
主营业务：汽车修理

赛恩汽车养护中心

公司地址：北京市通州区梨园镇群芳二园
电　话：010-81537122
手　机：13269286353
主营业务：汽车维修保养、汽车美容

天予汽修

公司地址：北京市通州区怡乐北街甲 98 号
联系人：王乔天
手　机：13693635478
维修资质：三类
主营业务：汽车修理

通洁洁汽车维修养护中心

公司地址：北京市通州区通朝大街欣怡乐加油站旁
联系人：岳宗庆
手　机：15210875828
主营业务：汽车美容、内饰清洗、抛光打蜡、真皮护理、钣金喷漆

小孟汽车修理部

公司地址：北京市通州区梨园镇邮局往东 1500 米
联系人：孟凡森
手　机：13720052143
主营业务：汽车修理、钣金喷漆、保险理赔

振通兴汽车装饰中心

公司地址：北京市通州区张家湾镇北许场
联系人：任雷
手　机：13167515579
主营业务：汽车美容装饰、保养

北京洪达深汽车修理厂

公司地址：北京市通州区
联系人：张洪深
手　机：13331113505
维修资质：二类
主营业务：承接各种大中小型柴油车、电喷车

专业配件及修理

公司地址：北京市通州区滨河路六环小圣庙出口
联系人：王洪光
手　机：13522605433
主营业务：普利司通轮胎、风帆电瓶、马达发电机，批发、修理马达、发电机

和谐路通

公司地址：北京市通州区张家湾土桥村红路灯向南 200 米路西
联系人：谷志林
手　机：13611289336/18633817668
主营业务：美容装饰、洗车服务、划痕修复

吉源汽修部

公司地址：北京市通州区东小马庄村
联系人：孟庆民
主营业务：汽车维修保养、钣金喷漆

月福汽车装饰有限公司－通州店

公司地址：北京市通州区农印厂内
电　话：010-69526140
主营业务：汽车美容、汽车音响、汽车保养、贴膜、安装防盗器、汽车改装、喷漆、装饰用品

达人汽车服务中心

公司地址：北京市通州区小圣庙化工厂北门路西
联系人：小沈
手　机：13581900206/18610204123
主营业务：汽车美容装饰、钣金喷漆、快速修复

通洁洁汽车维修养护中心

公司地址：北京市通州区苏荷时代北 1500 米
手　机：18601059596
主营业务：汽修保养、钣金喷漆、补胎换胎、精品装饰

北京同顺发汽车修理厂

公司地址：北京市通州区东方化工厂北门路东 30 米处
联系人：李国平
手　机：13910565279
主营业务：精修各种汽车、钣金、喷漆、代办保险、理赔、验车

北京潞博通轮胎经营部

公司地址：北京市通州区滨河路距东方化工厂北门 50 米路西
联系人：袁英平
电　话：010-61503620
手　机：13522964275
主营业务：朝阳、好运、三角、米其林、横滨等各种进口、国产钢丝子午线轮胎，各种进口、国产轿车轮胎、叉车工程及工业轮胎

顺义区概况及汽车行业情况介绍

顺义位于北京市东北部，城区距市中心30公里。东邻平谷，北连怀柔、密云，西接昌平、朝阳区，南界通州区、河北三河市，总面积 1021 平方公里。

顺义是首都重点发展的新城和首都国际航空中心的核心区，是服务全国、面向世界的临空产业中心和现代制造业基地，是首都对外交往的门户和外向型经济发展的窗口，将建设成为北京东北部面向区域、具有核心辐射带动作用的现代化综合新城。中国最大的航空港——首都国际机场坐落境内。

■ 交通与人口

机场高速、京承高速、京平高速、机场北线高速、机场南线高速、六环路、京密路、顺平路等主要公路干线四通八达，大秦、京承两条铁路穿越顺义全境，首都机场轻轨、轨道交通 M15 号线顺义段全线通车。公路、城市主次干道路和镇村公路建设不断加强，构成了多元化的交通体系。顺义全区户籍人口 59 万，常住人口 91.5 万。

■ 经济强区

顺义区已经成为首都发展速度最快、最具发展潜力的地区之一。

临空经济区建设成效明显，成为支撑区域经济发展的核心力量。以首都机场为核心，形成天竺综合保税区、空港开发区、林河开发区、空港物流基地、北京汽车生产基地、国门商务区六大功能区的紧凑布局，聚集航空类企业超过 300 家、世界 500 强企业 30 余家以及民航六大集团，全区初步呈现以航空业及相关企业总部为主体、现代制造业和高端服务业加速聚集的临空产业体系。

多点支撑产业格局日益巩固。把加快服务业发展作为调整优化产业结构的战略重点，航空运输、现代物流、特色金融、文化创意、商务会展、工业设计等生产性服务业蓬勃发展。坚持“集群化、规模化、园区化、特色化、品牌化”发展战略，围绕打造汽车和航空两大千亿产业集群，大力发展高端现代制造业。初步形成以汽车、航空两大龙头产业为核心，以电子通讯、基础工业、都市工业等产业为支撑的产业格局。

重大项目加快集聚，发展活力不断迸发。中航工业北京航空产业园、北京现代第三工厂、北京自主品牌乘用车基地等一大批新的战略资源、战略产业和重大项目集聚顺义。北京现代第三工厂， 总投资约 12.46 亿美元，设计产能 40 万辆，全部建成投产后，预计可实现产值 300 亿元，直接带动近 4000 人就业。北京自主品牌乘用车基地，总投资约 42 亿元，到 2015 年，将形成 30 万辆中高档越野车及自主品牌中高档轿车的生产能力。

■ 汽车行业有形市场情况

依托高速发展的地区经济和日益增长的汽车行业需求，南法信众合汽配市场应运而生。市场以优越和便利的地理位置，务实的经营理念，聚集了近三百家左右的商户入场经营，市场交易持续繁荣，品牌影响力辐射顺义城区及周边广大区县，是北京汽车后市场的重要组成部分，为满足当地及周边地区广大客户和消费者的需求发挥了十分显著的作用。

■ 汽车产业集群情况

北京汽车生产基地成立于 2003 年，是北京市“十一五”期间重点规划建设的临空经济区的核心组成部分。作为北京市重要的现代制造业基地，有力的促进了北京汽车工业的战略重组和产品升级，已成为北京汽车工业的龙头引擎和推动首都经济发展的重要助推器。基地总体规划面积 19 平方公里，核心区规划面积 6.3 平方公里，由整车发展区、零部件工业区、仓储物流区、总部功能区、航空产业园五部分组成。

顺义重点推进北京现代第三工厂、北京自主品牌乘用车基地建设，重点引进和发展研发设计、汽车电子、展示贸易等高端环节，丰富区域汽车产业链条，建设成为具有国际影响力的汽车产业基地。

顺义区商家资讯

汽车 4S 店类

北京博丰长久丰田汽车销售服务有限公司
公司地址：北京市顺义区空港物流基地顺航路18号
电　话：010-69479998-9013
传　真：010-69450289
主营业务：一汽丰田整车销售及售后维修保养等

北京畅达伟业汽车服务有限公司
公司地址：北京市顺义区空港物流园西 18 号
电　话：010-89448107
传　真：010-69478066
主营业务：一汽汽车（轿车）特约维修服务中心

北京成禄翔汽车销售服务有限公司
公司地址：北京市顺义区南法信东支路 4 号
电　话：010-89496655-8003
传　真：010-69450871
主营业务：北京现代整车销售及售后维修保养等

北京富熙博林汽车销售服务有限公司
公司地址：北京市顺义区仁和地区梅沟营村西
电　话：010-69448888/69447853
传　真：010-81493531
主营业务：上海大众汽车特许经销商

北京宏源亚兴汽车贸易有限公司
公司地址：北京市顺义区京顺路后沙峪段 3 号
电　话：010-80497335
传　真：010-80485698
主营业务：一汽马自达整车销售、维修

北京龙锦阳光汽车销售服务有限公司
公司地址：北京市顺义区后沙峪地区京密路东200 米
电　话：010-69472251
传　真：010-61406221
主营业务：东风商用车特许经销服务商

北京前搏汽车贸易有限公司
公司地址：北京市顺义区京密路后沙峪段 3 号
电　话：010-80485549
主营业务：通用别克汽车整车销售、维修

北京鑫万维富达汽车销售有限公司
公司地址：北京市顺义区南法信镇政府东侧 600米
电　话：010-69471955
主营业务：一汽大众整车销售、维修

北京前搏阳光汽车贸易有限公司
公司地址：北京市顺义区京顺路后沙峪段 3 号
电　话：010-80485611
传　真：010-80485517
主营业务：通用雪佛兰整车销售、维修

北京天竺之星汽车综合服务有限公司
公司地址：北京市顺义区天竺镇府右街 3 号
电　话：010-64549350/15201400048
传　真：010-64506630
主营业务：奔驰整车销售及售后维修保养等

哈飞汽车冀东专营店
公司地址：北京市顺义区枯柳树环岛东行 300 米路北
电　话：010-80485458
传　真：010-80485565
主营业务：哈飞汽车整车销售及售后服务等

北京兴芳伟业汽车贸易有限公司
公司地址：北京市顺义区枯柳树环岛东 200 米路北
电　话：010-80474869
主营业务：福田全系列（驭菱、小卡、捷顺、骑仕系列等）

北京燕兴宏达汽车服务（集团）有限公司（旗舰店）
公司地址：北京市顺义区后沙峪地区顺平路回民营段 7 号（天竺综合保税区对面）
电　话：010-80485090/80488163
主营业务：长安客货两用车、小型厢式货车、单双排货车、高级微客、冷藏保温车、长安系列轿车、昌河各系列车型

北京中机华辰汽车销售有限公司
公司地址：北京市顺义区京密路南卷段 3 号顺义区枯柳树环岛东 500 米路北
电　话：010-80485285/80485286
传　真：010-80481198
主营业务：金杯面包系列、金杯轻型货车、农用车系列

东风日产北京通和盛远专营店
公司地址：北京市顺义区京密路后沙峪段 3 号
电　话：010-80488090
传　真：010-80488910
主营业务：东风日产整车销售、维修

北京中普信汽车销售有限公司 – 中国一汽
公司地址：北京市顺义区南发信镇政府前街刘家河段 2 号
电　话：010-69471166/69471116
传　真：010-69475568
主营业务：一汽夏利整车销售、维修

北京中汽华世田五菱汽车 4S 店
公司地址：北京市顺义区枯柳树环岛向东 300 米路北五菱汽车院内
电　话：010-51679350/51679450
主营业务：五菱品牌整车销售及售后维修保养等

比亚迪汽车北方瑞嘉销售服务店
公司地址：北京市顺义区顺于路空港物流基地18 号（福寿斋饭店南 50 米）
电　话：010-69476318/80492768
传　真：010-69476318
主营业务：比亚迪整车销售及售后维修服务等

东风日产北京华盛昌专营店
公司地址：北京市顺义区南法信检测西路（京顺机动车检测厂）
电　话：010-69478996/69475689
主营业务：东风日产整车销售及维修

北京首奥宏业汽车销售有限公司
公司地址：北京市顺义区石门市场东门往南 2 公里路西（顺平路与顺义西外环交叉路口）
电　话：400-065-8118
传　真：010-69422277
主营业务：货车车型（跃进小福星、跃进轻卡、福田、东风、凯马、松花江、长安、赛菱全系列等）、微面及封闭货车车型（开瑞、哈飞、长安、东风小康、金杯全系列、北汽威旺）

汽车配件商、汽车用品商类

北定环发橡胶油封厂

公司地址：北京市顺义区天龙汽配城C区8号
手　机：13693238859
主营业务：东风、解放、六平柴、斯太尔、工程机械、农用车全车油封、O型圈修理包、各种上下水管、增压器管、油封大全

北京晨旭辉汽车配件商店

公司地址：北京市顺义区南法信镇东支路8号
联系人：陈明军
手　机：13911857226
主营业务：汽车配件专营

北京东兴顺达诚信商贸中心

公司地址：北京市顺义区京郊顺汽配城1-1-02号
联系人：王现东
电　话：010-69479336
手　机：18611039905
主营业务：壳牌、长城、美孚、风帆、瓦尔塔、骆驼等品牌电瓶、机油、防冻液、玻璃水、雨刷片、各种品牌胶

东风小康长安之星专卖

公司地址：北京市顺义区京郊顺汽配城一号厅四通道十二号
联系人：杨杰
手　机：15300066586
主营业务：东风小康、长安之星、五菱之光、民意、中意、佳宝、夏利全车原厂配件

北京红太阳汽配批发部

公司地址：北京市顺义区天龙汽配城C区99号
联系人：李保伟
电　话：010-51679860
手　机：13341008113
主营业务：东风康明斯原厂配件，天锦、天龙全车配件，解放、奥威、大威、骏威、斯太尔、豪沃、欧曼等全车配件，玉柴、上柴、大柴等发动机配件

北京市京宇龙达汽保工具设备销售中心

公司地址：北京市顺义区天龙汽配城C区92号
联系人：张志勇
职　务：经理
电　话：010-51679752
手　机：13552560862/13693396557
传　真：010-51679752
主营业务：四轮定位、解码器、烤漆房、各种举升机、移机、车身校正系统、马攀机、扒胎机、平衡机、充电机、整形机等专用工具

专业水箱马达发电机

公司地址：北京市顺义区顺沙路西海洪红绿灯东侧10米路北
联系人：姜海心
手　机：13717654898
主营业务：汽车配件、轮胎、水箱、马达、发电机、二手胎、电瓶

北京京郊顺通商贸中心

公司地址：北京市顺义区京郊顺汽配城1号厅1通道1号
联系人：刘建彬
手　机：18611039923
主营业务：机油、电瓶、防冻液、风帆蓄电池批发

北京京龙顺通汽车配件销售部

公司地址：北京市顺义区天龙汽配城B区106号
联系人：马全新
电　话：010-51679849
手　机：15601276661/13681040538
主营业务：福田骑仕、捷顺、奥铃捷运、欧马可、东风多利卡、天锦、解放三吨等，差速器、变速箱、增压器大全，机油、电瓶、维修保养、马达、发电机

北京隆顺达兴商贸中心

公司地址：北京市顺义区天龙汽配城B区102号
联系人：徐延雷
职　务：经理
手　机：13391937277/13717522746
主营业务：天津一汽、哈飞汽车、长安系列及一汽佳宝、东风小康、昌河北斗星原厂钣金件、发动机件

北京三良兴业汽配销售中心

公司地址：北京市顺义区天龙汽配城C区98号
联系人：解孟良
电　话：010-51679838
手　机：13717560588
主营业务：龙蟠润滑油

北京福耀玻璃有限公司

公司地址：北京市顺义区新顺南大街39号（仁和派出所向西400米）
电　话：010-69433911
传　真：010-81482278
主营业务：汽车玻璃

北京鸿运昌盛商贸中心

公司地址：北京市顺义区京郊顺汽配城2号厅18号
联系人：罗锋强
电　话：010-69479339
手　机：18611039906
主营业务：长城、风帆、瓦尔塔、嘉实多等品牌电瓶、机油、防冻液、氟、玻璃水、雨刷片、各种密封胶

卓越立衡汽车配件商店

公司地址：北京市顺义区天竺镇薛大人庄村前二街12号
联系人：王卓成
电　话：010-64576098
手　机：13901004755
主营业务：汽车配件专营

北京市顺义惠利化工轻工公司

公司地址：北京市顺义区顺西路265号
联系人：王大海
职　务：副经理
电　话：010-69445048
手　机：13601257201
主营业务：批发各种规格进口国产轮胎

北京顺六环服务站

公司地址：北京市顺义区北六环张喜庄桥西2公里处路南羊房路口
电　话：010-69497108/69497107
主营业务：豪沃、陕汽、红岩、日野、玉柴等各种车型、发动机、变速箱配件，汽车销售、中国重汽备品中心在我站院内

北京政源顺汽车空调有限公司

公司地址：北京市顺义区天龙汽配城C区97号
联系人：张正尚
职　务：业务经理
电　话：010-51751102/51679758
手　机：13691597539
主营业务：各种车型空调套机、卡车空调、客车空调、直流电动空调，压缩机、冷凝器、蒸发器、干燥瓶、电子扇、制冷剂

华丰专业座套精品装饰

公司地址：北京市顺义区天龙汽配城C区87-88号
联系人：栾凯月
电　话：010-51679088
手　机：13716171241/13661099796
主营业务：加工各种车型座套及来料加工、真皮座椅、羊剪绒座垫、亚麻凉垫、排挡锁、防盗器、贴膜地胶、后备箱垫、挡泥板大全

北京世纪瑞福商贸有限公司

公司地址：北京市顺义区天龙汽配城B区105号
联系人：王仲北
手　机：15810907909
主营业务：电瓶、机油、氙灯、雨刷片、玻璃水、添加剂、抗磨剂等护理用品

欧曼奥威豪沃半挂

公司地址：北京市顺义区天龙汽配城C区96号
联系人：马明柱
电　话：010-51679895
手　机：13001229928/13716670381
主营业务：解放、奥威、欧曼、豪沃、奥龙、德龙、法士特变速箱、机油、三滤、整车配件

Ⅰ汽车修理厂、快修连锁店、装饰美容店类

3M 瑞杰车友贴膜美容授权店

公司地址：北京市顺义区南法信镇空港机动车交易中心贷代广场一层
联系人：何瑞
手　机：13051007262/13701032454
传　真：010-80499139
主营业务：3M膜、3M美容产品、原车DVD导航、车险出单理赔

北京市东岳峰汽配商行

公司地址：北京市顺义区天龙汽配城 B 区 40-42
联系人：马洪义
电　话：010-51679857
手　机：13520926726
传　真：010-51679857
主营业务：奇瑞原厂配件、外面件、维修保养

北京龙锦阳光汽车销售服务有限公司

公司地址：北京市顺义区后沙峪地区京密路东 200 米（空港物流园西欧曼 4S 店）
联系人：潘道国
职　务：服务经理
电　话：010-61406205
手　机：13910566740
主营业务：整车维修及各种配件销售（潍柴发动机、法士特变速箱、东西康发动机等）

北京国强复兴汽配

公司地址：北京市顺义区京郊顺汽配城 A 区 1 号顺义石门市场对过
联系人：朱军
职　务：总经理
电　话：010-69479348
手　机：13681497504/13718000214
主营业务：精修重汽、一汽、二汽、各种柴油发动机、变速箱及配件，保洁滤芯、好运三角带、轴承油封大全、秦燕刹车片、各种润滑油、防冻液、灯镜大全

北京海涛汽车维修站

公司地址：北京市顺义区天竺府前二街
联系人：刘海涛
电　话：010-64579610
手　机：13801200834/13701364968
主营业务：迈腾、速腾、帕萨特、宝来、捷达、桑塔纳、大众系列配件，各种车型的三滤、刹车片、雨刷片、皮带、电瓶

北京市空港路畅汽车修理有限公司

公司地址：北京市顺义区天竺镇府前二街王辛庄路口
联系人：冯福超
职　务：服务经理
电　话：010-64569879/64574915
手　机：13683228770
传　真：010-64575809
主营业务：一汽汽车（轿车）特约维修服务中心，授权服务车型：一汽大众、一汽丰田、一汽马自达、一汽奔腾，一站式车险服务

北京吉运达汽配维修

公司地址：北京市顺义区天竺府前二街空港保鲜库东 5
电　话：010-64580164
手　机：13651016241
主营业务：金杯系列配件、各种柴油车、汽油车维修保养、钣金喷漆、电脑检测、空调加氟、电气焊、风帆电瓶

北京建兴明旺汽车装饰

公司地址：北京市顺义区京郊顺汽配城 1-1-05 号
联系人：罗翔
电　话：010-69479344
手　机：18610235338
主营业务：贴膜、音响改装、喇叭、防盗、中控、导航、脚垫座套等精品大全

北京老闫汽车油品更换中心

公司地址：北京市顺义区天竺镇府前二街 25 号（佳号饺子馆旁）
联系人：闫超
手　机：13381373218/13241186008
主营业务：维修保养、空调加氟、销售配件、代办保险验车、钣金喷漆

北京刘举涛汽车配件

公司地址：北京市顺义区俸伯派出所西 200 米路北
联系人：刘举涛
手　机：13522311248
主营业务：桑塔纳、2000、夏利、长安、中意、佳宝等微型车配件，钣金、喷漆、补胎、电脑检测、保养

北京芳芝萍商贸汽车轮胎修理分公司

公司地址：北京市顺义区首都机场天竺天柱东路
联系人：高久芳
电　话：010-64576359
手　机：13910568777
主营业务：一汽大众、上海大众、帕萨特、奥迪、索纳塔、伊兰特，汽车配件、大中小修、故障诊断、四轮定位、检修底盘、钣金喷漆

北京隆腾轿车维修

公司地址：北京市顺义区华英园红绿灯南 100 米路东京郊顺汽配城 A 区 03 号
联系人：郭胜全
手　机：18710209371/13716325396
主营业务：专修奥迪、大众、本田、现代、起亚、比亚迪、铃木、奇瑞、吉利、夏利、金杯、微面

进涛汽车修理

公司地址：北京市顺义区南彩镇俸伯派出所路西 50 米
手　机：13716904483
主营业务：一汽大众、上海大众、微面系列

北京世纪安驰汽车装饰有限公司

公司地址：北京市顺义区法医医院南门
电　话：010-69426205
手　机：13681150038
主营业务：汽车保养、专业贴膜、音响改装、汽车美容、机油、防冻液、电瓶、轮胎、四轮定位、音响导航

北京市迪诺汽车维修站

公司地址：北京市顺义区高丽营镇二村高下路口
联系人：王建国
电　话：010-69455974
手　机：13801158412
维修资质：二类
主营业务：各类小型车维修保养、事故车维修、保险理赔、出单

北京市金明华宇轮胎销售公司

公司地址：北京市顺义区西二环顺平路往北 150 米路西
联系人：谢克军
电　话：010-69464399
手　机：13910935396/13671177109
主营业务：邓禄普、米其林、固特异、正新、双星、双钱、韩泰、锦湖、南港等各种进口、国产轮胎，四轮定位

北京鹏辉汽配维修中心

公司地址：北京市顺义区京郊顺汽配城 C 区 9 号
联系人：吴士磊
手　机：13436972389/13831989437
主营业务：电脑检测、检修电路，精修一汽大众、夏利、吉利、长安之星、五菱之光、帕萨特、现代、奇瑞、马自达、别克、中华、本田、红旗等

北京市林海汽车维修站

公司地址：北京市顺义区梅沟营桥南 200 米
联系人：高迪
电　话：010-69465262
手　机：15910284978
传　真：010-69449836
主营业务：车险出单、定损、理赔、维修、验车一站式服务

北京市顺捷顺利达汽车服务有限责任公司

公司地址：北京市顺义区枯柳树环岛向东 300 米人行横道路北
电　话：010-80485377/80495567
维修资质：二类
主营业务：专业汽车维修、养护，是一家设备先进、技术高超、科学管理的新型汽修厂

老王汽配

公司地址：北京市顺义区天柱东路地税局右侧 50 米
电　话：010-52139132/13683678995
手　机：13693649288
主营业务：各种车辆维修、保养、钣金喷漆、补胎打气

北京市顺威汽车维修服务站

公司地址：北京市顺义区南法信人保理赔定损中心院内
联系人：孙钰玲
职　务：总经理
电　话：010-69478855/69478811
手　机：13701300157
主营业务：维修、定损、理赔、各种车型维修保养

北京市顺义华丰汽车修理厂

公司地址：北京市顺义区五里仓西路
联系人：刘海涛
职　务：厂长
电　话：010-69423604
维修资质：二类
主营业务：专业汽车维修、保养

北京义顺兴汽车维修中心

公司地址：北京市顺义区卧龙环岛西1000米西海洪红绿灯向北30米路西
联系人：孔立都
电　话：010-69471639
手　机：13366980478
维修资质：三类
主营业务：四轮保养、清洗油电路、电脑检测、全车检查，精修大众、金杯、东风风行、江淮瑞风、欧美日韩车系、精品机油三滤

北京顺利旺汽车修理厂

公司地址：北京市顺义区枯柳树环岛向东200米路北
联系人：吴亚光
电　话：010-80497957
维修资质：二类
主营业务：汽车修理、电气焊、事故车整形、喷漆等

北京友联空港汽车修理厂

公司地址：北京市顺义区天竺府前二街11号
联系人：崔岚
电　话：010-64582008
手　机：13311296801
传　真：010-64582008
维修资质：二类
主营业务：各种进口、国产汽车大中小修及保养，汽车电器、空调维护及修理、专业钣金、喷漆

北京新瑞福汽车修理有限公司

公司地址：北京市顺义区回民工业区2号院
联系人：位延明
职　务：维修经理
电　话：010-80485002
手　机：18911109789
主营业务：奇瑞汽车北京新瑞福奇瑞特许服务站，续保维修理赔一站式服务

艳国汽修

公司地址：北京市顺义区天竺镇天柱东路83号
电　话：010-64571397
手　机：13811608410
主营业务：现代、捷达、帕萨特，专业汽车电路、机修、钣金、喷漆

北京杨子汽配汽修商行

公司地址：北京市顺义区华英园红绿灯南100米帝汇鑫钢材市场北30米京郊顺汽配城B区7号
联系人：杨子
手　机：13439695394/13521476450
主营业务：一汽大众、上海大众，专修金杯、比亚迪、夏利、吉利、五菱之光、中意、微面等各种车型

北京义东汽车修理有限公司

公司地址：北京市顺义区俸伯路口西第二个路口往北150米曲美家具西侧鹏昊门窗厂院内
联系人：焦庆军
职　务：经理
电　话：010-89472526
手　机：13381021050
主营业务：北汽威旺维修保养原厂配件，精修保养各种汽车小修、快修、钣金喷漆、保险理赔、四轮定位、动平衡

北京顺德成汽车维修中心

公司地址：北京市顺义区天竺镇府前二街44号路南
联系人：贾昌钟
电　话：010-64572827
手　机：13121188668
主营业务：专修一汽大众、上海大众、现代、金杯，摩圣专业免拆维修、保险代理一条龙、专业钣金喷漆、补胎、动平衡

天松汽修

公司地址：北京市顺义区天竺镇天柱东路20号
电　话：010-64580944
手　机：13241891366
主营业务：欧Ⅲ柴油车专修，校泵共轨喷油器、德尔福喷油器、博世喷油器，东风乘龙、三吨解放、欧曼、福田、江淮乘龙、朝柴、奥铃、东风多利卡、五十铃、小霸王、康明斯、金龙大客、东风金霸、大客等

北京新起点汽配服务中心

公司地址：北京市顺义区京郊顺汽配城A区2号
联系人：郭子龙
手　机：15901204722
主营业务：一汽大众、上海大众、夏利、丰田、别克、现代、金杯、奇瑞、比亚迪，电脑检测、机电维修

长安铃木汽车配件修理

公司地址：北京市顺义区石门市场向西50米路南京郊顺汽配城B09
手　机：13683655681/13621297888
主营业务：长安之星、小货、夏利、奥拓、羚羊、金杯、大众，发动机配件、变速箱配件、电喷配件、承接大中小修

紫红汽配

公司地址：北京市顺义区天竺镇天柱东路
手　机：13241724459/13522578430
主营业务：现代、捷达，专业汽车电路、机修、钣金、喷漆

航远汽修保养中心

公司地址：北京市顺义区首都机场货运路府前二街佳号宾馆对面
手　机：13911614062
主营业务：救援、钣金喷漆、贴膜、维修、修马达发电机

金鼎汽修

公司地址：北京市顺义区京郊顺汽配城C区7号（华英园红绿灯路口南100米）
联系人：孙忠良
手　机：15101004506
主营业务：机油三滤、防冻液，精修钣金烤漆、事故车（一汽大众、上海大众、上海通用、北京现代、长安铃木、本田、丰田等）

京鲁于家汽配

公司地址：北京市顺义区
联系人：于尚青
电　话：010-64583249
手　机：13683013553
主营业务：电脑解码、故障论断，红旗、明仕、世纪星、超人、捷达、2000、桑塔纳及各种车型维修

久元汽车修理部

公司地址：北京市顺义区AMB大厦向西800米铁路旁路南
联系人：张久元
电　话：010-81497209
手　机：18601949269
维修资质：三类
主营业务：各种品牌轮胎批发零售

北京大源鼎丰商贸有限公司

公司地址：北京市顺义区顺平路俸伯地铁东北口
联系人：沈振斌
职　务：经理
电　话：010-69431113
手　机：13601108295
主营业务：汽车美容、装饰、快修、保养、轮胎、轮毂升级等

北京志勇汽车修理有限公司

公司地址：北京市顺义区首都机场天竺府前二街西侧路南
联系人：吕成
职　务：经理
电　话：010-64570516
手　机：13366121193
主营业务：承接各类轿车的维修与保养，专业钣金喷漆、事故救援

顺建兴汽车修理厂

公司地址：北京市顺义区地税局南200米（法医院道口向西）
联系人：高红军
职　务：经理
电　话：010-69421838
手　机：13370186259/13911104078
传　真：010-81496313
主营业务：上险理赔、专业钣金喷漆、事故救援、汽车修理

顺鑫达维修

公司地址：北京市顺义区京郊顺汽配城C区10号
联系人：小石
手　机：15811259657/13269986480
主营业务：北京现代、一汽大众、上海大众、爱丽舍、帕萨特、五菱、中华、别克、本田、金杯、富康、华普、比亚迪等

rpm 汽车服务中心

公司地址：北京市顺义区顺平辅路地铁俸伯站东50米路南
联系人：王进宏
职　务：站长
电　话：010-89471438
手　机：13810162698
传　真：010-89471438
主营业务：汽车装饰、汽车养护、汽车美容、轮胎等系列专业服务

汽车修理厂

公司地址：北京市顺义区天竺中学北100米
手　机：13910771433/13718056676
主营业务：金杯大众等各车型大中小修，电脑检测、超声波清洗、空调加氟、钣金喷漆、补贴、动平衡

北京鑫悦翔汽车维修有限公司

公司地址：北京市顺义区法医街6号
电　话：010-52137402
手　机：13426410272
传　真：010-52137401
维修资质：一类
主营业务：东风悦达·起亚，汽车保养、维修、钣金、喷漆、保险

修焊铜铝水箱压管

公司地址：北京市顺义区俸伯派出所西200米路北
联系人：贾春德
手　机：13716327581/13522309251
主营业务：更换水箱原装塑料盖子、氩弧焊、焊铜、铝、不锈钢、喷灌管、粘玻璃钢、空调加氟、修倒链、千斤

新力维修

公司地址：北京市顺义区京郊顺汽配城大门口东排第三家
联系人：徐文中
手　机：15011285965
主营业务：现代、捷达、一汽大众、上海大众、各种微型车以及柴油车、钣金喷漆

君合汽车维修有限公司

公司地址：北京市顺义区军营军杜路8号（老化肥库）
电　话：010-52137388/89446433
89448251/52137389
手　机：13718528998
传　真：010-52137388
维修资质：二类
主营业务：上海通用特许维修站，专修世纪、君威、君跃、陆尊、赛欧、雪弗兰、乐骋、乐风、景程、一汽奥迪、捷达、宝来、速腾、迈腾、奔腾等

大兴区概况及汽车行业情况介绍

大兴区位于北京市南部，东临通州区，南临河北省固安县、霸县等，西与房山区隔永定河为邻，北接丰台、朝阳区，是距离北京市区最近的远郊区，北部边界距市中心直线距离不足 10 公里。大兴连接南中轴线，横跨北京东部发展带和西部生态带，独有的地理优势，使他成为北京向华北地区辐射的前沿。

北京市城南行动计划的实施、大兴区与北京经济技术开发区行政资源整合等一系列重大利好政策，为新区的发展注入了强劲动力。当前，新区正处在千载难逢的战略机遇期：承担着振兴首都二产、建设高技术制造业和战略性新兴产业聚集区的重任；面临着重大基础设施项目落地开工，人流、物流、资金流、信息流高度集聚的重大机遇。

围绕建设"一体化、高端化、国际化"新区的战略目标，大兴区与北京经济技术开发区一体发展，全力推进南部高技术制造业和战略性新兴产业聚集区建设，新区在高端产业集聚发展、城乡基础设施建设、解决改善民生问题、优化区域发展环境、创新体制机制等方面实现了新的突破。

随着新三年城南行动计划的实施，两区一体发展稳步推进，城乡一体化进程不断深入，新区必将有突飞猛进的发展，形成"三座新城矗立、高端产业集聚、环境宜业宜居、人民文明富裕"的美好画卷，为推动首都新一轮科学发展做出新的更大的贡献。

■ 交通优势

京津塘高速公路、京开高速公路和 104 国道纵贯南北，北京五环路横穿东西。现代化交通体系的建立和丰富的自然资源，使大兴成为中外企业家投资兴业的沃土，成为首都新世纪的发展空间。

■ 北京经济技术开发区

北京经济技术开发区是面向国际市场的高端产业园区，位于北京东南亦庄地区，是北京市唯一同时享受国家级经济技术开发区和国家高新技术产业园区双重优惠政策的国家级经济技术开发区。开发区于 1992 年开始建设，1994 年 8 月 25 日，被国务院批准为北京唯一的国家级经济技术开发区。1999 年 6 月，经国务院批准，北京经济技术开发区范围内的七平方公里被确定为中关村科技园区亦庄科技园。2007 年 1 月 5 日，北京市人民政府批复《亦庄新城规划 (2005-2020 年)》，明确指出以北京经济技术开发区为核心功能区的亦庄新城是北京东部发展带的重要节点和重点发展的新城之一。

■ 汽车后市场情况

大兴区依托独特的交通优势和发达便利的物流设施，聚集了数量众多的配件经销商和维修企业，其中配件经销商以重型商用车为主，普遍沿街分布，维修企业也分布较广、整体数量较其它城区明显增多，还有一部分数量的汽配经销商、修理厂密集分布在物流园区周围。4S 店等整车销售企业主要集中在亦庄经济技术开发区，形成了一定的规模优势和品牌效应。

■ 汽车产业优势

按照打造南部高技术制造业与战略性新兴产业聚集区的发展要求，新区初步形成了以北京经济技术开发区为龙头，带动生物医药、新媒体、新能源汽车、新空港等六大产业园共同发展的产业发展格局，聚集了大批高端产业和总部基地。高端化成为新区项目的基本特征，产业链发展成为新区做大做强实体经济的强大引擎。

汽车制造行业，奔驰德国本土之外的首个海外发动机厂落户新区，同时启动北京奔驰汽车零部件配套产业园。奔驰作为开发区四大主导产业之一，汽车产业目前已经涵盖整车、零部件、汽车电子以及汽车服务、汽车贸易等汽车相关的各个领域。开发区聚集了北京奔驰、德尔福、康明斯、江森、李尔、科博莱等一批世界 500 强和知名汽车整车及零部件生产企业，加上采育新能源汽车产业基地专业特色产业园区的建设发展，北京亦庄汽车及零部件产业从起步阶段迅速向快速发展阶段过渡，为打造京南汽车高端产业带、成为首都汽车工业新增长极奠定了坚实的基础。

壳牌统一（北京）石油化工有限公司座落在大兴区，工厂占地 400 余亩，现有员工 1300 多人，客户覆盖东北、华北、西北和华南地区，是目前中国最大的车用润滑油专业制造商之一。

大兴区商家资讯

汽车 4S 店类

北京百得利汽车进出口集团有限公司
公司地址：北京市经济技术开发区东环北路甲 1 号
电　话：010-59659957
传　真：010-59659900
主营业务：保时捷整车销售及售后维修保养等

北京百得利汽车贸易有限公司
公司地址：北京市经济技术开发区东环北路 1 号
电　话：010-59659999
传　真：010-59659711
主营业务：奥迪整车销售及售后维修保养等

北京车谷汽车销售有限公司
公司地址：北京市大兴工业开发区金苑路 15 号
电　话：010-61273856/69261647
传　真：010-60214243
主营业务：上海大众汽车特许销售商

北京大通佳信汽车销售服务有限公司
公司地址：北京市大兴工业开发区金苑路 31 号（黄村京开康庄路口东 1000 米）
电　话：010-60216712/60216912
传　真：010-60216923
网　址：www.datongjiaxin.com.cn
主营业务：北京现代整车销售及售后维修服务等

北京大通远鑫汽车修理有限公司－奇瑞 4S 店
公司地址：北京市大兴工业开发区金苑路 15 号
电　话：010-61273304/60214204
网　址：www.cherydt.cn
主营业务：奇瑞汽车整车销售、维修

北京东得总公司
公司地址：北京市经济技术开发区北环东路甲 15 号
电　话：010-67886142
传　真：010-67886143
主营业务：东南品牌整车销售及售后维修保养等

北京港龙基业汽车销售服务有限公司
公司地址：北京市经济技术开发区东环北路北 7 号
电　话：010-67863030
传　真：010-67866630
主营业务：三菱整车销售及售后维修保养等

北京港龙基业汽车销售服务有限公司
公司地址：北京市经济技术开发区东环北路北 7 号
电　话：010-67866868
传　真：010-67866630
主营业务：克莱斯勒、Jeep、道奇授权经销商

北京合通汽车服务有限公司
公司地址：北京市经济技术开发区万源街 18 号
电　话：010-52163188-915
传　真：010-52163199
主营业务：雪佛兰整车销售及售后维修保养等

北京吉兴佳长安汽车技术服务中心
公司地址：北京市大兴区兴政街 48 号
电　话：010-69220110
救援电话：13681382020
主营业务：车辆三包索赔、维修服务、提供 24 小时救援、抢修服务、办理车辆保险定损维修理赔

北京冀贵汽车贸易有限公司
公司地址：北京市经济技术开发区东环北路北一号
电　话：010-67880999/67889696
传　真：010-67874702
主营业务：上海大众汽车特许销售商

北京捷亚泰中兴汽车销售有限公司
公司地址：北京市大兴区京开高速双星桥西 100 米路北
电　话：010-60298787
主营业务：一汽大众 4S 店

北京庞大兴驰汽车科技有限公司
公司地址：北京市经济技术开发区东环北路北一号
电　话：400-087-9866
传　真：010-52723930
主营业务：福建奔驰授权销售及服务中心

北京联拓诚信销售服务店
公司地址：北京市经济技术开发区万源街 15 号
电　话：010-67880785/67880752
传　真：010-67880753
主营业务：马自达整车销售及售后维修保养等

北京凌迈汽车销售有限公司长安汽车 4S 店
公司地址：北京市大兴区金星庄团河路 18 号（金海学校斜对面）
电　话：010-61281892/60247189
主营业务：整车销售、特约维修经销商

北京庞大华盛汽车销售服务有限公司
公司地址：北京市经济技术开发区东环北路北一号 4 号楼
救援电话：010-67878498/18931553039
主营业务：东风悦达・起亚整车销售及售后维修保养等

北京普泽锋汽车销售服务有限公司东风小康 4S 店
公司地址：北京市大兴区西红门镇福瑞路
电　话：010-60220755
传　真：010-60220063
主营业务：整车销售、特约维修经销商

北京全福源汽车投资管理有限公司
公司地址：北京市大兴区南四环东路大红门东桥向东 800 米路南北旅车桥厂院内
电　话：010-63492121
救援电话：13911558219
主营业务：北京汽车整车销售，维修

北京兴瑞明德汽车销售服务有限公司
公司地址：北京市大兴区南四环东路大红门东桥向东 800 米路南北旅车桥厂院内
救援电话：010-87884367/87882675
传　真：010-87884099
网　址：www.chery.cn
主营业务：奇瑞汽车整车销售，维修

北京金兴通汽车销售服务有限公司
公司地址：北京市大兴区机动车检测场南院 3 号
电　话：010-69209999-845
主营业务：一汽大众 4S 店

北京万通洪力汽车销售服务有限公司，上海大众 4S 店

公司地址：北京市大兴区旧宫镇旧忠路北甲 3 号
电　话：010-87915001/87915002
　　　　87917070/87917071
传　真：010-87910355
主营业务：整车销售、特约维修经销商

北京现代汽车冀财奥特约销售服务店

公司地址：北京市经济技术开发区东环北路北甲 1 号（经开国际汽车汇展中心东侧）
电　话：010-67888185/67886185
　　　　67861991
传　真：010-67861995
主营业务：北京现代整车销售及售后维修保养等

联拓集团

公司地址：北京市经济技术开发区东环北路北五号
电　话：010-67878607/67877707
传　真：010-67868140
主营业务：一汽大众、上汽大众、一汽马自达、长安马自达、一汽丰田、一汽奥迪 4S 店

北京天达盛捷汽车销售服务有限公司 – 中国一汽 4S 店

公司地址：北京市大兴区西红门镇金星庄黄警路 1 号
电　话：010-61280305
维修资质：二类
主营业务：夏利 A+、N5、威志，整车销售、配件供应、车辆维修、保险理赔、车辆年检、旧车置换

北京运通博达汽车销售服务有限公司

公司地址：北京市经济技术开发区东环北路乙 1 号
电　话：010-67861777
传　真：010-67865051
主营业务：上海大众汽车斯柯达整车销售及售后维修保养等

比亚迪汽车北京鑫敏恒销售服务店

公司地址：北京市大兴区西红门宏旭路 2 号
电　话：010-60254919/60295635
传　真：010-60291907
主营业务：比亚迪汽车整车销售及售后维修服务等

北京之星汽车服务有限公司

公司地址：北京市经济技术开发区文化园东路甲 6 号
电　话：010-67860178
传　真：010-67860176
主营业务：奔驰整车销售及售后维修保养等

北京中进万国汽车销售服务有限公司

公司地址：北京市经济技术开发区北环东路 15 号
救援电话：010-67870173/13911573317
传　真：010-67860733
主营业务：长安福特马自达授权经销商

北京中汽南方华北汽车服务有限公司

公司地址：北京市经济技术开发区东环北路丙 1 号
电　话：010-67886666-1800
传　真：010-67878922
主营业务：沃尔沃整车销售及售后维修保养等

北京运通博雅汽车销售服务有限公司

公司地址：北京市经济技术开发区东环北路乙 1 号
电　话：010-67888855
传　真：010-67885077
主营业务：别克整车销售及售后维修保养等

北京运通博裕丰田汽车销售服务有限公司

公司地址：北京市经济技术开发区文化园东路乙 6 号
电　话：010-67862966/67868777-80
传　真：010-67869166
主营业务：一汽丰田整车销售及售后维修保养等

北京运通博世汽车销售服务有限公司

公司地址：北京市经济技术开发区北环东路 19 号
电　话：010-67861666
传　真：010-67873886
主营业务：英菲尼迪整车销售及售后维修保养等

北京鑫敏恒世纪一汽轿车销售服务中心

公司地址：北京市大兴区西红门宏旭路 2 号
电　话：010-60296960/60295635
主营业务：一汽奔腾整车销售及售后维修服务等

北京运通博恩汽车销售服务有限公司

公司地址：北京市经济技术开发区同济北路 2 号
电　话：010-67873366/67886777-6020
传　真：010-67871191
主营业务：一汽 – 大众特许经销商

东风日产东风南方三合专营店

公司地址：北京市经济技术开发区北环东路乙 15 号
救援电话：010-67872853/13911186197
主营业务：东风日产整车销售及售后维修保养等

东风本田汽车运通博泰特约销售服务店

公司地址：北京市经济技术开发区同济北路 2 号南厅
电　话：010-67871121/67878877-9779
传　真：010-67885633
主营业务：东风本田整车销售及售后维修保养等

力帆汽车北京奥图卡汽车销售服务有限公司

公司地址：北京市大兴区黄亦路大生庄东口加油站旁
电　话：010-63257015
救援电话：18601292630
主营业务：汽车销售、特约维修经销商

广汽本田亦庄特约销售服务店

公司地址：北京市经济技术开发区东环北路北一号
救援电话：010-67876988/13146908688
传　真：010-67883166
主营业务：广汽本田整车销售及售后维修保养等

长安汽车北京新兴快马大兴 4S 店

公司地址：北京市大兴工业开发区金苑路 10 号
电　话：010-60216278/60216708
传　真：010-60216718
网　址：www.xxkm4.com
主营业务：长安汽车整车销售、维修

长安商用

公司地址：北京市大兴区金星庄团河路 18 号（金海学校斜对面）
电　话：010-61281892-8007
传　真：010-61277831
网　址：www.qiche4S.cn/100030634
主营业务：长安商用汽车整车销售及售后维修等

汽车配件商、汽车用品商类

北京安华汽配中心

公司地址：北京市大兴区旧宫亦庄北岸 12 号楼底商 5 号
联系人：张佳
电　话：010-67067561
手　机：13391912195
主营业务：哈飞中意、民意、佳宝、奥拓、长安之星、夏利、五菱、北斗星等车型配件

北京金兴源轮胎销售中心

公司地址：北京市大兴区团河南村路口
联系人：高辉
手　机：18611743510/15724722907
主营业务：邦驰、安耐特、奥耐特全钢子午线轮胎，米其林、韩泰、横滨、玲珑轿车子午胎，玲珑轻卡轮胎及叉车工程机械轮胎等销售

北京煌鑫信盛重型汽配有限公司

公司地址：北京市大兴区亿发物流园南区 0678 号
联系人：纪金江
电　话：010-51576608
手　机：13552585678/13911513836
主营业务：豪沃、华菱、江淮、新大康、欧曼、斯太尔、红岩、东风、日野、搅拌车配件及各种重型车配件

北京诚信威傲有限公司

公司地址：北京市大兴区后辛庄重卡配件库 14 号
联系人： 岳秋立
电　话： 010-61229286/51176366
　　　　51175580
手　机： 13021136606/13241091678
主营业务：批发壳牌、美孚、长城、统一等各品牌、机油、黄油、刹车油、防冻液、玻璃水清洗剂、添加剂、抗磨剂、各种胶、自喷漆

北京诚信亿佳润滑油销售部

公司地址：北京市大兴区京良路亿发物流对面东 50 米
联系人： 时建超
电　话： 010-57455303
手　机： 18911237939
主营业务：长城、美孚、壳牌、蓝至等系列品牌

北京楚延工贸中心

公司地址：北京市大兴区旧宫亦庄北岸 12 号楼底商
联系人： 陈胜
电　话： 010-67067078
手　机： 13701140779
主营业务：润滑油、防冻液销售

北京金盛轩汽车配件有限公司瀛海分公司

公司地址：北京市大兴区黄亦路瀛海西口三元石油对面
电　话： 010-87606093/61276458
手　机： 13801050660/13911799859
主营业务：斯太尔、黄河、欧曼系列，解放、东风系列配件销售

陕西重汽北京配件配送中心

公司地址：北京市大兴区旧宫工业园南区甲 42 号
联系人： 武长生
电　话： 010-87910939
主营业务：陕西重汽配件销售

北京三角轮胎销售有限公司（北京总代理）

公司地址：北京市大兴区旧宫镇小红门路 36 号
联系人： 刘春晓
电　话： 010-87970175
手　机： 15901361578
传　真： 010-87970175
主营业务：三角轮胎轿车、轻卡、工程、卡客车全系列轮胎，双钱、正新、玲珑、普利司通等品牌全系列轮胎销售

北京市万车隆轮胎经销部

公司地址：北京市大兴区旧宫镇庑殿路 3 号
联系人： 吴光福
手　机： 13671226538
主营业务：德国马牌、韩国韩泰轮胎销售，各种铝合金车圈、轮毂升级，四轮定位、修补

北京重型车配件销售

公司地址：北京市大兴区亿发物流园南外区 33 号
联系人： 康鹦梅
手　机： 13426440465/13001903985
主营业务：重汽、陕汽、红岩、欧曼、华菱、江淮等配件

北京大兴兴隆汽配

公司地址：北京市大兴区海子角村绿色庄园
联系人： 马明月
电　话： 010-61241425/61243522
主营业务：解放、东风、重汽、陕汽全车配件

北京宏业思特国际商贸有限公司

公司地址：北京市大兴区芦求路芦城西口
联系人： 叶建林
电　话： 010-58415188/61237746
手　机： 18911009990
主营业务：海盐汽配（秦燕）、青岛丰宝离合器、重庆多拉动力、浙江玉环螺栓厂驻京办事处

北京海红嘉华商贸有限公司

公司地址：北京市大兴区郝庄子南口 1-03 号
联系人： 孟兆全
电　话： 010-61229456
手　机： 13601265409/15324063388
主营业务：陕西重汽、京津区域配件配送中心配件直营

北京河星云汽配销售部

公司地址：北京市大兴桥往东 301 米路北河星云汽配销售部
电　话： 010-69265769
主营业务：斯太尔、德龙、奥龙配件，各种油漆销售

北京花乡电瓶销售处

公司地址：北京市大兴区京良路乐家购物中心对面
联系人： 钱东纪
电　话： 010-51175863
手　机： 13261988553/13121933455
主营业务：风帆、骆驼、军用保胜等各种电瓶、电解液、配线、大线、卡头夹子

北京北方惠通轮胎商行

公司地址：北京市大兴区京良路乐家购物中心对面米其林店
联系人： 刘建光
电　话： 010-51242768
手　机： 15311622780/13220134525
主营业务：卡客车轮胎及各种品牌轿车轮胎

华丰数码构件有限公司

公司地址：北京市大兴区后辛庄重卡配件库
联系人： 李松 / 陈坤
电　话： 010-83707232
手　机： 13552162636/15010622799
主营业务：贵州精忠橡塑实业有限公司驻北京办事处，各种汽车传动带、橡胶皮膜（碗）、水管、发动机胶垫、耐油胶管、暖风管、制动气室修理包、减震器胶垫、油封、O 型圈等各种优质橡胶制品、代订做和贴牌加工各种异型橡胶制品

福田、江淮汽车配件特约销售处

公司地址：北京市大兴区神龙丰物流西行 20 米路北
联系人： 王丕全
手　机： 13269930733/15313008173
主营业务：福田系列、江淮系列、东风系列、跃进系列等配件销售

北京天地人和兴商贸有限公司

公司地址：北京市大兴区海子角综合办公楼一层底商
联系人： 刘春胜
电　话： 010-61243005/61244458
手　机： 13911223986
主营业务：正新轮胎北京总代理，正新、全钢卡车轮胎

北京平亚正强轮胎行

公司地址：北京市大兴区南五环中轴路京集成材南 50 米
联系人： 宋淑尚
电　话： 010-61284368
手　机： 13911001385/15601291579
主营业务：上海双钱、回力、普利司通、米其林、佳通、安徽皖轮、黑骑士、上海钱牌等轮胎销售

北京瑞利达汽配经营部

公司地址：北京市大兴区黄亦路五环金洲物流商 30 号楼
联系人： 李振峰
电　话： 010-52386014
手　机： 18910183078
主营业务：金杯海狮、福田海狮、吉利美日、一汽大众、中意民意、天津夏利、长安之星等配件，电瓶、机油、防冻液

北京扬帆伟业轮胎店

公司地址：北京市大兴区黄亦路与中轴路红绿灯往东 100 米路南
联系人： 孙文燕
电　话： 010-69277983
手　机： 13522406768/15510698597
主营业务：固特异、普利司通、米其林、横滨、正新、韩泰、三角等各大名优品牌销售

北京得利宏通汽车配件有限公司

公司地址：北京市大兴区黄亦路五环金洲物流旁
联系人： 侯定乾
电　话： 010-87619015
手　机： 13910424582
主营业务：销售东风、解放、斯太尔、欧曼及各种半挂车配件

风帆蓄电池股份有限公司北京销售处

公司地址：北京市大兴区郝庄子路口东北角
联系人： 王桂霞
电　话： 010-51175960/83706746
手　机： 13391908562/13552793948
主营业务：风帆蓄电瓶北京特约经销商、银帆、盖特、新感觉蓄电池驻京办

批发三滤大全

公司地址：北京市大兴区后辛庄重卡配件库 15 号
联系人： 魏贵江
电　话： 010-61229375
手　机： 13522378142/18610942164
主营业务：各种车型、制动阀、涡轮增压器、壳牌、美孚、长城、统一各种机油、三滤、液压滤及工程机械异型滤芯、化清、松动剂、水箱补漏剂、启动液 134A 及各种养护产品

嘉龙汽配中心

公司地址：北京市大兴区郝庄子鹅房路口 A-02 号
联系人： 林卫平
电 话： 010-56174560
手 机： 13146471346/13716266823
主营业务：大力神、欧曼、华菱、三一搅拌车全车配件、新款东风、解放、陕汽、重汽、各种重卡灯具、保险杠、专用配件、品牌离合器片、压盘

北京燕达盛欣商贸有限公司分公司

公司地址：北京市大兴区南中轴路西振亚庄
联系人： 郝闯
电 话： 010-61283108
手 机： 13683121606
主营业务：壳牌公司授权经销商，专营壳牌润滑油

轮胎大全经营部

公司地址：北京市大兴区旧宫镇小红门路永辉超市对面
联系人： 李丙昌
手 机： 18701054739/18611753301
主营业务：米其林、普利司通、三角、固特异、韩泰、锦湖等轮胎销售

瑞海汽车配件销售中心

公司地址：北京市大兴区后辛庄重卡配件库 11 号
联系人： 付良海
电 话： 010-83706335
手 机： 13301257341
主营业务：欧曼、豪沃、金王子、斯太尔、红岩新大康、德龙等全车配件

风帆蓄电池、天津力狮电池专营

公司地址：北京市大兴区亿发物流园南外区 17 号
联系人： 刘艳辉
手 机： 13718347016/15711105303
主营业务：风帆、力狮电池销售、充电器、放电表、夹子、火线、卡头、电解液、补充液及各种零部件

中国重汽集团济宁商用车北京好用鼎盛销售服务中心

公司地址：北京市大兴区鹅房村创业路 18 号
联系人： 尹册
电 话： 010-61237463/61237461
手 机： 15611953276
主营业务：货车销售、维修服务、亲人配件、亲人售后服务

重型车配件

公司地址：北京市大兴区后辛庄配件库 5 号
联系人： 付新宇
电 话： 010-61229285
手 机： 13520878686/13161615188
主营业务：解放 J6P\J6M\J6L 原厂配件、中重型货车客车变速箱大全，一汽解放桥厂、一汽无锡柴油机、一汽解放变速箱厂、江阴协统覆盖件、一汽富奥散热器、一汽一东离合器、一汽富奥传动轴、陕西法士特变速箱、一汽哈尔滨变速箱、一汽道依茨柴油机、山西大同变速箱、杭州前进变速箱

风帆、金葫蓄电瓶销售

公司地址：北京市大兴区旧宫亦庄北岸 12 号楼底商
联系人： 门全领
电 话： 010-87609309
手 机： 13910627947
主营业务：电瓶销售及回收

卡客车轮胎服务中心

公司地址：北京市大兴区神龙丰物流向西 100 米路南轮胎城
联系人： 刘超
电 话： 010-56147852/61206770
手 机： 18603323902
主营业务：销售各种型号轮胎

北京永利发汽配连锁公司

公司地址：北京市大兴区京良路新发地市场中石油加油站对面
联系人： 李文刚
手 机： 13521376994/13683319988 13341000086
主营业务：北京福田、东风解放、欧三电喷、柴配专卖

腾达汽配

公司地址：北京市大兴区团河路口南 50 米
联系人： 石金浩
电 话： 010-69248314/69256414
主营业务：金杯、捷达、桑塔纳配件，各种润滑油、轴承、电瓶、轮胎等

雪峰轮胎公司

公司地址：北京市大兴区养路费站西侧大楼一层
联系人： 刘学刚
电 话： 010-61244038
手 机： 15611142596/13683054093
主营业务：米其林、马牌、佳通、韩泰、普利司通、回力、双钱、三角、固特异轮胎销售

中国石化润滑油公司指定经销商

公司地址：北京市大兴区亿发物流园南外区 16 号
联系人： 王莉
电 话： 010-61205235
手 机： 13391901518/18610307687
主营业务：汽油机油、液压油、齿轮油、钙基脂、柴油机油、刹车油等油类，经销美孚、壳牌、长城、统一、燕山润滑油脂

中柴汽配连锁

公司地址：北京市大兴区亿发物流园门往西 50 米路北
电 话： 010-61205123
主营业务：斯太尔、欧曼、东风、解放系列整车及配件，康明斯、潍柴、大柴、锡柴、上柴、朝柴、玉柴整机及配件

北京重通联华汽配经销中心

公司地址：北京市大兴区后辛庄重卡配件库 1 号
联系人： 刘建斌
电 话： 010-61229385/52476801
手 机： 13146348000/13264060627
主营业务：奥沃、德龙、欧曼、斯太尔王、斯太尔、黄河王子、陕汽奥龙系列全车配件

中国重汽集团北京重诚联汽车配件销售中心

公司地址：北京市大兴区黄亦路五环金洲物流商 11 号
联系人： 孙未华
电 话： 010-52389886
手 机： 13641339298
主营业务：中国重汽亲人配件

中国重型汽车北京鸿达泰康配件销售部

公司地址：北京市大兴区芦求路汇君豪商务大厦底商
联系人： 周涛
电 话： 010-52433298
手 机： 18611177349
主营业务：中国重汽配件

浙江科力车辆控制系统有限公司北京办事处

公司地址：北京市大兴区后辛庄重卡配件库
联系人： 刘建军
电 话： 010-61229389
手 机： 18911865878/13718697971
主营业务：陕西重汽、三一重工、重汽斯太尔、豪沃、新红岩、福田欧曼、二期重卡车型、气制动阀、汽车水泵、离合器总泵、分泵、空压机、车门锁等系列产品

北京今日顺兴汽车配件中心

公司地址：北京市大兴区芦求路后辛庄红绿灯南 30 米西侧重卡配件院内 16 号
联系人： 王士伟
职 务： 总经理
电 话： 010-61229280
手 机： 13601353816
传 真： 010-61229280
主营业务：专业生产、批发重汽轮毂、半挂车桥

中国重汽商用车北京好用销售中心

公司地址：北京市大兴区海子角村绿色庄园
联系人： 刘经理
电 话： 010-61244804
传 真： 010-61242711
主营业务：金王子、黄河少帅、牵引、自卸、洒水车、运油车、除雪车等各种特种车型配件维修服务

张家口世达皮业有限公司

公司地址：北京市大兴区南四环东路盛仕嘉品牌运营中心
联系人： 刘忠
职 务： 总经理
电 话： 010-87880311
手 机： 15601222004/13483312999
传 真： 010-87880311
主营业务：羊剪绒车上用品、狐狸皮车上用品、汽车座垫、汽车配饰

正新轮胎京良路特约经销商

公司地址：北京市大兴区京良路新发地市场南门红绿灯往东 50 米路北
联系人： 阮超
手 机： 15311263704/13681518725
主营业务：正新、普利司通、玲珑、佳通、双钱回力轮胎销售

北京正美丰业汽车服务有限公司
公司地址：北京市经济技术开发区北环东路 3 号 2 栋 1 号（金泰公寓底商）
联系人： 夏会勇
电　话： 010-67868998
手　机： 13910627019
传　真： 010-67868668
主营业务：亦庄汽车玻璃服务分公司

北京千禧祈福经贸有限公司
公司地址：北京市大兴区京良路芦求路北口
联系人： 屠军峰
电　话： 010-58482788/83837088
手　机： 13911657735/13683378872
主营业务：卡车、客车轮胎服务中心

北京永利发汽配连锁店大兴分店
公司地址：北京市大兴桥往东 300 米路北永利发汽配批发
联系人： 李洪伟
电　话： 010-69231751/69262035
主营业务：天津夏利、吉利、奥拓纯正部件，松花江中意、民意、长安之星、一汽佳宝、五菱之光纯正部件，金杯海狮、福田海狮纯正部件，捷达、桑塔纳纯正部件，机油、电瓶、清洗剂、刹车油、装饰小件

章生行商贸中心、京章轮胎服务中心
公司地址：北京市大兴区芦求路北口 017 号
联系人： 杨章生
电　话： 010-61231941/61208193
手　机： 13701266827/18766740666
主营业务：经营各种规格轮胎，代理多家半钢子午线轮胎

汽车修理厂、快修连锁店、装饰美容店类

奥迪大众汽车维修服务中心
公司地址：北京市大兴区黄村镇康盛园小区东门底商 179 号
联系人： 周东亮
电　话： 010-60230503
手　机： 15699806658、15010299352
维修资质：三类
主营业务：精修奥迪 A6L\A4L\Q5、大众、迈腾、速腾、帕萨特 CC 等日韩车系

北京京博蓝天大众奥迪专修
公司地址：北京市大兴区西红门京开辅路西侧（收费站向南 400 米）
联系人： 杜和平
电　话： 010-60254551
手　机： 13366566905/13717559355
维修资质：二类
主营业务：奥迪、大众专业维修保养

北京美华伟业汽车修理有限责任公司
公司地址：北京市大兴区西红门镇金大路 15 号（黄亦路）
联系人： 钟经理
电　话： 010-61281340
手　机： 13241000561
维修资质：二类
主营业务：汽车维修保养、钣金喷漆、大中小修、汽车美容装饰、保险理赔、事故车整形回收

宇航汽车修理厂
公司地址：北京市大兴区德茂庄商业街 29 号
联系人： 白雪石
电　话： 010-67956073
手　机： 15910663644
主营业务：维修保养、美容装饰、代办保险验车

北京世嘉汽车服务公司
公司地址：北京市大兴区亦庄镇政府向西 800 米一屋一食餐厅正对面
联系人： 陈永基
电　话： 010-67899945
手　机： 13801398834
主营业务：汽车大中小修、钣金喷漆、轮胎升级、美容、封釉、镀膜

盛丰汽配保养服务中心
公司地址：北京市大兴区寿宝庄村保地发宾馆对面
联系人： 陈运星
电　话： 010-58447006
手　机： 13520581180
主营业务：钣金喷漆、汽修保养、空调加氟

诚信汽车修理
公司地址：北京市大兴区黄亦路金星桥往东第三个红绿灯往北 200 米
联系人： 程儒贝
手　机： 13521359342
主营业务：大众专业维修

北京市三友汽修厂
公司地址：北京市大兴区清源西路大自然洗浴向西 100 米加油站西
联系人： 褚荣花
电　话： 010-69244334
手　机： 13910068001
主营业务：汽车修理、保险、美容装饰

邓大汽修
公司地址：北京市大兴区芦城乡政府农行南 100 米
联系人： 戴永虎
手　机： 13522544863/13717837060
主营业务：精修进口国产轿车、保养、大修发动机、钣金喷漆、电瓶、轮胎、汽车精品、装饰、代办保险

伍号车酷
公司地址：北京市大兴区旧宫镇小红门路幻星家园西门往北 20 米伍号车酷
联系人： 杜亚东
电　话： 010-87970488
手　机： 13810025548
主营业务：专业汽车美容、装饰、封釉镀膜、凹陷修复、汽车上蜡

风云汽修
公司地址：北京市大兴区旧宫镇庑殿路润星家园底商 66 号
联系人： 方万品
电　话： 010-87975287
手　机： 13717597593
维修资质：三类
主营业务：汽车美容、机修保养、钣金喷漆、免费救援

银石 F1 三级方程式汽车服务站
公司地址：北京市大兴区旧宫镇南街路临 10 号
联系人： 侯振华
电　话： 010-57017077
手　机： 13264322718/13693009005
维修资质：二类
主营业务：奥迪专修、一汽全系专修、汽车钣金喷漆、美容养护、自动变速箱专修，代办保险验车

发大汽车配件销售维修中心
公司地址：北京市大兴区团河农场皇家垂钓园西侧
联系人： 邓毅
电　话： 010-61295914
手　机： 13521913459
维修资质：三类
主营业务：跃进、江淮、福田、奥铃、时代轻卡、金杯、小解放、等各种车系钣金喷漆维修保养

冀安兴业汽修汽配

公司地址：北京市大兴区团河行宫红绿灯北 150 米
联系人：董国伟
电　话：010-67995361
维修资质：三类
主营业务：维修保养、专修各种车型化油器、清洗节气门服务

京光明达汽车维修中心

公司地址：北京市大兴区团河路聚鑫隆华市场建材厅 3 号
联系人：冯晓明
电　话：010-61291121
手　机：13716458569
主营业务：汽车维修、钣金喷漆、四轮定位、汽车美容

北京诚信汽车修配厂

公司地址：北京市大兴区团河农场东 200 米路北
联系人：冯玉成
电　话：010-61295525
手　机：13031037383
维修资质：三类
主营业务：哈飞、金杯、大众、整车配件、维修保养、钣金喷漆

大众汽车专修

公司地址：北京市大兴区旧宫镇吉百利路 1 号
联系人：冯志良
电　话：010-87910819
手　机：15611018687/13522203374
主营业务：维修保养、钣金喷漆、保险理赔、代办验车

北京博雅众兴汽车修理服务中心

公司地址：北京市大兴区旧宫镇小红门路
联系人：胡利伟
电　话：010-51182270
手　机：13522520567
主营业务：维修保养、洗车美容、钣金喷漆

福星汽修汽配中心

公司地址：北京市大兴区公安大学西侧红绿灯往北 300 米
联系人：董卫星
手　机：13522068537
主营业务：专修福田、江淮、奥铃、解放

仁和汽修

公司地址：北京市大兴区黄村镇自来水公司往西 1200 米路北
联系人：耿传杰
电　话：010-59425900
手　机：13520938915
主营业务：汽车维修、钣金喷漆

尼尔森汽车维修中心

公司地址：北京市大兴区旧宫镇吉百利路三元加油站院外
联系人：贺万宏
手　机：13671223318
主营业务：汽车维修保养、钣金喷漆，大众车自动变速箱专项护理

北京明兴汽修

公司地址：北京市大兴区旧宫镇小红门路永辉超市对面
联系人：贾建辉
电　话：010-87966150
手　机：13261360850
主营业务：维修保养、钣金喷漆、美容

北京高骏美卡汽车维修中心

公司地址：北京市大兴区清源西路 55 号清源汽修园区
联系人：高骏
电　话：010-69297430
手　机：13811527905
主营业务：主修现代、富康、捷达、华普、保险、定损、理赔、维修

北京永盛汽配汽修维修中心

公司地址：北京市大兴区西红门镇欣宏大街口
联系人：何宝永
电　话：010-89905958
手　机：13611168789
主营业务：汽车维修、代理保险验车

郭子汽车服务

公司地址：北京市大兴区神龙丰物流往南 500 米路东五金建材院内 6 号
联系人：郭新峰
手　机：13141463856/18910306797
主营业务：专修东风、解放、江淮、福田、跃进、五十铃、金杯等柴汽油车

金杯大众现代专修

公司地址：北京市大兴区旧宫镇科技路 9 号
联系人：郭英杰
手　机：13370146952
主营业务：汽车维修保养、电脑检测、空调加氟

兴达汽修

公司地址：北京市大兴区团河农场鑫发市场（崇文看守所北 200 米）
联系人：韩志刚
电　话：010-61296077
手　机：13021202793
维修资质：三类
主营业务：金杯海狮、福田风景、中意、民意、长安之星、佳宝、五菱、东风小康维修保养、钣金喷漆

北京顺鑫同创汽车维修服务中心

公司地址：北京市大兴区清源西路 55 号清源汽修园区
联系人：姬忠春
电　话：010-69209541/69296046
手　机：13581505390/13261966086
主营业务：汽车维修、保险、理赔、定损、验车、救援

北京市陈民汽修

公司地址：北京市大兴区德茂桥向南 310 米路西
联系人：陈延民
电　话：010-67969864
手　机：13366766688
主营业务：维修保养、钣金喷漆、代办保险验车

北京定福德重型汽车维修服务有限公司

公司地址：北京市大兴区亦庄镇乐马路吉成庄 4 号（荣华桥西 400 米）
联系人：侯定乾
电　话：010-87619015
手　机：13910424582
主营业务：维修：金龙宇通各种国产进口大型客货车

宇航汽车修理厂

公司地址：北京市大兴区旧宫镇南小街 B 区 B35
联系人：管振良
手　机：13683351166
主营业务：汽车维修保养、美容装饰

北京奔宝汽车修理行

公司地址：北京市大兴区旧宫镇小红门路 2 号
联系人：李明光
电　话：010-51182247
手　机：13241797733
维修资质：三类
主营业务：汽车修理

驰进汽修

公司地址：北京市大兴区京开高速高米店站北行 300 米路东
联系人：胡经理
手　机：13331139419
维修资质：二类
主营业务：汽车维修、钣金喷漆、保险理赔、代办验车

空军装备部北京汽车修理厂

公司地址：北京市大兴区黄亦路南苑机场西侧路北
联系人：季华军
电　话：010-52436515/52436516
手　机：13718496898
主营业务：专修奥迪

朗诚汽车修理店

公司地址：北京市大兴区太福庄东口
联系人：姜诚
手　机：15910848216/18210899890
主营业务：维修大众、金杯、夏利、长安、民意、各种微型车，钣金喷漆

捷诚汽修

公司地址：北京市大兴区西红门宏盛路 316 号
联系人：李二彪
手　机：13521046299
主营业务：汽车维修保养、电脑检测、代办保险

福海顺汽车服务

公司地址：北京市大兴区西红门宏盛路
联系人：常清奎
手　机：13366970256/13020056807
主营业务：汽车维修保养

小董汽车维修养护中心

公司地址：北京市大兴区旧宫镇南小街 B 区 12 号
联系人：董建普 / 董建伟
手　机：13263375728/13051521937
主营业务：汽车维修保养、代办保险验车

百车汇车仆汽车技术服务有限公司

公司地址：北京市大兴区西红门桥向北 150 米壳牌加油站内
联系人：康阳
电　话：010-60252844
手　机：13381161868
主营业务：维修保养、洗车美容、钣金喷漆、保险理赔

东可信汽修

公司地址：北京市大兴区旧宫镇小红门路 40 号
联系人：孔德玉
电　话：010-87963283
手　机：13240756200
主营业务：维修保养各种国产进口汽车，保险出单、定损、理赔，代办车辆年检、验车

北京国超汽车修理厂

公司地址：北京市大兴区刘村红绿灯往北过桥路西
联系人：孔祥超
电　话：010-61261185
手　机：13801379311
维修资质：二类
主营业务：二级维护、钣金喷漆、划痕修补、尾气检测、代办保险

新发地老金专业修理部

公司地址：北京市大兴区京良路新发地市场中石油加油站对面
联系人：老金
手　机：13240079666/13269982839
主营业务：东风、解放、欧曼、跃进、金杯、微面专修

北京行车行汽车维修服务站

公司地址：北京市大兴区郁花园商业街东区底商一号
联系人：冷熠
电　话：010-60212166
手　机：18601060209/13021270936
主营业务：专业洗车、汽车美容、四轮定位、汽车维修保养

北京爱义行汽车服务有限责任公司亦庄店

公司地址：北京市大兴区亦庄开发区贵园东里 53 号
联系人：苗玉环
电　话：010-67826511/67826533
手　机：13671151931/13167581593
主营业务：汽车、美容、装饰、维修、轮胎、代办保险

北京泓宇兴汽车维修中心

公司地址：北京市大兴区西红门工业开发区福兴路 1 号
联系人：金华刚 / 吴小龙
电　话：010-60245994
手　机：13801061529/13051307197
维修资质：二类
主营业务：汽车维修保养钣金喷漆、事故车修理、代办保险理赔、汽车救援

北京旧宫京辉汽车服务中心 – 尚盟汽车服务事业

公司地址：北京市大兴区旧宫镇宣颐路 28 号；总部：北京经济技术开发区北环东路甲 15 号
联系人：李浩
电　话：010-58083227
手　机：13901372928
主营业务：定期保养维修、手工泡沫洗车、精致美容装饰、轮胎更换服务、钣金喷漆服务

930 汽车俱乐部北京运海通福汽车服务中心

公司地址：北京市大兴区旧宫镇小红门路 28 号永辉超市对面
联系人：李继龙
手　机：18911066953
主营业务：维修保养、钣金喷漆、美容装饰、音响、贴膜、隔音、装甲、导航等用品

红顺谊通汽配维修部

公司地址：北京市大兴区团河南村南三路 1 号公交总站向东 0.6 公里路南
联系人：李建华
电　话：010-61289566
手　机：13661128645
主营业务：主修各种柴油车，大车、卡车、钣金喷漆

北京车容顺达汽车维修服务中心

公司地址：北京市大兴区京开辅路团河路口往东 1500 米路南
联系人：李经理
电　话：010-61297023
手　机：13311510153
维修资质：三类
主营业务：专修大众、奇瑞、专业钣金喷漆、事故车整形、代办保险、救援服务

北京市瀛海飞达汽车修理公司

公司地址：北京市大兴区旧宫镇吉百利路加油站向西 100 米
联系人：李经理 / 闫经理
电　话：010-87910657
手　机：13691497026/13691497236
主营业务：汽车维修、定损理赔、钣金喷漆、美容装饰

中车汽修（集团）总公司北京连锁公司连锁（86 店）

公司地址：北京市大兴区西红门瑞海家园 C 区
联系人：厉秉阳
手　机：13381431558
维修资质：三类
主营业务：汽车维修、钣金喷漆、保险理赔、代办验车

北京旺益援汽配修理

公司地址：北京市大兴区西红门镇同华大街龙凤轩大酒楼对面
联系人：李万山
手　机：13911707518
维修资质：三类
主营业务：大众、金杯、夏利、奥拓、微面等维修

北京政阳兴汽车维修有限公司

公司地址：北京市大兴区旧忠路临甲 1 号院钢窗厂院内
联系人：李先生
电　话：010-87911139
维修资质：二类
主营业务：维修保养、钣金喷漆、代办保险验车

北京富顺通汽车维修服务有限公司

公司地址：北京市大兴区旧宫工业园区南区甲 21 号
联系人：李鑫
电　话：010-87910257
手　机：13910972206
维修资质：一类
主营业务：精修各种国产进口汽车、钣金喷漆、代办保险验车服务

丰田之家汽车服务中心

公司地址：北京市大兴区西红门宏旭路 182 号
联系人：李永
电　话：010-60233396
手　机：13810433996
主营业务：汽车改装维修

彭群顺汽车维修服务中心

公司地址：北京市大兴区西红门镇四村民生路东七条甲 11-3 号
联系人：彭群
电　话：010-67995962
手　机：13810321595
维修资质：二类
主营业务：汽车维修保养、钣金烤漆、划痕修复、四轮定位、空调维修、电脑维修、美容装饰、自动变速箱维修、代办保险验车

北京康明汽修

公司地址：北京市大兴区德茂桥向南 50 米路西
手　机：13911448233/13522102896
主营业务：维修保养、钣金喷漆、代办保险验车

利发汽车修理店

公司地址：北京市大兴区西红门同华路搅拌站对面
联系人：李智发
手　机：13240109003/13041235047 13041127204
主营业务：维修保养、补胎、钣金喷漆

北京诚信达汽车美容维修中心

公司地址：北京市大兴区旧宫小红门路珊瑚桥加油站向南 50 米路西
联系人：黄文豪
手　机：13661307662
主营业务：维修保养、钣金喷漆，美容装饰、抛光封釉、音响、贴膜、导航

永杰汽修

公司地址：北京市大兴区寿宝庄村 22 号
联系人：栗志彬
电　话：010-61284690
手　机：18611867208
主营业务：维修保养、钣金喷漆、补胎打气、代办保险、代理验车

华晨汽车修理店

公司地址：北京市大兴区西红门镇同华路龙凤轩大酒店对面金杯中华
联系人：李飞
手　机：13552246692/13261037375
主营业务：专修中华、骏捷、尊驰、金杯、FRV、阁瑞斯、大众、哈飞

梁子汽修

公司地址：北京市大兴区旧宫镇团忠路北6号
联系人：梁斌先
手　机：13910491828/13520688251
主营业务：汽车修理、钣金喷漆

兴业汽修

公司地址：北京市大兴区西红门镇团忠路建新庄
联系人：梁强先
手　机：18611360461/15810711276
主营业务：汽车修理、钣金喷漆

北京兴顺达汽车维修服务有限公司

公司地址：北京市大兴区团河路新居里小区向东600米路南
联系人：梁玉峰
电　话：010-61297618/58475559
手　机：15699771155
维修资质：二类
主营业务：奥迪、大众等系列轿车、维修保养、钣金喷漆、保险出单、定损理赔

京心达大众汽车维修中心

公司地址：北京市大兴区西红门瑞海家园小区底商B区239号
联系人：梁院东/张新波
电　话：010-60292471
手　机：15301157165/15311079165
主营业务：专修大众、奥迪、保险理赔

北京市红供汽车修理有限公司

公司地址：北京市大兴区旧宫工业开发区南区甲3号
联系人：倪光泉
电　话：010-87963263
手　机：13901250309
维修资质：一类
主营业务：承接各种事故车高级轿车修理保养、保险理赔修理一站式服务

北京兴业聪威汽配维修中心

公司地址：北京市大兴区西红门宏盛路322号
联系人：梁中秋
电　话：010-60293852
手　机：13261663139
主营业务：专修金杯、福田、海狮、赛弗、中华、奇瑞等

北京新成达汽车维修服务

公司地址：北京市大兴区旧宫镇西广德东营房18号
联系人：毛勇
电　话：010-67063291
手　机：13051836678
主营业务：各种车型维修保养、钣金喷漆、代办保险验车

同顺汽修

公司地址：北京市大兴区旧宫镇南小街二队（鸿江度假村南151米）
联系人：刘建同
电　话：010-67941564/67905568
手　机：13121906685
主营业务：大众、金杯、东南、夏利、中意配件及维修保养、钣金喷漆

北京盛泰瑞祥汽修

公司地址：北京市大兴区旧宫镇五金建材北口
联系人：雷哲
手　机：13811199182
主营业务：维修保养、钣金喷漆

华林汽车维修中心

公司地址：北京市大兴区瀛海镇玉璟园1-2号底商
联系人：刘新军
电　话：010-69276097
手　机：15811081517
主营业务：维修保养、汽车美容、划痕修复

车家家汽车美容装饰

公司地址：北京市大兴区金星路口向西100米路北
联系人：刘苗
手　机：15810343413
主营业务：汽车美容、车饰精品、钣金喷漆、保险理赔

龟博士汽车美容西红门店

公司地址：北京市大兴区西红门宏旭路192号
联系人：刘明明
手　机：13522088109
主营业务：汽车美容、汽车用品、钣金喷漆、划痕修复

博弈尊汽车养护中心

公司地址：北京市大兴区旧宫秀水花园底商3号
联系人：刘文
电　话：010-52387341
手　机：13716383511
主营业务：汽车维修、钣金喷漆、美容封釉、四轮定位、电脑检测

北京润斌利汽配汽修部

公司地址：北京市大兴区团河北村团忠北路路北公交车总站西500米
联系人：刘文
手　机：13681580235/13261592684
主营业务：大众车系列、各种进口、国产电喷车系列维修保养、钣金喷漆、汽车美容、收购出售二手车

北京诚意顺达汽车修理厂

公司地址：北京市大兴区康庄路3号（康庄公园西北角）
联系人：李明
电　话：010-60205185
手　机：13651234866
主营业务：大众维修、金杯维修、电喷清洗、电脑检测、维修空调、防盗CD、轮胎补胎、钣金喷漆、保险理赔

祥升汽修汽配中心

公司地址：北京市大兴区西红门路甲13号（同兴园西50米路北）
联系人：刘文刚
电　话：010-60255237/60242256
手　机：13911690918
维修资质：二类
主营业务：一汽大众进口车维修、钣金喷漆、美容装饰、投保理赔定损

鑫业洪达汽车维修中心

公司地址：北京市大兴区京良路新发地市场中石油加油站对面
联系人：刘先生
手　机：13381336765
主营业务：精修大众车系、金杯车系

汽修汽配

公司地址：北京市大兴区京良路亿发南外区
联系人：刘磊
手　机：13146572968
主营业务：精修东风、解放、斯太尔、欧曼、发动机、变速箱、后桥

北京腾达宏盛汽车修理中心

公司地址：北京市大兴区西红门宏盛路306号
联系人：高经理
手　机：13718222269
主营业务：汽车维修保养

北京德茂亚平大众服务站

公司地址：北京市大兴区德茂桥向南200米路西
联系人：任亚军
电　话：010-67991803
手　机：13691098129
主营业务：汽车修理

瑞园知友汽车维修中心

公司地址：北京市大兴区西红门宏康路20号
联系人：刘学峰
电　话：010-83770628
手　机：13520372270/13263368205
主营业务：维修保养、电路检测、钣金喷漆、保险出单、定损理赔

比亚迪汽车专修

公司地址：北京市大兴区京良路中化道达尔加油站东侧25米
联系人：刘建强
手　机：13717547957/13161848983
主营业务：精修比亚迪车系

北京天宇兴发汽车服务中心

公司地址：北京市大兴区西红门镇欣宏大街口
联系人：黄玉众
手　机：13641094606/13522654581
主营业务：汽车维修、代理保险验车

兴盛达汽车维修服务中心

公司地址：北京市大兴区德茂庄快速公交总站南150米
联系人：刘立东
手　机：13552825957
主营业务：汽车修理

博信汽车修理
公司地址：北京市大兴区旧宫亦庄北岸 12 号楼底商
联系人：穆华伟
电　话：010-87608593
手　机：13522142947
主营业务：汽车修理

北京国成汽车配件修理中心
公司地址：北京市大兴区京良路神龙丰物流园旁
联系人：吕小梁
电　话：010-61205368
手　机：13311366475
主营业务：德龙、豪沃、欧曼、斯太尔王、东风、华菱、陕汽、各种重型汽车修理及配件批发零售

北京天正时燃油喷射技术有限公司
公司地址：北京市大兴区南中轴路振亚庄路口北 200 米
联系人：蒋志
电　话：010-61288070/61288090
手　机：13911815097
维修资质：三类
主营业务：电装特约维修、德尔福特约维修、检测维修各类欧三燃油喷油嘴

龙达汽修
公司地址：北京市大兴区旧宫镇小红门路永辉超市对面
联系人：石勇
电　话：010-87960717
手　机：13120332614
维修资质：三类
主营业务：维修保养、轮胎、电瓶销售、代办保险验车

腾达汽修
公司地址：北京市大兴区德茂桥向南 200 路西
联系人：倪利
电　话：010-67942116
手　机：13661080756
维修资质：三类
主营业务：维修保养、钣金喷漆、代办保险验车

顺达翔龙汽修
公司地址：北京市大兴区中轴路振亚庄向西 200 米路北
联系人：潘国栋
电　话：010-58473179
手　机：13661264616
主营业务：维修保养、钣金喷漆、事故车整形、电脑检测、代办保险验车

北京万通汽车修理厂
公司地址：北京市大兴区瀛海镇西黄亦路与团忠路交叉口斜路向南 50 米路北
联系人：宋民强
电　话：010-61276426
手　机：15010986916
维修资质：二类
主营业务：主修奥迪、一汽大众、上海大众、金杯、通用、现代、哈飞等系列，钣金喷漆、保险理赔、代办验车

长安铃木大兴维修店
公司地址：北京市大兴区清源西路 56 号清源汽修园区
联系人：邵俊杰
电　话：010-69208817
手　机：13601128950
主营业务：专修长安铃木、钣金喷漆、代办保险、免费救援

润宇汽修
公司地址：北京市大兴区西红门镇同华北大街临 26 号 101
联系人：申鹏程
电　话：010-63243540
手　机：13521221857
主营业务：金杯海狮、福田风景、长城赛弗，维修保养

洁净汽修
公司地址：北京市大兴区兴华大街向北过五环兴华桥向北 500 米路东
联系人：师俊康
手　机：13381493935
主营业务：汽车修理、钣金喷漆、保险验车

鑫达汽修
公司地址：北京市大兴区团河路聚鑫隆华市场
联系人：尼振文
手　机：13520560531/18701201950
主营业务：维修保养、汽车线路、代办验车、空调加氟、新旧轮胎、补胎打气

奥峰汽修
公司地址：北京市大兴区旧宫亦庄北岸 12 号楼底商 6 号
联系人：宋建峰
手　机：13661167246
主营业务：汽车修理

杰发汽修
公司地址：北京市大兴区德茂桥向南 100 米路西
联系人：宋世杰
电　话：010-67982947
手　机：13552055782
维修资质：三类
主营业务：汽车修理

北京志宏汽车修理厂
公司地址：北京市大兴区黄亦路大生庄路口南侧加油站斜对面
联系人：王保君
电　话：010-61286386
手　机：13366700753
维修资质：二类
主营业务：维修保养、钣金喷漆，保险、验车、救援

北京金天华汽车修理有限公司
公司地址：北京市大兴区郝庄子北口东南角
联系人：宋晓江
电　话：010-67984399/60223393
手　机：13910820432
维修资质：一类
主营业务：精修各国产、进口、大中小型车

兴业汽修
公司地址：北京市大兴区黄亦路南五环饮鹿桥东 200 米
联系人：孙先生
电　话：010-61270131
手　机：13911619347
维修资质：二类
主营业务：汽车大中小维修保养、钣金喷漆、代办保险

北京龙鑫达汽车修理店
公司地址：北京市大兴区西红门四村红旗飘飘饭店向南 500 米路东
联系人：王凤华
手　机：15911005378/13311273066
主营业务：汽车修理保养、钣金喷漆、代办保险验车、救援服务

北京鸿江汽车维修有限公司
公司地址：北京市大兴区旧宫镇南小街二队鸿江度假村门口
联系人：田清林
电　话：010-67993299
手　机：13910611873
维修资质：二类
主营业务：精修宝马、奔驰、奥迪、丰田、本田、大众等高档车，钣金喷漆，代办保险验车

北京兴顺腾达汽车维修服务中心
公司地址：北京市大兴区清源西路 55 号清源汽修园区
联系人：穆建民
电　话：010-69202613
手　机：13910335798
主营业务：钣金喷漆、汽车维修、保险、出单、理赔

北京市荣达汽车修理厂
公司地址：北京市大兴区团河农场派出所东 50 米
联系人：王艳荣
电　话：010-61297122
手　机：13001263601/13693140993
13011101315
维修资质：二类
主营业务：汽车修理

北京黄村豪特汽车修理部
公司地址：北京市大兴区康庄路 3 号（华堂商场向东 200 米）
联系人：王建云
电　话：010-60205806
手　机：13621203588
主营业务：汽车维修、洗车装饰、钣金喷漆、汽车保险

北京龙飞兴达汽车修理有限公司
公司地址：北京市大兴区西红门镇十村京开高速中石油加油站北侧
联系人：王金龙
电　话：010-60250261
手　机：13439803075/13366837746
维修资质：二类
主营业务：维修保养、钣金喷漆、装饰美容、保险理赔

北京泽龙汽车服务中心

公司地址：北京市大兴区西红门镇福欣路 2 号
联系人：王同干
手　机：18611396326
维修资质：三类
主营业务：汽车修理

鑫诚鑫德汽车服务

公司地址：北京市大兴区旧宫镇吉百利路 1 号
联系人：王海虹
电　话：010-87978766
手　机：13810883913
主营业务：维修保养、钣金喷漆、美容装饰

北京博奥行汽车服务中心

公司地址：北京市大兴区西红门瑞海三区消防队斜对面
联系人：王会平
手　机：13681234866/13681017978
主营业务：汽车修理、钣金喷漆、保险验车

北京云起汽车维修

公司地址：北京市大兴区西红门镇欣宏大街口
联系人：孙中超
电　话：010-60242723
手　机：13521267407/13391501698
主营业务：维修保养、钣金喷漆、补胎、动平衡

北京市莱克汽车维修中心

公司地址：北京市大兴区德茂庄快速公交总站南 200 米
联系人：王师傅
电　话：010-67975605/67975627
手　机：13661024767/15724724808
主营业务：维修保养、美容装饰

北京诚信伟业汽车技术服务中心

公司地址：北京市大兴区京良路神龙丰西 150 米路北
联系人：王庆伍
手　机：13261771051/13051606196
主营业务：汽车维修保养、装饰用品、钣金喷漆、代办保险验车、高价收车

北京安地瑞斯汽车服务中心

公司地址：北京市大兴区黄亦路金星桥往东第三个红绿灯往北 200 米
联系人：田新生
手　机：13439493928
主营业务：免费检查、专业维修、空调加氟、专修金杯、福田

北京恒杰力油泵油嘴有限公司博士特约维修站

公司地址：北京市大兴区旧宫工业开发区北东甲 2 号
联系人：王兴洲
电　话：010-87967954/87967953
手　机：13488813315
维修资质：三类
主营业务：精修各种进口、国产柴油机高压油泵油嘴及配件、共轨柴油车故障诊断

北京洁亮汽车维修中心

公司地址：北京市大兴区清源西路大自然洗浴西 50 米汽修园区院内
联系人：王铁山
电　话：010-69296960
手　机：13051293213/13381206257
主营业务：汽车修理、钣金喷漆、划痕修复、事故车整形修复、保险

北京金顺利汽车维修中心

公司地址：北京市大兴区小红门路珊瑚桥向南 200 米路东
联系人：王宪国
电　话：010-87970232
手　机：13911316806
主营业务：汽车维修保养、四轮定位、轮胎大全

北京江铃汽车专业修理厂

公司地址：北京市大兴区团河行宫红绿灯北 100 米
联系人：王旭
电　话：010-61277438
手　机：13811491692/13693649415
维修资质：二类
主营业务：精修江铃、全顺等车系

北京运海福汽车服务有限公司

公司地址：北京市大兴区旧宫镇小红门路 28 号壳牌加油站南隆达商务楼
联系人：王艳辉
电　话：010-87608035
手　机：13811449982
维修资质：二类
主营业务：精修奥迪 A4\A6\A8\Q7、原装专用电脑检测、免费救援服务

北京佳琦汽车服务中心

公司地址：北京市大兴区芦城邮局向西 1 公里（芦城物流门口）
联系人：王勇
电　话：010-61231765
手　机：13641154353
维修资质：三类
主营业务：精修大众、钣金喷漆、代办验车、车险

北京万车行汽车维修有限责任公司

公司地址：北京市大兴区旧宫镇旧忠路甲一号
联系人：王富强
电　话：010-63515239
手　机：13810731360
主营业务：维修保养、钣金喷漆、美容装饰、保险、定损、理赔

北京东方卡萨贸易有限公司 -casa 汽车专业服务连锁旧宫店

公司地址：北京市大兴区旧宫镇宣颐路润龙家园 30 号底商
联系人：何志星
电　话：010-58083522
手　机：18611339648
主营业务：精致洗车、封釉镀膜、地盘装甲、机油三滤、快修养护、汽车用品、贴膜服务、保险理赔服务

海华汽修

公司地址：北京市大兴区旧宫镇旧宫医院科技路 107 号
联系人：王增海
电　话：010-87964685
手　机：13381168085
维修资质：三类
主营业务：汽车维修保养

王亮汽车维修

公司地址：北京市大兴区旧宫镇科技路
联系人：王增亮
手　机：13911977845
主营业务：汽车大、中、小修、钣金喷漆、音响防盗

北京华泰好运有限公司

公司地址：北京市大兴区广平大街 62 号（公安大学西侧）
联系人：王志宾
电　话：010-57749398
手　机：18001373291/18001373292
主营业务：各种品牌轮胎、轮圈和轮胎售后服务

九龙兴友汽车维修中心

公司地址：北京市大兴区西红门镇九龙山庄
联系人：魏少民
手　机：13641267710/15601357357
维修资质：三类
主营业务：汽车配件、维修保养、钣金喷漆、四轮定位、修补轮胎、美容清洗

北京黄村宏远汽车修理厂

公司地址：北京市大兴区楠海洗浴东侧
联系人：王志远
电　话：010-69231913
手　机：13716712189
维修资质：三类
主营业务：安装汽车空调、代办验车、奥迪现代 B5 维修保养、动平衡、汽车装饰、电器维修

武辉汽配

公司地址：北京市大兴区西红门镇兴海日苑底商 312 号
联系人：武辉
电　话：010-60201908
手　机：13261152105
主营业务：专修现代、捷达、富康、钣金喷漆、代办验车、保险

北京集进油泵设备有限公司 – 喷油泵维修部

公司地址：北京市大兴区旧宫镇小红门路西东翰写字楼门脸房 B3 号
联系人：廉晖
电　话：010-87917583
手　机：13501020219
传　真：010-67873203
维修资质：三类
主营业务：柴油机喷油泵维修

北京市兴业客车修理厂

公司地址：北京市大兴区西红门镇建新庄 1 号
电　话：010-69245197/69291047
维修资质：一类
主营业务：宇通客车、金旅客车、三一重工特约维修及配件销售，山海日野 P11C、J08E 发动机、原装日野 700 整车系列、E13C 系列配件销售及整车维修、保险定损理赔

达兴达汽车修理有限公司

公司地址：北京市大兴区黄亦路南五环饮鹿桥东 300 米
联系人：张明伟
电　话：010-61276342/69273108
手　机：13701132582/15911091888
维修资质：二类
主营业务：东风、解放、江淮、跃进、福田、欧曼、五十铃、玉柴、朝柴，大中小修、保险理赔、换油服务、钣金喷漆

北京黄村龙发车顺汽车修理部

公司地址：北京市大兴区黄亦路金星桥往东第三个红绿灯往北 150 米路东
联系人：张仕龙
电　话：010-61272833
手　机：13911565056
主营业务：汽车修理、主修大众、奥迪、别克

奥博达汽车服务中心

公司地址：北京市大兴区芦城电管站向西
联系人：张旺
手　机：13581645161
主营业务：维修大众、金杯、夏利、中意、奥拓、江淮、跃进、福田、东风、解放、旗铃

北京汇友汽车服务

公司地址：北京市大兴区京良路中化道达尔加油站东侧 30 米
联系人：小杰
手　机：13146027742/18810754519
主营业务：吉普专业维修，菱帅、菱悦 V3、得利卡、富利卡、蓝瑟专业维修

北京福顺勤昌汽车维修中心

公司地址：一店：北京市大兴区团忠路甲一号瀛海往西；
二店：北京市大兴区黄亦路饮鹿池桥东 500 米路北
联系人：王勤昌
电　话：010-61270438
手　机：13426135118/15321309591
主营业务：东风、解放、乘龙、斯太尔、欧曼、奥威、旗铃、江淮、福田，大众、奇瑞、奥拓、夏利、金杯、微面维修保养、钣金喷漆

北京盛河汽车技术服务

公司地址：北京市大兴区旧宫镇科技路 28 号旧宫医院东行 200 米）
联系人：任建奎
手　机：18910692258
主营业务：专业维修保养、钣金喷漆、保险理赔

北京江铃全顺专业维修

公司地址：北京市大兴区京良路新发地市场中石油加油站对面
联系人：张文生
手　机：15611479908
主营业务：精修江铃、全顺、凯运、顺达、凯锐、轻卡箱货、金杯

北京市航智汽车维修有限责任公司

公司地址：北京市大兴区旧宫工业园区育龙家园对面
电　话：010-87970471/87970475
手　机：13661366521/13801013288
维修资质：二类
主营业务：汽车维修保养、钣金喷漆、代办保险验车

北京富兴万家汽车美容修理一站式服务

公司地址：北京市大兴区西红门宏旭路 212 号
联系人：张孝红
手　机：13810109152/13718790456
主营业务：专修奥迪、大众、别克、汽车美容

京微汽车维修中心

公司地址：北京市大兴区西红门四村向北 100 米
联系人：张微
手　机：13426023983/18701497380
主营业务：机修电路、钣金喷漆、代办保险、美容装饰

汽车美容装饰维修中心

公司地址：北京市大兴区旧宫镇小红门路 28 号
联系人：张孝忠
手　机：13621254689/13681371517
主营业务：贴膜音响、座套地胶、抛光封釉、维修保养、钣金喷漆

钣金喷漆汽车维修

公司地址：北京市大兴区金星庄（二友居斜对面）
手　机：18046512528
主营业务：维修保养、钣金喷漆

兴合盛汽车服务

公司地址：北京市大兴区西红门镇兴海日苑底商 302 号
联系人：张新生
手　机：13717996097
主营业务：维修保养、电脑检测、空调加氟、钣金喷漆、内饰清洗、代办验车保险

北京国志伟业汽车维修服务中心

公司地址：北京市大兴区旧宫亦庄北岸 12 号楼底商
联系人：尚国志
手　机：13552824859/15711189204
主营业务：金杯、大众系列专修

北京奥通捷汽车维修有限公司

公司地址：北京市大兴区西红门宏盛路 342 号
联系人：郑经理
电　话：010-80251009
手　机：13391595989
主营业务：维修保养、美容装饰、代办验车、保险

北京静海大众汽车维修中心

公司地址：北京市大兴区清源西路 55 号清源汽修园区
联系人：张勇
电　话：010-69220092
手　机：13381021667/13381276685
主营业务：专业维修大众、奥迪、代办汽车保险、定损、理赔、年检

北京卓越万车达汽车服务有限公司

公司地址：北京市大兴区小红门路西 18 号
联系人：赵朝龙
电　话：010-61137113
手　机：18001372005
主营业务：精修高档汽车

北京鸿远新汽车修理厂

公司地址：北京市大兴区旧宫镇庑殿村南 5 号院
联系人：张佐凯
电　话：010-87910981
手　机：13910850219
维修资质：二类
主营业务：汽车修理

北京京南亚之星汽车修理有限公司

公司地址：北京市大兴区西红门镇志远庄西河路 3 号
电　话：010-87966573/87960558
手　机：18611667577/18611667977
维修资质：二类
主营业务：汽车专业维修保养、钣金喷漆，保险理赔、代办验车、二手车置换

顺发汽修

公司地址：北京市大兴区黄亦路金星桥往东第三个红绿灯往北 300 米
联系人：赵发
手　机：13520334324/13261389224
主营业务：汽车修理

北京市诚信汽配服务中心

公司地址：北京市大兴区京良路以黄路交叉路口路北
联系人：赵浩宽
手　机：13126881298/13011056656
主营业务：专修金杯、中意、民意、佳宝、五菱、长安

北京市嘉友泓达汽车修理有限公司

公司地址：北京市大兴区海子角工业开发区 7 号院
联系人：赵雪梅
电　话：010-61244070
手　机：13716735107
维修资质：二类
主营业务：事故车专修、维修保养、钣金喷漆保险理赔

车安伟业汽修

公司地址：北京市大兴区旧宫镇南街二队海迪学校南 300 米路西
联系人：魏志通
手　机：13718729541
主营业务：金杯、微面、大众专业维修保养、钣金喷漆

北京中晋联发汽修

公司地址：北京市大兴区旧宫镇小红门路永辉超市对面
联系人： 赵勇
手　机： 15901263271/15330273372
维修资质：三类
主营业务：汽车维修保养、清洗三元催化、燃油系统

豫星汽车技术服务中心

公司地址：北京市大兴区太福庄东口
联系人： 郑占营
手　机： 18701171418/18701171419
主营业务：维修大众、金杯、夏利、长安、民意、各种微型车，钣金喷漆

北京黄村澳利汽车修理厂

公司地址：北京市大兴区黄村工业开发区广茂大街 5 号院（世纪华联北面）
联系人： 支建英
电　话： 010-60215505
手　机： 13366987164
主营业务：汽车修理、钣金喷漆、验车保险、补胎充气、动平衡

北京绿茵润达汽车服务有限公司

公司地址：北京市大兴区兴业路装备站向南 10 米
联系人： 夏炳超
电　话： 010-69258017
手　机： 13552628080
维修资质：三类
主营业务：专修现代起亚、汽车美容养护装饰

鲁禹鑫汽修

公司地址：北京市大兴区西红门红旗飘飘南 50 米
联系人： 周悦
手　机： 13488798379/15110192858
主营业务：专修大众、金杯、奇瑞、夏利等车型、钣金喷漆、电脑检测

海龙腾飞汽修公司

公司地址：北京市大兴区京开高速西红门收费站第一个过街天桥路东
电　话： 010-60251953/60251742
手　机： 15611931470
维修资质：二类
主营业务：车辆维修、保险理赔

北京北方三环汽车服务有限公司

公司地址：北京市大兴区南四环东路北旅车桥厂院内
联系人： 龙汶滨
电　话： 010-87882133
手　机： 18201123169
维修资质：二类
主营业务：精修大众、奥迪、马自达等车型

腾飞鑫鑫汽修汽配

公司地址：北京市大兴区大生庄加油站向北 100 米
联系人： 相玉
手　机： 13718763513/13146372408
主营业务：主修车型：东风、解放、斯太尔、欧曼、豪沃、福田、东风多利卡、轻骑等重型车，钣金喷漆业务

杨子汽修

公司地址：北京市大兴区黄亦路金星桥往东第三个红绿灯往北 150 米
手　机： 15910987972
主营业务：专修金杯、现代、大众、中意

田博汽配中心

公司地址：北京市大兴区黄亦路金星桥往东第三个红绿灯往北 300 米
手　机： 13401149080/18701273551
主营业务：汽车维修

北京宏岳汽修中心

公司地址：北京市大兴区金星庄黄亦路敬贤桥旁
电　话： 010-61286263
维修资质：三类
主营业务：维修保养、钣金喷漆、保险理赔、代理验车

杨威汽配汽修

公司地址：北京市大兴区京良路神龙丰物流园旁
手　机： 13269275591
主营业务：德龙、豪沃、欧曼、斯太尔王、东风、华菱、陕汽、各种重型汽车修理及配件批发零售

涛涛汽修

公司地址：北京市大兴区京良路亿发物流园东侧 200 米路北
手　机： 15011310857
主营业务：大中型、柴油车、发动机、变速箱、中后桥、液压缸及欧三车各种修理

旺子专业维修

公司地址：北京市大兴区京良路中化道达尔加油站东侧 20 米
手　机： 13717579988
主营业务：夏利、吉利、中意、民意、佳宝、长安之星、五菱、昌河、松花江、金杯专修

北京世凯车行汽车维修中心

公司地址：北京市大兴区旧宫镇吉百利路 1 号
手　机： 13391771617
主营业务：汽车维修保养、电脑检测、空调加氟

北京大鸿运汽车维修中心

公司地址：北京市大兴区旧宫镇吉百利村 1 号院西门
手　机： 13811261388/15801393866
主营业务：精修各种车型、钣金喷漆，清洗节气门、电脑检测，保险出单定损、理赔一条龙服务

北京惠龙腾江淮汽车特约服务分站西红门汽车修理厂

公司地址：北京市大兴区京开高速西红门收费站南 1 公里路西
联系人： 赵永生
电　话： 010-60246269/60246270
手　机： 13601245201
维修资质：二类
主营业务：专修江淮、提供配件

帕萨特、奥迪维修服务中心

公司地址：北京市大兴区旧宫镇庑殿路临 02 号（碧海公园对面）
手　机： 13910498729
主营业务：专业汽车修理

小贾汽修

公司地址：北京市大兴区旧宫镇小红门路 28 号
电　话： 010-87965834
手　机： 13910610534
主营业务：大众、夏利、微面专修

北汽集团意隆达汽车修理厂 – 厦门金龙特约维修站

公司地址：北京市大兴区旧宫镇小红门路 36 号
电　话： 010-87964617/87964623
维修资质：一类
主营业务：专修卡客车、各类小轿车

北京世纪兴源汽修站

公司地址：北京市大兴区旧宫镇小红门路壳牌加油站旁
电　话： 010-87602765
手　机： 13601182583/13552207729
维修资质：三类
主营业务：汽车修理、钣金喷漆

北京万顺隆达汽修站

公司地址：北京市大兴区旧宫镇小红门路壳牌加油站旁
电　话： 010-87970456
手　机： 13661223398/13701379230
维修资质：三类
主营业务：汽车修理、钣金喷漆

北京市智杰盛汽车修理服务公司

公司地址：北京市大兴区康顺园小区 13 号楼
电　话： 010-60205089/88439599
主营业务：保险、美容、装饰、机修、钣金喷漆、洗车

北京盛达康汽车维修服务中心

公司地址：北京市大兴区清源西路 55 号清源汽修园区
电　话： 010-69226686
手　机： 13331122123
主营业务：精修各种进口国产轿车、自动变速箱、保险理赔、电脑检测

北京旺缘丰达汽车服务有限公司

公司地址：北京市大兴区团河南村路口
电　话： 010-61287010
手　机： 13911114651
主营业务：汽车维修保养、钣金喷漆、代办保险验车

北京众信利达汽车修理有限责任公司

公司地址：北京市大兴区旧宫镇南小街二队（鸿江度假村南 152 米）
电　话： 010-67905009/67905059
手　机： 13120023158/18611451556
13070170385
维修资质：二类
主营业务：汽车维修保养、钣金喷漆、代办保险验车

金桥汽修厂
公司地址：北京市大兴区团忠路瀛海多利吉五金钢材市场东侧
电　话：010-69277084
手　机：15330010080
主营业务：汽车修理、钣金喷漆、代办保险

北京宏宇汽车修理服务部
公司地址：北京市大兴区团忠路瀛海多利吉五金钢材市场西侧
电　话：010-87969269/69242078
主营业务：快修保养

北京瑞泽鸿汽车维修中心
公司地址：北京市大兴区西红门镇福益路 1 号
电　话：010-60200405
维修资质：二类
主营业务：汽车维修、钣金喷漆、代办保险验车

北京新天梦汽车维修服务有限公司
公司地址：北京市大兴区西红门镇宏康路 5 号北门
电　话：010-67588498/67588493
手　机：13911613218/18611443487
主营业务：大众汽车专业维修、保险

爱车俱乐部
公司地址：北京市大兴区小红门路珊瑚桥加油站往南 100 米
手　机：13910711268/13717977811
主营业务：专修韩系、日系、德系车型

4S 汽车便利店清渼汽车服务中心（NO:027 店）
公司地址：北京市大兴区亦庄开发区贵园东里底商
手　机：15001322669
主营业务：维修保养、精洗汽车、美容

北京市宏发鹏达汽车用品批发中心
公司地址：北京市大兴区郝庄子路口东北角
联系人：潘伟 / 葛世玉
电　话：010-51458658
手　机：13641371588/18801386887
主营业务：氙气灯、导航、汽车装饰、脚垫加工、批发零售

亦新汽车装饰俱乐部
公司地址：北京市大兴区亦庄开发区天华园一里三区适佰家超市地下一层
联系人：周光
电　话：010-67870749
手　机：15011168725
主营业务：汽车美容、汽车清洁、汽车改装、专业音响、精品百货、无尘贴膜

北京利福聚源哈飞汽车专营店（大兴黄亦路售后服务站）
公司地址：北京市大兴区西红门镇黄亦路南苑机场西 200 米路北
电　话：010-61287559
救援电话：010-59974614
维修资质：三类
主营业务：哈飞汽车原厂配件，24 小时免费救援、大、中、小维修

中车汽修（集团）总公司北京连锁公司连锁（40 店）
公司地址：北京市大兴区旧宫镇天宝商业街 32 号
联系人：邵长虹
电　话：010-87912675
手　机：13161562668/18618140089
维修资质：三类
主营业务：汽车快修、养护美容、钣金喷漆

哈飞金杯专业维修
公司地址：北京市大兴区团河行宫路口东 50 米路北
联系人：小许
手　机：13521707351
主营业务：精修哈飞、金杯

北京鑫华伟业汽车修理有限公司
公司地址：北京市大兴区福伟路 20 号
联系人：肖经理
电　话：010-58442601
维修资质：二类
主营业务：汽车维修、钣金喷漆、保险理赔、代办验车

柴汽通汽车配件维修中心
公司地址：北京市大兴区团河南村南三路 1 号公交总站向东 0.5 公里路南
联系人：肖周仓
电　话：010-59489196
手　机：13263156797/15321369196
主营业务：主修东风、跃进、奥铃、江淮、时代轻卡、解放、福田等柴油车系列，钣金喷漆、代办保险验车

北京天祥汽车维修中心
公司地址：北京市大兴区清源路口路东北 50 米
电　话：010-69202151
主营业务：汽车维修、定损、理赔

启发汽车服务部
公司地址：北京市大兴区芦城电管所西 70 米
联系人：邢新明
电　话：010-61230576
手　机：13621300195/15611465392
主营业务：东风多利卡、解放赛龙、福田、骑士、旗铃、欧马可、江淮、跃进、金杯、中意维修保养

北京宇隆兴达汽车维修中心
公司地址：北京市大兴区旧宫亦庄北岸 12 号楼底商东侧
联系人：王雪飞
电　话：010-87966837
手　机：15810167039
主营业务：汽车修理、钣金喷漆

德仁兴达汽车维修配件经营部
公司地址：北京市大兴区团忠路瀛海多利吉五金钢材市场 A 区 1-2 号
联系人：朱庆亮
手　机：13521112670/13521757768
主营业务：维修保养、汽车美容、钣金喷漆

精诚大众维修服务中心
公司地址：北京市大兴区芦城电管所东侧
联系人：续江潮
手　机：13241718335/13261125757
主营业务：维修保养、钣金喷漆、保险验车、空调加氟、线路检修

北京建伟汽车修理
公司地址：北京市大兴区旧宫镇南小街二队（鸿江度假村南 150 米）
联系人：薛建
电　话：010-67953808/67953162
手　机：13366105242
维修资质：三类
主营业务：金杯、现代、别克、三菱、大众等维修保养，钣金喷漆、保险理赔

北京经纬锦程汽车服务有限公司
公司地址：北京市大兴区旧宫镇小红门路北汽加油站斜对面乙 1 号
联系人：薛友
电　话：010-87961163/87964498
手　机：13051428139
主营业务：专修大众、金杯等车型

亿金隆汽车快修店
公司地址：北京市大兴区西红门宏盛路 340 号
联系人：颜大铭
手　机：13811562629
主营业务：汽车维修、专修自动变速箱、钣金喷漆

北京振宇汽车维修中心
公司地址：北京市大兴区西红门镇同华路龙凤轩大酒店对面金杯中华
联系人：尤振宇
手　机：13341075246/13121643923
主营业务：汽车维修、钣金喷漆、保险理赔、代办验车

北京欣英海汽车修理厂
公司地址：北京市大兴区高米店过金星桥第一个红绿灯往北 100 米路东
联系人：杨定伟
电　话：010-60259176
手　机：13522360619/13651246233
维修资质：三类
主营业务：旧车翻新、钣金喷漆、划痕快修、保险理赔维修一条龙服务

彬荣汽车修理厂
公司地址：北京市大兴区德茂桥向南 300 路西
联系人：徐学冬
电　话：010-67984099
手　机：13366452818
维修资质：二类
主营业务：维修保养、钣金喷漆、代办保险验车

北京宏达伟业汽车修理有限公司
公司地址：北京市大兴区清源路 40 号
电　话：010-69209489/69202590
维修资质：一类
主营业务：精修各种车型、保险理赔

北京捷克汽修钣金喷漆
公司地址：北京市大兴区德茂桥向南 300 米路西
联系人： 杨民昌
手机号码：13693555207/18612595737
主营业务：维修保养、钣金喷漆、代办保险验车

北京久福汽车维修中心
公司地址：北京市大兴区清源西路 55 号清源汽修园区
联系人： 杨文浩
电　话： 010-69200176
手机号码：13381162171/13381196995
主营业务：汽车维修

鑫益源汽配维修
公司地址：北京市大兴区旧宫镇小红门路 28 号
联系人： 杨文毅
电　话： 010-87964088
手机号码：13910680611
维修资质：三类
主营业务：国产、进口汽车维修保养、钣金喷漆、代办保险验车、救援服务

北京昌盛汽配维修中心
公司地址：北京市大兴区西红门镇兴海日苑底商 294 号
联系人： 杨洋
手机号码：13161065008/15718849892
主营业务：维修保养、美容装饰、钣金喷漆、代办验车、保险

北京兴飞驰汽车修理有限公司
公司地址：北京市大兴区团河崇文区看守所向南 500 米路东
联系人： 姚志刚
电　话： 010-61290670
手机号码：13401058048
维修资质：二类
主营业务：专业钣金喷漆、事故车整形、维修保养、保险定损理赔、救援服务

北京黄村银龙汽车维修中心
公司地址：北京市大兴区黄村汽修园区院内
联系人： 殷龙
电　话： 010-69231858
手机号码：13911077760
主营业务：汽车维修保养、钣金喷漆、汽车保险、理赔、定损

北京一明汽车配件维修养护中心
公司地址：北京市大兴区大生庄东口往北 500 米
联系人： 于宽伟
电　话： 010-58442287
手机号码：13366230867
主营业务：汽车配件维修保养、电脑检测、轮胎平衡

惠诚汽车养护服务中心
公司地址：北京市大兴区同兴园小区口内 150 米（6 号楼对过）
联系人： 张庄囤
手　机： 15711044279/13164272761
主营业务：快修保养、钣金喷漆、美容装饰、代办保险

嘉实多富途达快修店
公司地址：北京市大兴区旧宫镇南小街
联系人： 于老板
电　话： 010-67956752
手　机： 13621222258
维修资质：三类
主营业务：汽车快修养护、钣金喷漆、代办保险验车

吉祥佳兴汽车服务
公司地址：北京市大兴区西红门四村
联系人： 于明
电　话： 010-52457197
手　机： 13911808203
维修资质：二类
主营业务：专业维修奥迪、大众、别克、本田、丰田、尼桑、现代、钣金喷漆、美容装饰

合兴皖 K 汽修
公司地址：北京市大兴区京良路亿发物流东 20 米
联系人： 于先生
手　机： 18610725841
主营业务：欧曼、豪沃、金王子、斯太尔、红岩新大康、德龙等专业维修

北京旧宫京联汽车修理厂
公司地址：北京市大兴区小红门红绿灯珊瑚加油站斜对面
联系人： 昝立新
电　话： 010-87605748/87605101
手　机： 13051275843
主营业务：专修吉利、美日、切诺基

欧爱汽车服务有限公司旧宫店
公司地址：北京市大兴区旧宫镇旧宫东路 59 号楼
联系人： 臧武建
电　话： 010-51149067/51149073
手　机： 18001282927
传　真： 010-87966118
主营业务：快修保养、美容装饰、钣金喷漆

永杰汽修
公司地址：北京市大兴区旧宫科技路全聚德配送中心斜对面
联系人： 张保亮
手　机： 13552718670
主营业务：汽车维修保养、空调加氟

新天人汽车维修部
公司地址：北京市大兴区旧宫东路 53 号
联系人： 张保然
电　话： 010-87961543
维修资质：三类
主营业务：汽车维修保养

尚盟汽车服务事业
公司地址：北京市经济技术开发区北环东路甲 15 号
电　话： 400-001-6580
主营业务：汽车服务行业特许经营连锁加盟企业，汽车美容、维修、配件、钣喷等

京鲁汽修汽配
公司地址：北京市大兴区太福庄东口
联系人： 张付合
手　机： 13521064707
主营业务：汽车修理、空调加氟

北京金泰运通汽车修理厂
公司地址：北京市大兴区西红门镇福瑞路 2 号
联系人： 张家元
电　话： 010-60255799
手　机： 13910215780
维修资质：二类
主营业务：奥迪大众汽车维修保养

京佳汽车装饰美容维修保养中心
公司地址：北京市大兴区旧宫工业园区北东甲 6 号
联系人： 张俭峰
电　话： 010-87968475
手机号码：13717865678/13681571510
主营业务：维修保养、美容装饰、贴膜音响

宝豫汽修汽配
公司地址：北京市大兴区京良路神龙丰西 500 米
联系人： 张经理
手　机： 13716461912/13671103086
主营业务：精修豪沃、斯太尔、东风、解放，校大梁、换柱管、锚吊耳、钣金喷漆

康明汽配
公司地址：北京市大兴区旧宫镇小红门路 28 号
联系人： 张军
电　话： 010-87600885/59426500
手　机： 13601318327
主营业务：专修桑塔纳、捷达、超人、中意、佳宝、夏利、五菱之光

精修各种汽车
公司地址：北京市大兴区郝庄子路口东北角
联系人： 张奎
手　机： 13521300339/15699718102
主营业务：精修金杯、大众、起亚等、电瓶、电路、汽车装饰等

鹏鑫祥汽车维修
公司地址：北京市大兴区金星庄红绿灯往西 200 米路北
联系人： 张亮
手　机： 13520401036/15911136816
主营业务：汽车大修、维修保养、汽车美容装饰、音响防盗、动平衡、补胎

飞驰世佳
公司地址：北京市大兴区西红门宏盛路 300 号
联系人： 晏忠华
手　机： 13381086393/18911089230
主营业务：汽车维修、钣金喷漆、保险理赔、代办验车

北京富斯源汽车修理服务站
公司地址：北京市大兴区旧宫镇小红门路 28 号
联系人： 杨富有
电　话： 010-87967421
手　机： 13691288044
主营业务：汽车维修、装饰、代办保险验车

兴大汽车修理厂

公司地址：北京市大兴区金星桥往东 900 米国防大学院内
联系人： 宋鸿昌
职 务： 经理
手 机： 13521595198/18210887358
主营业务：专业钣金喷漆技师，维修保养、代办保险理赔、出单、验车

北京市大兴区团河汽车修理公司

公司地址：北京市大兴区西红门镇金海学校南路西 30 米
联系人： 张明强
电 话： 010-61287432/61284507
手机号码：15910987108
维修资质：二类
主营业务：各种车型大中小修、保养钣金、二级维护、代办保险验车

北京陆兵汽车技术服务有限公司

公司地址：北京市大兴区旧宫镇科技路天宝商业街 19-20 号
联系人： 张艳伟
电 话： 010-87969050/51102372
手 机： 13810181124/13391711119
维修资质：二类
主营业务：精修高端车自动变速箱

潇洒车专业汽车贴膜服务有限公司－旧宫店

公司地址：北京市大兴区南四环东路榴乡桥东 200 米外侧辅路
联系人： 翟银萍
电 话： 010-87880838
主营业务：专业贴膜、美容装饰、用品

老九汽修汽配

公司地址：北京市大兴区神龙丰物流园南门往西 100 米路北
联系人： 杨继伟
电 话： 010-61200156
手 机： 15811145315/13366778512
主营业务：赛龙、天锦、欧曼、江淮等配件、精修各种重汽车型

福海顺汽车服务

公司地址：北京市大兴区西红门宏盛路
联系人： 常清奎
手 机： 13366970256/13020056807
主营业务：汽车维修保养

兴达汽修

公司地址：北京市大兴区黄村镇永华路 26 号
联系人： 张丁
手 机： 15612705102/18632709605
主营业务：钣金喷漆、空调加氟

京泽汽车装饰美容

公司地址：北京市大兴区金星路中段（金星桥东第二个红绿灯路北）
手 机： 15811361889/13331081187
主营业务：音响、贴膜、防盗、导航、电子狗、打蜡、封釉、座垫、座套、精品、地图升级、音响维修等

明辉汽修

公司地址：北京市大兴区旧宫镇小红门路 28 号宣颐家园斜对面
联系人： 张方明
电 话： 010-87919040
手机号码：13699199804
主营业务：大众系列、夏利、富康、微面系列汽修、办件喷漆、美容装饰

北京旧宫鹏飞汽车修理部

公司地址：北京市大兴区旧宫镇小红门路 28 号
手 机： 13910204515
主营业务：汽车修理

北京世杰汽车维修服务中心

公司地址：北京市大兴区小红门珊瑚加油站南 300 米
联系人： 徐洁
电 话： 010-87918286
手 机： 13718817825
维修资质：三类
主营业务：维修保养、钣金喷漆

长春一汽解放配件维修店

公司地址：北京市大兴区南中轴路增泰物流东门马路对面
联系人： 周勇
电 话： 010-69272341
手 机： 13552893160
主营业务：经营一汽解放配件，汽车大中小维修，昼夜服务

首创汽车养护

公司地址：北京市大兴区旧宫镇南小街
电 话： 010-51572670
手 机： 15801421488
主营业务：汽车维修保养、代办保险验车

大众别克汽车维修

公司地址：北京市大兴区旧宫镇小红门路 28 号
联系人： 马瑞龙
电 话： 010-87966522
手 机： 13501204761
维修资质：三类
主营业务：大众、奥迪、别克、日产等快修保养、钣金喷漆

北京荣利特油泵油嘴经营有限公司

公司地址：北京市大兴区黄亦路饮鹿池桥东金洲物流大门右侧 25 号
电 话： 010-52389854
手 机： 13488797355
主营业务：专业维修柴油机供油系统泵总成，喷油器、包括欧三及以上排放标准高压共轨泵总成、单体泵、泵喷嘴等

旺兴湖汽修

公司地址：北京市大兴区旧宫镇庑殿路润星家园底商 62 号
联系人： 张文涛
电 话： 010-87960865
手 机： 13552806991/13261369119
维修资质：三类
主营业务：汽车维修、电脑检测、钣金喷漆，代办保险、定损、验车

北京华佳伟业汽车维修中心

公司地址：北京市大兴区清源西路 55 号清源汽修园区
联系人： 谢国勇
电 话： 010-69229291
手 机： 13366221174/13810094916
主营业务：汽车修理、钣金喷漆、代理保险、代办验车

昌平区概况及汽车行业情况介绍

昌平位于北京市西北部，区域面积 1343.5 平方公里，地势西北高、东南低，北倚军都山，南俯北京城。昌平区位条件优越，北与延庆、怀柔接壤，西与门头沟、河北怀来相连，南与海淀、朝阳相通，东与顺义毗邻，是北京的北大门，素有“京师之枕”、“甲视诸州”之称。最南端与天安门直线距离约 10 公里，城区距首都国际机场约 30 公里，距中国北方最大的集装箱码头——天津塘沽港不足 200 公里。具有承东启西、联结南北的区位之便，既是生产要素由南向北转移的承接地，也是生产要素继续向北部地区辐射的起点。

根据《北京城市总体规划 (2004 年 -2020 年)》，昌平作为城市发展新区，是首都北部发展带上的重要节点，也是北京 11 个新城之一。其承担着“北京重要的高新技术研发产业基地，引导发展高科技研发与生产、旅游服务和教育等功能”，承担着疏解中心城产业和人口转移的重任。

■ 交通与人口

2010 第六次全国人口普查，昌平区登记常住人口 166.05 万人。常住人口中，外省市来昌人员为 84.71 万人，外来人口增长成为昌平区常住人口增长的主要因素。昌平区域交通便捷，路网发达。有京藏高速公路、京承高速公路、京包快速路、六环路、101 国道等主干道，轨道交通有轻轨 5 号线、8 号线、13 号线、昌平线等。

■ 大型社区

昌平拥有回龙观和天通苑两大社区。回龙观社区是北京市 19 片经济适用房住宅聚集区之一，定位为文化居住区，具有 850 万平方米的超大规模，常驻人口超过 40 万人，位列亚洲最大的居住社区之一。天通苑社区占地面积约 8 平方公里，规划建筑面积 600 多万平方米。地处北京昌平区东南部，属于城乡结合部，是北京最大的经济适用房聚集地区。

■ 有形市场分布

依托便捷的交通和密集的社区，昌平汽车市场也繁荣发展，国内著名的素有整车销售晴雨表的北京亚运村汽车交易市场就座落于此，在整车销售、二手车交易等汽车服务方面引领北京乃至国内同行业的发展。回龙观北郊汽配城也以便捷的交通、成熟的市场氛围、与时俱进的管理理念，逐步打造市场的核心竞争力及辐射周边区县的影响力，市场日益繁荣。此外，昌平区还有位于天通苑北的燕丹汽配城等市场。

■ 汽车产业优势

经过转变发展方式，发展高端产业，集聚优势产业，昌平区目前高新技术产业占工业总量的比重达到 62.5%。三一重工北京制造中心等重大项目、北汽福田新能源汽车产业基地等国家级产业园相继落地，基本形成了以能源科技、高端现代制造、生物医药为主的产业体系。

北京新能源汽车设计制造产业基地座落于福田汽车公司昌平厂区，总占地 1000 亩，建筑面积 30 万平方米，总投资 50 亿元，已经形成各类替代能源和新能源客车 5000 台及高效节能发动机 40 万台的年生产能力，是目前中国规模最大、品种最全的新能源汽车设计制造工程基地。

昌平区商家资讯

汽车 4S 店类

北京奥润得汽车有限公司
公司地址：北京市昌平区回龙观镇欧德宝国际汽车城 7 厅
电　话：010-58917033
主营业务：英伦汽车整车销售及售后维修保养等

北京北方长福汽车销售有限责任公司
公司地址：北京市昌平区回龙观镇欧德宝国际汽车城福特 4S 店
电　话：010-80771071/80750392
主营业务：福特整车销售及售后维修保养等

北京城市捷运汽车贸易有限公司
公司地址：北京市昌平区回龙观镇欧德宝国际汽车城 A 区 15 号
电　话：010-80772880/80772869
传　真：010-80771753
主营业务：江淮汽车整车销售及售后维修保养等

北京东风南方大成汽车销售服务有限公司
公司地址：北京市昌平区回龙观镇欧德宝国际汽车城 A 区 9 号
电　话：010-52961779
传　真：010-52961752
主营业务：东风日产整车销售及售后维修保养等

北京繁世行汽车销售服务有限公司
公司地址：北京市昌平区回龙观镇欧德宝国际汽车城内
电　话：010-80772581
主营业务：昌河铃木特许销售服务中心

北京方向华晨汽车销售服务有限公司
公司地址：北京市昌平区回龙观镇欧德宝国际汽车城
电　话：010-80772008/80772009
传　真：010-80772007
主营业务：中华、金杯整车销售及售后服务等

北京合宏进汽车销售服务有限公司
公司地址：北京市昌平区汤立路东三旗 550 号
电　话：010-59349999/59349959
主营业务：东风悦达起亚整车销售及维修等

北京国机丰盛汽车有限公司
公司地址：北京市昌平区回龙观镇欧德宝国际汽车城 A 区 23-24 号
电　话：010-80750066/80750898
传　真：010-80750899
主营业务：广汽丰田整车销售及售后维修保养等

北京海联力通经贸有限公司
公司地址：北京市昌平区回龙观镇欧德宝国际汽车城西区
电　话：010-80771166 转 801/802/803/804/805/806
传　真：010-80771620
主营业务：一汽大众特许经销商

北京浩天小康汽车销售有限公司
公司地址：北京市昌平区回龙观镇欧德宝国际汽车城 2 厅 2 号
电　话：010-80771892/80771275
传　真：010-80771892
主营业务：东风小康整车销售及售后维修保养等

北京千里行汽车服务有限公司
公司地址：北京市昌平区回龙观镇欧德宝国际汽车城 A 区 11 号
电　话：010-80794600
传　真：010-80799986
主营业务：东风悦达起亚整车销售及售后维修保养等

北京汇丰汽车生活馆
公司地址：北京市昌平区回龙观镇欧德宝国际汽车城 A 区 13 号
电　话：010-80772047/80772724
传　真：010-80772614
主营业务：纳智捷汽车整车销售及售后维修保养等

北京方正利成汽车销售服务有限公司
公司地址：北京市昌平区回龙观镇欧德宝国际汽车城
电　话：010-81795111
传　真：010-81795500
主营业务：马自达整车销售及售后维修保养等

北京捷亚泰万兴汽车销售有限公司
公司地址：北京市昌平区西关昌平南桥西侧 50 米
电　话：010-80106289
传　真：010-60719696-806
主营业务：一汽大众整车销售及售后服务等

北京卫宇行汽车销售服务有限公司
公司地址：北京市昌平区回龙观镇欧德宝国际汽车城
电　话：400-899-1912
传　真：010-58917133
主营业务：上海通用汽车五星级特约 4S 服务中心

北京宁北长城汽车销售公司
公司地址：北京市昌平区回龙观镇欧德宝国际汽车城 2 厅
电　话：010-80793919/80793920
传　真：010-80793919
主营业务：长城汽车整车销售及售后维修保养等

北京汽车天乐国汽特约销售服务店
公司地址：北京市昌平区八达岭高速昌平南桥西南侧
电　话：010-89740990/89740880
传　真：010-89740550
主营业务：北京汽车整车销售及售后服务等

北京亚辰伟业联创汽车销售服务有限公司
公司地址：北京市昌平区回龙观镇欧德宝国际汽车城 1 厅 1 号
电　话：010-58917086
主营业务：上海大众汽车特许销售商

北京亨通至兴汽车销售有限责任公司
公司地址：北京市昌平区回龙观镇欧德宝国际汽车城 8 厅
电　话：010-58917118/58917080
传　真：010-58917106
主营业务：奔驰、宝马、陆虎、丰田、保时捷、奥迪

北京睿彤长兴汽车科技有限公司

公司地址：北京市昌平区回龙观镇欧德宝国际汽车城7号厅
电　话：010-58917170/58917172
主营业务：长安商用车整车销售及售后维修保养等

北京首创实利贸易有限公司

公司地址：北京市昌平区回龙观镇欧德宝国际汽车城
电　话：010-80776688
传　真：010-80776242
主营业务：别克整车销售及售后维修保养等

北京天通正元汽车销售有限公司

公司地址：北京市昌平区北七家镇东三期村48号
电　话：010-61755029/61767797
主营业务：长城汽车整车销售及维修

北京伟业恒兴汽车销售有限公司

公司地址：北京市昌平区回龙观镇欧德宝国际汽车城5厅
电　话：010-58917035
传　真：010-58917036
主营业务：东风雪铁龙整车销售及售后维修保养等

北京信德恒通汽车销售有限公司昌平分公司

公司地址：北京市昌平区回龙观镇欧德宝国际汽车城6厅3号
电　话：010-58917067
传　真：010-58917067
主营业务：风神轿车全系、二手车置换评估

北京英明基业汽车销售有限公司

公司地址：北京市昌平区回龙观镇欧德宝国际汽车城开瑞微车4S店
电　话：010-80778566
传　真：010-80771732
主营业务：开瑞微车整车销售及售后维修保养等

北京正德永成汽车贸易服务有限公司

公司地址：北京市昌平区回龙观镇欧德宝国际汽车城A区16-17号
电　话：010-60728886
传　真：010-81705990
主营业务：奥迪汽车整车销售及售后维修保养等

北京现代天乐国裕特约销售服务店

公司地址：北京市昌平区八达岭高速昌平南桥西南侧
救援电话：010-80101111/80101818
传　真：010-89740550
主营业务：北京现代整车销售及售后服务等

北京新兴翔悦汽车销售服务有限公司

公司地址：北京市昌平区回龙观镇欧德宝国际汽车城A区21号
电　话：010-80749341/80749342
主营业务：长安汽车整车销售及维修、续保、理赔、救援

北京鑫敏恒汽车销售服务有限公司

公司地址：北京市昌平区回龙观欧德宝汽车交易市场6厅6号
电　话：010-52468085
传　真：010-51090554
主营业务：比亚迪整车销售及售后维修保养等

东风日产汇京福瑞专营店

公司地址：北京市昌平区北七家镇汤立路东三旗550号
电　话：010-58040666/58040569
传　真：010-58040668
主营业务：东风日产整车销售及维修

中宇汽车服务中心

公司地址：北京市昌平区立汤路177号
电　话：010-84840206/84823426
主营业务：上海大众整车销售及维修

中宇汽车服务中心

公司地址：北京市昌平区立汤路177号
电　话：010-84824190/84824191
主营业务：一汽大众整车销售及维修

北京北苑福瑞汽车销售服务有限公司

公司地址：北京市昌平区北七家镇立汤路东三旗550号（新亚市汽车市场往南500米）
电　话：010-84909996
主营业务：英菲尼迪

北京金时帮达汽车贸易有限公司

公司地址：北京市昌平区回龙观镇欧德宝国际汽车城
电　话：400-610-2345/13811137499
主营业务：广汽本田汽车回龙观特约销售服务店

北京回龙观华鑫丰盛奇瑞4S店

公司地址：北京市昌平区回龙观镇欧德宝国际汽车城D区2号
电　话：010-80792810
主营业务：奇瑞整车销售及售后维修保养等

汽车配件商、汽车用品商类

北京华涛汽配

公司地址：北京市昌平区小汤山镇大东流宏久鑫汽配市场B栋041号
联系人：刘中坤
职　务：经理
手　机：18201210486
主营业务：各种重汽、重卡、客车、大中小车型机油滤清器、柴油滤清器、空气滤清器、铝座工程机械、五十铃系列、发电机组滤清器、空气干燥器及总成

北京福耀玻璃有限公司昌平分公司

公司地址：北京市昌平区北站红绿灯东南侧（中国人民保险公司对面）
联系人：吴振涛
电　话：010-89746995/69749005
手　机：13301213512
传　真：010-69749005
主营业务：各种车型夹层、钢化、进口、国产汽车玻璃，24小时送货上门服务安装

北京华生德惠汽车配件经营部

公司地址：北京市昌平区西关环岛南300米路西加油站北侧
联系人：郑敏英
职　务：销售经理
电　话：010-89746637
手　机：13641144257
传　真：010-89701949
主营业务：轮胎、电瓶，各种品牌润滑油、汽车养护用品，各种车型三滤、五金工具等

北京中大欧凯科技有限公司

公司地址：北京市昌平区回龙观克莱里雅商务楼 2 号楼
联系人： 罗兰
职　务： 经理
电　话： 400-621-2106/52571510
手　机： 18001259581
主营业务：汽车防爆膜

北京市宝隆盛业汽车配件商店

公司地址：北京市昌平区西关小区瑞明路中段南侧（南郝庄）
联系人： 齐乃国
手　机： 15910740476
主营业务：普利司通轮胎服务中心，批发零售各种轮胎、异型胎及配套胎

北京市鑫高达汽配

公司地址：北京市昌平区小汤山镇大东流宏久鑫汽配市场
联系人： 韩庆恩
手　机： 13401199082
主营业务：金杯、中华、福田配件专卖、全车密封条、橡胶件、拉线、三滤大全、刹车片大全

润滑油电瓶三滤大全

公司地址：北京市昌平区温南路葛村红绿灯南 200 米路东
联系人： 周民生
手　机： 13716295419/15010730480
主营业务：批发各种品牌润滑油、电瓶、三滤、防冻液等

北京赤城伟业三滤批发中心

公司地址：北京市昌平区南郝庄瑞明路口 100 米路南
联系人： 李伟
手　机： 15011576859
主营业务：批发零售各种车型机滤、空滤、汽滤、空调滤

北京鑫源汇通汽配销售中心

公司地址：北京市昌平区小汤山镇大东流宏久鑫汽配市场 C 栋 043 号
联系人： 祝纪超
职　务： 经理
手　机： 18612029339
主营业务：江淮系列（威铃、帅铃、康铃）全车配件，解放系列（赛龙Ⅱ、赛龙Ⅲ、赛龙 10 版、华凯、凯奥、两吨王、三吨王）全车配件

北京正美丰业汽车服务有限公司（昌平汽车玻璃服务分公司）

公司地址：北京市昌平区北环路北城根 15 号楼 4 单元底商（财会之家对面）
联系人： 高胜利
职　务： 主管副经理
电　话： 010-80101907/69726984
手　机： 13910626578
传　真： 010-69726984
主营业务：汽车玻璃

北京金星超声波技术设备有限公司

公司地址：北京市昌平区回龙观七里渠南村 320 号
联系人： 夏虎
职　务： 销售经理
电　话： 010-80728201/80728202
手　机： 13801041564
传　真： 010-80726987
主营业务：新型超声波清洗机、清洗线、超声波振动筛、清洗剂

北京坤鹏昌通汽车配件经营部

公司地址：北京市昌平区葛村加油站往南 300 米路东即到
联系人： 张宁
职　务： 高级技师
手　机： 13716597139/13716974880
主营业务：主营马达、发电机、电瓶、防冻液、空调加氟、加工空调管、各种车型电器零配件及专修汽车电路等

北京奥瑞特滤清器有限公司

公司地址：北京市昌平区小口镇
联系人： 刘修纪
手　机： 13323278291/13832793685
主营业务：各种车用滤清器、滤芯、电线、线束

光明汽配

公司地址：北京市昌平区恩祥加油站南十字路口东北角底商西 6 号
电　话： 010-69711629
主营业务：金杯、海狮、福田、风景、大众系列，机油、电瓶、轮胎，维修保养、清洗喷油嘴

北京山林轮胎销售中心

公司地址：北京市昌平区南口镇南大街 8 号（南口中学西 10 米）
联系人： 杜文涛
职　务： 总经理
电　话： 010-69771633/58407736
手　机： 13716191693
主营业务：批发零售轮胎、轮毂、四轮定位、充氮气、轮胎升级、汽车保养及维修

文一科技（北京）有限公司

公司地址：北京市昌平区回龙观镇黄土店泰华龙旗广场 2 号楼 719 室
电　话： 010-62959126
手　机： 13671309492
传　真： 010-62959126
主营业务：汽车车标镀金项目

北京美日隆商贸有限责任公司

公司地址：北京市昌平区西关
联系人： 王如林
职　务： 经理
电　话： 010-89747865
主营业务：专营重汽、川汽、陕汽、北京欧曼系列重型汽车全车部件及拖挂车部件

汽车修理厂、快修连锁店、装饰美容店类

0318 汽车服务中心

公司地址：北京市昌平区回龙观体育公园东门南 200 米
联系人： 崔先生
手　机： 13811306193
维修资质：三类
主营业务：机油三滤、钣金喷漆、电脑免费检测、定损出单一条龙服务、美容装饰

北京伯乐汽车服务有限公司

公司地址：北京市昌平区西关环岛南 500 米路西
联系人： 杜新新
职　务： 经理
电　话： 010-80115528/80115529
手　机： 13910752195
维修资质：二类
主营业务：维修、保养、钣金、喷漆、保险理赔

4S 汽车便利店

公司地址：北京市昌平区西大街 9 号院 15 号楼 18-20 号
联系人： 刘志强
职　务： 店长
电　话： 010-60789050
手　机： 18600532696
主营业务：汽车快修、保养

北京车仆汽车装饰中心

公司地址：北京市昌平区天通西苑一区兴旺地市场南侧
联系人： 戈永谦
手　机： 13522362341
主营业务：快修、救援、换油、修理、专业洗车美容、精品装饰

北京臣合汽车服务有限公司

公司地址：北京市昌平区天通北苑往北 400 米立汤路东侧
电　话： 010-61752330
手　机： 18910080368
主营业务：汽车维修保养、防盗音响、贴膜地胶、抛光打蜡、四轮定位、轮胎平衡

北京东方诚信汽配有限公司

公司地址：北京市昌平区小汤山镇大东流宏久鑫汽配市场 H 栋 091 号
联系人： 王强
手　机： 15321387650/15801328014
主营业务：现代、大众、别克、金杯、微面全车配件、专营专修

北京车龙汽车装饰有限公司

公司地址：北京市昌平区回龙观西大街东亚上北北门西侧
联系人： 陆露
电　话： 010-84245292/84245293
手　机： 13522520900
主营业务：清洗空调、封釉、汽车美容

北京鸿飞汽车服务

公司地址：北京市昌平区西关小区瑞明路中段南侧（南郝庄）
联系人： 闫鸿飞
手　机： 13718923416/13693259860
主营业务：专业发动机、底盘、空调维修、保养，汽车电路、电脑检测、补胎、动平衡等

北京回龙观鑫诚汽车清洗中心

公司地址：北京市昌平区回龙观
联系人： 小彭
手　机： 13522933410/13521492983
主营业务：内室清洗、抛光打蜡、全车封釉、底盘装甲、维修保养、贴膜地胶、轮胎平衡、电瓶、喷漆

北京京豫顺汽配服务中心

公司地址：北京市昌平区东小口镇半塔村南边大门向西 200 米
联系人： 裴付平
手　机： 18901073276/13681055030
主营业务：大众、现代、金杯、微面、夏利及各系中高档轿车维修保养

北京宝车通汽车维修

公司地址：北京市昌平区西关瑞明路口 500 米路北
联系人： 杨全新
手　机： 13681568175
主营业务：各种车辆维修保养

北京吉纳汽车维修服务有限公司

公司地址：北京市昌平区回龙观鑫地市场东门南行 50 米
联系人： 郑雄
职　务： 总经理
电　话： 010-80751700/57418699
手　机： 13911735413/13366142091
维修资质：三类
主营业务：出险定损、理赔维修、专业机修、钣金喷漆、救援

北京家安汽车服务

公司地址：北京市昌平区德外西三旗少林武术学校分校商业街西南 2 号下桥即到
联系人： 常晓飞
手　机： 15801290775/15712878358
主营业务：机修电路、电脑检测、钣金喷漆、汽车美容、保险验车

北京鹏翔汽配

公司地址：北京市昌平区西关环岛京昌辅路往南 100 米路西
联系人： 徐志富
职　务： 经理
手　机： 13439638361/18910126641
主营业务：奥迪、桑塔纳、捷达王等车型维修，各种汽车配件及三滤机油

百渡汽车服务中心

公司地址：北京市昌平区回龙观少林武术学校分校北侧 50 米
联系人： 秦兆新
手　机： 13466659888/13264498820
主营业务：车辆维修、精品装饰、抛光封釉、音响改装、脚垫座套、内饰桑拿、全车隔音、补胎换胎、DVD 导航

北京桑迪源汽修厂

公司地址：北京市昌平区西关公路局对面
联系人： 岳海明
电　话： 010-69708852
手　机： 13522250927
主营业务：保险、验车、修车、救援

北京市昌平区龙运汽车维修站

公司地址：北京市昌平区西关环岛南 100 米路西天桥下
联系人： 宋德才
职　务： 厂长
电　话： 010-89749319
手　机： 13801006394
维修资质：二类
主营业务：精修各种车型、配件齐全，钣金喷漆、电脑检测、机械清洗喷油嘴、四轮定位、动平衡更换轮胎、抢修救援等

北京鸿升汽车服务中心

公司地址：北京市海淀区西三旗桥北北京少林武术学校大门北
联系人： 李占峰
手　机： 13651255947
主营业务：别克、现代、大众等车型专修、维修保养、保险理赔、钣金喷漆

北京久大汽车养护中心

公司地址：北京市昌平区科技园区振兴路 7 号（一建公司西）
联系人： 李万军
职　务： 总经理
电　话： 010-69721033
手　机： 13911765056
传　真： 010-69721033
主营业务：博世授权专业维修站，主修大众、奥迪、帕萨特、别克、奔驰、宝马，自动变速箱维修等

北京爱马汽车服务有限公司

公司地址：北京市昌平区回龙观鑫地市场东门南行 50 米
联系人： 张雷
职　务： 经理
电　话： 010-56280272
手　机： 13810876264
维修资质：三类
主营业务：发动机底盘、钣金喷漆、汽车改装、洗车美容、音响升级、隔音工程、性能提升、内外装饰、保险理赔一条龙服务

北京京众创业汽车服务有限公司

公司地址：北京市昌平区西三旗少林武校一校区院西
联系人： 罗贵鑫
电　话： 010-66113088/62719586
手　机： 15810875251
维修资质：一类
主营业务：汽车销售、二手车、汽车大中小修、钣金喷漆、美容装饰、精品

北京众和发汽车修理厂

公司地址：北京市昌平区西关环岛西南角
联系人： 杨晓军
电　话： 010-59457292
手　机： 15910212239
维修资质：二类
主营业务：汽车大小修、保养、钣金喷漆、四轮定位、补胎、动平衡等

安翔汽配

公司地址：北京市昌平区回龙观第二小学北侧
联系人： 小魏
手　机： 13661288813/13522025481
主营业务：专修大众、现代、东风系列，机修、电路、钣金、喷漆

北京京阳汽车修理有限公司

公司地址：北京市昌平区立汤路东三旗红绿灯北 200 米路东
联系人： 刘襄江
电　话： 010-61748237/61748302
主营业务：别克、奥迪、大众专业维修、钣金喷漆、代办保险

北京市福奥达专业汽车维修

公司地址：北京市昌平区西三旗往北 800 米京昌高速辅路少林武校西门
联系人：廖辉
职　务：高级技师
手　机：13910181348
主营业务：福特、马自达系列汽车专业维修

北京市回龙观百援汽车维修中心

公司地址：北京市昌平区回龙观镇黄土东村西侧商业街南区 21 号
联系人：刘建统
手　机：15910369092
主营业务：专修奥迪、A6、帕萨特、捷达王、桑塔纳系列

北京市拓新昌喷油泵维修部

公司地址：北京市昌平区北郝庄村北西环岛西 200 米
联系人：牛俊山
手　机：18610764020/13671237719
主营业务：承修各种柴油发动机上燃油喷射系统中高压喷油泵、喷油器，销售喷油泵、喷油器、输油泵、提前器总成及相关配件

北京顺车安汽车维修部美容中心

公司地址：北京市昌平区科技园区振兴路
手　机：13716815685/13810658318
主营业务：补胎换胎、抛光封釉、室内桑拿、精品装饰、贴膜地胶、维修保养

宏建汽车修理

公司地址：北京市昌平区郝庄路口往西 100 米路北
联系人：王建辉
电　话：010-80100271
手　机：13716035184
主营业务：主修金杯、海狮、大众系列、夏利、中意、长安，各种配件、补胎

北京顺发汽修服务中心

公司地址：北京市昌平区小汤山镇大东流宏久鑫汽配市场 D 栋 056 号
联系人：张俊杰
手　机：15801608625/15210054169
主营业务：各种中低档维修保养、全车免费检测、刹车片大全

博誉惠汽车服务行

公司地址：北京市昌平区回龙观鑫地市场东门向南 100 米
联系人：高永强
职　务：技术顾问
手　机：13366251991/13718564511
主营业务：专修奥迪、大众、别克，维修保养、钣金喷漆、美容装饰、保单出单、定损理赔

北京卓越万车达汽车服务有限公司

公司地址：北京市昌平区东小口镇单村北口
联系人：邹店长
手　机：18910912263
主营业务：精修高档汽车

北京万福佳业汽车商贸中心

公司地址：北京市昌平区北环汽配用品批发
联系人：苏阳
电　话：010-58488235
手　机：13718161609
主营业务：批发朗逸、宝来、速腾、捷达王、海南马自达等系列全车配件，专业汽车维修、钣金喷漆、四轮定位、专业解决各种疑难杂症

北京先锋嘉业汽车服务有限公司

公司地址：北京市昌平区马池口镇土楼村村北
电　话：010-60775906/15801137179
手　机：13701217881
维修资质：一类
主营业务：保险出单、定损理赔、维修一条龙服务

北京云翔鹏汽车贴膜服务中心

公司地址：北京市昌平区回龙观镇欧德宝国际汽车城
联系人：张礼军
电　话：010-81793332
手　机：13552796818
主营业务：专业汽车服务，龙膜北京专营店

北京鑫沐垣奥迪专业维修中心

公司地址：北京市昌平区西三旗西北角龙兴园小区 614 号
联系人：赵国利
职　务：经理
电　话：010-62937018
手　机：13811879780/18603341459
主营业务：维修保养、钣金喷漆、电脑检测、四轮定位、空调线路、洗车美容、封釉镀膜、代办保险、代办验车

北京金海发汽配供应站

公司地址：北京市昌平区西三旗桥东 300 米路北（风机二厂斜对面）
联系人：王国伟
手　机：15110079386
主营业务：专治尾气不合格、维修保养各种进口、国产轿车、维修汽车发电机、精查电路、各种空调机加氟、进口刹车片大全总代理

北京玉龙飞汽车配件有限公司

公司地址：北京市昌平区马池口镇葛村红绿灯向南 500 米路东
联系人：徐威
手　机：15010334973/13810366147
主营业务：专业维修各种重型汽车，批发各种品牌润滑油

北京穗友重汽配件销售维修服务中心

公司地址：北京市昌平区葛村红绿灯路口向北 50 米路东
手　机：13521540120/15911052520
主营业务：增压器大全、汽车玻璃、电脑校传动轴、订做高压胶管，一汽（悍威、奥威、新大威）、二汽（康明斯、东风天龙）、重汽等整车配件，法士特、哈齿、大同变速箱

北京众兴泰汽车维修中心

公司地址：北京市昌平区恩祥加油站南红绿灯往东 50 路南
联系人：丁国众
职　务：高级技师
电　话：010-69708812
维修资质：二类
主营业务：20 年信誉老店、40 载维修积累、汽车问题解决专家

北京祥瑞汽车养护中心

公司地址：北京市昌平区东小口镇半截塔村甲 1 号
电　话：010-69799686
手　机：13601291803
主营业务：快修、保养、钣金喷漆、代理保险

别克雪佛兰汽车专业维护中心

公司地址：北京市昌平区回龙观新龙城小区南街 45 号（回龙观医院向东 200 米）
联系人：邹冰
职　务：高级技师
电　话：010-62713900
手　机：13521132109
主营业务：精修别克、雪佛兰

博瑞强汽车维修中心

公司地址：北京市昌平区东亚上北东北角幸福童年双语幼儿园对面
联系人：宣瑞强
救援电话：15699883907
主营业务：保险出单、外出救援、维修保养、定损理赔、车胎轮毂、测尾气

北京京通微型车汽配

公司地址：北京市昌平区天通苑西三区北门向西 500 米路南
手　机：15321398680
主营业务：批发零售机油、电瓶、防冻液、维修保养、配件供应

车管家汽修美容中心

公司地址：北京市昌平区新龙城商业街南店新村南 7 号
电　话：010-62714912
手　机：15810688493
主营业务：维修、保养、钣金喷漆、美容、验车、保险

昌华汽车养护中心

公司地址：北京市昌平区回龙观新龙城少林武校（西校区）北行 100 米路西
联系人：申经理
手　机：15811575807
主营业务：维修保养、汽车电器、钣金喷漆、洗车美容、汽车改装、保险理赔

北京东方耀扬汽车维护中心

公司地址：北京市昌平区天通苑西三区北门往西 800 米
联系人：刘鸿阳
手　机：13366281508
主营业务：维修保养、钣金喷漆、出单定损、代办验车

昌龙汽修装饰

公司地址：北京市昌平区回龙观
电　话：010-62713387
手　机：13261190965/13716422601
主营业务：维修保养、抛光打蜡、封釉镀膜、钣金喷漆、汽车贴膜、美容、内饰清洗

昌平区镇忠汽修厂

公司地址：北京市昌平区南环岛北高速路西 200 米郝庄家园路
联系人：宋宝元
职　务：厂长
电　话：010-89747972
手　机：13701184672
维修资质：二类
主营业务：精修国产进口汽车、四轮定位、动平衡等维修保养业务

昌平延峰汽车修理

公司地址：北京市昌平区振兴路水关新村甲 22 号楼
联系人：王延峰
电　话：010-69706987
手　机：13552052523
主营业务：红旗、奥迪、马自达 6、北京现代等高中档电喷车，电脑免费检测

诚信汽车美容装饰中心

公司地址：北京市昌平区回龙观
手　机：13681435800/15210302048
主营业务：车内美容、抛光打蜡、加氟、换地胶、钣金喷漆、维修保养、保险理赔

风云汽车配件

公司地址：北京市昌平区西关环岛往西 300 米路南
电　话：010-89701636/86212902
主营业务：汽车配件、汽车修理、美容装饰、音响、划痕修复、进口轮胎、润滑油等

博运汽车装饰

公司地址：北京市昌平区回龙观镇黄土东村西侧
手　机：13552558890
主营业务：抛光打蜡、封釉镀膜、车内美容、真皮修复、地胶、贴膜、音响防盗、真皮座椅

京成汽车服务中心

公司地址：北京市昌平区回龙观平西王府路西
联系人：黄京
职　务：经理
手　机：18210208178
主营业务：各保险公司的出单、车险咨询、定损、理赔、维修全程服务，各类汽车钣金、烤漆、发动机维修、汽车美容等，3M 专业装饰用品、汽车坐垫、脚垫大全

车信达汽车服务

公司地址：北京市昌平区回龙观西大街东亚上北小区北门东 50 米底商 14-2（幸福童年幼儿园对面）
联系人：袁杭州
手　机：13661159151/18710062249
主营业务：快修保养、专业轮胎、洗车美容、划痕修复、汽车解码、贴膜、隔音降噪、内室清洗、导航等

得利汽配

公司地址：北京市昌平区北环路全聚德对面
联系人：张承慈
电　话：010-69748085
手　机：13269041800/13261836370
主营业务：汽车配件、轮胎电瓶、空调加氟、电脑检测、座套装饰、地胶脚垫，夏利、中意、大众、金杯、机油三滤

昌盛汽车装饰

公司地址：北京市昌平区回龙观镇黄土东村西侧
手　机：13261310833/15110157751
主营业务：抛光打蜡、封釉镀膜、车内美容、真皮修复、地胶、贴膜、音响防盗、真皮座椅、玻璃修复

广明汽车养护维修中心

公司地址：北京市昌平区天通苑西三区北门往西 100 米路北
联系人：张松
手　机：13341125606/15321513348
主营业务：维修保养、钣金喷漆、空调加氟、美容桑拿、轮胎大全、座套地胶、补胎打气

龟博士汽车美容国际连锁

公司地址：北京市昌平区回龙观西大街文华路鑫地市场东门
联系人：陈忠国
职　务：店长
电　话：010-81741292
手　机：13146532649
维修资质：二类
主营业务：机修类、轮胎类、美容类、装饰类等专业汽车服务

杰德祥汽修

公司地址：北京市昌平区回龙观少林武术学校西门外天都商业街
联系人：康树亮
手　机：13241455460/13601179759
主营业务：钣金喷漆、保养维护、大中小修、电脑检测、汽车电路、清洗发动机、喷油嘴等

北京广发顺通汽车维修中心

公司地址：北京市昌平区回龙观桥东少林武校西门对面
联系人：刘志广
电　话：010-62712018
手　机：13911355805/13681391245
维修资质：二类
主营业务：精修奥迪、迈腾、速腾、宝来、捷达、高尔夫、帕萨特、桑塔纳

红红汽车配件

公司地址：北京市昌平区西关大队往南永安公园边西北侧
联系人：郭子
电　话：010-80116931
手　机：13718283020
主营业务：主营伊兰特、2000、超人及微型轿车配件修理，补胎、动平衡、防盗器、音响、地胶、空调加氟等

宏昌汽车装饰

公司地址：北京市昌平区回龙观镇黄土东村西侧
电　话：010-62715327
主营业务：抛光打蜡、封釉镀膜、车内美容、真皮修复、地胶、贴膜、音响防盗、真皮座椅、玻璃修复

鸿达汽车美容中心

公司地址：北京市昌平区西三旗桥北回龙观新龙城五区南门东侧（商业街南区 26 号、回龙观派出所东 350 米）
联系人：刘春玉
手　机：15001367252/13601322435
主营业务：专业贴膜、镀膜、真皮镀膜、美容装饰

金顺发汽车配件养护中心

公司地址：北京市昌平区天通西苑南门右转中滩中学操场大门口
电　话：010-84843624
手　机：13911225101
主营业务：奥迪 A6、迈腾、新帕萨特、本田尼桑、丰田、红旗、宝来、各种国产进口轿车维修保养、钣金喷漆

京 B 汽车俱乐部

公司地址：北京市昌平区回龙观镇新龙城小区
联系人：李勇
手　机：13718154623
维修资质：三类
主营业务：东风标致、雪铁龙

好车友专业清洗美容中心

公司地址：北京市昌平区新龙城南侧商业街 14 号
联系人：杜鹏飞 / 张跃
手　机：13321116873/13321116952
主营业务：汽车补胎、抛光打蜡、划痕修复、钣金喷漆、封釉镀膜、快速补漆，把套、座套、脚垫、香水等

京运盛通汽配

公司地址：北京市昌平区西关环岛往返南 200 米路西往南 50 米
联系人：刘鹤
手　机：13716666324/13261989828
主营业务：大众、捷达、奇瑞、金杯、比亚迪、夏利、奥拓、中意等维修配件

东辉现代捷达雪铁龙

公司地址：北京市昌平区回龙观
救援电话：13718254109（救援）
主营业务：维修各种疑难杂症（电路、发动机、变速器、空调）、钣金喷漆、电脑检测，销售电瓶、机油、灯泡

蓝航汽车服务中心

公司地址：北京市昌平区回龙观少林武校分校门脸北侧
联系人：乔存
手　机：13269836856
主营业务：维修保养、汽车美容、轮胎销售、清洗内饰、抛光打蜡、封釉镀膜，精修各种轿车

亮洁汽车美容

公司地址：北京市昌平区回龙观医院向东 500 米路北
联系人：王先生
手　机：13901207757
主营业务：新车贴膜、导航、镀膜、封釉、动平衡、抛光打蜡、轮胎修复

龙腾汽车服务

公司地址：北京市昌平区南郝庄
手　机：13522512015
主营业务：专业维修大众、奥迪、别克、现代各种高低档轿车，空调维修、保养

龙跃汽车养护中心

公司地址：北京市昌平区回龙观鑫地市场东门北 100 米
联系人：李晓东 / 张强
手　机：18601205015/15810566412
主营业务：钣金喷漆、大众修理、划痕快修、清洗节气门、机油三滤、防冻液、加氟、专业补胎、清洗内饰、汽车美容

路路通汽配销售维修中心

公司地址：北京市昌平区小汤山镇大东流宏久鑫汽配市场 H 栋 089 号
联系人：陈海华
手　机：18201241259
主营业务：刹车片、雨刷片大全、电脑检测、免费保养

盛世汽修

公司地址：北京市昌平区回龙观地铁南丁字路口左转 200 米
联系人：池华彬
电　话：010-80748150
手　机：13522558362
主营业务：免费检测、4S 店技术、24 小时救援、代办保险验车、钣金喷漆

天意通汽修

公司地址：北京市昌平区天通苑西三区北门对面向西 300 米
联系人：郎红友
电　话：010-69798607
手　机：13311296658
主营业务：大众专修、常备配件（包括捷达、帕萨特、奥迪、外观件、发动机件）

平安汽修

公司地址：北京市昌平区回龙观鑫地市场东南门 4A-3 号
联系人：寇吕军
手　机：13240039929
主营业务：汽车修理、钣金喷漆、保险出单、定损理赔、汽车美容

汽车修理

公司地址：北京市昌平区东三旗地铁站对面
联系人：陈俊
电　话：010-81758292
手　机：13683081658
主营业务：主修一汽大众、上海大众、哈飞系列、夏利、吉利、金杯、羚羊等，承接发动机大中小修理、维护保养、钣金喷漆

汽车修理部

公司地址：北京市昌平区东小口镇半截塔村
联系人：王永
手　机：18201081456
主营业务：维修保养、钣金喷漆

汽车养护中心

公司地址：北京市昌平区
联系人：老董
救援电话：15910244551
主营业务：快修、保养，刹车片、三滤大全，地胶、贴膜、氙气灯、灯泡、代定疑难件

瑞锋达汽修

公司地址：北京市昌平区南郝庄路
联系人：李国峰
救援电话：13718327707
主营业务：保养快修、电脑检测、喷漆钣金、美容打蜡、洗车贴膜，出单、定损、修理、理赔一条龙

山东小刘专业水箱维修

公司地址：北京市昌平区马池口葛村村西村口对面
联系人：刘星 / 刘英胜
手　机：13466757016/15210486528
主营业务：斯太尔水箱、欧曼水箱、挖掘机水箱、柴油箱等各种焊接、锅焊、铝焊，汽车维修、保养、钣金喷漆、补胎、验车

维修中心

公司地址：北京市昌平区南口葛村红绿灯加油站路南
手　机：18201276062/13932391289
主营业务：承接各种国Ⅲ、欧Ⅲ、欧Ⅳ排放柴油发动机、电脑检测故障维修相关燃油系统电路及增压器，订做修校各种车型传动轴、批发电喷、油泵、油嘴总成及零配件

北京佰克汽车装饰

公司地址：北京市昌平区回南路
联系人：张永喜
电　话：010-81775200
主营业务：汽车装饰、美容快修

顺风车行

公司地址：北京市昌平区半截塔村南大门往西 50 米
联系人：乔永波
手　机：13691018634/13366102009
主营业务：维修保养、钣金喷漆、空调加氟、代办验车、代上保险

小李新旧轮胎城

公司地址：北京市昌平区回龙观新龙城售楼处旁
电　话：010-57025129
手　机：18911566298/13718745989
主营业务：各种品牌新旧轮胎、轮圈改装、汽车装饰用品、四轮定位

天和汽配

公司地址：北京市昌平区天通苑西三区北门
联系人：覃德品
电　话：010-69799094
手　机：13146581139
主营业务：汽车维修

天意爱车养护装饰中心

公司地址：北京市昌平区回龙观文华路鑫地市场东南门 4A-2 号
联系人：孙振江
职　务：技术顾问
手　机：13718601545/13693648954
主营业务：汽车装饰、美容、抛光打蜡、封塑、清洗内室、钣金喷漆、快速保养，精修各类轿车

天宇振明重汽修理配件

公司地址：北京市昌平区温南路葛村加油站路口往南 300 米路东
手　机：13601304466/13601304477
主营业务：润滑油换油中心、重汽底盘大全，精修发动机、底盘

于利朝汽车配件

公司地址：北京市昌平区西关瑞明路 11 号
联系人：于利朝
手　机：13520404397
主营业务：汽车修理、二手车买卖、保养、动平衡、喷漆、补胎、保险、外修救援等

兴昌汽车修理站 / 长安特约服务站

公司地址：北京市昌平区西关环岛往返北京方向 1000 米右转 500 米路南
联系人：李亚娟
职　务：站长
电　话：010-89747249
手　机：13521358660
传　真：010-89747249
主营业务：长安系列所有车型，100% 原厂配件

北京宏远汽车装饰

公司地址：北京市昌平区北七家东三旗京北汽配院内
联系人：赵宏云
手　机：13126677816
主营业务：维修保养、汽车美容装饰

北京益通汽车修理有限公司

公司地址：北京市昌平区城角西路 9 号（西关三角地）中北综合市场对面
联系人：付占京
职　务：总经理
电　话：010-69712921
手　机：13810062273
维修资质：二类
主营业务：汽车维修、钣金喷漆、电脑检测、四轮定位、保险出单、定损理赔、动平衡、保养、救援

天创汽修

公司地址：北京市昌平区东三旗村
联系人：张飞
手　机：13699289355
主营业务：汽车修理、钣金喷漆

永盛专业钣金喷漆

公司地址：北京市昌平区回龙观镇南店村北侧 10 号
联系人：程洪利
手　机：15811487728/13717636968
主营业务：洗车打蜡、抛光封釉、专业高品质钣金喷漆

鑫顺祥达汽车维修中心

公司地址：北京市昌平区回龙观西大街东亚上北北门西 10 米
联系人：郭洪海
职　务：经理
手　机：13681469255/13716644150
主营业务：专修大众、奥迪、别克等进口国产车型，钣金喷漆、划痕修复、快修保养、电脑检测、轮胎大全、美容打蜡、精品装饰

鑫亚腾达汽车服务店

公司地址：北京市昌平区德外西三旗回龙观少林武校对面
联系人：辛二亚
职　务：经理
手　机：13520777172
主营业务：钣金喷漆、保险理赔、抛光打蜡、封釉贴膜、地胶、防盗、音响、划痕处理、氙气灯

特福莱汽车美容装饰（昌平店）

公司地址：北京市昌平区北环路北城根 2 号（全聚德烤鸭店对面）
联系人：帅劲松
职　务：店面经理
手　机：13811335226
主营业务：特福莱精致洗车、汽车漆面镀膜、漆面纳磁封釉、车身贴膜、专业内室清洗

北京顺达利汽车修理有限公司

公司地址：北京市昌平区西关城角西路 9 号
联系人：沈玉石
职　务：服务经理
电　话：010-89787778
手　机：13910829495
传　真：010-89787272
主营业务：一汽汽车（轿车）特约维修服务中心，保险出单、理赔定损、备件销售、维修保养、事故车辆维修

北京润兴汽车修理有限公司

公司地址：北京市昌平区西关环岛往南 500 米西关加油站出口
联系人：刘枝茂
职　务：业务厂长
电　话：010-69744925/89700515
手　机：13681308198
传　真：010-89700515
维修资质：一类
主营业务：专业汽车维修

雪亮汽车维修部

公司地址：北京市昌平区水关新村南门西 50 米
联系人：李师傅
电　话：010-60735772
手　机：13522502731
主营业务：配件、维修、轮胎及各种汽车用品

依车行汽车服务有限公司

公司地址：北京市昌平区东小口镇半截塔村
联系人：曹鹏
手　机：13693300294
主营业务：维修保养、钣金喷漆

永乐汽配

公司地址：北京市昌平区北站往东路南（全聚德对面）
联系人：高华
职　务：经理
手　机：13520258027
主营业务：大众配件、钣金喷漆、精修各种国产车、进口车

玉鑫鼎盛汽车装饰

公司地址：北京市昌平区亚运村汽车交易市场汽配城内
联系人：孙玉芳
电　话：010-81753272
手　机：13691128755
主营业务：精品装饰、贴膜、真皮座椅、封釉镀膜、安装 DVD 导航

伟达轮胎汽车服务中心

公司地址：北京市昌平区回龙观新龙城五区南门东侧 29-30 号（回龙观派出所向西 500 米路北）
手　机：18618111480
主营业务：专业轮胎、补胎平衡、抛光封釉、清洗内饰、贴膜地胶、维修保养

炫盛源汽车维修站

公司地址：北京市昌平区回龙观（京昌辅路）少林武校北 5 米
联系人：王军
职　务：业务部经理
手　机：13366613350/13366808765
主营业务：一汽大众、上海大众专业技术服务站，专业维修、钣金喷漆

北京梦之车汽车装饰服务中心

公司地址：北京市昌平区回龙观新龙城 1 期西门
联系人：邓海民
电　话：010-82941449
手　机：18611783678/13911059611
主营业务：专业轮胎修补、改装、四轮定位、钣金喷漆、维修保养、电脑检测、DVD 导航、倒车影像、改装升级、贴膜、底盘装甲、封釉、水晶镀膜

土楼农用汽车修理厂

公司地址：北京市昌平区南阳路土楼村卓达大学对面北行 50 米
联系人：安国强
电　话：010-69783214
手　机：13520670483
主营业务：电瓶、马达、轮胎、机油

月达伟业汽车装饰中心

公司地址：北京市昌平区东三旗亚运村汽车交易市场 548 号
联系人：于光远
电　话：010-81771471
手　机：18610288759
主营业务：贴膜、专车专用 DVD 导航系统、美容、改装

愉你同行汽车俱乐部

公司地址：北京市昌平区回龙观镇欧德宝国际汽车城内
联系人：俞建坤
电　话：010-58917010
手　机：13911068707/13910872077
主营业务：保险出单、定损理赔、道路救援、维护保养、代征费税、补办牌证、验车换本、事故咨询、新车代购、旧车交易

小王汽修

公司地址：北京市昌平区东小口镇半截村南口向西 150 米路北
手　机：15101086781/13240453178
主营业务：专业维修金杯系列、哈飞系列、长安系列、五菱系列

格鑫汽车装饰服务中心

公司地址：北京市昌平区北七家东三旗 539 号
联系人：陈明
电　话：010-81774538
手　机：13720000667
主营业务：新车装饰、维修保养、安装 DVD 导航、封釉镀膜、钣金喷漆

兴泊汽车维修中心

公司地址：北京市昌平区天通苑西三区北门对面向西 400 米
联系人：陈然
手　机：13811378360/13241266059
主营业务：维修保养、钣金喷漆、洗车打蜡

车美龙贴膜改色创意连锁机构（回龙观店）

公司地址：北京市昌平区回龙观体育公园东门南侧帅福汽修内
电　话：010-51146403
手　机：15101569545
维修资质：二类
主营业务：全车、局部、内饰贴膜改色，专修福特、标致、雪铁龙，日常保养、维修、钣金喷漆、发动机大修、美容装饰、改造升级

凯旋汽车装饰

公司地址：北京市昌平区回龙观镇黄土东村西侧 27 号
电　话：010-62719253
手　机：13522129216
主营业务：抛光打蜡、封釉镀膜、车内美容、真皮修复、地胶、贴膜、音响防盗、真皮座椅、玻璃修复

车管家汽车服务

公司地址：北京市昌平区太平庄北街
手　机：15910669147
主营业务：汽修、保养、美容

平谷区概况

平谷区是北京市郊区区县之一，位于北京市东北部，区政府所在地距东直门 70 公里，西北与北京市密云县、西与顺义区接壤，南与河北省三河市为邻，东南与天津市蓟县、东北与河北省兴隆县毗连。境域东西长 35.5 公里，南北宽 30.5 公里。地处燕山南麓与华北平原北端的相交地带，因其东、南、北三面环山，中间为平原谷地，故得名平谷。

■ 生态旅游

平谷区独特的地理位置与自然环境为平谷的林果、旅游方面的发展提供了良好的基础。作为平谷区的支柱型产业，围绕建设首都生态第一区的目标，立足生态涵养发展区，打造优势产业，助推全区经济社会发展。

平谷区商家资讯

汽车 4S 店类

北京华晨金鼎汽车销售服务有限公司
公司地址：北京市平谷区迎宾路甲 1 号
电　话：010-52799801
主营业务：华晨汽车整车销售及维修

北京中德兴旺汽车销售有限公司
公司地址：北京市平谷区鲁各庄村东 42 号
电　话：010-60955555/60955511
主营业务：东风悦达起亚整车销售及维修

北京庆长风商贸有限公司（平谷店）
公司地址：北京市平谷区贾各庄村东南街甲 6 号
电　话：010-69952595
主营业务：长安轿车整车销售及维修

汽车配件商、汽车用品商类

北京德金顺达轮胎销售中心
公司地址：北京市平谷区新平西路 12 号（平谷镇政府路口南 300 米路东）
联系人：崔伟杰
电　话：010-89989053/69972971
手　机：13911879259
主营业务：米其林、韩泰、锦湖、佳通、倍耐力、横滨、回力、普利司通、百路驰、固特异等原厂配套轮胎、轮圈及改装轮圈

北京金阳旭日工贸有限公司
公司地址：北京市平谷区王辛庄镇贾各庄村南街 14 号
联系人：刘国旺
电　话：010-51326098
手　机：13910609228
主营业务：风驰轮胎、倍耐力、米其林轮胎、佳通轮胎、玛吉斯轮胎销售

北京君源达汽配销售中心
公司地址：北京市平谷区金海汽配城西门对面
联系人：郑君
电　话：010-69960839
手　机：13439766383/15120026909
主营业务：桑塔纳、捷达、宝来、帕萨特 B5、伊兰特、索纳塔、金杯、东南、别克、奇瑞、中华、马自达、比亚迪、羚羊、奥拓、北斗星、夏利、威志、吉利、微面等车型配件销售

昌达靠垫车棚
公司地址：北京市平谷区金海永顺汽配城院内北侧
联系人：韩铁
电　话：010-69988539
手　机：13651022669
主营业务：加工座套、沙发套、地胶、贴膜、修座椅、棉门帘、贴车顶

北京海顺金达定位轮胎维修有限公司
公司地址：北京市平谷区北二环路贾各庄路口新检厂对面
联系人：阮八路
电　话：010-69952580/87408512
手　机：13366683018
主营业务：米其林、韩泰、佳通、托普、锦湖、南港、威狮轮胎销售、四轮定位、轮胎配件大全

北京京诚豫现汽配经营部
公司地址：北京市平谷区电视塔往西第一个路口往南 100 米路西
联系人：刘小花
手　机：13581570323/13581570331
主营业务：伊兰特、索纳塔、雅绅特、领翔、御翔、名驭、途胜等配件销售

汽车修理厂、快修连锁店、装饰美容店类

北京保平发汽车修理中心
公司地址：北京市平谷区北二环西路农机驾校大楼西 100 米路北院内
联系人：孙少龙
电　话：010-69951768
手　机：13716507226
维修资质：二类
主营业务：大众、现代、金杯、夏利、进口车型、欧三电喷柴油电脑检测

鑫缘红太阳汽车修理厂
公司地址：北京市平谷区北二环路五中往西农机驾校西院路北院内
联系人：赵学志
电　话：010-69951078/69968086
手　机：13911772850
维修资质：二类
主营业务：国内外轿车配件、修理、钣金、喷漆、保险、理赔

腾跃汽车维修中心
公司地址：北京市平谷区电视塔向西第一个红绿灯西 150 米路南
联系人：温帅
电　话：010-89993599
手　机：15010063816
主营业务：依维柯、都灵 V、宝迪、全顺、金杯、苏州金龙、各种车型、正常保养、原厂配件、厂家直销

北京昊翔汽车修理有限公司

公司地址：北京市平谷区平谷南街 4 号
联系人： 王兴华
电 话： 010-69977548
手 机： 13501017980
维修资质：一类
主营业务：汽车修理、钣金喷漆、保险出单

北京三强汽车修理部

公司地址：北京市平谷区滨河工业区 4 号
联系人： 秦连成
电 话： 010-69977921
手 机： 13651029658
维修资质：一类
主营业务：中高档汽车修理、钣金喷漆、代办保险

北京鸿顺兴汽车修理厂

公司地址：北京市平谷区北二环东路加油站西 50 米路北
联系人： 周海芹
手 机： 13381121879/13810480866
维修资质：二类
主营业务：一汽大众、上海大众专修及车辆的大中小修理

北京军旺利汽车维修中心

公司地址：北京市平谷区检测场北 50 米路东
联系人： 张海龙
电 话： 010-69979236
手 机： 15601359738
维修资质：二类
主营业务：汽车维修保养、精品装饰、美容洗车、保险理赔

北京慧友汽修

公司地址：北京市平谷区机动车检测厂北 200 米路北
手 机： 15911017519
主营业务：三元催化、尾气治理、灯光检修

北京金鑫有缘汽车修理厂

公司地址：北京市平谷区文发市场 31 号
联系人： 李伟国
手 机： 13381389115/13121770299
主营业务：大众、现代、雪铁龙系列原厂配件及维修

北京雨轩彩虹汽车装饰中心

公司地址：北京市平谷区兴谷园 19 号楼西侧
联系人： 张国玉
手 机： 13436706671
主营业务：汽车用品、装饰美容、维修保养

汽山汽修

公司地址：北京市平谷区平谷大街 38 号
联系人： 赵海山
手 机： 13520062959
维修资质：三类
主营业务：大众、现代、微型车专修

北京市谷辰兴汽车修理厂

公司地址：北京市平谷区金海永顺汽配城
联系人： 王发
手 机： 13701327675/15101600143
主营业务：汽车维修保养、钣金喷漆

北京明利通达维修中心

公司地址：北京市平谷区电视塔西南角金海永顺汽配城内
联系人： 于明利
电 话： 010-89992367
手 机： 13366020658
维修资质：二类
主营业务：国产进口电控柴油车检车及维修、东风系列：多利卡、康霸、天锦、乘龙、金霸，解放系列：青岛道依茨、赛龙、三吨王，欧曼系列：1160、奇兵、先锋、雄狮等车型专业维修

北京宏升汽车修理厂

公司地址：北京市平谷区电视塔向西 150 米路南
联系人： 刘宏生
手 机： 13671354988/13161418881
主营业务：专修桑塔纳、捷达、伊兰特、比亚迪、夏利、小面

北京市发启来汽车修理店

公司地址：北京市平谷区平谷大街 18-22 号
电 话： 010-69966670
手 机： 13910836357
维修资质：一类
主营业务：承修高中档轿车、配件齐全、事故车整形修复、车身校正、四轮定位、保险出单、理赔

北京市捷畅达汽车修理厂

公司地址：北京市平谷区平谷南街 6 号
联系人： 李经理
电 话： 010-69936932
手 机： 13581578117
维修资质：二类
主营业务：主修商用车等

北京市平谷利源汽车修理公司

公司地址：北京市平谷区农机驾校路西 100 米路北
联系人： 刘其友
电 话： 010-69953522
手 机： 13511035598/13811223717
维修资质：二类
主营业务：承接各类进口国产汽车大中小修、电脑检测解码、故障波形分析、抛光打蜡、专业钣金喷漆、电喷系统、空调加氟、划痕修复

北京金星权汽车修理部

公司地址：北京市平谷区电视塔往西平谷大街 18-6 号
联系人： 代吉星
电 话： 010-69957678
手 机： 15120098725/15910780465
主营业务：汽车维修保养、钣金喷漆、配件齐全、保险验车、24 小时救援

北京富路顺通汽车维修部

公司地址：北京市平谷区新平西路 7-15 号（国家电网大楼东 10 米）
联系人： 崔维顺
手 机： 13051954149
主营业务：各种进口国产汽车机修保养、电路、电脑检测、轮胎扒补、动平衡等

北京市神兴汽车修理厂

公司地址：北京市平谷区齐各庄路口北 50 米路西（平程路 1 号）
联系人： 李永
电 话： 010-69978189
手 机： 13581563857
维修资质：二类
主营业务：专业维修各种进口、国产汽车、代办保险、验车、扒胎、补胎、动平衡、加氟、修空调、安装维修音响、中控、防盗器、电脑检测、零售各种汽车零配件

北京市欣晶华汽修厂

公司地址：北京市平谷区西环北路 11 号
联系人： 高腾
电 话： 010-69964500
主营业务：汽车修理、钣金喷漆

北京仙达修配厂

公司地址：北京市平谷区金海永顺汽配城北侧（老蔬菜批发市场院内）
联系人： 王永贵
电 话： 010-51323686
手 机： 13701259217/13681197738
主营业务：捷达、桑塔纳、伊兰特、爱丽舍、富康、夏利、微面系列等车型配件批发、零售、承接大中小修理业务、专业洗化油器、喷油嘴、快速钣金喷漆、保险开票

北京欣业绿谷汽车服务有限公司

公司地址：北京市平谷区巴黎大街（电视塔向西 800 米，水务局往东 400 米路南）
联系人： 赵经理
电 话： 010-69950796
手 机： 13520122168
维修资质：二类
主营业务：承修各类进口、国产中高档轿车、钣金喷漆、大梁校正、昌河汽车连锁服务欣业绿谷店（销售、维修保养、质保）各种品牌汽车轮胎、四轮定位、动平衡、补胎、车之秀汽车用品全国连锁平谷店、代理验车、各家保险公司车险业务（理赔、出单）

北京展宏汽车修理有限责任公司

公司地址：北京市平谷区兴谷路 5 号
联系人： 张冬立
电 话： 010-52881116/69950595
手 机： 13701300931
维修资质：二类
主营业务：汽车维修保养、钣金喷漆

北京腾跃日日升汽车装饰

公司地址：北京市平谷区文发市场西门
联系人： 温玉喜
手 机： 15699783366
主营业务：汽车精品、贴膜、美容

老太太汽车维修中心

公司地址：北京市平谷区金海永顺汽配城院内
电 话： 010-89985697/81622737
主营业务：汽车维修保养

福田配件修理

公司地址：北京市平谷区金海汽配城北门底商 1 号
联系人：张福良
电　话：010-89993805
手　机：13911693840
主营业务：福田、江铃、轻骑、4105\4102\4100\495\493\490\485\480\475 全车配件及修理

宏升旺汽修汽配

公司地址：北京市平谷区齐各庄路口
联系人：李宏升
电　话：010-89980689
手　机：13910595712/13601321322
主营业务：修理各种汽油、柴油汽车、工程机械、四轮定位、轮胎、车辆整形、喷漆、保险、24 小时救援服务

京东汽车修理站

公司地址：北京市平谷区兴谷开发区平谷南街 2 号
联系人：刘征浩
电　话：010-89978831
手　机：18600173318
维修资质：二类
主营业务：汽车维修保养、钣金喷漆、装饰美容

军丽想汽车修理厂

公司地址：北京市平谷区金海永顺汽配城西南角
联系人：贾力军
电　话：010-51325639
手　机：15611959815
维修资质：二类
主营业务：汽车维修保养、电脑检测、钣金喷漆、保险代理

王庆军汽车维修站

公司地址：北京市平谷区电子机械厂门西侧 50 米路北
联系人：王庆军
电　话：010-51321158
手　机：13520449600
主营业务：专修帕萨特 B4\B5、奥迪 A6\200\100、桑塔纳 2000、时代超人等、金杯系列、富康及各种电喷汽车、电脑检测、电脑清洗喷油嘴

利华汽车电子

公司地址：北京市平谷区金海永顺汽配城西门进去直行 30 米右侧
联系人：张立华
电　话：010-89985693
手　机：13910695038/15911071095
主营业务：配钥匙、改折叠钥匙、全车线路故障、维修自动空调、各种车型更换系统电脑匹配在线编程

北京汇明运通汽车配件销售中心

公司地址：北京市平谷区兴谷环岛电视塔西 160 米二楼
联系人：梁迎宾
手　机：18610751932/13699250838
15010226916
主营业务：伊兰特、索纳塔、悦动、雅绅特、途胜、捷达专修，代订正品配件、品牌配件、钣金配件

北京展宏汽车修理有限责任公司

公司地址：北京市平谷区西二环路北
联系人：陈绍连
电　话：010-52881116/69950595
手　机：13701300932
维修资质：二类
主营业务：汽车维修保养、钣金喷漆

盛达汽车修理站

公司地址：北京市平谷区金海汽车配件城
电　话：010-69961934
手　机：13911797129
维修资质：二类
主营业务：奥迪、迈腾、速腾、宝来、领驭、捷达、索纳塔、桑塔纳等配件销售及维修

缘和汽配

公司地址：北京市平谷区金海永顺汽配城
电　话：010-89985417/86530079
手　机：13601297756
主营业务：伊兰特、捷达、奇瑞、中意、桑塔纳、佳宝、比亚迪、爱丽舍、夏利、羚羊、QQ 等车型配件及维修

军丽想汽车修理厂

公司地址：北京市平谷区二环路农机驾校斜对面（路南红绿灯口）
联系人：贾力军
电　话：010-69985127
手　机：13811374398
维修资质：二类
主营业务：汽车维修保养、电脑检测、钣金喷漆、保险代理

万鸿汽车修理厂

公司地址：北京市平谷区金海永顺汽配城
联系人：刘建军
电　话：010-69977284/81621704
手　机：15699997822
主营业务：钣金喷漆、伊兰特、捷达、夏利、小面及各种车辆维修保养、治理尾气验车

文才油泵油嘴维修中心

公司地址：北京市平谷区电视塔汽配城北门往南 50 米路东
手　机：13381467226
主营业务：校各种国产进口喷油嘴、油泵、通焊各种铜铝制水箱、油箱、增压机等业务

小庆汽修

公司地址：北京市平谷区金海永顺汽配城（电视塔西）
联系人：张小庆
手　机：15910214627/13521186983
主营业务：中意、佳宝、奥拓、伊兰特、捷达、奇瑞、金杯、吉利、夏利、大众系列车型专修

博朗汽修

公司地址：北京市平谷区平谷南街（思琦幼儿园旁院内）
联系人：刘经理
手　机：13910007552
维修资质：三类
主营业务：汽车维修

北京革兰汽车装饰中心

公司地址：北京市平谷区新平南路文发市场旁
联系人：王小刚
手　机：13716395605
主营业务：汽车美容装饰

车有福汽车装饰

公司地址：北京市平谷区文发市场西门 64-65 号
联系人：唐振国
手　机：13911309633
主营业务：贴膜、地胶、脚垫、座垫、掸子、香水、把套、座套、防盗、中控、音响、导航、抛光、打蜡、封釉、清洁

会勇友和汽车装饰服务中心

公司地址：北京市平谷区上纸寨北京 192 号 -6 号
联系人：徐波
电　话：010-61993645
手　机：15210089929
主营业务：汽车用品、美容装饰、封釉、镀膜、精品车饰

龙哥靓岛汽车装饰部

公司地址：北京市平谷区文发市场 62 号
联系人：蔡瑞莲
电　话：010-89986660
手　机：13911303277
主营业务：贴膜、防盗器、CD 音响、地胶、桑拿、抛光、除划痕、封釉及各种汽车装饰品

顺利汽车服务中心

公司地址：北京市平谷区新平南路文发市场院内
联系人：汪桂林
电　话：010-69962903
手　机：13693053345
主营业务：汽车维修保养、钣金、划痕处理、美容、保险代理等

北京航飞汽车修理厂

公司地址：北京市平谷区机动车检测场对面
联系人：刘海明
电　话：010-69951882
手　机：15010136036/13693552336
维修资质：二类
主营业务：汽车修理、专业钣金喷漆、出租挖掘机、二手车置换

北京市平谷区燕明汽车修理站（圣达利二分公司修理厂）

公司地址：北京市平谷区下纸寨村北（太和东园北街 1 号）
联系人：杨连树
手　机：13011842428
维修资质：二类
主营业务：专业钣金喷漆、汽车维修保养、提供伊兰特、捷达、索纳塔配件

阳光汽车装饰

公司地址：北京市平谷区原电子机械厂西门西侧
联系人：李亚东
手　机：13552423055/18701261565
主营业务：专业定做纯棉沙发套、汽车座套、出售凉垫、毛垫、脚垫、贴膜、地胶等车内装饰

怀柔区概况和汽车行业情况介绍

古都北郊，燕山雄要，那片掩映在青山绿水间的土地，自古便有着海纳百川的豪迈。经历过战国的烽火，秦汉的铁骑，千年的传承，乃有今日腾飞之怀柔。

今日的怀柔，是北京的“文化科技高端产业新区、国际会议新区”，是首都重点发展的四个高端产业新区之一。

■ 地理与人口

怀柔区为北京市郊区县之一，地处全市东北部，全区总面积 2122.6 平方公里。怀柔区南邻北京市顺义区，西南为北京市昌平区，西接北京市延庆县，东邻北京市密云县，西北至东北部，分别与河北省赤城县、丰宁县和滦平县接壤。全区总面积 2122.6 平方公里，总人口 38.8 万人，其中户籍人口 27.8 万人。

■ 特色产业

2005 年，中国电影集团影视基地暨国家数字化电影工程落户怀柔，拉开了文化创意产业大发展的序幕。如今，中影基地的规模覆盖了整个影视产业，占全国影视生产能力的 60%，并承担全国 1/2 以上的影视后期制作任务，已经成为中国最大最强的电影电视生产制作基地。以影视产业为核心，文化演出业、原创艺术业协同发展的多元文化产业格局已初步形成。

怀山俊秀，柔水有情。怀柔，一直受到世人的青睐。早在 20 世纪 90 年代，联合国第 4 届世界妇女大会 NGO 论坛的举办使怀柔蜚声海内外，此后，随着世界养生大会、国际青少年嘉年华、全国汽车拉力赛等一系列活动赛事的成功举办，为这座国际交往新城聚集了庞大的人气。2010 年，雁栖湖生态发展示范区正式开工建设，美丽的雁栖湖畔 21 平方公里的区域内，建起一个集会议、会展、休闲为一体，具有中国文化特色、国际一流水平的综合性国际会都，具备接待 G20 首脑会议等大型国际会议和开展大型高端商务会展活动的能力，怀柔成为一座汇聚五洲四海的国际交往新城。

■ 汽车产业优势

怀柔以创新为核心推动力，积极引导现代制造业向高端化发展。怀柔区是北京市汽车工业布局中的三大汽车生产基地之一，以建设全球一流的商用车产业基地为目标，南北呼应的汽车产业功能区已具雏形。欧曼二工厂的竣工投产、福田与奔驰合资项目、福田重型机械项目正式签约等，汽车产业集群的发展，继续领航怀柔经济。

以福田公司为代表，怀柔区已有汽车及配件企业五十余家，成为全国最大的商用车生产基地，怀柔的汽车行业已形成了一个完整的产业链。自 2009 年 1 月 29 日福田汽车与戴姆勒公司在德国柏林签订《商用车合作协议》以来，成立合资公司，建设全球合作业务运营中心，使用福田欧曼自主品牌，同时还设立新的研发中心，引入世界一流的管理团队和管理模式。怀柔已经成为一个集研发、生产、运营、管理为一体的新兴汽车工业基地。

今日的怀柔，正在全力打造现代制造业的新名片，迈向新兴汽车城。

怀柔区商家资讯

汽车 4S 店类

北京华信宏业商贸有限公司

公司地址：北京市怀柔区北房镇龙云路 2 号
电　话：010-61685959
救援电话：13810639533
主营业务：一汽大众整车销售及维修

北京森杰汽车销售有限公司

公司地址：北京市怀柔区北大街 1 号院 1 号楼
电　话：010-69601508
主营业务：东风小康销售及维修

长安轿车北京燕长风怀柔店

公司地址：北京市怀柔区开放路 98 号（下园市场对面）
电　话：010-69642644
主营业务：长安轿车整车销售及维修

北京奥润得汽车有限公司（怀柔分公司）

公司地址：北京市怀柔区金泰苑小区 1 号楼（劳动技校往南 100 米）
电　话：010-89687326
主营业务：英伦汽车销售及维修

汽车配件商、汽车用品商类

北京博欧恒通汽车配件销售中心

公司地址：北京市怀柔区开放路 76 号楼 10 号
联系人：王洪朝
电　话：010-89686125
手　机：13911373631/15910225559
传　真：010-89686125
主营业务：欧曼 ETX\CTX\3 系、5 系、6 系、9 系、FD、神州、雄狮、昆仑、奇兵、驾驶室总成、车架总成、水箱、中冷器、电器开关、发动机、车桥、变速箱、冲压件、内饰件、全车配件

北京结缘旺发汽配商店

公司地址：北京市怀柔区综合行政服务大厅南侧（红绿灯西南角）
联系人：商先生
手　机：13716128532
主营业务：米其林、韩泰、普利司通、锦湖轮胎销售安装、四轮定位、机油三滤、刹车片、电瓶销售

北京京鸿福达配件中心

公司地址：北京市怀柔区开放路 80 号 6 单元 102-202 室
联系人：张建国
电　话：010-89686523
手　机：13775332668/13701063826
主营业务：欧曼重卡系列灯具、车镜、塑件、覆盖件及工作台等

北京车朋汽车配件

公司地址：北京市怀柔区五中西 200 米路西
联系人：朱子
电　话：010-69604918
主营业务：夏利、吉利、中意、佳宝、长安之星、五菱之光、奥拓、羚羊、奇瑞、比亚迪、金杯全车配件

北京金利旺达汽车配件有限公司

公司地址：北京市怀柔区开放路 80-3 号
联系人：林立民
电　话：010-58465251/89680688
手　机：18618143869
主营业务：生产销售汽车离合器压盘及从动盘总成、代理福田欧马可驾驶室、空壳、车架及时代、奥铃驾驶室总成和空壳

北京宏博运达汽车配件销售中心

公司地址：北京市怀柔区开放路 80 号楼 9 单元 201 室
联系人：杨洪军
电　话：010-89688411
手　机：13911885593/13716081927
传　真：010-89688411
主营业务：欧曼 H4\2280\ETX\CTX\3 系\5 系\6 系\9 系\FD、神洲、雄狮、昆仑、奇兵、驾驶室总成、车驾总成、水箱、中冷器、电器开关、发动机车桥、变速箱、冲压件、内饰件全车配件

北京福尔曼汽车配件有限公司

公司地址：北京市怀柔区开放路 76 号
联系人：李家勋
电　话：010-89686977
手　机：13611158398
主营业务：欧曼驾驶室总成、驾驶室壳、车门及总成、ETX、奇兵、雄狮、先锋全车配件

北京成龙平杰汽车配件中心

公司地址：北京市怀柔区瑞特沃斯西 20 米（南环加油站东）
联系人：冯小
电　话：010-69657322
主营业务：桑塔纳 2000、时代超人、捷达、红旗、捷达王配件销售

北京福耀玻璃有限公司（怀柔分公司）

公司地址：北京市怀柔区第五中学对面
电　话：010-69602239/51045889
手　机：13801013186
主营业务：汽车玻璃销售及安装

北京畅繁德汽配

公司地址：北京市怀柔区 916 汽车总站斜对面
联系人：闫根强
手　机：15910332821/13717993422
主营业务：一汽大众、上海大众、金杯、夏利、吉利、佳宝、长安等配件销售及修理保养

北京宏宇腾达商贸有限公司

公司地址：北京市怀柔区开放路 78 号楼 10 号商铺
联系人：孔祥红
职　务：经理
电　话：010-89683679/51350846
手　机：13366826583/15601332379
主营业务：欧曼配件专营、代定疑难件

北京鸿业鹏达润滑油有限责任公司

公司地址：北京市怀柔区石厂环岛往南 100 米路西
联系人：许宏跃
电　话：010-60696155
手　机：13621162492/13810284345
主营业务：长城、美孚、龙霸、统一系列润滑油、齿轮油、机械油、工业用油

北京华恒天创商贸有限公司

公司地址：北京市怀柔区开放路 76-3 号
联系人：冯永生
电　话：010-89688506/58408826
手　机：13716094027
主营业务：欧曼整车配件、潍柴发动机配件、安凯车桥配件、陕齿变速箱配件、组装驾驶室总成

北京怀柔汽车玻璃专营店

公司地址：北京市怀柔区南华大街南环加油站东侧
联系人：裴希军
电　话：010-69657071/69631317
手　机：13910973215
主营业务：汽车玻璃销售及安装

北京宏博运达汽车配件销售中心

公司地址：北京市怀柔区开放路 80 号楼 9 单元 201 室
联系人：杨洪军
电　话：010-89688411
手　机：13911885593
主营业务：欧曼 H4\2280\ETX\CTX\3 系 \5 系 \6 系 \9 系 \FD、神州、雄狮、昆仑、奇兵、驾驶室总成、车架总成、水箱、中冷器、电器开关、发动机车桥、变速箱、冲压件、内饰件、全车配件

北京昌石易佳生产资料有限公司

公司地址：北京市怀柔区庙城镇石厂环岛南 100 米路东 239 号院 3 号楼 104 润滑油超市
联系人：于大勇
电　话：010-89099710
手　机：15910992284
主营业务：福斯机油、博世配件、威尔燃油系统代理商、法雷奥汽车配件代理商

北京兴业利达汽配批发

公司地址：北京市怀柔区京客隆北第二红绿灯东
联系人：宋士友
电　话：010-69611125/69611505
手　机：13269364009/18710276011
主营业务：长安、五菱、哈飞、小康、夏利、吉利、大众、金杯、菱帅等配件销售

北京开源旺达汽车部件有限公司

公司地址：北京市怀柔区开放路环岛红星路 22 号
联系人：宋文崇
电　话：010-89688817
手　机：13911576967/13911824868
主营业务：欧曼各种驾驶室总成、壳体、覆盖件、底盘件

北京欧福隆翔商贸有限公司

公司地址：北京市怀柔区开放路
电　话：010-89688361/89686432
手　机：13391828500/15101565383
传　真：010-89683221
主营业务：欧曼整车配件、欧曼事故车专家、欧曼驾驶室专业组装、欧曼底盘配件专营、欧曼车架大梁总代理、代订欧曼疑难杂件

北京欧曼重型汽车厂（欧曼营销公司北京地区配件销售中心）

公司地址：北京市怀柔区大中富乐村东 552 号
联系人：田经理
电　话：010-89683973/89688806
手　机：15910856055/13716161199
主营业务：欧曼汽车配件销售

北京欧顺福达汽车配件销售中心

公司地址：北京市怀柔区开放路 78-7 号
联系人：秦明
职　务：经理
电　话：010-89681921
手　机：13241689970/18601050125
主营业务：欧曼全车配件、万安总泵、助力器、沙漠、塑壳、空滤器

北京神州陆通汽车部件有限公司

公司地址：北京市怀柔区开放路环岛西北 20 米
联系人：房亮
职　务：客户经理
电　话：010-89687568/89688263
手　机：13466535618/15611912788
主营业务：福田汽车、神州路通配件销售

北京圣通旺达轮胎批发中心

公司地址：北京市怀柔区泉河园二区对面八百里小肥鹅南 10 米
联系人：万文成
电　话：010-61639316
手　机：13716422524/13241505997
主营业务：批发国产进口名优品牌轮胎、工程胎、载重轮胎、轻卡轮胎、农用车轮胎、叉车轮胎、轿车轮胎

北京福利腾达汽车配件经销部

公司地址：北京市怀柔区东关一区 19 号楼四单元 102 室
联系人：张付利
电　话：010-69603361
手　机：13681036061
主营业务：夏利、吉利、中意、F3、奇瑞、羚羊系列配件、三滤、机油、电瓶大全、维修保养

北京市博阳骏景汽车配件有限公司

公司地址：北京市怀柔区开放路 80-8 号
联系人：张志军
职　务：经理
电　话：010-89685181
手　机：13391583150
主营业务：经营福田、欧曼、雄狮、先锋、奇兵、神舟、昆仑、欧曼、ETX 全车配件

北京市福永鑫汽车配件有限公司

公司地址：北京市怀柔区开放路 80 号楼五单元
联系人：陈业兵
电　话：010-89683501
手　机：15011057600
主营业务：各种欧曼正宗原厂驾驶室、全车配件批发

北京通达发汽车配件中心

公司地址：北京市怀柔区东关一区 7 号楼 402 室（五中对面）
联系人：王西增
电　话：010-69602865
手　机：13701396467
主营业务：奇瑞、旗云、QQ、吉利、美日、优利欧系列、奥拓、微面等配件销售

北京鑫环路通轮胎服务中心

公司地址：北京市怀柔区东关一区十九号楼倍耐力轮胎店（五中斜对面）
联系人：肖春荣
手　机：13641280508/13716563998
主营业务：倍耐力、马牌、米其林、固特异、韩泰、邓禄普、玛吉斯、锦湖、普利司通、轮胎销售、四轮定位、动平衡

北京兴盛汽车配件

公司地址：北京市怀柔区五中西 300 米路北
联系人：宋秋
电　话：010-51045907
手　机：15810097231
主营业务：伊兰特、捷达、夏利、奇瑞、微面等各种汽车的维修保养、批发全车配件

北京新凯龙欧曼配件销售中心

公司地址：北京市怀柔区欧曼东门西行 200 米
联系人：霍奎龙
电　话：010-89681807/89688628
手　机：15811458968
传　真：010-89688628
主营业务：欧曼全车配件批发、易损产品生产直销

北京京欧鑫博汽车配件有限责任公司

公司地址：北京市怀柔区开放路 80 号楼 4 单元 101 室
联系人：米正林
电　话：010-89683859
手　机：13811593738
主营业务：欧曼重卡驾驶室总成及内外饰件、塑壳空滤器总成、空滤器进气道系统、沙漠、旋风式单管、双管高位进气管、进气腔、链接软管、钢丝胶管、中冷器软管、水管、各车型“管”类配件大全

北京义广宇商贸有限公司

公司地址：北京市怀柔区开放路 78-9 号
联系人：赵义春
职　务：总经理
电　话：010-89683995/89688146
手　机：13910288237
主营业务：欧曼、潍柴、法士特等配件销售

北京易行车汽车配件商行

公司地址：北京市怀柔区于家园一区 116 号
联系人：刘建东
电　话：010-89691898
手　机：13810280380
主营业务：品牌轮胎、汽车用品、轮胎修补、动平衡

北京宾朋汽车配件有限公司

公司地址：北京市怀柔区开放路 76 号楼
联系人：魏贵宾
电　话：010-89686119
手　机：13611303976
传　真：010-89683536
主营业务：欧曼全车系列配件批发

北京永利发汽车配件商店（怀柔店）

公司地址：北京市怀柔区开放路下元西市场（京客隆超市对面）
电　话：010-69611962/69612097
手　机：15010834073
主营业务：金杯海狮、福田风景、一汽大众、长安之星、哈飞民意配件销售

北京岩吉利轮胎销售中心

公司地址：北京市怀柔区东关二区 215 号
联系人：张宝岩
电　话：010-69605153
手　机：15601075315/13701186322
主营业务：米其林、耐克森、倍耐力轮胎销售

潍康重型汽配连锁（北京店）

公司地址：北京市怀柔区开放路 76 号 14 门
联系人：黄继贤
电　话：010-89688393/89681160
主营业务：欧曼系列、上柴系列、潍柴系列、安凯车桥、青特车桥、法士特、重汽系列、陕汽系列

北京佳利廉汽配销售中心

公司地址：北京市怀柔区大地燃气西侧
联系人：高魏佳
电　话：010-89681909
主营业务：欧曼沙漠空滤、ETX\CTX\3 系 \5 系 \6 系 \9 系 \FD\ 神州、雄狮、昆仑、奇兵驾驶室总成、车架总成、水箱、中冷器、电器开关、发动机、车桥、变速箱冲压件、内饰件、全车配件

北京金地球汽配有限公司

公司地址：北京市怀柔区欧曼制造厂南门
联系人：李经理
电　话：010-89684044/87339845
手　机：13439036558/13121555966
主营业务：欧曼汽车配件专业生产批发

北京豫东长顺汽车配件

公司地址：北京市怀柔区于家园二区 9 号楼 102 室
联系人：李常
手　机：13501087205
主营业务：丰田、奥迪、三菱、帕萨特、捷达、金杯、切诺基等配件销售、电瓶、机油、防冻液销售

北京正美丰业汽车服务有限公司

公司地址：北京市怀柔区庙城石厂环岛南 50 米路南
联系人：于涛
电　话：010-69695270
手　机：13910584146
主营业务：汽车玻璃销售及安装

北京英豪强伟汽配公司

公司地址：北京市怀柔区开放路 80 号楼 80-2 号
联系人：何仕伟
电　话：010-89687992/89687982
手　机：13701280454/15910574856
主营业务：欧曼重卡 H2.H3\ETX、奇兵全车配件

广通四轮定位服务中心

公司地址：北京市怀柔区五中学校门口对面
联系人：宋先生
手　机：13651092620/13716279641
主营业务：各种轮胎、四轮定位、动平衡、汽车配件、机油三滤、换胎

北京金利旺达汽车配件有限公司

公司地址：北京市怀柔区开放路 80-3
联系人：林立民
职　务：总经理
电　话：010-58465251
手　机：18618143869
传　真：010-89680688
主营业务：汽车离合器压盘及从动盘总成，福田欧马可驾驶室、空壳、车架及时代、奥铃驾驶室总成和空壳等

北京焱通顺达汽配经营部

公司地址：北京市怀柔区 916 车站北 100 米开利园小区 78 楼 2 号
联系人：王阔
电　话：010-69642021
手　机：13661323559
主营业务：桑塔纳、2000 型、99 新秀、时代超人、3000 型、捷达（王）、帕萨特全车配件

北京路顺通汽车配件销售中心

公司地址：北京市怀柔区大中富乐 2 号
联系人：李海强
电　话：010-58483132
手　机：13521027813
传　真：010-89685195
主营业务：欧曼全车配件批发，GTL\H3\H2 驾驶室总成、车门总成，各种转向、换档拉杆、球头、尾灯支架、挡泥板支架、前后稳定杆、销轴

轮胎销售部

公司地址：北京市怀柔区南华大街 9 号楼东起 3 门（金百万斜对面）
手　机：15910320148
主营业务：固特异、米其林、倍耐力、马牌、三王、朝阳等轮胎销售、动平衡

轮胎专卖店

公司地址：北京市怀柔区美丽家园金泉洗浴旁边（原五中门口西侧）
联系人：卜广东
电　话：010-69656590
手　机：13121723383/13717570881
主营业务：普利司通、米其林及各种名牌轮胎、美国战车电脑四轮定位、充氮气、补胎、专业动平衡

欧运通汽车配件有限公司

公司地址：北京市怀柔区开放路 78-11 号
联系人：赵国丽
职　务：经理
电　话：010-89681718/89687178
手　机：13701079953
主营业务：欧曼、奥铃、欧马可驾驶室、车架、车桥件、底盘件、车身电器件专营

沈阳市欧德诚跃汽车配件销售有限公司

公司地址：北京市怀柔区开放路 78 号 2 单元 102 门市
联系人：李辉
电　话：010-89685670
手　机：13811672537
主营业务：欧曼、斯太尔、红岩、全车配件

北京宏宇腾达商贸有限公司

公司地址：北京市怀柔区开放路 78 号楼 10 号商铺
联系人：孔祥红
职　务：经理
电　话：010-89683679/51350846
手　机：13366826583/15601332379
主营业务：欧曼配件专营、代定疑难件

飞云伟业

公司地址：北京市怀柔区石厂环岛北 50 米石厂村 158 号
联系人：陈飞
电　话：010-58429881/69657437
手　机：13661157895/18611132328
主营业务：风帆、骆驼、中硕、雷舰等电瓶

北京聚财通达商贸有限公司

公司地址：北京市怀柔区于家园路西加油站第六门脸
联系人：肖聚财
电　话：010-61639081
主营业务：固特异、米其林、各种轮胎销售

华丰远洋经营部

公司地址：北京市怀柔区于家园一区甲 9 号楼 10 门
手　机：13716109132
主营业务：轴承、三角带

汽车修理厂、快修连锁店、装饰美容店类

奥铃北京豪迈服务站
公司地址：北京市怀柔区京密路（101 国道）酒厂路口南侧
电　话：010-69629135
主营业务：汽车维修，保险承保、定损、理赔一条龙服务，吉利汽车、轻卡奥铃的售后服务站

北京昌红隆鑫汽车修理部
公司地址：北京市怀柔区庙城石厂环岛
联系人：张少勇
手　机：13011221110
维修资质：二类
主营业务：汽车大中小维修、代办保险理赔、汽车救援

北京车之愿汽车修理厂
公司地址：北京市怀柔区石厂环岛向东 500 米
联系人：张久兴
手　机：13651364839
维修资质：二类
主营业务：维修保养、汽车救援、出单、定损、理赔

北京诚信汇众汽配中心
公司地址：北京市怀柔区南华大街 21 号
联系人：于洋
手　机：15810117618
主营业务：配件销售、维修保养

北京东瑞祥汽车配件销售部
公司地址：北京市怀柔区五中西 200 米路南
联系人：房瑞丰
手　机：13426295308/13522765581
主营业务：钣金喷漆、划痕修复、抛光、打蜡、汽车修理、二氧保护焊、各种汽车漆、电气焊、代办验车

北京高贤聚商贸有限公司
公司地址：北京市怀柔区怀柔镇张各长村西 50 米
联系人：于刚
电　话：010-69693359
手　机：13911933998
主营业务：福田戴姆勒汽车特约维修服务站

北京市兴怀汽车修理有限责任公司
公司地址：北京市怀柔区老怀杨路口东 100 米
电　话：010-69621953/69643770
手　机：13520753635/13801159921
维修资质：一类
主营业务：精修各种中高档汽车、钣金喷漆、代办保险

北京腾远汽车怀柔分公司
公司地址：北京市怀柔区开放路第五中学东侧 150 米
电　话：010-69602600
手　机：13701100383
主营业务：汽车修理、钣金、喷漆、车险

北京金汇宇汽车服务有限公司
公司地址：北京市怀柔区东关一区 88 号
联系人：李志国
电　话：010-69602195
手　机：13501255593
维修资质：一类
主营业务：精修各种中高档汽车、电喷发动机、自动变速箱、大众车系 ABS 系统、ABS 电脑、代办保险、定损、理赔

北京金鑫汇泉汽车服务有限公司
公司地址：北京市怀柔区石厂环岛西 200 米
联系人：韩维霞
电　话：010-60697733
手　机：13716022377/13910560372
维修资质：一类
主营业务：汽车维修、保养、保险理赔业务、博世汽车维修网络

北京隆盛通汽车维修有限公司
公司地址：北京市怀柔区华北市场南 2 区 7 号（101 路口向西 20 米路南）
联系人：孟宪明
职　务：经理
电　话：010-51596061
手　机：13381103980
维修资质：二类
主营业务：力帆特约服务站、各种车型维修保养、钣金喷漆、烤漆房、专业汽车美容

北京平泉汽车维修有限公司
公司地址：北京市怀柔区石厂新村 397 号
电　话：010-69603085
手　机：13601315021/13910077699
维修资质：二类
主营业务：汽车修理、钣金喷漆

北京上海大众汽车怀柔销售服务公司
公司地址：北京市怀柔区南华园三区 3 号
联系人：李金柱
电　话：010-69631999/69656966
手　机：13426397758
主营业务：汽车销售及维修

北京圣运达汽车修理有限公司
公司地址：北京市怀柔区怀柔镇石厂新村（石厂环岛南 100 米路西）
联系人：刘显革
电　话：010-60697593
手　机：13501150658
维修资质：二类
主营业务：汽车修理、钣金喷漆、代办保险

万达兴旺汽车配件销售部
公司地址：北京市怀柔区五中西行 300 米
联系人：何建军
手　机：13716156808
主营业务：专修大众、奇瑞、比亚迪、金杯、微面、夏利、吉利、各种汽车空调加氟、欧曼、豪沃、东风解放、德龙

北京艺高腾达汽车修理部
公司地址：北京市怀柔区东方腾龙汽车配件维修区内
联系人：苏林忠
手　机：13910311393
主营业务：汽车修理、钣金喷漆、烤漆房、保险代理

北京小闫柴油车农用车修配
公司地址：北京市怀柔区张各长南、村口向东 100 米
联系人：闫建新
手　机：13681136893
主营业务：福田、轻骑、聚宝、跃进、王牌、川交各种柴油车、农用车、纯正配件、维修各种柴油车、农用车系列

北京鑫佳联信德汽配
公司地址：北京市怀柔区开放路美丽家园对面（路西）
联系人：张传军
电　话：010-51590206
手　机：15910325527
主营业务：桑塔纳、捷达、奥迪、伊兰特、千里马、金杯、夏利、吉利、微面系列专业维修、钣金喷漆、补胎打气、空调加氟

北京信诚忠族汽车服务有限公司
公司地址：北京市怀柔区石厂环岛南 500 米路西
联系人：刘玉忠
手　机：13436824990/13716234225
维修资质：二类
主营业务：维修保养、钣金喷漆、美容装饰、轮胎、保险

北京以合兴达汽车配件商店
公司地址：北京市怀柔区下元村东招商局南 100 米路西侧
联系人：李以合
手　机：13269880968
主营业务：专修松花江、中意、民意、佳宝、长安

狂彪海风汽车装饰中心
公司地址：北京市怀柔区泉河二区门口加油站后院
电　话：010-69612166
手　机：13683095394
主营业务：电脑洗车、贴膜、地胶、音响、防盗器、导航、电子狗、倒车雷达、抛光打蜡、座垫、脚垫等

北京益丽发汽车修理厂
公司地址：北京市怀柔区开放路环岛南 1000 米华北物资市场东口
联系人：刘广宇
电　话：010-69684981/69622532
手　机：13601147135
主营业务：汽车维修、钣金喷漆、四轮定位、汽车故障诊断、代办保险

北京裕临丰汽车美容装饰中心

公司地址：北京市怀柔区于家园二区甲一号
联系人：贾玉鑫
电　话：010-69695070
手　机：13501051362
主营业务：无尘贴膜、影音升级、灯光升级、导航、环保地胶、座套、防盗中控、打蜡封釉、钣金喷漆、精品车饰

飞武通达汽车配件

公司地址：北京市怀柔区五中西 100 米路南
联系人：宋剑武
电　话：010-69607857
手　机：13683563051
主营业务：精修进口国产汽车发动机、变速箱、ABS、安全气囊、电路、专业清洗喷油器、进气道、节气门、三元催化

北京鸿德汽车修理有限公司

公司地址：北京市怀柔区石厂新村 397 号（石厂环岛西南角）
联系人：陈自国
电　话：010-60695255
手　机：13601059757
维修资质：二类
主营业务：精修奥迪、捷达、桑塔纳、红旗及配件供应

长安汽车全国连锁于家园店

公司地址：北京市怀柔区于家园路西加油站南第四门脸房
电　话：010-86606359/61638024
手　机：15510030108/18610360009
主营业务：汽车修理

明明盛钣金喷漆

公司地址：北京市怀柔区东关五中斜对面
联系人：曲国伟
手　机：13716124128
主营业务：专业钣金喷漆、电脑调色、修复划痕、抛光、打蜡、配件维修、汽车改装救援、代办保险业务

北京车友荣安汽车装饰有限公司

公司地址：北京市怀柔区五中西 50 米路南
联系人：张平
职　务：经理
电　话：010-69601678
主营业务：贴防爆膜、定做座套、安排档锁、防盗音响、座垫脚垫、真皮座椅、帆布皮革

北京建辉福兴汽车装饰

公司地址：北京市怀柔区 916 总站十字路口西北角
联系人：林建辉
电　话：010-69606201
手　机：13910322215
主营业务：安装汽车空调、空调配件、加氟、专营 USL、贝尔卡特防爆膜、工程贴膜、汽车防盗底盘装甲、影音系统、导航系统、封釉镀膜、真皮座椅、座套、地胶脚垫

北京广嘉兴业汽车配件

公司地址：北京市怀柔区东关二区五中西 150 米路南
联系人：杨玉清
手　机：15910437678
主营业务：大众、奇瑞、现代配件销售、维修保养、电脑检测、喷嘴进气道清洗、空调维修、加氟、汽车电路维修、电器改装

伟峡汽车装饰

公司地址：北京市怀柔区东方腾龙建材市场南 1-10 号
联系人：赵春海
电　话：010-69689942
手　机：13901174725
主营业务：大师贴膜、汽车美容装饰、电脑洗车、汽车维修、钣金喷漆、扒胎平衡、轮胎销售、划痕修复、轮毂修复

小李子汽配汽修

公司地址：北京市怀柔区 916 汽车总站红绿灯东南角
联系人：李赛
手　机：13260152467
主营业务：中意、民意、长安之星、金杯、佳宝、夏利、吉利、五菱、奇瑞、大众、比亚迪、空调加氟、电脑检测、洗喷油嘴、钣金喷漆等各种疑难故障

北京京广阿辉

公司地址：北京市怀柔区南华大街路南（加油站对面）
联系人：张辉
电　话：010-69627514/69620789
手　机：13911923844/13701037022
主营业务：专业汽车美容、封釉、镀膜、代理米其林轮胎、德国马牌轮胎、美国 3M、雷朋、DVD 导航

徐国金汽车配件装饰店

公司地址：北京市怀柔区美丽家园对面
联系人：徐国金
电　话：010-51596140
手　机：13436454733
主营业务：上海大众、一汽大众、微面配件销售、维修保养、空调加氟、汽车装饰、打气补胎

万事如意汽车装饰

公司地址：北京市怀柔区庙城石厂环岛
联系人：朱俊江
手　机：15301051192
主营业务：补胎、座套、汽车装饰

瑞红和大众配件

公司地址：北京市怀柔区南华街 5 号楼底商（金百万对面）
联系人：路永和
电　话：010-69620601
手　机：13161477666
主营业务：上海大众、一汽大众、金杯配件、213 配件、大修、小修、钣金喷漆、三滤、修理汽车、空调加氟、美容装饰、防盗器、封釉镀膜

北京酷车洗车服务中心

公司地址：北京市怀柔区 916 总站对面
联系人：王斌
手　机：18810170421
主营业务：汽车配件、美容、装饰

华瑞莉汽车美容服务会所

公司地址：北京市怀柔区开放路东关加油站南
电　话：010-61626161/61625151
手　机：13511015369
主营业务：美国龙膜、美国魔术绒高端汽车座套、内车改装、卡仕达、科骏达、汽车专用导航、音响、脚垫、汽车饰品

邢师傅汽车修理救援

公司地址：北京市怀柔区地税对面
电　话：010-69654323
手　机：13501044171
主营业务：修理金杯、桑塔纳、捷达、夏利、小面等车型

通安顺汽车修理

公司地址：北京市怀柔区刘林池路口南 200 米
联系人：单明月
手　机：15001031883
主营业务：汽车修理

三面旗汽车电器

公司地址：北京市怀柔区下园东路 100 米
联系人：刘经理
手　机：13651080743
主营业务：汽车电器销售及维修、检测电路

恒发顺汽车配件

公司地址：北京市怀柔区 916 汽车站对面
联系人：赵亚涛
手　机：13366268925
主营业务：汽车配件销售、维修保养

哈飞汽车专修

公司地址：北京市怀柔区王化村村北 50 米 101 国道南侧
电　话：010-69681002
手　机：13439144461
维修资质：二类
主营业务：哈飞汽车特约技术服务站、修理各种高中档汽车

北京铭车兴达汽车装饰品经营部

公司地址：北京市怀柔区开利园小区 72 号楼门脸
联系人：赵永波
手　机：13910801323
主营业务：销售汽车用品、汽车配件、洗车

天意远航汽车配件销售

公司地址：北京市怀柔区 916 汽车站对面
联系人：王涛
手　机：13716442573
主营业务：导航、座套、音响等

密云县概况

密云县位于北京市东北部，属燕山山地与华北平原交接地，是华北通往东北、内蒙古的重要门户，故有“京师锁钥”之称。全县总面积 2229.45 平方公里，是北京市土地面积最大的区县。东南至西北依次与本市的平谷、顺义、怀柔三区接壤，北部和东部分别与河北省的滦平、承德、兴隆三县毗邻。

■ 人口

2010 年第六次全国人口普查数据显示，全县常住人口为 46.8 万人。

■ 密云经济开发区

密云经济开发区位于密云县城西南，南临京承高速公路，北依 101 国道，据北京市区 60 公里，距首都机场 40 公里，距天津塘沽港 160 公里，随着京承高速公路的全线贯通，密云经济开发区已进入北京“半小时经济圈”。

开发区园区现有规模已经扩规至 12.55 平方公里，入区企业 160 多家，涉及汽车及零部件、电子信息等多个领域。以万都、福田为代表的汽车及零部件产业等植根于经济开发区的沃土，形成密云生态经济的有力支撑。

2013 年一季度，开发区汽车及零部件制造企业创新高，一是福田汽车北京多功能汽车厂进入生产旺季，仅 3 月份就生产整车 6398 台，实现工业产值 3.79 亿元，创建厂以来新高；二是韩系汽车销量相对增加，“北京现代”三工厂扩大产能，开发区内九成零部件企业受益，产能持续增长。

密云县商家资讯

汽车 4S 店类

北京德驿通汽车销售服务有限公司

公司地址：北京市密云县新南路 37 号
电　话：　010-69058888/69051888
传　真：　010-69051999
主营业务：上海大众整车销售及维修

北京鸿祥佳宇汽车贸易有限公司

公司地址：北京市密云县穆家峪镇新农村（汽车总站西院）
电　话：　010-89015386
主营业务：比亚迪整车销售及维修

北京排山渔洋汽车销售有限公司

公司地址：北京市密云县十里堡彩虹门西路北
电　话：　010-89099424
传　真：　010-89099872
主营业务：奇瑞汽车整车销售及维修

东风悦达起亚鑫达汇城专营店

公司地址：北京市密云县十里堡彩虹门北侧
电　话：　010-89098886
传　真：　010-89080685
主营业务：东风悦达起亚整车销售及维修

广汽本田汽车广汽航天密云分店

公司地址：北京市密云县阳光街南侧
电　话：　010-61093939/61093838
传　真：　010-61093808
网　址：　www.gqht.com.cn
主营业务：广汽本田整车销售及维修

长安汽车超市

公司地址：北京市密云县经济开发区云腾路 19 号
电　话：　010-69097372
主营业务：长安汽车整车销售及维修

北京国兴盛合汽车销售服务有限公司

公司地址：密云直营店北京市密云县十里堡彩虹门西排山汽配城
手　机：　13601115780
主营业务：瑞麒、威麟整车销售

北京汽车恒盛恒远特约店

公司地址：北京市密云县十里堡镇十里堡村北侧
电　话：　010-89030806
传　真：　010-89030807
主营业务：北京汽车整车销售及维修

北京荣诚广业汽车贸易有限公司

公司地址：北京市密云县新南路 34 号（原农机公司院内）
电　话：　010-69406776
主营业务：福田汽车整车销售及维修

北京顺兴宏业东风汽车专营店

公司地址：北京市密云县十里堡镇彩虹门西（排山汽车城院内）
电　话：　010-89097385/89099610
主营业务：东风风行、东风风神、东风小康整车销售及维修

北京现代汽车安瑞迪特约销售服务站

公司地址：北京市密云县十里堡村北侧
电　话：　010-69099011
传　真：　010-69099014
主营业务：北京现代整车销售及维修

北京中汽双会汽车销售密云分公司

公司地址：北京市密云县排山汽车城
电　话：　010-89080029
主营业务：帝豪、吉利、自由舰、长安面包、长安悦翔等整车销售

东风日产北京鑫达润城专营店

公司地址：北京市密云县十里堡镇彩虹门北侧
电　话：　010-69090488
主营业务：东风日产整车销售及维修

北京市天之龙汽车销售服务有限公司

公司地址：（密云店）北京市密云县十里堡镇彩虹桥西侧排山汽车城
手　机：　13810986164
主营业务：标致、中华、比亚迪等整车销售

北京硕川汽车销售服务有限公司

公司地址：北京市密云县密云镇滨阳新村路口
电　话：　010-89039998
传　真：　010-69089753
主营业务：一汽大众整车销售及维修

北京太和顺兴汽车销售有限公司

公司地址：北京市密云县十里堡镇西大桥路 73 号十里堡镇政府西侧
电　话：　010-58409080/69070133
传　真：　010-69097809
主营业务：雪佛兰整车销售及维修

北京太和运通汽车销售服务有限公司

公司地址：北京市密云县十里堡镇政府西侧 200 米路北
电　话：　010-89098969
传　真：　010-69082139
主营业务：东风雪铁龙整车销售及维修

北京腾远兴顺汽车服务有限公司

公司地址：北京市密云县十里堡彩虹门西路北（排山汽车城）
电　话：　010-69099789/69602600
主营业务：中国一汽、奇瑞汽车、吉利汽车、昌河铃木

北京正吉星汽车销售服务有限公司

公司地址：北京市密云县新南路 37 号
电　话：　010-69087676
传　真：　010-69051999
主营业务：上海大众斯柯达整车销售及维修

汽车配件商、汽车用品商类

北京彩虹伟力有限公司

公司地址：北京市密云县十里堡汽车配件批发市场 A 区 001 号
联系人： 史桂莲
电　话： 010-89090170
手　机： 13810487515/18701176830
主营业务：工程机械配件及汽车线路维修

北京潮聚源轮胎店

公司地址：北京市密云县十里堡汽车配件市场东门口后排 A 区 -028 号
联系人： 王鑫
手　机： 13691232596
主营业务：米其林、固特异、韩泰、普利司通、威狮、三角、回力等各种名优轮胎

北京恒汇金汽配经营部

公司地址：北京市密云县华远市场南门外东 200 米路北
联系人： 赵广全
电　话： 010-56274143
手　机： 13621086938/13691517343
主营业务：壳牌、美孚、长城、统一、齿轮油、黄油、工业用油、信义、金麒麟刹车片、骆驼、中硕、风帆蓄电瓶

北京佳星畅通轮胎商行

公司地址：北京市密云县新农村（长城环岛东行 1000 米、980 车站西行 1000 米路北）
联系人： 翟继合
职　务： 经理
手　机： 13522088489/15718874685
主营业务：正新牌卡客车载重子午线、斜交轮胎、鞍轮、佳通、普利司通、邓禄普、双丰等

北京文星汽车配件有限公司

公司地址：北京市密云县长城环岛西南侧（农机服务中心一层）
电　话： 010-69062685
主营业务：213、桑塔纳、金杯、130\1041\2020 系列机油电瓶

北京鑫和宏利轮胎销售部

公司地址：北京市密云县新农村长途汽车站往西 300 米路北
联系人： 田堡和
电　话： 010-89011430
手　机： 13311395724
主营业务：米其林、倍耐力、普利司通、韩泰、锦湖、双钱、回力、威狮、鞍轮、三角轮胎销售，各种其它厂牌轮胎、内胎、钢圈

飞云伟业

公司地址：北京市密云县建材市场红绿灯路南
联系人： 黄龙
手　机： 13381196092
主营业务：风帆、骆驼、中硕、雷舰等电瓶

北京捷顺达汽配经营部

公司地址：北京市密云县城关镇季庄村（啤酒厂道口西行 30 米路南）
联系人： 裴伟
电　话： 010-89099855/51275766
手　机： 13121403758
主营业务：上海大众、一汽大众配件销售、送货上门

北京凯旋顺发汽车配件商店

公司地址：北京市密云县啤酒厂路路东季庄小区 54 号楼
联系人： 石俊磊
电　话： 010-69099498/69099101
主营业务：夏利、吉利、五菱、长安、中意、奥拓、QQ、羚羊、一汽佳宝配件销售

北京轮炬达轮胎店

公司地址：北京市密云县长城环岛往西 50 米路南（新南路 42-6）
联系人： 霍女士
电　话： 010-69054056
手　机： 13716136173
主营业务：米其林、普利司通、固特异、韩泰、东洋、横滨、邓禄普、佳通、回力、三角、成山等国产进口轮胎销售

北京乾坤合商贸有限公司

公司地址：北京市密云县穆家峪镇新农村新丰 90 号
联系人： 张天彪
电　话： 010-89013890
手　机： 13520272631
主营业务：康明斯、大柴、锡柴、斯太尔、红岩、汽车配件、军用蓄电瓶、统一润滑油

北京兴华通汽车轮胎销售中心

公司地址：北京市密云县十里堡汽车配件批发市场
联系人： 王佳俊
手　机： 15120061523
主营业务：各种轮胎大全

驰顺祥轮胎大全

公司地址：北京市密云县汽车站路北 50 米
联系人： 郭振
手　机： 13910113649/13261005780
主营业务：朝阳、雅度、威狮、千里马、双钱、回力、双星、赤兔马、万力、伊路顺

中国大连轮胎厂驻京办事处

公司地址：北京市密云县新农村加油站斜对面向东 100 米（轮胎专营）
联系人： 郑忠
职　务： 业务主管
手　机： 18301100100/13260001206
主营业务：安全牌轮胎北京总代理、佳通、正新、双钱、豪耐

北京青发华鑫伟业商贸有限公司

公司地址：北京市密云县果园西路 18-11 号
联系人： 向鑫生
电　话： 010-69097143
手　机： 15726693788
传　真： 010-69098219
主营业务：沂达电动汽车、新凯皮卡、奔驰威霆、斯宾特（豪华商务车）、黄海汽车、大众汽车配件、各种三滤、防冻液、机油等

北京庆卫汽车轮胎修理部

公司地址：北京市密云县长城环岛西财政局对面（路南）
联系人： 李庆卫
电　话： 010-69089495
手　机： 13301365770
主营业务：东洋轮胎密云独家经销、邓禄普、客轮胎密云独家经销

北京顺风达汽配商行

公司地址：北京市密云县万都金港 KTV 往北 100 米路东
联系人： 田坤雨
电　话： 010-59148793
手　机： 13661008684/15330208793
主营业务：桑塔纳、2000、3000、时代超人、志俊、捷达、帕萨特 B5、奇瑞配件销售

北京通达恒业汽车配件经营部

公司地址：北京市密云县季庄小区 54 号楼 A3 号
电　话： 010-69097324
手　机： 13488694813
主营业务：北京现代、伊兰特、索纳塔、悦动、金杯海狮、格瑞斯、中顺、福田冲浪、蒙派克、奥铃、萨普皮卡、福田爱尔法

路易安达轮胎大全

公司地址：北京市密云县果园西路 39 号新奥燃气往北 20 米
联系人： 周广川
手　机： 13121278866
主营业务：米其林、韩泰、马牌、普利司通、玲珑回力、邓禄普、德瑞宝、正新威狮、锦湖、佳通、三角、双星、盾轮、固特异等

北京兴龙方汽配

公司地址：北京市密云县十里堡汽车配件批发市场东区 11 号
联系人： 陈行龙
手　机： 13260323279/13269615059
主营业务：金杯、奇瑞、奥拓、夏利、中意、佳宝、长安、五菱、小康、北斗星等配件销售

轮胎钢圈销售

公司地址：北京市密云县新农村
联系人： 李秀军
手　机： 13716202163/13716392672
主营业务：各种轮胎、钢圈、二手轮胎、外出救援服务

鑫达康远汽保设备工具

公司地址：北京市密云县十里堡镇汽配批发市场前排 4 号
联系人： 王禄冉
电　话： 010-58468829
手　机： 13141357991/13716091596
主营业务：设备工具、各种举升机、扒胎机、动平衡、清洗机、空压机、电脑解码器、检测设备等

兴起顺达汽配有限公司

公司地址：北京市密云县新北路与新东路交叉口西
联系人： 付文兰
手　机： 13501001259/13381160119
主营业务：汽车配件销售

电瓶批发大世界

公司地址：北京市密云县汽车站往西 10 米第一家
联系人： 扬子
手　机： 13241667701
主营业务：风帆、江帆、骆驼各种车型蓄电瓶

雅度轮胎

公司地址：北京市密云县新农村比亚迪服务站斜对面
联系人： 张春明
手　机： 15911166689/13716150522
主营业务：雅度轮胎、邓禄普、劲虎、捷奔，批发：正新、海峡钢圈、内胎、垫带

依诺亚汽车配件

公司地址：北京市密云县十里堡镇汽配城批发市场东 2 号
联系人： 王荣涛
电　话： 010-69097360
手　机： 13683306060
主营业务：奥迪、帕萨特、朗逸、速腾、新宝来、捷达、桑塔纳配件销售

油管 / 油封 / 机油厂家直销

公司地址：北京市密云县 980 总站斜对面（比亚迪对面）
联系人： 沈长青
手　机： 13811318068
主营业务：（华北橡胶厂驻密云办事处）油管、油封、机油销售

润滑油 / 防冻液销售中心

公司地址：北京市密云县新农村车站西侧 60 米
联系人： 张淑霞
手　机： 13120108510
主营业务：长城、壳牌润滑油、防冻液销售

亚松马达发电机电瓶批发大全

公司地址：北京市密云县新农村东北边 200 米
联系人： 王亚松
手　机： 15910450143/13341179927
主营业务：各种车型马达、发电机、电瓶、各种汽车电器

宏远汽车轮胎修理包

公司地址：北京市密云县一街新村加油站往南 100 米路东
联系人： 姚艳东
手　机： 13716409692
主营业务：鞍轮轮胎、各种不三包轮胎、单顶、双顶、轮胎、农用轮胎及轿车轮胎

汽车修理厂、快修连锁店、装饰美容店类

北京海燕津云汽车维修服务中心

公司地址：北京市密云县十里堡彩虹桥南路口 300 米
联系人： 王海燕
电　话： 010-89022127
手　机： 13501370777/13011819055
维修资质：二类
主营业务：福田汽车密云特约服务站，修理各种进口、国产汽车、平衡轮胎、四轮定位、电脑检测、电脑调漆、汽车钣金、汽车烤漆、代办保险

北京慧君红汽车维修中心

公司地址：北京市密云县季庄啤酒厂十字路口往北 50 米路西
联系人： 褚学君
手　机： 13522961827/13264213538
维修资质：二类
主营业务：汽车维修、维护、钣金喷漆、代理车险

小果汽车修理

公司地址：北京市密云县新农村加油站对面
手　机： 13241634029
主营业务：修理各种汽油、柴油车辆

北京福车行汽车养护中心

公司地址：北京市密云县长城环岛往北 500 米路西
联系人： 杨荣华
手　机： 13716583727
主营业务：汽车维修保养、汽车养护、汽车装饰、精品、代办保险

北京邓秋英汽车配件商店

公司地址：北京市密云县啤酒厂路口万都金港 KTV 往北 100 米路西
手　机： 18701224029/13701136513
维修资质：二类
主营业务：一汽大众、奇瑞、长安、上海大众、五菱、佳宝、比亚迪、中意、夏利配件销售与维修保养、钣金喷漆

北京洪正轩汽车服务有限公司

公司地址：北京市密云县檀西路 113 号楼
联系人： 董辉
职　务： 店长
电　话： 010-69065039
手　机： 15001171936
主营业务：汽车维修保养、装饰美容、电路维修、精洗车辆

北京东申汽车修理厂

公司地址：北京市密云县长城环岛向东 500 米路北
联系人： 李运东
职　务： 厂长
电　话： 010-89011889
手　机： 13911895590/13810077581
维修资质：二类
主营业务：汽车钣金、烤漆、发动机修理、汽车配件、昼夜拖车救援服务

北京惠泰腾达汽车维修服务部

公司地址：北京市密云县十里堡汽车配件批发市场东侧后排 A 区 -027 号
联系人： 刘常海
手　机： 13716685839
主营业务：专修上海大众 B5/A6、奇瑞 QQ、旗云、风云、长安之星、星光、悦翔

驿魁兴业汽车修理厂

公司地址：北京市密云县万都金港 KTV 西 300 米路北（季庄市场院内）
电　话： 010-51279149
手　机： 13031111507
主营业务：汽车修理

北京金地隆源汽车用品商店

公司地址：北京市密云县法制公园往北 50 米路西
联系人：张祖文
职　务：经理
手　机：18610383496/13241696518
主营业务：小修保养、汽车轮胎、电路维修、改装音响、空调加氟、救援服务

北京金润汽车维修服务有限公司

公司地址：北京市密云县十里堡镇镇政府东侧 200 米
联系人：王如强
职　务：服务经理
电　话：010-69082666
手　机：13911913535
维修资质：一类
主营业务：江铃、福特特约维修处，各种国产、进口车辆汽车修理

北京金正元汽车修理有限公司

公司地址：北京市密云县果园西路（交通局红绿灯往北 200 米路西）
联系人：吴云峰
职　务：经理
电　话：010-89097100
手　机：13241635773
主营业务：修理进口、国产各种机动车、压油管、钣金喷漆、四轮定位、代理保险、定损、理赔、验车、救援服务

北京精廉众达自动变速箱专修

公司地址：北京市密云县新农村 101 国道路南（980 总站对面）
联系人：董小林
电　话：010-69060267
手　机：13910886234/13581981020
维修资质：二类
主营业务：车辆快修、保养、机油、三滤、自动变速箱总成、配件批发维修、代办保险

北京巨龙汽修汽配公司

公司地址：北京市密云县啤酒厂路口万都金港斜对面路东
联系人：田经理
电　话：010-69055176
手　机：13581801474
主营业务：专修大众、奇瑞、夏利、吉利、中意、佳宝、长安、五菱

豪沃 / 欧曼 / 斯太尔 / 解放配件修理

公司地址：北京市密云县十里堡汽车配件批发市场 A 区 9 号
联系人：刘庆辉
手　机：13717580699/13263323690
主营业务：配件供应、专业维修

奇瑞 / 依维柯配件及维修

公司地址：北京市密云县十里堡汽车配件市场 A 区 10 号
联系人：董成斌
手　机：15810122870
主营业务：配件批发、专业维修、奇瑞系列、比亚迪、金杯、全顺

北京坤远汽车维修有限公司（原保华汽车修理厂）

公司地址：北京市密云县汽车站西侧路南 50 米
联系人：王迪
电　话：010-89013690/89014161
手　机：13311513769/13511029639
维修资质：二类
主营业务：修理各种大中小型故障及事故车、代办保险

北京路路顺汽车维修有限公司

公司地址：北京市密云县一街新村路口北侧
联系人：沈国树
电　话：010-69066471
手　机：13716081058/15810964305
维修资质：二类
主营业务：修理各种国产、进口轿车、微面、小型货车、机械工程车、钣金喷漆、机动车保险、理赔

北京密教兴汽车修理部

公司地址：北京市密云县华远市场南出口右转路南
联系人：武国荣
电　话：010-69026868
手　机：13901087549/13436889999
主营业务：汽车修理及零售汽车配件、保险一条龙服务

北京密云县兴达汽车修理厂

公司地址：北京市密云县新农村汽车总站西行 50 米路北
联系人：冯海勇
职　务：服务经理
电　话：010-89011808
手　机：18210690437
传　真：010-89013688
主营业务：福田戴姆勒汽车专修、各种轿车维修保养、钣金喷漆

北京平安伴你行汽车服务有限公司

公司地址：北京市密云县经济开发区云腾路 19 号
联系人：马岭
电　话：010-69070661
手　机：13911836112
传　真：一类
主营业务：专修奔驰、宝马、奥迪、保时捷、路虎和各种国产车型

兴旺林汽车维修公司

公司地址：北京市密云县新南路甲 52 号（妇幼保健院东侧）
电　话：010-69081906/69086905
手　机：13910328160
维修资质：一类
主营业务：汽车维修保养、钣金喷漆、大中小修、电脑检测、四轮定位、汽车美容、代办保险

天梦约洗车美容

公司地址：北京市密云县康馨雅苑 2 号楼
联系人：徐梦
手　机：13264184205
主营业务：汽车美容、汽车、汽车装饰

北京顺祥宏汽修

公司地址：北京市密云县南蔡园加油站路南 30 米路东
联系人：王永宏
手　机：13716096108
主营业务：精修大众系列、金杯、海狮、中意、夏利等农用汽车系列

北京云朋飞汽车修理厂

公司地址：北京市密云县新农村加油站往西 100 米路南（101 国道）
联系人：赵士杰
电　话：010-89015006
手　机：13911770169/13701287861
维修资质：二类
主营业务：各种国产、进口汽车修理养护、钣金喷漆

北京众鑫宏缘汽服中心

公司地址：北京市密云县水源路华远市场南门往东 200 米路北
电　话：010-69055759
手　机：15901265293/13466386899
主营业务：专修奥迪、大众、海马，汽车美容、封釉、贴膜、打蜡

道度车饰

公司地址：北京市密云县刑警队、水务局对面底商
手　机：13621322204
主营业务：洗车美容、清洗发动机仓、装饰产品

海洋汽修

公司地址：北京市密云县十里堡镇政府东侧汽车配件批发市场 3 号门
联系人：张天军
电　话：010-59439767
手　机：13716236001
主营业务：各种皮卡、叉车配件、三滤大全、电瓶、轮胎、玻璃销售，修理各种柴油、汽油车辆、校油泵喷油嘴、各种增压器

海正金汽车修理

公司地址：北京市密云县建材灯岗斜街往南 1000 米小天使幼儿园对面
联系人：王海军
手　机：13241664377
主营业务：夏利、吉利、中意、佳宝、桑塔纳等配件销售及维修保养

速美得汽车行

公司地址：北京市密云县季庄小区 54 号楼第一段 3 号
联系人：刘丽玲
手　机：18601919248/13681014021
主营业务：汽车用品、洗车、清洗内饰、皮座护理、定做座套、封釉、抛光、打蜡、装饰

小丁汽修

公司地址：北京市密云县万都歌厅西 200 米路南
联系人：周兴利
手　机：13910434224/13552267450
维修资质：二类
主营业务：汽车维修保养、钣金喷漆

汽车维修服务中心

公司地址：北京市密云县果园西路 31 号
联系人： 张涛
电　话： 010-69055037
手　机： 13910209639/13810592584
维修资质：二类
主营业务：汽车保养、钣金喷漆、维修救援、保险理赔

汽车修理

公司地址：北京市密云县十里堡镇汽配城批发市场前排 5 号
联系人： 马兴旺
手　机： 13671329631
主营业务：各种车辆大中小修、钣金喷漆、电瓶、氙灯、空调加氟、轮胎、刹车片销售

瑞刚艳菊汽车修理部

公司地址：北京市密云县十里堡汽车配件批发市场后排 A 区 18 号
联系人： 王瑞刚
手　机： 18210134496
主营业务：各种汽油车、柴油车、叉车、箱货、农用车维修、保养、配件

微型汽配商店

公司地址：北京市密云县长城环岛后路西
联系人： 夏富玖
手　机： 13269380536/13161869624
主营业务：夏利、吉利、长安、北斗星、中意、佳宝、QQ 等主修发动机及各种配件，免费更换三滤、昼夜修车及配件

明岩汽车电器空调

公司地址：北京市密云县新农村加油站对面向东 100 米路北
联系人： 曹伟龙
手　机： 13522949060
主营业务：维修马达、发电机、汽车电路、汽车空调、压缩机、捡漏加氟，销售汽车电器配件及汽车空调配件

北京艳瑞达汽车美容装饰中心

公司地址：北京市密云县季庄小区 53 号（万都 KTV 路东）
联系人： 柳国强
手　机： 18910611218
主营业务：地胶贴膜、音响防盗、原车导航、内饰桑拿、车漆快补、抛光打蜡、精品装饰、封釉镀膜、快修保养、机油三滤

永利兴达汽修

公司地址：北京市密云县万都金港歌舞厅向西直行距铁路桥 50 米处路南（季庄村北头）
联系人： 陈永刚
电　话： 010-69089889
手　机： 13716693651
维修资质：三类
主营业务：各种车保养及大中小修、电脑检测、喷油嘴免拆清洗、钣金喷漆、救援服务

越通行汽修装饰

公司地址：北京市密云县果园西路啤酒厂季庄十字路口往西 80 米路南
联系人： 梁乘风
电　话： 010-51275972
手　机： 13716400502
主营业务：专修上海大众、一汽大众、进口汽车、国产汽车、发动机、变速箱、底盘、电路、空调等各种大中小修、保养

北京坤远汽车装饰有限公司

公司地址：北京市密云县 980 总站斜对面
联系人： 王凌伟
手　机： 13911339192
主营业务：汽车装饰、贴膜地胶、真皮座椅、抛光打蜡、底盘装甲、汽车美容、水蜡洗车、汽车封釉

车丽来汽车装饰中心

公司地址：北京市密云县长城大厦 A 段 5 单元 101 室（长城环岛东北角）
电　话： 010-69087643
主营业务：汽车洗车、美容装饰、精品

龙展汽车修理厂

公司地址：北京市密云县万都金港歌舞厅向西直行距铁路桥 60 米处路南（季庄村北头）
手　机： 13699222198
主营业务：丰田、大众、奥迪、日产等车型维修保养、钣金喷漆

晶洁亮汽车用品

公司地址：北京市密云县刑警队对面
联系人： 陈凤权
手　机： 13716646216/13716817308
主营业务：新车装饰、新车贴膜、定做座套、品牌脚垫、春夏凉垫、真皮手缝把套、专用导航、正品毛垫、专业封釉、香水挂件

小拇指汽车微修

公司地址：北京市密云县穆家峪镇新农村 101 国道路北（原利同济汽车修理厂）
联系人： 赵永利
电　话： 010-89012859
手　机： 13601076053
网　址： www.c9090.com
维修资质：二类
主营业务：快速维修、快速钣金、车身整形、挡风玻璃修复、整车烤漆

北京顺达至汽车修理厂

公司地址：北京市密云县长途汽车站（新农村加油站）西 500 米路南
联系人： 李国文
电　话： 010-69068494
手　机： 13601107020
主营业务：精修大众、现代、奇瑞、夏利各种车辆的维修及保养、钣金喷漆、事故车维修、汽车玻璃、浙商车险、出单、定损、理赔维修服务中心

北京鹏兴瑞达汽车装饰

公司地址：北京市密云县檀西路 119 号楼
联系人： 栗海朋
手　机： 18610000139
主营业务：汽车镀膜、汽车贴膜、汽车精品、美容

北京速洁通汽车用品有限公司

公司地址：北京市密云县行宫街 39-8 号
联系人： 李超
手　机： 13601336909/13311399863
主营业务：各类汽车装饰用品、专业技师现场施工

延庆县概况

延庆地处北京市西北部，为北京市所辖区县之一。生态环境优良，是首都西北重要的生态屏障。东与怀柔相邻，南与昌平相联，西面和北面与河北省怀来、赤城接壤。

延庆地域总面积 1993.75 平方公里，截至 2011 年 11 月，共有常住人口 31.9 万人，其中常住外来人口 4 万人。

■ 交通

延庆紧扼首都北京的北大门，是重要的交通枢纽，八达岭高速公路、110 国道、城郊铁路 S2 线、八达岭过境线，加强了延庆县与外界的联系，提升了延庆发展的速度。城乡道路四通八达，形成环盆地多条旅游专线，古龙路、香龙路、康张路、滨河路等观光路，纵横交错，连接了延庆的景区、景点和生态观光园。

■ 生态之都

延庆实施生态文明战略，县域发展理念坚持“生态立县”，生态建设和环境保护成绩喜人，先后获得全国绿化模范县、ISO14000 运行国家示范区、国家园林县城、国家卫生县城、北京市可再生能源示范区、国家生态县等荣誉称号。成为全国控制农村面源污染示范区、全国生态文明建设试点县。延庆的净水、净土、净气，为首都筑起一道坚实的生态屏障，成为名副其实的首都后花园、绿色大氧吧。

延庆县商家资讯

汽车 4S 店类

北京新兴翔悦汽车销售服务有限公司
公司地址：北京市延庆县延庆镇石河营建材市场北小 3 号（京张路城管大队对面）
电　话：010-60168569
主营业务：长安汽车整车销售及售后维修保养等

哈飞汽车北京华寅专卖
公司地址：北京市延庆县延庆八中对面农机监理所院内日上市场北县加油站对面
电　话：010-69109158
传　真：010-60166925
主营业务：经营各种汽车

北京众联宏伟汽车贸易有限公司
公司地址：北京市延庆县延庆镇莲花池村南食盐公司院内
电　话：010-81191538/81193070
81197201
主营业务：福田汽车、农用车、工程车及特种车销售，其它品牌汽车销售，保险、理赔等一条龙服务

上海大众汽车特许销售商
公司地址：北京市延庆县大榆树镇东杏园村南
电　话：010-81198119
传　真：010-81198119
主营业务：上海大众汽车特许销售商

汽车配件商、汽车用品商类

北京伴君行汽车配件商行
公司地址：北京市延庆县京张路口南 200 米路西
联系人：马仲亮
电　话：010-60165659/18612492736
手　机：13661254001/15910496087
主营业务：信义各种车型陶瓷刹车片、刹车盘、刹车鼓、滤芯大全

北京客隆润丰商贸中心
公司地址：北京市延庆县京张路口南 100 米路西
联系人：赵铁山
手　机：13716900222
主营业务：金杯、夏利、吉利、昌河、松花江、长安、中意、佳宝、大发、奥拓、柳洲五菱，机油、电瓶、不动液、精品、工具系列

北京佳颖顺兴汽车配件公司
公司地址：北京市延庆县京张路口往北 50 米路东（车辆检测厂门口往北原六厂对面小东风配件）
联系人：高聚友
职　务：总经理
电　话：010-69171822
手　机：13693697385/13910279741
主营业务：小东风、福田、轻骑、奥峰、朝柴、扬柴、扬动、云内、长齿等变速箱配件

北京京延万里行轮胎
公司地址：北京市延庆县延庆镇京张路口南路西 50 米
联系人：王春昌
职　务：经理
手　机：13522292313
主营业务：昆仑、玲珑钢丝胎、前进、三角、双星、成山、辽大（高层级）、安耐特、铲车胎、京轮、龙城等系列、防滑链

北京龙庆翔商贸服务有限公司
公司地址：北京市延庆县京张路口南 200 米路西
联系人：袭昆
电　话：010-69180540/69172741
手　机：13901325420
主营业务：金杯海狮 491 系列、福田爱尔法、488 小解放系列、大柴 498、欧马可、皮卡系列、勇士、旗铃、朝柴 4102 等，北内 492Q 发动机系列、长齿变速箱及齿轮

北京胜通顺达汽车配件经营部
公司地址：北京市延庆县京张路口北 100 米东侧
联系人：王宾周
电　话：010-69174458/69178010
手　机：13601283676
主营业务：桑塔纳 2000、捷达、捷达王、超人、帕萨特 B5、宝来

北京润之星润滑油经销部
公司地址：北京市延庆县京张路口南 200 米路西（绿风宾馆对面）
联系人：安跃存
电　话：010-69189060
手　机：13601179811
主营业务：风帆蓄电池、江帆蓄电池、长城、美孚、壳牌、统一润滑油等

北京市安隆汽车修理部
公司地址：北京市延庆县延庆镇京张路口北 100 米路东
联系人：张合成
电　话：010-51057906/69148136
手　机：13716536523
主营业务：邓禄普、米其林、普利司通、固特异、英雄、正新、三角、威力司通、朝阳、横滨及各咱全钢子午胎、半钢子午胎、钢圈、铝圈等

闽旺发轮胎大世纪
公司地址：北京市延庆县京张路口水利局南一加油站北
联系人：林兴弟 / 吴冰华
职　务：经理
电　话：010-69186375
手　机：13520265931/18710215303
主营业务：专营名车原配轮胎，专业四轮定位

北京市驰讯通达润滑油销售中心

公司地址：北京市延庆县京张路口检测场门口北侧
联系人： 张磊
电 话： 010-59461693
手 机： 13716687855
主营业务：壳牌、美孚、长城等润滑油，风帆、骆驼蓄电池，长城、蓝星防冻液、金帆牌电解液、刹车油、润滑油等

北京双龙胜业商贸有限公司

公司地址：北京市延庆县京张路口北
联系人： 吴会亮
职 务： 销售经理
电 话： 010-69182545
主营业务：长城车用润滑油、防冻液签约经销商，壳牌机油、美孚、嘉实多、统一、昆仑、风帆、骆驼电瓶

闽龙平价轮胎专卖店

公司地址：北京市延庆县京张路口往南 50 米路东
联系人： 张林中
职 务： 业务经理
手 机： 15801669758
主营业务：米其林、石桥、横滨、固特异、倍耐力、马牌、韩泰、锦湖等进口、国产大小轮胎

北京田华汽配公司总部

公司地址：北京市延庆县京张路口北 20 米路东（老检测厂门口）
联系人： 张秋义
职 务： 总经理
电 话： 010-69186362/51057938
手 机： 13810698680
主营业务：一汽解放、二汽东风、欧曼、奔驰、重汽、陕汽、斯太尔、红岩、柳汽，发动机、变速箱、底盘、驾驶室全车配件大全，汽车玻璃、定做疑难配件

闽旺发轮胎商店

公司地址：北京市延庆县京张路口长岭饭店南 50 米闽旺发轮胎店迁至检测场北边 50 米第 15 号
联系人： 余贤勇
职 务： 经理
电 话： 010-69186375
手 机： 13716656998/13718019361
主营业务：专营名车原配轮胎，专业四轮定位

合力兴吉汽配商店

公司地址：北京市延庆县南辛堡村马路东
联系人： 崔合柱
电 话： 010-81197086
手 机： 13716021226
主营业务：夏利、吉利、中意、佳宝、长安之星、松花江、昌河、长安等原厂配件，机器扒胎、动平衡、精修各种高中档汽车

北京田华汽配公司二部

公司地址：北京市延庆县张伍堡治超检查站旁边（大榆树红绿灯前行 3 公里）
电 话： 010-69186362/51057938
主营业务：一汽解放、二汽东风、欧曼、奔驰、重汽、陕汽、斯太尔、红岩、柳汽，发动机、变速箱、底盘、驾驶室全车配件大全，汽车玻璃、定做疑难配件

汽车配件专营

公司地址：北京市延庆县京张路口南 50 米（六厂大门口南路西）
联系人： 王书会
电 话： 010-69102805
手 机： 13683326380
主营业务：各种高中低档机油、黄油、润滑油、电瓶、充电器、黄油枪、保护系列，主营万向品牌轴承及进口轴承、三角带、输送带、油封等，各种钩机斗齿、国产进口原厂汽车玻璃

哥俩好二手轮胎

公司地址：北京市延庆县京张路口南六厂大门对面
手 机： 13910857401/18210253349
主营业务：轮胎轮毂升级、专业轮毂改装、动平衡、补胎、打气

汽车配件专营

公司地址：北京市延庆县张家路口六厂门口南
联系人： 赵燕香
手 机： 15810241291
主营业务：意奔玛滤芯、润滑油

北京福耀联合有限公司福耀玻璃延庆专营店（城管对面）

公司地址：北京市延庆县石河营建材城西门往北 100 米路东
联系人： 洪和国
职 务： 业务经理
电 话： 010-69185371
手 机： 13701125313
传 真： 010-51050618
主营业务：汽车玻璃

北京田华汽配公司三部

公司地址：北京市延庆县莲花滩收费站北面 100 米（加油站旁边）
电 话： 010-69186362/51057938
主营业务：一汽解放、二汽东风、欧曼、奔驰、重汽、陕汽、斯太尔、红岩、柳汽，发动机、变速箱、底盘、驾驶室全车配件大全，汽车玻璃、定做疑难配件

风帆股份有限公司延庆特约销售商

公司地址：北京市延庆县京张路口南 500 米（县种子公司对面）
联系人： 曹金波
手 机： 13611301110
主营业务：风帆蓄电池、瓦尔塔蓄电池、丹车 UPS 特种电源，长城、蓝星防冻液、长城、壳牌、美孚机油

汽车修理厂、快修连锁店、装饰美容店类

北京爱翼兄弟科技有限公司

公司地址：北京市延庆县高塔小区 19 号楼北侧商铺 2 号
联系人： 蒋翠霞
电 话： 010-69172046
手 机： 13716963292
主营业务：雷朋授权施工、汽车装饰美容、音响改装、精品销售、防盗、电子导航等

北京美嘉瑞汽车装饰有限公司

公司地址：北京市延庆县中银酒店西 150 米处
联系人： 李志杰
职 务： 经理
电 话： 010-69188831
手 机： 15910499822
主营业务：3M 专业美容服务、封釉镀膜、抛光打蜡、导航、防盗、音响设备、汽车精品、发动机清洁等

北京车友缘汽车装饰中心

公司地址：北京市延庆县湖北小区东侧石河营南街 36 号
手 机： 13488886079/13011074005
主营业务：贴膜、地胶、抛光、打蜡、音响、防盗、桑拿等

北京二利轮胎专卖店

公司地址：北京市延庆县延庆镇石河营建材城
联系人： 李经理
电 话： 010-69144676
主营业务：轮胎（佳通、普利司通、锦湖、米其林）

北京安顺汽车装饰中心

公司地址：北京市延庆县南菜园西门南 50 米
联系人： 康占芳
手 机： 15910349651
主营业务：装饰、美容、洗车

北京泉水汽车装饰中心

公司地址：北京市延庆县莲花池村南
联系人： 张泉水
电 话： 010-81197966
手 机： 13522938358
主营业务：各种汽车装饰用品、加工座套、汽车打蜡、地胶、脚垫、太阳膜

北京夏都中盛汽车维修有限公司

公司地址：北京市延庆县莲花池村东
联系人： 岳华
职 务： 保险业务
电 话： 010-69173051/69149366
手 机： 13716332405
传 真： 010-69173091
维修资质：一类
主营业务：维修保养、保险理赔、汽车美容、钣金喷漆、救援服务

北京金源隆汽车修理站

公司地址：北京市延庆县东外大街小营村村委会对面 500 米路西
联系人：梁奇
职　务：售后部经理
电　话：010-69144192
手　机：18611105518
传　真：010-69181118
主营业务：东风悦达·起亚

北京市曹爱清汽车修理部

公司地址：北京市延庆县南辛堡 921、876 车站路东
联系人：曹爱清
手　机：13241387675
维修资质：三类
主营业务：中意、佳宝、夏利、五菱之光、吉利、东风小康、奇瑞、长安之星、大众系列

大洋大众专营汽车维修中心

公司地址：北京市延庆县石河营建材城西门路口向北 200 米（建雄宾馆向南 200 米）
联系人：沈桂明
手　机：13501080306/18901399096
维修资质：三类
主营业务：上海大众、一汽大众、帕萨特全车件，夏利、吉利、N3 全车件，专修进口国产轿车、疑难杂症、钣金喷漆

北京市延庆腾飞汽车维修站（总店）

公司地址：北京市延庆县六场加油站院内
联系人：李建设
电　话：010-69178055
手　机：13501299196
主营业务：承修各种微型车及原厂配件，捷达、桑塔纳、农用车修理及配件

北京市延双福利汽车维修站

公司地址：北京市延庆县莲花池桥南
联系人：马建钟 / 张安平
电　话：010-69149606
手　机：13717581072/13716027164
维修资质：二类
主营业务：承修大中小型汽车、专业装空调压管

夏都驰耐普汽车装饰中心

公司地址：北京市延庆县石河营村南 135 号
联系人：刘欣
手　机：13701314025
主营业务：汽车美容、装饰

吉祥净汽车装饰中心

公司地址：北京市延庆县格兰山水南门西行 500 米路北侧洗车一条街
电　话：010-86345627
手　机：13651362399/13716382738
主营业务：汽车装饰美容等

佳兴汽车美容装饰中心

公司地址：北京市延庆县京张路口日上红绿灯西 500 米第一家
手　机：15910561781/13910274172
主营业务：专业汽车美容装饰、维修保养

北京二利汽车修理站

公司地址：北京市延庆县京张口南 500 米路西日上对面
电　话：010-69141813
手　机：15330218661
主营业务：各种品牌轮胎、汽车修理

北京小石志诚汽车装饰中心

公司地址：北京市延庆县湖北路湖北小区东侧 60 米
联系人：石长利
手　机：13716510026
主营业务：贴膜、地胶、防盗中控、CD 音响、抛光打蜡、底盘装甲、镀膜封釉、氟、装饰用品、汽车美容

北京鑫江鸿运汽车修理

公司地址：北京市延庆县京张路口南 200 米
联系人：郭宁
电　话：010-69186039
手　机：13718489368
主营业务：专修大众、别克中高档汽车，空调维修、加氟、24 小时救援

北京兴民汽车维修站

公司地址：北京市延庆县莲花池路口
联系人：李浩
职　务：保险经纪人
电　话：010-69173964/69185988
手　机：13910741901
传　真：010-69101997
主营业务：专修一汽大众系列轿车、原厂配件、事故代理、保险理赔、车辆救援、修理等

北京延庆京达售后服务站

公司地址：北京市延庆县莲花池村南桥路北土产公司门口
联系人：郑继锁
职　务：总经理
电　话：010-69102988
手　机：13701131100
维修资质：二类
主营业务：事故救援、代理保险理赔、定损、车辆年检、汽车维修

北京延伟盛烨汽车维修中心

公司地址：北京市延庆县莲花池村海鲜城西侧 30 米路南县煤气站东侧 50 米
联系人：张延伟
电　话：010-81198889
手　机：13911931362
维修资质：二类
主营业务：一汽大众、上海大众、三菱汽车、东南汽车

鑫利名汽车修理

公司地址：北京市延庆县南辛堡加油站往南 150 米路东
联系人：许明
手　机：13716849036
主营业务：专业修理进口车、国产车、发动机、变速箱、底盘电脑检测以及各种疑难杂症

北京众情缘汽车维修中心

公司地址：北京市延庆县石河营老村 88 号
联系人：明经理
手　机：13701250801
主营业务：专业汽车维修、保养

博润兴通汽车俱乐部

公司地址：北京市延庆县石河营南道 35 号
手　机：13910278634/13910038828
主营业务：专业汽车服务

博顺通汽车维修中心

公司地址：北京市延庆县莲花池村南
联系人：张建华
电　话：010-81194988
主营业务：专业汽车维修、保养

北京市延庆腾飞汽车维修站（分店）

公司地址：北京市延庆县广积屯村东路北大院内（种子站后院）
电　话：010-69178055
手　机：13501299196
主营业务：承修各种微型车及原厂配件，捷达、桑塔纳、农用车修理及配件

东胜通达汽车电器修理部

公司地址：北京市延庆县京张路口南路西
联系人：李东胜
手　机：13241611756
主营业务：专业汽车维修、保养

北京顺天顺汽车维修站

公司地址：北京市延庆县莲花池土产公司外
电　话：010-69173838
手　机：13910737815
传　真：010-69173636
主营业务：专业汽车维修，保险公司合作单位，代理保险定损理赔

恒源众达汽车维修中心

公司地址：北京市延庆县南菜园环岛西南角院内
联系人：吴迎新
电　话：010-61117899
手　机：13911795397/13522691516
维修资质：二类
主营业务：汽车维修保养、保险出单理赔，大众专业维修

北京夏都中盛汽修

公司地址：北京市延庆县莲花池路口东 200 米
联系人：李长渔
电　话：010-81199859
手　机：13701159330
维修资质：一类
主营业务：大众、奥迪、奔驰、宝马进口车专修

延庆高价收购二手车

公司地址：北京市延庆县南辛堡加油站南 50 米路东
联系人：祁振林
手　机：13699278782
主营业务：现金收购各种二手车、专业评估、上门看车、当时过户

夏都家兴

公司地址：北京市延庆县南辛堡加油站往南 100 米路东
联系人： 小伟
电　话： 010-81196684
手　机： 13716586498
主营业务：汽车修理、救援、维修保养、代办保险

汽车漆调色中心

公司地址：北京市延庆县石河营南路 91 号
联系人： 刘秋立
电　话： 010-51059718
主营业务：油漆、辅料

延庆顺发兴汽车装饰批发

公司地址：北京市延庆县石河营建材城北小 5 号
联系人： 张经理
电　话： 010-61123122
手　机： 15911003743/13716460008
主营业务：汽车座套、座垫、电子狗、导航仪、氙气灯、行车记录仪、倒车后视、倒车雷达、饰品

景联宏达广业汽车装饰中心

公司地址：北京市延庆县小营花店向东 300 米日上市场南门向西 300 米
联系人： 王菲
手　机： 15810813868/18001296615
主营业务：洗车、贴膜、地胶、音响防盗、中控、抛光、打蜡、封釉、装饰美容、划痕修复、钣金喷漆等，一汽、上汽、大众纯正配件、电脑解码、空调加氟，各种车系精修

轩通汽修汽配

公司地址：北京市延庆县湖北中路小营路口向东 500 米
联系人： 宗立国
电　话： 010-69149936
手　机： 15910496292
主营业务：大众、奇瑞、中意、夏利、现代、本田系列，救援、配件、保养、洗车、贴膜、打蜡、防盗、桑拿

北京市远东汽车修理厂

公司地址：北京市延庆县京张路日上市场北县加油站东（果品公司西院）
电　话： 010-69185572
手　机： 13811829670/13910793634
维修资质：二类
主营业务：汽车修理、钣金喷漆、保险理赔、代办验车、保养装饰、汽车打蜡、收售二手车

马达发电机电瓶专营

公司地址：北京市延庆县南辛堡加油站南 100 米路东
联系人： 王辉
手　机： 13488833968
主营业务：专修马达、发电机、电瓶，经营各种车系马达发电机、风帆蓄电池、汽车玻璃、电器配件等

老窦汽修

公司地址：北京市延庆县京张路口（原六厂）
联系人： 窦玉苍
电　话： 010-69141309
主营业务：专业汽车维修、保养

夏利配件专营

公司地址：北京市延庆县京张路口南 200 米路西
联系人： 吴东海
手　机： 13466682774/13520805653
主营业务：夏利配件专营，奇瑞、夏利、金杯、依维柯、大众，精修电脑解锁、空调加氟检漏、机修、电路、各种疑难杂症

伟杰昌达汽车装饰中心

公司地址：北京市延庆县新兴小区 51 号楼甲 8 妇幼保健院东 150 米
手　机： 13717537379
主营业务：抛光、打蜡、划痕修复、贴膜、桑拿、饰品、代办年检等

海子靓车装饰美容

公司地址：北京市延庆县南菜园北二区西门对面
联系人： 朱迅
手　机： 15901185041
主营业务：汽车装饰、美容

北京顺合通达汽车服务

公司地址：北京市延庆县莲花池村南森林消防中队对面
联系人： 胡永辉
电　话： 010-81192575
手　机： 13488654876/15611920155
主营业务：汽车维护、电脑检测、钣金喷漆、保险理赔

第五部分

附 录

北京市交通委员会运输管理局联系方式

根据《北京市人民政府办公厅关于印发北京市交通委员会主要职责内设机构和人员编制规定的通知》（京政办发〔2009〕58号），北京市交通委员会运输管理局（简称市交通委运输管理局）具体承担本市交通运输行业管理和通航水域水上安全监督管理工作，各郊区县交通局联系方式见下表。

郊区县交通局联系表

单　位	地　址	联系电话
燕山管理处	北京市房山区燕山岗南路东一巷6号	69341068
房山交通局	北京市房山区良乡西路22号	60342077
平谷交通局	北京市平谷新平北路55号	69961559
通州交通局	北京市通州区通朝大街310号	81562992
密云交通局	北京市密云县西大桥路 16 号	69042597
怀柔交通局	北京市怀柔区南大街28号	69644496
大兴交通局	北京市大兴区黄村林校路9号	69252514
延庆交通局	北京市延庆县妫水南街59号	81196331
顺义交通局	北京市顺义区府前西街7号	69444637
门头沟交通局	北京市门头沟区滨河路60号	69842840
昌平交通局	北京市昌平区城北环路11号	69746109

北京市交通委员会运输管理局
联系地址：北京市宣武区枣林前街 70 号中环广场 A 座 15 层
邮政编码：100053
办公时间：周一至周五 9:00 ～ 18:00
联系电话：010-83979648
值班电话：010-83560833
传真电话：010-83979649
网　　址：http://www.bjysj.gov.cn

各地商协会、汽配城联系方式（部分）

北京市

北京汽车维修行业协会 北京市丰台区蒲黄榆路 48 号 （南三环路刘家窑桥祥龙博瑞三分公司方庄丰田大楼 5 层）	电　话：010-67663981　67645620 传　真：010-67663981
北京市工商联汽车配件业商会 北京市朝阳区南四环东路 69 号城环城国际汽配城 16 号楼 485 号	电　话：010-52202926　52202928 传　真：010-52202927

上海市

上海东方汽配城发展有限公司 上海市曹安路 1926 号	电　话：021-39120065 传　真：021-39119392
上海金山卫汽摩配市场 上海市金山区金山卫镇金山大道 4298 号	电　话：021-57264055 传　真：021-67268888
上海吴中汽配城 上海市闵行区虹梅南路 3888 号	电　话：021-34625008　34625599 传　真：021-39119392
上海汽车配件用品流通行业协会 上海市嘉定区曹安路 1926 号主楼 401 室	电　话：021-69191685 传　真：021-69191685

天津市

天津市汽车维修汽车用品行业协会 天津市河东区十一经路 58 号	电　话：022-24144444 传　真：022-24141515
天津汽车后市场联盟总会 天津市和平区荣业大街富顿大厦 2 号楼 2506	电　话：022-88378816 传　真：022-88378816

河北省

石家庄北方汽配城 石家庄市北外环路 88 号	电　话：0311-86837015 传　真：0311-86836875
石家庄东联汽车配件市场 石家庄市北二环东路 190 号	电　话：0311-89258000
石家庄南二环汽车配件大市场 石家庄市翟营大街南端 658 号	电　话：0311-87693111 传　真：0311-87693222
石家庄汽配基地 石家庄市仓兴街中段	电　话：0311-80939099
河北省白沟汽配汽贸城 高碑店市白沟镇富强路 8 号	电　话：0312-2883099
河间市华北汽车配件大市场 河间市米各庄镇	电　话：0317-3196002　3809315 传　真：0317-3802101
唐山市唐齿汽配城 唐山市路南区胜利路 2 号	电　话：0315-2976999　2890808 传　真：0315-2876100

廊坊汽配城 廊坊市北凤道 75 号（银河路口西 300 米路南）	电 话：0316-2198278 传 真：0316-2198056
邯郸中原汽配城 邯郸市渚河路邯郸大学西侧	电 话：0310-3162287
全国商用车配件产销联合会 廊坊市步行街第一大街 A 座 -012 号	电 话：0316-7106100 传 真：0316-7106580
石家庄市汽车配件经营行业协会 石家庄市北外环路 252 号	电 话：0311-67902628 传 真：0311-67902628
河北省隆尧县汽车配件行业协会 邢台市隆尧县固城汽车配件工业区	电 话：0319-6505919 传 真：0319-6786066

河南省

河南省汽车配件物流贸易园 郑州市南三环与中州大道交叉口	电 话：0371-68299892 传 真：0371-66891018
郑州国产汽车配件市场 郑州市管城区姚庄	电 话：0371-66817000 传 真：0371-66817000
中国（郑州）汽车配件大世界管委会 郑州市花园路 52 号 12 号楼 307 室	电 话：0371-65513355 传 真：0371-65731886
郑州北环汽配装饰广场 郑州市花园北路 53 号	电 话：0371-65367888 传 真：0371-65355716
南阳汽车配件市场 南阳市卧龙区德力西路	电 话：0377-63068888
安阳豫北兴达汽配城 安阳市文昌大道大段路北	电 话：0371-6610546 传 真：0372-2571999
中国国际商会河南汽车行业商会 郑州市花园路 111 号天荣汽配城 A32-1 号 2 楼	电 话：0371-65750216 传 真：0371-65751468
河南省汽车摩托车服务业商会 郑州市南三环与文治路交叉口向南 300 米	电 话：0371-66618018 传 真：0371-66618068
郑州微型汽车配件商会 郑州市南三环与中州大道交叉口	电 话：0371-66829009 传 真：0371-66829009

安徽省

合肥汽配城 合肥市长江东路 714 号	电 话：0551-4213226 传 真：0551-4213226
安徽国际汽车城大地汽摩配市场 合肥市铜陵北路 2 号	电 话：0551-2118877 传 真：0551-4699218
六安金太阳置业有限公司（金太阳国际汽车城） 六安市六安开发区经六路 8 号（312 国道南）	电 话：0564-3377333 3377888

合肥包河汽车用品大市场 合肥市包河工业区人民大街 18 号	电　话：0551-3688510
安徽省汽车配件与维修业商会 合肥市长江东路 718 号合肥汽配城综合楼二楼	电　话：0551-4232891 传　真：0551-4213226
合肥市汽车汽配用品商会 合肥市长江东路 714 号汽配城办公大楼三楼	电　话：0551-4211807 传　真：0551-4213226
芜湖县汽摩配协会 芜湖市新芜经济开发区管委会	电　话：0553-8767932 传　真：0553-8767933
安徽省工商联总商会汽车用品商会 合肥市包河工业园人民大街 18 号合肥汽车用品基地 A 区 4 幢 15-16 号	电　话：0551-2760318 传　真：0551-2760138
安徽省汽车工业协会 合肥市桐城路 148 号	电　话：0551-2642107 传　真：0551-2611928

山东省

山东汽配城 济南市张庄路 132 号	电　话：0531-85557068
山东省济南老屯集团市场 济南市张庄路 307 号北	电　话：0531-8330668 传　真：0531-5986699
山东省临沂兰田汽摩配城 临沂市工业大道与北园路交汇处	电　话：0539-2807866
滕州汽配城 滕州市荆河西路西转盘	电　话：0632-5676313 传　真：0632-5551860
山东潍坊汽配商城 潍坊市奎文区鸢飞路 480 号	电　话：0536-8806244 传　真：0536-8809893
聊城汽配城 聊城市建设西路西首	电　话：0635-8204211 传　真：0635-8223306
淄博市鲁中汽车配件市场 淄博市张店区张房路 1 号（市人防办办公楼）	电　话：0533-2722851 传　真：0533-2722851
济南槐荫汽车配件用品业商会 济南市二环西路寰宇汽配城 C 区二楼东首商会办公室	电　话：0531-85992000 传　真：0531-85992000
中国五十铃车用零部件商会 烟台市福山区福海路 1000 号北方汽配城东 1-14 号	电　话：0535-2953362 传　真：0535-2953100
东营市汽车流通业协会 东营市府前街 130 号市公路局综合楼	电　话：0546-8222220

山西省

山西省蓝海国际汽配城 太原市太榆路 300 号	电　话：0351-7875000 传　真：0351-7875788

山西普国汽配城有限公司 太原市万柏林区玉门河北沿岸 111 号	电　话：0351–2868118 传　真：0351–2868115
山西省太原汽车行业商会 太原市南内环街 21 号元泰大厦 5 层	电　话：0351–7433822 传　真：0351–7433822
山西省汽车行业协会 太原市并州路 39 号	电　话：0351–4120307 传　真：0351–4047833

陕西省

西安大明国际汽车配件城 西安市未央区东二环北辰大道西侧	电　话：029–86492252 传　真：029–86492252
西安三桥汽配装饰城 西安市三桥路 9 号	电　话：029–88690881 传　真：029–88690880
海纳集团西安汽车配件市场 西安市环城西路北段 368 号（原玉祥门外建华路 10 号）	电　话：029–83100019 传　真：029–88624820
陕西省汽车行业协会汽车零部件分会 西安市大庆路 213 号玉林汽配城	电　话：029–84211068
陕西省汽车工业协会配件及维修专业委员会 西安大庆路 213 号玉林汽配城 7 号楼 3 楼	电　话：029–62983688 传　真：029–62983688

四川省

四川省攀枝花市汽车流通商会 攀枝花市仁和区迤沙拉大道 571 号	电　话：0812–3608123 传　真：0812–3608123
四川省汽车摩托车科技发展促进会 成都市龙泉驿区西河镇九峰汽车汽配商城	电　话：028–84823177　66653356 传　真：028–84823122
四川省汽车汽配服务业商会 成都市红牌楼西部汽车城车世界大楼 402 室	电　话：028–66252968　66252926 传　真：028–66252969
四川省汽车工程营销委员会 成都市双楠大道金恒德汽配城办公楼 4 楼	电　话：028–85558288　61255088 传　真：028–85558288

湖北省

武汉万国汽配城 武汉市东西湖区东西湖大道 146–148 号（吴家山三秀路）	电　话：027–83897770 传　真：027–83897770
武汉海天汽配大世界 武汉经济技术开发区	电　话：027–84890888 传　真：027–84220815
武汉太平洋汽车配件城 武汉市解放大道 545–573 号	电　话：027–83883196 传　真：027–83883196
襄樊华中光彩大市场 襄樊市邓城大道 1 号	电　话：0710–3336888

十堰市汽车汽配商会 十堰市白浪西路 38 号大明公司办公楼 301-302 室	电　话：0719-8368278　8368555 传　真：0719-8368278　8368555
襄樊汽车工业协会汽配分会 襄樊市高新技术产业开发区东风汽车大道 1 号	电　话：0710-3321000 传　真：0710-3321111

吉林省

吉林统泰国际汽配城 吉林市龙潭区黎明路 1 号	电　话：0432-3020000 传　真：0432-3412477
高力中国北方汽贸城 长春市绿园区景阳大路 3288 号与西环城路交汇	电　话：0431-85129999
长春市汽车及汽车配件商业协会 长春市东风南街 777 号	电　话：0431-81501707 传　真：0431-81501729

辽宁省

沈阳东北机动车配件批发市场 沈阳市皇姑区昆山西路 238 号	电　话：024-86051777 传　真：024-86051555
沈阳国瑞汽车汽配博览中心 沈阳市大东区东北大马路 390 号	电　话：024-88215960 传　真：024-88206666
大连保税区国际车城进口汽车配件市场 大连市保税区国际车城二期新展厅 B 座 222 房间	电　话：0411-87307753 传　真：0411-87323701
沈阳汽车服务业商会 沈阳市沈河区小南街 270 号	电　话：024-62286216
辽宁省汽车配件用品行业商会 沈阳市铁西区北二西路 26 号甲 36 栋 10 门 4 楼	电　话：024-25827166 传　真：024-25827166

黑龙江省

大庆北方汽配城有限公司 大庆市让胡路区西强路 40 号 2 号楼	电　话：0459-5984911 传　真：0459-6139009
大庆九龙达汽配城 大庆市萨尔图区萨环西路 105 号	电　话：0459-5817909 传　真：0459-5819263
哈尔滨市工商联汽车用品服务业商会 哈尔滨市南岗区宣化街 110 号中海大厦 708 室	电　话：0451-87571420 传　真：0451-87571430

内蒙古自治区

内蒙古华美国际汽车城 呼和浩特市大学西路学府康都 B 座 14026-14027 室	电　话：0471-6263377 传　真：0471-6297733
内蒙古自治区汽车摩托车配件行业协会 呼和浩特市南马路战备路 11 号 (原交通厅大楼)309-307 室	电　话：0471-6491562 传　真：0471-6491562

宁夏回族自治区

宁夏回族自治区汽车行业商会 银川市兴庆区文化西街 106 号国际贸易大厦 B-802	电　话：0951-5155822 传　真：0951-7805121

青海省

青海三江源汽配城 西宁市生物科技产业园海湖大道 22 号	电　话：0971-5502987
青海西北机电汽配交易市场 西宁市祁连路西 15 号	电　话：0971-8450929

甘肃省

兰州南山路汽配城 兰州市城关区焦家湾鱼儿沟 11 号	电　话：0931-4690466 传　真：0931-4690533
兰州汽配城 兰州市城关区排洪南路 313 号	电　话：0931-4860541 传　真：0931-8658117
兰州市汽车服务业商会 兰州市城关区雁南路 18 号创新大厦 A 座 11 楼 1110 室	电　话：13679496078 传　真：0931-8591050

福建省

泉州市区汽配（工程机械）同业公会 泉州市鲤城区常丰路工矿汽配城 6 单元 201 室	电　话：0595-22352669 传　真：0595-22352669
福建省汽车用品及服务行业协会 福州市华林路 100 号茶叶大楼 301 室	电　话：0591-87274342 传　真：0591-87274342

云南省

昆明市汽车摩托车配件行业商会 昆明市官渡区关雨路东聚汽配城 D 区 13 栋 2 楼	电　话：0871-7369702　7369701 传　真：0871-7369701
云南省汽车摩托车后市场行业协会 昆明市关雨路东聚汽配城 A 区 2 幢 2-5	电　话：0871-8040188 传　真：0871-7369448

贵州省

贵州省工商联汽车摩托车配件业商会 贵阳市花溪大道北段 466 号	电　话：0851-5101868 传　真：0851-5101868

广东省

湛隆广源汽配广场 广州市白云区广园中路 283 号湛隆商务大厦二楼	电　话：020-22257305 传　真：022-22257396
广东省汽车文化促进会 广州市永福路 35 号南方永福国际汽车电子广场 439-1 室	电　话：020-85173522　28945890 传　真：020-85173522

广州市汽车配件用品行业协会 广州市广园中路 283 号湛隆汽配交易广场湛隆商务大厦二楼	电　话：020-86396516 传　真：020-86396253
佛山市汽车配件行业协会 佛山市广佛路 9-15 号（快捷汽配市场内）	电　话：0757-82816888　82826888 传　真：0757-82830933
深圳市汽车配件用品商会 深圳市罗湖区桃园路奥特城 6015	电　话：0755-25938532 传　真：0755-25938534

江苏省

徐州中国汽配城 徐州市七里沟	电　话：0516-83362706 传　真：0516-83363586
丹阳市汽车零部件商会 丹阳开发区东方路 25 号外经贸局 4 楼	电　话：0511-86916569 传　真：0511-86916569
无锡市汽车配件用品服务业商会 无锡市江海东路 588 号无锡广益汽配城 B 区 10 号楼 409 室	电　话：0510-82404511 传　真：0510-80263511
江西洪城汽配城 南昌市迎宾中大道 1399 号	电　话：0791-5760099 传　真：0791-5760088

浙江省

宁波国际汽车城开发有限公司 宁波市江南路 289 号	电　话：0574-87908892 传　真：0574-87908892
东阳国际汽配城 东阳市世贸大道 217 号	电　话：0579-89609809
瑞安市汽车摩托车配件行业协会 瑞安市安阳中心区开泰大厦 B 栋 3F	电　话：0577-65912586 传　真：0577-65910676
龙泉市空调汽车配件行业协会 龙泉市剑川大道 566 号（中国检验检疫大楼）	电　话：0578-7213695 传　真：0578-7213695
浙江省汽摩配行业商会 杭州市剧院路 358 号 19 楼、杭州市天目山路 79 号四楼 400 室	电　话：0571-85212868 传　真：0571-85212868
温州市汽摩配行业协会 温州市车站大道 2 号华盟商务广场 3404-3405 室	电　话：0577-86053533 传　真：0577-86053533
杭州市汽车配件用品商会 杭州市新塘北路 353-361 号杭州浙江汽配城三楼	电　话：0571-86453478 传　真：0571-86460810
玉环县汽摩配行业协会 玉环县城关汽车站办公大楼 4F8888	电　话：0576-87209767 传　真：0576-87209737
丽水市汽摩配行业协会 丽水市莲都区万丰西路 15 号金茂公寓 203 室（小转盘麦霸 KTV 后面）	电　话：0578-2993150　2993151 传　真：0578-2993152
温州市瓯海区汽摩配行业协会 温州市瓯海景山勤奋组团 21 幢 306 室	电　话：0577-88597921 传　真：0577-88597922
义乌市汽车用品行业协会 义乌市工人北路长春商业区 35 幢 6 号二楼	电　话：0579-85598506 传　真：0579-85598702
浙江省汽车用品行业协会 台州市天台县城关环城西路 69 号	电　话：0576-83884313 传　真：0576-83899120

版权声明

《北京汽车后市场年鉴（2013）》是北京地区汽车后市场行业连续出版的权威工具书，为相关人士了解北京汽车后市场情况、通信联络、销售产品及提供服务、寻找新客户提供主要依据。

本书中除注明来源的文字资料外，其余内容未经授权严禁任何形式的转载。

本书中凡注明来源的文字资料，转载出于传递更多信息之目的，并不意味着赞同其观点或证实其内容的真实性。

本书中引用的部分文章，由于时间仓促，未能及时联系上作者，如原文作者查阅到自己撰写的文章，请联系编辑部。

值《北京汽车后市场年鉴（2013）》出版之际，《北京汽车后市场年鉴（2013）》编辑部发布版权保护声明：对侵犯《北京汽车后市场年鉴（2013）》版权的单位、个人，我们将严肃追求其法律责任。

《北京汽车后市场年鉴（2013）》编辑部

2013年6月

为避免给您的企业通讯联络带来不便，书中内容如有变化或尚未收录，请准确填写下表：

《北京汽车后市场年鉴（2014）》信息登记表

<table>
<tr><td rowspan="6">企业类别
（单选项）</td><td colspan="3">1. 整车类：□ 4S 店　　□展厅　　□二手车类</td></tr>
<tr><td colspan="3">2. 配件类：□美系　□欧系　□日系　□韩系
□国产车　□商用车　□专项件</td></tr>
<tr><td colspan="3">3. 汽车用品类：□美容养护　□汽车电子　□汽车内饰
□汽车外饰　□汽车太阳膜　□汽车改装用品</td></tr>
<tr><td colspan="3">4. □汽车维修类</td></tr>
<tr><td colspan="3">5. □汽车美容装饰类</td></tr>
<tr><td colspan="3">6. □汽保维修设备</td></tr>
<tr><td>公司名称</td><td></td><td>传　真</td><td></td></tr>
<tr><td>公司地址</td><td></td><td>电子邮箱 /QQ</td><td></td></tr>
<tr><td>联 系 人</td><td></td><td>手　机</td><td></td></tr>
<tr><td>联系电话</td><td></td><td>网　址</td><td></td></tr>
<tr><td>主营业务</td><td colspan="3"></td></tr>
</table>

填写好本表后可以邮寄、传真或者发送电子版至编辑部：

北京市大兴经济开发区金苑路 2 号奥宇大厦 311 室　中汽星光《年鉴编辑部》

咨询电话 / 传真：010-61272289　　电子邮箱：438513712@qq.com